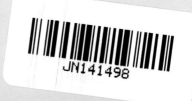

日本社会党・総評の軌跡と内実

20人のオーラル・ヒストリー

[編者]＝五十嵐 仁・木下真志／法政大学大原社会問題研究所

旬報社

はしがき

本書は、法政大学大原社会問題研究所のプロジェクトとして行われた日本社会党（社会党）と日本労働組合総評議会（総評）関係者からの聴き取りの記録である。当初、社会党関係者だけを対象としていたが、「社会党－総評ブロック」と言われたように総評とも深いかかわりがあるため、その両者の関係者からの聴き取りを行うようになった。

この聴き取りの中心になったプロジェクトの前身は、大原社会問題研究所の研究プロジェクトである戦後社会運動史研究会であった。この研究会は大原社会問題研究所叢書として、『「戦後革新勢力」の源流』（大月書店、2007年）と『「戦後革新勢力」の奔流――占領後期政治・社会運動史論 1948-1950』（大月書店、2011年）という2冊の成果をまとめて解散している。

その後、この研究会の一員であった木下真志氏の提起によって、新たな研究会を立ち上げることになった。大原社会問題研究所にはオーラル・ヒストリーを中心とする研究プロジェクトが活動してきた歴史があった。これらの研究の系譜を受け継ぎ、戦後の社会党に焦点を当てたプロジェクトを立ち上げることには大きな意義があると考えたからである。

このようなオーラル・ヒストリー関連の成果としては、『証言 産別会議の誕生』（総合労働研究所、1996年）、『証言 産別会議の運動』（御茶の水書房、2000年）、『証言 占領期の左翼メディア』（柏書房、2005年）、『人文・社会科学研究とオーラル・ヒストリー』（御茶の水書房、2009年）などがある。本書も、これらの研究の流れを受け継いでいる。

私や木下氏とともにこの聞き取りに参加されたのは、雨宮昭一、有村克敏、岡田一郎、鈴木玲、芹澤壽良、園田原三、浜谷惇、兵藤淳史、細川正、中根康裕、南雲和夫、山口希望らの方々で、事務局として活動を支えたのは大原社会問題研究所の枡田大知彦兼任研究員（当時、前半）と米山忠寛兼任研究員（後半）であった。このプロジェクトがこのような成果に結実することになったのは望外の喜びであり、聴き取りに応じ協力してくださった関係者はもとより、プロジェクトに参加された皆さんにも感謝したい。

社会党は終戦の年である1945年11月2日に結成された。委員長は空席で片山哲が書記長に選出されている。以降、半世紀に及ぶ活動を積み重ね、1996年1月14日の第64回定期大会で党名を社会民主党に改め、苦難と波乱に満ちた歴史を閉じた。この時の党首は村山富市、幹事長は佐藤観樹であった。

他方、総評は1950年7月11日に結成大会を開催した。議長に選出されたのは武藤武雄で、島上善五郎が事務局長になっている。以後、労働組合運動のナショナルセンターとして「昔陸軍、今総評」と言われるほどの影響力を発揮する時期もあった。しかし、次第に力を弱めて1989年11月21日に解散し、この日に結成された日本労働組合総連合会（連合）に合流した。このときの会長は山岸章で、事務局長は山田精吾である。

社会党が社会民主党に党名を変えてから、すでに20年以上が経過した。総評が解散して連合に合流してからでも30年近くになる。社会党も総評も「歴史」となった。その組織と活動を支えた幹部の多くは鬼籍に入り、その足跡を証言できる方も日々減少している。本書に収録されている証言者も三分の一ほどの方が亡くなり、本書での証言は「遺言」とも言えるものになっている。

聴き取りの対象は国会議員や幹部として活躍された「ライン」よりも、裏方として実際上の活動を担った「スタッフ」を重視して選定した。これらの人々こそが社会党や総評の軌跡や内実をよく知っており、実際の姿を浮き彫りにするうえで貴重な証言が得られるのではないかと考えたからである。それは現場で苦闘した「内なる声」として貴重であるだけでなく、その時々の選択の背景を知ることができる「歴史の声」としても大きな価値がある。

その狙いが裏付けられているかどうかは本文の証言によって確かめていただきたい。少なくとも、このような証言者の協力を得ることができたところに本書の特徴があり、一定の価値も生まれているのではないだろうか。表舞台ではない舞台裏で活躍した人々の証言は、マスコミで報道されることのない秘められた実像を浮かび上がらせているからである。

民主党中心の連立政権の失敗に対する反動から、自民党はその支持基盤を再び強化し安倍晋三政権の樹立に成功した。他方で、野党陣営は分裂と再編を繰り返し、日本の政界は“一強多弱”の状態に陥った。総評に代わって日本の労働組合のナショナルセンターとなった連合も労働環境の悪化に対して「物わかりの良い」対応に終始し、労働者を守る組織としての役割を充分に果たしているとは言い難い。

このような状況を打破するためには、先人の言動に学び、そこからの教訓を引き出し、野党や労働組合が何をなすべきかというヒントを得る努力をする必要があるのではないか。本書はそのような思いから編まれた。

本書の対象である「社会党－総評ブロック」は自民党とともに「55年体制」を支えた柱であり、戦後政治を担った屋台骨の一つでもあった。しかし、ほんの一時期を除いて政権に参画することはなく、結果としてみれば「万年野党」の地位に甘んずることになった。

その原因は、どこにあったのか。本書に収録された証言の中からその答えのヒントを探ることができるに違いない。そのためにも、社会党・総評の軌跡と内実を振り返り、その活動に青春をかけ人生を費やした人々の声に耳を傾けていただければ幸いである。

なお、本書に収録した証言は『大原社会問題研究所雑誌』に連載されており、本書はそのエッセンスである。それぞれの証言者が政治や社会に関心を持ち、社会党や総評の活動に加わるようになった経緯や背景についての回顧は基本的に削除した。省略部分についての証言も知りたいと思われる方は、各証言の末尾に記されている『大原社会問題研究所雑誌』の掲載号を参照していただきたい（ウェッブ上のURLにもアップされている)。

また、収録されている証言には質疑が付随していないものもある。これは雑誌編集上の方針の変化を反映したものであり、特別の意味があるわけではない。

五十嵐　仁

日本社会党・総評の軌跡と内実——20人のオーラル・ヒストリー◎目次

第Ⅰ部 日本社会党

第Ⅱ部　総評

解　題

第Ⅰ部　日本社会党

1　構造改革論争

今回、法政大学大原社会問題研究所がインタビューした方々の証言は主に1960年代以降に集中しており、1945年の日本社会党（以下、社会党）の結党から1950年代にかけての証言は少ない。そのなかで、**第1章 加藤宣幸「構造改革論再考」**は結党直後の社会党の様子を伝える貴重なものである。

東京に進駐軍が入ってくるまでの権力の空白期間に存在した「人民社」の存在や結党直後の社会党本部の様子など、経験者しかわからない話が多数ある。また、浅沼稲次郎が給料の安さを嘆く書記に対して「戦前はみんな無給でやっていた、君たちは給料が出るだけましだ、だいたいそんな考え方でいるのはおかしい」と言ったというエピソードは戦前の無産運動の活動家の発想をうかがわせる。

また、1960年の安保闘争については、**第2章 伊藤茂「回顧　私と社会党」**が詳細に語っている。伊藤は労組などの組織動員型の運動をタテの運動、市民の自然発生型の運動をヨコの運動と呼び、安保闘争が日本における初めてのヨコの運動であったと示唆している。「今、タテはありません。当分、労働運動など、あるいは政党など、そんな可能性は全然ないと私は思います。しかし、これからの運動、やはり国民は主権者であり、世論ですから、これが社会を動かすという意味でのことはデモクラシーの基本として大事なことですが、何かそういうものがどうできるだろうかというようなことを考えさせられているというわけです」という現状への嘆きは安保闘争を経験した者ならではのものだろう。

1960年代初頭の社会党を揺るがしたのは構造改革論争であった。安保闘争の直後、浅沼稲次郎委員長の刺殺を受けて委員長代行に就任した江田三郎書記長が、イタリア共産党のパルミロ・トリアッティが提唱した構造的改良（漸進的に社会構造の変革を進めていくことによって社会主義に到達するという考え）を掲げたことが、論争の始まりである。これが日本では“構造改革論”と呼ばれることになる。

江田が構造改革論を採用したのは、貴島正道・加藤宣幸・森永栄悦ら鈴木茂三郎派傍流の党本部書記たちに紹介されたためである。そして、佐藤昇・松下圭一・竹中一雄・長洲一二といったブレーンの学者たちによって、構造改革論は社会党の政治路線へと昇華していった。この貴島・加藤らに構造改革論を紹介したのが、初岡昌一郎であった。

このときの状況については、加藤の証言のほか、**第３章 初岡昌一郎「私からみた構造改革」**が詳しい。印象的なのは、佐藤が初岡に「政治的な民主主義というものが曲がりなりにも確立されていれば、ほかの改革は政治的民主主義を通じてできるということです。政治的民主主義が確立しているところで革命をやれば、それは民主主義を否定する反革命になってしまう」と述べていることである。これは、構造改革論が社会党を議会主義政党に変える可能性を持っていたということを物語っている。

一方、主流で党内左派の鈴木茂三郎派の党本部書記たちが構成する「くれない会」も構造改革論を貴島・加藤らとは別に研究しており、社会党最大派閥の鈴木派も構造改革論を当初、容認する姿勢でいた。しかし、その後、鈴木派は社会主義協会に再接近し（左派社会党時代、密接な関係だったが、1955年の再統一をめぐって関係が冷え込んでいた）、「くれない会」にも研究中止の指令が佐々木更三から出されることになる。

このころの鈴木派（後に佐々木更三派）の様子は**第４章 曽我祐次「日本社会党における佐々木更三派の歴史――その役割と日中補完外交」**が詳しい。曽我によれば、派閥の論理を無視した江田の言動が鈴木派（佐々木派）の神経を逆なでし、かえって反感を持たせてしまったというのが真相のようである。後に曽我は佐々木から「江田君からそういうことの相談があればみんなに相談をして、佐々木派として、つまり従来の仲間同士としてどうするか、ということを決めたが書記局先行でやって、それが江田さんが私から離れるような結果になったのではないか」と言われたという。

“江田ビジョン”を発表するとき、党内の反発を危惧する側近に対して江田が「そんなことはかまわない、そういうものに反対することがおかしい、そういうところから党の体質を改革するのだから、攻撃されるのは承知だ」と反対を押し切ったというエピソードを加藤が紹介しているが、江田のこのような姿勢が当時の社会党にそぐわなかったことをうかがわせる。また、加藤は「構造改革派というものは、当時の知識人やマスコミによって実力以上に喧伝されていましたから、伝統的な力を持つ左派が反撃すれば負けるのは当然だったと思います」と回想しており、構造改革派の力が脆いものであったことと党内抗争で敗北するのが不可避であったことを明らかにしている。

しかし、構造改革論的発想はその後も残り続ける。佐々木の「社会主義的・的政権」という発想は江田とそう変わらないと曽我は述べている。また、横浜市長となった飛鳥田一雄の側近だった船橋成幸も構造改革派であり、飛鳥田が「まあ、そういうことだけど、なあ、船橋君、これは構造改革とは違うよね」と念押ししながら、政治路線に関する演説をしているとき構造改革論的なことを話していたというエピソードを、**第10章 船橋成幸「飛鳥田一雄さんとともに歩んだ社会党」**のなかで証言している。

1968年10月、成田知巳を委員長、江田三郎を書記長とする執行部が成立した。かつては構造改革派に支持されていた成田はこのころには左派に支持されるようになっており、江田とは距離を置いていた。そのため、成田と江田のコンビは常にかみあわず、翌年の総選挙で、社会党は140議席から90議席へと議席数を激減させる大敗を喫した。国会議員の立法調査費に財政を依存していた社会党はたちまち財政難になり、党本部書記のリストラが実行される。とくに書記長の江田が責任をとる形で、江田派に属する書記が真っ先に党を離れた。仲井富はその一人である。仲井は社会党を離れると、全国の反公害・住民運動に身を投じていく。

第5章 仲井富「戦後革新と基地・公害・住民運動」は仲井らによる運動の記録である。党外からその後の社会党を見てきた仲井は「安保闘争の後、1960年に江田三郎が、護憲民主中立の政権構想を出すわけですが、それを『右翼社民』とか『右寄り』とか難癖をつけて徹底的に潰したわけです。その結果が三分の一議席さえ獲得できない状況をつくったというのが、私の見解です。三分の一議席獲得だけが目標になって政権構想など遠くの話だった。なぜ社会党護憲政党が消滅したかについて、しっかり総括する必要があります」と手厳しい。

一方、江田が重用した反戦青年委員会は自分たちを党外に放逐しようという動きに激しく反発した。1970年4月の第33回定期大会は反戦青年員会がデモを繰り広げるなかで開催された籠城大会となり、高見圭司青年対策部長はこの大会で解任された。**第6章 高見圭司「日本社会党青年部再考――『NO！9条改憲・人権破壊』をもとに」**はこの大会を中心に、反戦青年委員会と社会党との関係を回想しており、高見自身が実際は右派との結びつきが強かったことなど興味深い内容となっている。また、反戦青年委員会については、「反戦青年委員会はそういうことで平和友好祭運動の流れで、やはり統一戦線なんですよね。つまり、私はもともと党派主義ではないのです。『反戦をやる人は、神を信じる者も信じない者も全部来い。どこの党派でもいい』というのを私は打ち出すのです」と証言しており、その党派性を否定している。

2　社会主義協会

構造改革論争において、構造改革派との論戦を通じて社会党内で勢力を拡大したのが社会主義協会であった。社会主義協会は1951年に創設された労農派マルクス主義の研究団体であったが、1960年代に、向坂逸郎代表が全国をまわって労働者相手に『資本論』の学習会などを開催したこともあり、社会党の活動家層に急速に勢力を拡大した。

第7章 上野建一「社会主義政党の確立をめざして」は1950年代の社会主義協会の草創期から勢力拡大までの過程を内部の人間の目を通して証言したものである。また、上野の証言は左右分裂時代（1951～55年）の左派社会党の内情についても触れられている。左派社会党が発行した日刊紙『社会タイムス』の編集に携わった上野は、『社会タイムス』が失敗した理由を、レッド・パージされた記者たちを雇っていたため、編集方針に統一性がなかったこと、売上金を回収するシステムが未熟で途中で中抜きされて、党の費用として使われたことをあげている。

なお、左右分裂時代、左派社会党内では和田博雄（政審会長、後に書記長）が鈴木茂三郎委員長とは一線を画し、社会主義協会に接近した。**第8章 横山泰治「社会党生活32年――社会民主主義とマルクス主義の狭間で」**は和田派と社会主義協会に関する貴重な証言であり、再統一直後になっても社会主義協会の社会党本部班の書記は和田派に所属していたと証言している。また、社会主義協会代表である向坂逸郎の「政策審議会なんて要らない」「要するに革命のための準備をすればいい」という言葉を紹介している。向坂の政党観を知るうえでも重要な証言と言えよう。

1970年代に入ると、社会主義協会は党大会の代議員では社会党最大の派閥となって「協会派」と呼ばれるようになる。しかし、協会派の拡大は古参幹部の警戒感を招き、1974年には、それまで激しく対立していた佐々木更三と江田三郎が和解し、「七人委員会」を結成して反協会派を形成した。以後、党大会では協会派と反協会派が激しく対立するようになっていく。とくに1977年の第40回定期大会では協会派と反協会派の対立が激しく、江田が協会派の代議員から激しく批難される事態に発展する。江田はそのすぐ後に社会党を離党し、菅直人とともに社会市民連合の結成を目指したが、急死する。これによって協会派に対する世論の風当たりは急速に冷たくなり、総評の介入によって協会派の活動には大きな制約が設けられるようになった。

第9章 細川正「もうひとつの社会党史――党中央本部書記局員としてマルクス・レーニン主義の党を追求」は協会派に対する規制とそれ以後の協会派についてかなり詳細に述べた証言である。興味深いのは、党本部の書記の採用においても協会派は排除されたと、細川が述べていることである。排除の仕方に関する発言も具体的である。「ところが1977年の協会規制以後は、書記局試験を受けても協会員はまったく受からなくなりました。試験は筆記と面接でそれぞれ100点ずつ。協会員は筆記では100点近くを取るのですが面接点でゼロ点をつけられる。協会員以外の受験者はいくら悪くても筆記でゼロ点ということはないので、面接で100点をつければトータルで協会員を上回って合格する」という。当時の協会派排除の動きがかなり徹底していたことがうかがえる。

3　飛鳥田一雄〜田辺誠委員長時代

1977年、参議院議員選挙の敗北の責任をとって成田知巳委員長は辞意を表明した。社会党内が協会派と反協会派の対立で混乱するなか、飛鳥田一雄が後任の委員長に選出される。飛鳥田は1963年に横浜市長に当選し、革新市長会会長をつとめる革新首長のリーダー的存在であった。彼は社会党内では最左派に属していたが、一方で市長としての手腕は構造改革派の松下圭一などからも評価されており、右派・左派ともに支持される存在であった。「みなとみらい構想」など六大事業を構想する（後に実現）など、市長時代は壮大な事業に着手していた飛鳥田も、社会党委員長としては予算や人事権の制約から十分に腕をふるうことはできなかった。

横浜市長時代から飛鳥田の側近をつとめていた船橋の証言（**第10章**）によれば、委員長としての飛鳥田を躓かせた三つの失敗があるという。一つは美濃部亮吉都知事の後継者として都留重人の擁立にこだわったうえに失敗し、結局1979年の都知事選で太田薫を担ぐはめになって惨敗したこと。二つ目は1982年に党内力学や本人の人となりを無視して馬場昇を書記長に担ぎ、党内の反発を招いたこと。三つ目は飛鳥田の選挙区を横浜から東京1区に移したため、選挙区対策に忙殺される結果となったことである。

求心力の衰えた飛鳥田は1983年の参議院議員選挙敗北の責任をとる形で退陣し、代わって石橋政嗣が委員長に就任した。石橋は「ニュー社会党」を宣言し、1986年には「日本社会党の新宣言」（新宣言）を採択させ、マルクス主義から曲がりなりにも西欧型の社会民主主義へと党の路線を変更する。しかし、1986年総選挙で社会党は惨敗を喫し、石橋は委員長を辞任する。

当時、党本部宣伝部長をつとめていた海野明昇の証言、**第11章 海野明昇「社会党本部書記から中央執行委員会を振り返って」**によれば、「WE TRY No.1」という英字のポスターは「田舎では貼れない」と言われ、党のシンボルの赤いバラのポスターは「支持者にはわかるが一般の人には理解できない」と言われたと回想している。石橋執行部の意気込みとその空回りぶりがうかがえるエピソードである。

石橋に代わって委員長に就任したのは土井たか子であった。主要政党初の女性党首で気さくな人柄の土井はたちまち大衆的人気を博した。土井のテレホンカードをつくったら飛ぶように売れたという海野のエピソードは、当時の土井人気がわかるエピソードである。1989年の参議院議員選挙では土井人気に加え、リクルート・スキャンダル、宇野宗佑首相の女性スキャンダル、消費税への反発などもあって社会党は歴史的な大勝をおさめる。「高知に行ったとき、高知城の下の広場で土井委員長が演説するわけですが、その姿を城の上のほうから見ていたら、土井委員長の周りから道路までものすごい人が来て、大変なものだったのを覚えています」という海野の証言から社会党の追い風ムードがうかがえる。

このような追い風にのって、社会党をはじめとする野党に連携の動きがみえはじめる。それは消費税廃止法案の勉強会という形で現れた。伊藤の証言（前掲）は当時の野党連携の内情を赤裸々に語っている。消費税の導入によって、物品税時代より税率が下がるIMF・JC（金属労協）、自動車、電機の労組が本音では消費税賛成の立場だったという伊藤の証言は興味深い。

1990年の総選挙は社会党の一人勝ちに終わり、野党連携には隙間風が吹き始める。しかし、湾岸戦争が勃発すると土井はこの事態にうまく対処することができず、国際貢献をめぐって公明党・民社党との間で意見の相違が生じ、公明・民社両党は自民党との連携を深めるようになる。1991年、統一地方選挙の敗北の責任をとって土井は辞任し、田辺誠が委員長となった。

田辺はシャドーキャビネット委員会を発足させるなど、自民党に代わる政権政党へと社会党を脱皮させようとする。しかし、田辺は土井ほどの大衆的人気はなく、PKO協力法の審議では左派に押される形で強硬な態度に出たが、世論の支持は得られなかった。盟友であった自民党の金丸信副総裁が不正献金疑惑で失脚すると、田辺に対する風あたりはさらに強くなり、田辺は委員長の辞任を申し出た。後任の委員長には山花貞夫が選出された。

土井委員長時代、綱領的文書「平和の創造」の作成に携わった前田哲男は、**第12章 前田哲男「私がみてきた社会党の防衛政策」**のなかで、そのとき「自衛隊をいったん合憲の存在として認めて、その後縮小のプロセスを提示する」という提起をしたにもかかわらず、その部分が削除されたと不満を述べている。

前田は社会党の党是である非武装中立政策は、池田勇人内閣が憲法改正を棚上げして高度経済成長政策を打ち出すなかで、自民党に対する対抗政策としてはピントが外れたものになっていったと評している。他方で、江田ビジョンで自衛隊の存在を肯定し、石橋構想でその縮減の道筋を示せば、自民党に対する対抗軸足り得ていたのではないかとも述べている。

また、湾岸危機のとき国会に提出された「平和協力法案」については、これが廃案になるさい自衛隊とは別組織の国連平和維持活動の部隊をつくるという自社公民の4党協議から山口鶴男書記長が抜け出したために国連平和維持活動部隊を自衛隊以外の部隊とするという歯止めの条項が空文化し、自公民3党によるPKO協力法の成立によって自衛隊の海外派遣の道をつくってしまったことを悔やんでいる。

4　細川護煕政権〜村山富市政権

1993年6月、野党が提出した宮沢喜一内閣不信任決議案に自民党の一部議員が賛成して可決され、宮沢は衆議院を解散した。この総選挙では日本新党など新党がブームを起こす一方、社会党はそのあおりを受け136議席から70議席へという半減に近い大敗を喫した。それにもかかわらず、細川護煕を首班とする非自民・非共産政権が誕生し、芦田均内閣以来45年ぶりに社会党は政権に参加することとなった。ところが、細川首相は佐川急便からの不正献金を野党から追及され、翌年辞任する。

代わって、新生党の羽田孜が連立政権の首相に就任した。このとき、社会党を排除して新生党・日本新党・民社党などからなる会派「改新」が発足し、これに社会党と新党さきがけが反発して政権から離脱する。自民党は社会党やさきがけに新たな連立政権の樹立を呼びかけ、社会党やさきがけの政策を大幅に取り入れることにも同意した。こうして1994年6月、山花に代わって社会党委員長となっていた村山富市を首班とする自民・社会・さきがけ三党連立内閣が成立する。

第13章 園田原三「時代に生きた社会党と村山連立政権」、第14章 浜谷惇「政権と社会党——1980〜90年代の政策審議会」は、この時期の社会党を回想したものである。村山首相秘書官であった園田は、社会党が大惨敗した1993年総選挙の後、委員長の山花に対して「閣僚か、委員長続投かの一つにして下さい」「仲間たちの多くが討死したときの委員長の責任をどうとるのか、“一将功なり、万骨枯る”では社会党の行末は厳しくなるばかり」と進言したことを回想している。

しかし、山花は政治改革担当相として細川内閣に入閣し、委員長もしばらく続投した。また、村山内閣については、社会党しかできない政策（村山談話・被爆者援護法・水俣病の政治的解決）をいかに実現したかを強調する。とくに水俣病の政治的解決は元熊本県知事の細川護熙が首相のときに要請しても実現しなかった案件だったという。

浜谷は細川内閣と村山内閣の政策決定過程の比較を試み、細川内閣で政策決定をなるたけシンプルにしようとした小沢一郎の手法は民主党政権でも繰り返されたと分析している。また、村山内閣では「自民３・社会２・さきがけ１」の発言力で決定されたため、自民党議員の不満を生み、“戦後50年決議”における自民党議員の大量欠席を生んだと判断している。

また、土井の委員長退任後の社会党が党勢を低下させ続け、最終的にその歴史的役割を終えた原因として、浜谷は次の七つを挙げている。①労働組合員の意識・価値観の多様化による選挙活動・集票効果の低下、②社公民連の関係を破綻させ、選挙協力がとん挫したこと、③連立政権や新党づくりで社会党と労組の間で複数の考え方があり、これを調整・統合することができなかったこと、④土井時代に培われた支持層をつなぎとめることができなかったこと、⑤政権参加によって党の存在感をアピールすることができなかったこと、⑥ビジョンと指導者の欠如、⑦以上の理由から多くの選挙区で「裸になっての選挙活動」を余儀なくされたことである。

村山内閣の成立後、社会党は他のリベラル勢力も巻き込んだ社民・リベラル新党または民主・リベラル新党の結成に乗り出す。しかし、新党構想は実を結ばず、1996年１月に社会党は社会民主党へと党名を変更したにとどまった。この間、“社会党と連帯する労働組合会議”の議長であった橋村良夫は政界の動きに翻弄されることになる。**第15章 橋村良夫「総評解散後の労働組合と社会党」**は社会党の党名変更とその後の民主党結成に至る動きに労組が積極的にかかわれなかったことを明らかにしている。その原因は社会党自身が新党構想に消極的なことであった。

橋本は村山政権時代の新党構想の進展について、次のように回想している。「このころの逸話として、社会党のほうは、村山さんは官邸にいる。久保さんは三宅坂というか、議員会館にいる。新党結成準備会は隼町。三宅坂をちょっと上がっていったところのコンビニエンスストアの2階が新党結成準備会の準備委員室でした。私も準備委員の1人だったので行っていましたが、この連携が本当にしっかりいっているのかどうかということがちょっと気になっていました。久保さんと会ったり、村山さんと会ったり、事務局とも連携を取りながらやっていましたが、いろいろな意味で新党づくりを本気で言っているのかどうかわからないような状況でした。」

社会党（社民党）主導の新党構想が進まないなか、新党さきがけの鳩山由紀夫・菅直人による民主党結成の動きが報じられる。すると、佐藤観樹幹事長をはじめとする社会民主党の国会議員の多くが民主党に参加することとなった。こうして社会党は、名称を変更しただけでなく実質的にも終焉を迎えることになったのである。

第Ⅱ部　総　評

日本労働組合総評議会（以下、総評）が結成されたのは1950年である。そこには、労働組合から共産党勢力を排除しようとするGHQの意向が働いていた。しかし、総評は翌年の第2回大会で「平和四原則」を採択し、国際自由労連一括加盟を否決する。以後、社会党も「平和四原則」を採択したために総評は社会党左派との連携を強め、GHQの思惑どおりには動かなくなっていく。このような総評の変化は当時、“ニワトリがアヒルになった”と評された。

このような総評の変化の立役者が、第2回大会で事務局長に選出された高野実であった。しかし、アメリカを戦争勢力、ソ連・中国を平和勢力とする高野による「平和勢力論」や、1953年総選挙における自由党の過半数割れを受けて改進党党首の重光葵を首班とする政権を野党共闘で成立させようとした「重光首班論」が左派社会党の批判を浴び、高野は1955年の事務局長選挙で岩井章に敗れて失脚した。その後、1958年には太田薫が総評議長となり、“太田−岩井ライン”が総評の主流になる。

第16章 谷正水「回想の総評運動——1960〜70年代を中心に」は高野と太田−岩井ラインとの対立を、完全雇用を目指す「労働プラン」とそれを軸にした労働運動と市民を結ぶ「ぐるみ闘争」をめざした高野と、賃上げを重視した太田や岩井との対立と見る。しかし、太田−岩井ラインが確立した後も高野が敷いた路線は引き継がれたとしている。その例として高野が発案したオルグ制度が太田−岩井ラインの下で実現したことを挙げており、総評は地方オルグ300人・全国オルグ37人を擁するに至った。また、太田−岩井ラインが三池闘争・安保闘争を全力で戦ったことも高野路線継承の表れだと、谷は見ている。

合化労連書記長として太田に仕えた塚田義彦の証言、**第17章 塚田義彦「太田薫氏と労働運動を語る」**は敗戦直後から総評解散までの日本の労働運動を振り返る内容だが、1966年に太田が総評議長を退いた背景として、総評内で構造改革論賛成派が多数となりそれに反対する太田が少数派となったためだという新しい見方を示している。また、報告後の質疑応答では、1979年の東京都知事選挙に太田が立候補した背景についても興味深いエピソードを紹介している。1967年都知事選の際には公明党の支持を得られないことを理由に立候補を辞退した太田が1979年に公明党の支持を得られないまま立候補に踏み切った背景には、富塚三夫総評事務局長の熱心な働きかけがあったというのである。

なお、塚田は「富塚氏はかなり本気で応援してくださった。槇枝議長はそれほどでもなかったですね。私は日教組本部がある日本教育会館（東京・一ツ橋）へ行き、何遍も『よろしくお願いします』と言ったのですが、『う〜ん、社会党がね』というのが槇枝さんのあれで。だから、社会党は誰か別の人を出したかったのでしょうね」と証言している。本書の船橋証言によれば、社会党の本命は経済学者の都留重人であった。

1964年、公労協は大幅賃上げを要求し、4月17日に半日のゼネストを計画する。このゼネストは池田勇人首相と太田のトップ会談で回避されるが、4月8日に日本共産党（以下、共産党）は突如、「4.17ストは敵の挑発」としてゼネスト中止を呼びかけた。後に共産党はこの呼びかけを誤りとして自己批判し、労働組合運動強化のために党本部に労働組合部（後に労働局）を設置する。

第18章 梁田政方「日本社会党・総評時代の日本共産党の労働組合運動の政策と活動について――1970～80年代の総評との関係を中心に」は、あまり知られていない共産党労働組合部の役割について詳しく説明している。梁田によれば、その役割とは、①政策づくり、②法案審査、③組合専従の党員への援助と指導、④党代表挨拶の資料づくり、⑤党内・外からの質問への回答、⑥選挙闘争への取り組み、であったという。⑥については、共産党は労働組合員の「特定政党支持」義務付け体制に反対している立場から、労働組合組織を党の選挙に利用することはせず、労働組合組織とは切り離した「共産党労働者後援会」をつくって対応していたという。

第19章 公文昭夫「私が歩んできた社会保障運動――総評・中央社保協体感の記録」は、社会保障の側面から総評を振り返ったものである。総評はもともと社会保障問題には重点的に取り組んではこなかったが、MSA予算捻出のための社会保障費の削減、世界労連による社会保障綱領の採択、朝日訴訟・中央社会保障推進協議会の設置が社会保障運動を日本に根付かせる契機になったとしている。

また、太田薫が労働者の賃上げのためには生活保護基準の引き上げが必要だとして、朝日訴訟の支援に熱心であったことを紹介している。太田は労組の社会保障闘争への取り組みを真剣にさせるために、「だいたい見てみろ、今の総評傘下の労働組合は公務労組から、民間の大単産を含めて社会保障闘争というのをいかに軽視しているかは、出てきている中執をみればわかるだろう。どこの単産からも社会保障担当部長として出てくる連中はみんな三流中執じゃないか」とまで言ってゲキを飛ばしたという。昨今の生活保護バッシングに対して沈黙する現在の日本の労組とは対照的な姿勢を当時の総評が貫いていたことがうかがえるエピソードである。

1975年に、当時の三木武夫内閣を分析した総評は、公務員のスト権奪還を目標に「スト権スト」を実行する。しかし、予想に反して三木首相の姿勢は強硬で、「スト権スト」は何ら成果をあげないまま終息する。**第20章 富塚三夫「総評運動と社会党と私」**は国労書記長として「スト権スト」の指揮にあたった富塚による「スト権スト」の真相が含まれている。富塚が社会党から衆議院議員選挙に立候補したときのエピソードや労働記者たちとの交流も興味深い内容である。また、かつての国労書記長としてJRの現状には憤懣やるかたない思いを抱いているようである。

たとえば、「いま分割をしたおかげで、北海道、九州、四国を見てください。逆立ちしたって絶対に黒字になりませんよ。国民の足としてあれだけいろいろな過疎の地に列車を走らせているのだから、どんなことがあったって黒字にならない。いま北海道も大変な事態になっています」「先ほどいったリニアモーターカーに批判もあります。JR東海が自前で何兆というカネを使ってやるというんでしょう。そんなばかげたことをするなら、ほんの一部だけでも政府の運用資金に入れて北海道や四国、九州に回せばいい。今、そういうことを言うやつが誰もいないでしょう。民主党も社民党も言わない。それが現状です」とJRを取り巻く現状を嘆いている。

おわりに

社会党と総評関係者からの聴き取りを通して、さまざまなエピソードを交えた証言を得られたことで、歴史の見方に厚みが加わったといえよう。各証言者に共通するのは、信ずるところに向かう闘志や情熱である。社会党・総評が影響力を持ち、輝いていた時代を支えていた方々、あるいは社会党の再建に尽力された方々からの証言は、今後の戦後日本政治史研究に少なからぬ影響を与えるにちがいない。

本書をひもとくことによって、社会党と総評の興亡の歴史からの教訓を学ぶだけでなく、そこで展開された「人間ドラマ」をも垣間見ることができるだろう。戦争による荒廃から立ち上がり、「民主日本」を夢見て力を尽くした人々の消し去ることのできない足跡が、そこには記されている。本書に収録された証言を通じて、その一端でも明らかになり、戦後日本政治史や現代日本政治研究に少なからぬ貢献をもたらすことを願いつつ、本書の解題としたい。

岡田一郎・木下真志

第Ⅰ部
日本社会党

第１章
構造改革論再考
——加藤宣幸氏に聞く

構造改革論とは何だったのか。構造改革三羽烏と呼ばれた加藤氏による機構改革推進者からの回顧。江田派の形成過程やブレーンとのかかわり、「構造改革論」「成田三原則」ということばの誕生秘話等、細部まで語られた再考論。

［略歴］
1924年　東京市芝区で加藤勘十・きみの長男として出生
1931年　芝区白金尋常小学校入学
1937年　東京府立電機工業学校入学
1941年　府立電機工業学校卒業。芝浦マツダ工業株式会社入社
1942年　府立高等工業学校２部機械科入学
1943年　東京工業大学燃料工学科に転職
1945年　都立工業専門学校（改称）機械科卒業。12月自由新聞社入社
1946年　日本社会党本部書記局入局、青年部、組織部
1951〜54年　世田谷区議、社会党世田谷支部書記長専従
1954年　左派社会党本部復職、地方議会部
1955年　日本社会党統一。組織部、教育文化部、機関紙局、機関紙経営局
1969年　社会党本部退職。株式会社新時代社設立、代表取締役就任
1992年　新時代社代表取締役退任

報告

政党書記としての立場から

社会党の場合の書記というのは、事務職員とも言えますが、大きく分けて

院内で働く者と院外で働く者の二つがあります。院内は議員とともに調査したり、立法作業にあたったりする職員。院外は大衆団体と接触したり、あるいは組織の管理にあたったりする職員。社会主義政党の場合、議会主義とは言いながら院外活動も重視するというような考え方で、院外活動に従事する者も人数的には結構多くいました。

私は一貫して院外活動でやってきました。政党の書記はご存じのように党内の選挙で選ばれるという役員ではなく、執行機関から任命される職員ですので、そのような立場からのご報告ということをあらかじめお断りしておきます。

私の生い立ち

私の父親は労働運動家で、当時は鉱夫労働組合の委員長と全国労農大衆党幹部をしていて東奔西走していました。いちばんの不景気時代で、本人の自伝によると警察のブタ箱に50回以上入ったというストライキの指導者でした。私はそういうなかで育ったわけです。

思い出としては、昭和10（1935）年、これは戦前の最後のメーデーになると思いますが、母親に連れられて、父親が部隊の指揮者として警官に囲まれる中を行進するのを見ました。父親はその年に、労働者代表ということで労働組合の盛大な見送りをうけ横浜からアメリカへ行きました。そこで野坂参三氏と会っています。そして、トランクで4箱ぐらいの大量のパンフレットを持って帰ってきました。子供ですから、父親がアメリカへ行ったら何かみやげ物がもらえるのではないかと思っていましたが、パンフレットだけで何もお土産がなかった。干しぶどうだけはもらいました。それでよく覚えています。

そのトランクというのが、当時、日本にはまだなかったファイバーで作られた大きなトランクでしたが、それが四つありました。その翌々年、昭和12年に人民戦線事件で一斉に検挙されます。その時、このパンフレットがコミンテルンから受け取ってきたものという証拠になるわけで、非常に印象的なものでした。

昭和11（1936）年は2.26事件の年です。その1週間前に総選挙があって、東京第5区から全国最高点で当選します。社会大衆党からも18人が当選しました。反戦、反ファッショというスローガンをしっかり掲げ、選挙チラシにも大きく書いて、演説会場などにも戦争反対の垂れビラがありました。そこに当時の知識人、青野季吉、茅原華山、荒畑寒村、神近市子、妹尾義郎氏などが選挙応援弁士に立ったという会場風景を覚えています。

敗戦直後の状況

戦争が1945年に終わって、私は翌年の1月から社会党本部に入ります。以下、社会党のなかで青年部、組織部、地方議会部、教育文化部、機関紙部機関紙経営局長などをやり、1969年に退職しました。党本部を辞めてから政党活動には一切関わらず、どの党にも属さず、活動はしていません。関心は持っていますが、組織活動に参加しないことにしています。

こういう環境で育ったので、戦後、社会党に入ることについてとくに違和感はありませんでした。ただ、私たちは敗戦直後にグループで勉強会をやっていましたが、そこへ「人民社」というところから私の父親（加藤勘十）のところへ、たぶん原稿依頼か何かだったと思いますが、人が来た時に、新しく青年組織ができるから、あなたたちグループも参加しないかと誘われて会合に行きました。

この「人民社」というのは、共産党あるいは社会党や労働組合ができる前の左翼の活動拠点だったのです。8月15日の敗戦から9月8日に東京に進駐軍が入ってくるまでの間、いわば権力の空白期間があった。その時に私も行ったことがありますが、この「人民社」が銀座にあって、社会党系の、労働組合ならば高野実とその関係で鈴木茂三郎、加藤勘十、荒畑寒村など、共産党系の農民運動なら伊藤律、労働運動の長谷川浩とか、共産党系の松本健二、佐和慶太郎など、その後共産党から分かれる人たちも多く出入りしていたという拠点です。

後から知ったのですが、私たちが誘われたのは、最初の名前は共産主義青年同盟だったと思いますが、共産党系青年組織の準備会だったわけです。話の内容などは忘れてしまいましたが、暗いところで自己紹介もなく会合がもたれて、秘密めいた会合でした。そこに私は友人の矢野凱也君と一緒に行き、帰ってグループに報告しました。

そのころ、私の父親の家では旧日本無産党関係者がしばしば集まって、新しくつくる社会主義政党をどういう政党にするか、あるいは労働組合運動はどうつくるかということでずっと討議を重ねていました。印象的だったのは、小堀甚二さんとか荒畑寒村さんの、戦犯なんかとは一緒にやらないで、独自の政党をつくるべきだという主張でした。

でも、大勢としては戦前の無産党の分裂を反省して、戦後は統一した社会主義政党をつくるべきだということに落ち着いて、社会党の結党になっていきます。労働組合も統一労働組合でいこうというような方向がだんだん出てきました。

社会党への入党

私たちのグループに対しても、社会党に参加すべきではないかという説得もあって、討議した結果、全員、社会党に入ろうということになりました。そして、1945年11月2日の結党大会を全員で傍聴したというのが直接的な入党の契機です。

このように全員入党を決めましたが、私と矢野君は当時21歳で、いちばん若かったので、「社会党青年部に入るべきだ」というグループの申し合わせになりました。やや年上の緒方秀一君は新聞記者になりたいというので機関紙『社会新聞』に入る。そのようなことで本部の職員に2人で青年部ということで申し込んだら、仮採用みたいな形で採用になって、以後20余年、専従生活をすることになりました。私は、本部があった新橋で働いていました。

当時の社会党は、新橋西口の第二堤ビルの3階と4階に党本部がありました。2階はフタバという喫茶店で、3階の大部屋に総務・組織・宣伝部、小部屋二つに青年部・農民組合が入った。4階は新聞と中央執行委員会の会議室でした。ビルの1階は焼けたシャッターが閉まらず浮浪者がうずくまっている時もある強制疎開の建物でした。以前の所有者の権利があるか無いかはっきりしないものを、結党大会で中央執行委員・青年部長になった中村高一氏が都会議員で東京都と交渉して党が使用することを認めさせたと言われています。

当時の職員の様子というと、青年部は、私ども2人は給与をもらっていましたが、そのほかに何人も常勤、非常勤者やその後、議員になったような人も何人か常時出入りしていて非常に活発に動いていた。その活動資金は当時、民主団体には機関紙用の紙の配給とか会議用のビールの割り当てがありましたので、それを一部使って、あとは横流しをして、その資金を活動費に充てるという今では考えられないようなことをやっていました。

ただ、当時の書記局の様子で印象的なことをいうと、山崎早市さんという時事通信の記者が毎日のように社会党本部の中を自由に歩きまわっていたことです。GHQを監督するような立場の対日理事会での各国代表の発言などを我々に教えてくれて、世界情勢はこうだと情報を流してくれた。ところが、この人は後でわかったのですが、共産党の徳田球一書記長と直結した御庭番だったので、社会党本部のあらゆる情報は共産党本部に直接報告されていたわけです。

当時、専従職員はそう何人もいませんでした。まだすごいインフレの時代で生活は苦しくて、給与が出たといっても公務員の半分ぐらいだったのではないかと思います。ある時、浅沼稲次郎書記長の時代だったと思いますが、だれかが、あまりにも給与が安いのでもう少し上げてもらえないかという話を会議で出しましたら、浅沼書記長から、戦前はみんな無給でやっていた、君たちは給料が出るだけましだ、だいたいそんな考え方でいるのはおかしいと言われてしまい、みんな黙ったというような時代でした。それが当時の本部の様子です。

組織機構の改革

構造改革についてですが、私は10年間ぐらい青年部、組織部、教宣部、機関紙部というところにいました。構造改革論が提起される前、前段階という形で、社会党の組織の革新とか近代化というか、そういう動きを組織部にいた時にやりました。

その集約が組織機構改革答申案です。大会決定で機構改革審議会をつくって、そこで組織機構の改革、たとえば国会議員の自動的代議員権をなくす、執行委員会の人数を減らす、ポスト別で執行委員を選ぶ、青年部は外に出して社会主義青年同盟にするなど、いろいろな大改革をやりました。

これは大会決定ということで中央執行委員会も口を出せない。そういう形で実行に移されました。内容はいろいろ問題もありますが、組織部の副部長ということで、これを起案したり推進したりというのが大きな仕事でした。

社会党は1955年に統一したのですが、その直後から綱領をもっとしっかりしたものにしなければだめだという議論がとくに左派のほうからありました。私はそれをいきなりやり出すと、せっかく左右両党が妥協して綱領をまとめたばかりなのに、階級政党か国民政党かなどと、いろいろ不毛な論争を始めるとまた党が壊れてしまうのではないかという懸念もあって、それをやる前に党の組織整備とか近代化をやるべきだと思ったのです。

社会党は結党直後から共産党の強い青森とか長野とかで社共合同運動というようなやりかたで共産党から組織攪乱をしきりに仕掛けられました。『赤旗』などを見ているとあちこちで、共産党と社会党は合同すべきだという決議が社会党の中から出て、いまにも社会党の組織が全部共産党になってしまうのではないかと思われるぐらい書かれ、それに対処するため組織部にいて飛び回っていました。それから、左右社会党が統一した時に一緒に労農党も統一しますが、地方によっては、労農党と合同するのはいいが、この人物はどうしても入れたくないとかそんなことがあちこちであり、それを説得しに歩くなどの活動をしていました。

機関紙の有料化運動

大会で機構改革が通った後は、直接の担当責任者として機関紙の有料化運動に取り組みました。『赤旗』には比べようがないのですが、社会党としても機関紙活動を強化しなければどうにもならないということです。左右統一をした時は、双方公称党員5万人ずつということでしたから合計10万部、大判2ページの新聞を無料で配っていました。

しかし、左右両社会党5万人ずつと言っていましたが、組織部で党員の再登録をやると、両方合わせて5万人ということで、とても10万人はいなかった。10万人というのは、議員の後援会員を党員に勘定したような数字でした。

ですから、実際の党員の５万人を基礎に新聞の有料化を始めたのです。

最初、1〜2万部の有料紙から始まって、逐次、新聞も２ページから４ページに、４ページから６ページにして、発行間隔も最初は旬刊だったのを週刊にし、週刊から３日刊というふうに発行間隔を短くし、部数も増えて十数万部になりました。印刷工場も当時のお金で数千万円もする高速輪転機を入れ、印刷は当時の最先端で活字を使わないコールドタイプという電算写植機でやる方式を導入した。今は普通ですが、当時はまだ珍しく印刷業者が見学に来たぐらいです。

それを全部、党会計とは別の独立採算制でやり、編集部、現場の工員、職員を含めますと200人ぐらいが機関紙局職員ということで、党のなかで独自に働く体制がつくられました。私は経営局長というポストで、この運営に全力を傾けて働きました。今振り返るととても考えられないようながむしゃらな仕事をよくやったものだと思っています。

そのうち、機関紙局の編集部職員が公募で優秀な人たちが入ってくるようになったのですが、社会党本部の職員とは採用機関が違う。雇用が独立採算の機関紙局で、党本部の職員ではない。それは不平等ではないかというような議論が起きて、やがて本部職員と身分が統一されていくなどのことがありました。

その他、機関紙局活動で記憶に残るものとしては、法政大学助教授だった松下圭一先生にいろいろかかわっていただいたことです。とくに、機関紙局のなかに資料室をつくり、職員も２人ほど配置して、そこで先生を実質的な編集責任者として『国民政治年鑑』、次いで『国民自治年鑑』という部厚い年鑑を毎年出版しました。

このように、機関紙局は機関紙『社会新報』の活動と並行して雑誌・単行本・パンフレットの発行など非常に活発な出版活動も展開しました。私は機関紙局の経営局長という立場で、この活動に専心しました。

これら各種の出版宣伝活動の活発化と表裏の関係で1956、57年ぐらいから構造改革論の提起が始まっていきますが、それが党の方針への活発な論議を呼び、それがまた出版活動を盛り上げるという良い循環を生みました。

これらの現象は社会党としては空前の出来事だったのです。

構造改革とトリアッティ

次に、構造改革とパルミロ・トリアッティ（1893〜1964年）についてお話しします。これについては、松下先生が「日本の構造改革派はイタリア直輸入の系譜だけでなく、多様な発生源ないし理論系譜をもち、しかも相互に顔もほとんど知らない、ゆるやかな少数の理論家たちの、それこそ思考スタイルとしての総称でした。しかし、当時はまだ層として存在していた知識人層の間では、広く理論的影響力を持っていました。誰が中心ということもなく、全国各地でそれぞれ構造改革派を自称していた人々がいて、種々の研究会や同人雑誌、単行本、また『朝日ジャーナル』『エコノミスト』『世界』『中央公論』などのオピニオン雑誌で、個々に発言しています。全国でみても数百人どまりだったでしょう」（北岡和義編『政治家の人間力——江田三郎への手紙』明石書店、2007年、307頁）と述べています。

つまり、さまざまな雑誌や書評誌、『日本読書新聞』『図書新聞』とかそういうところにいろいろな方が書かれて、そういうものを総称したのが構造改革派というふうに言われたのだと思います。これに私も賛成です。

さらに、産別民同の細谷松太さんは、「構造改革派」を三つにくくれると言われています。一つは共産党内部から出たもの、一つは社会党書記局から出たもの、一つは労働運動から出たものと三つの流れを指摘されています。私もこのくくり方でいいと思っています。

ご存知のようにイタリアのトリアッティの路線は、正確に言えば「構造的諸改良の道」というタイトルで呼ばれていたので、当時、社会党の「構造改革」はイミテーションだと、共産党から出た構造改革派のグループの人たちからは、からかわれたことを覚えています。社会党のなかで、私たちは主として佐藤昇、松下圭一氏からいろいろと指導を受け、『思想』に掲載された、松下圭一「大衆国家の成立とその問題性」（1956年11月号）、佐藤昇「現段階における民主主義」（1957年8月号）からも示唆を受けました。しかし、その2人の方からも、特別にトリアッティがいつこう言ったとか、こう書かれているとか、そういう形で教えられたことはありませんでした。

もちろん、その当時、大月書店から『現代マルクス主義』という全3巻の本とか、合同出版からも『イタリア共産党の研究』『イタリアの道』『グラムシ選集』とか、たくさんのイタリア関連の本が出ていました。それを拾い読み程度ですが、読みかじっていましたから、トリアッティの影響がなかったということはなく、影響は大いに受けましたが、社会党の構造改革派にとって直接、トリアッティがこう言ったからとか、そういう形でとり入れたということはありません。

「ブレーン」について

次に、ブレーンはいたかということですが、ここに至るまで、私どもが青年部から組織部をずっとやっている間、いろいろな先生に教わっていてお名前を挙げきれないぐらいです。構造改革論を政治路線にしていく直接的な過程では、佐藤昇（経済学者。1916〜93年）、松下圭一先生の指導に大きな影響を受けました。山本満さんという方は、もともと『ジャパンタイムズ』の編集者で、法政大学教授もやられたと思います。

竹中一雄さんは元国民経済研究協会の会長で、エコノミストです。長洲一二さんはご存知の経済学者です。久保孝雄さんは、もともと中国研究所の方で、長洲神奈川県知事の下で副知事をやられました。こういう人たちが、江田三郎のブレーンと言われるような方たちです。構造改革の政治路線形成そのものについては、佐藤、松下さんの影響が大きかったと思います。

次に、初岡昌一郎氏がどうかかわったかについてです。これは結論的に言えば、社会党の構革派理論をつくっていくのに大きくかかわり、強い影響力を持ったと言えると思います。その一例として、まだ29歳ぐらいの法政大学助教授で盛んに大衆社会論を提起されていた気鋭の政治学者松下圭一先生のお宅というか、下宿に私たち３人（貴島正道・森永栄悦・加藤宣幸）を連れていったのは彼ですし、それを契機に私たちは頻繁に先生から教えていただくことになり、先ほどお話ししたように社会党の機関紙活動にも深くコミットしていただいたのです。

佐藤昇さんについても、『思想』の論文を見て、すぐ彼を探し出し、私たちがお宅を訪ねる契機をつくったのも初岡氏です。それから、58年ごろですか、私たちは佐藤さん、松下さんの影響、方針を受けて、政治学者である田口富久治、増島宏、北川隆吉、中林賢二郎、上田耕一郎さんという方たちと１年ぐらい研究会を持ちました。その事務局も初岡さんがやりました。後でわかったのですが、これらの政治学者はほとんど共産党籍のある方ばかりで、上田さんはご存知のとおり共産党の幹部です。

さらに初岡氏は清水慎三氏や坪井正氏などの理論的な影響をうける関西の社会党青年部OBグループと多少ニュアンスの違うところがある私たちのグループとの間を調整したりしました。また、こういう先生たちの指導を受けたのかと思いますが新綱領研究会のテーゼを彼が起草しました。こういうふうに、深くかかわられました。特に私個人はもともと理論派ではなく教育も技術教育を受けて、社会科学の理論を深くやったのではないので、初岡氏からはいろいろな影響を強く受けました。

共産党の反応

次に、構造改革に対する共産党の反応です。私たちの研究会に共産党系の方々が参加されていましたし、上田耕一郎氏は研究会で報告もされています。私たちが読んでいた『現代マルクス主義講座』などにも上田氏は執筆され、不破哲三氏も書いていました。ところが、ある時から突然、共産党が構造改革、構造改良というものの批判、反対に転じ、党内の構造改革派の人は除名されたり、批判されたり、排除されていくわけです。

それとだいたい同じ時期から、社会党の中の鈴木茂三郎派の人たちも、それまではイタリアの本などを持って構造改革を我々に宣伝するぐらいだったのが、一転して批判に転じたのです。それは共産党が反対を始めたころとほとんど同じだったと覚えていますが、その理由はよくわかりません。

しかし、いずれにしても日本共産党の場合、六全協とか党章草案の策定とかで、機関誌『前衛』を舞台にして活発な論争があった時期です。それから国際的にもイタリア共産党を中心としたユーロコミュニズムの理論の発展とか、モスクワにおける世界共産党共同宣言、あるいはスターリン批判というような内外共産党理論の激動期で、それらの影響を受けたことは事実です。

西尾派の動向と「江田ビジョン」

次に、西尾末広派の動向についてです。西尾派というものをどういうふうに規定するかということで、お答えしにくいのですが、ただ、民主社会主義者としての立場を鮮明にされてきた京都大学の猪木正道先生が当時、江田ビジョンについて『朝日新聞』に大きく肯定的な評価を書かかれていましたから、西尾派も支持したのだと思います。ただ、西尾派に支持されたことが、社会党のなかでは改良主義者に支持されたということで逆に攻撃され、党内力学的にはマイナスになりました。

次に、江田ビジョンについてです。これについてはいろいろ文献も出ていますし、とくに申し上げることもないのですが、江田ビジョンは日光におけるオルグ会議での発言が新聞発表になったものです。その前の晩に東京・駿河台の山の上ホテルに江田書記長と先ほど申し上げた江田ブレーンと言われる人たち、長洲、竹中、松下、山本満、佐藤昇氏などと私たちが集まりました。この会合の席上、竹中さんが社会党は社会主義政権をつくる、社会主義社会をつくると繰り返すだけでは一般国民にはよくわからない、もっと具体的にわかりやすく表現したらどうかと言われた。有名になった4項目の江田ビジョンというのを竹中さんが発言されたのです。これを江田書記長が聞いて、「いいじゃないか」ということで即決し、翌日発表したのです。

当時、私たち書記局の3人は、党内手続きをすまさないでそういう発表をすると、内容はよくても、たちまち党内から攻撃されて非常なマイナスになるということで発表に反対しました。しかし、江田三郎氏は、そんなことはかまわない、そういうものに反対することがおかしい、そういうところから党の体質を改革するのだから、攻撃されるのは承知だと反対を押し切って発表したのです。案の定、党内から総攻撃を受け、江田さんは失脚し、やがて構造改革論なる政治路線も葬られる契機になります。党外の国民にはわかりやすいので、マスコミでは大きく評価され評判はよかったのですが、党内的にはご存じのような経過をたどりました。

構造改革論が採用されなかった事情

最後に、左派の動向で構造改革論が採用されなかったことについてはどうかということです。これも松下さんの評価をお借りしますと、「構造改革派は1960年ごろ、党内に江田派という形で政治拠点を持ったように見えるけれども、これは議員集団ではなくて、3人を中心として、それに地方活動家を入れた緩い少数のつながりにすぎない。だから、共産党とか社会主義協会とか、強い組織で動いているグループが反対ということで攻撃すれば、構造改革派というようなものは崩壊してしまう」と指摘されていました。そのとおりだと、私は思っています。

構造改革派というものは、当時の知識人やマスコミによって実力以上に喧伝されていましたから、伝統的な力を持つ左派が反撃すれば負けるのは当然だったと思います。また、理論的にも改良主義と言われるベルンシュタイン理論などをちゃんと踏まえたうえで構造改革理論が構築されていなかったので、当時から中津研二氏、宇治守正氏、仲井斌氏などから、不徹底だという批判を受けていました。それに対して、我々は党内左派から改良主義と攻撃されるのが怖くて、構造改良という「改良」という言葉をやめて改革という言葉を、私が造語しました。このようなことでもわかるように、理論的にも脆さを内包していたわけです。ですから、敗れるべくして敗れたのだと思っています。

質疑

構造改革についての補足

——構造改革に関する同志の盟約や勉強会の会場が、船橋成幸さんの回顧によりますと銀座の銀龍というところでも開催されていたととれる記述のあるところもあります。このお店について、もしご記憶がありましたらお話しいただきたい。研究会の頻度、つまり年に何回ぐらい開催されていたのか。

それから、今日はお名前が出てきていませんが、東海大学名誉教授で、河上丈太郎委員長の息子さんの河上民雄先生と構造改革とのかかわりについて、教えていただきたいと思います。

構造改革を提起されたのは1950年代終わりごろだというと、加藤さんは30代前半ということになります。当時の党には重鎮、長老が多数おられたわけで、今の普通の日本人の感覚からすると、30代前半の者が党を大きく変えようとするようなことを提案すると、必ずお叱りとか反発とかやっかみとかあったりすると思います。そのような動きが党のなかにあったのかどうかということを教えてください。

今日のお話だと社会党組織の構造なのかなという気がしますが、何の構造を、どのように、だれが改革しようとしたのか。このことはいろいろな文献を読んでもよくわかりません。これは松下圭一先生のまとめにあるとおり、よくわからないほうがいいのかもしれませんが、主語とか、だれが、何を、どのようにというようなところで、もう少し具体的なお話があるとありがたいと思います。

社会党は50年代、構造改革を提起されたころが国会議員の数としてはいちばん多い時代だったと思います。構造改革を唱えることによって社会党の国会議員の数が増えて、結果的に社会党政権が誕生することも目指したのか。それとは関係なく構造改革を唱えられたのか。議席増との関連について教えてください。最後に、構造改革という問題が当時の社会党にとってどういう問題を持っていたのかということと、その後の党の低迷から見て、構造改革が採用されなかったことが原因なのか。社会党のその後にとって、構造改革論の持った意味について教えていただきたいと思います。以上です。

加藤　最初のご質問について、船橋さんのいう銀龍という店は銀座の裏にあった普通の大衆的な中華ソバ屋です。私が懇意にしていた人の行きつけの店で、2階に和室が一つあっただけで、ここで勉強会をやった覚えはありませんし、そもそも勉強会をやるような場所ではありません。グループで飲みに行ったのを船橋さんが間違えたのだと思います。

河上民雄先生と私はここ何年かずっと懇意にしていますが、私が河上委員長時代の書記として本部で働いていたころ民雄先生は委員長の秘書でスピーチライターをされていて、私が本部を辞めたあと国会議員になり、国際局長としても活躍されました。右派の理論をまとめる立場から統一社会党の綱領をつくられましたが、私が書記時代には、河上民雄さんのお顔はもちろん知っていましたが、河上派の書記局のグループを代表して構造改革派と接触したり、一緒に作業したりするなどということはありませんでした。

党では30代前半だからといって重鎮、長老から叱られることはありませんでした。ただ、戦後の社会党は、戦争中10年間の活動の空白がある、昭和11年、12年の人民戦線事件で日本無産党の場合一斉に検挙され、結社も禁止される、社会大衆党も軍部に協力して大政翼賛会で解党するなど、社会運動、労働運動が10年間そこで断絶しているのです。そのために、戦前から活動してきた方たちと戦後入った者との間にちょうど10年間の空白があるので、感覚的にも若干のギャップを感じることがあったように思います。

戦争中に、左翼による組織的な抵抗運動はなかったように私は思います。いろいろな説はありますが、少なくとも私が接触している範囲で、日本無産党系の人たちが集まって情報交換は多少していたようですが、組織的な抵抗運動という形ではなかったと思います。共産党の方は獄中にいたし、外にいて運動があったかというと、なかったと私は思っています。

戦後の社会党で、戦前からの指導者たち幹部は、党内のことを見ている暇もなく、選挙活動の応援など演説に全国を走り回っていました。こういう党本部の活動について、先ほど院内、院外と申しましたが、議員は院内活動や自分の選挙区を回ることに忙しくて、選挙の票にならない党務というか、党の仕事には関与などしていられない。関与するのは、選挙区の心配がない少数の議員か書記長とか組織局長など限られた幹部だけです。

ただ、組織改革の時は、戦前の無産政党時代からずっと組織部長、書記長を歴任して、組織論については一家言のあった浅沼稲次郎書記長から我々が提案すること自体を叱るということでなく、その内容について長い経験から意見を述べられた。たとえば社会党青年部の場合、党内にあると反幹部闘争になりやすいので、我々が党組織の外郭に社会主義青年同盟をつくり、外で大衆的な青年運動をもっとやるべきではないかという提案をしたのに対し、浅沼書記長は、戦前からの経験で、青年部は中に置くとやかましいが、外へ出せば若い者はみんな共産党へ行ってしまうから、中に置いておくという理論でした。

党組織のありかたについて、共産党にはご存じのようにピアトニツキーの組織論など代表的なボリシェビキの党組織論がありますが、社会民主党の場合には決定的な組織論がないというか、ドイツ社会民主党、オーストリア社会党、イギリス労働党など、それぞれの国によって組織形態は違うから、共産党の組織論のように統一したものはない。たとえば、イギリスの場合、院内労働党と院外労働党は別の党みたいな形のものさえありました。

社会党の場合、戦前から基幹組織は連合体で、Federation Union というか県連合会で、共産党は民主集中制の組織という対比になります。この機構改革の時にも、社会民主主義政党らしくというか、やはり連合体ながら議会主義を目指す党の院外組織と議員団との組織関連をどうするかなどについて独自の組織論を探りました。ただ、戦前の無産政党はご存じのとおり、社会大衆党が大躍進した時でも国会議員は 37 人。その前の選挙では 22 人。その前は 7 人という経験しかない。無産政党といえば院外活動が主で、議会活動はほとんどなかった時代の組織形態が戦後の社会党の組織の原型であったわけです。

しかし、議論されたのは共産党のような中央集権的なものではないが、連合会ではなく地方本部制というものになった。つまり、思想的に組織論が統一されていない。県連合体が集まって社会党本部が形成されるのですが、そういうことが理論的にも整理されなかった。それに対して、長老からということではなく、経験豊富な浅沼書記長がいろいろと意見を述べたのです。

長老というよりも、すべての議員から反発を受けたのは、大会決定で国会議員であれば自動的に代議員になれたのを廃止するという大改革をやって、基本組織から選ばれなければ代議員になれなくしたことです。これは、何回かやってからまた元に戻りましたがある意味では議会主義政党のあり方として当然だと思います。

オーストリア社会党の信託者党員制度というようなことを、私は原案の段階でいろいろ提案しましたが、これについては長老というよりも左派、右派が一致して、とくに社会主義協会の向坂逸郎先生からは、こういうものは革命的な党としてやるべきではない、浅沼書記長からは経験にないと、左右両方から反撃され頓挫してしまいました。

社会党は、ご存じのように 5 万人の党員で 1000 万近い票が集まりました。私は組織部にいて、従来は党員を増やすといえば、たとえば大学の先生が社会党に入党しても地域支部に入って一般党員と同じようにビラを貼ったり会合に出たりすることが求められるが、知識や経験を生かす協力をすればよいので、なんとか一律ではない形をとれないかと、党活動をもう少し近代的・組織的にやれないかと考えていたのです。

今の民主党では、サポーターということで、投票権だけある党員と議決権もある党員と二重になっているようですが、こういうものの一種の始まりですね。オーストリア社会党はこういう制度を持っているからと提案したのです。社会党の構造改革はひとつの政治的スローガンだったという面もあったのではないかと思います。社会党の中の組織を改革するという意味とは全然違います。

社会党の構造改革について、私どもと一緒にやっていた貴島正道氏が現代の理論社から出した『構造改革派――その過去と未来』（1979年）という本が、私たちのことを正確に書いています。社会党の構造改革派は何を目指し、何をやろうとしたか。構造改革とは、社会党の方針書に盛り込んだ政治路線を総称したものです。松下圭一先生などは自治体改革を構造改革路線とも言われました。そのように多様な政治路線を総称したものだと思います。道筋を言っているのですから、何年で改革できるというようなものではありません。

社会民主主義と構造改革とのかかわりについてですが、いずれにしても戦後長い間、社会主義革命論、権力の移行過程論、議会主義か議会外闘争重視かとかいろいろな論争がありました。まず、暴力革命か平和革命かということでは、共産党も昭和23、24年頃でしたか、9月革命、10月革命、あるいは山村工作隊とか、敵の出方によっての闘い方があるなどの論争がありましたが、それは平和革命でいくとなった。ただ、平和革命でも院内外の闘争をどう結びつけるか。また、社会主義協会の場合には、政権を取ったら渡さずにストライキしてでも闘うなど、院外闘争を重視するというように、党内外でいろいろ論議されてきたのです。

しかし、そういう議論だけしていても、職場や農村の現場では通用しない。実際にいろいろ成果を上げる改良を積み上げないとだめではないか。社会主義政権ができればよくなるから、それまで我慢しろというスタイルでは通用しない。社会党は綱領論争を繰り返すなかで、これでは現実の社会を改革する説得力がないということから、政治姿勢を変えなくてはということになったと思います。

社会党の議員は増えましたが、どうしても3分の1の壁が破れない。自民党と比べ2分の1政党と言われましたが、これには政策だけでなく組織的にも原因があったのです。社会党の左派は官公労の組織に乗っかって急速に伸びたのですが、中選挙区制では3人のうち1人は、ほとんど社会党が取れる。それを超えて2人取ろうとすれば、政策もそうですが、組織的に2人立てる力を持たないと議員は増えません。ただ、労働組合出身の議員は、国会議員になるとこれ以上、もう1人仲間を増やして苦労するより1人で安定したいので、2人目を立てようとしないから3分の2が破れない。政策的にも、もう少し広い支持を受けようとすれば、従来のスタイルではだめで、もっと国民にわかりやすいものにしなくてはと新しい政治路線が提唱されたと思います。

書記の公募、トリアッティ

——今日のお話を受けて、4点ほど質問させていただきます。1点目は、加藤さんが機関紙局におられた時に職員を公募したというお話がありました。社会党の書記で公募したというのはたぶんその時ぐらいしかなかったと思いますが、社会党の書記というのは基本的にどういう経路で採用されていたのか。ちゃんと公募して試験をやるというのではなかったと思います。

2点目は、今日加藤さんから構造改革論についてうかがって、いままではトリアッティの理論から構造改革論になったというイメージが私自身、強かったのですが、おそらく加藤さんが意図されていたのは、社会党の路線に当時の最新の理論である松下圭一先生とか、そういうものを採り入れることによってさらに時代に合ったものに、社会党を新しいものにしていくということだったのではないか。だから、あまりトリアッティの影響はなかったと思います。政党の路線をその時代、時代に合わせて新しいものにしていくのは党として当たり前で、構造改革論というのはその当たり前のことだったと、私は今日お話をうかがってそういう印象を抱きましたが、そのとらえ方で正しいのかどうか。

3点目は、江田三郎さんと鈴木茂三郎さんの関係です。大原社研の雑誌に載った鈴木徹三先生の論文（1995年8月、441号）だと、構造改革論が出てきた時に鈴木茂三郎さんは、これは社会党が昔から言っていたことなんだというふうに理解されていたのが、だんだん構造改革論反対になっていく。新聞記者から江田さんについて聞かれると、鈴木派の嫡流は佐々木更三君で、江田君というのは外からもらってきた子供みたいなものだ（『東京新聞』1961年12月3日付朝刊）と冷たく言うぐらいにまで悪化してしまうわけです。1960年の終わりか61年ごろ、江田さんと鈴木さんの間に何か確執があったように見えますが、加藤さんから見てそういうものがあったのかどうか。

4点目は、ドイツ社民党を学んだ方から、ベルンシュタインをしっかり評価しなさいとかいろいろ言われたという話がありました。戦後のドイツ社民党の路線とか、戦後のドイツの社会民主主義について日本で広く理解されるようになったのは、たぶん70年代ぐらいになってブラント政権ができた時からだと思います。60年代ぐらいまでは、もちろんバート・ゴーデスベルク綱領が採択されたというニュースは日本にも入ったと思いますが、ドイツ社民主義の理解のレベルというのはあまり高くなかったと思いますが、構造改革論争が出てきた時のドイツ社民主義、とくに戦後ドイツ社会民主主義というのは日本ではどれぐらい理解されていたのか。この4点についてうかがいます。

加藤　機関紙局で公募を始めたのは、松下先生などが主張されたのですが、本部の公募はずっと後で、私がいたころはまだ公募はなかったと思います。主として多いのは、国会議員の選挙運動に参加して、その議員の推薦でなるとか、社会主義協会の場合はとくに、向坂先生が九大の学生のなかから推薦する。秘書に推薦したり、書記局に大内兵衛（1888～1980年）先生が直接推薦したりというような形です。戦前はほとんど縁故採用でしょうか。公募になったのは機関紙局が初めてです。

トリアッティのことについては今、言われたとおりです。トリアッティをかついだというより、ユーロ・コミュニズムなどマルクス主義理論自体が流動化してきた。社会党結党のころはマルクス主義とは言わなかった。鈴木茂三郎氏や稲村順三氏など労農派と言われる人たちも、マルクス主義でなく科学的社会主義と言っていました。左派社会党になって労農派綱領ができてからマルクス主義と言い出した。私も左派社会党職員でしたが、書記局員はほとんど『レーニン全集』などを給料天引きで買っていました。左派社会党とはそういう時代で、それは私が辞めてからですが、マルクス主義はもちろん、そのうち社会主義協会はマルクス・レーニン主義の正統派だと公然と言ったり、文章に出たりするようになりました。

江田さんと鈴木さんについてですが、これは理論的な問題だけではなく、派閥内で江田さんと鈴木さんの反りが合わなかったのだと思います。左派社会党の中は鈴木派と、和田博雄派、野溝勝派、松本治一郎派とに分かれ、書記局では和田派と鈴木派の対立が激しかったのです。私たち３人は鈴木派に属していましたが、和田派との激しい対立には距離を置いて参加しませんでした。

これが構造改革派をつくっていく前の状態で、鈴木派の客分だというような言い方をしていました。労農党から来た人たちもだいたいそんなことで、統一を主導したのは鈴木派ですから、労農党の人もみんな一応鈴木派に属していましたが、和田派との対立があまりにも激しいので、彼らもちょっと距離を置いていました。

戦後のドイツ社会民主党については、『レーニン全集』を書記局の多くの人が買うという左派社会党の雰囲気ですから、とても評価するどころではないし、ほとんど勉強してない。私は個人的に明大の西尾孝明先生の本を読んだり、お話を聞いたりした程度です。ドイツ社会民主党からは、私が辞めた後ぐらいからエーベルト財団のようなところを通して党に招待があったようですが、私がいたころは頭からこれは改良主義だ、社民だというようなことで組織としての関わりはありませんでした。

私の場合、構造改革に至る直接的な政治路線に関しては佐藤昇、松下圭一先生にいろいろ教わりましたが、その前には多くの先生方から社会主義について教えを受けてきました。ドイツ社会民主党やオーストリア社会党については敗戦直後、当時社会党におられた猪木正道先生からお話しをうかがったのが印象に残っています。

——イギリスの労働党についてはどうですか。

加藤　戦後早く、河上民雄先生が労働党について翻訳を出されていて読んでおりますが、政党としての労働党の政治活動や組織活動を研究するというよりも河合栄治郎先生以来ずっと教えられてきたフェビアン主義など英国の社会主義思想史を学ぶということだったように思います。

——社会党がお手本として学ぶようなものとは考えられていなかった？

加藤　ないですね、学ばなかったです。

——トリアッティとの関係で、グラムシについてはどうですか。

加藤　僕は直接あまり勉強しなかったんですが。グラムシも、もちろん思想として勉強会をやったりしていました。

——その当時、グラムシの理論よりもトリアッティの評価のほうが高かったのですか。

加藤　具体的な政治路線という意味では、トリアッティのほうですね。合同出版あたりからイタリア共産党の本とか、トリアッティのものがずいぶんたくさん出て、やがてグラムシの場合、思想という意味で出てきたように思います。

作家の萩原延壽さんという方がいらっしゃいましたが、あの方のお世話で私は1964年に江田書記長と一緒に、ちょっとだけ英国労働党に行ったことがあります。当時、江田さんは日本に労働党幹部のベバンが来たりして英国労働党に親近感を持っていて社会主義インターを通じての連携や議会活動の範として考えたりしたようですが、党として組織問題を労働党に学ぼうとはしませんでした。ご存知のように、イギリス労働党の場合、院外組織と院内議員団とは別の組織のようになっていますが、ある意味で社会党も、党と労働組合の関係としてこういう形を論じてもよかったのではないかと思っていました。

——イギリス労働党の組織のあり方みたいなものを意識されていた？

加藤　勉強すべきであると考えていました。しかし、それは戦前型社会党の組織論になじまず左派からも右派からも全然取り上げてもらえず、議論の対象から外されてしまいました。

社会党青年部、構造的諸改良

——今のお話のなかで、３人の方は鈴木派に属されていたということですが、矢野さんはいつから江田さんの秘書になられたのですか。

加藤　書記長になった時です。ところが、なった途端に国会議員を落ちてしまった。矢野君と私は工業学校から高等工業とずっと一緒で、社会党にもともに入党した仲間です。しかし、彼はもともとあまり政治的なタイプの人ではないのですが、私が江田三郎からだれか秘書を探してくれと人選を任され、私の推薦で秘書になったのです。

その前提として矢野君が政治家江田三郎の政治姿勢や人柄を理解し支持したから実現したのです。彼はその時、ビジネスをやっていて、秘書になれば給与は半減し、しかもその給与は政治資金を集めた後から支払われるという条件だったのですが、頑張ってくれました。戦後、私の父親（勘十）が芦田均内閣の労働大臣をやった時も、彼はその当時青年部にいたのですが、青年部としては芦田内閣に反対なので、だれも行く者はいなかったのに矢野君は友達の親父が探しているならと秘書になったという、政治的というより友情に厚いタイプの人なのです。

——今日の構造改革に入る前に、青年部の時代、1949年総選挙での社会党の大敗北を青年部はどのように受け止めて、どんな再建方策をとられたのか、そのへんをうかがいたいと思います。

加藤　戦後の青年部というのは、独自に青年部の執行委員会を持って、党内党みたいに片山内閣反対とか、連立反対とか、4党協定破棄とか、そんなことをガタガタやっていました。結党の時の中央執行委員会は20人のうち15人が右派で、左派は5人でした。書記局は青年部の2人だけが左派系でした。

青年部が4党協定破棄だ、連立反対だ、単独内閣だと騒いでいた時に、左派系の議員は五月会という議員団をつくっていたのですが、その五月会の方針と青年部の方針がほとんど同じでした。今から客観的に見れば、青年部は五月会の手兵みたいなものです。その五月会の事務局長は松本健二というれっきとした共産党員でした。ですから共産党政治路線の影響が左派議員団にあり、さらにその影響下に青年部があった。今から見ると共産党の政治方針にほとんどリンクしていたことは否定できません。その後、松本氏は労農党の事務局長になって、そこでも共産党路線と労農党主体性派と激しい論争をし、やがて共産党本部に戻るのですが、なぜか除名される。当時の青年部はそんなふうでしたが、49年の大敗北については、左右分裂した時でしたかね。

——いや、連立政権が失敗した後。

加藤　そうですね。これは単純で、連立したからだ。単独政権でいけばいい。連立したから負けたのだというわけです。

——左派路線のほうが正しかったんだという主張ですか。

加藤　そうです。その後、左右分裂した後は、左派は組合の上に乗っかってどんどん伸びて右派を追い越していきますから、単独政権論ですね。

——トリアッティ路線との関係というところで、直接的にトリアッティ路線を目指したものではなかったけれど、トリアッティの構造的諸改良という表現を、構造改革というふうに造語したというお話でした。表現を変えてトリアッティ路線を導入したというふうにも読めますが、そこらへんはどういうふうに解釈すればいいのか。

もう1点、上田耕一郎氏がかかわっていたという話もきいたことがあります。春日庄次郎グループとは連絡とかやりとりとか、まったく没交渉だったのか。そのへんをうかがいたいと思います。

加藤　佐藤昇氏などは春日庄次郎・安東仁兵衛氏などのグループにいたわけですから、春日グループと社会党の我々と両方にコミットしていて、共産党を自然離党したのか、除名されたのかわかりませんが、春日グループは社会党へ入る人と入らない人に分かれていったのではないかと思います。

僕も春日氏と1回ぐらいお会いしたことはありますが、社会党に入党するか、独自でいくか激しい議論があったのだと思います。ですが、私たちと研究会を共同で持つなど組織的な関係はありませんでした。理論的な指導者である佐藤昇氏は春日グループにもなんらかの関係はあったと思います。

上田耕一郎氏の関わりというのは、研究会に出席されていたことと、そこで報告をされたということだけです。

トリアッティの影響について、我々はトリアッティの影響を受けていますが、トリアッティがこう言ったからとか、トリアッティの文章によればこうだからとか、よくマルクス主義の場合はそういうのがありますが、そのような形で我々がトリアッティを採り入れたということではないのです。
——構造的諸改良という概念を積極的に使ったと。
加藤　そうです。情勢がこう変わっているのだから対応すべきなのだという点などです。
戦後、社会党本部青年部というのは党学校とかいう形で党員教育を組織的に受けていないので、戦後早くは大橋静市氏や宇治守正氏に習い、その後、松下さんや佐藤さんのお宅など、多くの学者を訪ねて勉強しました。ちょっとだけですが、猪木正道先生や丸山眞男先生の家にも行ったことがあります。ただ、敗戦直後は日本共産党の影響が強くて、党の方針に反するためか、トロツキーとかローザ・ルクセンブルクとか、そういう関係の本は左翼系の出版社から出されなかった。そういうのが出るのはずっと後だったので、それらを勉強できなかったということはありました。
——社会党のなかでは、系統的な党員教育はなかったのですか。
加藤　ないです。ただ社会主義協会が、後に労働大学という学校をやっていました。労働大学は党の機関ではないから、党学校ではなく社会主義協会の学校です。
私などは、たまたま戦後、理論的なことを教えていただいた方が、どちらかというと 3・15 共産党弾圧事件で検挙された後、満鉄や協和会へ行ったりしたというような講座派系の先生に教えられる機会が多く、協会派、労農派の方に教わることが少なかった。もちろん政治的には鈴木茂三郎さんとか伊藤好道さんとか、数多く労農派の方と接触していました。

江田ビジョン、社青同

——江田ビジョンが出される前の会合のところで、江田さんは竹中さんという人から言われたことを即座に賛成して翌日、発表したという形で、練り上げたものではなかったと受け止めていいんですか。
加藤　そうです。それ自体は竹中さんの発言そのものです。
——現場にいらっしゃる 3 人の反対を抑えて、よし、発表するぞと言って発表して。そういう形で出たのが、世にもてはやされた。
加藤　そうです。

——江田さんは一種のショック療法を考えたのではないですか。

加藤　そうです。彼はあっさりしていて、ポストなんかすぐ辞めてしまって、恋々としない人です。それがいいところでもあり、政治的には欠点でもあるのですが、人間的には魅力的でした。

——それをたたき台にいろいろ議論をやられて。

加藤　それでやられたら仕方がないって、あっさりしたものです。江田ビジョンというのは理論的に練り上げたとかそういうものではないのです。竹中さんともときどきお会いしますが、本人は自分の口からは絶対に、おれが書いたとか言ったんだとか、自分は言わないという主義です。でも、僕は現場にいたので、竹中さんは僕が発表するのは黙って、否定はしないということです。

——40年代後半に社青同をつくろうという動きが一度ありましたよね。ところが、それが立ち消えになって、60年安保の前あたりから、またつくろうではないかという議論が出てきた。60年安保闘争のなかで民青が増え、それへの対抗もあって社青同をつくったという経緯ではないかと僕は思っています。いま言われたような中での勢力関係の変化があったとすれば、安保を前後する運動のなかで青年部内で協会派の力が強まって、社青同のイニシアティブも変化したということではないかと思いますが、どうなのですか。

加藤　戦後直後にも社会主義学生同盟というのが社会党系で、中央大学とか東大とかで結構あったんです。それがそのまま何となく消えたわけです。それから後、組織・機構改革で社会主義青年同盟をつくるという方針になって、その間、先ほどお話ししたように、浅沼稲次郎さんが外につくらないほうがいいという考えを持っておられたから、そういうこともあって外にできなくて、機構改革の後、できたということです。内部抗争がいろいろあったらしいんですが、僕は参加していないのです。

——社会主義青年同盟をつくらない。その代わり今度は右派が独立青年同盟をつくるんです。いわゆる独青です。それが第1次分裂のきっかけになる。

加藤　ところが今になって、独立青年同盟というのを当時右派の人たちに聞いているんですが、だれも実態をよく知らない。かかわったという人がいないのです。国鉄労組に室伏さんという反共の論客で活動家がいましたが、その人が佐野学、鍋山貞親氏の指導を受けてつくったとされていますが、ほとんど実態はなかったのではないかと思われます。

——その幻に結局……。右往左往で荒れてしまうわけですね。

加藤　そうです。これは証拠があるわけではないのですが、共産党は佐野・鍋山とか、脱党者を徹底的にたたきますから。労農記者クラブの山崎早市さんとか共産党のフラクションが佐野・鍋山との関連で組織実態はほとんどないけれど独青というものをバッとやり、社会党青年部もそれに乗ってワッと行くというようなことだったのではないでしょうか。

——独青の問題でいちばん過敏に反応したのが、私の印象だと細谷松太さんのグループで、独青なんていうものができてけしからん、あれは黒いブントだと。細谷さんのグループも実態を知っていたというより、共産党側のイメージづくりをそのまま受け取ってしまったというだけでしょうか。

加藤　そうだと思います。ほとんど実態はない。だけど、あれだけ大騒ぎになった。私は共産党の方針だと思います。青年部にも共産党員だった人もいるので、直接指示を受けたか受けないかは別ですが、政治的な軌跡としてはほとんどリンクしていました。

——社青同ができた時に構革派が強かったというのは、党の方針だから、そうだと思いますが、向坂グループというか、協会の影響力が三池と安保に負けて全然だめになったのに、むしろ反構革で息を吹き返してしまったみたいなところがある。政策転換闘争というのは構革派が主導でというふうに考えてよろしいですか。

加藤　考え方は同じですが、構革派が主導してつくったというものでもないと思います。だけど、発想は同じです。位置づけようと思えば、あれも構革論だというふうに位置づけられます。

——今の加藤さんのお話だと、よく世間で言われている理解とは順序としては逆ですね。現場組合、現場の大衆活動家、労働組合のなかから、苦い経験を経て生まれてきた政策転換闘争の考え方みたいなものがあって、外から眺めていると、それがいかにも構造改革派の考え方とフィットしているから、これは構造改革派の政策を具体化したものだと見られやすいけれども、順序としては逆だったと。

加藤　僕はそう思います。構造改革派がやれと言ってやったわけではない。政策転換という闘争はたしかにそうです。実際はそういうものが構造改革的な闘いだと位置づけられるということだったと思います。

――もう1点お聞きします。1957、58年から60年ぐらいまでは稀有な時期で、共産党の若手と社会党の若手の部分、当時の加藤さんぐらいまでの年齢のところに、組織は違うけれど、考え方として交流があった。佐藤昇さんなどを通じて非常にあったという意味では、稀有な時代だったと思います。

その後、その当時の交流、たとえば上田耕一郎さんなどが報告していたというその時代の交流は、もちろん表立ってはなくなってしまったにしても、人的なつながりみたいなものは後の時代まで若干続いた部分はあるんでしょうか。

加藤　私もそうですが、私ども3人は戦後ずっと、共産党と社会党で違うけれど統一戦線というか、強い弱いはありますが、考えとして共産党排除というのはない。それから構造改革の反独占・統一戦線のなかには共産党が当然入るという発想でした。ただ、社会党の政策として承認される執行委員会では、我々が書いた原案には共産党も含むということでしたが、それは削られたというのが事実です。発想としては共産党排除ではなくて統一していくという反独占・統一戦線という思想をずっと持っていました。だから、ああいう共同の研究会にもなったわけです。

ただ、その後は「統一社会主義同盟」（統社同）の人たちはみんな、共産党のなかでたたかれていくわけです。そうなってくると共産党との間も、その人たちは悪くなるし、私たちも社会党は統社同というか、その人たちとの交流は組織的ではないけれど個人的にはありますから、社会党構革派は反党分子からいろいろ知恵を借りているということで共産党から一緒にたたかれる。社会党側の人も上田さんの人柄にはみんな敬意を表していたけれど、交流することなどはできなくなったと思います。私たちもなくなりました。

成田三原則

――先ほどの政策転換闘争のあたりに絡む話ですが、構造改革派が社会党のなかで60年代以降、再び少数派になっていくことに関して、三池以降、現場の労働者、労働組合が総評系の労働組合の職場闘争に入っていく。そういう職場闘争路線に対して構造改革派はそういう現場の雰囲気をつかみきれなかったという分析があります。これに関してはどうでしょうか。

加藤　僕は労働運動内部のことはよくわかりませんが、労働組合の、とくに民同の幹部の人たちはみんな構造改革派と自称していて、職場闘争を闘わないためにも構造改革路線なんだというようなことを言われる場合もあるのではないかと思います。どういうふうに言っていいかよくわかりませんが。

社会党というのはご存じのように、労働組合の上に乗っかっているというよりも、労働組合の機関決定の上に乗っかっていたわけです。その労働組合の機関が本当の組合員、大衆と密着していたか、本当に支持を受けていたかとなると、実態的に見てもあやしい。機関決定で政党支持が決められてくるわけですが、その機関決定なるものが本当に労働組合の意向を代表していたかとなると、乖離していた点があったのではないかと私は思います。だから、職場の活動と組合機関の人たちの考え方とずれていることが多かったのではないか。ずれたまま、その機関の上に乗っかって社会党がいたというふうに思います。

成田知巳論文の三原則とよく言われますが、あれは私が書いたのですが、組織原則を書いたわけではなく、社会党の欠陥はこういうところにあると指摘しただけです。それがいつの間にか、成田三原則とかになってしまったのです。

欠陥を克服するにはどうするかということは書いてないというか、書けなかったんです。致命的な弱さは労働組合の機関決定の上に乗っかっていることだと思っていました。

――成田三原則も加藤さんが書かれたんですか。

加藤　そうです。あれは私が書いたのです。

――それは重要なことですね。構造改革という言葉に訳し変えたのも加藤さんですか。

加藤　あれは私がネーミングしました。

――社会党内において革命イメージというようなものがあったと思います。革命とはどういうものか。権力の一挙的奪取のような考え方に対して、構造的改革、構造的改良というのは、改良・改革を順次進めることによって権力構造の変質を図るようなイメージがあったのではないでしょうか。構造改革がいいというのは、今までの革命のイメージなりやり方なりを変えようと。皆さんのなかに、イメージ転換をしようという意識があったわけですね。

加藤　そうです。

——それが社会党のなかで受け入れられなかったのは、一挙的奪取のような形でやろうと。そこはオーソドックスな従来の路線が残ったということですね。

加藤　社会主義協会を中心に巻き返され、従来のとおりということになりました。

労働運動との関連

——労働運動との関係についてもう少しお聞きします。私の理解ですと、三池闘争の時に協会側がかなり力をつけて職場闘争をわりあい重視する。あと、太田さんたちも似たような見方をして、構革論とか江田ビジョンの時に批判するわけです。やはり構革論が次の安保後の何か、社会党のあり方だというような、支持するような組織は総評のなかに存在したと考えられますか。

加藤　とくにつくられたということではないと思います。総評はあのころ、いわゆる社会党党員協議会とかあるけれども、ほとんど組合の人事派閥みたいなことになってしまっていて、路線を議論する組織ではなかったのではないかと思います。

——ただ、本来ならば清水慎三さんは構革に近かったはずなんですが、太田薫さんと一緒に「七つの疑問」とかやり始めて、行きがかり上、反構革になって、「不幸な出発」とか書いてしまうんです。

加藤　構造改革論を同盟や全労や何かにとくにアプローチしたとか連携したということはないんです。総評で清水さんなどは批判されたけれども、これはわからない。青年部、社青同のOBグループなどは清水さんを非常に信頼していたわけです。我々も知らない関係ではなかったんですが、清水さんに相談しないで、むしろ佐藤昇氏とか松下氏にいろいろ相談した。

彼は総評の長期政策委員会の主査で、総評の理論的顧問をやっておられましたから、我々が清水さんのところに先に相談していれば、そういう行き違いも起きなかったかもしれない。それで彼は「不幸な出発」と表現したけれど、自分のところに相談に来なかったということもあったと思います。左社綱領のとき、青年部OB、社青同OBの連中に、社会主義協会の案とは別に「清水私案」というのを出されました。我々も協会の案より、「清水私案」の方が近いと感じたのですけれど、ニュアンスは少し違うところがあった。清水さんに構造改革の問題をフランクに相談に行って、松下さんや佐藤さんと一緒に相談に乗ってもらっていれば、「不幸な出発」でなかったのかもしれないと思います。

——仲井富さんも、清水さんより佐藤昇のほうがいいということで、皆さんがそっちへ行った。

加藤　清水さんはそういう意味でちょっと離れたから。たしかにそういう人的なことがあったかとも思います。

——清水さんは構革派三羽烏の大将のつもりだったが、61年だかに向坂逸郎とソ連に行っている間に彼らは離れてしまったみたいなことを言っています。

加藤　清水さんは当然、我々が教えを受けに来る関係だったのに、松下のようなよくわからない若いやつのところに行って、俺のところに来なかったということがあったかもしれません。

初出

報告：『大原社会問題研究所雑誌』No.650（2012年12月号）
https://oisr-org.ws.hosei.ac.jp/images/oz/contents/650-05.pdf
質疑：『大原社会問題研究所雑誌』No.652（2013年2月号）
https://oisr-org.ws.hosei.ac.jp/images/oz/contents/652-06.pdf

第2章
回顧　私と日本社会党

――伊藤　茂氏に聞く

60年安保について、自身のエピソードも交え回顧。独自の分析も加え、「4.28」にも言及。さらに構革、革新自治体から村山政権の誕生、村山首相辞意に至るまで、当事者からの電話の内容も紹介しつつ論じる。

［略歴］
1928年　山形県生まれ
1952年　山形高校を経て、東京大学経済学部卒
1954年　日本社会党本部書記局に入る。その後、農民部、国民運動局等
1969年　日本社会党国民運動局長
1976年　衆議院選挙に立候補（以後8回当選）
1986年　土井執行部で政策審議会長
1991年　田辺執行部において副委員長
1993年　細川内閣運輸大臣
1995年　日本社会党税調会長。与党大蔵省改革PT座長
1996年　社民党幹事長
1998年　社民党副党首
2000年　政界引退

報告

社会党とのかかわりの契機

伊藤でございます。略歴から申し上げますと、1928年山形生まれ、農家の生まれでありまして、旧制山形高校、その前に中学校から陸軍士官学校に

行きました。陸軍士官学校では、航空科でありましたが、同期生が大蔵大臣をやった久保亘、高沢寅男、それから小沢一郎の側近だった奥田敬和君。皆、もう他界いたしました。

それから1級上が加藤六月、もう1級上が梶山静六。六月さんも梶さんも航空でありまして、世が世なれば、梶山大尉、加藤中尉、伊藤少尉だったかなと。(笑)。

それから、高校を出まして、経済学部で、ご承知のとおり、大内力先生のゼミで勉強させていただきました。善良なる学生でありまして、優良可、不可と成績がつくのですが、だいたい良で、「まあ、こいつは勉強しないけれども、落第はかわいそうだ」というのでつけるという。ゼミぐらいは優がつきましたが、他のところはほぼ「全良なる学生」で過ごしたと(笑)。

隅谷三喜男(1916〜2003年)先生に成田空港の問題などでだいぶお世話になりまして、円卓会議の座長をお務めいただきました。一度、隅谷先生と食事をともにしたことがありまして、「いや、先生、何だか学生時代に勉強した覚えはあまりないですよ」と言ったら、「伊藤君たちは勉強する時代じゃなかったから」などと言っていました。しかし、大学生時代に親友だった堤清二、今は辻井喬、あるいは経団連の副会長になった人もいますし、大きな会社の社長になった人もいます。肩書は東大名誉教授という人もいますし、いろいろおりますが、そういうのは省略させていただきます。

54年に社会党の書記局に入りました。実は卒業してすぐ、大内力先生のご紹介で農業問題に行きたかったものですから、今で言うと全中に勤めましたが、1カ月半ぐらいで肋膜炎になり療養生活になりました。卒業して2年ぐらいしてから、「力先生、どうしましょうか」と言ったら、「農業問題なら社会党の政審か、農民部か、合う仕事がある。どうだろうか」と。

それで和田博雄とか佐田忠隆、岡田宗司、稲村順三など、「誰か、おまえのいい人に紹介する。紹介状を書くから」と言うんです。和田博雄といったら、ずいぶんえらい人みたいなもので、稲村順三さんに紹介状を書いてもらいました(笑)。それで稲村さんの紹介で、ちょうど農民部に人が欲しいからということで入って、当時、江田三郎さんが農民部長、その後、鈴木茂三郎委員長の時代ですね。そういうことでございました。

それから国民運動政審などの仕事をして、安保のことがあり、86年から政審会長としてのさまざまな仕事、それから93年に8カ月だけ国務大臣の仕事、その後は幹事長などの仕事をさせていただいたことになります。

いくつかささやかな本は書いていますが、『政界再編が完結する日』（実業之日本社、1994年）というのは、4野党の政審会長、仲良しクラブでやっている当時などが中心です。それから、細川内閣ができたあたりですね。これは落書きみたいなものだと思います。

辞めた後、『動乱連立』（中央公論新社、2001年）を、やや自分なりにまとめてみました。細川内閣、村山内閣についてもやや辛口。私は甘辛だんごぐらいだなと思っていたのですが、村山さんから、「上手にまとめてくれてありがとう」という手紙をもらいました。

その後は、辞めたしばらく後、お世話になった方々にお礼状のつもりで、ささやかな本で『私たちの生きた日本—その「小さな歯車」の記録』（明石書店、2004年）をまとめました。

書記局23年、議員23年

社会党本部書記局、最初は左派社会党の書記局に入りまして、虎ノ門近くにあったのですが、それから統一をして、今の国会図書館のところにあった昔の建物に移りました。それから、今度取り壊される三宅坂のビルに移って、また、これもおしまいというようなことです。

書記局に23年余り、国会に出させていただきまして23年余り。まあまあだいたい50年、半世紀に近い人生を社会党および社民党で送ったというわけです。半世紀にわたる経過ですから、いろいろな思い出、それからいろいろな政治の節目など、また党の節目もありました。限られた時間ですから、いくつかだけ話をさせていただきたいと思います。

第1は私の見習い期間、駆け出しのときの話であります。54年に社会党本部書記局に勤務をするということになりまして、最初の50年代の5、6年は見習い期間、見習い時代です。ただ、思い出がいろいろありまして、印象に残っていることを述べていこうと思います。

一つは、やはり非常に前途が明るい感じがした。その当時は非常に可能性を持っている時代でして、一党支配が起きるのは55年体制からであります。それまでは統一直前、なかでも吉田自由党112、鳩山民主党185、左右社会党合計156というようなことがありまして、可能性を持っているということだったと思います。

また現実に可能性だけでなく、担い手もいました。戦後第1回の総選挙では比較第一党になって、若干の期間、片山内閣。それから、人材もおりました。一例でいいますと、和田博雄経済安定本部長官、いわゆる安本の長官。当時の安本長官というのはその後の大蔵省、言うならば官僚のなかの大官僚で、大蔵省を上回るくらいの権限と執行力を持っていた時代でありまして、和田博雄さんが担当の長官でした。

それから、その人たちを囲むさまざまな政治・経済・社会問題の著名な方々が協力者としていらっしゃいました。いわば、そういう可能性を現実に持っていたひとつの時代でもあったと思います。そういうことがあって、何かやはり将来に向けての明るさと発展という気持ちを強く持っていた時代です。

それに加えて、左派がどんどん伸びる。たとえば1951年分裂の当時には、衆議院でいえば左派が16、右派が29でしたが、55年の統一直前の選挙では左派が89、右派社会党は67、合計156でした。社会党が選挙で減るなんて夢にも思ったことがないです（笑）。情熱に燃えて運動したという時代だった。そういうなかで分裂と統一というものが、いろいろとそのドラマがあった。

もう一つの特徴として、今、振り返って思うのは、社会党、とくに左派の独自の構造と申しましょうか、特異な構造と申しましょうか、そういう面があったと思います。私の国民運動の先輩で、大柴滋夫（1917〜98年）さんという人がいます。大柴さんが長く党本部の先輩でもあり、国民運動でも兄貴分でやっていたわけですが、この人が常に言うのは「我が社会党は中央執行委員会と書記局と議員だ」。この三つでもっているんだと言うんです。普通の団体とだいぶ言い方が違うと思います。要するに第1が中執、第2が書記局、第3が議員だ、この三つで我が党はもっているんだ。そのうち一つぐらいおかしくなっても、二つがしっかりしていれば、だいたいもつんだという話をずいぶん述べられました（笑）。本人も書記局の育ちでして、ちょっと特異な構造があったと思います。

なぜだったのかなと振り返るのですが、これは戦後、日本の左翼勢力が形成される過程の問題でもあったと思います。要するに地域に活動家を育てる。それを広めていく。それをオルグする。力をつくる。これは専門のオルガナイザーである書記局員の仕事が多いわけです。たぶん事務と違う。

その方々は、議員のほうが自分より偉いんだという感覚が全然ないわけで、そういう意味では自分がその議員団やいろいろなものを動かしていくんだ、派閥を動かし、党を動かすんだというような意識を持っておられた一つの構造の時代だったと思います。一つの時代と申しましょうか、時代的というのか、あるいは社会党左派的というのか、左派社会党的というのか、そういう面があったんだなと思います。

60年安保について

次は60年安保の問題です。社会党本部に勤務してから5年目、6年目ですから、ようやく一人前かどうかは別にして、仕事をするようになったときに60年安保にぶつかりました。

それらの経過は別にしまして、2、3思うことがありますので、それを申し上げたいと思います。一つは「日本列島燃ゆ」と言われた60年安保闘争の間に四つの段階、四つのステージがありました。

第1は、59年3月に安保国民会議をつくって、安保反対で全国に共闘組織をつくる。これは総評から県評、地区労に至るまで軸になっておりますし、各県はもちろん各地区二千何百ぐらいが、非常に速いテンポでできたと記憶しています。そして毎月一度、全国統一行動を展開して宣伝、集会、デモなどをやる。

第1回は中央では日比谷野外音楽堂で、日比谷といえば4000名。明治公園といえば1万人、代々木公園といえば3万人というのがだいたいデモ屋および警察の諸君の常識であります。それをデモ屋のほうはやや多く発表する、警察のほうはやや少なく発表するというようなことが通例でした。

第1回は日比谷野音でしたが、何かこれは大ごとになるぞというのか、何か盛り上がるぞ、また盛り上げなければならんぞというような雰囲気がずいぶんあったように、今でも記憶しています。これがファーストステージです。組織化の段階、宣伝運動の段階でした。

第2は、59年の末から60年の正月にかけて、元気すぎる青年たち、反代々木全学連、ブント全学連などありまして、非常に過激な行動が出る。ところが国民的な底辺、世論、それは「安保って何？」という部分がまだまだ多い。非常に不安定な構造になりまして、言うならば、安保国民会議の関係者も水口宏三（1914〜73年）さんという人が事務局長で、総評の岩垂寿喜男（1919〜2001年）さんという人と、社会党は私が事務局次長を務めていて、安保三人男。えらく騒ぎが起こったときには警視庁のほうは「安保三悪人」と言ったそうですが（笑）、非常に悩んだ時期、不安定な時期、安保が重いということを肌身に感じて痛感させられる時期がありました。

私のプライベートの話をはさんで恐縮ですが、実は私の結婚と重なっていまして、私は60年5月17日に結婚しました。5月19日が強行採決で、国会を深夜まで5万、10万のデモ隊が包囲するという異常な状態。その2日前です。安保の国民会議の中心にいる人間が、そんなときに結婚式なんて冗談じゃないだろうというのが当たり前ですが、実は事情があったわけです。

3月末に安保国民会議、水口事務局長とか総評とか、いろいろ主だった方々に相談したわけです。「5月の連休明けか5月の中旬かどこかに結婚式をやりたいので予約をしたいと思っているんですが、仕事上、どうでしょうか」と。その相談を受けた方々は、もう全部天国に行かれましたが、「大丈夫だ。5月の連休が終わったら、もう騒ぎは終わっている」。ある人は「連休が終わったら、安保も流れ解散で終わっているよ」なんて気楽なことを言いました。

そうしたら、5月以降、あのような状態になりました。私も立場上、仕事上、恥ずかしいですから、どうしようかと相談して、皆で頭を悩ませて、それで水口事務局長が社会党、総評などの方々と相談をして、「伊藤君のことは大事だし、デモ、反安保はもちろん大事だし」というわけです。それで、最後に決着をつけて宣言をされたのは、「おまえの結婚式の2時間だけ時間を空ける。両院議員総会とか安保国民会議代表者会議とかあるが、2時間だけ空ける。そして、出席をして、おまえを祝ってやる」。しかし「新婚旅行は禁止」(笑)。「休みはなし」ということになりまして、2時間だけの結婚式をやらせていただきました。

神田の学士会館でしたが、東京の宣伝カーが来て、「安保反対、平和を守ろう。伊藤君、おめでとう」などと言っていた状況でした(笑)。

それから、第3ステージで、3月、4月ぐらいの段階になりますが、何とかこれを乗り越えなければならないということで、中心にはやはり底辺を広げる。元気すぎる学生も「ちょっと迷惑だぞ」と言って、厳しく説教するというようなことをやりだしました。

そして、全国すべての市町村を結ぶ国民大行進というのをやろうと。ポスターをつくって、そのポスターの真ん中に足跡がベタッとついているのをつくりまして、全国全市町村をつなぐ国民大行進、そして東京に東から西からやってくるというのをやろう。それをずっと実行しまして、その間にまいたビラは推計で数億枚に上るだろうと思います。一生懸命に国民や底辺に支持を広げる。ですから、田舎のほうでも「安保か、湯たんぽか」なんていう誤解はなくなったということになるわけです(笑)。

そして、5.19以降、状況は大きく変わりまして、ご存じのとおりの状態。それから6.15の樺美智子(1937〜60年)さんが死亡した日の問題。この日は朝から梅雨時の肌寒い日で、本当に嫌な日でしたが、朝、大柴滋夫さん、井岡大治さんと一緒に南通用門から国会のほうを回ってみたら、ホースがいっぱい延びていて、夕方からのデモがあってぶつかると。もうあのときは機動隊がまさにデモ隊に「飛びかかる」という、そんな雰囲気でした。

圧死か扼死か、問題はありますが、それから、安保国民会議で若い娘を殺してまで安保を強行するのはけしからんと言って、断固、声明を発表しようというと、共産党は「あれは極左の人々のやったことだから関与せず」と、立ち上がって喧嘩をしておりました。

それからずっと時間が過ぎて、深夜遅く、水口さんと2人で樺さんのお通夜に行ったことを思い出します。寂しいお通夜でした。それから翌日、翌々日、虐殺抗議というプラカードの写真が出るような、また大きな行動になっていったというわけです。

6月、結局、衆議院の強行採決、参議院では審議なし、6月20日自然成立、6月23日にひそかに批准書を交換したということになるわけですが、これと関連して、今でも非常に思うことがあります。

運動のタテとヨコという問題です。実は安保で悩む第1ステージ、第2ステージ、第3ステージ、組合の指令による組織動員がほとんどでありました。そのときには動員というのでやらなければ集会はできないですから、東京地評の皆さん方などずいぶん仲良くして、中心になったのは国労、教組、私鉄、電通か。前の二つは左ぎっちょで、右のほうは右側という、三つの組合がだいたい中心で結構動員は大きかったのですが、タテの動員、タテ型動員。

そのときには国民会議でいろいろな関係者が集まったときによく雑談で、ヨーロッパでは市民が自ら立ち上がるという市民運動スタイルの運動がいろいろあるが、日本ではそういうのはあるのだろうかという。「あるんだろうか、ないんだろうか」というようなことを議論する。実はそういう状態、そういう構造の時代でありました。

それで日高六郎さんが指摘したように、5月19日の前後を転機にして、まさにタテではなくヨコの運動に、タテからヨコに変わったわけです。あれは戦後民主主義の最高揚期でしたし、非常に貴重な経験をしたと思っております。ただ、タテとヨコ、あのときの経験、タテの積み上げと努力がなければ、ああいう形での大きなヨコもなかっただろうという気が私はします。

今、タテはありません。当分、労働運動など、あるいは政党など、そんな可能性は全然ないと私は思います。しかし、これからの運動やはり国民は主権者であり、世論ですから、これが社会を動かすという意味でのことはデモクラシーの基本として大事なことですが、何かそういうものがどうできるだろうかというようなことを考えさせられているというわけです。

それから後、第4ステージ、段階が終わった後まさに文字どおり、潮が引くように沈静化をするわけです。要するに6月下旬以降、本当に6月下旬、あのときまでは国会の裏のイチョウ並木の小枝にまで、安保反対と平和の声がしみわたっているという感じがしましたが、きれいさっぱり何もなくなった。そういうなかでいろいろな問題が起きる時代になりました。

少し時間を取って恐縮ですが、それでとくに思ったこと、60年安保およびその後ということで問題として感じていることを、三つ申し上げたいと思います。

一つは、安保国民会議をつくるときに共産党を入れるか入れないかで、いろいろな議論がありました。これは社会党右派の曽根益さんという人が担当。国民運動委員会というのがなくて、まだ企画局でやっていましたが、曽根さんが局長でした。たまたま浅沼さんが中国へ行くと。「アメリカ帝国主義は日中人民共同の敵」という有名なセリフを言った訪中ですね。曽根さんもついて行きまして、岩垂寿喜男さんと一緒に羽田まで送りに行きました。当時は成田ではなく、羽田ですから。

そして、「局長、曽根さん、あなたがいないうちに安保国民会議を結成することになると思います。共産党の扱いがあります。その意味合いはよくよくご存じでしょう」。新産別が抜けるとか、それから社会党の内部対立、内部分裂にもつながりかねない問題でありました。

「しかし、局長、曽根さんがいらっしゃらないうちに決めなければならないという日程になると存じますので、私ども2人に任せていただけますか」と言ったら、「任せた」と言ってお出かけになりました。

そして、あるときには太田薫さんなどは共産党も正式メンバーに入れたらいいじゃないかという意見だったように記憶しておりますが、結局、オブザーバーにしたわけで、群馬県だけは正式だった。そのオブザーバーにするのでも相当反発がありまして、新産別は脱退する、抜けると。警職法のときに入ったが、安保は抜けるということになったわけです。

曽根さんがお帰りになって羽田に迎えに行きまして、「共産党はオブザーバーとして入れるという結論にさせていただきましたが、ご了解ください」と言ったら、「そうか。わかった」と言って、それ以上、彼は何も言いませんでした。何もそれ以上、党内で、あるいは個人で問題にするということは、一切、あの方は言い出しませんでした。

分裂の季節の思い出

二つ目は、安保が終わって、分裂の季節に入りまして、男泣きに泣かれたことがあります。一つだけ言いますと沖縄の問題がある。今も少し話題になっている4・28、4月28日は日本の主権回復の日と同時に沖縄祖国との分断固定化の日であります。

4月28日には全国統一行動をする。核も基地もない沖縄を返せということでした。そして、東京でも大集会を起こす。しかし、安保共闘みたいなものは分裂をしているということで「一日共闘」という形で、相談をしてやるということですが、どうしても反戦青年委員会の扱いをめぐって話がつかない。28日の2日前まで延々と議論が続くのだけれども、結論は出ない。

沖縄から数百名の代表団が参りました。代表団団長は当時、県評の議長で、桃原用行さんという全電通沖縄の委員長でした。沖縄の最北端の辺戸岬、はるか本土を臨む与論島が見えるところに、沖縄闘争復帰県碑、大きな立派な碑が立っています。その下、台座に立派な詩が刻んであります。「吹き寄せる風も聞け、押し寄せる波の音も聞け、沖縄県民百万の願いを」という詩ですが、あれは桃原用行さんが書いたものです。

体は大きいけれども、だいたいボーっとしているあの男に何であんな立派な詩ができたのかといったら、本人はバイクに乗って辺戸岬に1人で何日も通って、辺戸岬でじっと1人で考え込んだそうです。そして、考え考えて何か詩をつくられた。あれは本当に桃原のつくった詩に間違いないと言われました。

全国実行委員会、中央実行委員会で、前者は社会党系、後者は共産党系ですが、一日共闘をするかしないか、こういう会議をやったとき、桃原さんが団長でやってきたわけです。体がでっかい、がっしりした男であります。それが、「おれたちは百万県民の願いを背負って、今、ここに来た。おまえたちはけんかしている。おれはどうすればいいんだ」と言って、その大きな男が文字どおり、涙をぽろぽろこぼして、おんおん泣くわけです。

みんな、さすがにしんとしまして、この気持ちを受け止めなければならないということになりました。岩井章（1922〜97年）さんが調整役に回りまして、反戦青年委員会の参加は認めない。ただし、労働組合の青年部や政党の青年部などが参加するのは当然であるとか、何かわかったような、わからないような文章をつくったのですが、分裂の季節を象徴するようなそういう男泣きに誰かが泣くような場面もありました。

三つ目は構造改革論争の問題です。水口宏三さんは非常に悩んでいました。安保国民会議の事務局長、潮のように運動は消えていく。そういうなかでいったいこれからどうすべきなのか。あの人は、『安保闘争史―ひとつの運動論的総括』という新書版で運動論的な解明ということを書いた本１冊しか残していないのですが、非常に深刻に悩んで飛鳥田一雄さんとか成田知巳さんと、４人集まって、４賢人ではないけれども、勉強会をやる。「伊藤、岩垂、おまえらも参加しろ」などと言われて一緒に議論したことを覚えています。

党内抗争の時代

しかし、社会党は激烈な党内対立と党内紛争になりました。私はその是非について、あるいは留保について論評する資格はないと自分で今も思っています。というのは、断固反対も断固賛成も言ったことはないのです。だいたいさっきの沖縄ではありませんが、沖縄返還、それからベトナム反戦何がどうとか、そういうようなことで真面目にずっと70年代、60年代いっぱい通してということでしたから。

ただ、あの問題は社会党全体の発展にとって非常に不幸な論争だったと思います。たとえばドイツのバート・ゴーテスベルク綱領の時のような、あのときにも確かドイツの左派青年部の勢力は相当大きかったはずですが、W.ブラント（1913～92年）がどのように説得をして、どう収めたのか。意地悪く言えば、東ドイツという反面教師がありましたから。

それから、少し時代は違いますが、フランスにおけるミッテランのエピネ大会のような、一つの新しい構想力、新しい時代、それに対する新しい情熱を持つ。そういう契機をつくるべき時代だったのに、それができなくて、結局、非常に激しい派閥対立になり、そして長期低迷とか長期低落という時代に流れていく。

私は当時、まだ社会主義協会の一員でした。社会主義協会から遠ざかるのは70年代半ばぐらいのことで、社会主義協会でも向坂逸郎さんと高橋正雄（1901～95年）さんと有沢広巳（1896～1988年）さんと大内さんとでだいぶ違います。三池に対する対応一つ見ても、有沢さんの対応と三池に通って断固闘えという向坂さんとでは全然違いますからね。それがあったわけですが、しかし、60年安保の後、何か大きな政権を担い得る可能性を持った時代をどう開くのか、そういう可能性のある時代はあったと思います。

革新自治体について

それとは別の意味で、自分がかかわったものとして、革新自治体の問題があります。60年代半ばでは社会党はまだ世論調査、選挙その他でもボロ負けをするということのない力を持っていたのですが、それから後は長期低落という局面に入るわけです。逆に当時、革新市長会は全国に大きく広がり発展をしました。この違いはいったいどこにあるのだろうかということを非常に考えます。

自分の体験、関わり合いとして申し上げようと思いますが、たとえば特徴的には一つ、美濃部亮吉（1904〜84年）さんの最初の東京都知事選挙がありました。67年4月の選挙でした。当時、東京都知事選挙に勝とうと、何しろ首都東京ですから、象徴的だからということで、社会党、共産党が連合するわけです。社会党東京都本部と共産党東京都委員会が協議をして、文書で合意をするわけです。

その社共協定の文書を見ると、社会党、共産党およびその他の団体とか、それから社会党、共産党の合意、これが基本であるとか、事務局長は社会党が出し、次長は共産党が出しうんぬん。ひどいのは協定文書の第1事務所はそういうふうにつくって、第2事務所は共産党が運営をする、第3事務所は社会党がやるとか、まさに政党、社共の論理です。社共は平等であり、社共の協議が決定権を持つ。これがオーソリティーだというような意味合いの社共協定を結ぶわけです。

大内兵衛先生が実の息子よりも亮ちゃんをかわいがったという説もありましたが、大内先生がそれを破棄するわけです。ある日、鎌倉から電話がきまして、「伊藤君、私の書いたものを使いの者に持たせてやりますから、30部刷ってください。それを私の指名する者に1部ずつ渡して、意見を聞いて、まとめて鎌倉に知らせてください。それを聞いたうえでのあなたの意見も付け加えてどうぞ」という連絡がありました。

その文章、200字詰めの原稿用紙4枚に何か別のペーパーがくっついている手紙がまいりまして、大内先生の「12カ条の憲法」というあだ名をつけたのですが、第1条は「明るい会」は社共のものではない。これが第1条であります。激烈なんですね。

内容的にも社共が運営するというのを完全に否定する。革新市政を望む全国すべての人に開かれた組織でなければならない。そのなかから各界から若干名の運営委員か何かを出して、その互選により代表委員と会長を選ぶ。社共が協定したというよりも、要するに宮本論理、共産党の論理ですね。それを真っ向から否定するわけです。

「明るい会」のことなど

実はそういう状況のなかで選挙母体となる「明るい革新都政をつくる会」の結成総会が九段会館で、満員の人が集まって開かれます。代表が皆集まって満杯になっているところを延々と待たせて、その舞台裏で重要な協議があったのです。

大内先生が現れまして、宮本顕治（1908～2007年）さん、成田さんとか、主な団体の面々が20人ほど、皆、集まっているわけです。「私が出した意見について、皆さん方の意見はほぼ伊藤君から聞きました。宮本君、私の意見に反対ですか」「反対です」「ああ、そうですか。じゃあ、私、美濃部を連れて帰ります」。立ち上がって、美濃部を連れていく（笑）。そこで成田さんも共産党のほうも、袖によりすがって、「先生、出ていかないでください。頼みます」などと言うわけです。

そこで場所を変え、大内先生と宮本さんと成田さんの三者会談を近くでやるわけです。私は同席しておりません。そう長い時間ではありませんが、そこで見事に宮本理論は粉砕されるわけです。

そして、「明るい会」は社共のものではない。共同声明やいろいろな文書を出す場合でも、以前は声明文の後ろに社会党、共産党、総評、何とかかんとか、その後、個人という並べ方をしていました。しかし、その会談の後は団体を並べ、その後に大内兵衛から始まって各界の代表の方々がきて、最後に社会党、共産党と、変わったわけです。

そのときのことを振り返ると、そのときの大内先生の文章やそういう経過があったことも非常に重要なポイントだったのだけれども、私の考え方では、まだ社会党も共産党も基本は階級論なんです。プロレタリア独裁と言うか、言わないかは別にして（笑）、その論理ではあの時代の人の心はつかめない。国民の意識形態はどんどん変わっている。経済の成長期でもありましたし、変わっている。

そういうなかで真に市民の気持ちをつかむということでは、階級原理が悪いという意味ではないけれども、階級論の原理の社会党、共産党ではつかめないんだというのが大内先生の当時の考え方だったろうと思います。

ただ、当選した後、その辺の論争の経過は明らかにしませんでした。共産党にすればその経過を全部発表すれば、宮本さんのメンツ丸つぶれ、今までの彼らの指導理論が全部つぶれてしまうわけです。それから、当選した美濃部知事の都政運用にもいろいろと支障が起きたらまずいだろうということで、大内先生からのお手紙は全部、非公開扱いにしたのです。それがこの手紙であります。我が家の宝物の一つ（笑）。

「プリントを30部つくってください。伊藤様」うんぬんと書いてあり、「明るい会」は社共のものではないという第1条。そういうことになっているわけですが、あのときの一つの論理構造として大事なことだったのではないかと思います。それから、今の時代における主権者、国民、民主主義を、文字どおり、それが主人公となれるような時代をどうつくっていくのかという論理を編み出すうえでも、一つの参考になるのではないだろうかという気もいたします。

飛鳥田さんについて

私はだいぶ責任がある立場でございまして、飛鳥田さんを横浜市長にというときには、飛鳥田さんご夫婦とも絶対反対でありました。奥さんも「何でうちの一雄さんが市長にならなくちゃいけないんですか」ということで、要するに日本社会党のリーダーの立派な役割を果たすというのが人生の目標だったんでしょうね。

それで所属する平和同志会は、飛鳥田さんを自分たちのグループのホープとして推し出していこうということで、飛鳥田国民運動委員長、穂積七郎、松本七郎の２人を国民運動担当中央執行委員という体制をつくって飛鳥田をサポートし、その方向で彼を大きな存在にしようと思ったのだと思います。

ところが、時代は60年安保が終わった後、完全に分裂と対立の季節に突入しました。さっきの桃原用行の男泣きに泣くではないけれども、いろいろなドラマがあって社共の対立の時代に入るわけです。ですから、飛鳥田さんを含めて平和同志会の皆さんが担ったのとは、まったく時代構造が変わるときに非常に不幸な出発をした。

それで私どもは書記局の仲間で平和同志会の派閥の場所へ行って、黒田会長に「飛鳥田さんはいろいろあるけれども、皆、いい人だと思って、飛鳥田さんを中央執行委員に残ってもらいたいんで」と陳情に参りました。そうしたら、黒田さんの答えは「飛鳥田君は今や私たちの仲間ではありません。もう同志ではありません」というものでした。

九段会館で党大会が終わって、中央執行委員を辞めた飛鳥田さんと一緒に横浜に帰りました。そのときに飛鳥田さんが車中で、「伊藤君、あなたと一緒にやった、いかなる核実験にも反対。あの路線はぼくは一生正しいと思って主張し続けるからね」と言いました。私も何かジンとした思いがして、ああ、この人は心のきれいな立派な人なんだなと思いました。

ちょうどそのあたりから、飛鳥田さんは色紙を頼まれると、「人生しょせん一人ぼっち」と書いていました。「委員長、選挙でたくさん票をいただく仕事なのに、一人ぼっちではまずいじゃないですか」と言ったら、「ああ、そうかね」と言いながら、ニコニコして「人生しょせん一人ぼっち」という色紙をよく書かれました。恐らく相当の孤独を味わったのだろうと思います。一人だけで考えたということだと思います。

古い平和同志会の左派のほうの仲間と相談するわけでもない。そして、彼が考えたのはやはり参加型民主主義、参加型市民主義という時代をつくるというのが、おそらく結論だったと思います。そういう結論に立ち至って、市長選挙が始まるその日には、あたかも「私は横浜市長に立派になるために生まれてきた」と言わんばかり（笑)、信念が変わったわけですよね。そういう雰囲気で、それを軸にして革新市長会がつくられました。

ある人の本に、社会党自身は長期低迷だったが、最も多かったとき、北海道から沖縄まで、一番人口が多い東京をはじめ、大阪も京都も含めて、そういう都市の知事がみな革新のサイドにいるわけですから、日本の総人口の過半数が革新自治体の市民であったと、書かれた。私も自分で計算したことはありませんから、鳴海正泰さんなど革新自治体に詳しい人に聞いてみたのですが、「いや、伊藤君、おれも計算したことがないよ。ただ、過半数と、伊藤君が断定していいのかどうか。これはよくわからないから、少なくとも3分の1を大きく超えるぐらいのことは絶対大丈夫だろう」と言ってくれました。

要するにある人は、日本の総人口の過半数を占めたという。その論理を考えてみると、さっきの美濃部さんの話とも重なるのですが、やはり市民論理、いわゆる一般的なポピュリズムといわれる市民論理という意味ではなくて、参加型であり、知性のある、行動力のある、そういう意味での国民、主権者としての市民を重視するかどうか。地方分権ではない市民主権論ですね。

しかし結局、社会党の構造改革論争の結果としての理論委員会における結論は、プロレタリア独裁という言葉は使っていないけれども、そのニュアンスはずっと残っているという内容でした。そこに、変化していく時代のなかで革新政権が取るべき論理構造というものの食い違いが表現されているのではないだろうかという気もいたします。

それが安保前後の話であります。

80年代のこと

消費税論争と4野党連合政権協議についてお話しします。

89年の春、社会党・公明党・民社党・社民連4野党の党首が京都で集まって、連合政権協議を始める。ちょうどその前後は伯仲時代です。私が選挙に当選した76年もそうでしたが、伯仲時代の幕開け、与野党議席伯仲時代になった。社会党が伸びるわけではないのだけれども、野党多党化、公明党ができるというようなことがありまして、伯仲時代といわれたわけです。あるいはリクルート事件もありました。

いろいろなことがあって、4野党連合政権協議が始まる。党首レベルで89年4月に合意したのですが、3月、4月、5月、6月と集中的に4野党政審会長が中心になって、連合政権の協議をするわけです。いろいろな議論をし、また、いろいろな文書も発表しました。その後、その協議が続くなかで7月の参議院選挙に入り、与党、自民党が過半数を割りました。

政審会長として社会党は私、公明党は坂口力さん、神崎武法さんが出たときもありました、民社党は米沢隆さん、中野寛成さんが出たときもありました、社民連は菅直人。会合をやったり、それから旅行して合宿したりしていました。しょっちゅう飯を食ってまして、「おい長男、伊藤君、早く座って。末っ子、菅君、早く料理頼んでこい」とか、そういうようなことだったわけですが、やりました（笑）。

それで選挙が終わった翌日から消費税問題についての協議を開始しました。そして、夏が終わるころに消費税廃止関連9法案を提出したわけです。なぜこういう勉強会をして、こういう法案をつくったのかということの趣旨は、よくあのときには「ダメなものはダメ」という言葉がありましたが、それがダメだと（笑）。間接税のない社会なんて、財政、税制でありえないのですから、どのような対案をつくるか、どのような提案をするのかということがなければ本来のデモクラシー国家のなかにおける野党としての存在意味がない。そういうことで、我々は間接税のあり方についてはこう考えるという意味合いをベースにした9法案を提出したわけです。

夏の間、4野党の、とくに政審の書記局の皆さんが中心になって、延々と夏休みなしで努力して、夏が終わるころに記者発表をして国会に提案しました。記者発表しましたら、新聞記者の方が「あなた方は夏休みなしにやられたようだが、感想はいかがですか」と言いますから、私は俳句のことは全然わからないけれども、あえて言うならば、「汗でなく、税にまみれて、夏終わる」と言った。「俳句になっているかどうかは別として、気持ちはわかります」と笑われたことがあります。

今だから、もう言ってもいいだろうと思いますが、そのときに最後に提出するまでに、私が一番苦労したのは、実は強い反対勢力があったことです。IMF・JC、電機、自動車などですね。この組合の委員長さん方が「断固反対だ。こんな法案を出さないでくれ」ということでしたが、マスコミに聞かれたら大変ですから、表向きには絶対しない。そういうことで実はだいぶ強く申し入れられまして、何回も会合をしました。

言うならば、自動車にしろ、あるいは電気製品にしろ、今まで10%近くもの物品税がかかった。それが3%になる。会社としては大もうけであります。本来、性格的に会社の労働組合ですから、それで断固やめてくれ、どうしてもやめてくれというのをIMF・JCの幹部の皆さんと都内某ホテルで、何回も繰り返し相談をしました。

結局、最後に当時の電機労連の委員長が、「いろいろだいぶ議論をやったけれども、伊藤君とは長い付き合いだから、まあ、顔の立つ形で何とかまとめよう」と言って仲裁に出てくれました。それで提案のゴーサインが出たというような経過もありました。

それで参議院では陸軍士官学校同期の桜である久保亘君が大奮闘して、廃止法案可決。11月末でしたか、可決したその日の晩、参議院の本会議場に傍聴に行って、その場から真っすぐ本部に行って、宣伝カーを引っ張り出して有楽町に行って、「ただいま法案が通りました」と演説をしたことを思い出します。

そういうことになりましたが、参議院では可決、そして衆議院では廃止法案は審議未了廃案ということで否決になって、両院協議会を開催して、少し手直しをした格好で実施されるという経過になり、今日に至っているということになるわけです。

消費税が終わった後、一転して「野党共闘冬景色」になりました。結局、選挙で社会党が一人勝ちし、公明党・民社党は皆、社会党に票を取られてしまったというような結果が出る。また、湾岸戦争が始まって、湾岸戦争に対する態度が民社党・公明党・社会党と違うということになって、89年春以降積み上げてきた野党共闘が一転して崩れるわけです。

「津軽海峡冬景色」をもじった「野党共闘冬景色」という歌がいろいろと政治家の宴会で歌われました。「消費税が終わったその日から、野党共闘は雪の中、市民が野党のけんかを見つめている、ああ野党共闘冬景色」という歌を、仲良し政審会長4人も含めて、あちこちで歌う状況でありました。作者不詳ということですが、実は作者は私でございます(笑)。

そういう一幕がありまして、この89年のときの状況をいったいどう考えたらいいのだろうかというのが一つの問題意識として残されている。

細川内閣から自社さ政権へ

次は93年のことです。宮沢さんが解散をする。どこも単独過半数にならない。裏のイニシアティブは小沢さんが動く。土井さんを議長にする。社会党の中はいろいろな議論がありましたが、田辺さんと私などでつくったシャドーキャビネットがベースになって入閣することになって、細川内閣になったということです。

ただ、問題は小選挙区比例代表連立制という、この形になった経過のところの政治的な手配をなぜできなかったのだろうかということを、今でも時々思います。確か田中秀征さんが案を出して、武村正義さんが成案をつくって、内閣の看板スローガンとして持ち出したという経過だったように思います。なぜあの肝心なことが、社会党は社会党なりに一つの対応ができなかったのかということを思うのですが、社会党惨敗で政権交代という厳しい現実、これが一番大きな問題だったと思います。衆議院の議席は130から70になりました。社会党としてはかつてない惨敗であります。

社会党の教科書は長年、社会党が勢力を増やし、そして、野党の友人、場合によっては良識ある自民党の一部の人も含めて、政権を取るというものでありますが、教科書とは逆の現実が発生しました。非常に難しい事態だと思います。

ある人があのとき、「社会党は進むも崖、退くも崖」という表現をしました。崖というのもオーバーな言葉ですから、険しい道と言いましょうか。ああいう形で政権交代の国民の世論は非常に大きく盛り上がっていた。しかし、そのなかにおけるかつての主導権はない。惨敗のなかでの逆転政権交代という現実ですから、党内でもずいぶん意見がありました。

選挙に負けたのだから、とりあえずまず今の執行部、山花執行部、辞めろという意見もありました。それから小選挙区比例代表制にしたら、消えてなくなるよという意見を言う人もいました。そうかといって、政権交代を求める多くの国民の意向に対して背を向けるわけにはいかないという人もいました。閣外協力にしたらどうかという意見もありましたし、ガヤガヤずいぶんいろいろな意見がありました。

ごく簡単にもう二つだけ申し上げます。一つは94年のことであります。細川さんが辞意を表明されました。羽田孜さんという外務大臣兼副総理から、私の大臣室に電話がありまして、「伊藤ちゃん、何か騒ぎが起こっているようだが、どうなっているの？」と言いますから、「あなた、何、言っているの。総理が辞意を表明して、もう夕方、臨時閣議だよ。あんた、何してるの？」と言ったら、外務大臣なもので外国から賓客があって、皇居で天皇とお食事をしている。テレビを見ていたり、携帯で電話かけたりする機会がないんだという話でありました（笑）。

「そのへんのことは礼儀を失しないようにしながら、早々に切り上げて、早く帰ってこないといかん。場合によっては、次はあんたかもよ」と言ったら、「とんでもない」なんていうようなことを彼は言っていましたが、そんなこともありました。

そのように細川さんがお辞めになって、羽田さんのごく短い期間を経て、村山内閣になるわけです。村山さんが総理大臣になった日、私も「村山富市」と書きまして、うちへ帰りましたら、ワイフは入院していておりませんので一人なんですが、深夜まで電話が鳴りっぱなしでした。

二つありました。一つは「水と油の自民党と手を組むとは何事だ」という電話、もう一つが「社会党から総理大臣を出しておめでとう」という（笑）両面ありました。どっちが多かったかなと思ったら、「おめでとう」のほうが少し多かったかもしれませんが、両方ありまして深夜まで鳴りっぱなしでした。これは多くの支持者の皆さんも含めた国民の皆さんが抱いた気持ちだろうと思います。

首班指名になるまでにもずいぶん曲折がございました。党内代議士会をやりますと二分する。片や、反自民を叫び、片や、反「一・一」（小沢一郎・市川雄一）を叫ぶというわけです。私は振り返ってみて、細川内閣、羽田内閣、その時代いろいろあっただろうと思いますが、村山内閣ができる経過を見ますと、反一・一、および反自民党というような工作をして、議員総会は大もめにもめている。ただ、そういうなかで、あのときの力学としては、やはり自民党の政権復帰への執念は非常に大きかったんだと思います。

政権政策をめぐって、「一・一」、あるいは「ワン・ワン・ライス」（小沢・市川・米沢隆）という人もいましたが、私たちと非常に激しい対立をしました。あのとき小沢さんはやはり社会党、とくに社会党左派を切ったほうがいいという気持ちがあったのだろうと思います。その是非は別にして、「一・一」との対抗関係は非常に強くありました。

自民党のほうは、そういう対立をしていることを含めた社会党、さきがけの政策提案をほぼ、「それで結構です」と全部のんでしまう。やはり自民党の政権復帰への執念は非常に強かった。これがあの時代の変化をもたらした力学だろうなという感じがいたします。

村山さんは真面目な方ですから、いろいろな努力をされました。戦後50年に当たっての首相談話、それから被爆者援護法や水俣病問題など、戦後、懸案として残っていた問題について、それぞれ一定の区切りとけじめをつけようという努力をなさったということは事実のとおりです。

しかし、一番大きかったのは、自民党の政権復帰への執念。橋本龍太郎総理大臣になってから、橋本さんからずいぶん聞かされたことがあります。「戦後50年の談話、あれと国会決議、比べて見てみろ。自民党と社会党が議運の場でお互いに正式にテーブルについて議論した。あの中身、何ていうことないだろ、あんなもの。という程度の決議しか、国会でできなかったじゃないか」。言われてみれば、そのとおりであります。

村山談話のほうは一歩進んでいる。進んだ村山さんの意向を表現している。「あのときに、ぼくは自民党のなかにいて、とにかく与野党協議はそれはそれとして、村山という人を立てなくちゃならん」。ある意味では自分たちが政権党に復帰しているために、村山さんを立てなければならないということで、ずいぶん苦労したという話を橋本さんからいろいろとうかがったことがあります。

結局、そういう力学だったと思います。村山さんがお辞めになった後、1年ちょっと後か、村山元首相に感謝するパーティーを、大きくはなかったけれども、やりました。森喜朗さん、それから河野洋平さん等々、自民党の幹部がお見えになりまして、そのお二方がご挨拶のなかで、とにかく「恩人」というんです。「村山さん、恩人」と連発するわけです（笑）。

しかし、やはり村山さんのあのお人柄ですね。誰が見てもいいおじいちゃん、土井さんは怖いおばちゃんというのが子どものイメージですから（笑）、それで評価されているところもあるんだろうなという気がします。

もう一言だけ付け加えて終わります。96年のことであります。1月3日に伊勢神宮に参拝をされて、今年も一生懸命、総理としてがんばりますという記者会見をして、4日の夜中に官房長官の野坂さん、それから橋本さんに訪米を中止してくださいという連絡をして、5日の日に辞めると発表するわけです。

そのときはそのときとして、5日の朝、ニュースがすぐ来ますから、車の中から官房長官室に電話して、野坂浩賢さんに「あなたがついていたのに何でこんなことになるんだ」と言いましたら、「いや、昨日の夜、言われて、『せめてあと3カ月ぐらいやってくれなくちゃ困る。何とかしてくれ』ということを涙をこぼして言ったのだけれども、もう断固として、総理は態度を変えなかった」。そういうことを野坂さんと電話で会話したことを覚えています。

しばらくしてから、村山さんと一緒にコーヒーを飲んで、「あなたは天照の神様に大うそついたのではないか。神様にお参りに行って、今年もがんばりますと記者会見をして、翌日くるっと変わった」。そうしたら、村山さんはニコニコして、「いや、もう前の年の暮れに決めていて、腹は決まっていて、正月はもうすがすがしく青空を見ていたから」と。「その前の年、何ですか」と言ったら、「伊藤君、だいたいのことはおまえも知っているだろう」と言って、それ以上詳しく言わなかったわけです。

実は彼なりに、あの村山さんの時代の社会党、これからの政治について思うところがいろいろあったのだろうと思います。当然のことでしょう。

それで年末、伊豆長岡の温泉ホテルに泊まって、そこにさきがけの武村さんを呼んで話したそうです。そして、武村さんと協議をして、やはり社民党とさきがけで社民リベラルの新党をつくろう。そのためにはもう辞める。退陣すると。

私はそこまでは知っていたのだけれども、武村さんの証言がどこかでありまして、12月29日だということがほぼ確実、明らかになりました。12月

29日、伊豆長岡温泉ホテルではなくて、三養荘という和風旅館でそういう話をして退陣決意を固め、社民とさきがけの合同という確認もして、すがすがしく正月を迎え、神様にはちょっと悪かったけれども（笑)、5日に退陣を表明したというわけです。

これも知られているように、その前の年の1月、阪神大震災が起きたとき、山花さんたち27、28人が離党して新党をつくるという申し入れを持っていった。久保さんが幹事長で、それを受理しようかどうかという複雑な心境が久保さんにはそのとき、あったようですが、そういうことがあった後ですから、皆だいたいまとまっていない。要するに今までの分を全部パーにして新党をつくるんだという人と、それからグループで集まろうという人の論理はまったく対立して、それでもう白々しくなっているというのが当時の状況でした。これは名前を変えただけという結果に終わったということであります。

最後に一つ申し上げたいのは1996年9月27日の問題であります。9月27日、国会解散、衆議院の解散になりました。その後の代議士会で幹事長のサトカン（佐藤観樹）さんが幹事長の辞表と離党届をポイと出しました。そして、それに賛同する方々が約半々でした。半分ぐらい退場される。

そのころ私は理論センターにおりましたが、96年にはイタリアでオリーブの木、ブローディ政権がスタートしました。私も資料、パンフレットをつくって、オリーブ研究会というのを私の主催で1～2回やらせたことがありました。

97年にはドイツで赤と緑の連合政権、シュレーダー政権がスタートしました。同じく97年にはブレア政権、労働党政権。これは圧勝した形で成立をする。その他のいろいろな国もありました。

ウラルのかなたのほうでは地中海の周り、全部、社民党、社民の赤いバラが咲くという時代になったわけです。ちょうど同じ時期に日本は崩壊した。なぜだろうかということをいろいろ考えさせられます。

いろいろな方々のお話を皆さんうかがっているようなので、ダブらないようにと思い、また、自分の体験した範囲のことだけに絞りまして、まとまらない話をさせていただきました。

質疑

社会党の「可能性」

――時系列をたどって質問にお答えねがいたいと思います。一つは、最初、明るさを感じ、大きな可能性を持っていた、それで負ける気がしなかったというようなお話でしたが、そういう気分がなくなるのはいつごろなのかということをお聞きしたい。ある時点までかなり強い上昇機運というものがみなぎっていたようにうかがいましたが、どこかで転換したということですよね。

二つ目は、社会党の場合、中執、書記局、議員団の３本立てというようなことでした。政党の場合、自民党もそうですが、党の執行部と議員団というのが普通で、書記局がものすごく大きな力を持っているというのが社会党の特徴だったように思われます。そのことの功罪といいますか、メリット、デメリット、あるいはプラス、マイナスをどう考えられるかということが二つ目です。

三つ目は、これはかなり微妙なことになるかと思いますが、当初、伊藤さんが入られた左派社会党でずっと左派としてやってこられて、社会主義協会にも属されていた。協会とは70年代の中ごろに縁を切られるわけですよね。その理由といいますか、いきさつをもう少し補足していただければ。

伊藤　社会党の未来は明るい、とにかく希望と情熱に燃えてやろうという若き日からのどこかでスパッと希望が絶望に変わったわけではないですね。50年代、60年代、70年代、とくに90年代のなかでだんだんに。

――90年ぐらいまで、まだそういう明るい感じが続いていたんですか。それは伊藤さんご自身ではなくて、周りを含めてということですけれども。

伊藤　90年代はすでに転落の歴史ですね。

――いつごろ、もうこれは、というふうな感じになったのでしょうか。

伊藤　３番目におっしゃった協会と縁が切れる、あれとだいたい重なっているんです。だいたい70年代、国会議員になったこととは別にして、ヨーロッパ社民を勉強しようと、多賀谷さんを団長にして半月ぐらいかけて、ヨーロッパの政権を取った党を回りました。

それで非常にいいことを言われるんです。たとえばフランスに行ったときの国民会議議長のファビューズさんへの質問で、「あなた方はエビネ大会で新しい結集をした。エビネ大会から大統領選挙に勝利するまで、何を中心に努力しましたか」というクエスチョン。そうしたら、答えは一つ、intellectual advantage と。

要するに intellectual advantage、我々がアドバンテージであるという党をつくろうという一点なんでしょうね。そういう印象的な言葉をずいぶん聞かされました。

たとえばドイツに行ってリベラルと社民党について議論したら、「鮮明な理念と目標、優れた具体性と現実性」、この二つを兼ね備えなければ政権に発展することはできません、と。これは当たり前の話だね。しかし、そういうことを左派社会党の時代から議論を熱烈に党内でやったことはないわけです。

その節目はいくつかあったと思います。社会党はどこでどうだったか。節目というのは、たとえばポスト安保の時期。非常に大事な時期だった。あそこでやっておけばというのは思います。

——それで構造改革論争の問題がそこに入ってくるわけですよね。

伊藤　そうです。だから、自らの反省も含め、いったい自分はあのとき、どう考えたんだろうかと。

誰かに言われたんです。だいたい社民なんていうのは軽蔑の表現で、「伊藤さん、あんたも言ったじゃないの」と言われるし、そういうことを含めて、いろいろと考える。どうだったんだろうか、どうすべきだったんだろうか。

89 年のときもそうです。たとえば 4 野党政審会長は合意をつくれる仲良しクラブなんです。ところが実家に持って帰ったら、「伊藤さん、悪いけれども、通らない」と言われるんです。本家のほう、自分の党から。

そしてたとえば選挙にしても、社会党一人勝ちでのとき、向こうは減ってしまうわけだから、そんなもの、共闘しません。やはり自分のところが無駄足、無駄な努力をしても、皆が伸びるようにしてやるという意味での幹部、執行部の責任ある意識がなければ。それは土井さんに要求しても無理でしょう。

——無理なんですか（笑）。

伊藤　だから、チャンスではあったが、一致できなかった。そういう節目が二つか三つ、あったような気が私はします。

——書記局はどうですか。

伊藤　これはある意味では日本的なんじゃないですか。

——日本的と言っても、社会党以外にそういう３本立てみたいな形で書記局が力を持っているところはあるんですか。

伊藤　ないんじゃないですか。あまり聞かないですね。日本の左翼勢力あるいは日本の社会党が強まっていくと、たとえば江田さんが組織局長をやった。それで組織論の大改正をやろうというので、全国オルグ制度とか組織委員会をつくるとか、いろいろやるわけです。左派右派を問わず、皆、大賛成でやった。結局、その人たちが力を持ったわけです。

だから、党内の一つの論理としてはそういうものが存在しえたのだけれども、市民レベルか、国民レベルから見たら、ちょっと奇態な格好だということでしょうね。

——ただ、ヨーロッパの場合も、M. ウェーバーとかよく言うのだけれども、組織政党か議員政党かという議論がある。そして、それぞれ最後は議員政党になる。政権政党になるという形になっているから、書記局が強いというのは必ずしも日本的ではなくて、ヨーロッパの社民もそういう道を経てきたようです。ある意味では非常に近代的なスタイルなんです。組織政党だから。

国政選挙での社会党の停滞

——60年代の終わりごろについてお聞きしたいのですが、革新首長、県知事、市長レベルでは革新勢力、とくに社会党から多数当選していますが、69年末の国政選挙で社会党は大敗北します。国政では停滞する、地方では勝つという、この要因の分析をしていただきたいのですが、どうしてそうなるんですか。

伊藤　それなんですよね（笑）。いや、非常に大事な問題だと思います。ポスト安保の時代のなかで、社会党は長期低迷から長期低落に行くが、革新自治体は伸びる。

それで長洲一二（1919〜99年）さんが出たのは74年ぐらいで、あれがだいたい70年代終わり、それからオイルショックですね。あのあたりで革新自治体運動もダウンしていくんですが。

——76、77年まででですね。

伊藤　さきほど申し上げたように論理が違っていたのだろうと思います。革新自治体の論理、市民原理ですよね。

それから、政党のほうはやはり「社会主義の道」にしたって、左派綱領か何かは別にして、党内論争の結果、あんなものをつくったけれども、飛鳥田さんが市長から委員長になるころに、飛鳥田さんのところに行くと、年中言っていましたよ。「道」を踏み絵のようにするのはおかしいと。

「伊藤君、そう思わないか」「本当、そう思うよ」と言って、それで飛鳥田さんが委員長になって、従来の大会直属の社会主義理論委員会を廃止して、執行部の下に理論センターをつくった。そのときには勝間田清一さんが会長で、河上民雄さんが事務局長で、ぼくが次長ですが、そういう意味での問題意識を鮮明にするとか、そういう問題意識を議論するとかというのは、残念ながらなかったんです。

——69年以降は、共産党は倍々ゲームといわれるように増えていくんですよね。だから、市長選挙で社共を中心とした革新市長や革新首長が出るときには、無党派革新というか、革新的無党派層がかなりいる。それで、その人たちは社会党ではなくて、国政選挙になると共産党に入れたということではないんですか。そこはどうなんですか。

伊藤　どうなんですかね。共産党も五全協か六全協のあたりは本当にガタガタでしたよ。

——だから、69年ぐらいからですよ。

伊藤　不破哲三君の時代でしょう？　上田耕一郎君が大学でぼくの１級上で、不破君は１級下なんです。上田君はまだ人間味があって面白かったですが。

——まず一つはすごく単純な質問で、52年に大学を卒業されて54年に書記局入りされる、この２年間の経歴で何をしておられたのかということ。それから、私は今日のお話でたいへん興味深かったのは、消費税のときのIMF・JCの話です（笑）。これは秘話というか、非常に面白かったのですが、社会党の組織の特徴との関連でいうと、一般的なイメージで社会党は、やはり党の組織としてはそれほど強くなくて、総評を土台にしているというようなイメージがありますよね。

伊藤　税の問題、これはざっくばらんに言ったら、労働組合もどうかと思います。たとえば村山内閣のときに3%を5%にすると、ありましたね。あのときでも連合のほうは、自分たちの労働運動の春闘で賃上げを要求して何も取れないものだから、政府のほうに大幅な所得減税をしろとか何とか言って、財源は消費税というわけです。

ぼくはだいぶ言ったんです。あのときには社公民、3党の政審会長、同じ主張でしたよ。それで連合の方々に言ったんです。「あんた方、現役の労働組合の人はいいでしょう、それで。しかし、たくさんOBがいるじゃないか。OBの方々は消費税の負担だけある。減税を受けるわけではない。もっとOBの立場も含めて考えなければならないんじゃないか、と。でも、いや、断固賛成である（笑）、と。

――組合から上げろと言ったわけですね。

伊藤　似たようなものでしたよ。さっきのIMF・JCと消費税の話ではないけれども、労働運動に何か一つのしっかりした社会観を持った芯が入るというようなものがないと、だめなのではないですか。

それは総評が解散して連合になるという経過。たとえばいろいろないい人がいて、勲章をもらった人もいて、いろいろなお付き合いをしましたが、真柄栄吉さんが最後の事務局長です。真柄さんに一度言ったことがあったんです。「あなたは総評の最後の事務局長で、辞め方が早すぎた。ちゃんとした総括をしなかった」と。

毎年暮れに総評OB会の勉強会、懇親をやっているんです。去年、一昨年のテーマが「総評とはいったい何だったのか」というものでした。ところが、講師になる人がいないんです（笑）。諸外国のいろいろな運動、南欧の場合、北欧の場合、アメリカの場合などそれぞれある。アメリカの場合でも戸塚秀夫君などが一時書いて、古い労働組合の組織率がダウンして、市民運動的改革運動が起きているということを紹介したりしていましたよね。

ぼくは不勉強でわからないのだけれども、日本の労働運動、全体としては全然ハッピーな状態ではないでしょう？　展望を見てもハッピーな状態ではないでしょう？　なぜ新しい運動が起きないのかという。これは私にとっても懸案で、本当にわからないですね。

——政審でやられたときに、労働組合からいろいろ注文をつけられたり、何か言ってきたりということはあったのですか。政審会長とか、政策をやられていたときに。

伊藤　労働組合の方々とは定期的な意見交換の場を持ってやっていますから、意見交流は予算とか税制とか、政策面とか、いろいろあります。しかし、消費税のときのIMF・JCは正直言って、きつかったですよ。だいぶ言われた。

いや、わかっているんですよ。本音をはっきりは言わないわけです。20%の物品税が3%になるといったら、会社は大もうけだし、労働組合もその分け前が取れるというのがあったのでしょうけれども。労使一緒になって、基本的に会社の労働組合ですよ。

——「社公合意」はいかがですか。

伊藤　「社公合意」はあのときの担当は、政審会長が岩手の北山さんの時代ではなかったかな。あれは北山さんの好みと趣味があったんじゃないか。

——伊藤さんはあまりかかわっていなかったんですか。

伊藤　かかわっていなかったですね。

社会党の分裂

——総評・社会党ブロックというのがあったと思います。次第に総評が官公労中心になってきたということで、社会党としてもいろいろ問題を抱えていたと思います。70年に辞められたことも含めて、苦労されたことをお聞きしたい。

伊藤　やはり社会党の時代、それから社会党・総評ブロックが強い時代は、官公労のウエイトは大きかったです。

——あまり強く言えないというか、逆に……。

伊藤　人も金も出す。ぼくなんかはその意味では非常にハッピーで、飛鳥田さんが横浜市長で、市長の名前は子どもでも知っている。それから長洲さんが知事をやっていて、いろいろな労働紛争とか、左右を問わずで、あそこは電機も自動車も多いところだから。

——制空権を掌握しているようなものですね。

伊藤　だから、選挙でも通るのは当たり前だね。

——一般的な政策的には距離があるけれども、人的つながりが強くあったと。

伊藤　かもしれません（笑）。

——民社党に割れるときには国民会議の事務局次長をされているときで、伊藤さんにはあまりショックには映らなかったのですか。印象に残らなかったのですか。

伊藤　いや、そうなっちゃったなあという感じだったでしょうね。結局、そうなっちゃったなということでしょうね。

——結局なったということは55年に統一して以降、あまりしっくりいかなかったということですか。いつかはそうなるという予感のようなものがあったのですか。

伊藤　そうですね。やっぱりちょっと異質なんだという気持ちはあった（笑）。

93年以降について

——93年のときに結局、羽田首班で社会党はいくと早々と決めてしまうことに対して、社会党のなかでどういう議論があったのかというのが1点目です。

2点目が、社会民主党になった後に伊藤さんがオリーブの木の「資料集」を出されて、私は社会新報でその記事を見て、「ああ、これはいい」と思って、社民党本部に電話して家まで送ってもらって熟読したんです（笑）。その後、新進党が解散して、かなりの人たちが民主党に行く。そのときに社民党も、オリーブの木でいくんだったら民主党のなかに入っていくというのも一つの選択肢としてあったと思うのですが、そういう議論が社民党のなかであったのか、なかったのか。この点についてうかがいたいと思います。

伊藤　結局、93年総選挙のときに、非自民のなかでは社会党は70議席で与党では第1党なんですよね。ところが、非自民の政府をつくる政治的なアクション、この面では小沢さんとか武村さんとかが中心で動いたわけです。社会党は脇役だった。ですから、数の面では非自民の勢力のなかでは社会党が第1党だったが、内容、政治行動としては脇役になってしまった。

したがって、あの時点で実際上は数は別にして、長年にわたる、約40年弱にわたる野党第1党としての立場を失ったのであり、そして55年体制は終わったのです。政治論としては、そうではないかと判断していいのだろうと思います。

いろいろな意見がガヤガヤあって、結局、山花、赤松、執行部としてはとにかく入閣をすると。入閣をするのに、今でも疑問なのは、なぜ政治改革と自治大臣と、自分たちが進んでやらなければならないのかというのは今でも私はわからない。基本的には年功序列ではなく、シャドウキャビネットメンバーを出そう。これが筋ではないかと。あのときに年功序列で人を出したら、これまた恐らく大変だったでしょうね（笑）。

オリーブについては、オリーブ勉強会を提唱しまして、村山、武村、鳩山、菅さんなども含めて、勉強会に来てくれました。鳩山さんは1回しか来なかったけれども。それで加藤紘一幹事長からだいぶ愚痴を言われまして、文句ではないけれども。自社さの連立政権のなかにいて、私は幹事長だった。「伊藤さんは自社さで、これオリーブ連合と言えないこともないんじゃないか。何であんな別のものをやるんだろう」ということを、加藤さんは言っていましたね。

――今あるものでいいじゃないかと。

伊藤　そうだと思います。しかし、何か私自身の気持ちのなかでは自民党と手を組んだ形で、あるいは自民党の恩人となるような立場でものをやるというのではなくて、何かこちらのほうの筋の通った何かをしなければならないという思いがありました。革新的な筋の通った連合を考えることは必要であろうということです。立場としては自社さのなかではそういうアクションは異端視されるのでしょうけれども、あえて……。

――この場合、それは自民党を外すということになるわけですか。

伊藤　そうです。だから、自民党は誰も呼んでいないわけです。それで、鳩山さんも菅さんも来ているんです。村山さんも武村さんも勉強会に来てくれました。

村山内閣の政策転換と防衛問題

――村山内閣の政策転換で、急に自衛隊容認、日米安保堅持を打ち出したわけですが、事前に何か相談というか、党内での議論はあったのでしょうか。なかったかのように報道されることが多いのですが。

伊藤　いや、組織的に議論したことはないです。ただ、村山総理がどういう答弁をするかということは、官房長官室であのときには4~5人集まって、夜遅く、いろいろな相談をしたということは聞いています。あのときぼくは呼ばれなかった。ぼくは沖縄問題担当であったけれども、呼ばれなかったですよ。

それで、あのときの衆議院の本会議の議場の風景でいったら、村山さんが自衛隊合憲、安保堅持論を答弁する。自民党席満場の拍手。社会党席、腕を組み、寂として声なしという状態です（笑）。

それは、政権を本気になって取ろうと、あるいは総理大臣を出そうというからには、本当は政党としてはちゃんとしたピースメーキング・システムです。現実からスタートしなければならない。こんなことは当たり前です。現実無視というのはできないですから。どこの国でも、今の日本でもそうだけれども、現実からスタートして、どのようなことをやるのか。

安保反対とか自衛隊違憲とか、非武装中立もそうかもしれないけれども、スローガンを並べるのではなくて、必要なのはピースメーキング・オペレーションなんです。そういう政策論をどうつくるのか。今の北朝鮮の問題もそうです。

93年、94年の北朝鮮核疑惑のときはとても緊張しました。ペンタゴンが赤ボタンを押すと。細川政権のときに言われて、それで防衛庁と外務省と官邸と警察とが毎晩夜中に協議を続ける。そこには海上保安庁が入っているんです。海上保安庁の責任者は総理ではなくて運輸大臣ですから、場合によっては社会党大臣が責任の一翼を担って、戦争状態になるということがありうるわけです。

あの時アメリカ側から100件ぐらい要求があって、全部極秘だったから廃棄処分としましたが、いろいろな議論をしました。忘れがたい思い出ですよ。

今もそうだけれども、スローガンだけ言っているような政党ではだめですよね。とくに朝鮮問題を見たって、93年、94年の北朝鮮核疑惑の騒ぎ、「ソウルを火の海にしてやる」と言ったとき、ペンタゴンは軍事行動を決定したわけです。やる寸前だったわけです。そのなかで社会党大臣としては、非常に苦悩したけれども、党に持って帰って、人さまに相談するわけにはいかないですから。秘密事項ですから、その真実を知っている人は数人しかいないんですからね。

だから、自分の責任で決めなければならないということです。個人的には非常に苦しみました。しかし、やはり非常に貴重な経験をしましたよね。

――国家安全保障会議でやるということを最終的に決める議論をしていたときに電話が入って、カーター訪朝の方向が決まったと言われていますが、そのいきさつはご存じですか。

伊藤　いや、知りません。いやあ、カーターが行って打開して、本当にホッとしましたよ。あのときの段階と今、当然、また次元が違うし、構造も違いますが。あのときにはペンタゴンの責任において、核施設を攻撃すると決めたわけです。

――かなり日本にも具体的な要請があったんですね。

伊藤　あれは第7艦隊から。在日米軍ではなくて、ペンタゴンの決定なんです。それをめぐって、細川がどうするんだと言われて、米軍から100件言われました。それを50ぐらいに絞った最終リストのなかには全部、「極秘、閲覧後焼却処分」という判子が押してある。

――100項目ぐらいの要請があったということですね。

伊藤　それを削って50ぐらいにして、それでも緊急立法とか、超法規というのがありました（笑）。たとえば北朝鮮から武装した難民か何か知らないけれども、日本海にワーッと来る。原子力発電所に来るとか、いろいろなケースがありうるわけです。機雷処理とか何とか、超法規という、あれがありました（笑）。

——超法規的行動を取るということですね。

伊藤　それ以外にないと。しかも、海上保安庁も参加をする。当然ですよね。その責任は自分にある。それで党内、社会党のなかで土井さん、村山さんに「大変なんだけれども、どうするか」と相談するわけにもいかない。閣僚の1人としては、自分で決めなければならないという立場ですからね。これはルールですから。

——そのときは防衛庁長官や外務大臣とも連絡を取り合うわけですよね。そうでもない？　それはまた別個のルートでそちらには入ってくるわけですか。

伊藤　防衛庁の何とか局長クラスとか海上保安庁の長官とか、そういう人たちが毎日、会議をやっているわけです。相談しているわけです。

——じゃあ、運輸大臣は。

伊藤　保安庁長官と話した。

——4月あたりが一番危なかった。

伊藤　とにかくアメリカとしては、本当に困惑したでしょうね。

——94年。

伊藤　日本の政府と話ができない。話し合える状況ではないということだったでしょうね。

——あのときに社会党のほうから、たとえば朝鮮労働党のパイプなどを利用して事態打開に積極的に閣僚クラスを訪問させるとか、何かそういう考えというか。

伊藤　そんな政治環境は当時の与党はなかったですね。

——北朝鮮労働党と社会党とのパイプはなかったんですか。

伊藤　みな目の前のことで頭がいっぱい。いま振り返ると、なぜカーターか、日本の政府は、日本の政治家は？　ということを真剣に考えなければと思います。そのなかに苦悩する社会党大臣が1人いたわけです（笑）。

——党としても独自に対応するようなことはまったくない。動けない。

伊藤　ないです。あのときはピンチでしたよね。いや、あれで元大統領が訪問して片付いて、ホッとしました。本当にホッとしましたよ。それで保安庁長官と毎晩いろいろな話をして、そのときに言ったのは、当時の社会党は、とにかくPKOで部隊を派遣する場合も引き金を引く決定は隊長が命令しない、と。隊員自身が生命の危険を感じ自ら身を守るためにやる。

――正当防衛としてやるという。

伊藤　そういうことを社会党は言ったんですよ。あれだけはやめようと。とにかく保安庁職員が引き金を引くということがあった場合でも、万々一、そういう事態が起こっても、すべての責任は長官、おまえとおれが持つ。社会党のあの議決だけはやめようと。これは男の約束と言ってね（笑）。士官学校だから言うわけではないけれども、いい男だったです。いろいろな議論をしました。

いや、社会党の大臣が日本海での作戦行動に参画をすることになるかもしれない。「社会党大臣としては、おれはとにかくきついよ」というような話を言いました。そうしたら、「大臣のお気持ちはよくわかります。しかし、万々一、その事態が発生した場合に日本はどうなるでしょう？」「わかった」と言った。

あのときの書類などは全部処分したんだろうね。全部焼却した。

派閥、指導者、歴史について

――伊藤さんの派閥の関係はどうですか。勝間田派だったと言われていますよね。

伊藤　ぼくが尊敬するのは、今、あの人は立派な人だったと思うのは和田博雄です。不思議なことに『幻の花――和田博雄の生涯』（上・下、楽游書房、1981年）を書いたのは農林省に前、勤めていた人なのだけれども、著者は和田博雄さんにいっぺんも会ったことはないんです。しかし、俳句も含めて、和田博雄さんのことを非常に上手に書いてあります。

勝間田さんはまあまあです。石橋さんは石橋さんなりの生きざまですからね。彼は辞めるときに、『「五五年体制」内側からの証言――石橋政嗣回想録』（田畑書店、1999年）という本を出している。これを読んでみても、人それぞれ、生き様があるんだなという感じですね。

――人物評が出たついでですが、政審会長として田辺さんと土井さんに仕えたという形になりますよね。土井さんと田辺さん、印象としては、どんな感じですか。

伊藤　どうですかね。土井さんのときには、冗談で、党に入ってはひたすら女性委員長にお仕えし、うちに帰ったら女房に理屈を言われ、一人息子は年中、かあちゃんの味方ばかりする。国会に行っても2対1、うちへ帰っても2対1、どっちでもいいから多数派になりたいと言ったんです。

土井さんから電話が来ると、うまいんですよね。「私、政策、全然わかんないんだけど、伊藤さん、ちゃんとやってくれるから助かっているのよ」とか、うまいことを言うんですよ（笑）。女房も土井派になるわけだ。

初出
報告：『大原社会問題研究所雑誌』No.673／2014年11月号
https://oisr-org.ws.hosei.ac.jp/images/oz/contents/673-06.pdf
質疑：『大原社会問題研究所雑誌』No.674／2014年12月号
https://oisr-org.ws.hosei.ac.jp/images/oz/contents/674-06.pdf

第３章

私からみた構造改革

——初岡昌一郎氏に聞く

江田三郎、仲井富、松下圭一、加藤宣幸、森永栄悦、貴島正道…さまざまな人との出会いを通して、構造改革に対する思索が深まって行ったプロセスを時系列的に再現。上田耕一郎他、田口富久治、増島宏、高木郁朗らとの交流がその後の学究生活へとつながっていく。

［略歴］

1956年　津山基督教図書館高校卒業
1959年　国際基督教大学卒業
1959年　社会主義青年同盟結成準備会専従役員
1963－64年　ベオグラード大学法科大学院留学
1964－72年　全逓信労働組合本部書記局員
1972－89年　国際郵便電信電話労連東京事務所長
1989－2006　年姫路獨協大学教授
現在、ソーシャル・アジア研究会主宰

報告

国際基督教大学へ

大学は、森本謙三先生が「初岡君、新しく国際基督教大学ができた。受験勉強は必要なし、あそこに行きなさい」ということになり、推薦を受けて受験しました。当時は激烈な競争ではなかった。私は３期生で、大学はまだ完成途上でした。振り返ると、中学は新制のほやほやでしたし、高校も一期生、新しいところばかりに行っております。卒業した小学校と高校はいまやなくなりました。

話が飛びますが、自分がその後大学を出て半生を過ごした組織もほとんどなくなるか、姿を変えています。変化の速さには驚くばかり。結成に参加した社会主義青年同盟（社青同）はとっくに消滅したし、7年間在職した全逓も形を変えて、存在しません。社会党もない。総評もない。東京事務所長として25年間働いたPTTI（国際郵便電信電話労連）もない。そのような激変、激動の時代でした。変化の時代では、経験をつたえることが困難です。小学校や高校時代の話を自分の子どもに話しても、実感をなんら伝えることができない。これは私だけではなく、非常に大きな激変を経験してきた世代に共通したことでしょう。

構造改革論には今でもその影響を受けているのですが、加藤さんや貴島さんと少し違う受容をしているかもしれません。それには、世代と経験の相違が反映しているかもしれません。ICUの学生時代は英語で悩まされました。あとになって思うと、大学時代に学んだことで後に実際役立ったのは英語しかなかったかもしれませんが、その当時は英語中心の授業に非常に不満でした。そこで異なる学生生活を求めて、まず社会科学研究会（リベルテ）に入り、学生運動に熱中しました。当時の学生運動の一般的な主流は、歌って踊れば平和が来るという民青路線でした。これは1955年で共産党が路線転換し、学生運動も労働組合の職場闘争にヒントを得たと思うのですが、たとえば寮の飯を改善しようとか、大学のなかの生活を改善することを主眼としていました。たまたま私は音痴で、踊ることもできないので、これには魅力を感じませんでした。

1年生のとき、これは1955年ですが、大きな一つの転機がありました。もともと政治的社会的問題とか平和運動とかに関心を持っていましたので、岡山選出の江田三郎（1907〜77年）さんのところにも出入りしておりました。当時は古い参議院会館で、しかも小さい部屋でした。そこで、社会党青年部の事務局長として上京してきた岡山出身の仲井富（1933年〜）さんと出逢いました。彼は、江田さんの事務室で起居していたのです。

僕は三鷹の井の頭公園裏にある東京神学大学の教授で、バルトの研究者として知られていた井上良雄先生（1907〜2003年）の非常に立派な家に寄宿していた。一緒に部屋をシェアしないかと言ったら、それではそこに行こうということになって、仲井富さんと一緒に1955年夏から約半年間、三鷹市下連雀の井上家に同居しました。砂川闘争にも一緒に出掛けるようになり、仲井さんから青年部に入って運動をやらないかとの誘いを受け、何の抵抗もなく社会党へ入りました。活動の場は、当時の左派社会党青年部です。社会党はその年の暮れに左右統一するのですが、青年部統一は1年ぐらい遅れて実現しました。

このように大学の1年生であった55年の後半は、砂川闘争にのめり込みました。砂川闘争で学生運動がみるみる活発になりました。当時の動員主体は都学連でしたが、表面に出てくるのは全学連。当時の都学連は土屋源太郎委員長とか、副委員長をやっていた塩川喜信さんとか、あとで自治労に行った吉沢弘久さんたちが中心でした。かれらは、今も砂川の会を続けており、まだ熱心に活動しています。

国際基督教大学は全学連に加盟しておりませんでしたから、社研レベルで連絡を取り、成蹊大学とか東京女子大・一橋・津田塾・東京経済大学と連携していました。そして、三多摩社研連を結成しました。三多摩社研連で砂川闘争に関して立派なパンフまで出しました。この間、吉沢さんの会のメンバーがそれを持ってきて見せてくれました。忘れていたのですが、見たら国際基督教大学リベルテ（社会科学研究会）内で発行したことになっているのです。

そのうちに三多摩社研連を発展させ、以前にあった全国社研連か関東社研連を再建しようということになり、法政・早稲田・東大・明治など大きな大学を回りました。関東社研連再建と同時に、その書記長をすることになりました。以前の大学社研は共産党の牙城、マルクス主義の牙城だったのですが、当時これらの活動家はほとんど全学連とか自治会に出てしまって、社研はどの大学も比較的おとなしい勉強会的なカラーになっていました。

そのうちに目立ってきたのが新左翼の台頭です。はじめのうちはまだブントが登場しておらず、社会党青年部の活動家だった栗原登一（1930〜2009年）さんとか黒田寛一（1927〜2006年）さんとか、もうちょっとクラシックな左翼でした。それから政治党派には属さないけれども、新左翼的な傾向の人びとが当時の社研にはいました。それからわれわれみたいな、どちらかというと非常に穏やかな左翼で社会党に近い人びとと、三つぐらいの要素が混在していました。法政とか明治とか、いくつかの大学は共産党がわりかた強かったのですが、東大・一橋とか、早稲田など大きなところが共産党系中心ではなかったのです。

松下圭一さんとの出会い

だから理論的には非常に雑然とした状態で、ある意味では非常にリベラルでした。われわれの関心の一つの的は、当時法政大学法学部の助教授だった松下圭一（1929〜2015年）さんの提起した、大衆社会論でした。これは1956年ごろです。『現代政治の条件』（中央公論社、1959年）、『市民政治理論の形成』（岩波書店、1959年）、『現代日本の政治的構成』（東京大学出版会、1962年）などにその当時の論文が入っています。私も松下さんの提起は非常に新鮮なものがあると感銘をうけました。民主主義そしてとくに市民的自由、それから市民的自由を通じての自主的な組織の重要性というようなものを、松下さんは指摘しました。

今読んでみますと、松下さんはマルクス主義の教養が豊かな人ですから、マルキシズムの側からの批判を非常に意識して書いているのに気づきます。労働者の存在形態が変わったことに注目せよと述べているのに、階級関係が変わったのではないということを繰り返し言っている。そうは言いながらも松下さんは、存在形態が変わればそれに対応する戦略と運動も変わらなければいけないということも言っているわけです。批判するほうの側もそこを捉えて、芝田進午（1930〜2001年）さんをはじめ、マルクス主義の否定であるということで大衆社会論を強く批判しています。松下さんは変革の主体を政党とか労働組合とか、あるいは学生運動にかぎらず、広く社会的政治的運動として捉えていました。彼は、時代の変化とそれに対応する意識と運動を鋭角的に提起していました。松下さんの提起は非常に広範に渡っています。たとえば、社会民主主義についても、松下さんは早くから再評価の対象としていました。

私は行動的な学生でしたので、興味深い論文が出たらすぐその著者に会いに行きました。編集部に電話すると、すぐ教えてくれたのです。今だったら個人情報の秘匿で絶対にそういうことはできないと思います。松下さんに会いに西荻窪に行ったら、6畳ぐらいの狭い部屋に万年床が敷いてあって、それを二つに折って座るところをこしらえてくれました。松下さんは話の好きな人で、初めて行った未知の学生に2時間ぐらいも割いてくれ、ああ、これは面白い人だなと気に入ってしまいました。

社会党の仲間との研究会

当時、社会党青年部の仲間は、はじめから思想的に江田派だったわけではありません。私は、岡山県人なので江田さんの周囲にいた人たちと早くから個人的に知り合う機会がありました。それを通じて、社会党本部書記局江田グループの中心であった加藤宣幸さんとか森永栄悦さん、貴島正道さんの知己を得ました。

そのなかでまとまりの中心となっていたのが加藤さん、理論的な関心をとくに持っていたのが、議会政策を担当していた貴島さんでした。貴島さんは九州大学法学部政治学科出身で、具島兼三郎（1905〜2004年）の影響をかなり強く受けていた人です。加藤さんや貴島さんと松下さんのところに一緒に再度行き、それから松下さんと江田派の交流が始まりました。だいたい56年、57年ぐらいから革命論争が盛り上がって、大月書店から現代マルク主義講座全3巻や上田耕一郎（1927〜2008年）さんの『日本革命論争史』（大月書店、上巻1956年、下巻1957年）も出て、新しい刺激が与えられました。それらとは違う社会民主主義の立場からのシュトゥルムタール『ヨーロッパ労働運動の悲劇』（岩波書店、1958年）をとくに愛読しました。この本は、労働運動をイデオロギー的に評価するのではなく、構成員の利益代表としてプレッシャーグループとして行動するのか、広い社会的経済的利益を代表するのかという視点で捉えていました。この本を下敷きにして、戦後日本労働運動論を卒論に書いたほどの惚れ込み方でした。

大学時代後半から社青同時代にかけて政治理論と運動論の面で最も影響を受けたのは、何と言っても佐藤昇（1916〜93年）さんからでした。57年8月の『思想』に発表された「現段階における民主主義」という佐藤論文は衝撃的でした。郷里での夏休みを早々と切り上げ、姫新線で姫路に出て山陽本線に乗り換え、東京に向う途中のことでした。地方都市の駅前書店でも『思想』を店頭で売っていました。夜行列車で読み始めたら、夢中になって眠れなくなってしまいました。

この佐藤論文は、今再読するとなぜそこまで感激したのかと思うのですが、当時は非常に新鮮で、いろいろなところにカギカッコをつけ、線を引っ張っています。東京駅に着くとすぐに岩波書店に電話して聞きだし、佐藤さんに連絡しました（笑）。当時まだタス通信の支局におられたかと思うのですが、数日後に佐藤さんに会ってもらうことになりました。貴島さんの本の中に出てくる喫茶店ではなかったと思うのですが、場所は渋谷で、井の頭線沿いの裏通りにあった小さな喫茶店でした。これを契機にそれから後の2、3年間は、豊島区要町の佐藤さんのご自宅によく通って行きました。大学在学当時から就職をまったく考えておらず、漠然と文筆で飯が食えるといいなと考えていたのですが、佐藤さんのように頭脳明晰で筆の立つ人が苦しい生活を強いられているのを見ると、そのような幻想は吹き飛ばされました。

佐藤さんという人は共産党のなかの論争とか党内闘争でたたき上げた人だけに、一見複雑に見える諸問題の整理と重点の摘出を簡潔に行い、そしてそれらを論理的かつ判り易く説明するのが実に巧みなのですね。「民主主義の主要な側面は三つある。それぞれの側面の中の主要な契機は、以下の三つ」という具合に、だいたい三分法でパパッと手際よく整理してもらうので、15分、20分のうちにわかった気になります。実に明快でした。この手法は、たとえば山岸章（1929年〜）さんなんかも、大会や会議での発言や報告にずいぶん後々まで応用していました。それぞれの異なる次元で、三分法で問題を整理していくのは、理解を広く得るのにいい方法だと思いました。私も後々まで方針や報告を書くのにこの方法をしばしば援用しました。

佐藤さんは、戦略戦術や綱領的な問題の立て方からものを明確に捉えるのに非常に優れた人で、貴島さんや加藤さんをはじめ、ほかの人たちもこれに魅了されました。みんな当時の社会党に飽き足らず、新しい路線を模索していました。安保闘争直前、大衆運動が高揚するにつれ、社会党も今の状況のなかでは十分に対応できず、あまりにも方針とか依って立つイデオロギーや戦略が古すぎると痛感していたので、一挙に佐藤さんに傾斜していきました。

ただ最初の研究会を組織するにあたっては、佐藤さんだけではなく、松下先生などもっと広く党内外の協力を得たほうが良いと考えていました。佐藤さんを囲む研究会ということではなく、もう少し自由かつ幅広く議論できる研究会にしたほうがいいというのは、佐藤さん自身の意見でもありました。当時の研究会の名称は忘れてしまったのですが、特別に固有名詞をつけていなかったのではないかと思います。不用意に外に漏れて、参加者に迷惑がかかるのを心配していたからかもしれません。例会は、加藤さんの知人が経営する、四ツ谷駅前にある東洋交通というタクシー会社の2階で行いました。研究会の部外メンバーは佐藤さんと松下さんに相談をして選定してもらったのを覚えています。

佐藤さんは上田耕一郎さんをまず推薦された。上田さんという人は非常にすばらしい人で、共産党に残られても亡くなるまで私は年賀状の交換をしていました。いつも必ず自筆で数行書き添えた賀状をいただいていました。党派を超えて、人間的に本当にすばらしい人だなと思いました。

上田耕一郎さんの思い出

ちょっと話が横道に入ってしまうのですが、清水慎三（1913〜96年）さんが亡くなられた後に追悼会が総評会館でありました。社会党からは高沢寅男（1926〜99年）さん、共産党からは上田さんが代表で清水さんの思い出と評価を話されました。上田さんは相変わらず周到なる用意をしてこられて、非常にいい話をされた。私はそのときに何十年ぶりかで上田さんにお会いし、私たちのソーシャル・アジア研究会で「話をしてもらえませんか」と頼みました。快諾を得ましたけれども、「どういう話をしたらいいのか、打ち合わせもしたいから来てくれ」と言われました。生まれて初めて、代々木の共産党本部に行くことになりました。代々木駅で降りて左に行ったらすぐにわかるはずだと思っていったら、ぜんぜんわからない。共産党本部はこのへんにあったはずなのにとうろうろしたが、わからない。もとに戻って交番に聞いたら、鳥籠みたいなものを被って改修中のビルがそうでした。

上田さんは「いや、今苦労しているんだよ。俺が改築委員長を引き受けたものだから」。つい「上田さん、これはどこの建築会社がやっているんですか」と聞いたら、「これは戸田建設だよ。共産党系の建設会社だって、これぐらいのビルはいくらでもつくれる。ただトラックを出入りさせるのに、町内会を仕切るのがゼネコンじゃなきゃできない。いろいろ調べたらゼネコンのなかでいちばんマシなのが戸田建設だとわかったから」というお話でした(笑)。

上田さんはそういう非常にざっくばらんで、親しみのもてる人でした。我々の研究会のときも準備を周到にしてみえました。お茶の水の中央大学同窓会会館で話を聞いたのですが、あの上田さんもかなり古めかしくなったなと感じました。というのは、共産党もニュールックの方針が出ているが、アジアに対する方針はどうですかと質問した。ところが、上田さんが評価するのはシンガポールのリー・クアンユーとマレーシアのマハティールなのです。アメリカから自立しているという、その一点からですね。

上田さんがかつて前述の研究会で指摘され、そしてまたあと『思想』の組織論特集号で書かれたことで非常に印象に残っているのは、あらゆる組織は、政党も労働組合も企業も含め、時とともに垢がたまって守旧化する。だから絶えず自己革新を図らなければ、自らの目指す目標は達成できないと非常に力説されていたことです。

上田さんの頭の中には当時の共産党というものもあったと思うけれども、この党も自己革新がない。いずれの組織も自己革新がいちばん難しい。他に対して変われと簡単に要求できるけれども、自分を変えるのは非常に難しい。この数十年、自己革新を怠ったツケは、今の日本でいろいろなところに出てきていると思います。

研究会から社青同へ

その研究会も1年ぐらい続いただけでした。松下先生が紹介した人は田口富久治（1930年〜）さん、増島宏（1924〜2011年）さんなどの政治学者、ほかに中林賢二郎（1919〜86年）さん、北川隆吉（1929年〜）さんがおりました。法政の方が多かったように思います。そうこうするうちに、加藤さんたちは社会党内で構造改革論をどんどんと方針化していきました。すでに貴島さん、加藤さんが言われているように、構造改革論を社会党の政策のなかに取り入れていく努力が同時進行していました。だから、悠長なサロン的な研究会ではニーズにこたえられなくなった。

私は当時まだ学生で、社会党本部書記局員ではありませんでした。大学を出る前後から、自分の重点が社会主義青年同盟を結成することに移っていました。加藤宣幸さん、森永栄悦さん、貴島正道さんたちと別れたわけではありませんが、あの方たちは社会党本部の中心的な専従書記局員で、より党内的に実用性の高い研究所とか研究会をつくることに向かっていました。そのころになると私はもうこのプロセスから離れていました。ですから社会党が構造改革に向かう党内的プロセスには、ほとんどタッチしておりません。

私は社青同を結成するために、大学卒業後、どこからも給料をもらわずに、東京で社青同結成に没頭していました。全国準備会にも入っておりましたが、東京でまず活動を始めていた。大学４年生のときすでに社会党東京都本部青年部書記長になっておりましたが、青年部を廃止して社青同をつくることを青年部大会に提案した。ところが、当時の社会主義協会から「別党構想を歩むものである」、つまり社会党から離れて別の党をつくろうとするものであるという批判を受けて、論戦の末、都青年部大会で否決されてしまいました。僅差ではあったけれども負けました。

当時の協会は後年の協会とは違って、党体制内的な協会、つまり社会党のために存在する協会でした。その後、協会はだんだん純化（？）して党内外で少数派になっていくのですが、そのプロセスが始まるころだと思います。

この時に私とともに奮闘したのが、国鉄大井工場出身で国労青年部の山下勝さんでした。彼が東京の初代社青同委員長となり、その後全国社青同が結成されると彼は本部副委員長を兼任しました。彼はのちに総評の専従青年対策全国オルグにもなりました。私は彼と組んで、いわゆる構革路線を社会主義青年同盟のなかに持ち込むというか、それで組織を作ろうとしました。

そのときの方針としては、従来のような国際情勢、国内情勢の分析から始まって、網羅的なものとしないで、もう少し中心的な柱を立てようとしました。一つは平和、非同盟、非武装。二つ目の柱は民主主義の徹底。三つ目に社会経済構造の改革というものを打ち出したのです。それらのいずれもいろいろと議論があったところです。社青同大会議案原案のその部分を私が書いたのですが、途中で論議がいろいろあってそれほど鮮明なものにはならなかった。

当時社青同の理論的なドンは、社会党青年部当時からずっと面倒を見てもらっており、社会党青年部の主な内輪の会議に出ていた清水慎三さんでした。清水さんの立ち位置というのはなかなかファインチューニングされたもので、今から考えると非常に玄人好みのものでした。あの人が最後にまとめた『戦後革新の半日蔭』（日本経済評論社、1995年）の「半日蔭」というところが非常に清水さんらしい表現です。清水さんも岡山人で、清水さんのところに行くとよく岡山弁でわれわれは話をしていた。仲井さんによれば「初岡君、お前が岡山県人だから清水さんは許容しているけれども、そうでなかったらとっくに放り出されているぞ」ということでした。清水さんの奥さんも非常にいい人でした。清水さんの息子（克郎）さんは現在、岩波書店に勤務しており、真面目な人です。

清水さんの影響力は左派青年部活動家の間で強かった。われわれからみると清水さんの理論は、どちらかというと社会党と共産党の折衷的な匂いが非常に強い。清水さんの政治的な立ち位置というのは総評の高野派に非常に近く、その後には太田薫（1912〜98年）さんに近かった。太田さんも岡山の人で、清水さんも太田さんも岡山六高出身ですね。

社青同専従として

社青同準備会当初、私は東京の書記長と本部の組織部長を兼任しました。専従といっても初めのころは別に給料はもらっておらず、地方に行くと、その地方の中心的な人のところに泊めてもらい、その次のところまで送ってもらうというような、非常に非組織的な戦前の社会主義運動的やり方でした。

準備段階では、三池と安保の闘争のなかから社青同をつくるという方針を打ち出していました。私自身も、1958年末、1カ月ばかり三池炭鉱にオルグで行っていました。まだホッパー決戦などの大闘争に発展する前の段階でした。三池闘争の評価は社青同結成後の大論争の一つの大きなテーマになり、政策転換闘争をどう評価するかが議論の焦点となりました。

社青同を結成する段階では、すでに本部段階で協会派と一定の合意ができていました。社青同の本部中執として協会派から3人が入りました。その当時の社会党青年部協会派の中心は上野建一さんでしたが、中執には千葉から石井久君、自治労本部書記局員からまず田中義孝君が、次いで吉沢弘久君が入りました。

全学連主流派との付き合い

吉沢君と今は本当に仲がいいのだけれども、当時彼は協会というよりは「隠れ新左翼」だったようですね。早稲田の森川友義先生が全学連副委員長だった小島弘さんたち6人にインタビューした『60年安保』(同時代社、2005年)を読むと異口同音に皆さんが、森田実さんが良くも悪くも指導の中心だと言っています。そのなかで古賀康正さんという東大農学部の先生になった人が、吉沢君のことを書いています。古賀氏は相撲が強く、相撲でほとんど負けたことがなかった。ところが吉沢という小柄な奴が挑戦してきて、そいつに投げられて腰を痛めたという。彼はあとで社会党に「加入戦術」で入ったなんて書いてある(笑)。

話が脱線して申し訳ないのですが、江田五月さんが参議院議長になったときに、上野の東天紅で、日本女子大の高木郁郎君とか明石書店の石井昭男君とかが発起人になって、激励する会を旧社青同学生班OBが主催しました。僕は当時の社青同学生班ではなかったのだけれども、呼ばれて行きました。社青同学生班といっても、出席者の3分の2ぐらいが東大OBでした。社青同学生班は東大グループが中心だったし、東大グループのなかでは協会が強かった。「あれ、吉沢君がみえないじゃないか」と言ったら、「いや、あれは派が違う」なんてまだ言っている(笑)。

香山健一(1933~97年)さんとか森田実さんとか当時の全学連指導部の人たちとは、個人的にいろいろ付き合っていました。政治的な主張がかけ離れたところもあったけれども、彼らには、能力に対する評価と人間的な信頼感をもっていた。後々、香山さんは亡くなるまで、森田さんとは最近あまり会っていませんが、長い間付き合ってきて、非常に人間力もあるし、広い世界で活躍しうる人だと思いました。

僕も若いとき加藤さんとか森永さんにたいし、「社会党にもいわゆる構革派という人だけを採用しようとしないで、もっといろいろな人を入れたほうがいいと思う」といったことがありました。それで「誰かいるか」と言うから、「森田実とか」というと、彼らはびっくりして「お前、気でも狂ったのか」と相手にされませんでした。

社会党や組合が書記公募をやめたのは、公募すると誰が入ってくるかわからないという心配があったからでしょう。自治労は最後まで続けたけれども、ほかの組合は学生からの採用に閉鎖的になりました。新左翼に対する恐怖があったのですね。森田、香山氏以降の学生運動活動家のなかには、そういう懸念をまったく否定はできないものもあったと思います。

しかし、党や組合の書記局に公募で広く人材を採るという気風がなくなったことは、活性化に逆行しました。その点で、人間の可変性を非常に過小評価してしまう傾向が残念でした。派閥というのはとかく弊害を伴うのですが、一時期の立ち位置だけで人の価値を判断してしまう。構革派のなかにもそういう弊害がなかったとは言えないと思います。本来構革派というのは、閉鎖的に固まるというよりも、開かれたものでなければいけないものです。

社青同のその後——ユーゴを経て全逓へ

社青同発足時、当時東大三鷹寮にいた高木郁郎君と秋山順一君らに働きかけて、社青同三鷹班を仲井さん、後輩の吉竹康博君たちと共にいち早く結成しました。高木君は清水慎三さんに非常に近く、清水さんの紹介で卒業後総評に入るのです。社青同結成後は、高木君と僕はかなり意見が食い違ってきた。高木君は僕のあとの国際部長になるのですが、高木君たちは、社会主義協会がそうなのだけれども、非同盟中立というよりも、非常にソ連路線に近くなってゆく。僕はソ連に対してそれほど否定的ではないけれども、ソ連路線を社会党なり社青同が受容することはできないと考えていました。やはり独自の路線でいくべきだし、むしろ僕は外交方針上ではユーゴのほうに近かったから、彼らと対立しました。

何よりも社青同のなかでは三池闘争の評価ということで、政策転換闘争を容認するのかしないのかで揉めました。この議論はもう代理戦争ですね。青年運動のなかの問題というよりは、社会党や総評のなかの問題。そういう問題で盛んな論戦があった。社青同は非協会のほうが多数だったけれども、それが必ずしも構造改革派というわけではなかった。

本当に僕が構造改革派で同志的に信頼できるなと思うのは、山下勝さん、他2人ぐらいだったのです。協会のほうがこれをよく見ていて、大会役選では山下君と僕に不信任が集中した。不信任は次第に増えてきて、第3回大会の直後に僕は辞めるのですが、そのときにはもう過半数を下回る数票にすぎなかった。この次は落選確実。ほかの人は7割から8割の信任率でした。

率直のところ嫌気がさしてきて、このままいったら組織内争闘のなかで社青同と心中しなければいけなくなることを懸念していました。当時の中央執行委員会と書記局で僕がいちばん若く、反対派との論争の前面に立っていました。でも非生産的な論争に自分の人生を賭ける気がなくなっていました。もうこんなことは御免だ、という気持ちになっていた。その当時は形だけですけれども、社会党本部青年部副部長ということになっていました。これは本部が認知していたかどうかはわからないけれども、久保田忠夫さんが部長を引き受けるときに、その補佐役として指名されたものです。

僕が辞めると言い出したら、仲間みんなに反対されたけれども、賛成してくれたのは久保田さんだけだった。久保田さんは、「そうだな。こんな連中と付き合ったってしようがないよ」という（笑）。「君、辞めたいならもう辞めていいよ」ということで、彼が、ユーゴに行く旅費10万円をどこかからカンパで募ってきて、船賃を工面してくれました。

そして1963年夏、大阪からユーゴの貨物船で1カ月半、スエズを抜けてユーゴスラビアに行きました。

マルクス主義への違和感

構造改革論に接近した契機をもう少し補足して指摘させていただきます。従来からマルクス主義の経済中心の分析、経済分析からすぐに政治課題が導き出されてくるという発想には、非常に違和感がありました。というのは、私はもともと経済にそれほど関心がなく、むしろ人間を動かしていく哲学とか思想に関心がありました。経済決定論はあまりにも単純すぎ、人間を経済的な存在としてだけ見るものと思っていました。

それから、マルクス主義について私はあまりよく勉強していないので誤解かも知れませんが、真理が一つで絶対的という論理構成に疑問を持ちました。つまり真理というのが絶対的に一つと捉えれば、同じ場所に異なる二つのものが同時に存在しえなくなってしまう。そういう排他的な考え方にあまりなじめなかった。真理、とくに社会科学における真理というのは相対的なもので、常に変化しうるものです。不変の真理というものもあるかもしれないけれども、社会科学の対象になっているものには、不変の真理はないという考え方です。

2番目に、いちばん違和感を持ったのは、社会党に対しても労働組合に対しても、もちろん共産党に対しても持ったのですが、民主主義の評価が低すぎ、民主主義的なモメントを軽視していたことです。主要な戦後改革のなかで、三つの民主主義的改革があったと言われます。農地改革、教育改革、労働改革です。一つ目の農地改革は、自分の家族と自分が立っている経済的な基盤があっという間に失われていく過程ですから実感がありました。あとから思うと、失われてよかった。下手に土地でも持っていたら、今のような自由な人生はとても享受できなかったと思います。

しかし、労働改革と教育改革によって、何か非常に明るい日差しが前途を照らしてきたことを実感していました。そういう面では、アメリカがただ全面的に悪いという主張に同調できない感覚を持っていた。アメリカの軍事基地に対しては反対するけれども、アメリカそのものに対して、ソ連がよくてアメリカが悪いというふうには実感的に思えなかった。

松下さんの指摘のように、民主主義というものを単なる参加の制度とか統治の制度としてだけ捉えるのではなくて、市民的自由の問題として理解することの重要性です。今は常識ですが、でも当時の左翼のなかでは、市民的自由などという言葉は存在しなかったと思います。あれはやはり松下さんたちのおかげです。彼が言ったロック（John Locke、1632～1704年）だとかヒューム（David Hume、1711～76年）の主張を松下さんの論文を通して理解したものです。彼の論文を読まなかったら、早くから目が開かれなかったと思います。松下さん自身の関心は、それから地方自治体や市民的組織とか具体的な現実課題に移っていった。

佐藤昇さんは論文では非常に注意深く、慎重に述べているのですが、個人的な対話のなかではっきり言っていたように、政治的な民主主義というものが曲がりなりにも確立されていれば、ほかの改革は政治的民主主義を通じてできるということです。政治的民主主義が確立しているところで革命をやれば、それは民主主義を否定する反革命になってしまう。これに同感しました。つまらない揚げ足を取られるのを避けるために、佐藤さんは最初のころの論文で明確には書いていなかったけれども、最後に出した三部作ではそれをはっきり述べています。

これは佐藤さん独自の卓見というよりも、スウェーデンとかドイツの社会民主主義の立場でもあります。政治的民主主義を確立するためには、民主主義不在のところで民主主義を創出する場合には、そこには市民革命という革命が要る。ある場合には暴力的というか、非合法的な手段も使って革命が必要になるけれども、いったん政治的な民主主義が確立されたら、それを行使することによって他の社会経済的な改革が達成できる可能性が生まれる。

松下さんが指摘していることは、民主国家でもその権利行使が暴走してファシズムになることもあるし、黙っていると大衆社会化して受動的になり、市民が国家に取り込まれる。これは大衆社会論が指摘している危険です。

政治的民主主義を社会経済的な改革の手段として行使する可能性をもっと前向きに議論すべきだ。とくに社会経済的な民主主義を実現するうえで、政治的民主主義の確立があれば基本的にできる、これが佐藤さんの主要な論点です。そこから、構造改革論を通じて社会民主主義を受容する道が開かれました。私は、佐藤さんとほとんど同じころにこの道に向かいました。

今から考えてみると、ドイツ社民党と日本社会党の前途が、70年代に大きく明暗を分けました。ドイツの社民党は大きく伸びていく。他方、日本社会党は衰退していく。ドイツはヴィリー・ブラント党首（1913〜92年）以降活性化する。

それだけが理由ではないとしても、分岐の大きな要因は、ドイツの社会民主党（SPD）が、68年世代やその前の学生運動世代を、彼らの主張が必ずしも社民党と一致していないにもかかわらず、社民党のなかに吸収していったことにある。社民党系で公的資金によって活動しているエーベルト財団などには、学生運動出身の左派的な人が多く入りました。そういう人はあとで多くが国会議員にもなっています。なかには途中から離れて緑の党に行ったり、あるいはその後の左翼党に行った人もありますが、少なくともブラント時代には社民党が学生活動家を吸収しようとした。

江田さんのこと

江田さんが社会党で攻撃され孤立、そして離党にいたるまでは、私は直接接触があまりなかったのですが、社民連をつくるころになってまた江田さんとの接触が復活しました。江田さんが社会党の外に出るといったときに、今までの構革派で党内にいた人はほとんどが反対した。それに積極的に賛成したものとしては、私の周囲に限ると、江田さんにとても近かった仲井富、今泉清、それに少し離れていた僕の３人だった。

ある時、江田さんをこの３人で囲んで話したことがあった。その時、江田さんはすでに離党の決心をしており、それについて意見を求めた。仲井さんがまず「江田さん、それは１人でやったほうがいい」と断言した。江田さんらしい回答は「じゃあ俺は１人で行くから、お前らはついてくるな」だった。

僕は組合のなかにいて社会党と距離を置いていたので、もともと江田さんにすぐついていくということは考えていなかった。仲井、今泉は一緒に参加する気持ちは十分にあった。離党が発表されると、江田さんはもう年だから若い人と組まないと新組織の将来がいけないということで、仲井さんと今泉が見つけてきて組ませたのが菅直人です。菅さんは物忘れがいいのか、あまり言いたくないのか、市川房枝までは出てくるけれども、江田三郎の名前を最近どこにも出さないな。今泉君たちは公開シンポジウムをやって、江田と菅さんを組ませた。

このときも、佐藤昇さんは新党路線を支持した。しかし、松下さんやほかの人はもうほとんど江田さんから離れていた。当時、構造改革を支持した学者の多くに、江田さんとの亀裂がひろがっていたと思います。その亀裂を生む一つの大きな理由は、江田さんが社民連をつくる以前に社公民路線を打ち出したことです。これには、江田グループのなかでも多数の人が反対した。

佐藤昇さんや、私たちは政治プロセスにはあまりコミットしていなかったけれども、自民党を倒すには社公民しかないと思って賛成しました。とくに公明党との提携は、体質は違うけれども政策的にみればいちばん近いし、公明党と少なくとも選挙協力をしたほうがいいと考えました。労働組合内では、社公民路線が戦線統一との関連で強い支持があった。

当時私は全逓周辺にいましたが、いちばん最初に公明党と選挙協力したのはこの組合でした。武部文さんを抱えた鳥取とか、静岡とかいくつかの選挙区で限定されており、全逓本部が必ずしも主導したわけではなく、地方の構革指向グループの人たちが中心的な役割を果たしたと思います。

さいごに

構造改革派で党内にとどまった人々と、かなり早い段階で私はすでに離れていました。主として国際活動を通じてですが、1965年前後には社会民主主義の方向に政治的理論的に踏み切っていました。1961年から63年までロシアに3回にわたって滞在しましたが、ロシア社会の欠陥を見て、ああ、これはとても社会主義の理想から程遠い、おかしな社会だなということを痛切に感じていました。

63年にはユーゴに行きました。ユーゴについても、自主管理論に最初はすごく惹かれていたのですが、自主管理論についても実態なり、あるいは一党独裁と自主管理の関係等、疑問が湧きましたし、実践的にそれほどうまくゆくとは思えない印象を現地で持ちました。

それから今度は1963年の後半から64年の春まで、半年ほどイタリアのフィレンツェにいたのです。その前後からイタリアの共産主義青年同盟の人たちと非常に親しく交流して、彼らと非常に波長が合ったのですが、でもグラムシートリアッティ路線というものはなかなか理解しがたいなという気がしました。

あるとき僕はイタリア共産主義青年同盟の友人に、なぜイタリアの議論はこんなふうに回りくどくて直截的議論ではないのか、非常にわかりにくいと感想を漏らしました。たとえば北欧とかイギリスの文献を読むと非常にわかりやすいと僕が言ったら、彼の返答は、先行社会の質が違うというものでした。「それらの国にはたいした封建社会の伝統がなくて、非常に単純な先行イデオロギーだ。イデオロギー装置がイタリアみたいに厚みのある国で、2000年近くにわたって積み上げられてきたカトリックの教義と理論的に対抗しようとすれば、そういう論理と理論が必要だ」と。なるほどという気がしました。

イタリアのあの理論は読んでみて、松下さんや佐藤さんのものを読んだときと同じように、本当にストンと理解できたかというと、決してそうではなかった。少なくとも僕の場合は、イタリアの理論に大きな影響を受けて構造改革論を受容したということではない。今から思うと、松下さん、佐藤さんの理論を徐々に自分のなかで吸収しながら、構造改革論から社会民主主義のほうへ移っていった。

佐藤さんとは晩年に話をしてみて、基本的に構革論以後の思想的な軌跡が似ていると思いました。佐藤さんも、行き着いたところは社会民主主義だといっておられました。佐藤さんの晩年は、社会党とか労働組合との関係がほとんど切れていました。最後まで佐藤さんのほうにある程度義理を尽くしていた政治集団は、公明党と月刊誌『潮』くらいでしょう。公明党とも矢野絢也さん（1932年〜）と元委員長の竹入義勝（1926年〜）さんの当時までです。

草川昭三（1928年〜）さんという、ユニークな経歴の国会議員で、社会党構革グループや総評系労働組合と公明党をブリッジした人があります。草川さんの役割というのはあまり表には出ていないけれども、大きかったと私は思います。草川さんは石川島播磨の前身、播磨造船の委員長で、名古屋から社会党で２度立候補したことがありました。赤松勇（1910〜82年）さんと同じ選挙区で２回落選し、３度目は矢野さんと江田さんの後押しによって、公明党推薦でありながら、創価学会員でない最初の国会議員になった。今も国会議員中最高齢者として、矍鑠たる現役です。

あの人は学会員でないために創価学会のルールにふれず、65歳で引退しなくてよかった。労働界から見ると、草川さんの役割が公明党との協力を進めるうえで、非常に大きかったと私は思っています。

質疑

キリスト教・構造改革との縁

――今のご報告に基づいていくつか質問させていただきます。一つは、津山基督教図書館高校と国際基督教大学がいずれもキリスト教なんですね。キリスト教については何も触れられませんでしたが、これはただの偶然で、宗教的な面で何か影響を受けられたというようなことはなかったのでしょうか。社会運動や平和運動への関心ともかかわるかもしれませんが、なぜそういう関心が初岡先生のなかに芽生えたのか。そのうえでキリスト教などの宗教の影響はなかったのでしょうか。

二つ目は、構造改革論とかかわったのは57年から60年の4年ぐらいということになるのかという点です。

初岡　構造改革論というよりも、それは構造改革派の人たちとかかわった期間ということですね。松下圭一先生や佐藤昇さんとの出会いがきっかけになって、1956～57年ぐらいから関係がはじまり、60年前後にピークに達しました。ユーゴスラビアに留学するために、63年に日本を去って構革派の人々との直接的な関係が一旦は切れました。

キリスト教についてですが、自分をキリスト教徒だと規定することはできません。しかし、キリスト教から非常に大きな影響を受けたことは事実です。聖書や関連する書物、キリスト教関連の思想書をかなり読みましたし。とくに、無教会派の考え方に非常に影響を受けました。無教会というのは神と個人の間に聖職者のような他者の介在は必要ないという考え方で、牧師だとか宗教を職業とする人たちを認めない。信徒によって財政的に支えられた恒常的な連合組織をつくるということはありません。無教会派の考えは、メノナイトとかクエーカーに共通している点もあると思います。そういうキリスト教の考え方には非常に惹かれました。

それからもう一つ、普遍的にものを見るという考え方に早くから親しみました。つまり、国やナショナリズムとか、政党など自分が属する組織や共同体を超えてものごとを見ることが基本であることを学びました。この意味で、大きな影響を受けたと思います。

――構造改革論についてですが、加藤さんは北岡和義さんの『政治家の人間力』（明石書店、2007年）という本を紹介して、構造改革というのは思考スタイルの総称でスローガンみたいなものだから、あまり細かいことにこだわらず曖昧のままにしておいたほうがいいんだというようなお話でした。結局、構造改革がどういうものだったのかというのをはっきりとお話にならなかったのです。

それだと、これから若い人が論文を書くとき「曖昧でした」で終わってしまうので、一つの仮説として私は次のように考えています。構造改革というのは、大衆社会の成立を受けて、日本社会党が日本経済の構造を改革することによって結果的に有権者の意識改革、労働者の意識改革を図り、それによって日本社会党の議席を増やすことも狙ったのではないか。こう考えているのですが、こういう解釈でよろしいでしょうか。

初岡　その解釈がだいたい妥当ではないかと思いますね。僕なりの理解では、構造改革路線は、政治的民主主義を通じて社会経済の抜本的な改革を実現することを主眼としたものでした。もちろん議会を中心とするのだが、議会内だけでなく大衆運動やさまざまな自主的な組織、地方自治体の役割を重視した。単に国会の中だけでものが決まるというのではなく、もっと分権的運動的に改革を展開していくという理解だったと、自分なりには思っています。

それから、構造改革派という主体を強化・増殖するということも目的だった。ただ、改革主体を強化する必要もあるけれど、それを固定的に捉えることは自己矛盾になってしまうかなという気もします。緩やかな組織的つながりとしてはありうるし、またそれがある程度あったかもしれないけれども、社会主義協会のようにセクト的な組織をつくっていくという構想はなかった。また、その必要性は考えられなかった。いろいろな議論を進めるなかで、大勢がそういう方向に収斂していくに違いないという楽観論にたっていましたから。

――構造改革派といった場合、どれほどの広がりがあったのでしょうか。

初岡　これはなかなか自己規定しにくいと思いますね。加藤さんたちはそのときのマスメディアを通じて党外的世論にインパクトを与えることにすごく熱心だったし、それはかなり成功した。新聞記者とのつながり、それから学者とのつながりを通じて、加藤さんや貴島さん達が実態以上に膨らんだイメージを世間に与えた面があったかもしれない。

実態がともなわないのに構造改革派が社会党内の中心を占めているような印象が、党外に生まれていたかもしれない。一夜城のようなものがつくり上げられてしまった。

——イメージとしてかなり大きくなった。

初岡　そうそう。イメージがすごく膨張し、社会党の中の主流だというような印象を持たれた。政治的キャンペーンとしては、大きな成果を挙げたと思う。でも、それに反比例して、党内的な反発と抵抗が組織されてくると脆い面があった。

——それは中央段階の書記クラスが中心であったと。たとえば地方の役員とか活動家とかいうところまでは、はっきりしていたのでしょうか、いなかったのでしょうか。

初岡　ある程度は広がっていたと思いますね。国会議員集団のなかにもかなりの支持者はあったと思います。派と言っていいかどうかわからないけれども、たとえば羽生三七さんなど、派閥色のない、知的良心的で常識のある議員が有力な理解者でした。党役員では横路節雄さん、椿繁雄さん、大原一二さんなどですね。地方のなかでも、有力な専従者が何人かいたと思います。とくに関西が主要な拠点でした。政治地図を見ると、社会党と官公労の中の左右分布や協会対構革派の対立図式は、県単位では見事に一致していました。労働組合のなかで左派の強いところは社会党の左派が強かった。労働組合といっても官公労中心でしたからね。この一致はほとんど狂いがなかった。

ソ連、社公民路線について

——社公民路線に反対が多かったのは、共産党と離れる、共産党の代わりに公明党と組むという、両方に反発が強かったのか。それとも反共ではやっていけないというところが強かったのか。公明党と組むのは嫌だというほうが強かったのか。そのへんのことをもう少し教えていただきたい。

初岡　僕はそのときに船橋さんと同じところにいなかったので、社共共闘論がそれほど影響を与えたとは受け止めていません。しかし、社公民協力には異論が強くありました。当時構造改革論で江田さんに協力していた人たち、竹中一雄先生、山本満先生たちを含めて、社公民路線には反対だった。学者のなかでは、公明党というよりも、創価学会の体質が嫌いで、たぶん民社党もあまり好きじゃないという人がかなりあった。でも反共というか、日本共産党を嫌う点ではだいたい一致していたように思う。

ただ、社会党の活動家のなかには、地方自治体選挙での社共協力によって、とくに飛鳥田一雄（1915～90年）さんの横浜市も含めて、革新自治体が多く生まれてきていたから、船橋成幸さんが見ている側面も確かにあったと思う。佐藤昇さんなど少数の人を除いて、江田さんから多くの学者が離れた決定的な理由の一つは社公民路線だったと僕は見ていた。僕は当時組合運動のなかにいたから、むしろ社公民のほうがいいと思っていた。

全学連とのかかわり

――全学連主流派との付き合いについてですが、当時の運動体というか三多摩社研連の結成から関東社研連再建等々のなかで、先ほど栗原登一（太田竜）や黒田寛一もいろいろなところで参加していたというようなお話だったと思います。のちにトロツキスト連盟とかいわゆる第１次共産主義者同盟とか、そういうものを理論的に形づくっていく理論家たち、のちの新左翼系の組織につながっていくような栗原とか黒田なんかと主流派との関係は、当時からよかったというか、そういうつながりはあったのでしょうか。

初岡　僕が個人的に知っていた当時のトロツキストは栗原登一さんと山西英一さんですね。黒田さんの著作を一、二読んだけれども非常に異質だったから、個人的にはぜんぜん接触したことはない。後のブント以降の新左翼には栗原さんや山西さんはほとんど影響がなくて、むしろ黒田さんとかそういう人たちのほうが影響を与えたと思います。でも、この点はあまりよく承知していません。

山西さんは吉祥寺に住んでいたので、非常に早い時期、大学1年生ぐらいのときから出入りしていた。彼は当時ノーマン・メイラーの翻訳者として知られ、新潮社からたくさん本を出していた。彼は戦前のドイツに留学したのですが、向坂逸郎（1897〜1985年）さんと同じ時代だと思う。しかし、ドイツの政治とファシズム、それから共産主義に対する見方は向坂さんとはまったく違っていた。

山西さんは非常な名文家でした。トロツキーの本も同時期に出していてね。僕はトロツキーの本を読んで、山西ってどんな人かなと思い、また自宅を訪問してしまうのです。山西さんとか佐藤昇さんなど、当時のそういう人たちは、学生が来ると一宿一飯でした。宿泊はもちろんないのですが、晩飯を出してくださる。今で言えば本当にささやかなものかも知れませんが、当時の貧乏学生には身に染みるもてなしでした。これが昔の左翼の伝統だと思った。

山西さんは、どちらかというと社会党にシンパシーを持っていた。ソ連共産党第20回大会のフルシチョフによるスターリン批判が出るとすぐに電話がかかってきて呼び出され、その意義を歴史的観点から教えられました。それまでも、スターリンによる反対派にたいする苛烈な粛清についてはよく聞かされていました。

組織的につながりがあったのは栗原登一さんです。栗原さんは当時社会党青年部の活動家だった。もう1人は、のちに新潟大学で人口論の専門家になった湯浅赳男さん。この人たちは非常に真面目で、陰謀家などとはおよそほど遠い、どちらかというとロマンチックな人だった。ただ、理論を詰めていくと、われわれとぜんぜん違うなとは思っていましたが、少なくとも人当たりのいい、暴力的な匂いのまったくしない人たちでした。

——主流派の香山健一氏や森田実氏は、とくにそういう人たちに影響を受けたというわけではないのですね。

初岡　香山さんや森田さんも非常に優れた政治的なセンスの持ち主ですが、当時からそれほど理論的な人ではなかった。生田浩二や青木昌彦が全学連理論派として知られていました。島成郎さんを僕は理論的な指導者かと思っていたが、あとで知ると島さんもむしろ人間力で引っ張っていた人でしたね。島成郎、香山、森田などの当時の全学連幹部は魅力的な人たちで、人間的には好感を持っていました。いろいろと『赤旗』で叩かれたような、無頼漢的な印象はぜんぜんなかった。香山さんはとくに死ぬまで付き合っていましたし、彼が死んでから遺言で蔵書を中国社会科学院に寄付するというので、奥さんや学習院の先生方と一緒に訪中しました。香山さんは中曽根さんのブレーンになったというので叩かれたけれども、本来、彼は大平さんのブレーンだった。大平逝去後、彼らのグループを藤波孝生（1932〜2007年）さんが全部中曽根さんのところにくっつけちゃった。これは藤波さんの人柄によるものだと思います。

彼がいちばん大きな役割を果たしたのは、中曽根総理に靖国参拝をやめさせたことです。やめさせただけでなく、同時に積極的友好政策をとるように進言して、日中21世紀委員会というのをつくり、自らその中心的なメンバーとなった。そのときに、香山－胡啓立の信頼関係が打開工作のカギとなった。僕も個人的によく知っているのですが、香山氏が全学連委員長のとき、中国学連委員長が胡啓立でした。文革で地方に追放された彼がちょうど復活して共青団第一書記となったころでした。胡耀邦の右腕の役割を担っていた彼が橋渡ししたことは事実です。

香山さんは非常に政治的な先見性があり、また割り切りのいい人でした。たとえば、これはぜんぜん知られていないけれども、臨教審委員のときに彼は日教組の肩を半分ぐらい持つような香山メモを出している。文部省と事務局から、「やっぱりこいつは全学連だ」と顰蹙を買ったそうですが。彼は自立した人だから、別に中曽根さんに従属していたわけではなかった。清水幾太郎さんが学習院を辞めるとき、自分の後任として香山さんを引っ張ったので彼は学習院教授に早くからなっていた。

香山さんは機を見るに敏な人で、相手がどういうことを期待しているかというようなことを洞察するのは実にうまい人でしたが、御用学者的な匂いはしなかった。彼は中国からの引揚者で、安全保障の考え方はハト派だった。決してタカ派ではなかったのだけれど、誤解されていた。ただ、教育問題では自由化論者だった。彼は半分以上、臨教審路線を支持していたが、教育の自由化や組合の存在容認と教師の自立尊重の面では文部省と異なる主張でした。

社青同内の構造改革派

――社会党青年部がある状況の下で社会主義青年同盟を新しくつくろう、社会主義青年同盟をつくるにあたって社会党青年部は廃止していこうと。社会党青年部から社会主義青年同盟への編成替えを構造改革の考え方で突っ込んでいこうというお話がありました。なぜ、社会党青年部の強化ではなく社会主義青年同盟への全面的な編成替えを、しかも構造改革路線の下につくろうと思われたのかというのが1点です。

もう1点は、『月刊社会党』の、これは64年4月号ですが、今ちょうどお話しされたところで、「社青同大会を顧みて」という立山学さんと高見圭司さんの記事が出ているところです。

初岡　はい。彼らは批判派の論客でしたから当然立場が違いました。

――私は世上でよく流布されているような構造改革派が右で協会派が左にあったという意見には与しえない考え方をしています。協会派というのは、割り切って言ってしまえば、古典には忠実かもしれないけれども創造性という点ではむしろ保守的であったと思っているんです。

初岡　そう。僕もそう思います。

――協会派が左で構改派が右という単純なものではない。第4回大会までは少なくとも社青同は構造改革派が主導してきた。4回大会で変わっていると思うので、4回大会以後の社青同との違い、そこをお話しいただけたらありがたいと思います。

初岡　いいところを聞いてくださってありがとうございます。そこのところを抜かして話してしまったのですが、社会党青年部時代には二つの流れがあったと思います。一つは協会派、他は協会派でない人たちです。その人たちは概して協会より左に位置して、政治的には平和同志会とか佐々木派の一部だったと思います。あるいは全然派閥やグループに関係がない人ですね。

もう一つ反協会というか協会になじまない人たちは、全逓とか国労などの組合青年部で大衆的な基盤から選挙で出てきた人たちでした。主要な組合青年部役員は、ほとんど協会派ではなかった。当時の労働組合青年部では、社共の角逐がまだ根深くあった。

僕が親しくしていたのは、労働組合青年部活動家と非協会左派に位置していた人々です。ご指摘のように、協会派は学習中心主義で、安保闘争とか砂川闘争とかの行動にはあまり参加しなかった。だから、われわれは「思想は穏健だけれども、行動はラジカルだ」とよく言われた。

社会党青年部の場合、何と言っても社会党の政策と行動を批判することが主要な役割の一つでした。社会党の政策が気になるので、社会党に対していろいろ申し入れるとか、反幹部闘争を組織するなど、党内組織としての行動が非常に多かった。このスタイルだと、青年大衆のなかでは伸びてゆかない。

構造改革路線をとるわれわれは、ネーミングが今から思うとちょっとまずかったかなと思うけれども、運動的には「大衆化路線」を採ろうとした。それでは活動家を否定するのかという議論に転化されて、活動家路線か大衆化路線かというような議論にすりかえられてしまった。

当時の構造改革グループは、社青同の方針に構造改革路線を盛り込むというよりは、大衆的な青年運動をやろう、活動家の限られた集団から大衆的組織にさせようと努力しました。それがいちばんの論争の中心。最初は協会も異議を唱えていなかったけれど、社会党内論争の余波もあって、とにかく今いる執行部を追放しようということで路線批判が始まったと思います。

当時の社会党青年部の時代に圧倒的な影響力、指導力を発揮していたのは、仲井富さんの兄貴分である西風勲さんですね。とくに私は、西風さんにずいぶん引き上げてもらった。西風さんの指名がなければ、経験とキャリアの浅い私が若くしてソ連に行くこともなかったでしょう。そのような面からすれば、私は社青同の一員ではあったが、同時に旧社会党青年部の一員だったと思います。社青同が結成された時の初代委員長は西風さんだったが、その後まもなく西風さんは社会党専従中執に選出され、書記長だった西浦賀雄君に委員長をバトンタッチするのです。

西浦君や書記長になった高見圭司君をはじめ、当時社青同本部の専従者は6〜7人いたのですが、私が本当に構造改革派の同志だと思った人はあまりいなかったですね。社会主義協会派も少なかったが、社会主義協会でない人が構造改革派かというと、そうでもなかった。当時私がいちばん若かったから、主張を先鋭に展開し、余計に目立ったのでしょう。ほかの人からみれば、もうちょっと主張を抑えてくれないかな、われわれが迷惑しちゃうというような雰囲気があったかもしれません。僕が言うことが内部対立を煽ってしまうので、いい加減にしてくれよという空気はあったと思います。

意識して組織内に構革論争を持ち込むという形でやったわけではないけれども、私の主張は構革路線そのものと捉えられがちでした。たとえば、平和友好祭運動に僕らは積極的に取り組んできました。仮に民青が始めたものであろうが、共産党が指示していようが、それが青年運動のなかで広がっていく要因があるなら、我々の運動に組み入れるべきだという理由から、そのときは民青とも協調しました。協会や新左翼のほうが共産党アレルギーは強かった。原水禁運動や平和運動でも、積極的に新しい展開を図りました。職場闘争一辺倒の立場の人たちはこれにも批判的でした。

当時の労働組合青年部活動から見ると、社会党青年部的な幅が狭い政治路線では広く受け入れられなかった。社会党青年部の場合、かなりの人、とくに有力なメンバーは国会ないしは地方議員の潜在的候補者なんですね。私は議員になろうという気もないし、社会党の専従になろうという気もなかったから、社会党から離れるという意味ではないけれども、党外に新組織をつくったほうがいいと考えました。

安保闘争後は、街頭主義的活動だけでは新組織は発展しないし、街頭主義では組合青年部とうまく協力できないと痛感していました。そこで、もう少し違う形の運動をもっと継続的にする道を模索しました。平和友好祭のように毎年継続できるような運動をやって、仲間づくりをしようとか、サークルを重視するとか、そういうことでふくらみのある運動を考えていました。それも構造改革路線議論と一緒くたになって批判を浴びました。

——では必ずしも構造改革派を結集するために、新しく社会主義青年同盟というものをつくるということではなかった。

初岡　それは、考えなくはなかった。できれば構造改革的な方針を新組織のなかで生かしたいとは思っていた。構造改革派の組織をつくろうという夢はありました。

社青同の結成をめぐって

——社青同をつくろうというのは、1940年代後半にもそういう構想はありましたし、この時期も一度つくろうとして反対されたとおっしゃられた。やはり社青同ということになると独立性が高まり、ただでさえ左派的というか戦闘的な青年部が独立すれば社会党の本部からの統制が効かなくなって手に負えなくなるという警戒感があったのではないでしょうか。

初岡　それはあったと思う。当初、協会派はその点をついて社青同結成自体に反対した。

——にもかかわらず、つくったわけですね。そういう同盟という形で組織的に独立した最大の理由というか背景は何なのでしょうか。たとえば、民青が50年代終わりから60年代にかけて拡大してきますね。それへの対抗というようなことは意識されていたのでしょうか。

初岡　いくつかの契機はあったと思いますが、ご指摘のことももっと大衆的な組織を社会党の側でつくるべきだという意見のなかに入っていたような気がします。社会党青年部という形態では青年運動は担えない。当時安保のなかで青年学生共闘会議というのをつくって、そこには社会党青年部としても入っていました。それには全学連、日農青年部、総評青婦協、民青も入っていた。こうなると、社会党青年部は大衆的基盤があまりないことがネックとなった。やはり大衆的な基盤のある組織をつくらないと、労働組合青年部、青年労働者は結集できないという結論に達した。これまでのような党内闘争がかなりのウエイトを持つ、そういう組織では限界だという、認識があったと思う。

1940年代後半の事情についてはよく知りません。山口健二さんなどが関わっていたのではないでしょうか。山口さんははるかに年長者でしたが、個人的に一時期親しい関係にありました。

——結成直前までいくのですが、やはりやめるわけです。

初岡　そのときの事情はかなり違ったと思う。山口さんは本当にミステリアスな人で、非常に魅力的な人でした。あのぐらい最後までミステリアスな人はなかった。山口健二さんについてはあまり知られていないのですが、東大の戦後初期の学生運動から出てくるのです。社会党青年部にないタイプの活動家で、頭もきれる人だった。彼は本質的に権威と権力を否定する、本来の意味でのアナキストではなかったかと思います。

本部の青年部事務局長だった人ですが、私が知った当時、すでに伝説の人でした。社会党が野溝勝書記長当時、青年部は野溝ユーゲントと言われたそうです。ところが一夜にして変わっちゃうんですね。山口さんとか森田さんとか、ああいう優れた人は一夜にして変わる。人間は誰しも一夜にして変わる要素を常に持っているとは思いますけどね。

――このころは60年安保ですから、そういう青年・学生層も運動へのエネルギーといいますか、民青も拡大して、いろいろな運動組織も発展していく。それに機動的に対応する必要性が出てきたというようなことだったのでしょうか。

初岡　僕らは必ずしもそういうふうに捉えていなかったのですが、そう捉えた人もあったと思いますね。共産党は意識しないことはなかったけれども原理が別の政治組織なのだから、われわれは独自で自律的な組織をつくったほうがいいと信じていました。

――ではそういうものとはまた別個に、先ほど言われたような大衆運動、あるいは大衆路線を具体化するための組織主体として、少し相対的に独立した団体をつくろうということだったわけですね。

初岡　ええ。とくに僕は労働組合の青年部と連携してつくろうと考えていました。とくに官公労ですけれども。そういう意欲を持っていたので、官公労の青年部大会とか中央委員会などにしばしば行っていました。

結果的に見て、当時の社青同にコミットしていて後に組合中央幹部になった人は限られた数ですけれども、そういう人たちは組合幹部として広い政治的な視野を持っていましたね。そういう面では、青年運動は純粋に企業内組合から出てきた人とは違う経験を身に着けた人材を生むうえでプラスの面があるのではないかと、今でも一般論として思う。企業を超えた交流によって生まれた連帯と仲間意識があった。

――その後、社青同の運動あるいは活動家として成長して議員になったり社会党中枢の幹部になったりという方はたくさんおられるのですか。

初岡　横路孝弘さんとか江田五月さんとか。必ずしも社青同出身者として国会議員になったとはいえませんが。幹部ではなかったけれども、彼らも学生当時は社青同の活動家でした。深田肇さんなど、社青同委員長をした後に参議院議員になった人はありますね。これは好例とは言えないけれど（笑）。

――社会党青年部時代に比較すると、国会議員育成機関として社青同はあまり寄与しなかったということでしょうか。

初岡　そう思いますね。議会主義とか議会制民主主義重視だと言っているわりには、あまり選挙は熱心でなかったし（笑）。組合のなかでは、社青同から地方の幹部にずいぶん多数輩出したし、中央の幹部になって組合トップになった人もかなりあります。覚えている限りの例では、社青同大阪の初代委員長で、自治労本部書記長になった兼田和己さんをはじめとして都市交委員長の矢富泰正さん、全国一般労組委員長の松井康彦さん、全電通委員長の梶本幸治さん、全逓副委員長で在任中に倒れた新井則久さんなどです。

山川均、清水慎三、全逓など

――大阪大学の米原謙先生が、山川理論と構革理論がよく似ていると指摘されています。当時の構革派と言われている人たちには、山川均という方は意識のなかにあったのでしょうか。

初岡　山川さんも岡山県人です。仲井富さんなんかは自分の息子に山川均の均という名前をつけるぐらい入れ込んでいた（笑）。僕もよく読んだし、途中から解放派に行ってしまった佐々木啓明君も、最初は山川、山川だったんです。社会主義協会の創設者でもあった山川さんは政治経済的分析と運動論に非常に鋭いものがありながら、柔軟な発想を持った人でした。向坂さんのように教条的にものを発想する人とはちょっと違います。

山川さんの著作選集は買ってあるけれども、あらためて体系的には読んだことがない。山川さんが『世界』とか『中央公論』とかに発表された時評的論文はよく読んだ。山川さんのあのスタイルというか、ああいう視点をいちばんよく引き継いでいる人は、清水慎三さんではないかという気がします。清水さんと山川さんは現実と運動に即して論理を展開しようという姿勢の人で、論理から運動を構想する観点で論ずる人ではない。清水さんの構造改革論に対する批判も、そもそも構造改革論がいいか悪いかというところからは出発していない。構造改革論はこういう弱さがあるとか、考慮されていない側面があるという点から論評されています。

――だからご本人とどう違うか、よくわからないですね。

初岡　そうそう。でも、清水さんはあまり構造改革論が好きではなかった。発生の経緯からしてもね。青年部は自分の影響下にあると先生は思っていたのに、いつのまにか造反者が出て、構革派みたいなのができちゃったということで、不快感を持っておられたと思います。

――それはいちおう人脈的な。

初岡　さっきの話で一夜にして変わるというけれども、10年とか20年のスパンで見るとみんな座標軸が移動していることがよくわかります。政治的理論的な立場は一夜にして変わるか、もっと長くかかるかの違いはあります。変わらないのは20歳ぐらい迄に形成された人間性だけだなんて、よく冗談半分で言っております（笑）。

これは僕がよく言っていたので、「お得意のセリフ」とみんなに冷やかされたのだけれども、会議を設定するときに組合委員長や書記長に「政策は一夜にして変えてもいいけれど、会議の日程だけは変えないでくれ」と要望していました。事務方にとっては、その方の実害が大きい（笑）。方針というのは、よく見ると個人にしても組織にしてもしばしば転換しています。それなりの必要があったからです。組織が大きいと個人と違って一夜にして転換できないから、徐々にカーブを切っていくのですが。

僕が入ったとき、すでに全逓は社会主義協会から離れているとみられていました。当時の委員長だった宝樹文彦（1920年～）さんには、それまで会ったこともなかった。新井則久君に対して「お前、初岡というのを今度入れると言っているけれども、協会員じゃないだろうな」と宝樹さんが聞いたそうです。「違います」「ああ、それならいいや」と、その程度で入った（笑）。幹部の多数は脱協会化しているけれど、毎月協会費を払うことは社会主義協会結成当時からの惰性になってしまっているので疑問を表だって唱える人がいなかった。

その後、日教組や自治労と親しく付き合ってみて、幹部の意識と行動がこれに類似していると思った。協会とことを荒立てたくないけれども、雑誌『社会主義』なんかもう10年も読んだことがないよと協会派とみられている幹部がいっていた。

たとえば、自治労と日教組のおおきな転換点の一つは、国際組織加盟で世界労連系産別を選ぶのか、中立・非加盟に止まるのか、自由労連系産別を選ぶのかという大論争でした。そのとき、自治労や他の官公労の多くの幹部は、自由労連系の国際公務員連盟（PSI）加盟に切り替えたいけれども、社会主義協会が反対しており、あまりガタガタと組織を揺らさないで何とか実現する方法はないかと模索していた。社会主義協会から完全に心は離れているのだけれども、わざわざ協会と絶縁宣言までして決別することはない、というような気分でした。

国際労働組織での活動

——全逓に入られたのは、どういう事情からでしょうか。

初岡　全逓に入った理由は、新井則久青年部長と個人的な関係もあったのですが、当時ナショナルセンターである総評、同盟以外に、単産で独自の国際活動をやっているのは全逓ぐらいしかなかったからです。

全逓は単一組合で組織的な行動力が抜群にあり、当時は政治と国際活動がきわめて活発でした。組合費も高く、しかも本部が全部吸い上げて本部から下に配分するシステムだった。良くも悪くも非常に中央集権的な組織体制をとっていました。これは郵政省との対立関係のなかで自衛的にとった面もあるのですが、ほかの官公労とは違っていた。しかも、組合費を自主徴収しながら、当時の賃金の５パーセントぐらいをとっていた。

ですから、財政的な力量も非常にあって、単独で二つの国際組織に入っていました。総評の中立路線や当時の社会党のソ連、中国寄りの政策と交流にもかかわらず、総評加盟で、有力な社会党支持団体である全逓はブリュッセルに本部を置く国際自由労連（ICFTU）とジュネーブに本部を置く国際郵便電信電話労連（PTTI）に早くから加盟していました。左派からは、アメリカに支配されているという攻撃を受けていた国際労働団体です。実体は違い、ヨーロッパの労働組合が主体でした。国際活動を単産独自で展開していたのは、同盟系のゼンセン同盟と海員組合を除いて、総評系ではたぶん全逓ぐらいだったと思います。

全逓書記局に私は７年いたのですが、７年目の1970年に宝樹さんの退陣と執行部総辞職という異常事態が発生しました。これは世上で取りざたされた政治がらみの争いや労働戦線統一論批判とはまったく違うレベルの契機によるものです。発端は郵政省との交渉結果が中央委員会で承認されなかったということにありました。

本来は委員長が辞めるほどではない案件で、委員長不信任の動きもなかったけれど、宝樹さんとしては、国際労働運動でも労働戦線統一でも話題をつくり、しかも自分が日本の組合運動をリードしているという自負があったので、この否決に過剰な反応をした。自分の辞任を組合が受け入れるはずはなく、必ずコールバックがあるとみていたのでしょう。これは誤算でした。

当時、宝樹さんは49歳で、脂の乗り切った年代です。われわれ若い者から見るといい年配のおじさんだと思っていましたが、今から思うと49歳ですから無念さが残ったでしょう。自分以外に全逓の委員長をやるものはいない、だから全員引き連れて総辞職すれば、必ず追い込んだ連中が「すみませんでした、ぜひやってください」と謝ると考えたのでしょう。江田さんにしても宝樹さんにしても偉大で、非常に優れた指導者でしたが、優れた指導者は案外普通の人が犯さないような誤りを犯すことがあるんですね。

常識的に考えたら、一度辞めた人が復活することは組織内ではまずない。政党はちょっと違いますけれども、官僚の世界でも辞めた人の復活はないでしょう。後継者はいないようでも、組織というものは必ず見つけるんですよ。適任かどうかは別としても。そこを読み違えたのです。

ちょうどそのころ、全電通がPTTI加盟という長年の懸案を討議していました。全逓は結成まもなく加盟していたのですが、全電通は遅れてきた青年でした。このPTTI加盟を実現したのは、山岸章さんが大阪から出てきて本部政治国際部長になったからです。私が全逓にいるときから、山岸さんは江田派の会合で面識を得ていました。彼は、全電通近畿地本書記長として組合内構革派の論客でした。当時の江田派で目立つ組合の論客というのは山岸さん、国労の山田書記長、それからのちに公明党議員となる草川昭三さんなどがいました。

山岸さんが本部に出てくると、「政治国際部長になったからPTTI加盟を実現する」と宣言し、精力的に討議を進めた。上部団体加盟には大会での3

分の２条項が規約にあったのですが、国際組織は拘束力がないので規約に定める上部団体ではない、友誼団体だから過半数で決められるという解釈を中執会議でまず押し通した。そして、２年かけて討議して大会で票決したら、過半数を上回ることわずか十数票のきわどさだった。

当時の全電通はまだ若く、非常に荒々しい組合で大会において何が決まるかの予測が難しかった。そこで、大会前夜に重要な案件の取り扱いを主流派の社会党員協議会で相談するのです。社会党員協議会で山岸さんが、当時の酒井委員長と自分は加盟提案が通らなければ辞職すると表明した。「山岸さん、それはまずい。PTTIに入ってもいいけれど、山岸さんには辞めてもらいたいという人が多いから」との影の声もあった（笑）。

ついでに言うと、それから何年かたった1975年、今度は国際自由労連への加盟提案を大会に出すことになった。そのとき山岸さんはもう書記長で、のちに委員長になる園木久治さんが政治国際部長。それ以前のやり取りで、反対派はPTTIに入るのは国際自由労連に入る第一歩だと攻撃していた。国際自由労連加盟の前哨戦だという意見への山岸さんの答弁は「国際自由労連加盟などは口が腐っても申しません」。4〜5年たって山岸さん、「初岡君、そんなことを覚えているのは君ぐらいなものだ」。国際自由労連加盟を討議した大会では、山岸さんが書記長、及川さんが委員長という体制が確立されていて反対討論もなかった。以前の国際産別加盟討議は大騒動で、２年かかった。私が大会を傍聴した印象では、PTTIに入るのに反対意見のほうが多いぐらいだった。今度、国際自由労連に入るときには議論がもうなくなっていた。

山岸さんは最初の国際組織への加盟問題でもうちょっとで失脚するところだったのに、決して懲りなかった。僕は山岸さんが本当に偉いなと思ったのは、こういう国際問題は反対が強かった場合、幹部は普通みんな逃げる。検討継続で後任者に問題を先送りして、自分は逃げる。筋を通すのに政治生命をかける決断はあの人らしいなと思って、山岸さんを尊敬しました。

それから、1985年に山岸さんが日本人として初めての国際産別（ITS）会長としてPTTI会長になり、1989年に連合会長に就任したのを機に退任した。それまでの長期にわたって、日本の組合を牽引して国際活動の先頭に立つ山岸さんを支えることができたのは、自分にとってとてもやりがいのある機会で貴重な経験でした。山岸さんほど「構革派」という強烈な自己認識を持っていた幹部はいなかった。私から見て、彼ほど政治的立場と行動原理が明解で、ブレが少ない人はなかった。

話が少しもとに帰りますが、公共部門におけるストライキとそれに対する大量かつ厳しい処分がきっかけになって、1970年代に国際労働機関（ILO）への提訴が行われました。これは当時、全逓を中心にわれわれが考え出した戦術ですが、日本政府に国際的な圧力をかける目的で総評・公労協・公務員共闘が国際労働団体と共同の提訴をILOにたいして行った。

ILO労働側とのかなり綿密な打ち合わせがあって、こういう提訴をすれば絶対に勝てる、我々の立場が認められると精査してのことでした。ILO条約と国際労働基準適用のなかで認められる範囲で、ストライキ処分、団交権否認、組合に対する不当介入の3点に絞って全逓提訴を行い、これに続いて総評官公労がいっせいに共同提訴をすることになりました。

相次いで提訴を行うけれど、そのときに世界労連の無力さが日本の組合幹部にもよくわかった。ソ連自体がILO結社の自由委員会と条約勧告適用委員会から結社の自由侵害で厳しい批判を受け続けており、単一労働組合主義と諸条件の法定主義が結社の自由の原則に合致していないので防戦一方なんですね。だから、日本問題なんかを支援していくようなスタンスはとてもとれない。

結社の自由案件では、西欧の労働組合とアメリカの労働組合は常に日本の組合の主張を強く支持していました。われわれも日本政府にプレッシャーをかけるにはアメリカに支持してもらわなければいけないと考えていました。ヨーロッパが全部支持しただけでは日本政府は痛痒を感じないというので、アメリカの組合だけでなく、アメリカ政府・労働者代表が読んでも、もっともだととられるようにプレゼンテーションを行いました。

それは非常に成功を収めた。だから会議で、アメリカの政労使代表も、やはり日本政府が何とかしなければいけないんじゃないの、というふうになってしまう。これに日本政府がいちばん困ったんです。そういうプロセスのなかで、官公労の幹部が毎年大勢ILO活動に参加した。

マスコミからはお祭騒ぎだとかいろいろ批判を受けた。けれども、国際労働運動との関係を考えるうえで、官公労指導者が大きな刺激と責任感を受けとめることにILOをめぐる活動が作用した。直ちには、国際自由労連には入れないけれども、まず関係国際産別に入ろうという動きが具体化した。戦線統一の前には日本の主要官公労が全部ITSに加盟していました。

国際自由労連という点から見れば、同盟が一括加入だったのに、総評系は全逓など五つの単産しかなかった。しかも、全逓が最大で、あとはみんな小さい。炭労、都市交、全鉱、日放労です。そこで、戦線統一のとき、同盟が自由労連加盟を踏み絵として出してきた。事実上、その条件を空洞化したのが、総評系官公労の自由労連系ITS加盟でした。

当時のILO活動を通じてヨーロッパ労働運動の原則性を再認識しました。ある意味では日本の労働運動よりもしっかりしているのではないかというような印象をヨーロッパ労働組合と国際労働組合運動に対して持った。これが、日本の官公労が国際労働運動にたいする方針を切り替える大きな契機になったと思う。ただ、そのことが歴史的に見てどういう意味を持ったかは、今後もう少し長い目で見なければいけないかもしれません。

そのときに社会主義協会は、自由労連は西側の組織であるとイデオロギー的に反対した。ですから、私も自治労とか日教組に頼まれて、県単位の学習会や賛否両論の講師による立会演説会にずいぶん行きました。私が加盟推進の立場で行き、社会主義協会からは反対論者がきて、立会討論を何回かやったことがあります。そのときは、組合幹部レベルではもう舵を切ろうと、日教組の場合も自治労の場合も腹を決めていた。

そのプロセスで、少なくとも幹部専従者のレベルでは社会主義協会との組織的な決別が進んでいた。1970年代の半ばから80年代にかけての頃です。しかし、それがイコール構革派の台頭と言えるかどうか。これはまた別の問題です。

当時、私の知っているかぎり、これは組合の内部的環境にもよりますが、いちばん最初に構革派として手を挙げ、公言してはばからなかったのは、全電通の山岸さんとか、日教組の田中一郎さん率いる現教研ですね。かれらは総評右派といわれていた。それから全日通の田淵勲二さんたち。全農林はちょっと色彩が違い、組織問題研（社会党旧和田派につながる）が強かったけれど、ほとんど一緒にやっていました。

そういうことで、組合のなかでは構革派というよりは、協会対反・非協会の対立構図があった。とくに、総評系の組合のなかではそういう形があった。これは論争を通じてというよりは、政策決定と幹部選出を通じて徐々に進行していくという形をとった。もちろん、論争とか議論、研究とか相互交流というものが、かなりの役割を果たしたことは事実だと思います。

また、そういうものがないと、そのプロセスは促進されなかったと思いますけれども、社会党に見られたようなドラマティックな対立抗争とはかなり異なる様相で、総評労働運動総体としての脱協会化が太田・岩井時代以後急速かつ構造的に進行した。しかし、そのことを指して構革派の勝利とか、大勢が構革派になったとは言えないと思います。

国労・動労と構造改革派

——当時、大きい労組として国労があったと思います。国労がお話のなかに出てこないのは、社会主義協会の影響力が強かったので国労はあまり構革とはかかわっていないということでしょうか。

初岡　そうではありません。非常に個人的な理由として挙げられるのは、国労と接触が少なかったからです。私が深く関わっていた全逓や全電通と国労というのは、同じ総評・公労協のなかでいろいろな面で仲が良くなかった。国労の人を個人的に何人か知っていますが、組織的にはライバル関係というか、対立関係にあったんです。とくに、スト権スト（1975年）以降、その対立は深まったと思います。

また、民営化に対する対処方針ですね。これで国労と他の組合とは大きく違う。また国労の場合でちょっと日教組と似ているのは、なかで「学校」といいますか、派閥がはっきり分かれていた。国労のなかにも、非協会の派閥もありました。国労は民同、革同と二つあって、その民同のなかに協会系と非協会系とがあったんです。よそよりもっと複雑だった。国労というのは独特な組合で、今日は左だけれども明日は右に行くという、あっという間の転換、一夜のうちの転換というドラマをよく演じた。

——国労より動労のほうが大きく変わりますよね。

初岡　動労は構造的変化が大きかった。

——動労はどうなんですか。

初岡　動労は出発点から60年代中ごろまでは全逓や電通と共同歩調をとった民同系組合でしたが、その後、徐々に変わっていきました。公労協のなかでは一緒にやっていたと思いますが、松崎明さんが完全な実権を握る前後から、政治的な問題で全逓、電通と行動を共にするのは控えていた。国労、動労というのは喧嘩しながらも同じ使用者に対してかなり共同でやっていたと思います。公労協事務局長に高橋富治さんという動労出身の人がいて、長い間実によくまとめ役をやっていました。ILO闘争では牽引役でした。公労協の組織体、運動体としての機能は、彼が辞めて以降はかなり求心力を失っていった。

——ITSに入っていなくてもILOへの提訴とか活動はできるわけですね。ただそれだけでは不十分だということで、国際産業別書記局であるITSに入っていく。それはかなり違いがあるということなのでしょうか。全逓との関係でいえばPTTIに入ることにどの程度のメリットがあるのか。そのへんはどうなのでしょう。

初岡　メリットというものは客観的に存在しても、それをうまく活用しなければメリットとして生きません。全逓の場合はフルに使ったと思います。まず、国際組織との共同提訴という形をとりました。ILO提訴でも国際自由労連とPTTIによる全逓への支持が未加盟の総評系官公労全体を繋ぐカギでした。

結社の自由委員会と理事会の労働側代表は国際自由労連がだいたい選び、継続して全部をまとめています。そこを通じて、ほかの案件と全逓提訴を切り離し、先行してモデルケースとして審議させ、原則と判例をまず確立させる戦術をとることができました。

——かなり違いが出てくるということですか。

初岡　ええ。当時PTTIの書記長は国際自由労連書記次長をかつてやっていた人で、ITSグループ議長として長年にわたり自由労連執行委員会メンバーにも入って力を持っていました。PTTI事務所もジュネーブにありましたし、ILOと日常的な接触を持っていましたから、そういう点をフルに活用してほかの組合にもサービスを惜しむことなく提供しました。そのことから、国際組織に加盟することを通じての国際連帯が具体的に理解された。

もう一つは、メリットの面からだけではなく、日本の組合がこれだけ大きな存在になっており、また労働運動は組織的な運動なのだから、国際組織に入らないという根拠がなくなった。国内で連合体上部組織に加盟しているのに、なぜ国際組織に加盟しないのか。国内的にも国際的にも組織を通じての運動という原理は同じという、そういう理屈にみんなおおむね納得していたと思います。今もそうだけれど、国際的な責任論が日本でとくにやかましく唱えられていた時ですから、追い風もありました。

初出
報告：『大原社会問題研究所雑誌』No.657／2013年7月号
https://oisr-org.ws.hosei.ac.jp/images/oz/contents/657-05.pdf
質疑：『大原社会問題研究所雑誌』No.658／2013年8月号
https://oisr-org.ws.hosei.ac.jp/images/oz/contents/658-05.pdf

第4章

日本社会党における佐々木更三派の歴史

その役割と日中補完外交

——曽我祐次氏に聞く

「くれない会」発足の経緯から、構造改革論争、「社会主義的・的政権」に至るまで、社会党の裏の裏を知り尽くした元組織局長による貴重な証言。歴代委員長、書記長との仕事を通しての交流を赤裸々に語っていただいた。

[略歴]

1925年　東京府品川区生まれ
1947年　第二早稲田高等学院在学中に、日本社会党品川支部に入党
1949年　早稲田大学政経学部中退
1952年　左派社会党本部書記局入局
1955年　統一後の日本社会党に入局
1960年　日本社会党本部退職
1961年　日本社会党東京都本部書記長
1967年　東京都知事選挙で、美濃部亮吉当選
1967年　日本社会党東京都本部委員長
1969年　日本社会党本部組織局長
1976年　日本社会党本部企画担当中央執行委員
1982年　日本社会党本部副書記長
1986年　副書記長辞任
2000年　日中友好21の会代表、現在に至る

報告

入党までの経緯とその後

曽我祐次です。どうぞよろしく。実は、12月16日は私と船橋成幸君の誕生日で、同年同月同日生まれなんです。私は明け方だというから彼の方が少し先に生まれたようで、ちょっと兄貴かもしれません。もう年を取りまして、声は大きいのですが耳はだいぶ遠くなりました。

最初に簡単な略歴から入ります。私は江戸っ子でありまして、昔は東京府荏原郡字三木《みつぎ》というところで生まれまして、三木小学校、正則学院中学、それから戦争中を含めまして、日鉄富士製鋼所の青年学校の助教員みたいなものをやりました。8月12日に召集が来まして、8月15日が終戦でありますから、3日間の兵隊です。それでも兵隊になりました。私は8月12日、東部第64部隊に入隊しました。戦車砲部隊で、いきなり千葉の九十九里へ連れて行かれました。おそらく本土決戦の急造の部隊だったと思います。現役が半分、予備役が半分の混成部隊です。

敗戦後、帰りまして早稲田大学第二高等学院に入りまして、いきなり入党したわけではなくて、地域で青年同志会という青年運動、それから何しろみんな活字に飢えていましたから、「始原林」という貸本屋をやりました。同時に母校の三木小学校同窓会の再建といったことなどを約2年やり、社会党へ入党したのが1947年11月で、私の地域の品川支部に入りました。外から見ているよりは中身はめちゃくちゃで、いきなり青年部長をやれというようなことになりました。それで青年部長として学習会をやれとか機関紙を出せとか、いろいろなことを言い出したら、あいつは共産党の回し者ではないか、と思われたぐらいの状況でございました。

品川・大田は旧選挙区が東京第2区で、松岡駒吉（1888～1958年）、加藤勘十（1892～1978年）の2人が同じ選挙区でした。加藤勘十さんはそもそも愛知だったのですが、後から話しますが、鈴木茂三郎派の意向に反して芦田内閣で労働大臣になりました。そういう関係でその後の選挙で落選して、これが今、民主党の赤松君のおやじの赤松勇という、なかなか演説のうまい若手代議士に選挙区を押し出されて、やむをえず品川へ来て、そして品川・大田の東京第2区で加藤さんも選挙をやることになったのです。

戦前、城南で加藤さんは労働運動をやっていますからまったく縁がないわけではありませんが、そもそもそこは加藤シヅエ（1897～2001年）さんが立候補していたわけで、シヅエさんは全国区へ回って旦那さんをそこへ入れた。誠に麗しい話でございます（笑）。

そういう支部でありました。つまり当時、左右でいえば右派が非常に強かった。そういうところへ私が飛び込んで、支部の機関紙をつくれとか学習会をなぜしないのかなど、いろいろなことを言い出したものだから、あいつはどうやら共産党の回し者ではないかと（笑）。松岡さんの子分にあたる石塚幸次郎さんが当時、支部長で、品川の区会議員でした。その方は人としては非常にいい方なのですが、私は、自分で2年間の空白期間を置いて自分で社会党を選んで入りました。入ってみたらその支部に鈴木派と言われた大柴滋夫（1917～98年）さんがいらっしゃいました。当時、彼は品川支部のことよりも、むしろ加藤宣幸君と一緒に社会党本部のほうの仕事もやっておりました。

私にお金がなくても行ける学校の陸軍士官学校へ行けというのが、おやじのたっての願いでしたが、幸か不幸か、中学3年ごろから目が悪くなり、軍隊は近眼を採りませんからそこへは行けない。大学へ行くには金がない。ぐずぐずしているうちに徴用がくるというようなことで、富士製鋼所の青年学校の補助教員というのがございまして、おれを使えと言ったら使ってくれたものですから、そこにしばしいました。

青年学校でも当時、軍需工場の場合、国から金が出て、実際の鉄砲、三八式歩兵銃を30丁ぐらい持っておりました。私の仲間に横山三平君というのがいて、こいつが当時、極右団体の尊攘同志会に出入りをしていて、私が青年学校の先生をやっているころ、そこへ顔を出さないかと言うので、3回ほど、東大赤門前から入って右側にある寮で、いわゆる「昭和維新」なるものの話を聞きました。だから手っとり早く言えば、国家社会主義者の端くれみたいなことを戦前に経験をしておりました。

青年学校の生徒でわりあい優秀な者は当時、みな予科練を希望しました。私は、予科練は行けば死ぬのだからやめておけという話をしたのですが、どうしても行きたいという人に、今から思うと6名か7名だと思いますが、推薦状を（青年学校から出さないと受験できない）書きました。それが戦後ものすごく私の心に残っております。結果的には書いた者は終戦間際でしたから死にはしなかったので、そこのところはまあまあだとは思いましたが、いずれにしても自責の念は非常に強くありました。だから働く者・平和の党という意味で社会党を選びました。別に、家に国家社会主義的な書物がたくさんあって読んだというわけではありませんが、『マイン・カンプ』（ヒトラー『我が闘争』）ぐらいは読みました。

そんなことで2年間のブランクを経て自ら選んで社会党へ入ったということで、いきなり本部の書記局へ入ったわけではありません。支部へ入ったわけです。それからアルバイトもし、いろいろなことをやりながら1947年11月に社会党へ入党して品川の青年部長になりました。1951年ごろに労働者同志会へ行って事務をやれという話がきまして、労働者同志会で事務局的なことをずっとやりました。組合幹部をそのころから若いながら知っており、それは私のその後に非常に大きな影響を与えたと思います。

1951年10月に党は平和四原則（講和四原則）で、青票か、白票かで分裂しまして、私は右派の強い支部でしたが左派社会党の品川支部に属し書記長になりました。どうやって飯を食っていたかというと、アルバイトと「始原林」という貸本屋で何とか飯を食っておりました。女房が肉屋という土建屋さんが私のシンパにいて、無給で私の下で書記をやりたいと。しかも本人は建築屋ですから、結果的に戦火で焼けた私の家を造ってくれました。安藤利信という人ですが、その後、品川の区会議員になり、都会議員選挙には落ちて辞めましたが、当時後援者みたいな格好で私についてくれたという幸運にも恵まれました。

私が本部へ入ったのは社会党が左右に分裂した1952年、左派社会党本部の書記局に機関紙と労働局という担当で入りました。当時、総務部長だった大柴滋夫さんが私を本部へ入れたことになるわけですが、実はこのとき、機関紙をやっていた久保田忠夫君が結党直後から本部にいた古い諸君とぶつかって書記局裁判みたいなことで辞めることになって機関紙をやる者がいないから、おまえは学生時代、新聞をやっていたから来いということもあったのかもしれません。それが1952年10月でした。私は当時本部の書記をやりながら品川支部の書記長もずっとやってきたわけです。

社会党再統一後

次に1955年、統一社会党の書記局になりまして、機関紙『社会新報』を担当していました。加藤宣幸君は私が『社会新報』を終わった後、『社会新報』の仕事を始めたわけです。『社会新報』という名前をつけたのは55年統一直後で、淡谷さんと私です。私は青森県出身の淡谷のり子の叔父さんである淡谷悠蔵さん（衆議院議員）の実家に招かれて、青森のリンゴ村に2～3回行ったことがあります。その後1960年に私は本部を辞めて東京都本部へ行きます。その間、本部の書記局をやりながら都本部の機関紙部長、組織部長、組織局長をやって、そして60年の安保が終わった段階から都本部へ専従の格好で行きました。当時の都本部は東京都でありながら、左派の専従者は島上善五郎（1903～2001年）の甥の佐々木幸一郎君1人で、そこへ私が強引に入って、61年2月に都本部の書記長になり、以後都本部の書記長をずっと続けて、美濃部亮吉（1904～84年）の当選の後に委員長になる。その間、都議会で45名を取って第1党になり、美濃部を出して都知事のポストをはじめて取る。

都本部の委員長になったが、新左翼の内ゲバもあり、東京で社会党の支持が急に落ちて、一気に国会議員が2名になりました。事前にわかりましたのでそのとき調整のため現役議員を切りました。それをやらないとみんな落ちてしまうので辞めてもらったのですが、「人切り曽我祐次」と盛んに言われたのはその頃です。「革新官僚」出身の帆足計（1905～89年）も私が首を切った1人です。

そして、69年8月に、都議選挙で議席を大きく減らしましたので、私は責任をとって都本部を辞めました。そのすぐ後、中央委員会でたまたま組織局長のポストが空いていたので、佐々木派が強引に割って入って私が組織局長になりました。組織局長になって1年経つか経たないかの70年11月に、成田・江田の委員長決戦がありました。このときに船橋君が私の対立候補として出て、私が見事落選して船橋君が組織局長になる。どうも船橋君が成田さんの票を取り、私がちょうど江田さんの票を取ったということで、大差で私が負けました。以後6年間、丸っきり浪人です。

社会党の中央執行委員、つまり専従中執というのは、もちろん役職に就けばその役職の長だからそれなりの力を持てますけれども、いったん党内選挙で負ければ、下までばちゃんと落ちて浪人です。そういうことになっていますからなかなか大変な職業ですけれども、私はそれ以後満6年、なかなか出られない。なぜ出られないかというと、企画担当中執以外に私が立候補しても落ちるだろうと当時の佐々木派は判断した。企画担当というのは社会党が共同戦線党の証拠として、2人いて、右1人に左1人。これがずっと守られてきたわけです。企画担当中執に出そうとするとそこにもっと偉い人が現れて、派内で「仕方がない、今回はあきらめろ」。また回ってくるとまた同じ人が出る。そういう状況が裏から手を回した格好でありまして、満6年、この間、浪人を続けました。成田知巳委員長・石橋政嗣書記長が5､6年続いて、この間に協会派は「日本における社会主義への道」をつくりましたから、「道」のあと押しでかなりの力を持ってきました。この頃が向坂協会派が一番いい時期だったんじゃないですか。

協会が少し出しゃばりすぎて、党中党、あるいは党内党的な存在になって、総評からも強い文句がきて、そろそろ協会規制が始まる頃でした。そこで河上（丈太郎）派も含む、広い意味では当時の政構研の川俣健次郎さんが企画担当を自分が引くからおまえが出ろということになり、結果的に左右で出ていたポストに、私が左派出身であるにもかかわらず出ることになり、そのときの相手が岩垂寿喜男（1929～2001年）君でした。彼は僕が入っていったので、あなたと一緒では仕事はできませんからとすぐ辞めます。自分の衆院選挙に専念すると言ってすぐ辞めました。そして機関紙をずっと担当していた協会派で専従の大塚俊雄君がもう1人の企画担当中執になって、以後企画担当中執は私と大塚ということで、左右1・1の形が崩れたということです。

そして飛鳥田時代になって、船橋君が横浜市から委員長付中執という形で入ってきまして、飛鳥田さんと多賀谷真稔書記長の時代はずっと私は企画担当中執で、この間はかなり辣腕を振るいました。多賀谷さんはとてもいい人ですが、本来書記長にはあまり向かない人なので、企画担当はそこについているからちょうどいいので、かなり私にご相談があったのでいろいろやりました。そのうちに企画担当中執がなくなりまして、それを副書記長２名にしようということになりました。

いろいろな経緯があったのですが、私の先輩が若干いて、これは森永栄悦君がやるべきだと言ったのですが、ちょうどそのとき書記長争いが江田派の内部で起きて、平林剛（1920～83年）さんを、社研から、つまり佐々木派から出さざるをえなくなった。平林さんは当時から心臓が弱くて、政審会長ならやらせてもらうけれども書記長は無理だということで辞退したのですが、みんなが何が何でも平林を出せ、そうしないとまとまらないというわけです。その前に飛鳥田さんの思いつきで、熊本の若い馬場昇君を書記長にしたけれども、それが全然だめになったということがあって、結局、平林が書記長になる。平林がなった以上、おまえが出るべきだ、おまえが副書記長になって援助しないわけにいかない、という話になって、結果的に私は森永君を置いて副書記長になりました。

その後はずっと副書記長でいきまして、1986年に「新宣言」をつくった後、石橋委員長のときに２度目のダブル選挙（死んだふり解散）で負けまして、私と森永君が専従中執のなかから２人、自発的に辞任することになりました。当時、議員集団から専従中執は横暴だという批判が相当出ていました。その批判が正しいかどうかは別として、以後今日まで私は社会党、社民党員でございますが、一切役職には就いておりません。以上、長くなりましたが私の主な経歴でございます。

佐々木派誕生の経緯

佐々木派の誕生（1960年）の経緯について申し上げます。長く委員長をやっていました左派のトップである鈴木さんがお辞めになる。辞めるのは、安保闘争の前段でご存知のとおり西尾末広さんの問題が起き、結果的に西尾さんが除名になり、ここで民主社会党が誕生します。その責任と年齢もあって鈴木さんが委員長を辞めることになりました。

そこで、その後任をどうするかということになり、当時最大派閥の鈴木・佐々木派としては二つ問題がありました。一つはポスト鈴木の委員長をどうするかということです。河上丈太郎さんと浅沼稲次郎さん２人の名前が何となく上がっていましたが、我々としてはこの際、逆さまみたいなことになるが、浅沼をどうしても委員長にしたい。浅沼さんをポスト鈴木に持ってこようということで、佐々木さんが中心になって浅沼委員長擁立ということになりました。結果的に河上さんと浅沼さんが対立候補として争うという、人間関係から言えば誠に好ましくないことになりましたが、鈴木派は浅沼さんに無理やり引き受けさせて浅沼さんを担ぐことになりました。選挙の結果は僅差でしたが、浅沼さんが委員長になりました。

もう一つは、これから浅沼委員長の下でこの社会党を何とか大きく立派にしていくために佐々木派が一致団結していかなければいけないというので、このときに決めたことがあります。それはヌマさんが、まさかすぐ殺されるとは思っていませんから、ヌマさんが委員長であることを前提にして、書記長は忙しい役目だから２年ずつやって、順次有名人をつくったほうがいいということも含めて、鈴木さんが指名したのが１番は佐々木更三（1900〜85年）、２番が山本幸一（1910〜96年）、３番が江田三郎（1907〜77年）。成田知巳（1910〜79年）さんは正確に鈴木派に入ったことがない。ないけれども何とか成田さんを引っ張り込んで、その次に成田にするということを鈴木・佐々木派の会合で決めまして、そういう順番で浅沼を支えて書記長を佐々木派で取ってやりましょう、ということになっていました。これが後の構造改革、その他の問題に結果として不幸な、悪い影響を与えることになったと思います。

それから、佐々木派の問題と同時にもう一つは社会主義研究所です。佐々木派のほうは、正式名称は「社会主義研究会」。その前の鈴木派は皆さまご存知のとおり「五月会」できたのですが、「社会主義研究会」という名前を正式につけたのは55年体制に入る段階です。鈴木・佐々木派は書記局が前から力がありまして、この社会主義研究所（通称「くれない会」）を同時につくりました。

この「くれない会」は、それ以前は左派社会党のなかでは、私に言わせれば書記局民主化運動の集まりでした。社会党本部のなかには終戦とともに本部へ駆け込んで本部をつくり上げる重要な役割を果たした我々の先輩がたくさんいます。その後、左派社会党が選挙のたびに大きくなるにしたがって財政も増えてきたので、大学教授の方々の推薦やあるいは国会議員の推薦等々で書記局員がどんどん増えました。当時は公募制はやらなかったと思います。

私は左派のなかでも自分で「中古」と言ったのですが、中古が私で、最初から本部に来ていた古い先輩の諸君、そして後から来た諸君、ちょうど私がその真ん中で、左派社会党時代、野溝勝（1898～1978年）さんから代わって書記長が和田博雄さんになる少し前に「くれない会」ができたわけです。だから出発は書記局民主化運動であるわけです。古い者が議員のところへ回っては、書記局に入ってきた若い人達を、あいつはこうだ、ああだといろいろ言うわけです（笑）。それで若い諸君がのびのびできない。私は入党したのがちょっと古いし、本部ではなく支部で飯も食わずに、給料ももらわずに一生懸命やって上がってきたので、旧いほうも私については一目を置かざるをえない。そういうところからできあがったのが「くれない会」です。

名前は「くれない会」とつけましたが、うちの鈴木・佐々木派は金がない派閥で、何にもくれないから「くれない会」（笑）。もう一つは、当時、赤マントか何かを着た「くれない探偵団」というのがはやっていて、それと掛けてかっこよくいこうというので「くれない会」と言ったのですが、それを統一の段階で「社会主義研究所」と改めて名前を確認しました。つまり社研とは違う。専従の書記局は書記局としての矜持と独自性を持とう。しかし協力はする。もちろん社研と協力関係に立ってはいるけれども、独自性を持つという意味で、あらためて社会主義研究所イコール通称「くれない会」が再出発したわけです。

どんな人がいたかというと、広沢賢一、笠原昭男、大下勝正、途中から代わりますが高沢寅男。そして小山哲男、深田肇、渡辺みち子、後藤茂、貫井寛、早川勝、宇都宏昭、谷洋二、行川清、加藤久雄、だいぶ死んじゃいました。中山皓司、押田三郎、清田直、松村正照（順不同）等々、ともかく書記局のなかでは一番の大人数で20名ぐらいいました。

佐々木派の政策と役割

次に、佐々木さん（佐々木派）は、どういう日本を築こうとされていたのでしょうか、というお尋ねについてです。佐々木さんはあえて言えば、当時の左派の四つの目標、平和、独立、福祉拡大、国民生活向上。最初は「的」は一つでしたが、二つでもいいと途中で言って、アジアとの連帯、「社会主義的・的政権」。ただしこれは実際はそうですが、社会民主主義イコールで「社民」という言葉を使うことを佐々木さんはきらっていました。鈴木さんも私の知っている限りにおいて「社民」という言葉はあまり好きではなかったようです。

「社民」と言うと、日本の場合、全部がそうではありませんが、戦前は裏切り者、戦争協力者的な立場をとった人々もそこに含まれているという意味において、「社民」という言葉を左派の方では使いにくい。中身的にはいきなり社会主義政権ができるわけではないということはみんなわかっていながらも「社民」という言葉がなかなか出なくて、「社会主義的・的政権」という日本語をつくろうとしていたと思いますね。

佐々木派で中心となった方は、佐々木更三、山本幸一、江田三郎。成田知巳さんはかっこ付きで、ちょっと別です。この人は結局、入りませんでした。ほかの派閥にも結果的にはゆきませんでしたが。次に安平鹿一、島上善五郎、山花秀夫、伊藤好道、岡田宗司、北山愛郎、椿繁雄、労農党にいて少し遅れて入りますが木村禧八郎。こういうところが戦前・戦中派を含めた人達です。

戦後になりますと、下平正一、安宅常彦、広瀬秀吉、米田東吾、平林剛、藤田高敏、大柴滋夫、小笠原二三夫、野々山一三、小林進、加藤万吉、清水勇、串原義直、中村茂、森下昭司、戸田菊雄、鈴木和美、富塚三夫、沖田正人、早川勝、深田肇、栗村和夫、清水澄子等々が佐々木派の主要なメンバーだと言っていいと思います。

理論、政策を一緒にしますと、江田さんという人は理論、政策もやるし、組織もやる万能選手です。山幸さんは国対委員長を長くやって「国対の山幸」と言われているぐらいの人でしたが、中小零細企業の全国組織をつくって、実績を上げました。伊藤好道（1901〜56年）さんは統一綱領をつくった佐々木派の一人です。どちらかというと理論家です。岡田さんも戦前からのそういう方です。木村禧八郎さんは経済を中心とした政策。小笠原、野々山は当時の労働者同志会で鍛えられて議員になって社研に来たような人で、どちらかというと労働対策みたいなものが得意です。藤田、大柴はどちらかというと党運営をやってきた方です。また藤田さんは佐々木さんの下で日中の仕事を一貫してやってきました。

社研として発足した当時、書記局から出たのは若手の広沢賢一さん、高沢寅男さん、深田肇、清水澄子の4人です。高沢さんは社研というよりは途中から協会のほうへぐっと力が入って、事実上、社研を出た人です。清水勇が国対で活躍するなど若手中堅でおりました。そういうことで社会党の左派系の縮図みたいな形が社研と言えば言えたわけで、そういう意味で80年代半ばまでは左派のなかで主流派的役割を担ってきたと言えると思います。

江田組織改革の提言を東京で実践

「江田さんとの路線論争が長い間続くことになりましたが、佐々木派との相違点は何ですか」という質問についてです。これはなかなか難しいのですが、江田さんはここで今まで述べたように、鈴木・佐々木派、とくに「鈴木派」と言われているころから関西を中心に相当嘱望された政治家で、「構造改革論」が始まる前、55年統一が終わった後、党の機構組織改革の問題を中心に問題提起をいたしました。党の近代化として、一つは、社会党のすべての問題を決める大会代議員の国会議員の自動代議員制をやめて、国会議員も下部組織の信任を得て大会代議員になるという提起をしました。もう一つは専従中執です。最初は我々の先輩などはオルグ制度でまず全国オルグになって、それから専従役員になってまいりましたが、江田さんの組織局長時代になってから専従中執を置こう。とくに組織の分野、そして政策、運動の分野では議員中執でも十分こなせないので、そこを中心に非議員専従中執を置くことを提案したのも江田さんです。

また、それまでは党の直接の部門であった青年部・婦人部を、青年部は社青同（社会主義青年同盟）、従来の青年部は青年対策部にして、実態は社青同に自主性を持たせて青年組織をつくった。婦人のほうも婦人対策部に直して、大衆的な婦人会員＝日本婦人会議をつくって、党の影響力を拡大していかなければいけない。それから中央本部だけではなく、各都道府県本部、あるいは大きな総支部、支部にも専従書記、あるいは専従役員を置ける方向を出す等、機構改革委員会をつくって提案し実行にうつしました。

55年の左右統一をしたすぐ後だったので、組織をあまり表に出すと右派を刺激するから、「機構」という言葉を先に使って「機構組織改革委員会」にしました。これは対右派の関係で出てきた言葉で、本当は「組織機構改革委員会」ですが、そういう配慮もしながら江田さんは党の近代化・組織化の方向を出しました。この間は鈴木・佐々木派も異議はないので、私などもまさに江田さん一辺倒で、江田さんの下で東京都本部を根本的に建て直そうと思って東京へおりてやったぐらいです。

ちなみに申し上げますと、東京都本部は左右の争いの中から職場の集団入党を認めて、ようやく左派が優位になりました。それまでは東京都本部は伝統的に右派が強かったわけですが、それを集団入党の形にして労組から入れました。入れたのはいいのですが、私が初めて東京都本部の大会代議員に品川支部から選ばれて見たら、半分以上が東交の制服を着た人が座っている。これでは東交党だ。これでは首都東京で過半数の都・国会議員を取るには限界がある。

やはり私が都本部に専念して、この東京を建て直さなければならないと思ったのが、実はそれがきっかけでした。江田さんが提起した組織機構改革を文字どおり東京でやりましょうというのが、私が途中から東京に専念していく第一の理由でございました。

ついでにちょっと東京のことを申し上げますと、私が東京で書記長になって何をやろうかと三つ考えました。一つは党の近代化・組織化で、事務所はいらない。都庁の中のどこかを借りておけばいい。ともかく専従者を増やして、東京の各支部にオルグを置く。それから組織・運動担当を専従役員にする。そのために都議団から金を取る。区会議員からも市町村会議員からも金を取る。私の書記長の役割は実はそういうことで、各級議員の党費をあげて金を取るということで、オルグ団を置いて、都議そして中選挙区で何とか過半数候補者を立てるようにしたい、ということで懸命な努力をしました。

もう一つは共産党へのコンプレックスではないのですが、社会党の機構、組織、研究、学習等を見ると共産党にはかなわない。したがって、遅ればせながら党学校をつくったり、きちっとした研究機関をつくったりしながら、やっていかなければならない。

三つ目に、当時、東京区長は公選ではありませんでしたから、東京を下から自治を拡大するには区長公選運動をやらなければならない。区長公選運動をずっとやりまして、結果としては美濃部知事の終わり頃にようやく区長が公選になったわけです。

私が直接東京で知事選挙にかなり中心的にかかわったのは4回で、有田八郎（1884～1965年）が2回です。1955年党の統一直前の知事選挙に左右社会党が共闘の形で協力しながら有田を出して第1回目の選挙。そして有田の2回目。知事選挙は、同一候補としての2回はだめですね。2回目の方がお金も使ったし、たくさん運動もやったけれども、結果的には2回目は票が伸びなかった。3回目が兵庫県知事の阪本勝（1899～1975年）。この人は「知事3選すべからず」というスローガンを出して、2選で辞めた人です。河上グループの1人ですが、この人をお百度を踏んで連れてきて、阪本勝の知事選挙をやりました。これは結果的に公明党の票だけ負けました。

その後、都議会で自民党の議長選にからむ汚職がありました。議長は交際費はじめ待遇がいかによかったかです。お金をまいて議長になるほど議長がよかった。当時のうわさというか見方では、国会の議長より都議会議長のほうがはるかにいい。金は使い放題と言われていたぐらい交際費に恵まれていたのですが、これが議長選汚職に引っ掛かった。金をまいて、2人からもらったやつを「ニッカ」、3人からもらったのを「サントリー」と言って、「ニッカ・サントリー汚職」事件があり、この機会に何とか都議会を解散させようと思って懸命の努力をしました。

当時、田中角栄（1918～93年）が幹事長になったばかりでしたが角栄というのは当時からなかなか見事なもので、「共産党も賛成ですか、曽我さん」と私に言うわけです。共産党は最初、自民党が悪いことをしているのになぜわれわれが辞めなければいけないのかと言うから、こういうときに辞めて選挙をやらなければ永久に都議会で自民党の過半数を割ることはできない。そのときは民社党も話ができていましたから、おまえさん方がやらなければやらないでいい。おれは社会党と公明党と民社党とで何が何でもやると言ったら、共産党も最終的には仕方がないから我々の仲間に入ることになったので、それで、野党が全部そろっていると言いました。

当時、地方自治法に地方議会の解散規定がないわけです。これは戦後の自治法の不備の一つだったのでしょう。それで衆議院に3日、参議院に3日くれれば6日で決めると田中角栄幹事長はそのときはっきり言いました。成田書記長と一緒に私が行った時で、これはなかなかの野郎だなと思ったのですが、結果的に解散して、選挙をやることになって社会党が45名。過半数は60ですから過半数には届きませんでしたが、自民党は65名だったのが一気に36名に落ち、社会党が議長を取りました。議長を取って議長の交際費をうんと減らしたら、冠婚葬祭にまで事欠く始末になり、議長になった人（大日向蔦次）は大変でした。

45名の議員からぼくが議長に左派を選ぶか右派を選ぶか、みんな固唾を飲んで見ていました。私は右派の大日向を選んだ。その人と実川弘という武蔵野から出た都会議員が5期か6期で同期で、左派のぼくが右派を選んだということでみんなちょっと驚いたのですが、その後、都議会の運営が非常にうまくいった。議員でない私が書記長や委員長をやって45名をおさえるというのは、なかなか大変なことです。

最初、書記長になった頃、私は議員団の総会にも入れなかった状況でした(笑)。そうなんです。おまえさんの来るところじゃないと。しかし、それは私一流の強心臓でどんどん入っちゃって、そのうち曽我がいなきゃどうにもならんというふうになって、野党第一党というのは一番いいですな（笑)。議長を取って、私は毎日、議長室の後ろへ行ってはソファーに横になって、公安条例をどうやってやめさせようかと。当時、公安条例廃止が社会党の方針だった。これは、警視庁は本当にやると思って青くなりましたよ。それで警視庁が公明党へ行くようになっちゃった。ぼくも若かったから、ああいうことはあんまり急がないで、すぐに動かないほうがよかった。もう少し機が熟すのを待てばよかったけれども、そういう思いで公明党に話をした。

公明党は、当時は龍年光（1921～2007年）が都議会の幹事長で、初代の創価学会政治連盟の事務局長で、2代目戸田城聖の次。宗教の方は池田大作、政治の方は龍。龍さんは品川の都会議員でした。私は品川出身だから前から知っているので、一生懸命にこっちへたぐり寄せて、龍さん半分そうですかと。社会党は公安条例廃止と方針を出しているけれども廃止ではなくて改正で、いつでも、どこでも集会ができるという形をとればいいではないか。そのうちおたくも戦前、邪教と言われることがあったとおりで、いつやられるかわからない。、全国から公明党・創価学会員を大動員しても、国会のところに来ると請願デモになって、2列か3列にされてしまう。これでは物理的に力が出ない。安保のときもそういうことでみんな苦労している。だから公安条例を直すのだといったら、龍さんは相当気持ちが動いた。動いたらやはりそれが警視庁へ伝わるわけです。それから警視庁の総務部長が公明党の控室へ毎日来ていると私に報告がありましたが、あまり急ぎすぎてまずいことをやったなと思いましたが、若さからのそういう失敗もございました。それが東京の頃のことです。

構造改革論争をめぐって

「1975年に、佐々木さんは『社会主義的・的政権』を発言されるなど、江田さんと共有する考え方もあったのではありませんか」というお尋ねについて。

私から見ると、江田さんもまずいことをしたなと思うのですが、構造改革なら構造改革という問題提起をなぜ佐々木派のなかでやらないのか。佐々木派のなかに持ってきて、当時そこでやればそれなりに評価できたと私は思っています。私は都本部へ行ってからも「くれない会」の会合にはできるだけ出ていましたから逃げるつもりはありませんが、都本部の仕事がものすごく忙しいので後に残った諸君が社会主義研究所（くれない会）を運営していたのですが、「くれない会」の代表的な人が最初、江田さんのほうの貴島さん、森永さん、加藤さん、船橋さんたちとどうやら構造改革の研究会に出ていたようです。そのことは私にも報告がございましたが、私はその研究会に出たことはありません。当時、私はもう本部にいないということもあったし、都本部も忙しかったからそこには出ていないわけです。ところがやっていくうちに佐々木派から見てこれはどうかな、ということになったのでしょう。みんな引くことになってしまった。でも、関係した人たちは鈴木茂三郎さんの時代は全部鈴木派ですから別に佐々木さんとそんなに悪いわけではないので、江田さんの直系といわれる貴島、森永、加藤君らが当時、鈴木さんから佐々木さんに派が替わったわけだから、佐々木さんのほうになぜそういう問題を持ち込まなかったのか。持ち込めばぶち壊されると思ったのか、そこら辺がよく私にはわからないです。ただ構造改革の勉強会を始めてきて、いよいよそれを党の機関に提起するというときには、江田さんは自ら佐々木派を出た格好で、江田個人の責任で出すという形になったのではないか、と私は思います。

どこにその行き違いがあったのか知らないが、佐々木さんには私は後から聞いたけれども、江田君からそういうことの相談があればみんなに相談をして、佐々木派として、つまり従来の仲間同士としてどうするか、ということを決めたが、書記局先行でやってそれが江田さんが私から離れるような結果になったのではないか、と言っておりますが、そこのところがいまだに私にはわかりません。佐々木派へ持っていったが断わったというような格好がないまま、江田さんが党の機関にその問題を諮るというかたちが生まれたと思います。

そして、最初は61年だったと思いますが、構造改革論が出る。出したのが『月刊社会党』で、これに対し総評がすぐ反応して、それに対する反対の立場の論文を出すということから入った、ということだと思います。

江田さんがこのとき佐々木派のなかに出した場合、佐々木派がそこでこれは受け入れるべきではない、受け入れない、ということになったのか。それではだめだから江田さんが自分で単独でもやるというので江田ビジョンと同時に江田グループをつくっていくことになると思うのですが、どうもそこのところは今もって私にもよくわからない。党の機構・組織改革というものを出してもそれは鈴木・佐々木派が受け入れて、私などはそれを東京で一生懸命やろうと思っているのに、なぜ構造改革の問題をまず佐々木派のグループの議題にしなかったのか。既成事実をつくってしまった格好で江田さんがこの問題を持ち上げてしまった、というのがどうも実際ではないか。そこにまず溝ができたというふうにも思います。

断わっておきますが、鈴木さんが委員長を退くときに、1番が佐々木、2番が山幸、3番が江田、4番が成田という順の書記長だと言ったけれども、佐々木さん自身は書記長には向かないということを自分はよく知っていたし、山幸も国対委員長でいいという考えなので、結果的には江田さんになったわけです。だから江田さんが書記長になったらなったうえで、鈴木・佐々木派と相談してやるならともかく、そこのところは私は東京へ行ってしまったということもありますし、別に逃げるわけではありませんが、非常に残念だと思います。

ただ、はっきりしていることは、「くれない会」と言われた社会主義研究所の広沢も高沢、笠原など主だった者は最初は研究会に出ていたが、危ないから辞めて帰ってきたという話は聞きました。それでどういう扱いにしようかと相談した結果、それは実際の闘争の応用動作で、運動のなかで大いに生かしていくことはいいのではないか。左右が統一したすぐ後のことで、西尾問題、浅沼のテロによる死などがあり、これ以上構改派（構革派）グループのいう綱領にかかわる問題を新たに提起するのはどうか。党の統一が不完全ながらできているのだから、いまさら綱領に代わるような戦略論は避けて、これは運動上の戦術規定にしようということになって、構造改革は戦術にとどめるべきだ、ということを次の大会で提案したところ、それが通ることになったわけです。

ここのところは構造改革案を進めて、これを党の戦略にしようとする人の側から見るとそこに何か食い違いができたというふうにしか考えられない。それとも最初から佐々木派はこれには乗ってきそうもない。だから新しい江田グループをつくって党をやっていこうという考え方で出したなら、これはこれでまたやむをえないということになる。だから江田さんが鈴木・佐々木派からなぜ出て行ったのかがいまだにはっきりしないわけです。非常に残念です。構造改革論争が一段落して、そして「道」ができた後、今度は佐々木さんも江田さんも一緒になって地方遊説をやろうという動きも出たが他方、大会を開くと、江田だけではなく佐々木に対しても協会員の方から聞くにたえないヤジが飛ぶし、結局は同じような立場に置かれてしまったわけです。

もう一つ申し上げますと、そこで戦術ということで一応決着をつけたにもかかわらず、さらに江田さんが「日光ビジョン」を出した。これはメディアには当時、受けたかもしれないが、余計、間違ったことになったということが言えると思います。

戦術でやるということの裏返しで飛鳥田さんから代議員として理論の委員会提案があり、これが結果として「道」まで行くことになるわけです。これも飛鳥田さんの本当の気持ちではないと思いますが、党に大会直属の社会主義理論委員会をつくって、資本主義なら資本主義分析をやったらいいではないか。そこで大いに議論しろと飛鳥田さんがぶった。それで戦術を決めた後、ぼくらもそれに賛成した。しかしこれで資本主義分析というものだけで終わらせてはいけないと思ったのでしょうか。だから理論委員会をちゃんとつくって、その長に委員長を辞めた鈴木さんがなるわけです。そこで資本主義分析をやっていたということだった。だから資本主義分析だけをやっておけばよかった。ところが資本主義分析に続いて内外情勢の分析、それから闘い方となって、過渡期は急ぎ、半ばプロ独裁（ある種の階級支配を認める）の「道」になってしまうわけです。

そのときの書記局で中心的メンバーだった構革三人男が理論委員会から引いたかというと、そうではない。貴島正道さんなんかは最後まで行ってしまった。それで鈴木さんに頼まれたと言う。これは貴島さんの本（『構造改革派――その過去と未来』現代の理論社、1979年）に書いてある。要するに、構造改革は戦術だと決まって、大会ではこっちに置かれてしまった。だけど改めて資本主義分析をやりましょう。それは必要ならやってもいいけれども、分析は分析でそれだけにとどめておけばいいのに、さらに入っていくものだから、だんだん協会派がその上に乗って、当時のモスクワ61年綱領の方向をにらんで……。

向坂逸郎（1897〜1985年）先生には一番いいころだった。日本共産党とソ連共産党はあまりよくなくなって、これは向坂先生自身が言っているとおり、今までは間接的だったけれども、何とかソ連共産党の研究所と直接お話ができるようになったものだから欲が出て、結果的に「道」になってしまった。そのように私は思うので、これは清水慎三（1913〜96年）さんではないが、「不幸な出発」と言わざるをえないと思っています。私としては、当時の社会党の全体の流れ（60年安保・浅沼さんの死、三池の総括がない）のなかで構造改革論の戦略としての提起は少し無理があったのではないか……。だから、私が構造改革派に恨みを買うようなことをやったか、どうかと思うんです（笑）。やったとすれば、確かに大会を止めたことは間違いないから……。でも止めたのは構造改革がいい、悪いではないんです。まだ共産党に党籍のあるやつに理論を聞かなければ社会党はやっていけないのか。そんな社会党に誰がしたと、成田さんと江田さんの前に『読書新聞』をぶつけたら、議長が田中織之進で、黒田派の解放同盟出身ですが、この人は気が短い。大会ががたがたすると、「休憩」とやる（笑）。それでぼくが演説をしたら騒げ。騒げば必ず止まる。止まればこっちが勝ちだというのでやったら、止まった。

そうしたら統制委員長が黒田寿男（1899〜1986年）さんで、直ちに統制委員会が開かれて、何だ、おまえたちはというので機関紙の関係者が呼ばれてやられてしまった。だって内容が同じものを「評論員」というかたちで出すというのはいけません。ぼくはたまたまそういうことを止めろという演説をやっただけ……（笑）。演説は、今はもうだめだけど、マイクなしの街頭演説で鍛えたから当時は割合うまい方だと思っていて、ポイントはここら辺だと思ったので止めてしまった。大会を止めたら勝ちなんです。だから、それであきらめればいいわけです。資本主義分析は分析でやろうと言うんだから、そこはそこでやってもらったらもう少し違う答えができて、「道」に進まなくても済んだのではないかと思う。そういうことですが、私がタッチしたのは要するに止めて、戦術だとしてしまったこと……。しかし、そのときの書記長選挙で佐々木さんは負けて、それで江田さんが勝つ。社会党のおもしろいところだね（笑）。それで構造改革は戦術で収まったが、江田さんは書記長になって、佐々木さんは落ちる。そこら辺は書記長への順番はちゃんと決まっていたし、黙っていれば佐々木派全体も江田書記長になっていくと僕らは思っていたのに、そこのところは完全にボタンの掛け違いがありました。

「社会主義的・的政権」論とその後

1955年統一がありまして、ずいぶん苦労して統一綱領を作りました。そのあと江田さんが組織改革、組織という言葉は、ちょっと右派を刺激するから、機構改革がいいというんで機構改革委員会を作りました。国会議員の自動代議員制というものを外しまして、国会議員も一定の基礎組織の推薦がなければ代議員になれないと。そしてどちらかといえば、活動家を主体にする党をつくる。そういう機構改革がありました。社青同とか婦人会議とか、党の青年婦人層を外郭組織として広範に組織する。それが江田さんの機構改革答申によって決まったわけです。

「社会主義的・的政権」は佐々木さんが委員長になった段階で使った言葉ですが、最初に「社会主義的政権」と言ったけれども、もう一つ「的」を付けなければだめだとご自分で判断したのでしょう。我々が教えたわけではございません。これは佐々木さん自身の発想で、社会主義政権として「的・的」と二つ付けるということです。

この辺は江田さんとよく話をすれば、この段階では日光の「江田ビジョン」はともかくとして、私は「的・的政権」と江田さんが考えた行動からいくとそんなに中身が違うというものではなかった、かと思います。ところが資本主義分析から入ったはずの「道」のほうはどんどん進んで運動論に入り、最後は政権奪取のプログラムに入って、取った政権はできるだけ早く社会主義に行くから力を持たなければいけない。

「道」は「プロレタリア独裁」という言葉はないけれども、「的・的」ではなく、社会主義政権はすぐに共産主義のほうに向かって前進しなければいけない。この間は短ければ短いほうがいいという権力移行規定が入ってしまった。こいつは社会党の従来の構造改革論争からも超えてしまった。左派綱領がそうだと言えばそうだが、左派綱領以上にこの政権は革命政権であって、我々が言う「的・的政権」ではない。後にここのところが批判され、やがて1986年の「新宣言」へ変わって行くわけです。

しかし、この「道」は決まってから数年間、成田・石橋執行部は協会ペースのなかでがっちりと全野党共闘で進みます。自民党の内紛で社公民がどうにかしなければ、日本の政治はどうにもならないのに、まずは「道」の方向になるし、もう一つ、当時、選挙のたびに全野党共闘、あるいは国会闘争や他の運動も同じ選択に迫られるのですが、成田さんは最後まで頑固に全野党共闘でした。ただ成田以後、これが変わります。

私の計算によると、江田さんが党を出て2年後に社公民の政権共闘を党で決めて、入っていくんです。それが1980年で、江田さんが党を出たのが78年ですから2年の差です。2年の差というのは今から思うと非常に残念と言えば残念です。その証拠には江田さんが党をお辞めになるのは、社会党全体が全野党共闘という名による社共から社公民に変わる2年前です。2年前に江田さんが出た。そのときの体制は、実は政権構想としては社公民以外ないというのが大勢。共を入れたのでは、公と民が逃げてしまうわけだから。それでは大きいほうから順番にいきましょう、ということになれば社公民以外ないんですよ。

だけども共産党とも全体としての共闘は否定しない。だからまあ、虫がいいんだけれども、大衆運動、自治体闘争あるいは首長の選挙とか、そういうところはいいが、中央の政権問題になると共を入れたら公と民が逃げてしまう。

いずれにしても江田離党は社民連という形で残り、以後江田さんがおつくりになったものがいつも社会党のまわりについて回っているという何だか皮肉なような結果にならざるをえなかったという思いが、私の率直な構造改革論争に対する見方です。その見方は決して私だけではないと思うので、当時の全国の党の活動家の大部分は、やっぱりそういう思いではなかったかと思います。もう少し党全体のことに配慮してやれば、もっと違った結果が出た。もう少し早く、つまり党の社民化といいますか、そこへたどり着くことができたかもしれません。それは2周遅れのランナーといわれる1986年の「新宣言」をまつ、ということになるのです。

質疑

青年同志会について

——最初に私から1、2点おうかがいします。社会党に入る前に青年同志会で活動されていたという話ですが、これについてはどういう組織で、なぜそれに加わることになったのでしょうか。その後、47年11月に社会党に入党されるわけですが、当時、青年がそういう政治活動にかかわる場合、社会党だけではなく共産党もあったと思いますが、なぜ共産党でなく社会党に行かれたのか。

曽我　この青年同志会というのはあまり大げさなものではなく、私が居住していた品川区の西品川地域ですが、そこの青年の有志を集めていました。戦後、地域青年団活動が活発でして、特別な意味はございません。それを政党化しようということはなかったです。地域的なもので、上部団体はありません。

――地域の青年団のようなものですか。

曽我　ええ、そうですね。ただ、私が「始原林」という貸本屋をやりまして……。だから、これとの関係があるんです。「始原林」を中心に近隣の青年が集まって、「青年同志会」という名前をつけてやったと。だから、特定の政治イデオロギーはここにはございません。

――当時、住んでいるところには正式な青年団はあったんですか。

曽我　なかったです。私がつくったようなものです。

――それがやがて普通の青年団になったんですか、あるいは立ち消えたんですか。

曽我　立ち消えですね。もう一つは戦後、小学校の同窓会の再建を最初にやり、それとかなり重なっているんです。

――じゃ、この青年同志会に入った人たちは小学校時代からの友達ですか。

曽我　ええ、そうです。三木小学校の同窓会を基盤にしてでき上がったものです。

――共産党ではなく社会党だったというのは？ そういうことは意識していなかった？

曽我　もともと意識はありますよ。意識はあったんだが、戦前、多少国家社会主義に関与していたということが、逆に共産党員にならなかった一つの大きな理由でしょうね。つまり、右翼は左翼の裏返しでもありますからね。そうすると社会党は幅が広くてつかみどころがないようだが、社会党に入ることが一番いいのかなと自分で判断したわけです。人から勧められたとか何とかということはないです。自分で入党書を取りに行った。

――取りに行ったということは事務所みたいなものがあったんですか。

曽我　事務所はない。大蔵職組の役員をやった高橋君という人がいて、その人が社会党員であることを知っていましたから、そこへ……。

――知り合いの社会党員のところへ申込書をくれということで行って、もらって帰ったわけですね。

曽我　そうです。だから、その高橋君という人が私の入党の紹介人になるわけです。

書記局について

――その後のところの書記局民主化運動をもう少し説明していただきたいことと、当時、古くからの人と新しく入ってきた方とその真ん中に曽我さんがおられたという話ですが、全体として何人ぐらいいたんですか。

曽我　左派社会党は、最初は12～13人でしたか。終わるときは35～36人いたかな。選挙をやるたびに勝ち、試験はやっていませんでしたから、そのたびに大学教授の推薦、あるいは左派の代議士の紹介、推薦で入る縁故入局でした。

――そのなかで「くれない会」は25人ですか。

曽我　最終的にそうなりました。大勢力でした。

――書記局のなかでは多数派ということですね。

曽我　数のうえではね。実力のうえではわかりませんよ（笑）。相当、ボスがいましたからね。

――民主化運動はその人たちで……。

曽我　私が付けた名前ですね。つまり、偉い人が国会議員の部屋へ行っては、あいつはどうの、こいつはどうのと品定めをやるんです。全部がそうではないけど、このなかにとくにそういうことが好きな人がいたんです。それはひどすぎるし、かわいそうだから……。

――そういうボス的なのを追い出したわけですね。

曽我　私より後から入ってきた人を集めて。

ちょうど西久保桜川町に左派の本部があったんです。愛宕の山が近くて、あそこで尊攘同志会の一部の人が腹を切って死んでいるんです。私は3日間の兵隊だけど九十九里へ行ったものだから、ある意味ではよかったのかもしれないが、そうでないと……。

——民主化というのは、告げ口したりして回っている古い書記連中を追い出して、若い人たちを……。

曽我　いや、追い出してということではない。そういう者にいじめられないように団結、頑張ろう、ということです。ちょうどそのときに、書記長が野溝さんから和田さんに代わったんです。なぜ野溝から和田に代えたかというと、当時の書記局の中の話では、「ドイツ社民党党首」と言ったら名前を忘れちゃって後が出ない。ドイツ社民党党首シューマッハーの名前が出てこないから、「アーベーツェー博士」だって演説でやったんです。それが左派社会党のなかで話題になって、16人のときの書記長は野溝でいいけど、これだけ大きくなったんだから代えたほうがいいんじゃないか（笑）ということになってきて、それで結果として代わるんです。別にしこりをうんと残したわけではなくて、和田さんに代わるんです。

和田さんに代わった書記局会議のときに、私が立って「中古論」をやったわけです。あなたも代わって書記長になった。中古だ。おれも中古だ。だから、この書記局も中古を間に入れて、古い人も新しい人も仲良くやってくれと。

書記局会議でそういう演説をやったんです。それからちょっといじめが少なくなった。それまではかわいそうだったよ。高沢とかは年中やられていた(笑)。……とくに只松祐治というのは独特の感覚があった。本部の裏に警察の寮があるんだけど、そこに通報しているやつがいるって言うの（笑)。久保田忠夫がそれにやられちゃったの。久保田がそうだって。まったくそういう考えられないような話が……？

——スパイ容疑ですか。

曽我　だから「くれない会」っていうのはそんな大げさなことでできたのではなく、後から左派社会党本部に入ってきた比較的頭が優れている大学出。あとは軍靴をはいて新橋の焼けビルに入った古い諸君。それが先輩顔をして、後から来る大学出をいじめるわけだよ。ぼくはその間に立って、何だ、おまえは最初から新橋で飯を食っているけど、おれは飯を食わずに下で黙々とやっているのに何だって（笑）。だから中古になってやったから、それが結果的に「くれない会」になっちゃった。

それで55年の統一のときに初めて、鈴木・佐々木派と行動を共にしようと決めたわけです。以後、「くれない会」と言って書記局では一番大きな勢力。平仮名で書く人もいるし「紅」もある。特段、正確に定めたわけではない。正式には「社会主義研究所」です。それで雑誌を出しました、ちゃんと。

——ということは、派閥としても機関誌を出していたわけですか。

曽我　いえ、社会主義研究所として。だから、鈴木・佐々木派の社会主義研究会とは相対的な自立性を持っていた。

——研究所には独自のスタッフがいたんですか。

曽我　スタッフって、みんな一緒に働いているのがそうだから。それと運営のために特別にっていうのはいません。事務所はないが、会長とか事務担当はいましたよ。

派閥、代議員権について

——鈴木・佐々木派という社会党の派閥にかかわることですが、派閥は事務所を持っていたり派閥としての会合を開いたりスタッフがいたりということはないんですか。

曽我　金がないから独自に事務所を持った派閥は、まずないです。

——派閥としての、たとえば意思統一とか相談は随時どこかで集まってやるわけですか。

曽我　国会のなかで部屋はいつも借りられたので、そこで集まってやるということです。ちょこちょこっとしたやつは、議員会館で会の事務局長の部屋へ集まれというのでそこへ集まってやる。だから特別派閥の事務所を明確に持ったのは、少なくとも私が本部にいた限りにおいてはなかったと思う。

——国会の中の適当な部屋を使って、随時集まって相談すると。

曽我　だいたい、事務局というのはその派閥の事務局長的なところにおいた。あとは議員会館の部屋（委員会室）を借りる。しかし、夏などは涼しいところの旅館などで、学習もかねて……。

——事務局をやっている佐々木さんの部屋がそうだということですか。

曽我　そうです。ほかはどうですか。佐々木さんのところへ行ってしまいましたが。

——江田さんのほうで国会議員の代議員権の自動的なものをやめて、そして77年に今度は国会議員の代議員権を戻す。そのときに最初は大会決議で出して、次の6回大会で規約改正をするわけです。その辺のやり方は曽我さんが進めていったということですか。

曽我　当時そういう問題をやるのは本部の総務局ですから、総務局が牽引してそういう手続きなどはやったと思います。

——とくにそういう議論をしたということは記憶にないですか。

曽我　そうですね。江田さんが組織局長のときに党機構改革方針が出たわけですが、これは国会議員の自動代議員を制限して、それでずっとやってきたわけです。そして今度は協会規制があって……。

——1977年ですね。

曽我　それが終わった後、また元へ戻す。

——それは、大会代議員に協会派がどっと入ってきてということがあったわけですね。

曽我　それがあり、議員団のほうでそれはおかしいのではないか。党の公認で国会議員になって、それだけ国民から信任を得ているのだから、それは自動代議員でいいのではないか。昔に戻せという、議員団側からの要望があったわけです。

——そのとき国会議員を3分の1にするという規定が入ってきますが、これも書記局のほうで案をつくったという格好で、曽我さんとしては……。

曽我　国会議員の代議員数は、全体の代議員数の3分の1を超えてはならない、という規定です。それでよかったと思いますが……。

佐々木派・書記局との関係

——社会党の事務機構というか、官僚制というか書記局ですが、数は最初は数名ぐらいで、その後、十何名、そして30〜40人ぐらいになって、その後はどうだったんですか。

曽我　参考までに、ここに結党以来の本部職員の名簿があります。取り扱いを注意してもらいたい。あまりまいてもらっても困るから（笑）。

——本部の書記局員は70年代には何人ぐらいだったんですか。

曽我　機関紙を含めたら200人ぐらい。その後、だんだん減っていく。国会議員が減っちゃえば。だいたい国会議員の歳費が党財政の中心なんだから、当時。

——なるほど、そうですか。

曽我　でも、そんなに増減しなかったですよね。90年代半ばまでは国会議員がどんどん減っていくということはなかったですから、だいたいは維持していました。

——いつごろから減り始めるんですか。書記局の数がどんどん減っていくというのは。

曽我　書記局がどんどん減っていく傾向は、私が本部にいた86年まではないと思います。

——反戦騒ぎのときに「配置転換」と称して切りましたよね。

曽我　反戦騒ぎの時は浪人で、その後に復帰していますから。1969年に社会党が敗北するわけです。それが理由になって、都合確か69人だったか、2〜3カ月のうちに一斉に辞めたんです。そういうことがあって、その後、国会議員数も復活してくるわけです。

——70年代はまた少し増えましたので。

曽我　その復活するとき、採用が社会主義協会系統の人がずらっと入った。とくに機関紙に入ってきた。

——その数はその後、減っていなくて、ずっと同じ数です。

曽我　機関紙はそうだと思いますが、政審などは異動しています。

——協会を排除するときには、そこを減らしていったんですか。

曽我　いや、それは関係ないです。書記局を協会だから切るということは別になかったです。

——たとえばドイツの社民党やイギリスの労働党の書記局はどのくらいの人間がいたんでしょうか。そのことは社会党では話題になったことはないですか。

曽我　それはあります。私はドイツ社民党へは2回行っていますから。やはり300～400はいます。ちょっと規模が違いますな、うちよりは。行ったのはSPDが政権を取ってからですから。

――なるほど。自民党の事務局はどのくらいですか。その辺はご存じですか。

曽我　議員個人が秘書をたくさん持っていたから、10人、20人。党機関の代替をし、議員秘書が書記局の代替をするというのが自民党じゃないですか。

――社会党の場合も秘書がいますでしょう。秘書と本部書記局との関係は別にないんですか。あれば、どういう関係ですか。

曽我　秘書を統合する、組織する役割があります。権限は組織局が持っている。そして、秘書団には秘書団団長、事務局を置いてそれとしょっちゅう連絡を取っているし、何か大きなことがあった場合は秘書を集め、書記局が足りないところを秘書に補ってもらっています。自民党に比べて、議員の数から言えばうちも書記局員は多かったんじゃないかと思います。自民党は、うちほどたくさんはいないと思う。議員の率からいって。

――「議員政党」か「組織政党」か、という言葉が飛び交っていましたが、その実態は、議員が特権的に物事を決めるのではなく、書記局のほうで下部機構に「信任」という言葉を含めて議員をコントロールする、しないという話だったのですか。

曽我　そういうつもりは、もちろんあります。

――それはやはり江田さんということですよね。

曽我　江田さんはそういう方向で、それでしばらく続いてきました。

――そのとき各派閥で労働組合はどのように関係するわけですか。

曽我　労働組合は書記局とは直接関係ございません。お金の出し方は、一つは「支持団体」と言って、日本社会党を支持しますということを機関で決め、それで一定の支持費を出す。その代わり、大会のときには大会代議員をその支持団体から出しました。そういう関係にはなっていますが、書記局で二つ重なるということはなかったです。総評の書記で社会党の書記でもあるというのはないです。交流はあまりなかったけど、若干はありました。

――たとえば鈴木・佐々木派が主流派を占めていて、そのときに総評がこんなことをやってくれと社会党に申し込んでくるということはあったんですか。

船橋成幸　そういう要請はずいぶんありました。70年に組織局長になる前は労働局にいて､71年に私が組織局長になります。労働局にいた65年に「指令第4号」（中執決定）を起草したんです。それは党と労働組合の関係を正常にしようということでやりました。

一つは職場に党をつくろうということ。それから労対会議をつくって、組合の幹部を集め、まだ覚えていますが、たとえば槙枝さんとか山岸さんとか、ああいう人たちが出て来ましたから、定期的な労対会議で党の機関と労組幹部の党員との交流会をやり、党も労組もそれぞれの役割を認め尊重してつきあっていました。

これがその後、私は辞めて横浜市役所へ行っている間に圧力団体化したというか何というか、関係が大きく変わったように思います。

——ということは、労働組合が非常に力を持ってきて、どんどん発言力が高くなったという意味ですか。

曽我　発言権を持ったということではなく、とくに社会党へ来るのは活動レベルの大衆運動を含めたことももちろんありますが、主として法案、制度・政策にかかわることです。今で言う政策要求で、たとえばこういう法案には反対してほしい。こういう法案は、中身はこういう具合にしてほしい。その場合、労働組合の側からすると、労働省の各種の審議会がありますが、これは労使、学者を入れた3者構成になっていて一つの結論が出るわけです。

しかし、出てもなお最後に国会の方ではこういうことをやってほしい。それは法案改正まで行くこともあるでしょうし、たとえば質疑を通じて疑問点を正してほしいということもあるでしょう。そういうことは日常的に党と労働組合の間で意見を交換していました。

——つまり、社会党が組合の党員を集めて対策、あるいは方針を図ろうとしたのに、途中から組合の側の社会党の国会対策についていろいろ要望を出したり圧力を掛けたりするような形に転換してきたということですか。

曽我　それはずっとあったと思いますが、そちらのほうが……。

——でも、最初につくったのは要望を聞く場ということだったのですか。

船橋　というか、党の方針を説明して、組合からの意見も聞くという中央労対会議というものをほんの短い期間……。それはなくなったわけではないのでしょうが、一言で言えば圧力団体化したというのが私のイメージで、圧力団体という色彩が非常に強くなっていった。私はその後、横浜からまた本部帰りして政審の事務局長もやりましたが、そのころは完全に言いつけに来る（笑）、という始末でした。

――組合の圧力がかなり強かったということですね。

船橋　強かった、実感として。よくけんかしました。

――総評の大会の前などで、たとえば人事方針について社会党は党員協議会などを開いて準備をすることがあったと聞いていますが、派閥のレベルではそういうことはやらなかったのですか。総評などの大会の前に、たとえば佐々木派として組合に関連しているメンバーを集めて意思統一をするとか相談をするということはなかったんですか。

曽我　あまりやらなかったね。

――社会党大会の前はどうですか。

曽我　大会の前は組合のほうからそういう要望が……。

――いや、佐々木派として相談をするということは。

曽我　来ることはありました。それはケース・バイ・ケースで受けるのもあるし、だめというのもある。だいたい、それは選挙の候補者です。一番真剣になるのは、こいつを何とか公認しろということで、横車を押すときは大変です。

――組合の関係者を公認しろと。

曽我　こっちはもう候補者がいるんだから結構なんですと言っても（笑）、これを何が何でも入れろとやってくるわけです。全逓の宝樹さんも公認を取れと何回もけんかしましたよ。

――それは誰が受けるんですか。

曽我　書記局が受けても書記局はとてもじゃない、だめだから、結局、役員のところへ行っちゃうわけです。あるいは派閥で何とかしろと。それはすごいもんですよ、そういうものは。それを認めないと他の議員を推さないと言う。推薦しないと言う（笑）。それで党は参っちゃう。そういう横車はずいぶん押してきました。

船橋　君の方は政策だから政策的なことで来るだろうけど、私のけんかはだいたいみんな選挙（笑）。こいつを何とか公認しろ、いや、だめだと。ぼくらは党費を「税金」と言っていて、税金を払ってないやつに、何で公認を出せるんだって（笑）。いや、まとめて払うから何とかしろとか、ありました。

――とくに押しが強かった組合はどこですか　たとえば全逓とか国労とか。

曽我　東京は全逓が強かったですな。国労も多少はあったがね。あとは都労連。東京には都労連というのがありますから。私は役員だが組合出身じゃないですから、今回の選挙は国労にと、飴をしゃぶらせる。この次は都労連、その次は公労協と順番にうまくやる。何だ、あの野郎のやり方は。うまく使い分けをしていると、最後は怒られて大変なことがありました。

だけど、一番圧力が強いのは選挙です。なぜかというと、組合の役員になっているトップを議員にしないと空かないから次が頭打ちになっちゃう。それを何とかしろというのが、やはり多いです。そのときはなりふりかまわずやってきます。

――派閥、あるいはグループが口利きをすることもあるんですか。

曽我　それはあります。

――佐々木派ととくに関係の深かった組合はあるんですか。

曽我　ありますね（笑）。全逓……？　取引した。そのために浅沼さんの奥さんに怒られた。浅沼さんは亡くなられたでしょう。それでお母ちゃんがあの選挙区で１回やったんです。これは勝った。お母ちゃんは１回だから空いた。その後を奥さんとしては長く浅沼の選挙をやってくれた浅沼派から出したいわけです。

加藤清政という千代田区の都会議員、港区には岡謙四郎がいた。だけど、僕の方はそれでは困るので、新宿・四谷のほうからこれは出る気はないけど出るという格好にして、地域支部から四人ぐらい出した。だけど、いくらやっても決まらない。それじゃ、おれに任せろ。いや、白紙は困る。浅沼さんの後にふさわしいように決めると。

最後は白紙でやるということで、広沢賢一君を入れた。そしたら怒られちゃって、浅沼の母ちゃんがその後の全電通の会館で開いた中央委員会のとき、会場の前の旅館に陣取って、来る中央執行委員を片っ端から呼んで、曽我の陰謀に引っ掛かるなってやっている（笑）。もうどうにもならない（笑）。

それで中央委員会で、その場合には東京は他の区も含めて一切公認を申請しない。それでにらみ合いのまま、午後になってようやく認めたことがありました。

その背景はもっとあって、東京６区に広沢賢一を持っていくつもりだった。そこへ全逓の宝樹が、何が何でもそこへ入れてくれという候補者を持ってきた。安田龍。見たらこれが古くて、全逓のなかでは人望がある。浅草郵便局の出身。だから、これを何とか候補者にしないと自分の委員長の座まで危ないわけです。だから必死です。

ぼくは、彼はその時、川崎の党員で都民税を納めていないからだめだと（笑）。いや、これから一生懸命納めるし、いろいろやると言う（笑）。東京の他の地区の社会党候補者を全逓は推さないと言う。それで困った。河上さんが委員長だったので、河上さんにこういうことをしてもらっては困ると言って、書記局で選対の事務局長をやっている河上派の伊藤栄治君を呼んで、おれが一生懸命、川崎から来るやつを防いでいるんだけどどうにもならない。仕方がないから広沢賢一を１区へ持っていくが、どうかと……。

いや、１区でも浅沼のお母ちゃんが反対するから困ると言う。困ると言ってもそれ以外に方法はないじゃないかと。それで、僕は宝樹さんから引っ越し代はじめ金を取って、はんこを押した。河上さんもしょうがないということがあって、話をつけていたにもかかわらず、お母ちゃんがなお中央委員会の前の宿屋で頑張って、次から次へと役員を呼んでは、あんた、どうしてくれるのよ、とやった。

それでぼくは、もしこのままなら中央委員会で発言します。全逓が推薦しないと言い、河上委員長もうんと言っちゃったので、もうどうにもならない。それで広沢賢一を１区に回す。本部がもうしょうがないと言ってるんだから、これはもうしょうがない。それで結果的にそうなった。だから浅沼のお母ちゃんにぼくは恨まれて、お化けに出てくる（笑）。そういうことがあったんですよ。

構造改革について

——江田さんが佐々木派内部での議論を行わずに突っ走ってしまったのは大きな問題だったのではないかという話でしたが、もし構造改革論が佐々木（派）に持ち込まれた場合、佐々木さん自身は賛成だったのか、反対だったのか。書記のなかでも「構革三羽烏」と言われる方がかなり突っ走ったのですが、他の書記の方、「くれない会」はその動きをどのように見ていたのか。さらに、曽我さん自身は構造改革論をどう評価されているのか。ここら辺をお話し願いたいと思います。

曽我　一つはさっき言ったように、江田さんは鈴木・佐々木派だったし、しかも佐々木派のなかで相当な力を持っている人だったから、そこへ構造改革論を持ち込んだとすれば、どういう議論が展開されたかは別として、少なくとも、結果的に江田さんが党を出て行くことにはならなかったと僕は思います。

——佐々木さん自身、構造改革論について何かおっしゃったことはあったんですか。

曽我　言いましたよ。「池に浮かんだ月の影」とか何とか、最初はわかったようなわからないようなことを言ってたよ（笑）。

——考え方としては近かったというふうに理解していいですか。

曽我　最後は「社会主義的・的政権」と言っていたんだから同じなんですよ。

——「的・的」と構造改革論は比較的似ているけれど、50年代後半で構革論が議論されたとき、佐々木さんの考え方はどうなんですか。

曽我　江田が単独で踏み切ったということを含めて反対です。総評の太田薫をはじめ反対ですし協会も反対でしょう。そういうことも全部含めて途中からは反対で行ったんです。

——じゃ、江田さんがああいう形でなく、佐々木派に持ち込んでいろいろ議論をして相談していれば孤立することはなかったということですか。

曽我　僕はそう思うけどね。そこはわからないんだよ。私はもう都本部へ行っちゃってるでしょう。東京へ行っちゃうと構造改革なんてのんきなこと、言ってられないんだよ、毎日毎日忙しくて。だから何が始まったんだって聞いたら、いや、こういうことなんだと。じゃ、おまえらも付き合ったのならちゃんと結論を出さなきゃだめじゃないかと、僕は言ったんです。そうしたら、いや、引くことになったんだと言う。となると、江田グループだけが突っ走るのか。江田さんの方も自分たちが抜けたら果たしてどうなるかわからないと言いながら、だんだん入っちゃったという感じですね。そして、つぶせという結論になりました。

つぶすとき演説だけはおまえがやれと言う。こっちは構造改革の何たるかもわからないのに、つぶすのは下手な理屈を言うよりは大会全体にわかりやすく、なぜいまさら構造改革の議論をしなければいけないのか。こんな社会党に誰がした、と言ったほうが早い。「じゃ」というので止まっちゃったよ。大会の本会議場で構造改革の難しい話をやったって、わけわからないもの(笑)。

だから、それを一生懸命勉強した人には申し訳ないが、勉強したことをもう少しうまく広めなければだめだよね(笑)。自分たちだけのものでいい気になって、正しいと思ったって、世の中、通るわけがないんだよ(笑)。そこが純真なんだな。

――二つばかりいいですか。一つ目は確認です。佐々木更三先生が河北新報社のインタビューに答える形で、『本音で生きた八十年』が出ていますが、佐々木更三は構改論争で戦略としては断固反対という見出しです。そしてインタビューに答えて、構造改革については戦略的・根本的方針としては、おれは反対だということになって、江田君と論争を始めたんですと記事に書かれているわけです。曽我さんもそこのところについては、それでいいのかという確認ですが、それはいいですね。

曽我　最後はそうです。私も佐々木派だから、最後は、じゃ、それでやりましょうと言ったんだが、後味は悪いです。聞いてみると、うちの仲間(くれない会の幹部)も行って一生懸命勉強していたというんだから。

――途中までは重なっていたという話ですね。

曽我　最初はね。

――二つ目は、都本部方面の話で、結果的には袂を分かった江田さんからは大きな影響を終始受けておられて、とくに(組織)機構改革のところについて東京で具体化した。一つ目は近代化して、職員をきちんと配置して、オルグ団も置こう。二つ目は区長公選の運動を頑張ってやろう。三つ目に、共産党との対抗も若干意識しながら、党の学校や教育を進めていこうという。その具体化はどの程度まで、都の書記長、委員長時代に進んだのでしょうか。

曽我　学校の施設は持てなかったけれども、定期的に党学校を開いて勉強することはずっと続けました。ただ、金がないから学校の施設とかそういうことは一切なかった。

――たとえば、社会主義協会であれば労働大学というような感じで……。

曽我　私は、社会主義協会は反対だから、協会に入らない左派は私ぐらいしかいないんだよ（笑）。あとは入ってんだ、みんな。かたちだけは……。

――非協会で、しかも左派の独自のそういう教育機関は、党以外のところで動きはあったんですか。都本部以外のところで。

曽我　都本部以外のところ？佐々木派というのは、だいたいそうです。社会主義協会は社会主義に関する一つの学校である。だから、その限りにおいて、そこで大いに社会主義を研究したりするのはいい。だけど、イコールそれが社会党左派の方針になるものではない。それがわからないようなことを、あの前後はしばしば言ってくるわけです。

そんな幅がないような運営をしたら、党は右派もいるし、昔は西尾派もいるし、もう少しこちら側には平和同志会もいるから、協会の思うとおり全部党が行くようなことになるはずがないんです。にもかかわらず左派の人は協会に入って、雑誌『社会主義』をみんな買っているんです。だからおまえら、そんな雑誌を読んだってちっとも党員が増えないじゃないかと、ぼくは年中そう言っていた（笑）。

それは向坂派から見ればおもしろくない。だけど、構造改革をつぶせという要所、要所の発言はみんな僕なんです。だから向坂さんは、あいつを協会へ入れろと（笑）。いや、ほんと、何回もそういうことがありましたよ。僕は協会のなかで言論の自由が許されるなら、みんな仲間も入っているからいいですよ、と。あの中（協会）ではそういう生意気なことは言えませんよ。

だから、私は入らない。私が入らないものだから社青同が三つに分かれて混乱したら、私が解放派の親分だ、第四インターの親分でもあると言われるわけだよ。協会の幹部から、そういう馬鹿なことを。何で協会に入らないといけないのか。ぼくはよくわからなかった。佐々木さんだって協会員なんだよ。そうなんですよ、みんな。

——66～69年の終わりごろ、社青同は非常に混乱しました。そのとき、太田協会派と向坂協会派と「反戦派」と呼ばれる三つに分かれました。そのとき曽我さんは協会に入らなかったがゆえに、いわば反戦派の親玉的存在だと言われたと……。

曽我　見られましたね。見られましたが、決してそうではないんです(笑)。きちんとまとめるために懸命な努力をしたんです。

今のは、ちゃんと記録に残さないと。決してそうではなかったということは（笑)。そう重い気持ちはないけれど、みんな雑誌『社会主義』を取っちゃうんだよな。気軽に……（笑)。それが騒ぎになると一つの印みたいになっちゃうんでね。協会がまだ学校的役割にとどまっているときはいい。これが一つの政治集団として、党に介入してくると大変です。やがてそうなった。

結局、社研が割れていくわけ。後からの話になると、社研の他に「3月会」みたいなものをつくろうという動きが出たりするんですが、たまたま途中までは佐々木さんの考え方と協会と、つまるところ一緒だったものだからすっと行っちゃった。けれども、「道」をつくる最後まで社会主義研究会が責任を持てるかというと、ちょっと持てないと思う。しかし、そこはあまり気にせずに行っちゃった。そういうところでしょうね。

率直に申し上げますと、私自身は「プラハの春」までは社会主義革命について未練がありました。「革新の大義」は大事にしていかなければいけないと思っていたのですが、「プラハの春」で消えました。以後、私は社共からバーッと社公民派に転換します。

だから、以後は共産党にぶったたかれるわけです。美濃部都知事をつくり、「明るい会」という社共統一戦線のお手本みたいなものをつくり、全国にそれを広めた。それが今度は、何だ、あの野郎、社公民にいつ変ったんだ、ということだな。一時は、宮顕（宮本顕治日本共産党書記長）さんの覚えは良かったんですよ、私は（笑)。ほんとに。やはり「プラハの春」ですよ。

船橋　構造改革論が佐々木派と分かれた。これには三つ理由があると思います。一つはタイミングで、浅沼さんが殺された翌日に大会に提案したわけで、これは提出のタイミングとしては最悪です。みんなが悲憤慷慨して仇をという気分のときに構造改革という民主主義を重視して、民主主義と社会主義の継承的な発展なんてものを出した。

二つ目は総評の問題。とくに清水慎三が「不幸な船出」と書いていますが、実は自分で総評の質問集を書いたので、「不幸な船出」を仕掛けたのは清水慎三だったと私は思っています。要するに、総評から反対が出たということ。三つ目、これは江田三郎さん自身の責任だと私は思っています。曽我さんと別の言い方をしますと、あの人は頭を下げるのがきらいな人なんです。人に挨拶するのに上を向いて挨拶をする人なんです（笑）。しかも、佐々木更三さんの推挽で書記長になって、週刊誌の表紙になり、テレビに出て人気者になった。国会の廊下ですれ違っても、先輩である佐々木更三さんに頭を下げない（笑）。これがある意味、決定的だったと私は思うんです（笑）。恐らく曽我さんも否定しないと思います。

曽我　しない（笑）。

船橋　その三つが実相だと、私は旧江田派のというか、今でも江田派ですが、その立場から自己批判と総括をしました。

曽我　労農党から来た人は、江田派に行った人と平和同志会に行った人と、あとはどうなったの？

船橋　労農党から来たのは赤松君、黒田寿男さんなどで、文化大革命のときに赤松君は「毛沢東語録」をやったわけです。それで私のほうと論争して、それじゃ袂を分かとうと。それで親分はと言ったら、黒田さんも同じだと言うんです。それじゃ、もうついていけないというので、我々は社会党のなかで構造改革論でやるということで決別しました。

曽我　議員はいろいろだよな。木村さんなどは？

船橋　日中友好協会（正統）本部へ行った人たちはこれに賛成した人たちで、私どもはそれにはついていけないということでした。木村禧八郎さんはあの時代にどうだったか。まだ現役だったか、はっきり覚えていないのですが……。

構造改革派と言っても、我々労組から来たのはイタリアの労働プラン闘争、第3回世界労連大会のヴィットリオ報告、トリアッティの「新しい道」から、ストレートに構造的改革路線を進もうという選択を社会党へ入る前にしたんです。そして、社会党へ来てみたら同じことをやっているグループがあり、構革三羽烏のほかに、広沢賢一、高沢寅夫、笠原昭男といった人たちも最初は一緒にやっていたわけです。

曽我　最初は一緒にやっていたんです。

船橋　貴島、加藤、森永は当時共産党員だったかどうかわからないけれども、佐藤昇の影響をもろに受けていたわけです。私は佐藤昇を知らなかったんです。だから、しばらく私は構革派書記局内部で冷や飯を食わされて(笑)、口をきいてもらえなかった。『月刊社会党』の編集長をやっていましたから、中津論文をどんどん掲載すると、加藤宣幸さんににらまれてクレームをつけられたりしたけれども、そのうち加藤さんなどは中津理論もいいところがあるというようになった。高沢、広沢、笠原といった人たちは総評の圧力が一番大きかったのではないか、と私は見ています。とくに、笠原君は総評と社会党との連絡将校みたいで。

曽我　でも、労農党の人がここで二手に分かれるというのはね。ぼくも途中までどうして構造改革の人が黒田さんのところへ残っているのかよくわからなかった。当時労農党のなかにも半ば共産党に近いのもいたのと違う？

――この前ここでお話ししたと思いますが、労農党のなかに潜りの共産党がいて……。

曽我　いたでしょう。

船橋　それを「統一派」、ぼくらは「主体性派」と言っていて、津島忠孝とか松本健一あたりの指導を受けたと目される書記局員3人ぐらいが二重党籍を持っていた。

――黒田さん自身はどうだったんですか。

船橋　黒田さんは持っていません。共産党の党籍を持っていることがはっきりしたのは議員では堀真琴だけです。岡田春夫はかなり共産党くさいと言われたけど、それは違います。シンパではあった。

曽我　要するに、労農党の人が入ってきて、結局、構造改革をした人とあっちと二つに分かれるでしょう。それが当時の社会党もわからなかった。労農党だから、黒田さんのほうだから、このなかに構造改革を言う人がいるとはね（笑）。だから、労農党の中のまともな人が構造改革へ行ったわけですね（笑）。

——鈴木茂三郎氏が書記長をどんどん交代させ、無名の議員を政権交代に備えて世の中にだしていくと、当時のインタビューでも鈴木氏はそうおっしゃっていますね。

構革論争について2点、質問させていただきたいと思います。1点目は、構革論は党内の状況を無視して急に出てきて、それがその後のこじれた原因になったとおっしゃったのですが、『社会新報』1961年1月1日号に「共同討議」が載って、当時の主要な派閥の書記はそこに参加しているから、社会党内の了解は取ったというふうに構革派の方々は説明をされているわけです。それに対しては、どうお考えなのか。

2点目は、1970年代には全野党共闘から社公民に移行しつつあったのに、江田さんはそれに我慢できなくなって飛び出してしまった。早すぎたのではないかというお話でした。江田さんが離党して、そのあと亡くなってしまう。向坂派、協会が追い出したのではないか、とたたかれて協会規制が行われ、社公民路線に転換していくという流れだったと思います。あのとき江田さんがずっと社会党に残っていたとしても、協会派規制が行われ、全野党共闘から社公民になったとお考えなのか。

曽我　構改派の人はそれなりに手続きを踏んでやったと言われるけれど、60年、61年というのは、まだ安保の余波が社会党のなかに残っている。浅沼さんも殺されている。左右がようやく統一綱領でまとまってきている。そこへ綱領次元的な、社会党の基本戦略を変える問題提起をした。私が思うには、下準備があまりにもなさすぎます。

船橋さんは違うかもしれないけれど、それは本部の書記がそう思い込んでしまった。僕なんかは東京にいたでしょう。東京にいる僕でさえも、今あんなことを言われたんでは困るんだ。ようやく江田さんがやった機構改革を下で受け止めて、何とか党を強めようと思っているのに、またぞろそれをやられたのでは困るという、そういうことがあったと思いますね。

確かに『社会新報』の構改を進めた書記が編集権を一時独占したからね。そのあと協会が独占したけれど、独占するとみんな悪いことをやるんだね(笑)。自分のほうをみんな入れて、他のものは省く。何でこういう議論があるのかというと、『社会新報』で流してありますよと。しかし、下のほうでは自分のものとしては受け止められないまま、ポンポンポンと行くものだから、結局、戦術で止めておけというんで、戦術論で止めちゃう。こういうことで「道」になっちゃった。そこらへんが、僕は本当に不幸な出発だと思う。

確かに、左派の連中も書記局も、最初そこに入ったのは事実ですよ。私でもそこに入れてくれたら(笑)、もうちょっと違ったことを言ったかもしれない。やはり本部の書記はいい意味では理想主義で、悪い意味では楽観主義だ。下の苦労がわかっていないんだ。

あとの話は、僕は江田さんが抜けたときはそうとうショックだったですよ。構革論争が「道」で一応終わったでしょう。そのあと、もう社共ではやっていけないのに、成田さんが全野党共闘にこだわるわけ。実際は社公民なのに。やはり共産党とも社共でやる、あとは社公民でやる。合わせて1本。

そんなうまいことができるはずはないんだね。具体的には選挙のたびに、それぞれの党と別個に政策協定みたいなことをやっている。やらなければ選挙にならない。そういう現実があるんだから、江田さんも短気を起こさずに頑張っていれば。佐々木さんも的・的と言っているんだから。だいたいわかっているんですよね、お互いの気持ちは。

だけど、社会主義理論委員会をつくって、あれは鈴木さんのためにつくったのかな。鈴木さんは資本主義の分析をやりなさいと言った。それは僕にも盛んに言いましたよ。だから資本主義の分析で、その範囲内で構造改革論のエキスを幹部に言って洗脳してくれれば、別に綱領変えなくても、統一綱領のなかでできるんだよ、応用動作として。資本主義がここまで発展してきて世の中が変わってきたということを、鈴木さんなりに頭にひらめいたと思うが、結果的にその資本主義分析を当時の協会の向坂理論の展開と結論のところへ持っていってしまった。これは非常に不幸な結果ですよ。

新宣言について

――党本部に戻ってから、新宣言をつくるために10年間、全精力をかたむけたとおっしゃった。それで社会党が発展すると考えられたわけですが、結果的に言うとしぼんでいった。そのへんについて、今どう考えておられますか。

曽我　私から言わせれば新宣言どおり思い切って行ってくれれば、こんな社会党にはならなかったはずだけれども。新宣言はつくったけれど、党は新宣言どおり動かない。社会主義協会は依然としてかなり党のなかに力を持っていましたからね、総評など共闘組織も含めて。やはり「道」「道」って新宣言が通ってもなおやっていましたし。残念ながら、社会党の主導権で政権を取ることを自ら放棄したんじゃないですか。逆説的にいうとそういうふうにしか思えません。

土井さんの「山が動いた」というのが参議院選挙（1989年）でありましたね。政審会長レベルで、「津軽海峡春景色」とか伊藤茂君が歌を歌って、菅君が社民連の政審会長。社公民、社民連で北海道会議を開いていいところへきていたんですよ。で、参議院選挙のときは、4党の政権協定ですね。これは8分どおりできていた。

あのとき、ちょうど社会主義インターが新しい宣言をつくった。その社会主義インターの新しい宣言を伊藤君が持ってきて、いちばん面倒くさい民社に「社会主義インターがこう言ってるんだから、これは否定できないでしょ」とやって。何とか4党で、一つの政権構想をまとめるところまできていた。

ところが、参議院選挙で勝ってからいい気になっちゃった。「山が動いた」途端に社会党がセクトを出して、まず「土井ドクトリン」を出した。これは元へ戻って安保破棄だし、積極中立をはき違えた。それに対して、今度は公明党が怒って公明党ドクトリンだから。民社も民社で出した。衆議院選挙はバラバラ……。社会党は勝ったよ。社会党はまだ土井人気があったから、社会党は伸びたが、他の党は全部だめ。以後、公民、社民連は社会党とは、もうさようなら。

小沢のイニシアティブで細川内閣ができた。そのあとは村山内閣をつくった。うちがつくったなんてとんでもない話で、うちは乗っけられた。細川総理の時。細川は完全に「一・一ライン」(小沢一郎・市川雄一)。

そこのところまではいいという評価の人と、僕はもうだめという評価。社会党のなかで評価は分かれるかもしれないけれど。いいことも多少はやったに違いないけれど、いちばん悪いのは選挙法を小選挙区制に変えちゃって、自分で自分の首を絞めた。こんなばかな政党はどこにもない。

そこまでいきゃあ、もう何をか言わんやで、およそ政権を取るという展望での社会党は終わった。僕は「山が動いた」ということで終わり、と言う以外にないと思う。あとは自分の主導権で全然やってない。あとの指導者は指導者じゃないよ。

——そうすると土井さんの責任ということになりますか。

曽我　結果的に、首相は取っても選挙はできないでしょ。社会党が内閣総理大臣を取って、選挙をやったことが一度もない、片山のときまで含めて言えば。村山さんのときもやらないでしょ。細川内閣の時は、おたかさん(土井たか子)を議長に祭り上げ、政権取って総理といったって、選挙をやる前から勝負をつけられたって、こんなばかな話。考えてみれば、よっぽど人がいいし、馬鹿だね、これは。残念だが、そう言わざるをえない。

だから、80年史をつくったところまでは私も関係があるから責任を持ちます。80年史は歴史の事実の積み重ねという意味において貴重な資料。それは後世に残ってもいいと思う。

40年史をつくったが、これはだめ。これはもう左派の評価だけが載っかってる。僕は左派だから本当はそれでもいいと思うが、あまり信用できない。皆さんがこれから社会党の歴史のなかで事実関係を丹念に調べる必要があるときは、80年史は大丈夫だと申し上げていいと思うが、40年史はやめたほうがいい。

——危ない、ということでしょうか。

曽我　危ない。完全に左派だ。

社公民路線への転換

——「プラハの春」までは「道」路線派だったけれども、「プラハの春」

を受けて社公民路線に転換したと、そういうお話があったと思います。どういうところで認識がグルリと転回していったか、というところをうかがえたらと思います。

曽我　やや象徴的な意味で、私の歩んできた道の一つの大きな転換点が「プラハの春」であるということを申し上げました。私は戦前、国家社会主義者のハシくれだからね、多少。

それで社会党入党まで2年ぐらい自分で考えて、自分で入った。以後、社会党に入って左派でずっときた。何でみんな議員になったんだろうと。やはり議員でないやつが少し頑張ってないと、この党は組織がもたないと。でも、議員でないのが残ったってそんなに偉くなれない。

そうすると、これはやっぱり議員にならずに何とか党の実権を握っていかないと、本当の選挙対策はできないと。僕は浅沼さんに言ったことがある。あなたはもう有名人だから、議員辞めて専従書記長でやんなさいと。浅沼さん、何て言ったか。「君、東京の書記長をしたから、そのうち都知事候補がいなくなったら、（中央政府が取れなかったら）おれを都知事候補にしてくれ」と言ったよ。はあ、と思ったな。

浅沼さんの経歴を見れば、昔の東京市会議員をずっとやって。三宅島でしょ。東京に執着を持っていました。浅沼はだめだと言うから、僕の周辺の活動家がおまえがやったらいいじゃないかというんで、僕が東京で書記長、委員長をやって、本部に乗り込んで本部の書記長を責任をもってやってやると。そういうつもりでいたところが、共産党さんが先にみんな議員になっちゃった。

最初は美濃部の選挙のときなんか、宮顕はまだ議員じゃなかった。宮顕は僕に何と言ったか。君ね、演説は成田君に任せて、五分五分の体制でやれ。共産党もちゃんと五分五分の発言権を得ようと。おれに言わせたって票にならんぞ。盛んに宮顕が言うんだ。はあ、これが共産党かなと思った。そしたら、そのうち宮顕も議員になっちゃった。

まだ若かったんだね。そういう道を通ってきたから。あまりそういう人はいないんだよ、社会党のなかに。本部の実権を握るということは議会制民主主義のなかでは最初から不可能だったんだね。途中までできるように思い込んでやっていたところが漫画チックだね。だけど真剣に左派の道を歩いてきたから、アメリカよりはソ連のほうがまだいいと思ってました。ソ連より中国のほうがいいと思った、総合判断して。

だから、ソ連の言うことについても、中国が反覇権とやったけれども、あれは兄弟げんかみたいな要素があると、しばらくはそう見て。わりあい冷静に判断はしてたけれども。まあ、プラハの春でソ連共産党はお仕舞い、あれは社会主義でない、というふうに判断せざるを得なかったということです。僕にとっては大きな転換点ですね。

そこで、共産党を切っても社公民でいくと、自分で切り替えて。だから左派から右派になったというんでしょう。私は左派担当中執で、左派から１人、右派から１人。私が６年浪人して復帰したとき右派の枠で。曽我を呼ばないと協会退治もできないし、右派のほうがだめだと。右派の秋田出身の川俣健二郎が降りて、そのとき左派は岩垂寿喜男だよ。「いやあ、曽我さんが来たんじゃ、俺はこんなところで仕事をしていてもどうにもならん」とすぐに辞めちゃったよ（笑）。それから大塚君という専従者が左派から来てしばらくやった。曽我・大塚というコンビで。

協会さんも大塚君が相手じゃ、とてもじゃないがだめだよ。当時、宇野派の学者の総帥の大内力さん。これは大内兵衛の息子だ。兵衛さんは協会、力さんは反向坂なんだ。それで大内秀明、新田俊三、高木郁朗、佐藤経明等々が集まった。そのうち福田豊君（協会派）なんかも、向坂派を抜けて我が方へ来て、ようやく「新宣言」をつくる体制ができたんですよ。

その間は企画担当中執という、誠にけっこうなポストをもらって。これは書記長にぴったりくっついていたらいいんだ。そのときは、おとなしい多賀谷書記長だから、だいたい私の言うことを聞いたんじゃないですか。私は、その頃かくれたマスコミの寵児と言われましてね、私の悪口をいいことも悪いことも書いてくれて、雑誌にジャバジャバ載ってましたよ。『選択』に載ったり、どこかに載っかったりね。僕には３人の女がいる、なんて誠にけっこうな記事まで出て……。

それほど見事に切り替えたから、いちばん驚いたのは日本共産党。不破君が今度出した本で、彼は「70年半ばからは野党が弱くなった」と書いている。それは社会党が社公民に切り替えたからですよ、これで共産党は出番がなくなってしまった。ところが、不幸なことに２回ダブル選挙が続くんです、私が現役のとき。１回目は苦労して社公民をつくり、候補者を調整して参議院の１人区で、ともかく１人に絞ろうと社公民でやった。公明を真ん中に、左に社会、右に民社で。飛鳥田先生を少しごまかして、何とかそれに乗っけちゃってそこまでいった。そして不信任を出したら、自民の福田派は欠席、通ったんだ。

当時、共産党が「社会党は自民党の第五列だ」と毎日毎日『赤旗』に書くわけだ、共産党を切ったからね。お返しがくると思った。こっちも反撃してディミトロフの統一戦線、あれはインチキだ。今やそんな難しい議論をやらずに、大きいほうから一緒になったほうがいいと。社会党の次に大きいのは公明党、公明党の次に民主党、共産党は議席が少なかったから、ちょうどよかったんだ。大きいほうから一緒になって、共産も入れようと思うと真ん中が逃げちゃう。これではどうにもならんと。

じゃあ、不信任案出しましょう。不信任案出せば、共産党も同調せざるをえないだろうと。ところが、出せばダブルでくるというのはベテラン議員みんな統一した考え。僕は迷った。迷ったが、ここで不信任案を出さないと選挙で非常に苦労すると。だから、というので飛鳥田さんと一緒に九州へ行って九州談話を出す。九州なら邪魔されないからって、あそこで不信任案提出をやっちゃった。記者団がついてきたから大騒ぎ。帰ってきてボスに怒られた。おまえは何をやったんだ。ダブル選挙をするためにやったんじゃないかと。ダブル来るなら、来たでやったらいいんだと。これやらねえと、おれのほうは共産党に対して明確な意思表示ができん、ということであえてダブルをやった。

うちはほとんど負けなかった。公と民は負けた、とくに公が。これは民族移動ができないんで。以後、公明党の書記長は、いつ選挙になるかということをちゃんと知ることが第一の任務だというふうになったぐらい。だから、あのときダブルを食らわなければ、社公民の形が一応できたからね。それで参議院１人区のなかでいくつか取って、その実績で社公民連合政権を本気になってつくろうと思ったんだけれど。残念ながらそこで敗れた。

また、石橋政嗣委員長のときも、中曽根の「死んだふり解散」をくい、一緒に私も辞めた。そのとき1986年に新宣言が党大会で決まった。2回ダブルをくいました。以後、私はずっと浪人で、どこへもいかず社民できた。天下の浪人だから自由にものが言えるのかもしれない。

だけど、結果は非常に残念でした。社会党の変化が遅かったですね。結論から言えば、客観状勢と人心の変化に追いつかなかった。船橋君たちがもうちょっと頑張って、せっかく土井人気がでたんだから、土井のときもうちょっとリードしてもらっていればよかったんだね。

土井時代は1期しか中執をやっていない。一人でだだこねて、戸田菊雄が統一名簿で。それで私のほうは落選した。だから1期しかやっていない。企画調査局長を1期だけ。それまではずっと指名中執だから。

——ちょうど70年代は田中内閣ができて、日中国交回復をやりますね。そのあと三木があるけれども、福田、大平となります。田中、大平と福田は犬猿の仲になって、自民党のなかで激しい争いがありましたね。そのとき社会党は、どういうスタンスで対応していましたか。

曽我　そういうときにも、最初は「己が党首」にみんな入れていた。首班指名になると、社会党は社会党、公明党は公明党とみんな入れて。これが馬鹿なことは、小学生でもわかること。野党は統一候補を出してやらなければ、いつまでたっても自民党だ。自民党が内輪げんかしているのに、野党の方もおのれの党首に投票しているんだから、こんなこといくらやってもだめだ。そうなって、今言ったように社公民をブリッジで、何とか持っていったんですけども……。

初出
報告：『大原社会問題研究所雑誌』№664／2014年2月号
https://oisr-org.ws.hosei.ac.jp/images/oz/contents/664-05.pdf
質疑：『大原社会問題研究所雑誌』№665／2014年3月号
https://oisr-org.ws.hosei.ac.jp/images/oz/contents/665-05.pdf

第５章
戦後革新と基地・公害・住民運動
――仲井　富氏に聞く

砂川闘争、反公害運動の詳細な証言とともに、地域住民や「生活」への思いと心情を語っていただいた。社会党の基本政策転換についての忸怩たる思いも選挙結果との関連で見解を述懐。

[略歴]

1933 年　岡山県苫田郡鏡野町生まれ
1949 年　社会党岡山県連入党
1951 年　社会党岡山県連左派専従書記
1955 年　左派社会党本部青年部事務局長として上京。左右社会党統一で三宅坂の日本社会党本部へ。青年部、軍事基地委員会書記。砂川闘争に初参加。以後、米軍基地突入事件、百里原自衛隊基地富士米軍射撃場、群馬ジラード事件など米軍・自衛隊基地反対闘争にかかわる
1958 年　日本社会党青年部長
1968 年　日本社会党国民生活部長
1969 年　日本社会党機関紙局総務部長
1970 年～　社会党本部辞任。公害問題研究会事務局長、『環境破壊』発行
1970～90 年代　臼杵大阪セメント進出反対運動伊達火力環境権訴訟、直江津火力反対運動、逗子米軍住宅反対運動、大規模林道反対運動などにかかわる。この間、住民ひろば、住民図書館など住民運動の交流、資料センターの設置、消費者集団訴訟、一株運動などにもかかわる
現在、公害問題研究会代表幹事

報告

護憲の党に関わって

私は1951年7月に岡山県連（左派）の書記となり、1955年9月社会党左派本部に青年部の事務局長として書記局に入りました。翌10月に左右社会党の統一大会によって、統一社会党の軍事基地委員会の書記に任命されました。そして青年部も左右統一によって、青年部長は左派の西風勲氏、副部長は右派の荒瀬修一郎氏ということになり私は青年部事務局長になりました。そういう関係で、統一社会党のなかで幸運にも軍事基地委員会（委員長加藤勘十）に配属され、55年10月からの砂川強制測量阻止闘争に参加しました。その後数年間、百里原の自衛隊基地闘争とか、東富士の米軍オネストジョン（核弾頭搭載地対地ロケット）射撃場反対などをはじめ全国の米軍、自衛隊基地反対闘争と関わってきました。1969年に社会党が選挙に大敗しまして書記局のクビ切りが始まりました。私はその時に辞めまして、以後、1970年代の公害問題というか、全国の環境破壊に対する住民運動の裏方みたいなことをしてきました。臼杵の大阪セメント反対運動とか、伊達火力環境権訴訟とか、全国の住民運動に関与してきました。

公害元年と言われた1970年以降は、社会党本部を辞め、公害問題研究会をつくり月刊誌『環境破壊』（1970～87年）を発行しながら、全国の公害反対住民運動の、いわば裏方として全国をかけめぐりました。したがって1970年までは社会党本部書記局員として、その後は住民運動のなかで人生の大半をすごしました。いわば戦後革新というものを江田三郎（1907～77年）の構造改革を中心とする党内闘争を含め内部で観察してきた面と、70年以降は外から社会党革新の崩壊する様を見てきたと言うことができます。そのなかで私が見てきたこと、感じてきたこと、いわば大衆闘争との関係で社会党革新とか総評はどうだったのか。最終的に、ほぼ1970年代半ばをもって戦後の社会党・総評を中心とする革新勢力は崩壊したというふうに思っているわけです。

その後、土井たか子（1928〜2014年）委員長時代に、社会党の1980年代末における参議院選挙の多数派形成などありますが、基本的には70年代半ばで戦後革新の時代は終わったというふうに考えています。以下に現場で見た社会党総評など革新勢力の実態をお話してみたいと思います。私自身は、1949年以来45年間社会党の党員でしたが、1994年の村山自社さ連立政権での社会党中央の方針に抗議と反対の意思を示すため離党しました。今はまったくの無党派の立場でものを言っています。

1955年の砂川闘争から70年代の反公害運動の経験

私が関わってきた住民運動の現場感覚で砂川闘争からの米軍自衛隊基地反対闘争、70年代の公害反対闘争を振り返ってみますと、実力があって政府と対等に闘った地域の基地反対闘争および70年代の公害反対闘争では、「被害が出たら裁判」という被害者救済闘争ではなくて、公害予防闘争としての、70年代からの住民運動は、「火力は建てるな、原発は造るな」というかたちで私はやってきました。今日、原発が大きな問題になっていますが、原発を数多く阻止した例もあります。そういう自治体とか住民運動を私なりにこの数十年間の経験から振り返りますと、左翼が主導権をとった住民運動はほぼ負けています。勝利したり、あるいは対等に闘ったというのは、保守勢力のしっかりしたリーダーがいたところだという歴史的な事実があります。ところが、社会党などの党史を見ても、そういうことを全然書いていない。

繰り返しになりますが、私が初めて関わったのは1955年10月の砂川闘争です。このころ共産党も朝鮮戦争でソ連を支援するための武力闘争路線を取って失敗していた。スターリンの指示で内乱に転化しろなどと言って、国際派とか所感派が争って国民の支持を完全に失った時です。55年というのは方針を変えたという六全協（日本共産党第六回全国協議会）をやった直後ぐらいです。学生運動もその影響で非常に低迷していた。

私は砂川闘争に3年ぐらい行きました。基地反対闘争の現場で泊まり込んでやっていました。私たちは1955年9月のあの激突、それから1956年に全学連が砂川で一緒に座り込みをして、10月13日に警官隊が雨の中で警棒を振るいました。経験している方もいらっしゃると思うけれど、それでめちゃくちゃ打ちのめされたわけです。座って、「南無妙法蓮華経」を唱えている無抵抗の日本山の坊さんまで警棒で殴りつけて大けがをさせた。幸い死者は出なかったが、重軽傷者1000名ということで、徹底的にやられて強制測量をやられた。現場の感覚としては、打ちのめされて敗北です。雨の中で打ちのめされて悄然とした思いでした。

その夜、総評と社会党の役員と国会議員団の最高会議がありました。どうするかといった時に、「これ以上、犠牲者を出さないほうがいい、明日以降の動員を中止して話し合いをすべきだ」と言ったのは、労働組合出身の左派の国会議員たちです。彼らがもうやめようと言った。ところが戦前からの無産運動、農民運動をやってきた人は左右を問わず、「ここまでやられて引くわけにいかん」と言うわけです。僕はその時に22歳の青二才ですが、驚きました。10月に左右合同社会党が発足したばかりで、その直後の砂川闘争ですから、当然旧右派社会党の人も来ているわけです。左はやるべきだと言い、右は話し合いをすべきと言うだろうと内心思っていたら、逆の結果が出た。私は当時、単純な左派だったから、えっ、左派は闘うほうで、右派は妥協するんだと教えられていたのに、ちょっと違うなと。これがその現場にいた時の感覚です。これは大事な経験でした。

右だ、左だと見ていたら大変な間違いを犯す。闘争が厳しいことになった時に判断を決めるのは、その人の人格とか経験とかものを見る広さとかそういうものだなと。僕だってその時はこれだけやられてと迷っていましたから……。総評はその夜、1万人動員という指示を出しました。そうしたら政府のほうがあわててしまって、その晩、夜の8時か9時に閣議を開いて砂川の強制測量を中止すると発表した。一時的には大勝利ということになりました。しかし、その後砂川闘争のホントの勝利は、1969年の米軍撤退まで十数年の法廷闘争を主とした地道な闘いでした。反対同盟員が次々と切り崩されて、130戸から23戸まで減少していくなかで戦い抜いて勝利を手にするわけです。

その後いろいろな闘争をずっと見てくると、そういう例が多い。たとえば、その後の北海道の伊達火力発電所ですね。1970年から80年までの10年間、日本で初めて環境権訴訟をやった伊達火力環境権訴訟というのがあります。労働組合はデモや集会に来ます。労働組合は必ず「最後まで団結でがんばろう」と言います。炭労闘争以来、全部そうです。今は自民党までやっていますけれど、あれぐらいインチキなスローガンはないのです。「最後まで団結でがんばろう」なんて、地元にもいない労働組合の人が頑張れるはずがない。そういう支援労組の発言に、現地住民が後ろのほうで「最後まで来てくれなくてもいいけれど、肝心な時に来てほしいな」って。それはあっちこっちで聞きます。常に労働組合とか社会党は「最後まで団結がんばろう」と言うけれど、三里塚闘争でもそうですが、大事な時期に逃げていきます。選挙があれば逃げていくし、方針が変わればやめる。そういうことを何回も経験しているから、今でもやっている人がいますが、あんな空疎なスローガンでは誰もついていかないということがわからないんです。そこではもうちょっと違った地域住民との接触なり支え方をしないとだめです。

百里原自衛隊基地をめぐる山西きよさんの闘い

私は幸いにして砂川闘争の後、いろいろなことを経験しました。もう一つ例を言います。1956～7年ごろから百里原の自衛隊基地反対闘争というのがあります。これは僕もかなり打ち込みました。日本で初めて基地反対の女性町長が誕生しました。山西きよ（1909～96年、元旧小川町長、戦後初の女性町長）という方が当選しました。この方は農機具とか飼料をやっている肥料屋のおかみさんです。それを法廷闘争で応援したのが主として左側の共産党の弁護団です。そうしたら自民党たちが妨害して4年間もたなかったのです。山西きよ町長のリコールをやって、リコールしてしまって、次の選挙で敗北します。次の町長選挙にも出るけれど負けてしまって、百里原基地反対闘争は敗北します。戦後の開拓地ですから農民もみんな逃げていってしまった。開拓地というのは愛着がないですから。それでも、そのなかで土地を売るという人々を山西さんが説得して、共産党の弁護団などにも助けられて、自衛隊の基地予定地の一部を自分の土地にしたのです。

私どもは町長選挙に負けたら他のところへ行くわけです。負けて終わりだと思ったら、選挙が忙しいとか、三池闘争があるとか、労働組合とか社会党はその場では「皆さん、最後まで断固闘おう」とか言うけれど、行かなくなるんです。私もその後のことはあまり知らないでいました。2006年、昔一緒にやっていた共産党の松原日出夫という、僕よりちょっと年上の男ですが、彼を知っていたから住所を探り出して、水戸に住んでいたので電話をかけて会いに行ったんです。そして彼からその後の、山西町長が亡くなるまでの反対闘争の歴史を聞きまして「松原日出夫に聞く百里原闘争」というのを『月刊むすぶ』(443・444号、ロシナンテ社、2007・2008年)という雑誌に2カ月連載しました。

その時に松原さんは「仲井さん、これは山西きよ元町長が最後まで闘ったせいです」と言うのです。あそこの自衛隊基地は、ほとんどの人が知らないが、「く」の字に曲がっています。世界中の基地で「く」の字に曲がっている滑走路なんてどこにもありません。なぜか。山西さんが死ぬまで、死んでも、土地を売らなかったから。最高裁で負けるけれど、最高裁まで自衛隊は違憲だ、あの百里原基地は不当だということを訴え続けて、87歳で彼女は亡くなります。

私などは世の中を甘く見ていて浅はかだから、山西さんは町長選挙で負けたから肥料屋さんのおかみさんに復帰して、一生終わったんだろうと思っていました。ところが実際には保守の塊みたいな山西さんは、戦争中に兄貴を亡くした。こんな戦争、二度としてはいけない、私は憲法を守るために最後まで闘うといって、彼女の生涯をかけた護憲闘争として百里原自衛隊基地反対を続けたのです。それを最後まで応援してくれたのが共産党系の弁護士ですが、山西きよさんという強固な保守の肥料屋のおかみさんの闘う意志がなければ、土地も売って完全に負けているのです。しかし、この人は最後まで土地を売らなかった。その結果が、世界の軍事基地に例を見ない「くの字滑走路」という、いびつな自衛隊基地ができ上がったわけです。

住民運動の新局面――「生活なくして闘争なし」

今もそうですが、住民運動というのは、激突する時とか、全学連がやった時とか、1956、57年の激突の時の写真集は残っています。砂川闘争というのは1945年の敗戦と同時に米軍が進駐してきて接収されて、それから二十数年間の闘いがあります。左翼が一生懸命やったようなことを言って立派な写真集を出しているけれど、彼らがやったのはその間の3年間なのです。全学連がやった、社会党がやった、共産党がやったのは、ほんの一部なのです。あとの十数年間は地元のお百姓が営々とやっているのです。田んぼを作りながら生計を立てて頑張った。その十数年の営々たる闘争の結果砂川闘争の勝利というのがあるわけです。そういうことを左翼の歴史は、社会党の歴史でもまったく書いていません。イデオロギーはあるけれど、そこに住む地域と人間の生活という視点がないから、ダメなのです。私はこのことをいつも言っています。旧左翼や旧社会党に欠けているのは地域の生活と闘争の地道な結合という観点です。生活と地域がないから、完全に失敗した70年の全共闘運動のような一見派手な街頭運動に意義があると思い込むのです。

全共闘運動華やかなりし1969年に新宿騒乱事件がありました。私も友人たちと現場に行ったのですが、確かに交番が襲われたり火炎瓶が投げ込まれたり騒然たる雰囲気でした。だがよく見ると面白がって暴れているのは学生たちだけではなく、新宿のホームレス、いわばルンペンたちです。日頃警察にいじめられている鬱憤晴らしに、石を投げたり交番を襲ったりしている。ところが唖然としたのは、隣に数名いたべ平連の学者とか文化人など数名が「革命だ、革命だ」などと興奮しているんです。「何を見て革命だと思っているのか。労働者なんかいないところでルンペンの投石くらいで革命だと？……」と思いましたね。

臼杵の保守と漁民の大阪セメント反対運動

1970年、私が経験したのは大分県臼杵の大阪セメント反対運動です。そこでどういうことがあったか。私はそのころまだ37歳で、社会党を辞めて公害問題研究会をやっていて、自治労とわりあいつきあいがあったものですから、たまたま自治労に行っていましたら着物を着た上品な奥さんがやってきた。自治労はそのころ、自治研修会とか住民運動のつきあいを比較的やっていたので、その奥さんは、いま臼杵市で大阪セメントの反対運動を始めたけれど、何か手伝っていただけませんかとやってきたわけです。後でわかったけれど、フンドーキン醤油という江戸時代から続いているような有名な地元の醤油酒屋会社の副社長、小手川道郎（1922〜2003年）さんの夫人だった。その地場産業の人たちが、大阪セメントが進出して来たらセメントの粉塵で水がだめになる、反対だと言い出したのです。

でも真っ先に運動を始めたのは、臼杵の漁民のおかみさん（亀井良子さん）たちなのです。隣町の津久見市には、セメント会社があり粉塵被害で困っている情報を、臼杵に住む小学校教員の田口秀世さんという女性がよく聞いて知っていた。これでは困る、海を汚されるということで数人の漁民のおかみさんたちと話し合い「大阪セメント進出反対」の署名運動を始めた。亭主は「突きん棒」という沿海漁業に行っていますから、女性たちが子供を背負って署名運動をやって最初の闘争が始まるわけです。数名が必死になって町を回ってやっていた。それに地場産業が気づいて、これは大変なことになる、おれたちの醤油や味噌や酒や水がおかしくなる、商売あがったりだとなった。そうなると地元企業は力がありますから、公害追放臼杵市民会議という１枚刷りの新聞を全家庭に配っていったわけです。それで公害追放臼杵市民会議というのをつくり、『大分新聞』の全ページをつぶして大阪セメントは水と空気を汚すから反対だという広告を出します。漁民と地区労と地場産業が力を合わせて反対運動をやって、共産党もそれに参加して、臼杵は結局いろいろな闘争をやって勝ちます。フンドーキンの副社長の小手川道郎さんは、かつて自民党の大物代議士の一万田尚登（1893～1984年、第18代日銀総裁）の選挙参謀までやった本物の保守だった。

たどっていくと臼杵市というのはキリシタン大名の大友宗麟からあったところです。そして作家の野上弥生子（1885～1985年）の出身地です。フンドーキンの小手川さんは野上弥生子の甥です。野上さんという人は、僕はそれまで読んだことがなかったので後でいろいろ調べてみたら、宮本百合子（1899～1951年）などと親しくて戦中からえらい反戦の人です。野上さんは99歳で軽井沢で亡くなりますが、彼女が死んだ後、小手川さんはこういうことを言っています。ともかく物忘れをする。甥の小手川さんと話をして名前が出てこないとひと晩中考える。90を過ぎたおばあさんが夜中に「あの人は誰々さんよ」と電話をしてくるというのです。それを彼女が言っているのは、忘れたからといって放っておいたらますますぼける。僕なんかはやれないけれど、それを必死になってやらなければどんどん呆けていくから、それはだめだって。それで夜中に電話してきたそうです。野上さんの戦中とか戦後の日記を見てみると、すごい昭和天皇批判です。「沖縄であれだけの人を殺しておいて沖縄の日に天皇は一言もお詫びを言わない、けしからん」という日記を書いています。そういう意味で私が言うのは、全国各地の地域には保守リベラルとか右翼とか思われている人たちのなかに広範な反戦と護憲の意識があるということです。

砂川闘争の裏面――篤農家のリーダー

砂川闘争はあれだけの大闘争を二十数年間続けてきました。私は1980年に「わが戦後史と住民運動」というテーマで、戦後の大きな基地闘争とか公害闘争をやってきたリーダーを12人選んで『月刊総評』（総評情報宣伝部編）に載せようと全国を、沖縄から北海道まで取材して歩きました。1980年ごろというのは70年代の公害闘争、基地闘争が風化し始めたころです。ですから、生きている間に聞いておこうと思って歩いたわけですが、これは良かったと思います。「わが戦後史と住民運動」というテーマで聞き歩きをしまして、それを『月刊総評』が1年間（1980年）載せてくれたわけです。

その当時、宮岡政雄（1913〜82年、反対同盟副行動隊長）さんはもう66歳でした。砂川闘争が勝利した後、脳溢血で倒れて奥さんと2人でリハビリをやっていました。そうなってくると闘争の時に聞けない話を聞けます。なぜあそこまで頑張れたか。彼は二つ言いました。田中せんさんという方は基地の真っ正面に土地を持っていましたが、このせんさん親子が土地を絶対に売らないと頑張ったことが一つです。当時は調達庁ですが、調達庁が親戚に行ったり、あちこちを使って「土地を売れ、土地を売れ」と攻めてくる。親戚から全部動員してくるわけです。それで、うちにいたたまれなくて親子で逃げ出したことがあるというのです。公害問題でもそういうことがいっぱいありますが。結局、せんさんが滑走路の真っ正面の、延長するところの土地を売らなかったために滑走路拡張はできなかったのです。宮岡さんも言っておりましたが、もしせんさんが売っていたら、おれがいくら頑張っても米軍基地の拡張はできていたと。そういう人が何人かいるわけです。我々は砂川闘争でスクラムを組んでワッショイワッショイやっていただけですが、そういう人が二十数年間、土地を売らないで頑張ったということです。

宮岡さんはもう一つ秘話を話してくれました。小学校の講堂に全学連を泊めたり、阿豆佐味天神というのは村の神社ですが、その神社で自由に集会ができたのはなぜだと思いますか。今どきだったら大問題です。学校の講堂に学生を泊めて反対運動をやったり、神社で反対集会を連日やったりということがなぜできたのか。それは我々が二百数十年間の百姓で、青木市五郎（1900〜85年）さんというような人はあそこの篤農家で一番尊敬された人です。ああいう篤農家が先頭に立ったから、少数派になったが最後まで裏切らずについていったのです。それと、宮岡さんは地域の実力者ですから阿豆佐味天神の総代なのです。総代が言うから神主も文句を言わないで自由に使わせたのです。要するに、あれは地元における我々の実力ですよと。なるほど、これは左翼とか革新の側からは出てこない発想です。しかも宮岡さんたちは戦略的にものを考えています。

最近、砂川闘争と沖縄の辺野古基地反対運動の交流が始まったのですが、娘の京子さんから聞いた話です。1969年に米軍基地撤退が決まると、宮岡さんは数件の貸家を土地に建てた。それはかつて米軍の滑走路延長の対象の土地です。今後自衛隊基地になった後に滑走路拡張の話が出ても、ここの貸家を建てることで阻止することができるということで砂川米軍基地の後に来る自衛隊基地の存在を意識して、対抗措置を取ったのです。さらに青木市五郎さんや宮岡さんたちは、自分たちの土地に、国立市に戦前からあった国立音大の誘致をやったわけです。1978年、米軍基地撤去から9年後です。京子さんに言わせると、かつての米軍滑走路の延長線上になるんです。ここに音楽大学を作っておけば、新たな自衛隊の滑走路延長を、大学の上を飛ぶことになる計画は阻止できるという発想なのです。そこは左翼の単純な基地反対・護憲という発想とは違って将来を見据えた戦略的な反対闘争なんです。砂川基地で半世紀苦しめられたから、今後50年、100年を見据えた反対闘争なのです。そういうことを砂川闘争60年を経て、改めて私は教えられているのです。

自分の生まれ育った地域で、地域の歴史とか伝統をよく知り尽くして、その土地を絶対に売らないという人たちがいなければいくら労働組合があろうと、政党が何をしようと永続的な闘争はできない。かつて三里塚では社会党の国会議員が１坪地主になったでしょう。それが細川政権になって、野党の自民党に追及されたらほぼ全員がその土地を売ってしまっているわけですから、いい加減なものです。自分たちの都合のいい時だけ反対運動を利用して、そして都合が悪くなると逃げていく。そういうことは歴史のなかにきちっと書き残しておかなければいけません。学者や評論家が書いた戦後の基地闘争とか住民闘争にはそういう視点がまったく入っていません。

安保闘争をめぐって

60年代、安保闘争についてのお話です。安保闘争の時に高揚する契機になったのは1959年11月27日の国会突入事件です。あの時は共産党も総評も社会党も、全学連（全日本学生自治会総連合）が突入したためにあのようになったと言いましたが、これは事実と違います。私も現場にいて突入しましたが、最初、全学連は後ろのほうにいまして、東京地評（東京地方労働組合評議会）のデモ隊が突入したのです。それから我々社青同とか社会党の連中が入って国会をワッショイワッショイ、中庭で、正面で、デモが始まったのです。その後、全学連が後ろから来て入ったということです。

当時は国会突入、占拠というふうな発想ではなくて、とにかく国会の庭でデモができるというので喜んでしまって、国会の神聖な階段で小便したり、わっさかわっさか大騒ぎになりました。そうしたら総評、社会党、共産党があわててしまって宣伝カーの上で、総評は岩井章（1922〜97年）事務局長、共産党は神山茂夫（1905〜74年）、社会党は浅沼稲次郎（1898〜1960年）書記長などが、「諸君、とにかく目的は達成したから正々堂々出よう」と説得したのです。何を言っているんだ、いま入ったばかりなのにというのでみんな集まってきて、宣伝カーを蹴飛ばしたりしてね。当時、私は青年部長でしたが、社会党の国民運動局長は赤松勇（1910〜82年）という人で、今の名古屋の赤松広隆（1948年〜）氏の親父です。左の人で、演説はなかなか勇ましかったけれど、これが真っ青になって「仲井君、どうするんだ、どうするんだ、大変だ、大変だ」と言うんです。「いや、大変なことはないでしょう、せっかく入ったんだから、くたびれるまでデモをやらせたらいい、お腹が空けば出ていきますよと」言ったんだけど、大変だ、大変だと騒いでいた。

その後は僕が思ったように、みなお腹が空いたし、欲求不満を発散したし、夜になったら自然に、別に警官が何かやったわけではなくて、出ていきました。そういう状態なのに翌日は『赤旗』からマスコミも含めて、全学連が入ったと大騒ぎです。共産党にいたってはトロツキストなどと言っていたころだから、全学連攻撃になってしまいました。それで12月に社会党の中央委員会がありまして、この時に赤松国民運動局長が立って「あれは全学連がけしからん、全学連があああいうことをやったから」と弁解したのです。私はたまりかねて発言を求めた。「いま赤松局長の言っていることは事実と違います。あの時は東京地評の労働者が先に入って、社会党の僕らが入って、その後、全学連が入ったので、事実関係が違っている。全学連がやったから、我々はその後、ついていったというのは事実と異なる。取り消してくれ」と発言しました。

元小学校校長の愛郷心と直江津火力反対運動の勝利

それから、皆さんはご存じないだろうけれど、1970年代の前半に、直江津火力反対運動という有名な闘争がありますが勝っています。ここのリーダーの熊倉平三郎（1906～80年）さんという方は、元校長で、田中角栄（1918～93年）の後援会幹部でした。田中角栄の恩師というのがいます。田中角栄が小学校を出て、頭はよかったけれど上の学校に行けないというので桜の木の下で泣いていたら、その恩師が「角栄、泣くな、学校へ行くばかりが人生ではない」と慰めた。でも、角栄はとにかく東京へ出て勉強したい。親父が馬を売って東京へ行くまでの金をつくってやった。角栄は東京へ出ていって、まず神田で新聞配達の仕事を見つけた。朝は牛乳配達の仕事をした。彼は頭がいいから経理の学校とか二つ学校へ行きます。それで校長のところへ行って、私は学校に来られない場合があるけれど、友達のノートを借りて勉強しますから認めてくださいと認めさせる。新聞配達と牛乳配達の仕事をしながら田中角栄は二つか三つの専門学校を卒業します。

戦後、田中が帰ってきた時、田中角栄の人生は子供たちの範とするに足りるというので、元の田中の恩師と熊倉さんたちが中心になって田中角栄の最初の選挙を応援します。ところが新人だから人が集まらない。そうしたらその校長先生は人が来ないからというので、昔は農村に半鐘《はんしょう》（釣鐘の小さいもの。火の見櫓につるし、火災・洪水・盗賊などの非常時に鳴らす）がありました。その半鐘をたたいて、それで人が「何だっ」て出てきたので、田中に会わせたなどというエピソードがあります。そういう人たちがあって田中角栄はあれだけ成り上がったという面もあります。やったことは、金権政治をつくってしまったけれど、田中の人柄、ひたむきさを地元の人はわかっていたわけです。

そのような田中角栄の直江津での後援会長をやったような人が、田中角栄の国土改造計画の一環の直江津火力発電所の、建設反対運動のリーダーになってしまうわけです。この人はどういうことを言ったか。黒井（現、新潟県上越市北部）という地域ですが、すでに公害のある地域ですから、「このままでは黒井の郷土が公害でつぶれてしまう」と反対運動に立ち上がり、1973年の闘争勝利集会の日に脳溢血で倒れて、数年間、左手で絵を描いたりしていましたが、亡くなります。そういう保守の頑固な愛郷心、正義感のようなものが「老人決死隊」と言うような三里塚闘争を見習った組織作りで処理したわけです。

砂川でもやりましたし、三里塚でもやりましたが、あそこでは老人決死隊というのをつくりました。なぜか。直江津にはあの辺にいっぱい化学工場があるでしょう。息子たちはあそこへ通っているわけですから、子供たちは反対運動ができない。だから、おまえらは働けと。結局ばあさんとかじいさんで老人決死隊をつくったわけです。それで三里塚へ行って見てきたりして団結小屋を作り、反対運動をやって、数年間の後に火力を阻止して勝利します。だから、日本国中を回ってみるとなかなか見上げた保守がいるのです。

革新市政と対立する横浜新貨物線反対運動

横浜新貨物線の革新市長と反対運動の対立というのは、70年代初頭の住民運動の、革新自治体が続々と出てきて、それに対して住民運動が対立していくという新しい時代に入ってしまったのです。この辺の総括もまったくされていません。私が70年代に社会党を辞めて公害問題研究会を始めた時、横浜新貨物線反対同盟の事務局長の宮崎省吾（1936年～）さんが『朝日ジャーナル』（朝日新聞社）に「公共の住民収益に抗して」という論文を書いています。私には非常に新鮮だったけれど、そのなかで彼が言っていることを簡単に言います。

「過去の住民運動の敗北の主体的条件を探れば、一つには住民運動に反独占闘争あるいは左翼の理論を仕込み、真の敵は政府・自民党であるとか安保体制だとか主張し、運動自体を保守・革新のカテゴリーにおける革新陣営の運動にしてしまったことである」と。まさに我々があの基地闘争以来、三里塚を含めてやってきたことを突いています。これが敗北の原因だと。

「敵を明確にしなければならないと言ったことは確かである。しかし、住民運動にとっての敵というのは、安保体制とか独占資本ではなくて、具体的な新貨物線とか道路とかごみ処理場であって、抽象的な安保体制などではない」。つまり、左翼が常に掲げてきた運動の原理・原則を否定したわけです。そういう流れのなかに私がいま言った、臼杵で言えば地場産業を壊す大阪セメント反対とか、伊達火力で言えばきれいな海を壊す環境権訴訟とかがあるわけで、地域の環境とか産業とか人間とかを壊すから我々は反対だと保守勢力も中心になって70年代の住民運動は成立していきます。一方、革新自治体と住民運動の激しい対立が繰り広げられた時代でもあります。

80年代になって逗子の市民運動というのが起こります。「全日制」の主婦を中心にした典型的な都市型住民運動です。最終的には負けましたが、保守勢力がいままで池子弾薬庫跡というものを米軍の住宅にすることに反対してきたのを、その公約をひっくり返した。今度の辺野古と一緒ですよ。自分が選挙の時に反対しておきながら、事実上はそれを無視して米軍と神奈川県と話をつけて米軍住宅受け入れの方針を決めたわけです。この土地は、地元は自民党の、当時は5名人区ですから、小泉純一郎、田川誠一、岩垂寿喜男、中路雅弘、小川泰、市川雄一かな（1979～90年ごろ）。とにかく共産党と公明党と民社が落ちたり入ったりしていた地区です。共産党1名でね。今の沖縄の状況によく似ています。

そのなかで中央大学の横山桂次研究室が世論調査をしました。日米安保条約と政党別支持率を見てみると、今の安倍内閣の状況とよく似ています。政党支持率でいうと、当時の自民党支持率が33％です。いま30％か40％でしょう。社会党が8%です。今の民主党の支持率ぐらいです。公明党、共産党、民主党となる。共産党はちょっと低すぎますが、当時も多党化現象ですから、よく似た構造です。支持政党なしが43%。今とだいたい似ていますよね。

この支持率のなかで当時の市民意識として日米安保条約についてはどうかといったら、全体では67%が必要だと認めています。自民党支持者は83.9%。社会党支持者でも50%。反対は30%ですから、過半数以上です。支持政党なしでも58%。この段階で米軍住宅に反対して5回住民投票をやったり市長選挙をやったりして、5回とも反対派が勝つわけです。だから、今の沖縄とよく似ていると思うのは、社会党、共産党、地区労という勢力でない勢力が富野暉一郎(1944年〜、元逗子市長)みたいなノンセクトのリーダーを担いで主婦層を中心にして、あそこは有名人も住んでいましたから、反対運動を起こして二度の市長選挙、リコール2回、市議選、市長選とやって約8年間2期の富野が辞めるまでつきあいました。彼らといっしょにやってみて、保守リベラルとか無党派を巻き込んで初めて多数派形成ができる。臼杵の市民運動でもそうですが、革新を自称する人たちはこれが理解できない。

天皇に三里塚御料牧場の空港化反対を直訴した菅澤老人

三里塚は昭和天皇に直訴した菅澤老人(菅澤一利)という有名な人がいます。これは『月刊むすぶ』にもインタビューを載せていますが、御料牧場(皇室で用いられる農産物を生産している農場(牧場)。宮内庁が管轄している)がありましたから、あの辺の農民たちはすごい天皇崇拝者です。明治大帝以来の牧場を基地にするなどけしからん、天皇の御心に反すると思ってしまったんですね。天皇は賛成しているんだけど。それで田中正造以来の天皇直訴を決意します。朝早く起きて、何人か連れて、命懸けでやるからといって水盃をして、白装束か何かで宮内庁に向かいます。ついに宮内庁で会見して、直訴状を渡して、御料牧場を基地にするなどけしからん、宮内庁、ぜひ取りやめにしてくれと言うんだけど、宮内庁だって政府の手先ですから最終的には強制収用になります。彼が最後にやったのは、クソを桶にためておいて、警官が突入してきた時それを振りまいたのです。逮捕されて留置場に入れられますが、とにかく臭くてかなわないから早く帰せとなりました。ですから、保守の人にはなかなか愉快な、でも、どうしようもないやつがいるんです。あれだけ続いたのは……。

1970年代には、北海道伊達火力環境権訴訟の正木洋（1931年〜、原告団事務局長）さんという人も、国語教師です。この人もまた珍しく日教組に入っていません。それで主任とか何とかにならないで、一平教師を通します。日教組は口ばっかりで反対だ、私はあくまでも組織に入りませんと。普通、子供たちは先生に年度末とか何かに贈り物をするでしょう。これを全部送り返す。子供の結婚式とか何かも全部お断りする。一種の仙人ですよね。酒が好き、魚釣りが好き。そういう人がおかしいというので「伊達火力誘致に疑問を持つ会」というのをつくりました。反対ではないのです。疑問を持つ会というのをつくって、その先生と仲間たちが集まって伊達火力環境権訴訟というのを戦後初めて行います。環境権訴訟を起こしたところはいくつかありますが、本格的に弁護団を動員して10年間やったのは伊達火力環境権訴訟が日本で初めてです。負けましたが、東京の淡路剛久氏とかいろいろな学者を動員して環境権の大論争をやりました。それを、亡くなった安江良介（1935〜98年）さんが当時編集長だったから『世界』でも取り上げてくれて大きな記事になりました。

日本の住民運動について、保守支持層の分析なくしては語れないということです。ということは、今日の憲法の危機にあたっても、加藤紘一が言うように、保守支持層の厚い層が憲法9条改悪に反対している。読売も産経もその点に関しては同一です。あの改憲学者の小林節氏までついに「9条を守ろう」なんて言い出して、共産党の演説会に出てくるようになった。それぐらい、逆に言えば安倍首相のおかげで憲法の危機に目覚めたということです。

しかも知事選挙は、2014年1月の東京都知事選挙は負けてしまったけれど、あとの、7月の滋賀県知事選挙は民主党の三日月大造（1971年〜）氏、11月の沖縄県知事選挙は10万票の差でした（翁長雄志氏が現職の仲井眞弘多氏を破った）。まさかと思ったけれど、2015年1月の佐賀県知事選挙ではあれだけ農協をたたいた安倍政権が負けたでしょう（無所属の山口祥義氏が自公推薦の樋渡啓祐氏を約4万票差で破る)。地方はその時その時の問題を敏感に反映しています。民主党と共産党を合わせてもせいぜい10%から15%ぐらいの支持率だから、やはり保守が割れることと、第一党の無党派層を政治参加させることによってのみ、日本の民主主義とか憲法とかは勝利の展望を見いだせる、それを三つの県知事選挙は示しています。安倍政権は強いようだが、もろい一面を持っているということです。

とくに面白いと思ったのは、2014年7月の嘉田由紀子知事が辞めた後の滋賀県知事選挙の朝日新聞の出口調査です。その結果、無党派の5割以上が民主党の三日月知事に入れている。共産党支持者も20%程度は共産党に入れないで三日月に投票している。公明党は、出口調査では7割、8割入れたようになっているけれど、棄権してしまった。なぜかというと、彼らは必ず事前投票に行きますが、新聞で調べたら、それがガクッと落ちている。数字上はまともに支持しているように見えるけれど、公明党支持者は棄権ということで安倍に抵抗したわけです。

維新支持者も浮動的です。滋賀県では自民党に次ぐ十何万票の比例区票を維新が取っています。橋下徹は知らん顔をしていたのに最後安倍に義理立てして、応援に行きました。その橋下が来たにもかかわらず維新支持者の65%が、出口調査ですけれど、三日月に入れている。出口調査というのはわりあい正確です。世論調査は全国でせいぜい1000人か1500人だけど、出口調査はその地域だけで、全県で何万人です。出口調査というのは世論を一番正確に反映していると思います。佐賀県知事選挙で自民党が敗北したのも同じようなパターンです。安倍政権は強大な力を持っているように見えるが、地域で争点が明確にあれば、沖縄、滋賀、佐賀県知事選等のように、一人区で勝てる展望がある。それを、翌年の参院選挙にどう生かすかが問われていたのだと思います。

護憲政党の変節と壊滅

現今の政治状況ついて、私見を述べさせてください。今日的には社会党、共産党を含めて護憲政党の議席は1割もいません。社会党・社民党は今や絶滅危惧種政党です。70年代までの護憲3分の1以上勢力という議会勢力は完全になくなったわけです。しかし、世論調査をすれば憲法第9条改正反対というのは逆に一時期より増えています。

今日、いわゆる平和憲法を守っている勢力はいったい誰なのか。社会党は消えて、共産党はまだ生きていますが、結局保守リベラル勢力、その大半は自民党支持者であり、さらに最大の政治勢力である支持政党なし層、最近では40%前後からときには50%に達する無党派の中のリベラル勢力が実質的には護憲勢力なのです。現在の「護憲政党なき護憲勢力」という存在を見据えなければ今後の議会過半数、非自民政権の展望はないと思います。

ではなぜ護憲政党はなくなったか。いわゆる旧左翼や旧社会党の人たちは、もともと過半数獲得から政権奪取という戦略がなかった。ただ議会勢力で護憲が3分の1議席を確保して平和憲法を守ればいい。そういうことを長い間やってきた。3分の1議席だから、旧総評や社会主義協会のようなソ連のマルクス・レーニン主義とか中国の毛沢東路線を支持してさえいれば生きて行けるということで、議員も党も労組もやってきた。安保闘争の後、1960年に江田三郎が、護憲民主中立の政権構想を出すわけですが、それを「右翼社民」とか「右寄り」とか難癖をつけて徹底的に潰したわけです。その結果が3分の1議席さえ獲得できない状況をつくったというのが、私の見解です。3分の1議席獲得だけが目標になって政権構想など遠い話だった。なぜ社会党護憲政党が消滅したかについて、しっかり総括する必要があります。

話は飛びますが、今度の集団的自衛権の解釈に対して東京ではわっさわっさと、毎日、毎日デモをやっています。でも、地域でちゃんと反対の決議をたくさん、一番やっているのはどこだと思いますか。東京など、あれだけやっていてもそういう決議をしたところは1カ所もないですよ。一番やっているのは長野県で、北海道、沖縄という順序です。つまり、地方です。なぜか。いろいろ聞いてみると、60年安保の時に最大動員したのも、大阪や北海道や名古屋ではなくて長野県です。あそこは豊かでない県だから戦争中に最大の満蒙開拓青少年義勇軍が行ったところです。最大の被害を受けて、命からがら逃げ帰ってきた人たちですから、身に沁みて痛い目に遭っているわけです。その地域の人たちの思いが、労働組合だけではなくて、長野県の青年団が中心になってあの60年安保の大動員、日本最大の動員をしたわけです。そういう歴史があるから、彼らは地域というものをわかっているから、いざという時に地域で決議を積み重ねているというやり方を知っているのです。

そういう例はいくらでもあります。日本の基地闘争にしても住民運動にしても激突の時の写真とか、三里塚でもそうですが、学生が殺した、殺されるというようなことは書かれています。しかし、戦後史のなかですごく欠落しているのは、地域の生活と運動という観点です。その原点から物を見ないと、ただ砂川の激突とか安保の国会デモとか、それは重要だけど一つの部分です。民衆の生活と現場感覚は違います。だから僕は若い学者の人たちに、もうちょっと現場に行ってくれと言います。みんな人の書いたものを読んでものを書いていくから、私に言わせれば本当のことが書けない。

1994年の村山自社さ政権で、安保自衛隊容認を決め、消費税値上げもやった。小選挙区も土井議長と村山首相の時代（1994〜96年）に決めたわけです。そういうことをやっておいて、野党になればまた「護憲9条を守れ、消費税反対」を言うのです。

しかし、もう護憲のお題目だけを唱えている政治勢力だけでは乗り切れない時代になっています。しかも一番滑稽なことは、旧社会党の左翼や労組などは村山政権の変節に一言の文句もなく、自社さ政権バンザイをしたわけです。私は抗議して社会党を離党しましたが、みんな「政権に入るだけでいい」と言うのです。

1994年7月、自社さ連立政権の臨時国会で村山首相は「日米安保体制の堅持、自衛隊の合憲、日の丸君が代容認」とそれまでの社会党の方針を大転換しました。これを石川真澄（1933〜2004年、元朝日新聞記者）は次のように指摘しています。社会党の大転換は、共産党を除く、「政策ののっぺらぼう化」をはっきりともたらした。その結果、戦後政治を主導してきた「保守」は、日本政治全体を覆う広い合意の体系となり、より強い継続に向かいつつある（石川真澄『戦後政治史』岩波新書、1995年、新版2004年)。これはまさに、今日の政治状況を先取りした言葉です。

村山演説の2カ月後に社会党大会はその村山演説を追認しました。そのうえ、消費税反対の旗も降ろして、1996年の橋本自社さ政権で、社会党籍の久保亘（1919～2003年、社会党書記長・副党首を歴任）蔵相が自ら先頭を切って消費税値上げをやった。彼はかつて野党時代消費税値上げ反対のリーダーとして、野党多数の参院で消費税値上げを阻止した人です。それが消費税値上げの先頭を切ったわけです。あらゆる意味で、かつての社会党支持者を裏切った。戦後社会党を支持してきた有権者には説明なしの豹変です。当然のことながら次の総選挙と参院選で壊滅的な敗北を喫したのです。

戦後の護憲社会党を支えてきた支持者には何ら説明もなく、護憲9条の旗を降ろした。それが自社さ政権を降りるとまた「護憲9条を守れ、消費税反対」を言うから二重の意味で背信行為です。護憲の土井さんと左翼はありがたがるが、その護憲の土井議長が細川政権以降、村山・橋本・武村正義の自社さ政権までを担当し、小選挙区制度を容認し、安保自衛隊を容認し、消費税値上げの承認をした国会の議長をつとめていた。とくに土井議長時代に小選挙区制導入を行った政治的責任は重い。ところが左翼はそれを「護憲の土井」「護憲の村山」だとありがたがっている。度し難い同族意識と言ってよいと思います。

初出

報告：『大原社会問題研究所雑誌』№695・696／2016年9・10月合併号
https://oisr-org.ws.hosei.ac.jp/images/oz/contents/695% EF% BD% A5696_06.pdf

第 6 章

日本社会党青年部再考

『NO ！ 9 条改憲・人権破壊』（明石書店、2007 年）をもとに

――高見圭司氏に聞く

熊本生まれの活動家が、「社青同」「ベ平連」「解放派全協」「反戦青年委員会」や自らの「除名」などについて存分に証言。現実の課題にたいしても、そのときどきに正面から向き合い、そのなかで理論を探った実践派。「共同戦線党」との位置づけも独特の見解である。

[略歴]

1932 年　熊本県球磨郡多良木町生まれ
1950 年　熊本県立人吉高校卒業
1955 年　早稲田大学第一政経学部卒業
1957 年　日本社会党中央本部青年部副部長
1965 年　全国反戦青年委員会設立を担う
1970 年　社会党中央本部青年対策部長を解任される。同時に全国大会において、同志 13 名とともに除名される
1971 年　参院選全国区に立候補・落選
1972 年　新産別運転者労働組合に加盟
1994 年　労組副委員長、のち執行委員 8 期 16 年間、統制委員 4 年間
1998 年　高見事務所立ち上げ
以後、「スペース 21」を立ち上げ、反戦・反安保・脱原発運動に取り組む。また、三里塚・沖縄問題を引き続き問い続け現在に至る

報告

生い立ち

小さいときから、関東大震災の話だとか、おやじのちょっとした話が……。とくに長崎で原爆があった後の敗戦後の占領下、父親が本を買ってきたんですね。その本は、写真と文で半分は長崎、広島の原爆です。あとの半分は南京、上海、とくに南京の、日本の軍隊の虐殺を書いたものです。マッカーサー（1945〜51年、連合国最高司令官として日本に進駐）のときにはそういうことでないと本は出せなかったようです。それをおやじは買ってきて、長崎の原爆のことを知らせようとしました。おやじの知っている人たちもずいぶん死んでいたようですから、私に「読めよ」と言って。

そういう意味で、原爆については長崎出身であるおやじの話を聞いていたこともあり、とくに原水禁運動にも直接、私は関わっています。だから、社会党本部の書記局にいるときに、原水禁大会のオルグでひと月ばかり広島に入っていたことがあります。反戦青年委員会をやるのもそういう流れがある。何も不思議ではないです。反戦青年委員会でベトナム反戦をやるのも原発反対も、私の運動はおやじの薫陶からまったく自然なことです。

社会党除名される

ご承知の方もあると思いますし、私の本の中にも書いていますが、1970年の社会党全国大会で、中央統制委員会によって反戦青年委員会の活動家13人の除名が決定されます。これは大会報告で決定されてしまう。そのなかに私の名前が入っており13名。実際は社会党の党員は12名でした。党員ではない者まで除名です（笑）。ひどい話です。むちゃくちゃなんです。慌てたのですね。つまり、その前の衆議院選挙で、百何十名の議席を持っていた社会党が70名ぐらいに激減した。江田三郎さんが書記長でしたが、社会党の指導部の責任だと僕らは思っていました。

それと社会党の場合は「総評社会党」です。総評の太田薫－岩井章の路線ですから、ベトナム反戦闘争も彼らは中途半端です。僕らは追及したわけですね。職場で反戦青年委員会の若者が指導部を追及する。佐藤栄作が東南アジア訪問のため羽田空港から出発するときに、我々はデモをかけます（1967年10月8日、第一次羽田事件）。

最初、デモをかけるといって総評の人が言っていたのに、やめるという指示を出すんですよね。もう僕らは怒りましたね、「ふざけるな！」と言って。そういうことが重なっています。

もう一つは、『赤旗』（日本共産党中央機関紙）にむちゃくちゃ私たちの批判が書かれました。「反戦青年委員会というのはトロツキストの集まりだ」というレッテルを貼られた。トロツキーって僕はあまり読んだことがなかったものですから、何だろうと思った（笑）。後で勉強しましたけどね。トロツキストだという。『赤旗』に私の名前まで出ました。『赤旗』は「社会党青少年局というのはトロツキストの巣窟である」。私の早稲田の友人で『赤旗』の記者をやっているのがいて、彼は反党分子ということで除名されます。

最初に反戦青年委員会の批判を始めたのは『赤旗』です。共産党なんですよ。それで職場で民青（日本民主青年同盟）がどんどん欠落していく。大衆的支持がなくなっていくんです。ベトナム反戦では反戦青年委員会やベ平連（ベトナムに平和を！市民連合）が一番闘うじゃないですか。ところが、そういう闘う反戦青年委員会が職場で広がって影響力が強くなっていくと、民青がどんどん減って力が弱くなっていったのですね。それで反戦青年委員会つぶしということになった。当時の宮本顕治体制とは、そんなものでした。

今でも僕らの裁判闘争をやると、共産党の弁護士さん、萩尾健太さんが支持してくれますから、そういう意味では、萩尾さんとは人民戦線で行きましょうと言っている（笑）。反ファッショ。1935年のディミトロフ（1882～1949年、ブルガリア共産党指導者。1935年のコミンテルン第7回大会で、反ファシズム人民戦線戦術について報告した）のね。あれは第三インターナショナルコミンテルンの書記長でしたからね。彼の反ファッショ、統一戦線の主張というのはもう歴史的な文書になっていますよね。あれで行きましょう、と私は言っています。

ただ、私はまだ彼に言っていませんけども、たとえば共産党を僕が一番批判したのは、ソ連の核実験に対する態度ね。あれで1965年に原水協（原水爆禁止日本協議会）は原水禁（原水爆禁止日本国民会議）とに分裂します。あの時に何と言ったかというと共産党は、「ソ連の核実験は間違っていない」という文章を『赤旗』が書いて出した。だから、そういう意味では共産党の思想的な根拠として、不破哲三さんなども書いているけど、やはり生産力主義的な思想があると私は見ています。だから、原発も人類の生産力の前進だと捉えると、これはやはり支持すると路線的になるんですよね。共産党が政権をとったら、やはり原発もやらなければいけないし、原子力もやらなければいけない。原子力と人間とは共存できないなんていう思想はないです。やはり支持するというのがあったと思います。その当時は。

あの当時は共産党だけではないです。社会党のなかにもそういう傾向が強く、原子力というのは将来的には人類の平和をもたらすものという、政策主義的に基づく思想があります。ただ、そういう誤りは私などもあるわけです。原発が平和的なものに使うというようなことで、テレビで「鉄腕アトム」があると視聴率がよかった（笑）。原子力で飛んでいくわけですから、あれは正義の味方で、敵をたたきつぶした。あの当時、僕なんか原子力の平和利用ということはあまり深く考えていなかったです。ただし、核実験や原子力爆弾は断固として否定するのは変わらなかったのですが。

そういう内容があり、共産党が反戦青年委員会に敵対、ベ平連に対する敵対心を持っていた。私が共産党に対し非常に批判を持っているのは、反戦青年委員会を敵対的にやっただけではなく、原水協が分裂する根拠をつくったのは共産党ですからね。安井郁（1907～80年）さんがあのときの理事長です。こういう人たちがソ連の核実験を支持する。そのことの誤りをいまだに何にも正さない。これは労働者、民衆に対し不誠実です。やはりそういうことを昔の人は知っていますから、「何だよ。信用できないな」となる。だから、単に右翼的ではなく、やはり政党の原則からいって、大衆に対して過ちは過ちとして認めるのが当然じゃないか。そうすれば安心して支持できるわけです。僕なんか萩尾さんと一緒に共同戦線やれるわけです。今までやっているわけですからね。何も根本的に共産党を批判しているわけではないのです。そういう思想的なところで党の道義性が何だというのを、まだ私は問うています。萩尾さんとは1回、討論しようと思っていますけどね（笑）。そういうことがあります。

青年部専従として

社会党本部青年部専従（副部長）に選出された頃、60年安保の3年前、1956〜57年ごろですか、青年部大会で選挙がありました。そこで私は青年部の専従の役員に当選します。

私は当時、人脈的に言えば河上丈太郎派です。浅沼稲次郎派なんですよ。だから右派なんです。もともと「私は左派です」というようなことは思っていませんし、それを隠すつもりもありません。たとえば原子力関係などでも、中曽根康弘と一緒に原子力を推進した松前重義（1901〜91年）さん。東海大学を創設した人です。戦争中の逓信省工務局長で、大政翼賛会の総務部長です。クリスチャンですけどね。私は彼の国会議員秘書をやります。私は早稲田を出てウロウロやっているときに、同じ郷里で、よく松前の国会に用があって行ったりしていた。そうしたら前の秘書が辞めるので次は誰にするかということで、秘書は2人の方がおり、その2人が「高見がいい。おまえ、秘書をやってくれないか」という話になったわけです。秘書も1年半ぐらいしかやりませんでした。青年部の運動で飛び回っていることが多かった。

島田正吾（1905〜2004年、俳優。新国劇で活躍）の劇団で、松前さんの『二等兵記』を原作にした芝居が新橋演舞場でありましたが、彼はクリスチャンだけあり、反戦的な思想が非常に強い人でした。平和主義的なところもあったりしました。松前さんが選挙のときに演説するのは、「日本が何で負けたか。やはり科学技術がアメリカやヨーロッパに劣った。だから負けたのだ」という思想です。それは生産力主義ですから、原発や原子力推進の思想になっていくわけです。そういう点では、科学技術が非常に大事だ。原子力をつくるときに中曽根が科学技術庁長官で、社会党出身の松前さんが衆議院科学技術委員会の常任委員長になります。だから、原子力推進の中心メンバーだった。そういう方でした。

松前さんがそういう立場になったということは、戦前の人ですから、私はわからないでもない。しかし考え方として、根本的に科学技術をよくすれば世の中がよくなるという政策主義は、やはり違うのではないかと私は今でも思っています。だから、秘書を1年半ばかりやりましたが、社会党青年部のこともずっとやっていたものですから。それと、やはり河上派の先輩の三宅正一（1900～82年、社会党副委員長、衆議院議員、衆議院副議長）さんには非常に指導してもらいました。三宅正一さんが農民組合をやっていた。その農民組合の運動をボランティア的に僕はやっていました。

三池争議・三宅正一氏について

私が社会党の70年の全国大会で13人の同志とともに除名されたときに、社会主義協会派の諸君が敵対してきたのです。僕らは素手でデモをやっただけですが、彼らは鉄パイプを持って僕らに切りかかってきた。それで仲間の1人は車の中に押し込められて殺されかかったことがあります。誰を動員したかというと、協会派が鉄パイプを持っている背後には、三池炭鉱の労働者がいます、100人ぐらい。何で彼らは、反戦青年委員会をやって除名された我々に敵対してきたのか。後でわかるんですけどね。大会の後、楢崎弥之助（1920～2012年）衆議院議員の部屋で会いましたが、三池の労働者に「あんたらの言っていることは正しい」、そういうことを言われた。

私たちは素手で、九段会館のところをずっと、デモをやったんですね。これは私の本にも写真が出ていますが、デモをやって、それだけしかしなかった。そのときに、三宅正一さんの話では、反戦青年委員会を支持する労働者の人とか、良心的な人々が僕らの除名に反対しているというのです。たとえば、弁護士の中村高一（1897～1981年）代議士。彼は同じ武蔵野で、私は武蔵野総支部の書記長もしていましたから親しかったのです。それでテレビに1回出て、何で社会党は反戦青年委員会を除名するのかというので。あのとき、反戦青年委員会を支持するのはあと誰だったか。読売の論説委員をやった宮崎吉政（1915～2006年）さんとの懇談会がありました。

「高見君たちを何で除名するんだ」と言って怒っていました。そのようにマスコミのなかでもね。それと同じで三宅さんがやはり、「反戦青年委員会を除名するなんてけしからん」と思っている1人だったようです。それで私たちが途中で休憩の時間に仲間たちとおりましたら、三宅さんが来ました。

三宅さん自身が私たちのところに来ること自体が反戦批判派の諸君に非常に恨みに思われています。社会主義協会派とか、成田系の連中とかね。佐々木更三の系統もそのころは、反戦青年委員会の除名に反対しませんでした。彼らは最初は一時、反戦青年委員会を支持していました。ところが、後で全体が……。総評も『赤旗』などで「反戦青年委員会はトロツキストの巣窟だ」なんて書かれると、やはり反戦青年委員会を支持しなくなってしまう。社会党の選挙で負けたものだから、「ああいう反戦派の行動がだめだったのだ」という、マスコミの空気がありました。

三宅さんたちは僕らが除名されてデモやったのを見ています、議員団で。見ている人たちは支持する人たちです。部落解放同盟の松本治一郎（1887～1966年）さんなどは僕らを支持した。それから、日本婦人会議の松岡洋子（1916～79年）さんは断固として僕を支持していました。あの人は神田に事務所を持っていて反戦青年委員会の勉強会というのがあり、私は何度も呼ばれています。松岡洋子さんなどの支持もあり、私が除名されたら、松岡さんが日本婦人会議議長を辞めてしまいます。あのときにずいぶん辞めました。社会党系の婦人会議。それから、日中友好協会をやっている人たち、救援会をやっている人たち。社会党を支持している、ベトナム反戦を闘った人々がドーッと辞めてしまう。私は辞めてほしくなかった。残ってやってほしかったんですけど。

そういう時に、まず三宅さんは出てきて「高見君、大丈夫か？」。あのとき、新聞にけがしている私の写真が出たのです。つまり、協会派の連中に引きずり込まれて僕が殴られているんです、テロで。大したことはなかったのですが、引っかき傷みたいなのがあり、「高見圭司殴られる」と『朝日』などにも大きく出ていた。それで三宅さんは、やはりたまらなかったんでしょうね。「高見君、きみ、元気か？」と僕の肩を抱いて言うから、「先生、大丈夫ですよ」と言って、そういうことがありました。だから、社会党のなかでもかなり支持者がいた。だって、除名をした張本人であると言われる、当時の書記長の江田さんが僕らを支持していたんですよ。「反戦青年委員会は断固としてやれ」というのは江田派の人たちです。だから、反戦青年委員会は社会党のなかの構革派だ、と言われていました。共産党は構革派って言えないものだからトロツキストだと言っていた。そういうことがありました。

党内の確執

エピソードばかり話して、こんな話でいいのかと思いますが、実は除名された大会で向坂社会主義協会派は、反戦青年委員会に敵対するということだった。社会党のなかでも反戦青年委員会はどんどん伸びるばかりですからね。共産党だって民青がどんどん減る。大学でもべ平連が増えるわけです。そういうなかで反戦青年委員会をたたくというのが、総評の幹部も社会党の幹部も含め、一致してきたということがあります。

しかし、大会があった九段会館の前で私たちがデモをやったりしていて、実はトラブルがあったのです。大会が終わった後、福岡県本部の部落解放同盟出身の党員が「高見、いるか」と言って探しに来たんですね。その連絡が来て、私は会わなかったのですが、「反戦青年委員会の連中は部落解放同盟の同志に対し暴力を振るった。許せない！　高見、来い」という話です。「どこに来いというのですか」「大会の翌日、午後１時、衆議院会館の楢崎弥之助の部屋へ来い」。こういうことです。楢崎弥之助さんという方は松本治一郎さんの娘婿ですからね。松本さんは部落解放同盟出身の国会議員です。しかも反戦青年委員会をつくるときの青少年局長でもあった。私は青対部長でしたから私の上司でもあったんですよね。そこの部屋に来いというわけです。

何でそんなに僕らが呼ばれたのか、調べたのです。そうしたら、玄関口に協会派がいて、私たちはデモ隊で横っちょのほうにいた。実は大会に来ていた１人が、いまだにそれが誰かわからないのですが、その真ん中を通って協会派を批判して怒鳴りあげたのですね、「おまえら、何だ！」と言って。その人がバーッと取り囲まれて殴られたのです。この人は反戦青年委員会を支持している人ですよね。あるいはジャーナリストかもしれません。それが殴られてけがをするわけです。その助けに入るんですよ、何人かがダーッと。

助けに入ったなかに１人、東大の学生で反戦青年委員会をやっていた浦井君というのがいた。この浦井君が突入するわけです。そうしたら楢崎弥之助の秘書が、殴られている人を助けに入っているんですよ。それは調べた結果、後でわかるのです。両方とも助けに入っている。ところが、部落解放同盟では楢崎弥之助の秘書に暴力を振るったとなってしまった。福岡社会党の県本部の大会代議員の人たちが「高見、来い」ということになった。調べたらまるっきり誤解なんですね。「浦井君、どうなんだ？」と聞いたら、「いや、そんなことはない。俺は突入して助けに入ったんだ」。向こうも助けに入ったというのがわかってきたのです。そういうことがありました。ところが、もみ合いになるものですから、両方で殴り合いになったとなり、福岡県本部の人たちは「部落解放同盟に対し暴力を振るった。けしからん。許せない！」といって糾弾です。そういうことになったのです。

それが翌日の午後1時からの、楢崎弥之助の部屋での会議になったのです。私と私たちの仲間の3、4人、それから70歳代の、社会党の東村山の市長選挙に出られた佐藤敏勝さんという方にも一緒に行ってもらい、楢崎弥之助の部屋で待っていたのです。1時に集まれというのがなかなか来ないのでどうしたのかと思ったら、しばらくしてドヤドヤッと福岡県本部の人たちが入ってきましてね、部落解放同盟の人たちが。「いやー、すまない。申し訳ない。今ね、笠原を殴ってきたから」。こう言うんですよ。笠原というのは総務局長です。機動隊を呼んだようです。あの集会、機動隊を呼ぶんですね。僕らがデモをやっていて。だって、権力と対決する社会党が機動隊を呼ぶというのは犯罪的なんですよね、常識的に言っても。それを部落解放同盟の人も調べた。「誰が呼んだのか」「社会党中央本部総務局長の笠原だ」。彼は前に労働局長もやるのです。なかなか人のいい人物だったのですが、機動隊を呼ぶということになると、やはり執行委員会の決定でしょうね。

ただ、笠原を殴ってきたということは言っていました。僕らもびっくりしました。福岡の代議員＝部落解放同盟の人たちは、「いや、やつが実は機動隊に連絡したんだ。あれはふざけたやつだ」。だって三池では機動隊と闘って、三池労組の組合員が殺されているわけだから、もう許せないわけです。機動隊を社会党の大会に呼ぶ。しかも彼らは、反戦青年委員会と言わない。「反帝学評が実は社会党を破壊に来る」と宣伝している。だから「社会党を破壊するんじゃ許せない」というので、やはり三池の労働者が来るわけです。それで「反戦青年委員会憎し」です。これは学生の組織だと思っている。僕らは学生だけじゃない。あの当時、僕は39歳です。いいおっさんです。それでわかって、「笠原を殴ってきた」。どの程度殴ったかは知りません。それからはもう話がガラッと変わり、「あんたらの演説は良かったばい！」と褒めるのです。「高見さんね、今度福岡に来たらぜひ僕のところに来なさい」。そういうことになりましたが、社会党大会でも現場のこういう闘いとなると、いろいろなことがあるなと思いました。

質疑

学生時代回顧

――最初に2点ほど補足していただきたいと思います。一つは、どういうことをきっかけに社会党に入党されたのか。お父さんの影響などもあったという背景についてはお話をされましたし、社会党のなかでの活動についても話があったのですが、その途中が抜けているので補っていただければと思います。それから、1965年に全国反戦青年委員会設立を担うということですが、簡単な経緯、どういう経過で高見さんが具体的にその中心になっていったのか。この2点です。

社会党入党の経緯。これは早稲田のときですか。

高見　いや、学生のときは、入党はまだしていなかった。私は九州から来て早稲田に入学しているものですから、言葉がなかなか東京弁に慣れない。訛りがあるものですから、ちゃんと正確な言葉になるようにしたいというので雄弁会に入るのです。

――早稲田の雄弁会ね。

高見　はい。雄弁会で全国から来ている面白い仲間たちと会い、かなり啓発されました。それが一つ。それから、1年半経って新建設者同盟という組織を立ち上げます。

建設者同盟の流れというのは、実は早稲田の先輩では浅沼さんとの関係が強かった。浅沼さんの、あの江東区のアパート。アパートと言ったってあの当時はなかなか立派な鉄筋のアパートでしたが、何回か僕は浅沼さんを訪ねていきました。あそこの書生が長野出身の西沢君といって、早稲田の私の同級生です。後で全逓（全逓信労働組合）の書記局に入りますが、この西沢君がいて、本がたくさんある。そこで彼は寝起きしているわけです。行くとごはんが食べられるものだからよく行きました。だから私は、浅沼さんとは個人的な付き合いが深かったんですね。奥さんもよく知っている。そういう経過で浅沼さんとの関係が深い。

建設者同盟の学習会などをやると、いい先生がいないものだから、『共産党宣言』とか『空想から科学へ』とか、そういうのを自分たちで読み合いました。それから、毛沢東の勉強をしました。実践論・矛盾論を学習していました、僕らは。そういうこともやっていました。もちろん、社会民主主義的な内容もやりました。社会主義の学習会というので、先ほど言ったような勉強会もやっていました。

たとえば、連合の会長をやった芦田甚之助（1934～2011年）君は建設者同盟の僕の2年後輩です。彼が連合の会長になって祝賀会を霞が関ビル35階の東海大学校友会館でやったときに、僕が「学生のときに『空想から科学へ』を報告することになっていたのに、君は全然ちんぷんかんぷんで報告できなかったじゃないか」と言ったら、「高見さん、僕がそんな勉強するはずがないじゃないですか」と言って大笑いになりました（笑）。それから、法政大学の名誉教授の袖井林二郎（1932年～）。クラスは違うけど、早稲田の政経学部の同級生です。去年、ここで出版記念会をやりました。それから、私の郷里の、熊本の人吉高校出身が5、6人ドッと入ってきました。あとは商学部の諸君がずいぶん来ていました。商学部は、佐野学（1892～1953年）さんといって共産党をつくった人がいるでしょう。あのころはまだ早稲田の教授をやっていたんです。先生を慕っている商学部の連中が、やはり建設者同盟に入ってきました。だから傾向としては、いろいろなことは勉強しましたが、人的な系列から言えば社会党右派系です。西尾派はいなかった。河上派です。浅沼さんの系統でずっときた。

私は単位が足りなくて1年間延び、5年間いました。卒業するのがちょうど1955年ですか、社会党の統一大会の前です。卒業して大会前に、麻生久（1891～1940年）の息子の麻生良方（1923～95年）さんというのがおり、民主社会主義連盟というのがあったのです。後で民社党へ行きますけどね。彼が文京支部の書記長をやっていて、書記になれと言われた。当時、給料が7000円で、食えなかったですね。

——社会党の文京支部ですね。そのときに社会党に入ったということですか。

高見　ええ。もう社会党に入党していました。統一した前後ですからね。

——では、大学卒業と同時ぐらいに社会党に入った。

高見　卒業と同時に社会党には入党して、麻生さんの支部に入っているわけです。経過的には、そういう建設者同盟と社会党の浅沼さん系統との関係が深かったということがあります。

——今の経歴についてですが、ご著書では、卒業の前に浅沼さんに「新聞記者になろうと思う」と言ったら、「追っかける仕事より追っかけられる仕事をしろ」と言われて、それが大変衝撃的で……。

高見　そうそう。人生変わっちゃったですね。

——それが大学の5年生ですよね。

高見　そうです。

——と書かれた後に、「その後、私は浅沼書記長の下、社会党員としての活動を続けることになった」という一文があります。

高見　そういう経過でしたね。

——ということは、この時点ではすでに入党されていたようにも読める記述です。どの時点で入党されたという明確な記述がないのですが、だいたい大学の4年生、5年生ぐらいだと理解してよろしいですか。

高見　そうですね。私もよく覚えていないんですよ、何月何日に入党したとはね。ただ、入党の証明書がありますから、書かれていたと思います。それで浅沼さんも含め、文京支部へ書記で行けということになり、文京支部の麻生良方さんのところで働いたということです。

——この経歴を見ると、1957年にはすぐに中央本部青年部副部長ですよね。たった2年間でそんなに出世したのですか。

高見　選挙で当選していますからね。私は、浅沼、麻生の流れで青年部大会での選挙で、副部長に推されて立候補しました。副部長の候補は3人でしたが、鈴木派、河上派両主流の推薦というので、私が多数で当選したのです。

反戦青年委員会

——反戦青年委員会の設立については。

高見　それは本にかなり詳しく書いてあります。反戦青年委員会をつくる経過は、私が社会党青年部の青対部長のときに青少年局長だった楢崎弥之助さんを口説いたのです。「青年対策委員会をつくりたい。そこでいろいろなことを討論して、運動方針を決めたい」「ああ、いいよ。高見君、全部やれ。ハンコはもうきみに渡すから、これで会計からカネを取れ」と言って財政的にも全部任せてくれて、反戦青年委員会のいろいろな文書なども社会党の会計からカネをどんどん引き出してやったのです、ポスターからパンフレットから。そういうことで青少年局の青対部長になり、そうして何をやるかというので、やはりベトナム反戦をやるという点を私は決意しました。

ちょうど私は、書いておきましたが、総評の青年部とか、いろいろな文化団体を含め、党とは別に「平和友好祭運動」をやっていました。これは大衆的な平和運動です。何せ青年部が山中湖に5000人ぐらい集めるんですからねえ。すごいんですよ。記念講演に江田三郎（1917～77年）さんを呼んだら、江田さんが喜んで。それ以来、江田さんは、とにかく私に「反戦青年委員会をやれ」と言って指示するんですよ。江田書記長の下で私はクビになりますが、江田さんは終わってからも貴島正道さんに言っていたそうです。「高見君、今、どうしてるかねえ」。貴島さんは、「高見君、江田がこの間、きみがどうしてるって聞いていたよ。きみは全国区の参議院に立候補したけど、俺は投票したからね」と言っていました。そのように私は江田派との関係も深くなっていました。それは反戦青年委員会の流れのなかで、です。

反戦青年委員会はそういうことで平和友好祭運動の流れで、やはり統一戦線なんですよね。つまり、私はもともと党派主義ではないのです。「反戦をやる人は、神を信じる者も信じない者も全部来い。どこの党派でもいい」というのを私は打ち出すのです。だから、民青にも私は呼び掛けた。ちょうど民青は安保改定阻止国民会議というのがあり、そこの会に私はいつも出ていました。私が出ていった立場は、安保改定阻止青年会議というのをつくり、民青、社青同と。社青同はまだできなかったですから、社会党青年部ですね。専従的に私が出ていたのです。

だから、安保改定阻止青年会議をやる一方、平和友好祭運動をやり、「党派は関係ない。支持する人は全部集まれ」というのを私は大胆に提起したのです。私はそういう意味で党派的な色が弱かった。解放派のことが書いてありますが、私が解放派に入らないかと言われたのはずっと後ですから、まだ私は解放派でもないのです。むしろ反戦青年委員会をやっていて、後で出てきますが、私は『根拠地』という雑誌をつくっています。私が言ってカネを出し合い、池袋にアジトをつくり、そこで毎月、月刊誌を出しました。全国で3000部ぐらい。

そのメンバーも平和友好祭運動をやった、全国の総評の青年部関係です。だから組織が広がるはずです。内容は全部、総評の指導部批判ですから、岩井や太田はいやがります（笑）。共産党も反戦青年委員会を批判した。だから太田、岩井派、とくに社会党内の社会主義協会派はこれをえらくいやがりました。そういうなかでむしろ、「あれは江田三郎の構造改革派の組織だ」みたいに言われています。

反戦青年委員会はそういう経過のなかで、平和友好祭、その他青年部のやっているさまざまな運動を引きずっていて、人的にも重なり合っていました。それで反戦青年委員会をつくり、1965年の8月30日に結成総会をやります。そこに来たのが三十数人です。労働組合の青年部の指導部、それから民青の中央委員の3人が来ました。

反戦青年委員会をつくるときに論争がありました。つまり、社青同のなかでも第四インター系の諸君は、実は反戦青年委員会をつくるのに消極的だったのです。どう言っていたかというと、「『安保改定阻止青年会議』の再建をすればいいじゃないか。別につくることは必要ない」。民青も同じことを言っています。民青と第四インターはそう言っていた。私の考えは、「60年安保を引きずる必要はない。それをまた超えて、党派を超えた青年労働者でやろう」と。それで提案したら、バーンとみんな拍手です。圧倒的に強いんですよね、出席者は。それで民青の3人の中央委員は席を立って帰りました。あと第四インターの諸君は、その後、一緒に反戦青年委員会をやりました。

——早大「新建設者同盟」は、『NO！9条改憲・人権破壊』（32頁。以下同じ）の記述と写真を見る限り、右派の色彩が相当強かったようですが、その後早稲田解放派の核になっていくとのことです。この「左旋回」はいつどのように起こったのでしょうか。そこに高見さんご自身はどのようにかかわっておられますか。

高見　早稲田の解放派との関係ですが、だいたい私は社青同のなかでは、人的な系列というと社会党の浅沼系統の流れです。それから、途中で江田さんとの関係も非常に深いですから、江田派と目されることもありました。私は社会党の中の派閥に積極的ではないんです。いつも大衆運動が中心です。だから、社会党青年部の文京支部の書記をやっているときは、砂川闘争なんて行くものがいなくても、いつも私は旗を持って行っていた。麻生書記長からは、「高見君、きみは砂川闘争ばかり行ってるけども、砂川ばかり行ってはだめだ」といって弾圧がかかっていた。それでも、私は許さなかったのです。毎日行っていました。そういう大衆運動を本当に考えるのがずっと私の考え方で、党派のなかで何かやるようなことはあまり好きではなかったです。

社青同をつくったときに、佐々木慶明（1934～99年）君が学対部長で、私が政治共闘部長になったのです。社会党の青年部の副部長でいながらね。私と佐々木君はいつも意見が合うんですよ。社青同の全体の委員長から書記長は構革派で、江田派ですが、たとえば憲法公聴会阻止闘争を僕らはやりました。あのときに佐々木君と私の2人が、憲法公聴会阻止闘争の集会、デモ行進をやろうと提案をするわけです。あとの執行部の連中は誰も賛成しない。

佐々木君は思想的に解放派の創設者ですからね。ペンネームは滝口弘人といいました。私とはそういう意味で自然な、実践のなかでの友人、同志関係が成立していくわけです。だから、早稲田の建設者同盟をやっているときは解放派との関係はもちろんありません。卒業してから佐々木慶明君は、早稲田にいる社会党の牛越公成（1940～91年）君と一番関係があり、早稲田の建設者同盟の学生が勉強会をやるから来てくれというので、佐々木君が行ってよく勉強会で教えていました。それが解放派になってしまう。早稲田の建設者同盟は解放派です。そういう歴史があります。そのとき、私はまだ解放派でもないわけです。実際運動では、佐々木君と私とは非常に気脈が通じ合う。

あまり党派主義的ではないところがありました。

まだいろいろありますが、解放派との関係ではそういうことですね。

——今の話に関わって、砂川闘争への積極的な参加ということですね。普通だと当時のポストとか経歴からして、砂川闘争にはそんなに積極的に行くなと言われたともおっしゃっていたのですが、端的に言ってどういうきっかけだったのでしょうか。

高見　砂川闘争は、もうすでに私が社会党に入ったときは社会党は党決定で、積極的にやることになっていました。それで文京支部からも何人かと私が旗を持っていくわけです。そのうちに社会党のおっさんたちはなかなか行かないじゃないですか。僕はずっと１人で行っているわけです。機動隊に蹴飛ばされたりしながら闘っている。そういうのがずっと続きました。反戦青年委員会のときも砂川闘争はずっと続けてやっています。

——党としての機関決定のようなものは……。

高見　ええ、出発はね。最初は恐らく、社会党の中央本部の大きな宣伝カーがあるでしょう、あれに何人か乗って行ったと思います。書記局も含めてね。だから、行き始めたのは、僕が勝手にやるわけです。考えてみたら、書記長の麻生良方にももうあまり砂川に行くなと言われても、そんなこと振り切ってやっているわけですから、普通、組織的にはおかしな話ですよね(笑)。でも平気でやりました、私は。

——当初は、浅沼派だとか河上派だとか、比較的社会党の右のほうの派閥だった。

高見　ええ、そうです。

——あまり思想的な背景をもって、そういう右派のほうに行かれたわけではない。

高見　いや、思想的には勉強しました。

——では、河上派や浅沼派などの右派的な主張に同調した。

高見　ええ、それは一時ありました。とくに何があったかというと、麻生良方さんが民社連という事務局をやっていて、あの民社連に私がボランティア的に時々行って、手伝っていたんですよ。だから、それはそれとしてある。それから、思想的にはいわゆるデモクラティック・ソーシャリズムです。

――では、浅沼さんなんかの言う民主社会主義あるいは社会民主主義的な考え方に対する同調だった。

高見　同調というか、勉強しました。しかし、最終的には具体的な運動で人は決まるものですね。僕はあまり観念的な人間ではないですから。思想的にこれが正しいからこうしますと考えてないんですよ。

――いろいろな行動優先で行動しているうちに……。

高見　行動している。

――考え方も変わった。

高見　そうそう。考え方が変わりますね。もう全部そうです。私の場合、本も読みますが、トロツキストだと言われて、それからトロツキーを勉強するわけです。でも、実際は運動が先験的にあります、私の場合。それで道を選んでいく。そして、これは正しいというふうに来たと思います。

そういう意味では、河上派の人たちとも途中で疎遠になりました。派閥的には疎遠になります。あるいは江田三郎さんの江田派との関係も、反戦青年委員会をやるという意味では一緒だけれども、実際はやはり疎遠になります。どんどん左に行ってしまう。だから、みんな言うんですよ、高見は右から左へ過激派になった（笑）。それで私はいいと思っている。「まあ、そうだな。運動でそうなったのだからな」と思っていて、弁解も何もしません。構造改革論については……。高見構造改革論は、とくに私はグラムシの思想をいまだに支持しています。グラムシはいまだに読んでいます。

――思想的な面でもやはり、構革派ということで位置付けられていいということになりますか。

高見　あの当時、河上派の民主社会主義も理論的にはやはり満足できなかったですね。それから、実践的にもできなかった。とくに三池闘争が敗北した後の路線をめぐって、実は構造改革派が出てきますからね。それで江田派の佐藤昇さんなどと勉強した。それと『国家独占資本主義論』を書かれた井汲卓一（1901～95年）さん。この人の学習会に僕らが参加するとか、かなり理論的な勉強をしました。井汲さんの本も読みましたし。

――「構革三羽烏」と言われている貴島正道さんとの付き合いはかなり……。

高見　ええ、貴島さんとはね。

——あとのお２人とはあまり関係ないのですか。

高見　森永栄悦と加藤宣幸。それは、僕は付き合います。付き合いはありますが、森永なんていうのは全然だめです、思想的に（笑）。僕は中野まで途中だったから、「モリさんよ、ちょっと一緒に飲みに行こう」と言うと、あいつは逃げるんですよ、怖がって（笑）。本当に逃げたんですよ。中野で逃げましたね。「ああ、やはり満州の軍官学校なんかに行ったやつはくだらんな」と思いました。

ただ、貴島さんには理論的にずいぶん学んだというか、むしろ貴島さんとの関係というのは、武蔵野総支部の後藤喜八郎（1920〜2007年）が市長（1963〜78年に在任）で、実川博さんが都会議員で、市会議員が12名ぐらいいました。大きかったですよ、あの当時。市長を取っていますし、都会議員も１人取っている。あのころ私は武蔵野総支部の書記長です。オルグが２人もいるのですから。車も持っていますし、いい活動をやった。

あのなかで実は貴島さんから、「高見君ね、１人いい女性がいる。共産党系の新日本婦人の会に所属しているらしいけど、社会党から市会議員に出たいと言っているから公認にしてくれ」という話があったわけです。それで支部の執行委員会で大激論した。僕は押し通したんです、採決までして。市会議員クラスというのは女性の議員が２人おり、永井しず子さんというのともう１人、斉藤ふさえさん。それで共産党系の人を入れるのは反対だといってやっていました。僕は断固として入れようということだった。国鉄の労働組合をやっていた執行委員の西川さんというのも「これはやらなきゃならん。こういういい人は入れてやらなければいけない」と言って大論争になり、採決までやって決めた。それで彼女を候補に出して当選させました。僕が事務局長になって当選させた。それを持ってきたのが貴島さんです。その貴島さんの奥さんとPTAで一緒だったらしいのです。そういうことで貴島さんの申し出で市会議員を立て、何期も当選させました。

そういうこともあり、実は社会党のなかでは江田派です。貴島さんは政審会の事務局長です。理論家ですから、江田さんの論文を彼が書くわけです。だから、思想的に非常に優れている。貴島さんには勉強させてもらいました。

人間的には、僕は貴島さんには非常に熱い思いを持っています。

――たいへん基本的な質問で恐縮なのですが、社会党青年部、社会党青年対策部、社会党青少年局、社会主義青年同盟はどういう関係にあったのでしょうか。

高見　社会党青年部が途中どこで対策部に変わったかわかりませんが、私が副部長になったときは300人の代議員が来て選挙ですから、大変な論争があります。西尾末広（1891～1981年）除名とか。

――それは青年部の大会ですよね。

高見　青年部の大会です。非常に厳しい論争がある。西尾を除名するかどうかという闘いでしたから。私も西尾除名に賛成する立場で主張していました。だから、青年部の副部長という点では、佐々木派の青年部の諸君も私を支持する。青年部の副部長は選挙のときに3人立候補しました。1人は西尾派から出る。これは海員組合出身の人でした。もう1人は、平和同志会の人が出られた。

私は河上丈太郎派と佐々木更三派との連合で推された。主流派同士で僕を推すわけです。だから、選挙をやっても圧倒的に僕が勝つことはわかっている。これは浅沼さんたちが「高見を副部長にするから」と言って、お互いに決めたのだと思います。それで3人立候補し、ついに最後には平和同志会の人と西尾派の2人が降りるのです。私が残るから当選してしまう。投票なしで当選してしまった。これが社会党本部の専従の始まりです。

――青年部から青年対策部に変わったのはいつですか。

高見　どうなんでしょうね。

――名前だけではなく、組織的な性格も変わりますよね。

高見　組織的性格は恐らく、社青同結成によって変わったのだと思います。共産党は共産青年同盟とかいろいろあったのだと思いますが、共産党系の組織として民青がつくられます。「社会党の場合、社会党青年部ではまずいのではないか。やはり民青のように大衆組織をつくるべきだ」という意見が指導部のなかであったようです。それで社青同をつくることになった。

青年部をつくるときの理論的指導者は清水慎三さんです。綱領が三つばかりあり、一番重要な綱領は、「反独占社会主義を目標とする」という路線を提示します。これは清水さんの思想です。これが社会党の社会主義青年同盟の綱領の中心軸で清水さんが指導しています。裏でね。清水さんは総評の顧問でしたけどね。それが1960年に安保闘争の中から結成されるわけです。

ちょうど安保闘争の最中に、私は安保改定阻止代表団13人の1人として中国へ行くわけです。とくに、青年の代表として僕は入っていた。だから、社青同の大会に僕は参加していません。もちろん、推進する過程には関わっていますが、参加はしていない。社青同は社会党青年部の衣替えというか、そういう感じになりますかね。だから青対部というのは、「青年部では同じ組織みたいになる。社青同は大衆組織だから、それに対する対策部でいいのだろう」ということだと思います。

――「代議員を持って大会も開くような青年部は、もう必要ない」ということになったわけですね。

高見　必要ない。社青同でやってしまう。そうだと思います。

――青年部の後見が青少年局であると……。

高見　青少年局はそうですね。青対部になったときの大会で恐らく青少年局という名前になった。青少年局の局長は執行委員です。青対部の副部長や青年部長は執行委員ではないんですよ。これは書記局の役割ですからね。そういうことです。だから、青対部というのは執行委員ではない。執行委員は青少年局の局長になる。これは楢崎弥之助さんですね。

――解放派の源流が社青同の学生班協議会ということになるのでしょうか。

高見　そうですね。

――「Wikipedia」には、1960年2月27日に社会党本部で学生班協議会の結成が行われたことについて、「これは前年来、早稲田大学を中心として活動してきた東京社会主義学生会議が、社青同の組織に発展的に転化したものである」という記述があります。高見さんはここら辺の動きには何か……。

高見　あまり知らないんですよ。つまり、私は建設者同盟の中心になってやってきた。社会党に入ってから建設者同盟をどのようにするかということについては、むしろ学生たちが滝口弘人（本名佐々木慶明）君のいろいろな理論を学び、やはりいいということになったのだと思います。僕はあまり指導的役割を果たしていないんです、そこは。

――では、学生班協議会の結成にもあまり参加されていないのですか。

高見　私は参加していません。何しろ、私はすでに30代を越えています。学生とは10歳以上の差がありました。解放派の組織とは、私は最初からあまり近くないです。社会党から言えばね。河上派の流れだし、社青同を早稲田でつくった牛越公成君は社会党のなかで言えば和田派です、勝間田派。だから２人は派閥が違うのです。でも牛越君は、社青同解放派で頑張っていましたからね。

その辺の経過については、「解放６号」というのがあります。これは、やはり社会主義の労農派支持というのです。これがまた社青同になったとき大激論になる。「労農派支持とは何事だ」と言って、学生のなかで批判するのがあったりした。滝口弘人は労農派の流れだと位置付けたのです。歴史的にはね。それはそれでいい。そういう論争はありました。

――いま高見さんが言われた「解放６号」は、解放派の学生班協議会の機関紙『解放』６号に、滝口弘人のペンネームで佐々木慶明さんが書かれた論文、「革命的マルクス主義の旗を奪還するための闘争宣言」を指しているわけですか。

高見　そうです。

――それが原点にあたるわけですね。

高見　あれで彼らはだいぶオルグしていました。僕はその当時、そういうのをつくった文章もあまり読んでいなかったのです。僕は後で、そういう解放派の党派とは別に『根拠地』という雑誌をつくって大衆運動的に広げていましたから、むしろそちらのほうが中心でした。だから、逆に言えば佐々木君も含め、「高見を何とか自分の党派に入れたい」と考えた。共労党（共産主義労働者党。1966年設立、1971年分裂）のいいだもも（1926～2011年、本名飯田桃）さんも含め、私を何とか党派に入れたいといってやっていたのです、みんな。僕は党派で位置付けられるのは嫌いですから、従わなかった。それで解放派が1969年に、革命的労働者協会（革労協）をつくるのです。

そのときに佐々木慶明ともう１人、東京本部の詩人の石黒君というのが私のところへ来て、四谷の喫茶店で「今度、革労協をつくるから参加してくれ」と言われたけど、私は断ったのです。だから、僕は革労協に参加していません。何で断ったかというと、僕は反戦青年委員会運動をまだ全国的にやらなければならない。そんな党派に位置付けられる必要はない。雑誌も出しているしね。彼らは雑誌も見ていて、思想的には僕とは非常に近いわけです。でも、「呼び掛けてくれたのはありがたいが、今の段階で僕は参加することができない」と言って拒否しました。高見が拒否したというのは、うちの今の革労協の連中はみんな知っています。

——佐々木慶明さんとは、党内でかなり共闘関係にあるというような記述があります。たとえば、1963年の憲法公聴会阻止闘争というのは。

高見　これは佐々木と僕がやったのです、2人で。

——これは1963年ですが、佐々木さんとの関係はこの前後からですか。もう少し前からですか。

高見　個人的にはその前からです。社青同のなかでは学対部長と共闘部長ですから、討論をしていると考え方がかなり一致している点があるし。

——社青同の仕事上というか、そういうなかで。

高見　そう。社青同の中も派閥がありましてね、新左翼の党派の。だから、一つは佐々木慶明との解放派の流れ。もう一つは向坂逸郎さんの社会主義協会派。もう一つは第四インター。それともう一つあるのが銀ヘルをかぶっていた、小野君たちがやっていた何と言ったかな。

——主体と変革派ではないでしょうか。

高見　そう、主革。こういうのがあった。僕は社青同内のこのどれにも参加しなかった。僕はもっぱら反戦青年委員会だけ。それで独自の雑誌を出していく。そういうことをやり通しました。だから逆に言えば、みんな「高見が欲しい」となってしまう。みんな欲しがるわけです。まあ、共労系の人たちとマルクス研究会などやっていましたから、共労系に来てくれるだろうと思っていたようです。友達はたくさんいましたが、僕はそんなふうに思っていませんからね。『根拠地』をやっているとき、共労系の人たちの協力が相当ありました。それはあったし、親しかったのですが、党派をどうするかという点はまた全然違います。僕はそんなつもりはない。そうしたら、いいだももさんが「何であんたが俺たちと一緒にやってくれないのか」といって、原稿用紙10枚ぐらいの長い恨み節の手紙をくれました。つまらない話ですよね。

——次に「1957年に社会党中央本部青年部副部長に就任。党内では江田派に属したが、党内に非公然フラクション『高見派』をつくる」という記述が、「Wikipedia」の「高見圭司」の項目にはあります。

高見　それは違うんですね（笑）。私は派閥を名乗っていませんから。ただ、「高見一派」だとか言っていました、みんな。

党内では、社会党中央本部の書記局は高見一派と言った。この一派が反戦青年委員会のメンバーで、そのなかには第四インターもいれば、解放派もいれば、いろいろなのがいるわけです。書記局の女性メンバーで高見派になるのがかなり多かったです。でも、自分で高見一派をつくった覚えはありません（笑）。ただ、私が中心になり、毎日ぐらい地下の資料室に集まって討論しました。もう10人、20人集まっていろいろな討論をしました。ベトナム反戦とか。

——それが、「高見一派が集まって」と……。

高見　その連中が江田三郎を徹夜で弾劾する集会を持った。俺は知らなかったら、若い連中が、「江田、来たーッ。突っ張れーッ！」と言って委員長室に実力で連れて行き、徹夜ですよ。

——やはり青年部の活動家を中心に、外から高見一派と言われるような勉強をしたり討論をしたりした。

高見　まあ、そう見ていたでしょうね。私の反戦青年委員会の仲間たちは、公然と独特の行動をしていました。社会党本部の書記局のなかで多数になったのです。高見一派が書記局の各局に全部いるわけですから、指導部は困るわけです。女性まで入ってきている。かつて協会派だったのがひっくり返って高見派になる。

——やはりご本人としても、「中央から何か警戒的に見られているな」という感じはしましたか。

高見　わかっているんですよ。私はもう腹を決めていました。

——そのように見られていると思われたのは、だいたい何年ぐらいからですか。

高見　そうですねえ。反戦青年委員会をつくった直後からじゃないですか。

書記局でも支持するのがドーッと集まってきますからね。僕の知らない若い諸君が反戦青年委員会に結集してくるんですよ。べ平連（ベトナムに平和を！市民連合）をつくるのと同じです。自然に人が増えました。だから、書記局会議のなかでは反戦青年委員会が一番多いのではないですか。名乗らない隠れメンバーを含めて40人ぐらいいましたから。

——そのなかに佐々木さんは入っておられないわけですね。

高見　ええ、佐々木は書記局ではないですから。

——一応、書記局のなかの何か怪しげな派閥だと見られた。

高見　そうそう。書記局のなかの高見一派とか高見派とかと言われていたようです。それはだいぶ後から聞きました。書記局の女性で「私は高見派よ」と言っている女性もいたりした。それはうれしい話ですから、批判も何もしないのです。

ただ、そのときに私は、もうそういう事態になったら『赤旗』にも書かれ、各派閥から集中的に僕を攻撃してくるのは覚悟していました。僕は除名を覚悟していました。「構わない。運動を裏切ることはできない」というので、除名覚悟でやっていました。ますます毎日、除名覚悟が強くなりました。

——江田さんとかから、「きみ、ちょっと控えたまえ」というようなことは……。

高見　全然ないです。

——江田さんは全然ないと。心配していなかったのですか。

高見　心配して彼はこう言いました。二つありますが、一つは書記局に江田さんが来て、「お一い、高見よ、おまえ、反戦青年委員会の本（高見圭司編著『反戦青年委員会』三一書房、1968年）を出したそうだな。俺のとこへ持ってこいよ」と言う。「わかりました。何冊ぐらい？」「20冊持ってこい」。あれは全国で相当売れましたから、20冊持っていったことがあります。しかも、書記局で書記長がそういうことを言うのは、「高見よ、おまえを支持しているんだぞ」と自分の立場を鮮明にするんですよ。ほかの派閥の連中はもうビクビクしているわけです。そういう構造はありました。それが一つ。

それから、本にも書いておきましたが、江田さんが社会党を辞めてから後です。先ほど言いましたように、貴島正道さんが「高見君、江田さんが心配してたよ」と僕に言った。そして彼は、「参議院全国区で俺はきみに投票したからね」と言ったのです。

その貴島さんが別の機会にこういうことを言ったのです。私が除名される前です。とにかく社会党はあのころ、こんなになっていましたからね。ベトナム反戦闘争を僕らはやるけれども、社会党本部は総評と一緒でやらないわけです。実際、実践的に官邸に突入するなんていうことをしないでしょう、口ばかりで。ストライキをやると言ってストライキをやらない。中心的な青年労働者は絶望しているわけです。それが反戦青年委員会に結集してくる。そういうことがあり、貴島さんが、「高見君、もううちの社会党は一定の議員団と反戦青年委員会しかないのだ。ほかにはないのだ。しっかりやってくれ」と言っていました。彼が政審の事務局長のときです。そのように貴島さんも江田さんも見ていたと思います。

江田さんは書記長だったけれども、統制委員会の決定で除名が決定した。僕は書いておきましたが、江田さんが僕の除名を指示したと思ってないんですよ。彼は本当に「泣いて馬謖《ばしょく》を斬る」という思いだったと思います。

——先ほどの佐々木さんとの記述のところでうかがいましたが、1963年に憲法公聴会阻止闘争で社青同が取り組むと主張されたときに、構革派（構造改革派）の指導部は逃亡した。ここから構革派と高見さんとの関係が疎遠になったのだという記述をされています。

その後、1965年に反戦青年委員会が結成され、高見派とみなされる。高見さんの影響力が書記局のなかにワーッと広がってきて、1963年までは構革派の一人の高見さんというような位置付けでご自身も考えておられたし、周りも見られていた。

この2年間が、反戦青年委員会にとって、また高見さんがその後、独自の政治活動へと向かうにあたって重要な期間だった。

高見　そうですね。そうだと思います。私は自分でも自覚しているのですが、反戦青年委員会をやっている過程で思想的にものすごく変遷するんですよね。変遷と言ってはおかしいですが、やはり深まっていくというか、思想的に非常に勉強していきます。討論もする。そして、実践で試していくわけです。やはり確信を持つわけです。そういう過程で本は非常に読みました。

トロツキー（1879～1940年、ロシアの革命家）の『ロシア革命史』なんて6冊もあるでしょう。トロツキーって何だろうって、トロツキー全集の十何冊、全部読みました。

僕は社会党青年部の討論集会で文章を書くわけです。トロツキーの言葉が出てくるんですね（笑）。そうすると社会党の指導部の連中は「こんな難しい文章は読めない」とか言って、僕を攻撃の材料にしていました。たとえば「腐朽する資本主義」。トロツキーの何かにあったと思いますが、僕が青年部の全国討論集会の基調方針とかに「腐朽する何々」と書いて出すと、それが社会党の中央本部で問題になる。執行委員会で問題になるんですよ。「社会党本部の書記局で高見が書いている文章は社会党の方針とは違う」という。

それで集中攻撃を浴び、1回執行委員会で討論して、こういうことがありました。執行委員会で「高見の文章は問題だ。腐朽する資本主義打倒とか、あんなことはわからない」。しかし、全国にも配っている文章ですからね。それで国民運動局長の伊藤茂とか、笠原昭男とか、当時の労働局長は鈴木と言ったかな、執行委員の5～6人が集まり、高見の文章を修正する会議をやる（笑）。書記局が私一人に対して。それで論争して、僕は論破するわけです。だから、理論的に僕を批判できない。「トロツキーの腐朽する資本主義というのは何が悪いのだ！」とやると、それに反論できない。「そういう過激な言葉は使わなくてもいい」とか、くだらない批判をしてくるわけです。「まったくこいつらはだめだな」と思った。

あのときは労働局長の鈴木と言ったかな、国労（国鉄労働組合）出身の。「こういう難しい文章は、俺はわからん」と言いました。執行委員ですよ。そんなのが何で執行委員をやっているのだって、僕は軽蔑しました。そういう調子でバンバンやるものですから、とうとうあの文章を直すことがほとんどできなかった。ただ、うちの書記局から参加していた小野君が「ここを修正しましょう」と言うので、「そんなものはどうでもいいから、ああ、いいよ」といって2～3字変えただけです。だから、僕の文章をとうとう否定できなかった。そういうこともありました。

——いま言われた小野さんというのは、小野政武さんですね。

高見　そうです。早稲田の文学部出身。

——高見さんが『反戦青年委員会』を編まれた段階で、ちょうど全国反戦青年委員会の事務局員をされていたと記述されています。

高見　ええ、事務局担当ですね。

——たぶん今の話と関わってくるのだと思いますが、青年部のなかで構革派として活動されたときに、憲法公聴会のところで協会派と解放派の諸君に集中的に批判されたとあります。

しかし、先ほどの話だと、このころから佐々木さんとはわりと同志的というか……。

高見　同志です。憲法公聴会阻止闘争は、佐々木君と僕が執行委員会でただ2人、闘うと決め、僕らが独自にやるといってやったのです、デモをやってね。

——それでもデモのやり方をめぐっては……。

高見　ええ、デモのやり方をめぐって対立がありました。つまり、デモをやるときには警視庁の警備とちゃんと相談してやるわけです。それで僕は、デモの行進はちゃんと警視庁の警備と相談して決めるということを主張した。そうしたら「それは右翼的だ」とか、協会派の連中は「そんなのはけしからん」とか（笑）。だって、デモのコースを警視庁と決めなければ、デモ自体が許されない。デモができないんですよね。そういうことが争いです。つまり、「高見憎し」ですな（笑）。「高見僧し」だけです。内容的に別に彼らは何にも批判できない。公聴会阻止闘争は賛成せざるをえないから。その戦術をめぐって対立となるわけです。

——そういう関係はあったけれども、その後、佐々木さんとはずっと良好な関係が続き、反戦青年委員会を結成する段でも……。

高見　反戦青年委員会結成のときは佐々木君とは何も相談しません。

——何も相談なしですか。

高見　全然。僕は反戦青年委員会をつくって相談もしたことがない。つまり、本に書いておきましたが、反戦青年委員会をつくった基本は、私が社会党青年対策委員会の責任者でやっていますから、総評青年部の生きのいい諸君を集め、討論をして決めたのです。だから、反戦青年委員会をつくるときには佐々木君たちは支持している。そういう点では、佐々木君とは非常に親密で、同志相身互いに尊重し合うという関係でした。彼は死にましたが、葬儀も私たちがやりました。500人ぐらい集まりました。

――『インパクション』145号（インパクト出版会、2005年）で、「『護憲』から革命へ、そして新たな『改憲反対』へ」という、高見さんと天野恵一《やすかず》さんとがインタビュー形式でお話しされているものがあります。

そのなかに今日の話のエッセンスもかなり入っていて感慨深かったのですが、そのうえで、泣いて馬謖を斬られる70年まで、高見さんが機関紙『月刊社会党』に折々に書かれた論考を見させていただくなかで幾つか質問をさせていただきます。一つは1965年。

高見　反戦青年委員会をつくった年ですね。

――高見さんは書記長として第4回大会に臨まれた。

高見　そうです。

――高見さんが書記長で率いていた社青同と構革派が率いていた社青同の執行部、これがいわば原案はそのまま残すのだけれども、事実上、否定する修正案が可決された。そういう形をもって社青同の執行部が総辞職する。その総辞職の直後、『月刊社会党』のなかで、「我々はなぜ総辞職したか」という高見さんの論考と、その執行部の辞職を受けて新しく執行部に就いた立山学（1935～2011年）さんの「社青同第4回大会と今後の課題」というものが、それぞれの立場から出ているわけです。

形のうえでは原案が否決されたわけではなかったので、その時点で必ずしも総辞職をする必要はあったのか。総辞職をした、その判断です。大昔のことで申し訳ないのですが、『月刊社会党』を見ても、原案はそのまま生きている。

高見　私が書いた原案ですからね、総括方針の。

――事実上それを否定する提案が、東京地本の2代議員から出されてきた。

高見　ええ。

――後の社青同のことを考えてみれば、とりあえず高見さんはそこで、社青同の執行部を手放すということは……。要するに、やめないほうがよかったのではないかというところです。後知恵で申し訳ないのですが。

高見　そうですか。あのときの正直な気持ちと内容を申し上げると、確かに運動方針か総括文章に対し修正案を出されたのです。一番問題なのは合理化に対していかなる態度をとるのかということでした。そうすると、三池闘争を受けて新しいエネルギー産業の転換点でしたから、合理化についてどういう方針を出すのかが全部問われていた時代です。だから、はっきり申し上げて、あのときにいろいろ討論して出したのは、合理化については絶対阻止の立場ではないのだということが私たち構革派の方針でした。そういうところがあったと思います。だから、そこを突かれた。「やはり合理化は1から10まで断じて許せないという方針にすべきだ」という意見だったと思います。

そういう方針に基づき、どういう文章だったか僕は忘れていてわかりませんが、執行部の方針に対決することとして採決で修正案が通りましたから、私は正直に執行部を辞職すると決めたのです。つまり、総括なり運動方針なり、非常に大事な、核心的な合理化問題が否決されたら退くのは当然だというので、かなり強く総辞職だと主張し、みんなしょうがないということになったんですよね。

——そうすると反合理化闘争をめぐっては、構革派はわりと合理化はケース・バイ・ケースというか、いい合理化もある。原案のなかでそのような方針であったわけですね。

高見　でしょうね。

——協会派や後の解放派は、いやいや合理化は絶対阻止する。それが可決され、屈辱的なというか、辞職されることになったのですが、もう高見さんとしては、構革派の方針のほうが間違っているのではないかという思いも、このころから徐々にあったのですか。

高見　ええ。どういう文章だったか記憶が定かではないのですが、守るほうの文章は私が書いています。しかも、だいたい佐藤昇（1916～93年）さんとか、ああいう構造改革派の理論を背景に僕は書いていますから、合理化については必ずしも絶対阻止とは考えていないところがあったと思います。

——まだこの当時でもということですね。

高見　ええ、当時ね。そういうところがあり、それを突かれて合理化。多数決で決めますから、やはり私たち執行部の出した方針が否決されるわけです。まあ、妥協の方針もあったのだと思いますが、妥協など考えないから、「俺はもう執行部を辞めた！」という気持ちが強かったですね。

——何十年も前の話を聞いて恐縮だったのですが、高見さんの思想は一貫しているなというのがここから見えてきたわけです。先ほどの平和友好祭の問題にしても、高見さんは非常に幅広く……。そして、党とか組織にとらわれないで判断するじゃないですか。

高見　統一戦線、人民戦線です。

——この『月刊社会党』を読むと、社青同の4回大会はそういう色彩に対する協会派と解放派連合の、生産点一元主義からの批判だった。僕はそういう読み方です。というのは、高見さんご自身が書かれたなかで、「生産点での反合闘争さえしておればひとりでに労働者は団結し、資本主義の打倒を信じ、そのために献身的に闘うことを誓った活動者が生まれるというのは近視眼的だ」というのがあります。現に、三池を闘った灰原茂雄（1915～2000年）書記長自身が、「生産点における抵抗を強化するために、地域、炭鉱の場合には集団住宅、こういう反独占闘争が日程に上らなければ、生産点の闘いだけでは尻抜けだ」。だから高見さんが後に別の『月刊社会党』に書くように、サークル活動を重視するとか、職場だけではなく地域を重視するとか、そういうことで反戦青年委員会に結実していくような、諸党派が党派にとらわれないで共闘できるような場ですね。幼いころにご父君から受けた広い意味でのそういうものを含めてやっていくのと、ガリガリの理論先行の生産点重視主義。そういう大きな相違があったのではないかと思ったので質問させていただきました。

高見　ありがたい評価ですが、解放派および協会派の連合による合理化問題における路線の対立は、あのころ非常に鋭い討論をしていました。そういう討論の過程で、修正案が可決することにより私の出した方針案が否定されるわけですから、当時の構革派の執行部として敗北した。私はそう思いました。

合理化については今でもまだ論争の過程で、エネルギー産業の合理化についてはどうするか、次の展望を出せと言われてもなかなか出せないことがあります。そういう意味では私自身も実践的にはまだ弱かったし、理論的にも弱かったという気はします。しかし、気持ちとしては、負けたのだから執行部が退くのは当然だというね。何か非常に素朴な、いわゆる民主主義的思想です、僕は。負けたらそれにしがみつく必要はない。こちらも悪いかもしれないし、潔く執行部を渡して退けばいいじゃないか。そのとき、私はそういう気持ちが強かったですね。だから、採決で負けても悔しくも何ともなかった。そのときはね。そういうことがあっていいと思っていました。

――お話のなかで、『根拠地』で総評のやり方をかなり批判したとか、江田書記長を弾劾したとかいうことがありました。党派にこだわらないという高見さんの思想があるわけですが、社会党そのものに対する高見さんの考え方はどうなのか。つまり、どこかの文章で社会党の解体を求めたとかいう表現があったのですが、その辺はどうでしょうか。

高見　僕は社会党のなかでもだいたい意識していたのかと思うのですが、連合戦線党だと思っています。だから、一つの思想で固まっている党派ではない。

――それは共同戦線党という考え方とは違うのですか。

高見　共同戦線党ですね。共同戦線党という性格を持っている。いろいろな派閥があるじゃないですか、色合いが。河上丈太郎さんや浅沼稲次郎さんの場合は民主社会主義、協会派はマルクス・レーニン主義、それから和田博雄さんの場合は政策論を大事にされる流れです。ほかにもいろいろありました。それぞれの長所、短所があったと思いますが、それが一つになり、国民のための政党である連合戦線党として成立しているのがいいのではないかと思っています。それが今、だめになった。バラバラになってしまった。

頭でっかちの路線で一つの党にまとまることになると、これはスターリン(1878～1953年、ソビエト連邦共産党指導者)の党と同じになってだめだと思います。自分の過ちの自己批判は絶対しない。スターリン主義の原発に対する態度もそうです。「昔から共産党は原発に反対してきました。」と嘘ばかり言っているでしょう(笑)。嘘なんですよ。ソ連の核実験は賛成だと言っていたのですから。自己批判をしないでそんなことを言う。大衆はやはり見抜いています。昔の人は知っているんですよ。大衆に対し本当に誠実な態度を、党派というのはやはりとらなければいけないと思います。そういう意味では、それぞれの党派も社会党の連合戦線党も全部問われて、私たちも問われてきたと思います。

——70年に社会党を除名されるわけですよね。その後は社会党とのつながりはとくになかったのですか。

高見　ええ、社会党との党籍のつながりはなかったですね。

——いま言われたような共同戦線党的なあり方、あるいは連合戦線党的なあり方、そのこと自体は評価されるわけですよね。

高見　そうですね。

——70年に除名されて以降、その見方はその後もずっと変わらない。

高見　まあ、そうですね。連合戦線的な見方を持っていたけれども、今の社民党を見ているとそのようにもなっていないし、僕は解答が出ないですね。ただ、今度の細川護熙、宇都宮健児他が争っている選挙（東京都知事選挙。2014年2月9日。当選者は元厚生労働大臣の舛添要一）。細川をやるか、宇都宮をやるか。原発闘争をやってきた内部で対立があります。みんな困っています。それでこの間、弁護士の河合弘之さんと帝国ホテルのそばで会議をやって署名し、そこで統一しようという文書を出したのです。それはなぜかというと、本当にみんな困っていると言っているからです。たんぽぽ舎（「脱原発と環境破壊のない社会」を目指す反核団体）の柳田真さんも、「とにかくうちの組織は30年近く原発闘争をやってきて、宇都宮さんに走るやつはもう走っている。それではだめだ。細川の支持もある」。細川を支持する人が集まったんですね。柳田さんもだいたい細川支持のほうだったのですが、そのように困っている。だから、共同戦線的にもなかなか難しいなと私は思っています。

ただ、僕は「スペース21」という組織で昔の反戦仲間と機関紙を出したりしていますが、やはり激論しました。細川か、それとも宇都宮さんか。「下手すると漁夫の利で自民党が勝つかもしれない。だから何とかまとまらないか」という意見もありましたが、最終的にはどちらか1本にまとめることができなかった。最終的には、「もう自由にやろう。細川を支持したいなら支持したらいいじゃないか。宇都宮さんをやりたいというのだったらやったらいい。お互いに悪口を言わず、対立しないでそれぞれやろう」という結論を出し、それで今、やっています。

——60年代の後半、まさに社会党からもう除名されるかもしれないと腹をくくるなかで、『月刊社会党』の66年9月号に高見さんは青年対策委員会事務局長の名前で、「今の社会党の中で求められているのは中でも思想闘争。そして我が党の革命の武器を鍛え上げるために思想闘争が不可欠の要素だ。真剣に徹底的に、しかも党内における民主主義を前提として、公開闘争（公開論争）が展開されることが正しいあり方であろう」と述べられている。あるいは67年には、第一次羽田事件（佐藤栄作首相の南ベトナムを含む東南アジア各国訪問を阻止しようと10月8日、反日共系全学連の学生約2000人が羽田空港周辺で警官隊と激しく衝突した）の評価をめぐるところですね。同じく高見さんは青少年局青年対策部長として、ここのところでは「反戦青年委員会の闘いを突破口として党革新の課題を追及して奮闘する。青年の戦線の統一を目指すとともに、党の革新の課題を追及して奮闘する」と述べています。こういう一連の問題提起ですね。党内の思想闘争の問題提起。それから、反戦青年委員会の闘いを突破口として党も革新していくというふうに、一貫して党の自己刷新を主張されつつ、60年代後半、反戦青年委員会を引っ張る形をとっています。

高見さん自身が高見派をつくっていなくても、周りから慕われて高見派のようなものがつくられているし、こういうことを主張し続けている。私の推測ですが、そういうことも一つの引き金になり、反戦パージの一部幹部からは十分危険視され、総選挙での敗北の責任を反戦派におっかぶせるようなことにもなっていったのでしょうか。

高見　そうです。

——一連の、かなり突っ込んだ提起をされているようですが。

高見　私は反戦青年委員会をつくるときから、一つは、大衆的にベトナム反戦闘争を闘い抜く。それから、60年の安保闘争および青年労働者を中心とする平和友好祭運動、職場の反合闘争（反合理化闘争）も含めた闘い。こういう日本の政治を革新していく全体の闘いは結局、私は社会党の党員でしたから、社会党を変えるというところに結び付けていくことであったのです。とくに、私は総評労働運動の変革を言っていました。社会党を変えるというだけではない。思想闘争ということもありますが、やはり総評の下からの変革を遂げないと社会党も変わらない。そのように思っていました。だから、私の編著の『反戦青年委員会』は総評批判です。

——そうですね。

高見　ずっと指導部批判です。ああいう本を出すものですからね。江田さんは「あの本はすばらしい。いいから持ってこい」なんて言われるものだから、江田さんも批判されていましたが、そういう意味では総評の変革、社会党の変革を結び付けて考えていました。それは反戦青年委員会を拠点にしながらやろう。それから、ベ平連、全共闘も含めてね。おっしゃるとおり、うまくいかなかったというのはあります。

——総評に対する批判は、具体的にはどういう内容ですか。

高見　太田薫さんがラッパでね。羽田で佐藤訪米阻止闘争をやる（第二次羽田事件。1967年11月12日）と言うでしょう。それから、ベトナムの何とかをやったらゼネストをやる（1966年10月21日、総評が秋期闘争の第3次統一行動として、ベトナム反戦を中心とするストライキを実施）とか言うじゃないですか。やらないですよ。

——そういう運動に取り組まないことに対する批判。

高見　やらない。口だけです。ゼネストがそう簡単にできるとは思いませんが、日本の労働者、総評の指導部が、ベトナム反戦でゼネストをやる。だって60年安保のとき、国労はストライキをやったのですからね。本当に朝の出勤電車のなかで私も身動きできないぐらいだったけれども、そのいっときに総評の労働者は、国鉄を中心に60年安保のストライキをやりました。ああいう闘争をやらないでいる総評の指導部は何だったのか。

——そういう政治的課題で具体的な行動に取り組まないことに対する批判。

高見　それもあります。政治的な行動と同時に、やはり職場の闘争も全部含めてですよね。

——戦闘性が低下している。

高見　そうですね。だから総評自体が、そういう大衆の心をちゃんと体して闘っていないのではないか。それが反戦青年委員会というところに表れてくるわけです。どんどん増えるわけです。

——端的に言って、除名されたときの理由は何か明示されたのですか。

高見　ええ、理由は明示しました。どう言ったかな。統制委員会の決定文書があったのですが、社会党を解体するとか、そういう主張をしているとかいうことを書いていたように思います。

——具体的な事実のようなものはあったのですか。

高見　事実があります。具体的な事実がね。実は、東京都本部の社会党大会があり、そこで壇上占拠を反戦派がやります。私は壇上占拠をやりたくなかった。反戦青年委員会がワーッと来て、「ベトナム反戦に東京都本部の執行部は一体何をやっているのだ」と指導部をガンガン追及するわけです、みんなが。会場が追及されてしまう。執行部はもう、どうにもできない。答弁ができないものですから、壇上に若い連中が飛び乗って自己批判を要求するわけです。それで最後に自己批判のときに、「こういうことを我々がやると、おまえはすぐ統制委員会にかけて俺らを除名するだろう。ここではっきり今日の討論で除名するというか、統制委員会にかけることをしないと宣言せよ」と言って、委員長だったか書記長だったか、「そういうことはやりません」と宣言します。

ところが、その事実を、壇上に飛び乗ったやつ全部ではなく、誰と誰と誰というので適当に名前を挙げてね。先ほど言った佐々木慶明の名前があったけど、そこにいないんですよ、佐々木慶明は。いないのに名前を何人か挙げ、13 人除名というのを統制委員会に提案する。

——13 人というのは、壇上に上がったという、具体的な行動をとったことに対する批判になるわけですか。

高見　党員でない者まで除名するのですし、私は壇上に上っていないのです。反戦派の指導的な党員を選んだのだと思います。だから、党員でない者まで除名対象者にしたのです。

初出
報告・質疑：『大原社会問題研究所雑誌』№680／2015 年 6 月号
https://oisr-org.ws.hosei.ac.jp/images/oz/contents/680-09.pdf
質疑（続き）：『大原社会問題研究所雑誌』№682／2015 年 8 月号
https://oisr-org.ws.hosei.ac.jp/images/oz/contents/682-06.pdf

第７章
社会主義政党の確立をめざして

——上野建一氏に聞く

社会主義協会イコール「教条的」としばしば通説的に語られるが、元共同代表が知られざる実像を提示。左社綱領、左派社会党、唯物史観、構造改革論についての思いを語り尽くした証言である。国会議員としての活動、新社会党の結成についても語っていただいた。

[略歴]
1931年　山形県鶴岡市生まれ
1945年　少年志願兵として防府海軍通信学校入隊
1951年　左派社会党入党
1952年　日刊『社会タイムス』編集部
1954年　社会主義協会・月刊雑誌『社会主義』編集部
1960年　社会主義青年同盟結成に参画
1962年　千葉県議会議員（4期）
1968年　日本社会党千葉県本部書記長
1983年　衆議院議員（2期）
1996年　新社会党結成に参画。中央執行委員会書記長、副委員長
1997年　社会主義協会共同代表
2016年　社会主義協会顧問

報告

社会主義協会、左派社会党、総評発足の頃

アジア太平洋戦争で日本帝国主義が敗北した1945年8月15日からすでに70年の歳月が流れているわけで、戦後、社会党・総評の結党・結成に携

わった幹部の方々の大多数はもうこの世におられません。当時、20歳代だった私も83歳を超えてしまい、生きているのが申し訳ないような気分ですが、社会党・総評の話をさせてもらえるのはありがたいことだと思っています。

簡単な自己紹介をとのことですが、略歴を出していますので、あとは話のなかで少しお話します。

社会党・総評でまず懐かしく思い出されるのは、河上丈太郎、鈴木茂三郎、浅沼稲次郎、野溝勝、和田博雄、佐々木更三、佐多忠隆、成田知巳、勝間田清一などの大先輩の皆さんです。総評では島上善五郎、柳本美雄、小林武、高野実、太田薫、藤田藤太郎、占部秀男、清水慎三、岩井章などの諸先輩です。

さらに、戦後の社会運動と労働運動にとって理論・思想的そして実践的にも重要な役割を果たされた先生方を忘れてはならないと思います。まずは、戦前の労農派と言われた先生方、山川均、大内兵衛、荒畑寒村、向坂逸郎、岡崎三郎、有沢広巳、高橋正雄、山川菊栄などの方々です。この先生方の有志が中心に、1951年4月に同人組織「社会主義協会」が発足します。そして同時に月刊雑誌『社会主義』を創刊し、現在まで脈々と発行を続け、社会運動の活動家に必要な理論と実践問題の知識についての資料を供給しています。

発足時の社会主義協会の同人代表は、山川均と大内兵衛です。後で岡崎三郎編集長に聞いたことですが、機関誌名に『社会主義』を提案したのは大内兵衛だったそうです。大内は、日本だって社会主義はもう学説や思想的普及の段階ではなく、政治的実践のときに入っている、と話され、全員が賛同したとのことでした。

1951（昭和26）年という年は、社会運動にとって忘れられない年ですね。社会主義協会発足の3カ月前に、総評（結成大会は前年の7月）は第2回定期大会を開き、事実上の本格的運動を始めたと言えます。具体的には、行動綱領を最終的に決定しています。激しく議論されて、全逓から提案された再軍備反対、中立堅持、軍事基地提供反対、全面講和の実現で日本の平和を守り独立を達成する（「平和四原則」と呼ばれ、以後.総評と社会党の基本的スローガンとなっています）と決定しました。この行動綱領は、かなり長文のもので、総評解体まで存続して階級的労働運動の綱領の役割を果たしてきました。

社会党が講和条約、安保条約をめぐり分裂して、左社（左派社会党）と右社（右派社会党）としてそれぞれに道を歩き始めたのも51年の10月でした。

私は、海軍の少年兵でしたが、敗戦で故郷に帰って1年ぐらいブラブラしていました。これでは一生がダメになると考えるようになり、夜間中学（旧制）で学び直すことにしました。昼のアルバイト先も最初は電球会社、後半は鶴岡市役所の土木課で測量の仕事をやりました。そのときの市長は後で代議士になる加藤精三で、その息子が、2000年の森喜朗内閣に対して自民党内で「森おろし」を図った「加藤の乱」の加藤紘一衆議院議員でした。私が国会に出たときに超党派の山形県人会があり初めて会いました。

夜間中学といえば終戦直後でしたから、集まった者は年齢も働き先もまちまちで、私同様、陸海の志願兵や、船員上がりや農家の二男三男坊などが多く、大学志望者もかなりおりました。

私は、占領政策によって全面的な民主的社会改革、ことに新憲法によって新しい社会ができてゆくことに最大の関心がありました。そのため政治・経済についての勉強もしました。そして生徒会を結成し、学校側に給食や校則の改定を申し入れたりしました。社会クラブや新聞部をつくり、部活もやりました。

このような生徒会活動のなかで、地元に上林与市郎（1912～93年）という左社の衆議院議員がおりまして、農民運動が主体でしたが、私たちの生徒会活動にも協力してくれて、政治と政党の話などよく聞かせてくれました。したがって私は左社を支持していましたし、直接的には、鈴木茂三郎委員長が実現して、「青年よ再び銃をとるな」という演説には感激しましたね。

上林議員をかこむ勉強会では、政党が政権をとるときには、農民組合や総評のような労働組合が強く大きくなって社会党をがっちりと支えなければならないと話していたことが今でも忘れられません。

すでに話した社会主義協会や総評のことは、私にはよく知るようになっていました。当時の社会党の機関紙『社会新聞』（社長・浅沼稲次郎）も時折読んでいました。したがって、私の左社への入党は自然的なり行きと思っています。私にとっては、夜間中学・夜間高校の時代は、新憲法によって、軍国少年が民主的政治青年へ“衣替え”した楽しい青春だったと思っています。

貧乏学生でしたが。

私が生まれたのは山形県の鶴岡というところで、生まれた年が満州事変で、小学生になった年が支那事変の年でしたから、軍部ファシズムの時代でしたから軍国少年として育ったのでした。少年志願兵（14歳）としての戦争体験と、徴兵で満州（中国東北部）に行った兄（19歳）がニューギニアで戦病死していたことも左社入党の背景といえます。兄の通知があったのは1946（昭和21）年、敗戦の翌年です。遺骨だと称して箱に入ったものが来ましたが、なかには紙に名前が書いてあるだけで、骨のひとかけらもありませんでした。私の親父は病気がちでしたが、兄が戦争で亡くなった知らせを受けてから病気が重くなって、それから間もなく死にました。

そのようなこともあって当時、一番熱心に反戦平和を唱えていた左派社会党に入ったわけです。理論的には山川均の「非武装中立論」でした。1952年3月1日に日刊『社会タイムス』が発刊され、その日に上京して編集部で働くことになりました。

『社会タイムス』と左派社会党

『社会タイムス』の最初の仕事は、FAXもメールもない時代ですから、共同通信社の「通信」や社説やコラムの原稿取りです。その原稿取りなどで当時の文化人と言われる人たちや大学などの先生方に会えて、時事的な意見を聞いたり質問したりで望外の勉強になりました。毎日が楽しかった。『社会タイムス』は左派社会党が主体で、総評の全面的支援のもとでの創刊でした。当初は社長と編集局長の兼務が青野季吉（日本文芸家協会会長）で、専務が江田三郎でした。社会タイムスは、朝鮮戦争後の不況と物不足のなかで2年8カ月続きましたし、当時の憲法を中心とした反戦平和の拠点になりました。

左派社会党ができてからまだ半年ぐらいしかたっていませんでしたが、それでも日刊紙を出すということで大変な仕事だったと思います。よくやっていると言われてました。専務の江田三郎が事実上の経営の実権を持ってやっていました。それと、総評が一緒になってやっていたわけですが、その当時の総評は高野実事務局長でワンマン体制でした。

ただ、日刊紙を出すには準備が足りなかったですね。それと資本金すらなかなか集まらなかった。1000万円で出発することになりましたが、集まったのは200万円ぐらいしかない。営業は左派社会党関係からそれなりに人が集まりましたが、記者と編集のほうは専門家でないとダメだと。集まったのは、レッド・パージで解雇された新聞記者たちがかなりいました。それに前に出ていた社会党の機関紙『社会新聞』が党が分裂して新聞もストップになったので、そのメンバーが入っていました。

革新系の新聞にとって大事なのは新聞の路線というか、『社会タイムス』の編集方針です。レッド・パージされた人たちは当時は武力革命派共産党系の人たちで、党員ないしはシンパですから意見の違いがありました。新聞を出し始めたころから、僕などから見ていてもなぜ革新系新聞を出すのにこんなに意見が違うのかと思いました。そういう状態だったことが長く続かなかった最大の問題だったと思います。

たとえば52年にメーデー事件がありました。あの時、日本の政府が不当にも皇居前広場を使わせないと。当時は人民広場と言っていましたが、その場所を使わせないとなったものですから、使わせないのはけしからんと全学連を中心にして、メーデーの終わりごろから人民広場へ行こうと呼びかけ、そこからメーデー事件が始まります。

清水幾太郎（1907〜88年）という人をご存じだと思います。後では保守化しますが、当時は極左と言ってもいいぐらい激しい論調を持っていた人で、この人が『社会タイムス』の論説委員長をやっていたものですからメーデー事件を支持する格好になりました。これに対して一番文句が出たのは、当然ですが左派社会党本部からです。総評の幹部からもかなり問題だと批判されました。その時は高野実もさすがに、「あれはいけない」「これはいけない」と。今の皇居の堀に沿った土手の上に上がって見ていました。この時はGHQの前に車がザーッと並んでいましたが、その並んでいる車を学生の連中がひっくり返すんですね。そうすると油が漏れる。それに火をつける。まさに暴動でした。広場に結集したデモ隊に対しては、警視庁が近いものですから警官の出動も早かったんです。そのころは今みたいな武装はされていませんが、ピストルは持っていますからピストルと棍棒でデモ隊を攻撃していました。全学連のほうは木材のプラカードでめった打ちで対抗して。マスコミの報道は、デモ隊側は病院で手当てを受けた者239名（うち入院40名、死者1名)、警察側は重傷者50名（うち危篤3、重態11名)、軽症168名（警視庁発表）でした。その前後にも早稲田大学などでも学内に私服警官が入ってきたというので、警官を捕まえてつるし上げとかいろいろ暴力事件がありました。

『社会タイムス』の弱点の第2は、やはり販売・営業の問題でしたね。販売は左派社会党組織を頼りにして、総評系労働組合が応援しましたが、なにしろ左派社会党は結党から間もないし、もっとも貧乏な政党だったせいもあって集めた金も『社会タイムス』に上がってこない。いわゆる左派社会党の事務所の費用に使われたり、それからオルグがいますからオルグの費用になったりしました。未収の紙代はその地域の国会議員から出してもらっていましたが、そうたびたびというわけにもいかず、また国会議員の数も少なかったですから。

日刊『社会タイムス』の発行上の弱点を先に申し上げましたが、当時の情勢は厳しく、日本社会党が講和条約と安保条約をめぐり左社と右社が本格的に分裂してからわずか4カ月後の創刊で、経済的には、朝鮮戦争後の不況で労働者をはじめとする大衆はあえいでいるときでした。しかし、政治的には、吉田政権が、日本は独立国として「得意満面」でした（両条約の国会批准は51年11月)。

このなかでの少数派政党が日刊紙を出したのですから、第三者的に見れば、無謀というか、蛮勇というか、驚きだったようでした。『社会タイムス』の果たした大きな成果は、社派社会党と総評が掲げた「平和四原則」の平和運動・政治運動として発展させる民衆への教宣活動の役割と言えましょう。国民世論を高め、講和・独立後の反動化する吉田茂政権に対して、小さい日刊新聞ではありましたが、よく闘ったと思います。ことに民主主義を破壊する最大の逆コースとして国会に提出された「破壊活動防止法」(1952年施行）などの反動立法に対しては、戒能通孝早大教授をはじめ各界の知識人を結集して同法案の解説、その狙いなど、民衆にわかりやすく教宣しています。さらに当時の労働運動、政治闘争には、多大な影響を与えました。

左派、社会党綱領をつくる

左派社会党は、右社とは決別して、社会主義政党として再出発すべく、53年の党全国大会で新綱領の作成を決定し、担当に中央執行委員の稲村順三を選任しました。

綱領委員会は、和田博雄（政審会長）を委員長に、起草小委員長には稲村順三が任命されました。元々の日本社会党には、結党時の綱領に「社会主義を断行し」とありましたが、これは「法三章」的綱領で「社会主義」という文字があるだけで、戦前無産政党の再版に過ぎないものでした。

左社綱領は1954年に決定されます。その時に左派社会党のなかでも山川均、大内兵衛、向坂逸郎らの社会主義協会の人たちがこの綱領の起草に参加しています。このなかでも向坂逸郎は、稲村順三起草小委員長を支えて縦横の活躍でした。党の鈴木委員長とのマルクス主義についての打ち合わせ、和田綱領委員長との理論上の意思統一でした。そして最終的には向坂にとってはまさに社会主義の理論と実践の大先輩である山川均の指導がありました。現に向坂は稲村と共に藤沢の山川宅にうかがい、数度にわたって話し合っています。総評選出の清水慎三委員がいまして、この清水慎三が清水案という修正案を出して議論になりますが、起草委員会では否決されます。もちろん最終的にはその後の全国大会で決めたわけですが、全国大会まで異議が出て再び議論になりました。ただ、これは少数派でした。清水案に対して積極的だったのが高野実でした。総評が反対したようなかたちでしたが、実際は総評のなかでも少数でした。ただ、その当時の日教組、炭労などに清水案を支持する幹部がいたことは事実です。

この時点から左派社会党は明確に科学的社会主義、いわゆるマルクス主義の党になっていきます。それに参加というか推進したのが社会主義協会の人たちです。

ただ、綱領は科学的社会主義に基づくものになりましたが、もちろん当時の左社は組織的には科学的社会主義政党とは言い難い面がありました。当時の党の実態から、まずは左社綱領での党内の思想統一を図ろうとしたと言えます。

ところが、左右統一の話が進み、左派社会党の、とくに綱領をつくった人たちは統一はありえないという立場でしたが、鈴木茂三郎とか佐々木更三など党内の幹部と総評の幹部の多数は右社との合同に熱心でした。

最初は、統一に右派社会党側が一番反対していましたが、右派社会党も議論が進むにしたがってだんだん政権に入らなければだめだと。その当時、その前に党から除名されていた、片山哲内閣で官房長官をやった西尾末広がもう党に帰ってきていますね。彼等は「政権をとらない党はネズミを捕らないネコみたいなものだ」というようなことを言って、統一をしなければだめだとなっていきます。したがって左派綱領は54年に成立しますが、左右統一で、それから1年9カ月ぐらいしか左派綱領というのは正式にはもたなかったのです。統一綱領は、社会主義という名前は出ているけれど実際には社会主義抜きの綱領だということです。統一にも反対はありました。しかし、左派社会党は何といっても総評の中の主要単産が支持してやっていましたし、党員もその人たちが一番多かったので、主要単産幹部が最終的には綱領よりも統一が大事だということになり統一します。自民党も統一して、55年に両方とも統一しますから、いわゆる「55年体制」と言われるものができたわけです。

統一社会党ができて、それから間もなく選挙をやりますが、議席はいくらも増えなかったのです。政権をとるどころではない状態でした。当時の社会党は内部対立も激しくあったし、野党第一党ではあるけれど結局、政権に就くということは一度もありませんでした。しかし、左派社会党の綱領ができたというのは当時の社会党左派が優位に立っていたということで、したがって社会主義政党らしい、いろいろな党づくりが行なわれました。

統一してからしばらく、1年から2年ぐらいにかけては党内対立が主で、われわれが心配していたとおり統一しても立派な政党にはなりませんよということでした。党内対立、派閥はできるし、その点で統一のマイナス面が多く出たと言えます。それも統一を推進したほうの人たちですね。左社のほうは鈴木茂三郎派、後の佐々木更三派となりますが、社会主義研究会（社研）と言っていました。しかし統一した以後は社会主義政党としての骨はなかったのです。前は左派でしたが、その当時はもうだんだん左派ではなくなっていったということが言えるだろうと思います。とくに統一してからは、政権もとれないのに加えて党が大きくならなかった。したがって政権をとるどころではない。過半数をとれる候補者の数も立てられなかったわけです。そういう状態で次に迎えたのが60年安保（日米安全保障条約）の闘いです。

社会主義協会事務局員に

『社会タイムス』は２年数カ月で大きい負債を残して解散してしまいます。発行当時、読売新聞の論説委員だった岡崎三郎という経済学者がいまして、鈴木茂三郎の推薦でしたが、『社会タイムス』の編集局長になります。なったけれど、編集方針が記者と党で対立していますし、編集局長としてやる仕事がきちっとできない、そんなことも含めて、左派綱領を党内で論議している最中でもあるのに、その考え方が否定されているような新聞では話にならないということで途中で辞めてしまったのです。

社会主義協会では月刊雑誌『社会主義』を出していますが、岡崎はその後編集長をやっていまして、社会主義協会の事務局長兼務なのです。この岡崎から、『社会タイムス』がつぶれた段階で、給料は安いけれど勉強にはなるよということで、『社会主義』の編集をやってもらうから来いと私に声がかかりました。それで私は社会主義協会事務局に入りました。協会とのつながりが具体的になったということです。それから約８年間、『社会主義』の編集をやりながら社会主義協会の事務局員として働きました。

社会主義協会は当時、山川均が元気でしたから、山川がいろいろな意味で中心的役割を果たしたと思います。ただ、高齢になっていまして、体ももともと丈夫なほうではないので、会議も最初は月１回の編集会議兼運営委員会に出ていましたが、その後あまり出てこられなくなりました。しかし、山川は日本の社会主義運動、とくに戦前からの日本の独占の分析の問題などを含めての社会運動への指導性は他の追随を許さぬものがありましたから総評幹部らは年に数回、山川の藤沢の自宅を訪ね、情勢や労働運動の課題を聞いていましたね。

社会主義運動というのは、政党が的確な方針を持ち、思想的にも、この場合はマルクス主義ですが、マルクス主義の考え方をきちっと持つ、そういう政党でなければ社会主義に到達できないということです。戦後いち早く平和革命路線を確立したのも労農派ですし、日本の社会主義についての分析・方向を明らかにしたのも山川を中心とする労農派の人たちです。

左社綱領は、党内事情を配慮して山川は名前を出さないで向坂を通じて起草に参加しているということですが。綱領のなかに「過渡的政権」というのがあり、資本主義社会のなかで政権をとった時、どういう態度をとらなければならないのかということが書かれています。これは今でも通じることです。政権をとる、しかし、それは社会主義の社会ではもちろんないわけで、資本主義社会のなかで社会主義を目指す政党が政権をとったということです。ですから、その次の選挙で、政権のやる政策が支持されない場合には当然、国会を解散するか、内閣の総辞職をしなければいけない。解散の結果、敗北することもある。その場合議会のルールに従って政権交代をやるということを明確にしています。

ところが、この左派綱領ができた当時、社会党は政権をとったら手放さない、そういう政党ではないのかということがマスコミを中心にだいぶ批判されました。とくにその当時、『朝日』も『読売』も『毎日』も含めて、その点での批判がありました。今になって考えると、そこまで書かなくてもいいではないかと思いますが、当時は明確にしなければいけないということで書いたのでしょう。それがマスコミを一番刺激したというか、民主主義的でないということを含めて批判されました。

当時、社会主義協会は1カ月に一度会議をやっていました。錚々たるメンバーが毎月、だいたい出てきていました。ただ、向坂逸郎と高橋正雄は、九州大学の教授で授業を担当しているわけですから、出てこられない時がありました。向坂は戦争中に九大をクビになっています。クビになっていたのが、戦後みんな復帰させるということでしたが、向坂はもう九大には帰らないと。これからは戦前にやれなかった社会主義運動をやる決意でした。当時の九大は向坂の教えた学生が教授とか助教授になっています。ですから、どうしても帰ってほしいというので、講義を1年中やるのではなくて、1年のなかで集中してやれるようにという条件を付けて教授に戻りました。協会の会議には山川均も含めて出ていました。

総評のほうは、太田薫議長・岩井章事務局長の時代です。協会の会議に太田が来ていまして、ときどきおもしろかったのは、太田が山川に対して、これこれのことはどうなんだと質問します。質問すると、山川は的確に答えて、僕などもそうだったのかと納得できる話ですが、太田はすぐには納得しない。もう一度あらためて聞く。そうすると山川は、こんなことがわからないのかという具合に私には見えましたが、もう答えない、黙っている。太田も調子が悪くなってそのままやめてしまいますが、そんなこともときどきありました。

それから、協会が果たした役割ですが、総評はその後太田・岩井体制が続きます。労働講座については、ほとんど協会系の講師を派遣していました。

三池闘争について

次に三池闘争（1959〜60年）ですが、三池と向坂逸郎のお話はあまりにも有名ですし、大原社研でもシンポジウムがありましたからここでは割愛します。ただ、向坂逸郎が三池闘争を通じて革命を考えていたなどという流言飛語に類することが今も大学などで語られていることは残念なことです。後退の続く労働運動の現状の反映でしょうか。

考えてみると、三池闘争の頃には日本の独占資本が復活して帝国主義段階になり、資本の側が強力になっていった時でした。このことを見なければいけないのではないでしょうか。その意味で歴史的に見ますと総評が強く大きくなった時の最後の闘いと言ってもいいと思います。三池闘争は、総資本対総労働の闘いだったのです。三池のストに対して会社側は、他の会社の石炭を自社の得意先（製鉄会社など）にスト前と同じように供給していたのです。労働の側は、三池の上部の三鉱連（全国三井炭鉱労働組合連合会）も、その上の炭労もストを打てませんでした。たしかに総評はカンパと動員を最大限にやりましたが、三池だけのストでは敵に打撃にはなりません。藤林敬三による斡旋案は労働側の弱みに付け込んだ資本の手先の役割を果たしました。

私も何度か現地に行きました。三池労組の組合員の物の見方と行動力には強く感じさせられました。労働組合としての日常的な活動と学習によって階級性を高いものにしていました。

三池の闘いについて、社会主義協会員はいろいろな角度から「たたかいの記録」や「運動・活動」を書き、『社会主義』に掲載しました。三池のスト中は、日刊『社会主義』（ガリ版刷り）を発行して、向坂を先頭に組合員に直接手渡ししています。私も当時の炭労大会について書きました。残念ながらその後の総評は三池のたたかいを教訓として生かしていません。すでに労資協調路線が労働運動のなかに深く広く浸透していたのでした。やがて日本の労働運動は、新自由主義によって「連合」に組み替えられ、資本と政府の言うなりになってしまいました。

社会主義協会の分裂とその後の発展

話を社会主義協会に戻しますが、社会主義協会は67年に向坂代表の社会主義協会と太田薫代表の社会主義協会に分裂します。向坂協会、太田協会と呼ばれました。

私が協会事務局にいたときに、同じ事務局にいた関山信之（のちに新潟から衆議院議員になる）と相談して、協会もここまで大きくなったのだから同人的組織ではなく、会員制として組織的運営に変えていくべきだということで一致し、向坂代表に提言しました。向坂も関心を持っていて、その方向でいいということでした。そして、協会の事務局長を決めることになり、当時向坂を支えていた水原輝雄、野中卓と上妻美章の三人が上げられ、結局、水原は合化労連の書記でしたので、水原を事務局長にしたわけです。

私はその直後に千葉県から県会議員に出ることになり、協会本部勤務を辞めました。

事務局長になった水原が、協会組織の発展に向けて方針をつくったのですが、そのなかに、協会員の議員は議員報酬を全額、協会に納め、協会から月給を渡す、ということが入っていました。私は議員は選挙もあるし、政党でもそんなことは難しいのに協会ではやれないだろうと思いましたが、水原は元共産党員だったので、共産党ではやっているし、これで大丈夫だと。太田薫も結構、思い込みも激しく教条主義的だったので、太田・水原ラインで方針を確立し、規約改正案をつくった。もう一つ、向坂をはずして、太田・水原ラインで協会を運営していこうという思惑もありました。民主的でないやり方でしたね。

総会が始まる前に、なんか大変らしいと、「別党」コースだという批判が出て、議論が起こっていた。千葉では太田に近い人たちが何名か代議員にしろと要求してきたが、一人だけ認めて総会に臨んだ。総会では、とんでもないことだと批判が出されたが、太田・水原のオルグがきいていて規約改正案を可決してしまいました。

これに反対していた向坂代表は代表を辞めると言って、二日目から総会に出てきませんでした。太田・水原は向坂が代表を辞めたら協会は成り立たないと、その晩から向坂側と協議を始め、総会は休会となりましたが、向坂を支持する人たちはただちに向坂を中心に協会を再建しました。大内兵衛代表の了承も得て、学者グループもほとんど向坂を支持し、労働運動分野でも岩井章が太田に同調しなかったために、会員の３分の２が再建協会へ結集しました。岩井はこれまで常に向坂・山川に意見を聞いており、向坂・岩井は同志だったのです。しかし、会員名簿は全部、水原事務局長が持っていたために、会員の住所・氏名もわからず、各県の『社会主義』購読取扱者の名簿を整理して組織整備をしなければならなかったし、事務所も新設するなど再建は大変でした。しかし、向坂のいない協会は成り立たず、太田協会はまもなく衰退していきます。

その後、社会主義協会は社青同（日本社会主義青年同盟）、労働大学の活動の広がりもあり、労働組合での影響力も強まり、大きくなっていきます。とくに、労働大学発行の月刊雑誌『まなぶ』購読者を組織化し、その中から社青同同盟員をつくり、社青同で学習と組織的活動の訓練を経た者が入党するという形で、青年の入党が大幅に増えていきました。

千葉もその傾向が顕著で、68年に私が県本部書記長になって以後、全電通、国労、京成電鉄労組などを中心に青年党員が一気に増え、県本部内で多数派になっていきました。これに対して右派（労組幹部党員主体）は、左派が多数派になることを喜ばず定期大会をボイコットして分裂しました。分裂させたのは右派だったのに、右派の意向を受けて当時の石橋政嗣中央本部書記長が喧嘩両成敗的な調整に入りました。分裂の原因の第一は中央派閥の佐々木派系が実権を取りたいということでした。これに県労連が結合して労組の党への介入となりました。右派が、県本部の指導権を取るために、委員長をよこせという要求があり、委員長と副委員長を渡し、こちらは書記長ポストーつとなりました。その代わり書記局員は一人も首を切らせないということで私共左派は書記長・書記局を固め右派の派閥攻撃を阻止できました。

県本部は統一したが総支部の対立も強く、多くの総支部では右派は統一を拒否し分裂したまま進みました。県労連傘下の組合では全電通をはじめ京成など左派が強くなっていましたので、党内融和に向かいました。

社会主義協会への攻撃は労組でも行なわれ、NTTの前身である電電公社の労働組合の全電通内でも大きな闘いとなりました。電通千葉闘争と言われましたが、電電公社の短波無線職場の廃局無人化反対と電話交換手の職業病・頚肩腕障害の業務上の認定闘争を提起し、職場反合理化闘争として大きな闘いをやりましたが、幹部が、たとえば山岸章などを中心にそういう運動はだめだと組合の上のほうから圧力をかけてきました。県支部の組合選挙で活動家が当選していたのに、結局上部機関命令で選挙をやり直させて専従幹部のクビを切ったりという弾圧が組合上部から起こりました。

全国的に社会主義協会の拡大への右派の反発は強く、77年に協会規制が行なわれましたが、その後も社会主義協会攻撃は続き、78年の福島県本部分裂、都本部の分裂と続き、協会規制もあいまって私たちの活動は大きく後退を余儀なくされました。しかし千葉県ではその後も地道に活動を続け、県内の主導権を持っていました。そして、80年の総選挙で木原実（1916~2010年）さんが病に倒れて引退し、その後を受けて83年に一区から私が出て、衆院議員になりました。

国会議員として

国会議員になって一番最初に取り組んだのは、東京湾アクアラインと成田空港問題です。これは県会議員のときから取り組んでいたので。本当にやるべきだったのは国鉄分割民営化問題で、法案が審議される運輸委員会に入りたかったのですが、当時の国会は田辺誠が国会対策委員長で、自民党の金丸副幹事長とつるんで金も持っていたし力を持っていて、国鉄民営化には最初から賛成なために、運輸委員会委員を国労出身者で固めていて他は入れなかった。国労出身議員は、当初分割には反対だったが、民営化には賛成で、当時の国鉄分割民営化に消極的で非分割民営化を推進していた仁杉巌国鉄総裁を頼りにしており、総裁を盾に法案を潰そうとしていました。しかし、中曽根康弘首相が仁杉を首にして分割推進の杉浦喬也に総裁をすげ替えたためにがっくり来ていました。86 年の中曽根首相による死んだふり解散による衆参同日選で私は落選してしまい、その間に国会で分割民営化法案審議が進み、87 年には分割民営化されてしまいました。私が 90 年に 2 回目の当選をした時には、国鉄を復活させられるような状況ではなく、残念でした。

国会議員になって、田辺の国対政治、とくに国鉄分割民営化問題への対応を見て、社会党の実体がよくわかりました。院外では文化人を含めて分割民営化に反対する闘いが広がっていたのに、国労出身議員を含めてまったく闘う姿勢はなく、反対運動が国会請願に来ても国会前で激励行動に参加する議員は少なかった。

私が国会議員に当選したときに国会には社会主義協会員で先輩の山本政弘と高沢寅男がいましたが、この 3 人の協力関係は弱かった。山本はもともと 75 年に千葉県本部が分裂したときに、調停に入った石橋書記長の下で執行部の重責を担っていたのに、まったく私たちに協力してくれなくて、「お前たちはヘマをやったな」と言っていたので、あまり期待していませんでした。だから国会問題で 3 人で討議するということはありませんでした。私が落選した 86 年にはすでに山本は「新しい社会党を創る会」を結成し、協会から離れていましたから。

新社会党の結成

そして 86 年に綱領的文書『日本における社会主義への道』が廃棄され、社会民主主義に立つ「新宣言」に変わり、社会党は社会主義政党ではなくなりました。社会主義協会は、「新宣言」は科学的社会主義の放棄であると徹底的に批判しましたが、山本政弘を中心に、社会主義協会内の東北支局や北海道支局が「新宣言」に賛成して成立させたために、社会主義協会内は事実上の分裂状態で、「新宣言」にたつ社会党がどういう政党であるのか、きちんと分析・討議できる状態ではありませんでした。

それから 10 年後の 1996 年に、私たちは新社会党を結成しました。村山内閣がとくにひどかったのは「安保条約の堅持」で、憲法違反の問題といろいろな政策についても、これを容認するというのが村山内閣のもっとも悪かった点ですが、そういう党にはいられないということで新社会党をつくります。この時にはかなりのメンバーが、いや、社民党でやるんだ、分裂はだめだということで、社会党員は民主党を含めて三つの党に所属することになりましたが、結局、協会も98年に分かれ、二つになったというのが経過です。ですから現在、社会主義の名称の雑誌が二つ出ています。

その後、昔の社会主義協会は考え方がずいぶん変わり、はっきり言えば社会民主主義の協会になったわけです。だから当初の山川・向坂路線とは、最初の代表者は山川と大内兵衛の2人でしたが、協会の出発当時の考え方、思想、路線とはもう全然離れています。もっとも、分かれる時のメンバーもだいたい亡くなったり、年を取ってしまって一線を退いてしまっている人たちが多くなっています。

最近の状態を見ても、新社会党は国会議員を失い、社民党も国会議員の数がどんどん減っているのが現状だと思います。しかし、私どもはいまもって社会主義協会の重要性を考えています。たしかに後退していますが、やがて再建できる、確立できるという日本の社会主義への展望を持って今も全国の仲間と共に頑張っています。

初出
『大原社会問題研究所雑誌』No.698／2016年12月号
https://oisr-org.ws.hosei.ac.jp/images/oz/contents/698_04.pdf

第8章

社会党生活32年

社会民主主義とマルクス主義の狭間で

——横山泰治氏に聞く

構造改革論はロマンとしての社会主義思想だったのか？派閥抗争の内実は人間的な肌合いの相違であったことを説く。その他、地区労や総評と社会党との関係、「平和四原則」についても詳細に語っていただいた。

［略歴］

1929年　朝鮮京城市生まれ（本籍長崎県壱岐市）。東京大学文学部社会学科卒業

1953年　日本社会党（左派）本部政策審議会書記となる。左社綱領作成委員会発足

1954年　向坂逸郎主催・資本論研究会に参加し．社会主義協会会員となる

1970年　同党中央執行委員（国民生活局長）に選出される

1974年　訪ソ代表団の団員としてソ連、東欧訪問

1977年　党大会で対抗馬（向坂派社会主義協会）と決選投票。協会を離れる

1985年　訪中代表団の団員として中国を訪問。10月中央執行委員を辞し、別府大学教授に就任。護憲大分県民会議代表を兼任

1999年　同大学を定年退職

著書『現代社会政策と日本的労使関係』（1985年、未来出版）、『現代の汚職』（1967年、三一書房）

報告

左社政策審議会事務局員に

まず、左社政策審議会事務局員になったいきさつです。私は1953年に偶然の機縁で社会党本部に入りました。当時、社会党は左右に分裂していて通

称左社と呼ばれていた日本社会党（左派）の政策審議会事務局員になったわけです。それは同時に左社の党員、本部書記になったことを意味しました。偶然の機縁というのは、たまたま知り合った代議士の松原喜之次（1895〜1971年）さんが左社の政策審議会事務局長をやっていて、事務局員になる新人を探していたのです。当時、左社は「平和四原則」（全面講和、中立堅持、再軍備反対、軍事基地提供反対）を掲げて総評の支持のもとに選挙のたびに躍進しており、本部職員も人手不足になっていたのです。その松原さんが「政策審議会長の和田博雄さんのところで国政の勉強をしてみないか」と私に誘いをかけてきました。和田博雄さんという人は農林官僚出身で戦後の第１次吉田茂内閣で農林大臣、次いで片山哲内閣で経済安定本部長官として活躍し、そののち政界に転じて社会党に入党し、世間からは将来の革新政権の首相候補と目されていた「時の人」でした。その和田さんのところで「国政の勉強を」ともちかけられ、私はすぐオーケーしてしまいました。野党の立場での国政の勉強はよい経験になると思ったからです。

「MSAに挑戦して」長期ビジョンの試み

こうした経緯で政策審議会に入ったわけですが、和田さんが政審会長としていちばん力を入れたのが社会党の長期平和経済計画「MSAに挑戦して」でした。これは官僚出身でなければ思いつかない発想です。MSAというのはアメリカの法律でMutual Security Act、相互安全保障法です。これをもとに日米の間でMutual Defence Assistance Agreement相互防衛援助協定というのが結ばれたわけで、そのような軍事化の方向ではなく日本は平和経済の方向を目指すべきだとする長期ビジョンを示したものです。協力してくれた現役官僚もいて、経済の諸指標もあれこれ並べて作成したものです。いま考えてみると、これをつくった意味はたいへん大きかったと思います。

というのは、長期経済政策を作成する作業は和田会長の後の代々の政策審議会長にも年中行事のように受け継がれ、その作成の時には政審会長はじめ関係議員やわれわれ事務局員もいっしょになってトータルビジョンのあり方を討議し、識者からのヒアリングも重ね、長期構想との関連で個別政策も考えるという習慣がついたからです。これに関して思い出すのは、井出以誠

（1909～82 年、佐賀出身の政審会長）さんの時に、長期政策の作成に際して皆さんのつくる政策は官僚の作文のようで難しいから、もっと易しく書いてほしい、たとえば「二階から目薬」といったような譬えを使えば誰でもわかる、という注文がつきました。言われてみて私たちも「なるほど」と思い、以来、できるだけ易しく書くように心がけたものです。この時の長期政策のキャッチフレーズは、井出会長も加わった討議の結果、「明日への期待」となりました。

長期政策に関して民主党政権について感想を述べれば、民主党はあれだけ国民の期待を担って政権の座につきながら内政外交ともスローガンばかりで、国政運営のビジョンや政策について事前の討議も足らず、思い付きの政策ばかりだという感じを受けました。最後は官僚にもバカにされている様子ありありで国民からも見放されました。民主党には、自公政権にとって代わるようなビジョンと政策をしっかり作ってもらいたいものです。

唯物史観と常識（良識）との矛盾に悩む

私は旧制佐賀高校のとき自治会のクラス委員として授業料値上げ反対の学生ストに参加したくらいで、政治活動の経験はありませんでした。ただ政治に関しては自分なりに一つの考えを持っていました。第 2 次大戦直後に政権をとった英労働党アトリー政権が「揺り籠から墓場まで」の包括的社会保障制度を世界で初めて実施したことに感銘を受けたのです。そして議会政治の伝統をもつ高度資本主義国の日本では、議会を通ずる民主改革が社会改革の道だ、というごく常識的な結論に達していました。ただ佐賀高校のとき、スト中の学生自治会による自主管理授業で外部の講師から唯物史観・マルクス主義の手ほどきを受け、生産力の発展が生産関係を変え、資本主義から社会主義、共産主義へと社会が発展していくのは歴史的必然だという考え方を聴いて、これこそ科学的な歴史観だとその時は思いこみました。しかし、唯物史観を受け入れたことで私は常識的には社会民主主義、理論は唯物史観・マルクス主義革命論というねじれ構造を自分自身のなかに内蔵することになり、この矛盾に長く悩まされました。この矛盾から最終的に解放されたのは、ソ連・東欧体制が崩壊してプロレタリア独裁という概念すなわち政治革命で権力を握った後、資本主義の体制変革のため独裁体制で社会革命を達成するというプロレタリア独裁概念の虚構性を、歴史的現実の問題として実感してからでした。

和田政審会長と話が合う

左派社会党に入るとき、最初に和田政審会長の面接を受け、話題がイギリスの政治学者ハロルド・ラスキ（1893～1950年）にも及んで、私は話が合ったような気がしました。戦後、自由とか民主主義とか、それまで聞き慣れなかった言葉が氾濫し始めた頃、ラスキの『近代国家における自由』という本など読んで、自由とは何かということを真剣に考えたものでした。ラスキは学者ながら英労働党左派系で党の幹部役員までやった人で、和田会長の考えはその英労働党左派に近く、衆議院の２階控室にあった政策審議会事務局には労働党左派系の新聞「New Statesman」が綴じてぶら下げてあり、和田さんはそれを読むよう皆に勧めていました。

左社綱領――戦前の日本資本主義論争の再現

日本資本主義論争とは、ご承知のように戦前、岩波書店の『日本資本主義発達史講座』を執筆した共産党系の学者と、それに対立する考えの雑誌「労農」に拠る左派系の学者が、学術論争の形で日本における革命の戦略論争を行ったものです。1950年代前半、時代は保革勢力による二大政党中心の議会制民主主義実現を志向しており、左右社会党は再統一へと進んでいました。この状況に、これまでのばらばらな連合戦線党的な党の体質を改めて明確な党綱領をもつべきだとの声が強まり、再統一前に左社綱領をつくることになりました。党綱領作成を強く推進したのは労農派マルクス主義グループの社会主義協会（以下、協会）です。

協会は戦前の講座派系学者との理論対立、簡単に言えば講座派は、日本はまだ半封建的な体制の国だからまず民主主義革命が必要で社会主義革命は次の段階という２段階革命論です。それに対して労農派は、日本は高度資本主義国で民主主義もそれなりに進んできているのだから社会主義革命が当面の戦略だという１段階革命論です。その対立の型を、協会は左派社会党と日本共産党との綱領次元の論争で再現しようとしました。つまり、1段階革命論としての社会主義革命論、議会を通ずる平和革命論を持ちこみ、当時火炎瓶で交番を襲う武力闘争路線に走っていた日本共産党の2段階革命論、戦後は民族独立民主革命から社会主義革命への2段階となっていた革命論に対置させたわけです。

党内に綱領作成委員会がつくられ、委員長は和田政審会長が兼務することになりました。その綱領委員会の事務局をやるということで、政審事務局に野中卓（1926～2001年）という向坂逸郎先生直系の青年が送り込まれてきました。彼は海軍兵学校75期生で77期生の私の先輩に当たり、在校中は面識はありませんでしたが、すぐ私に接近してきました。彼は九学連（九州地域大学学生自治会連合会）のオルガナイザーで元共産党活動家です。政策審議会に私と同時期に入った高沢寅男（1926～99年）はかつての都学連委員長で終戦時は陸軍士官学校生徒、こちらも元共産党です。元共産党組が党内で大いに巾を利かせる雰囲気でした。

向坂「資本論研究会」に参加

野中はすぐ私を向坂邸での資本論研究会へと誘いました。著名な向坂先生のもとで『資本論』を勉強できると思って参加した私は、たちまち向坂一派に加えられてしまいました。私の内なる唯物史観的思考が労農派マルクス主義の革命論と共振したことは疑いありません。研究会は『資本論』の勉強はそこそこに議論は左社綱領の作成問題に集中しました。私はマルクス主義革命論に古臭さを感じましたが、総評労働運動の場で社会党系が共産党系に対して平和革命論で理論的優位に立つためだ、といわれて反対できませんでした。しかし今にして思うと、労農派マルクス主義の革命論を左社綱領に採用したことは社会党の「躓きの石」だったと思います。左社綱領の考え方が55年体制下の社会党内の左右論争で左翼バネとなり、社会党の行動を時代遅れのものにしたからです。

躓きの石としての左社綱領——SPDと日本社会党の比較

ドイツ社民党（SPD）と比べると、日本社会党の時代遅れの足どりが浮き彫りになります。1950年代後半のほぼ同じころ、当時の西ドイツSPDも日本社会党も議会勢力は3分の1余り、同じくらいの政治勢力だったわけです。日本社会党の方は左右妥協の産物の統一綱領をつくったものの左社綱領の革命論発想を残したのに対し、SPDでは激しい党内論争を経て古いマルクス主義的綱領を捨て、1959年に自由、人権、民主主義を基調とするゴーデスベルク綱領、正確にはバート・ゴーデスベルク基本綱領を採択しました。その綱領にもとづいて政権戦略を練り、ブラント党首を首相とするSPD単独政権を実現したのです。以来、SPDはドイツの政権党ないしそれに準ずる地歩を確保しています。それに比べると社会党の後身の社民党は今や消滅寸前の姿で、私は痛恨の思いで両者の対照的な足どりを思い、微力な自分を反省しているわけです。

社会主義協会との決別

ちょっと時間を先取りして社会主義協会をやめた経過を述べたいと思います。向坂・資本論研究会に入ったことで私は社会主義協会の看板を背負うことになり、中央執行委員になってから大会の役員選挙でも協会の支援を受けていました。ところが1977年の党大会で、私が向坂派協会の社会党強化方針に中央執行委員会の場で反対せざるをえない事態が起こりました。向坂先生は自分はマルクス・レーニン主義者だと著書に書いておられますが、社会党を革命党にするため協会を実践部隊化して「社会党を強化する会」をつくり、事務所も設けて「党内党」的活動を活発化させ、それに党内各派閥が反発したのです。

協会の指導者、山川均さんは、協会の役割は社会党に理論を提供する「風呂たき」だと位置づけられていました。私は同じ考えでしたから「風呂たき」を止めて協会がマルクス・レーニン主義のテーゼを採択し、実践部隊化することには納得できませんでした。私が向坂派協会の動きを行き過ぎとして反対したため協会の反感を買い、1977年大会の役員選挙で協会は木原実(1916～2010年)代議士、私は個人的には仲がよかったのですが、木原さんを私の追い落としのために中央執行委員・国民生活局長の対立候補に立ててきました。私は無派閥で始めは風前の灯のような感じでしたが、日ごろ付き合っていた国会の社労委員、大原亨（1915～90年）さんとか村山富市（1924年～）さんとか多賀谷真稔（1920～95年）さんといった各県代議員に影響力のある人々が大会場を回って私を応援してくれ、結果的には投票数で私が大勝して中執の座を守ることができました。この勢いにのって青少年局長のポストは太田派協会の深田肇（1932～2012年）君が向坂派の対立候補を破って当選し、深田君には感謝されたものです。私が協会から離れたのには、そんな事情がありました。

社会党内派閥の対立

私は左社綱領作成論議の始まった1954年に肺結核2期と医者から診断され、急遽中野国立病院に入院して１年間、療養生活を余儀なくされました。このため、綱領委員会の左社綱領作成の論議には参加できませんでした。復帰したのは再統一後の1955（昭和30）年です。統一社会党は、岸内閣と対決する一方で、党内では派閥間対立がひどくなっていました。私が左派社会党に入った頃は派閥などなかったので驚きました。

和田さんは政審会長のあと左社書記長をやり、統一後はまた政審会長でしたが、委員長の鈴木茂三郎（1893～1970年）さんはじめ戦前無産運動をやってきた人たちと官僚出身の和田さんとは肌合いが合わなかったのでしょうか、党内に鈴木派と和田派の派閥ができ、それに平和同志会、農民同志会などの左派系派閥と、西尾末広派、河上丈太郎派など旧右社系もあり、新聞などでは「社会党８個師団」などと冷やかされていました。私は社会主義協会の社会党本部班に属していましたが、本部班の書記は左社綱領作成の責任者だった和田政審会長の派閥、和田派に入っていました。

政審訪中団事務局長として中国、北朝鮮を訪問

60年安保闘争の後、政治的空白の期間ができたとき、書記局中心に地方議員などを加えて政策審議会代表団というものをつくり中国を訪問しようという話が持ち上がりました。たまたまその話の時に姿を現した浅沼稲次郎委員長が「行ってこいよ」と勧めてくれて、政策審議会の年配書記の手島博さんを団長に私が事務局長という構成で、約１カ月間、香港経由で広東、上海、

北京というコースを回りました。

どこでも「安保闘争の最前線で戦った戦士」として歓迎されました。前年の第2次社会党訪中代表団で浅沼団長が行った「アメリカ帝国主義は日中両国人民共同の敵」との談話で中国側は我々を戦友扱いしてくれたのです。この団は、最後に北京から飛行機で北朝鮮（朝鮮民主主義人民共和国）の平壌に飛び、一週間ほど滞在して各地を見学しました。ここでも大歓迎され、宴席では金日成国家主席が私たちのテーブルにやってきて一緒に乾杯などしました。この両国の訪問は、現実の社会主義国について感触を得たという意味で私には良い経験となりました。

構造改革論の提起

中国から帰国して間もない10月12日に、私たちの訪中を後押ししてくれた浅沼委員長が日比谷公会堂で右翼少年の凶刃に倒れました。その翌日の臨時党大会で、江田三郎委員長代行が提案した「反独占、中立、生活向上」を柱とする構造改革方針が満場一致で採択されました。この構造改革論が、その後、大論争を呼んだわけです。もともとイタリア共産党のトリアッティ指導部が綱領的宣言で打ち出したもので、当初、日本では「構造的改良」という言葉で紹介されていました。この言葉には、現代的な社会変革の語感がありました。

イタリアでは労働総同盟が「逆スト」をやる、つまり仕事がなく失業している労働者が勝手に道路工事などやってその賃金支払いを自治体に要求し、自治体がそれを払う、仕事を止めて賃上げ要求するストライキとは逆で、こうした大衆運動を背景にしたものと解説されていました。西欧最大の200万党員を擁するイタリア共産党ならではの提起だ、と思ったものです。「構造的改良」の言葉には、「革命か、改良か」の従来論争の次元を超える現代的な響きがありました。

しかし、構造改革派に影響を与えた佐藤昇さんは「構造改革論はマルクス・レーニン主義の最先端理論だ」との論陣を展開していました。私はそれを読んでがっかりして、マルクス・レーニン主義の範疇でそんなことを言っているようでは仕様がないなと思い、社会党のなかで提起されている構造改革論はしょせん借りものだとの感じを持ちました。イタリア共産党のような大衆運動を背景にした民主的改革路線だと言われたら、案外、私は構造改革論に衣替えしたかも知れません。構造改革派の中心メンバーの一人だった貴島正道さんは、自分たちの社運研（社会主義運動研究会）も構造的改良とはいっても社会民主主義までは行けなかった、という趣旨のことを書いていますが、私は構造改革の推進、反対の如何にかかわらず社会党全体が現実の社会主義国の実態を十分調査分析もせず、ロマンとしての社会主義思想に捉われていたような気がします。

構造改革論争のなかで無派閥に

構造改革論争で、これを改良主義として反対する左派と推進する江田派などの対立が激化しました。1962（昭和37）年1月の党大会で、構造改革推進派の江田派、河上派、和田派の3派連合ができ、構造改革反対の佐々木更三派、平和同志会、農民同志会と対立する構図ができました。社会主義協会は、構造改革論を改良主義として理論的に批判し、左派の諸派閥と連携しました。

このとき、立場がおかしくなったのが和田派の領袖である和田博雄さんです。自らは左社綱領作成の責任者ですから、スジとして左社綱領否定の構造改革論には賛成できず、また私の聞いたところでは社会タイムス社長だった江田さんが借金を和田さんに押し付けて和田さんは生涯苦労されたという事情もあったようで、そんな不信感もあって和田さんは江田さんの提起した構造改革論に反対の立場をとりました。そして一人だけ派閥を離れたわけです。この時、和田さんと行動を共にしたのが原茂（1913～97年）代議士で、社会党の議員としては珍しく長野県諏訪の原電機社長でした。この人が和田さんと一緒に無派閥となりました。私ら協会本部班の書記局メンバーは和田、原両議員と共に無派閥で行動することになり、以来、私は無派閥で通すことになったわけです。

原さんは後に社会党財政の立て直しを期待されて、中央執行委員・財務委員長の重職に就きましたが党財政の立て直しは容易ではなく、やがて財務委員長のポストを降りることになります。その後釜の中央執行委員ワクを私にやれと仲間たちが言い出し、私は原さんが辞めた後の中央執行委員の1ポストを国民生活局長として受け継ぐことになりました。党内派閥力学で押し出されたわけです。

中央執行委員・国民生活局長に

さきほど申し上げた経過で1970（昭和45）年11月党大会で、私は中央執行委員・国民生活局長に選出されました。ちょうど総評・社会党ブロックの生活闘争、当時の総評・岩井事務局長がイタリア総同盟の大衆運動にヒントをえて、総評も賃金、労働条件だけでなく勤労者生活に結びついた運動をやる必要があるということで、公害反対、物価値上げ反対はじめ、総評や自治労などと呼吸を合わせて、たとえば救急医療の体制改善の国会闘争を地域の要求運動と結びつけてやるといった、様々な生活闘争に力を注ぎました。

質疑

――ありがとうございました。1985年まででお話が終わったわけです。85年10月以降について少し補足していただけたらと思うのですが、いかがでしょうか。略歴に10月に中央執行委員の職を辞し、別府大学教授となるとありますが、突然職を辞されたように見えるのですが、どうしてかということ。社会党の書記を辞められてすぐ大学教授になるのはなかなかのことだと思うのですが、それはなぜなのか、どうして可能だったのかということ。

別府大学教授として大分で活動されることになり、平松守彦知事のブレーンとして一村一品運動などにかかわったということも目にしたのですが、85年10月以降のことについて、このプロフィールに書かれていることを多少補足するような形で補っていただければと思いますので、よろしくお願いします。

横山　辞めたのは別府大学の方から来てくれという要請があったのです。

――向こうの方からですか。

横山　はい。それと、私は85年で中央執行委員を15年ほどやっていましたので、ちょっと長すぎるのじゃないかという人もいて、また同じ地位にずっといると多少マンネリにもなります。ただ私は中央執行委員をやりながら、東海大学で非常勤講師として何年間か社会政策の講義を持っていました。

――東海大学総長との関係があったのですか。

横山　総長から直接要請を受けたわけではないのですが、東海大学には私の先輩が居たものですから。先ほど述べた野中卓さんがある事情で社会党を辞め、別府大学の短期大学部学長になっていて、私を引っ張ってくれたのです。当時、別府大学の財政再建のために乗り込んで建て直しをした小松幹（1914〜90年）さんという元社会党代議士の実力者がいました。お二人で私を招いてくれたのです。私も第二の人生を大学教員で送るのも悪くないなと思い辞めたわけです。私は政策審議会で社会保障や労働関係を担当していた関係で、雑誌に論文なども発表しており、また社会政策の著書もありましたから、別府大学の教授会の審査も通ったわけです。

大分県では、平松さんのブレーンではありませんが、平松知事のとき県から頼まれて県の生涯教育センターの講師をやりました。大分県内の各地から元警察署長とか元教育長とか地域のそうそうたる人たちが来ていて、なかには自民党どこどこ支部長もおり、地域社会に自民党が根を張っていることを実感しました。運動の方では、憲法擁護大分県民会議の代表委員もやりました。

ひとつ言い忘れたことがあります。略歴の一番下の1997年のことについて。大分社会党県連や県労連のメンバーと一緒にヨーロッパ訪問の代表団、村山富市さんを名誉団長にした代表団を構成し、スウェーデン社会民主党、英労働党、仏社会党、独社会民主党を訪問し、友好交流をかねた意見交換などしてきました。スウェーデン社会民主党は社会大臣（日本の厚労相）もやったインゲラ・タリーン書記長、なかなか見識のある女性書記長が出てきて、代表団に入っていた私の妻（薫子）が担当主査となってかなり突っ込んだ議論もしました。ドイツ社会民主党はラフォンテーヌ党首も顔を出し、左派の理論家らしく日本社会党には親近感を持っていた人のようで、私の妻など一緒に写真を撮っています。様々な理論と実践のなかで人間の尊厳と権利を求めて福祉国家を実現してきた社会主義インター諸党の実績に思いを馳せ、私は深い感慨にとらわれていました。

「平和四原則」をめぐって

――最初のところで「平和四原則」のお話がありましたが、このときに左派社会党が選挙のたびに躍進したとあります。この文脈だと「平和四原則」を掲げていたので選挙のたびに躍進したと読めますけれども、ほかに左派社会党が躍進した要因はありますでしょうか。

横山　戦争の記憶が生々しく反戦の機運が強かった頃ですから「青年よ、銃をとるな」「教師よ、教え子を戦場に送るな」と鈴木茂三郎委員長が街頭で絶叫する場面は話題にもなり、それは選挙民にストレートにアピールしたと思います。組織的には総評の全面的な支援が何といっても大きかったのです。総評傘下の労働組合が、選挙の候補者も出せば選挙運動の運動員も資金も出してくれる、といった有様です。医者とか文化人とかも参加してくれましたが、まさに総評・社会党ブロックとして急成長した左派社会党でした。

――偶然の機縁でたまたま左派社会党の松原喜之次さんと知り合ったということですが、たまたまといっても、道を歩いていて知り合ったわけではないでしょう（笑）。声をかけられるにはそれなりの理由とか背景とか、偶然の中身はどういうことでしょうか。

横山　私は伯父から学資を援助してもらって大学にいったのですが、理由があって1年ほどで打ち切られました。その時期のアルバイト先が東京相互タクシーというタクシー会社で、その社長が松原さんだったのです。

――松原さんから目をつけられた理由は何でしょうか。見どころがあるとか、ちょっと目立っているとか、何かあったのでしょうか。

横山　学生が7～8人くらいアルバイトしていて、私はそのキャップのようなことをやっていました。だから松原さんと話す機会もわりにあったわけです。

――キャップになったことは、兵学校でトレーニングを受けたこととは関係ないのですか。

横山　関係ありません。話していて何となく傾向がわかったということでしょうね。

綱領をめぐって—1

——1955年の統一の後、西ドイツのSPDが綱領を変えて結果的に躍進したということですけれども、この当時の左派社会党はまだ議席が躍進していた時代ですよね。にもかかわらず、左派綱領が硬直化していて変えた方がいいというような話だったと思うのですが、左社が伸びているのに西ドイツのように綱領を変えた方がいいとお考えになったわけですか。

横山 左社がどんどん伸びたのは55年の統一前です。1955年に左右両者が統一された日本社会党になったわけですね。野党第一党ということで自民党に対抗する勢いを持つわけですが、統一してからは32〜33%の支持率が精いっぱい、西ドイツ社民党もそのくらいで両者はあまり変わらなかったのです。

——となると、この研究会で、社会党がもう少し早く政策を現実化させていれば、もっと伸びたのだろうという意見がよく出るのですが、一方で現実化させた民社党という政党があり、防衛面でも経済政策面でも政策を現実化させたのですが、民社党の方が社会党以上に低迷した。これはどのように分析されていますか。

横山 民社党が分かれて党の方針を発表しました。それは関嘉彦（1912〜2006年）さんという学者が書かれたと聞きましたが、非常によくできた文章でした。私はその文章を読んで、これは民社党に負けるのではないか、とふと思った記憶があります。文章だけは実に立派にできていましたが現実は違っていた。民社党の方針の文章どおりにやっていれば伸びたのかもしれませんが、現実の民社党の基盤はまったくの企業内労働組合で、言うことは会社の方針と変わらず、とくに三菱重工や富士重工など防衛産業部門を抱えた重工業関係が強く、そういう労働組合と一体関係の民社党は軍事化路線を自民党以上に推進するようなところがありました。関嘉彦さんの文章は立派だけれども、実際の民社党は全然違っていたわけです。

——「今にして思えば労農派マルクス主義の革命論を左社綱領に採用したことは社会党の躓《つまず》きの石だった」と話されています。労農派マルクス主義の革命論ではなく違ったものを左社綱領に採用するべきだったということですね。

横山　そういうことです。

——それはどういうものですか。労農派マルクス主義の革命論ではない、左社綱領に採用すべきもの、それは革命論ですか。

横山　革命論ではだめだということです。議会を通ずる民主的改革は革命とは別です。

——左社綱領の根幹に革命論を据えたということ自体に問題があったということですか。

横山　そうです。民意を大事にしながら改革を進めることは、何らかの暴力をともなう革命とは別だと思います。平和革命論のいう、議会で絶対多数をとって社会主義宣言をして社会主義変革を推し進めることは、現実を考えれば簡単ではないでしょう。

——ここで言っていることは労農派であるかないかではなく、労農派が掲げていた一段階革命論としての社会主義革命路線が問題だったという意味ではない、ということですね。

横山　そうです。革命論が問題です。

——しかし、そのとき共産党系との主導権争いのなかで、理論的に革命論を出さなければならなかったのですね。

横山　そうです。

——革命論を出したことによって社会党の基盤が守られた、そういう現実はなかったのですか。

横山　先ほど申し上げたことですけれども、私はマルクス主義革命論に始めから古さを感じながら、けっきょく総評内の共産党系との主導権争いで理論的優位性を保つためには革命論をとらざるをえなかった。党派的な意味で自分を納得させたわけです。

——もし革命論を出さなかった場合には、共産党に全体的に持っていかれる可能性は現実にあったのですか。

横山　持っていかれるかどうかはわかりませんが、理論的には平和革命といった方が話が通りやすいでしょう。平和革命という言葉にはそういう言葉のあやがあるわけです。当時共産党は武力革命方針によって火炎ビンで交番を襲撃したりしていたのですから。それに対するには平和革命論が説得力があったわけです。

――55年くらいまではそうですね。当時は言葉の「あや」が多かったのではないですか。革命をするつもりはなくても革命と言うけれど、実質の機能は違うことを皆ある意味では自覚していたのではないですか。

横山　それは多分あったでしょうね。

綱領をめぐって―2

――2点質問させていただきます。1点は、今ずっと問題になっている綱領の問題ですが、左社綱領ができ、その後すぐに再統一をして、そのときに右社8分、左社2分といって右派のほうの意見をかなり取り入れ、非常に穏健な内容の統一綱領ができたわけです。それからしばらくして構造改革論争が起き、「日本における社会主義への道」というのができ、結局、左社綱領が事実上復活して統一綱領に代わってしまう。

「道」についての話がなかったと思うのですが、横山さんは「日本における社会主義への道」に何かかかわっておられたのか。「道」についてはどのようにお考えなのか。

2点目は、バート・ゴーデスベルク綱領の話が出ましたが、バート・ゴーデスベルク綱領がつくられた過程を研究されていた安野正明（1956～2012年）先生という方が広島大学にいらっしゃって、安野先生とお話した時に、綱領はマルクス主義から変わったということだけに注目するのではなく、当時のドイツ社民党（SPD）は、マルクス経済学ではもうだめだ、ケインズ経済学にしなければいけないということで、かなりケインズ経済学を研究していた。では、日本社会党はケインズ経済学についてどう考えていたのですか、と質問されたので、社会党のいろいろな機関紙誌を見たけれども、マルクス経済学ばかりでケインズはほとんど出てこなかった、と答えたことがあります。今日の横山さんの話だと、サミュエルソンの経済学を独学で勉強されたということは、当時の社会党のなかでもケインズ経済学は全然研究されていなかったのですか。

横山　最初の「道」のことですが、私は社会主義理論委員会の事務局に入っていました。現状分析のところにはかかわりましたが、そのときはまだ社会主義協会のメンバーでしたから、結局は社会主義協会の主張する線で締めくくるということになりました。ケインズ経済学ですが、マルクス経済学か、ケインズ経済学か、という議論をすることは当時ありませんでした。私はたまたまサミュエルソンが比較的勉強しやすいと思って買って読んだだけで、ケインズか、マルクスかという議論はしませんでしたね。

——マルクス経済学が当たり前のような。

横山　そうです。

——さかのぼりますが、左社綱領をつくった頃の左社の話です。『日本社会党の三十年』（社会新報、1974年）に書いてあったと思うのですが、左社綱領の討議中に和田博雄さんはイギリス労働党的なものを提案しようとしたけれども、清水慎三案が出て、それに対する防衛の観点から和田案は消えてしまったのだという話が書いてあったのです。左社のなかでも革命論だけではない考え方があったのかと読めるのですが、その辺をご存じでしたら教えていただきたいと思います。

横山　ちょうど私は療養生活をしていたものですから、論議の中身については詳しくありません。ただ結論はそうなるだろうと思っていたとおりになりました。

——和田さんはそのときは比較的議会政党としての社会党を考えられていたと思うのですが。

横山　和田さんのことを書いた『幻の花』（楽游書房、1981年）という本を読まれましたか。あの作者は私のところにも来られて私も少し証言していますが、和田さんはイギリス労働党左派くらいの考え方でしたが、立場上、意に沿わない左社綱領をつくらざるをえなかったのです。綱領は基本綱領と行動綱領の二層構造になっていて、基本綱領で労農派マルクス主義の革命論を取り入れ、あとの行動綱領に和田さんは自分の政策論的な考えを入れて妥協したのだと思います。

——派閥ができる背景のところで、官僚出身の和田さんと戦前から無産運動でやってきた人たちとでは肌合いが合わないと書かれています。官僚出身で和田さんと勝間田清一（1908～89年）さんとでは同じような傾向があったと言えるのかどうか。人間的な肌合いの違いや人脈で社会党の派閥ができたのか。政策以外のそういう原因がどの程度の強さ、大きさがあったのか、ということです。政策や方針、イデオロギーは違うわけで、それでグループ化が進むと思うのですが、同時にいま言った人間的な付き合いや肌合いがかなり大きかったのかもしれないですが、その辺はどうでしょうか。

横山　派閥というのは、やはり人間的な付き合いや肌合いが主でしょうね。

――政策的なというか、考え方の違いなどよりは。

横山　鈴木派は後に佐々木派になりましたけれども、親中派といわれたように外交方針は中国に近い。勝間田派はソ連に近いと言われましたね。

――そういう政策的な違い、路線上の違いはやはりあるわけですね。肌合いの違いとはどんなところですか。

横山　私の感じですが、無産運動をやってきた人たちは戦前の弾圧のなかでたいへんな苦労をしてきたせいか、人間くさいというか、義理人情的な大衆性が強かったような気がします。

社会主義協会について

――派閥ができて社会主義協会の本部班は和田派に属したと書かれていますが、高沢寅雄さんとか笠原昭男（1928年～）さんとか、だいたい左派系に近いのだろうと思いますが、館林千里（1928～89年）さんや横山さんは勝間田派というか、その当時の社会主義協会の本部班というのはどういう感じだったのですか。

横山　高沢は社会主義協会に入っていませんでした。かれは後に佐々木派に入りました。私とか野中とかが和田派だったわけです。

――野中卓さんも和田派だったのですか。

横山　和田派です。しかも中心メンバーでした。構造改革論争で派閥関係は変わりました。私も和田さんと共にそれまでの和田グループから外れてしまったのです。

――横山さんの目から見て右派の人たち、右派でも西尾派の人たちはどちらかというと同盟の人たちが中心ですが、河上派の人たちは少し違ったのではないか、河上丈太郎さんはもちろん三輪寿壮（1894～1956年）さんもいたり河野密（1897～1981年）さんもいたりして、河上派は無産運動に取り組んでいた人たちのなかではインテリだったのではないか、横山さんは河上派の人たちはどのように思われますか。

横山　あまり付き合いはなかったので、よくわからないし、三輪寿壮さんはわりに早く亡くなりましたね。河上丈太郎さんの息子の河上民雄（1925〜2012年）さんとは親しくしていました。よく話したりもしました。その上の世代とは付き合いがありませんでした。

――浅沼稲次郎さんもそうだったですね。

横山　委員長でしたからね。浅沼さんはどこにでも顔を出して話をする、親しみやすい気さくなところがありましたね。

――左派社会党の人たちと右派社会党の人たちは横断してあまり付き合いがなかったのですか。たとえば和田博雄などは世田谷の梅が丘に昔住んでいて、鈴木茂三郎も世田谷が選挙区で、仲が悪かったのですか。当時の左派と右派はけっこう分断されていたのですか。

横山　そうでもないと思うけれども、やはりそれぞれの派閥があると、その派閥内の付き合いの方が多くなるのでしょう。議員は国会では日常的に顔を会わせているわけですからね。我々も書記局のなかで左派も右派も一緒に机を並べており、後に民社党の委員長になった大内啓伍（1930〜2016年）君などすぐ隣にいました。だから日常的な仕事の上の付き合いはあっても政治的交流は少ないということでしょう。

――派閥の集まりは定期的にやるものですか。それとも何か問題があるたびにちょっと集まるということでしょうか。

横山　朝食会というのをよくやっていましたね。

――そこで情報交換とかするわけですね。

横山　そうです。

――本部のなかで、それぞれの派閥の部屋みたいなものがあるのですか。

横山　本部にはそんなスペースはありません。議員食堂などで朝食会をやりながら情報を交換したりしていましたね。

社会党への入党、村山内閣をめぐって

――政権奪取という目標を掲げて多くの人が社会党に入り、自分たちの政

権をつくるのだという望みを抱いて活動されてきたと思うのですが、ずっとそうだったのですか。つまり村山政権樹立までそれは変わらず、村山政権ができた時に、やっと我々の年来の目標が達成されたというような形で受け止められたのでしょうか。

横山　そうではありません。村山政権はひょっこりできたわけですからね。

——それは社会党が目標として掲げていたような政権奪取のあり方ではなかったということですね。

横山　村山政権は自民党が村山さんを担いだというだけのことですから。

——社会党が自民党にとって代わって政権につくことは無理らしいという話は、社会党のなかになかったのですか。

横山　1993年に55年体制が事実上崩壊して社会党もガタ落ちして、政権をとる意欲などなかったのです。

——その前は目標としては社会党の単独政権ですか。

横山　55年体制の初めの方はいちおう単独政権を目指しました。

——ところが、選挙では単独政権を樹立できるだけの数の候補者を立てなかったわけですね。

横山　公明党が出てきましたからね。それで連合政権をイメージするようになった。

——政権構想にもそういう変化があった。

横山　もちろんです。単独で政権をとる力はない、ちっとも強くならないわけですから。社会党は長期低落傾向から抜け出せない、などといわれていましたからね。

——それで連合政権でなければだめだということで、公明党などと一緒にやろうというのが社公合意ですか。

横山　そうですね。あの頃は公明党も野党でしたから、公明党をまきこんで社公民3党連合という方向がでてきたのです。

昭和30年代再考

——「平和四原則」にもどるのですが、選挙のたびに左社が非常に伸びていったというのはいろいろなものに書いてあるのですが、その後、横ばいになり、社会党勢力が伸びなくなる。伸びなくなったのは、四原則で掲げていたことがすべて実現しなかった。全面講和も中立もできず、西側に組み入れられ、自衛隊ができ、再軍備反対も唱えるだけとなり、米軍基地反対も、要するに四つとも何も実現しなかったわけです。それがわかって社会党への支持が横ばいになったのか、それとも左社綱領が要因で伸びなくなったのか、どちらでしょうか。

横山　昭和30年頃まではまだまだ戦後だったわけです。昭和30年には「もはや戦後ではない」と言われるようになりました（『文藝春秋』1956年2月号、中野好夫による評論の題名。7月には『経済白書』で使われ、流行語になった）。左派社会党が伸びたのは昭和30年以前のまだまだ戦後気分、反戦平和の気分が強く残っている頃です。昭和30年頃から後、経済は高度経済成長期に入っていくわけです。反戦平和意識は安保闘争の時が頂点で、所得倍増計画で「政治の季節」は「経済の季節」へと変わってしまい、それ以降、社会党は長期低落の傾向をたどるようになるわけです。

――有権者の意識が変わったということですか。

横山　そうです。有権者の意識とのズレが大きいです。

――左社中心で社会党が勢力を伸ばしていくのは、55年くらいまでですよね。これは私の仮説で何の根拠もないのだけれども、共産党が50年問題で混乱をして55年で統一を回復する。その間、行き場を失った元共産党あるいは共産党支持者など若い学生や労働者が、共産党が混乱しているために左社に来たということはないのでしょうか。そのために左社が勢力を伸ばした。今日の話では、野中卓さんや高沢寅男さんという元共産党の方が左社に入ってきた、そういうリーダー層ばかりではなく、支持する階層で共産党を離れて左社に入ってきた人たちはかなりいたのではないかという気がするのですが。

横山　それは多かったのではないでしょうか。

――それが左社の躍進を支えたと言ってしまっていいのでしょうか。

横山　あるでしょうね。共産党を支持した人たちが左社を支持したというのは、かなりあると思います。

――共産党は55年に統一を回復して、ある種まともな形で活動を始めたので支持者が再び吸収されていき、その分左社の支持が減っていくという面があったのでしょうか。

横山　あるでしょうね。

――横山さんは書記から中執になられるわけですね。議員になるという話はなかったのですか。

横山　あったけれども、議員というのは大変ですからね。体力に自信がありませんでした。タフでなければやれません。徒手空拳で議員になるのは大変です。資金面でも地盤づくりでも。

――社会党の場合は、あまり面倒みてくれないのですか。自分でやれということですか。

横山　どの党でも、まず自力でしょう。うちの選挙区から出ないかと言ってくれた人もいたけれども、体力的にも資金面でも自信がありませんでした。私が一緒に机を並べた人の中から何人も議員になったけれども、ある先輩は議員は人足だといっていつもこぼしていました。とにかく自分の支持団体や支持者のところをしょっちゅうぐるぐる回っていないと、基盤を維持できないのですから、本当に大変だとこぼしていましたよ。

――国民生活局長としていろいろな運動にかかわられたわけですね。総評との関係はどのようでしたか。

横山　一体関係でやっていましたね。総評の運動はカンパニア（ロシア語。英語の「キャンペーン」）型で、要するにデモをやってスローガンを叫んだり、シュプレヒコールを行ったりのパターンですが、その時にこちらの関係の議員も一緒に参加して演説などをあちこちでやる、そんなパターンが多かったです。

――いろいろな運動で集会をやるとか、デモをやるという企画を立てたり、方針を打ち出したりというのは、社会党がやるのですか。社会党が、たとえば何日にこの問題で集会をやるとか、デモをやるという企画を立てたりして、総評によろしく頼むということで要請なり協力を求める形になるのですか。

横山　日常的に総評生活局とは接触していますから互いに相談してやるのです。

――定例化されているようなものがある。

横山　もう電話一本で。お互い顔も気心もわかっているからツーカーの関係でした。

1970年代のことなど

——総評でよく付き合っていたのはどなたですか。

横山　私は総評の生活局の常任幹事や書記局が多かったです。

——国民運動局ではないのですか。

横山　国民運動局は平和運動の担当です。70年代の初めに総評では生活闘争のために生活局ができたのです。その担当の常任幹事がいました。

——70年代初めというと、インフレや物価高反対ということで。

横山　公害が一番の問題でした。公害があちこちで目立つようになり社会問題化していました。それから物価高とか救急医療の問題とか。地元の社会党の組織や自治労その他関連労働組合とか市民団体とか、みんなで集まって討論したり、自治体と話をしたり。国会議員などもその現場に出向くわけです。村山さんや多賀谷さんなども衆議院社労委員でしたから、今度どこそこで次にこんなシンポジウムや集会をやるから来て下さい、とよく頼んだものでした。

——総評との関係はかなりスムーズに。

横山　それは密接でした。今でも総評OB会から連絡がくるくらいです。

——地区労（市や区など一定地域内の労働組合が結集してつくる組織）というのがありましたね。あれが60年代くらいまではすごく機能していたのが、現在はどうなっているのか、ご存知でしたら教えていただきたいのですが。

横山　地区労はもうないでしょう。連合ができたときに解散したけれども、抵抗して残っているところが部分的にあると思います。

——地区労と社会党とは、どういう関係でしたか。公害反対闘争で地方で問題が起きたときには地区労もかかわっているわけですよね。

横山　そうです。

——しかし大衆運動の方はあまりやらなかったのではありませんか。地区労は主として選挙でしょう。

横山　中央が財政的に地区労を応援していましたからね。それで地区労の活動ができた。それを連合が止めてしまった。

——総評の下部組織として基本的に地区労があり、連合になったときにそれを改組再編して地域協議会と地域連合になった。地区労だけに加盟していた労働組合は全部産別加盟に組織的に再編をする。しかし、それは厭だというのがそれぞれのところに少しいて、そういうところは残るわけです。地評でもそうです。東京地評は残っています。残ったところの地区労は全国組織をつくり、協議会のような形で年に1回経験交流会をやっている。しかし、これはそんなに多くないです。

政治方針や政治闘争、政治的スローガンは、組合はどうしても副次的ですから。協会との関係は77年までは一緒にやっていたと考えていいのですか。

横山　77年の前に協会が割れましてね。いわゆる向坂派協会と太田派協会に割れる。割れた理由はよくわからないので、社会党本部班はどちらにも入らない、片方に与しないことにしました。

——割れた時から距離をとっていたということですか。

横山　そうです。しかし私が77年に役員選挙に立ったときは太田派と書かれました（笑）。向坂派には憎まれているから太田派に違いないと思ったのでしょう。

——しかし、太田派ではなかったということですね。

横山　入っていませんでした。しかし、その大会の役員選挙では反向坂派の雰囲気のなかで、青少年局長に太田派の深田肇君が入って、彼からは感謝されました。

——社会党の場合、たとえば最後は農村党のようになったのでしょうか。都市では票が取れず、農村部の方が集票量が多かったのですが。

社会党の場合だと、悪い意味ではなく、社会の遅れた部分というか、産業的には先端でない部分が社会党の支持層になる感じがあるのだけれども、世界では社会民主主義政党はそれではもたないところがあり、先端的な産業にも基盤を置かないとやっていけない。そこら辺のことは、イギリスやヨーロッパの社会民主主義を見ていてどう感じられましたか。

横山　社会党の支持基盤が総評中心だったことが、いちばん大きいのではないでしょうか。農村地帯では昔の小作争議以来の伝統もあるし、農村に票を持っている人も多かった。社会党が勢いのいい頃は、都市部が敏感に反応して東京など大都市では１選挙区で複数の議員が出たこともありました。ところが落ちだすと都市部がまず支持層が減っていく。社会党の長期低落傾向といわれた状況のなかで、都市部はどんどん減るのに比べ、農村の方は相対的に減り方が少なかったということではないでしょうか。

――都市部で落ちていく原因は、どのように分析されていたのですか。

横山　最後の頃は社会党の基本戦略に問題があるな、と感じていました。構造改革論争で社会党の中の左派の実態が表に出たわけです。社会党は左右論争をやるけれども、なぜ江田三郎さんの構造改革論に反対するのか、という素朴な疑問をよく聞きました。江田さんはソフトな語り口で茶の間に人気があり、わかりやすい話をするのに、左派は江田は改良主義だといって批判し反対する。そんな構造改革論争がつづくなかで社会党の実態がマスコミを通じて国民の目に映ったわけですから、社会党が時代に対応できてないという印象が広まったのではないでしょうか。

付記

原稿を読み返して、自分の総括の不十分さに気付かされた。冗舌と思われる部分や不本意なところは削減し、不十分なところはこの「付記」で若干補足させていただいた。当日参加の皆さまには何とぞご了承をお願いしたい。

削減量が多いのは、派閥に関する私の発言とそれに対する質疑の部分である。一方、不足していた構造改革論提起による派閥の傾向変化の問題は、かなり補足した。派閥に関して私が鈴木派の性格を「泥くさい」と評したため、この点に質問が相次いだ。そして自分の不用意な発言を悔いた。「鈴木さんも泥くさいですか」との質問は私の発言の矛盾を衝いた。鈴木茂三郎氏は㈱揖斐川電機の重役だった私の母方の伯父とも懇意で、また鈴木氏が社会主義理論委員会の委員長だったとき私も事務局員の一人として氏とは話す機会も多く、私は鈴木氏を「悩めるインテリ」と見ていた。だから鈴木派をひとからげに「泥くさい」というのは私自身の事実認識とも矛盾していた。「泥くさい」を不用意に使った私自身の深層心理には、和田博雄という貴重な政権要員を疎外（棚ざらし）した、鈴木・佐々木派という主流派閥への反感に近いものがあった、と自己分析している。

私は、社会党が60年代に和田博雄首班の革新政権を実現できなかった最大の理由は、思想面では労農派マルクス主義の革命論、派閥的には主流派の鈴木派・佐々木派の閥利優先の行動だったと考えている。それにしても「泥くさい」という表現は不適切で、せめて「義理人情的、庶民的」とでも言うべきであった。

以上のことは、派閥への考察の不足の裏返しであり、私は1950年代後半の「八個師団」と揶揄された当時の派閥集団への不快感をいつまでも引きずっていて、派閥は人間関係という固定観念に捉われ過ぎていたことを、質疑応答の過程で否応なく自覚せざるをえなかった。このため派閥の性格に関して質問された方には納得していただけるはずがなく、申し訳なく思っている。だが考えてみれば、構造改革論提起以来、派閥関係は構造改革推進派と反構造改革派に色分けされたのであり、その事実関係は私自身が口述したことでもあった。だから1950年代後半の派閥と60年安保のあと構造改革論が提起されてからの派閥には派閥の傾向に差が生じたことに着目し、そのことを整理しておくべきであった。

構造改革論が改良主義をタブー視する左社綱領的発想を揺るがした事実は否定しがたい。構革論提起以来、各派閥はタブー視されていた戦略思考の方向にシフトしていったのであり、社会党が加盟していた社会主義インターの民主的改革路線へ回帰していく端緒となった。社会主義理論委員会の結論は、反江田で結集した党内左派による派閥力学のなせる業であった。

なお、四十年不況をマルクス主義経済学が見誤ったことに失望した旨述べたが、その失望感はマルクス主義経済学そのものに対してというよりも「戦争や恐慌など客観的危機が革命の機運を高める」とするいわゆる危機待望論に対して向けられたものであったことを、一言付け加えておきたい。

（横山記）

初出
『大原社会問題研究所雑誌』№683・684／2015年9・10月合併号
https://oisr-org.ws.hosei.ac.jp/images/oz/contents/683-684_04.pdf

第９章
もうひとつの日本社会党史
党中央本部書記局員としてマルクス・レーニン主義の党を追求

――細川　正氏に聞く

独自の視点から、社会党の組織活動、地域・職場の実践活動を重視した社会党論を展開。マルクス・レーニン主義理論や社会主義協会に対する熱い思いを論文調に展開していただいた。

［略歴］

1944年　静岡県田方郡伊豆長岡町生まれ
1967年　法政大学経済学部卒、久保書店に入社・抒情文芸編集部
1969年　労組結成・即解雇、解雇撤回闘争、70年に労働争議和解・久保書店退社
1971年　日本社会党中央本部書記局へ、機関紙局経営部
1975年　月刊社会党編集部
1979年　東ドイツ取材、イタリア共産党取材
1986年　社会主義協会運営委員
1987年　党建協結成
1988年　社会新報編集部・副部長
1991年　社会主義協会訪ソ団
1996年　日本社会党中央本部退局、新社会党結成・機関紙局長、財政局長、副書記長歴任
1999年　新社会党訪朝団、矢田部理団長
2000年　新社会党キューバ・コスタリカ訪問団、矢田部理団長
2013年　新社会党中央執行委員長選挙立候補
2014年　社会主義協会再建、代表に

著書：『再びファシズムか』（飛鳥田一雄編、十月社、1986年）、『社会党がなくなる？組織改革案批判』（パンフ、党建協刊、1987年）、『社会党と総評』（岩井章編著、十月社刊、1988年）、『現代日本の政治・国家』（共著、えるむ書房、19991年）他、『社会主議』『月刊労組』『まなぶ』『唯物史観』などで論文執筆

報告

はじめに

私の日本社会党の25年間の活動を報告します。私の日本社会党の25年間は、社会党中央本部の25年間でした。1971年3月に入党し、6月に社会党中央本部書記局に採用され、機関紙局で働き、96年1月に新社会党をつくるために退局しました。日本社会党は50年間存在しましたから、その半分の後半25年間を私は中央本部書記局員として働いたことになります。

これまでの社会党・総評史研究会の報告を聞いていて、私は若干の違和感を持っています。報告者はそれぞれ社会党の中枢を担ってきた人であり、語られた内容は事実なのですが、社会党にはいろいろの側面があり、見方によってはまったく逆の姿をしていると思います。

社会党を見るとき、戦後の政治・社会から分析すれば、政策や国会闘争、国民運動、政治学的には選挙が中心になると思いますが、そういう時局的な分析と同時に、社会党がどういう政党であったのか、組織的活動の側面からの分析も必要ではないかと思います。マスコミや政治学者の多くは、社会党は社会民主主義の党であるべきと考え、硬直したイデオロギーではなく広く国民から支持を得られる政策と運動を展開すべきだと指摘しており、その視点からの社会党分析が中心になっています。

しかし、社会党は政治組織として、独自の路線と組織と政策、方針を持っていました。つまり、社会党を分析する際には、労働運動、国会闘争の分析はもちろんですが、それとは別個に、党自体の組織と理論の分析が必要となります。組織なしには党は存在しません。党の政策、方針を決定し、具体的に地域・職場でそれを実践していく党組織と党員の状態を分析することなしには社会党を見ることはできません。

そして、日本社会党は党規約に「日本社会党は、平和的、民主的に、社会主義革命を達成し、日本の独立の完成と確保を任務とする政党」（党規約前文）と掲げた革命政党でした。もちろん、日本社会党は、日本共産党のように党の綱領＝革命路線によって全党が統一された政党ではなく、日和見主義的潮流と革命的潮流が同居した、レーニンが言うところの第二インターナショナル型の党でした。ですから、まったく社会主義革命を任務とする確固としたマルクス・レーニン主義政党と言うことはできませんが、社会党が西ヨーロッパのような純然たる改良主義政党だった、あるいはそうあるべきであったと言う論断は、自分の経験にまったく合致しませんし、少なくとも1986年の「新宣言」採択までの党の日常活動を支えた党員の意識や実態とはまったく乖離したものであると思います。

私が活動したのは、日本社会党の運動のなかでは小さな部分だけで、中央指導部の動きや政策決定には直接関与していません。しかし、社会主義協会員の書記局員として、日本社会党をマルクス・レーニン主義の党へと純化させていくために活動してきました。マルクス・レーニン主義の党とは、党の路線・政策がマルクス・レーニン主義理論に立脚していることと、組織・運動が独自の活動する党、民主集中制の党ということです。社会主義協会の活動が活発化した1970年代は、労働運動が労戦統一など労資協調・右傾化路線が進行し、労組の社会党離れによる社会党の退潮期にあたり、長期低落を克服するための独自の党、国政選挙を闘える党建設と、労働組合の階級的強化が必要とされた時期であり、社会主義協会がそれを担っていました。

結局、その努力は実を結ばず、86年にはそれまでの綱領的文書「日本における社会主義への道」が廃棄され、マルクス・レーニン主義を放棄する「新宣言」が採択されましたが、社会主義協会の活動は日本社会党の歴史のなかで大きな位置を占めていたと思っています。社会主義協会員の活動によって、日本社会党は一時期、かなりマルクス・レーニン主義の党へと成長しつつあったと思います。日本社会党をマルクス・レーニン主義の党へと発展させるために、私達、社会主義協会や日本社会主義青年同盟、労働大学がどのように活動してきたかをお話ししたいと思います。

中央本部書記局

当時の機関紙局は江田三郎派の牙城と言われていて、私と同期で入ったもう一人が機関紙局で初めての社会主義協会員の書記局員でした。機関紙局経理に入ってまず驚いたのは、書記局員の勤務態度がデタラメだったことです。江田派の森永栄悦が局長を握っているだけで、書記局員は江田派が多いというわけではありませんでした。というよりも、江田派でもない、これが社会党員なのかと思えるような人が多かった。もともと私の社会党観は「だらしない党」というものでしたが、機関紙局員はもっとひどいものでした。定時出勤はなく、休みも多い、いいかげんで、なかには給料日しか出てこないという書記局員すらいました。

私が入った直前に、機関紙局は反戦パージで極「左」系の書記局員は解雇されてすでにいませんでしたが、残っていた書記局員の多くもとても科学的社会主義政党の専従者でも活動家というものでもありませんでした。社会党が革命政党だという自覚は皆無のように思えました。

社会党中央本部の書記局員は、ブルジョア政党や中間政党と違って、雇用されているという関係ではなく、自立し、党と一体。だから管理も支配もない、給料は年齢給一本だけで、学歴も経歴も関係なく、ノルマも査定もない、勤務時間のチェックもない、残業代もつかないかわりに遅刻・欠勤しても給料の減額もない。そして、昇進は派閥が力関係で決めていくので、仕事をするよりも派閥に忠誠心を持っていました。

書記局に入った頃、左派の書記局内では「国会議員なんて芸者のようなもの、お座敷がかかったら行かせて踊らしておけばいい」と言われていました。議員や党を動かしているのは自分たちだという自負があったのだと思います。少なくとも議員と対等の関係で、国会議員を先生と呼ぶ習慣もありませんでした。国会議員を先生と呼んだことは25年間の書記局員生活で一回もありません。山本（政弘）さん、高沢（寅男）さん、などみんな「さん」づけ。書記局員はいい意味で自立している、党のために献身的に働く、活動することが前提です。

ところが、上司のいうことを聞かなくても、派閥活動をきちんとしていれば安泰で、派閥が処遇を決めてくれる、査定も人事権もなければ仕事を強制することはできません。査定もなく、仕事をやっても昇給にも関係ないとなれば、ぜんぜん仕事をしない書記局員が出てくるわけです。入ったばかりの頃の機関紙局経営部ではそういう書記局員が蔓延していました。とくに無派閥の書記局員は派閥活動もないため主義主張もなく勤務態度も悪かったのです。

だから、まずこの書記局を変えなければと、最初は、経理で仕事をあまりしなくて問題が多く評判が悪くて森永局長すら持て余していた女性書記局員の勤務内容を批判して異動させることができました。同じく経理の女性を、使い込みを指摘し自己退職してもらい、そのあと男性に出勤率を指摘し自己退職へ。欠員補充で社会主義協会員が書記局に採用され、人数も増えたので、みんなで話し合って9時定時出勤を守ろうと、勤務状態のよくない書記局員を一人ひとり指摘し、3人、自己退職してもらいました。書記局にあまり未練をもっているような人たちでなかったので、割合簡単に、指摘すると、勤務がきつくなるし居づらくなると思って退職していきました。その補充でまた社会主義協会員が書記局員に入ってきて、社会主義協会員が書記局内で増えていきました。

機関紙局だけでなく、他の局でも欠員補充で入ってくるのは社会主義協会員だけで、書記局内での社会主義協会員の比率がどんどん高くなっていきました。1981年の書記局員名簿では、146名中、52名（機関紙局は67名中、30名）が社会主義協会員で、当時は書記局内で「石を投げれば協会員に当たる」と言われたほどです。社会主義協会員書記局員52名のうち、31名が私が入った以後に入局した書記局員で、71年から協会規制の77年までの間に急増しました。当時は他派閥があまり書記局を重視していなかったのか、他派閥で書記局に入れる若い党員が少なかったこともあって、ほとんど協会員だけでした。

社会党をマルクス・レーニン主義の党へと強化していくためには中央本部書記局がきちんとしていなければならないのは当然なことで、向坂逸郎が中央本部書記局の強化を重視し、書記局員募集が決まると事前に私が先生のところへ連絡して、先生のところで受験する協会員を準備し、試験を受けていました。

ところが77年の協会規制以後は、書記局試験を受けても協会員はまったく受からなくなりました。試験は筆記と面接でそれぞれ100点ずつ。協会員は筆記では100点近くを取るのですが面接点でゼロ点をつけられる。協会員以外の受験者はいくら悪くても筆記でゼロ点ということはないので、面接で100点をつければトータルで協会員を上回って合格する。東大卒で非常に優秀な協会員の活動家が不合格で、一緒に受験して合格した無派閥の書記局員が、誰が見ても自分より不合格の協会員の方が立派なことがわかっているのに申し訳ないと言っていました。

それ以後は、協会員を排除するが、右派が若い党員をつくれるわけではないので、書記局に入ってくるのは市民主義的活動家が多くなっていきました。一事が万事、党活動や党の組織的強化を第一に考えるのではなく派閥が優先する体質が、党の発展を妨げ、衰退化していく原因の一つであったと思います。

社会主義協会党中央本部班

社会主義協会は、地域班、県支部、全国8支局、本部という組織になっていました。党中央本部書記局と総評本部だけは、特別に県支部に所属せず協会本部直轄班になっていました。社会主義協会が党中央本部、総評本部を重視していたためだと思います。しかし、党中央本部班に対して協会本部あるいは協会常任委員会から何か指導があるということは一度もありませんでした。協会本部あるいは中央常任委員会は党運営についての知識も弱く、何かことがあれば逆に党中央本部書記局員に聞いてくるという関係でした。

私が中央本部に入ったときには党中央本部班は20名ほどで、その3分の2は旧「くれない会」(社会主義研究会の書記局員の会)出身者であり、高沢寅男総務局長、笠原昭夫労働局長を始め、後に機関紙局長になる大塚俊雄、編集長となる温井寛など結構な人材がいました。その下に年代的にそれより少し若くて社青同出身者の高木将勝(後の総務局長)の世代がいて、高木が党中央本部班をまとめていました。そしてそれよりも3、4歳若い私たちが入り、その後から入ってきた書記局員は私よりも3、4歳若い社青同運動を経てきた年代となります。

「くれない会」出身の協会員と協会・社青同で育ってきた協会員とは少し協会に対する考え方に違いがあったために、本部班の中心はやはり高木になったのだと思います。高木が協会の常任委員で、本部班をまとめていました。

協会の会議は、昼休み時間か仕事が終った5時過ぎてから、議員会館の山本政弘の部屋か協会本部でだいたい週1回開かれ、その時々の党の方向や日常的な運動についての討議や対応を検討。年1回は合宿もあり、そのときには向坂先生も参加し、議員になるまでは高沢さんも出席していました。協会員は各局にいましたから、それぞれの局の持っている問題や中央執行委員会の議案など幅広い議論があり結構勉強になりました。

私が入って以降の書記局員が増えてきたので、若手だけで月1回、綱領的文書「日本における社会主義への道」や左社綱領、そのあとは山川均論文などで学習会を開き、党中央本部強化について話し合いましたが、だんだん若手協会員が増えてくると、機関紙局と運動局の運動の違いや、それぞれの関心分野が多様になり、気の合う者同士で別に会合を開くなど結束力がなくなり数年で潰れてしまいました。

1番忙しいときは党大会のときで、社会主義協会が前日から大会会場近くに大きな部屋を取り、全国から代議員が集まり、大会への対応を意思統一します。議案に関わる資料や、これだけは発言してほしい点などかなり具体的に整理したものを配り、大会が終了するとまた全員が集まり総括し、次の闘いへの意思統一をして別れます。協会員の代議員全員が来られるわけではないですが、国会議員代議員付与までは100人くらいが集まっていたと思います。しかし、国会議員代議員付与以後は、地方選出の代議員数が大幅に減らされたために協会員の代議員は激減し、協会員の代議員だけでは大会対策ができないようになり大会前段の代議員会議も開けなくなりました。

また、協会全国大会のときも、1日目の全体会議の後に、党運動部会、労働運動部会、青年運動部会に別れ、議論を行ない、これも100人近い参加者が、各県の報告や党への対応を協議し、山本政弘が機関紙局長になってからは、ここで機関紙拡大、日刊化運動への取り組みなどを中心に議論してきました。山本がいつも機関紙拡大の必要性を強調し、機関紙活動中心の党建設を訴えていたのが印象的です。

党の強化・日刊化運動

1973年2月の36回大会が大きな転機となったのが機関紙活動でした。すでに社会主義協会は社青同を通じた入党による党員拡大と共に、機関紙活動を軸にした党活動の重要性を強調し、取り組んでいました。『社会主義』では、72年から「党建設における機関紙活動の役割」を機関紙局員の大西勝（筆名・西原真二）が連載し、機関紙の重要性を強調していました。

大会前に発行された『社会主義』73年2月号では、「全国的新聞以外には強力な政治組織を育てる手段はない」（「なにをなすべきか」）というレーニンの言葉を引用しながら組織者としての機関紙の役割を強調し、逆に現状の『社会新報』の編集基調となっている革新ジャーナリズム論は「党を機関紙の面から解体に導く誤れる思想」であると批判し、大会討論による是正を訴えていました。革新ジャーナリズム論とは「『社会新報』は、市民運動や住民運動に解放し、自由な意見交流の場としなければならない」、党の決定や方針だけのせるような「官報」ではだめで、執行部の見解を大衆の立場に立って批判する必要がある、という立場で、党から独立した新聞が編集基調となっていました。

大西論文の提起を受けて、協会員の大会代議員は組織・財政・機関紙小委員会で『社会新報』の紙面批判に集中しました。小委員会は、大会2日目に運動方針小委員会、組織・財政・機関紙小委員会、政策小委員会の三つに分かれ、朝9時から夕方まで議論するのが普通ですが、政策小委員会だけはいつもだいたい4時ごろには終わってしまいます。ところがこの大会の組織・財政・機関紙小委員会は、『社会新報』の紙面批判が噴出し、夕方まで延びるどころか夜中の11時半まで実に13時間半にもおよぶ異例で大荒れの小委員会となりました。

地方組織ではこの数年間、社会主義協会、社青同、労働大学を軸にして着実に党組織建設への取り組みが進んでいました。共産党が『赤旗』を武器に党勢拡大に成功し、選挙時には日刊で社会党批判を繰り広げることに対して、週2回刊の『社会新報』ではとても太刀打ちできず歯がゆい思いに駆られていました。しかも、紙面は、市民主義、極「左」的傾向、ポルノ女優まで出てくる、とても科学的社会主義政党の機関紙と言える代物ではなかったのです。36回大会に提案されていた『社会新報』のタブロイド判への移行と100円値上げ案も、場当たり的な対応では機関紙の発展につながらないと、批判が強かったのです。

これでは増やせない、増やしても仕方がない、という思いが地方活動家のなかに充満していました。小委員会では具体的に日付と記事を上げて激しい追及が続出し、社会主義政党の中央機関紙としての性格を明確にし、党の基本路線に立った編集基調を確立することを求めました。批判というよりは怒りの爆発でした。発言のほとんどは社会主義協会系の代議員であり、組織・財政・機関紙小委員会では協会系の代議員が圧倒していました。大会での三つの小委員会のうち、政策小委員会は国会議員や自治体議員などが多いために右派代議員が多いですが、党の路線に関わる運動方針小委員会と党建設に関わる組織・財政・機関紙小委員会は左派・協会系の代議員が多くなります。運動方針小委員会はそれでも国会議員や県本部役員が出てくるために協会系の代議員比は下がりますが、組織・財政・機関紙小委員会は具体的に地方で党活動を実践している活動家が参加するので、とくに協会員比が高くなります。この小委員会の議論は、代議員のなかに占める協会員の数が圧倒していることをまざまざと見せ付けることになりました。

次々に発言を求める代議員の紙面追及は終わらず、深夜近く、収拾するために中執で協議し、石橋書記長が「①執行部責任で紙面刷新を行なう、②週三回刊、タブロイド版は撤回する、紙代値上げについては、拡大状況をみたうえで、次期中央委員会で決める」と、機関紙局提案をすべて撤回してやっと小委員会を終了させました。

しかし、翌日の役員改選で社会主義協会員の山本機関紙局長が誕生したのは、前日の小委員会の議論の高まりと追及や派閥闘争の結果ではなく、ちょっとした偶然によるものでした。

大会前に、森永機関紙局長は機関紙の全国8支局からの通信記事の送信のためにFAXを導入しました。週2回の新聞といえども記事の迅速性は問われます。本来なら記事と同時に写真も一緒に送られてこなければならないのですが、写真電送も高価でとてもFAXと同時に導入できるような金額ではありませんでした。いまどきはメールで瞬時に写真でも文字でも送れるし、FAXなどどこの家庭にも入っている安価なものですが、四十数年前のFAXは現在からは想像もつかないほど大変な金額で、反戦パージの整理以後やっと赤字から黒字に転換しつつあった『社会新報』にとって高額なFAX導入は森永局長にとってもそれこそ清水の舞台から飛び降りるほどの決断でした。

ところが、FAXを請け負った松下電送が試算を誤り、維持経費が試算よりも大幅に高くなり、せっかく黒字に転換した機関紙経営が再び下半期には赤字に陥ることが大会前に判明しました。下半期赤字転落を解消するために大会には週2回刊から3回刊への変更と現行のブランケット判をタブロイド判化することと抱き合わせで100円値上げを提案しましたが、森永局長は、責任上、機関紙局長への立候補を控えました。後から聞いた話では、森永局長は、立候補届けを出さなければ誰も機関紙局長のなり手がなく、自分のところに立候補要請が来るだろうから、要請がきたらしかたなく承諾する、と考えていたと言っていたということでした。

ところが、役員改選受付を担当していた協会員の大会書記が役選の締め切り時間に機関紙局長ポストが空席なのに気付き、山本議員の立候補届けを出してしまったのです。こうして山本機関紙局長は無競争で誕生しました。

大会最終日の役選で山本機関紙局長が実現したことは、これで機関紙を軸とした党建設が進められると全国の協会員を鼓舞し、全国で機関紙拡大に火がつきました。山本機関紙局長もこれに応え、機関紙中心の党活動を訴えました。

直ちに手をつけられたのが、経営の確立でした。先に触れたようにFAX導入により赤字に転落しており、しかも値上げ方針を大会で否決したために、部数拡大による黒字転換が必要でした。就任した山本機関紙局長もまず部数拡大を訴え、全国の協会員もその必要性をよくわかっていました。

山本機関紙局長実現によって協会員の多くが機関紙活動に集中しました。名寄、会津若松、秩父、高松、鹿屋などがモデルとなり、北海道、東北、関東の一部、四国、九州などでは、この運動をとおして党内の活動家層が厚くなり、自治体議員も増えました。70年1月の13万5000部を基準にして、71年は113%、72年は106%で前年より減少、73年は115%だったのが、山本機関紙局長就任以後の74年164%、75年209%（76年1月本部登録有料部数26万1092部、印刷部数は有料部数＋無料拡大用1割＋宣伝紙を含めて30万部→82年末40万部弱、各分局は無料拡大紙1割を有料化して分局収入にしていたので実際の有料部数は本部登録有料部数よりも1割多く、印刷＝発行部数はさらに多い）と2年で倍増し、さらに76年222％と年々激増していきました。

この機関紙拡大の原動力となったのが日刊化計画でした。70年日刊化の失敗を総括し、新たな日刊化計画を展望していました。70年代はすでに共産党が伸張しており、選挙や論争において、『赤旗』に対抗するためには日刊紙を持たなければ、という意識と、日刊紙を持たなければ科学的社会主義政党ではない、という思いが社会主義協会員のなかに広がっていました。

74年第38回全国大会で「社会新報日刊化準備に関する特別決議」を決定し、日刊化を具体的な目標として掲げられ、部数も着実に増えており、実現可能な目標となり、党活動の励みとなりました。

日刊化運動を推進したのは書記局に入ったばかりの大西勝で、先に触れたように大西は入局後、『社会主義』に西原真二等のペンネームで70年日刊化の失敗の総括、政党機関紙の果たすべき役割と重要性を強調してきましたが、山本機関紙局長の実現によって、日刊化計画の実施に手をつけました。私たち機関紙局経営部の社会主義協会員も大西論文の学習会を開き、日刊化計画の推進を支えました。日刊化へ向けた機関紙活動をさらに進めるために『月刊社会党』76年8月号で機関紙特集を行い、石橋政嗣書記長が日刊化準備小委員長の立場で「日刊化に向けて全党の意思統一を」訴え、山本政弘機関紙局長が日刊化準備状況を報告しました。そして大西が「社会主義政党と機関紙――レーニンの機関紙論を中心に」（倉田昌人名）を書き、「新聞は、集団的宣伝者および集団的扇動者であるだけでなく、また集団的組織者でもある」（「なにから始めるべきか」）などレーニンを引用して党建設における機関紙活動の重要性を改めて強調しました。

『社会新報』は5日遅れの新聞と言われていました。編集と印刷で1日、発送で近県は2日、北海道や九州の遠隔地では3日かかる、それから党員が配達します。これでは日刊新聞にはなりません。発送は航空便を使っても一日しか短縮できません。したがって、日刊化のためには東京一ヵ所の印刷所ではなく地方での複数印刷所が不可欠でした。そこで先行投資で、77年4月から党中央本部にある印刷センター以外に、北海道と九州での現地印刷を開始し、日刊化へ向けた準備が着々と進んでいきました。党員の分局参加率も４割を超え、手配り率は84.5％にまで上がりました。

また、機関紙は定価の半分以上を下部組織に下ろしており、地方組織の財政の一定の財源となっていました。とくに300部以上の専従分局には専従援助金が出るために、機関紙専従をおくことができ、総支部活動の中心となります。党員の日常活動として、一人ひとりの党員が分局を持ち、機関紙の定期配布・集金を担い、支持者と定期的につながりを持つことが、支持者を強化し、党員拡大につながります。まず協会員が分局を持つことが求められました。

もう一つ、大西が日刊化の必要性を強く考えていたのは、総評解体後の党の存続でした。70年代初めからすでに右翼的労戦統一の攻撃が強まり、大西は、いずれ総評はなくなる、そのときにいまの社会党では党も一緒になくなってしまう、党が生き残るためには独自の党組織・運動が必要であり、そのためには機関紙の日刊が不可欠だという強い危機感を持っていました。私も大西の感化を受けて、社青同などへ学習会講師で出かける時には、右翼的労戦統一の危険性の指摘とともに、労組依存でない党組織確立のための日刊化問題を訴えました。

月刊社会党編集部

私は75年３月に機関紙局経理から月刊社会党編集部へと移り、日刊化運動の事務から離れました。月刊社会党編集部の空きができて、私が編集希望だったことを知っていたので移してくれたのです。

月刊社会党編集部には88年４月まで14年間、私の書記局生活の半分以上いたので、少し月刊社会党編集部のことについて触れておきます。

『月刊社会党』は一応、全党員必読となっていましたが、党員にあまり取られていなくて部数も少なく赤字の状態でした。それが、山本機関紙局長になってから機関紙拡大とともに少しずつ『月刊社会党』の部数も増えていきました。機関紙拡大については、社会主義協会全国大会１日目の全体会議後に、党、労組、青年に分かれた部会が開かれ、党部会で意志統一していましたが、あるとき参加者から新たに拡大するときに、協会機関誌『社会主義』と、党中央理論誌『月刊社会党』とどちらを優先するのかという質問が出て、向坂先生が即座に「それは『社会主義』だよ」と答えたので、私が、「党強化のためには『月刊社会党』を拡大すべきだ」と発言すると、先生が「そうか」と肯定的に言ったので、それから『月刊社会党』拡大という流れができ、『月刊社会党』もどんどん増えて大幅黒字部門になり、機関紙局内での立場も強くなりました。

『月刊社会党』編集部は、編集長が勝間田清一派の人で、もう1人私より少し年上の協会員がいて私と3人でしたが、編集長があまり働き者ではなくて、移って数カ月の頃に次号の企画を考えてくるように言われて企画書を出したら、それで編集長が私を使えると思ったのか、その後は毎号、丸投げと言うか、私が企画を出し、ほとんどそのまま雑誌をつくるという形になりました。

勝間田派の編集長から協会員の編集長に代わってからもそれは変わらず、私が『社会新報』編集部へ移るまで14年間、ずっと私の企画でやってきました。『月刊社会党』は表紙に「日本社会党中央理論誌」と書かれていますが、『社会新報』編集が中央執行委員会の指導下になかったように、党中央理論誌の編集もまったく中央執行委員会の管理も指導もありませんでした。中央執行委員会で一回だけ問題になったのは、党が進めていた百万党建設委員会の提案について、私が78年8月号編集後記で「社会党の大幅な変質が含まれている」と書いたことを右派の書記局員が問題にして、多賀谷真稔書記長から口頭注意を受けたことだけでした。当時、「月刊社会党編集後記筆禍事件」と右派書記局員たちが言っていましたが、もちろん口頭注意を受けたからといって業務に何の差しさわりも変化もありません。それ以外は、中央執行委員会からも山本機関紙局長からも、編集に口を出されたことも、指導を受けたことも一回もありません。社会党強化をめざしている協会本部からも党中央理論誌への指導や要求も何もありませんでした。

党中央理論誌に対して中央執行委員会の指導性がないことは、組織政党として、マルクス・レーニン主義の党としてはあるまじきことですが、私にとってはやりやすくありがたいことでした。社会党は科学的社会主義に基づいた綱領的文書「日本における社会主義への道」を持っていましたが、実体はとても科学的社会主義の党と言えたものではなかったので、中央執行委員会の意向で編集していてはろくな雑誌はできなかったからです。

ただ、当然、党内派閥を意識してつくらなければならないので、マルクス・レーニン主義で貫徹するというわけにはいかないことはもちろんのことで、私は石橋政嗣委員長時代には中執会議を傍聴し中央執行委員会の動向には配慮していました。しかし、私自身、社会党にも社会主義協会にも入って4.5年の30歳そこそこで、マルクス・レーニン主義の理論を理解していたのかと言えば心もとない状態であったわけです。

社会党は科学的社会主義に立つ「日本における社会主義への道」を綱領的文書として持っていましたが、党外に向けて社会主義を発信するという点では弱い面がありました。党として社会主義の問題が前面に出るのは、成田知巳委員長や石橋委員長など歴代委員長による訪ソや訪中など社会主義国との交流があり、また理論委員会での社会主義問題の討議など、マスコミ報道を通じて社会党が社会主義政党であることが発信されていましたが、日常的に社会主義を党外へ発信していたのは『月刊社会党』であったと自負しています。

また、ドイツ革命30周年特集で1979年にドイツ民主共和国（DDR）へ取材に行きましたが、その帰りにイタリア共産党の取材もしました。社会党内で、先進国の共産党へ行くことは珍しかったと思います。日本社会党とイタリア共産党との交流は、1972年に歴史的妥協路線を打ち出したベルリンゲルが書記長になった13回大会のとき日本社会党への招待が来て、勝間田清一社会主義理論委員長が参加したのが初めてでしたが、それ以降もほとんど交流はありませんでした。

『月刊社会党』の購読部数がどんどん伸びて黒字に転換し、「新入党員特集号」や、連載「鈴木茂三郎」などへの党員からの反響もよく、『月刊社会党』に対する評価と認識が上がっていましたから、機関紙局内でも月刊社会党編集部の立場は強くなっていて、予算的にも自由にやれる状態になっていました。

私は、非核地帯設置運動の重要性を強く感じていたので、仲がよかった国際局の協会員の安井栄二に『月刊社会党』編集部で300万円出すので国際会議を開けないかと働きかけました。安井も乗り気で、国際局からも200万円ぐらいなら出せるからと、500万円の予算で国際会議開催を模索しました。

社会党は飛鳥田委員長になってから、1978年11月にオーストラリア労働党、ニュージーランド労働党と共に「アジア・太平洋に非核地帯を」という三党共同声明を、80年3月に朝鮮労働党と「東北アジア地域－《朝鮮半島および日本》の非核地帯、平和地帯創設に関する共同宣言」を発表し、非核地帯設置に向けた努力を続けていたので、国際局提案を党を挙げて進めることになり、企画も規模もどんどん膨らんで、労組への資金協力も求め、予算も2000万円を超え、ソ連共産党、フランス社会党、ドイツ社民党、イギリス労働党をはじめ17政党2団体の参加により82年5月14、15の2日間の「反核・軍縮――非核地帯設置のための東京国際会議」が開かれ、当時は、朝日新聞が特集で扱うなどマスコミにも大きな反響を与えました。

社会党主催による国際会議としては党始まって以来の大規模なものとなりました。参加政党はソ連共産党、朝鮮労働党を除けば社会主義インター所属の社会民主主義政党ばかりで、いまから考えれば各国共産党・労働者党への呼びかけがなく不十分だったと言えますが、国際局・党主催の国際会議となったために当時の社会党ではやむをえなかったことでした。社会主義協会は社会主義インターを批判し、社会党は社会主義インターを抜けるべきだと指摘していましたが、その主張はあまり強くなく、私自身の社会主義インターへの認識も弱かったと思います。

予算規模も2000万円以上に膨れ上がり、『月刊社会党』の負担割合は小さくなりましたが、それでも一割以上の負担で、山本機関紙局長が中執で、「『月刊社会党』が300万円負担します。版権はすべて『月刊社会党』ですからね」と得意げに発言したことをよく覚えています。『月刊社会党』からの提起と金がなかったら始まらなかった国際会議でした。

もう一つ『月刊社会党』が注目を浴びたのは、石橋委員長の「違憲合法論」です。これは党の前進と言うよりも後退的役割を演じてしまったことになりますが。毎年新年号は委員長対談で、84年新年号の石橋委員長と憲法学者の小林直樹専修大教授との対談「非武装中立をいかに進めるか」を行ないました。石橋委員長は80年に機関紙局から新書版『非武装中立論』を出し、党出版物としては異例の十数万部のベストセラーとなり、マスコミも賑わしていたので、非武装中立をテーマに選んだわけです。この対談のなかで石橋委員長が「自衛隊は違憲だが、手続的には合法的に作られた存在だ」と述べ、それがマスコミ各紙から「違憲・合法」論と報道されました。社会党はこれまで自衛隊を違憲としてきましたから、「違憲だが、合法」というのは党の方針の大転換となります。このマスコミ報道によって党内でも議論・批判が起こり、84 年 1 月 25 日に、平和戦略研が「憲法論的にも、政治論的にも成り立たない議論で、運動方針に採用しないよう求める」との意見書を出し、1 月 27 日には香川県本部高松総支部が反対意見書を提出するなど異論が相つぎ、結局、大会方針は「違憲の自衛隊が法的に存在している」という表現で決着しました。

これは月刊社会党編集部が意図したものではなく、石橋委員長が小林教授との対談のなかで思いつきで発言したものだったのでしょうが、編集の段階で党の方針との整合性まで配慮できなかった編集部の責任でもあります。演説や発言と違って、文字は一度印刷されると取り消しはできないものです。もっとも現在では演説もネットでどんどん流れていくので、政治家の発言は常に緊張感を持っていなければなりませんが。

マルクス・レーニン主義の党へ

社会主義協会の任務は社会党をマルクス・レーニン主義の党として確立することです。

社会党は社会主義革命を担う党（マルクス・レーニン主義の党）とはほど遠いものでしたが、しかし、社会主義協会テーゼで、「マルクス・レーニン主義を土台とする政党として、われわれは質的にも量的にもなお不十分ではあるが日本社会党をもっている」(95 頁)、「日本社会党強化のために当面なによりも重要なことは、科学的社会主義、マルクス・レーニン主義を土台にすえた党の思想統一の推進である」（同前、107 頁）と書いています。同じく、テーゼ「第二章、第一節の四、社会主義協会の任務と運動」で、「社会主義協会は、その任務とする日本社会党の強化をなしとげたときには、その組織を解散する」と明記しており 、社会主義協会は社会党を強化しマルクス・レーン主義の党にすることが目的の組織でした。

マルクス・レーニン主義の党とは、第１に党の路線がマルクス・レーニン主義の理論に立脚していることです。社会党は不十分ながら「日本における社会主義への道」を持っていました。第２は、マルクス・レーニン主義の理論が、全党員に根付いているかです。社会党員の多くは「道」と、マルクス・エンゲルス、レーニンの古典を学習し、階級闘争を担っていましたが、労組幹部や議員の多くは、マルクス・レーニン主義理論とは無縁の議員党的体質、民同的体質でした。社会主義協会員は、党活動を献身的に担うことによって、社会主義協会の影響力を広げていきました。第３は、マルクス・レーニン主義の党組織・党運営です。基本組織である支部、総支部、県本部、中央本部を通じた民主集中制と党内民主主義の保障、活動をする党です。

社会党は平和革命をめざしているわけですから、国会活動だけでなく、地域・職場に根を張った組織と活動が不可欠で、革命を担える党組織・党活動の確立が目標です。

社会党の弱さの指摘のなかで、「国政選挙で政権をとるための過半数の候補者を立てなかった」という批判がありますが、私たちがめざしていたのは社会党政権ではなく社会主義革命を遂行する政権ですから、政権目標もかなり長期的になります。すぐ政権が取れる、政権が近いなどと思ったことは一度もありません。力がないのに無理に政権を取れば、社会党の政策・主張を実現できず、片山内閣での失敗の繰り返しになってしまいます。

自らの力で政権を取る、つまり、勤労国民を組織すること、それを牽引できる強大な党組織と運動をつくることが不可欠であることは全協会員の一致した考えでした。したがって、過半数を超える候補者を擁立し当選させることができる党組織・運動の構築が目標だったわけで、そしてその実現のためには時間が必要だと思っていましたから、過半数候補者を擁立しなければ政権を取る意欲がないなどと考えたことはありませんでした。

「政権を取ることが重要だ」と、1980年11月に右派の旧江田派や「新しい流れの会」の社会党残留グループに旧佐々木派の１部などが合流して、新たな政策集団として政権構想研究会（政構研）が結成されましたが、政権を取ることは、社会党がめざす社会を実現するためであって、政権そのものが目的でなく、主客転倒した議論、誤った路線であると思っていました。

私が社会党に入った頃は、組織強化が大きな課題で、すでに64年に成田三原則（議員党的体質、労組依存、日常活動不足、の克服）が指摘され、その党建設が重大課題でした。各地で、自前の党づくり、党員拡大、組織的活動、機関紙拡大が取り組まれていました。

党強化の目標は、第1に「自前の党」です。労組依存で、「総評におんぶに抱っこ」と言われていた党を、自力で選挙のできる党へと変えていくこと、でした。そのためには、党員の拡大、機関紙拡大、支持者の組織化、党財政確立、支部・総支部活動の活性化、大衆学習会の拡大、専従者・事務所の配置、自治体議員の拡大が目標でした。とくに党員拡大で大切なのは、青年党員の入党でした。党の活性化と将来性の面から青年党員の役割は大きいですから。

すでに60年の安保と三池闘争によって社青同が生まれ、71年の第10回大会で単一青年同盟となり、党との関係を確立していました。また、労働大学が大きくなって職場の青年労働者の学習活動、組織化も著しく、社青同の活動を通じてマルクス・レーニン主義理論を学び、また組織的活動を経験した青年が党強化をめざして続々と入党していました。

73年2月の36回全国大会では、福島の代議員が「新入党員の大半が社青同出身者であった」と報告しましたが、この傾向は全国的に同様で、組織小委員会では中央執行部から「科学的社会主義の基本路線のもとに組織するため社青同の強化をはじめ、青年活動家を党建設の先頭に立てたい。自信をもってあたろう」という答弁があり、青年対策を党建設の中心の一つにすえることが満場一致で確認されました。

この大会では、青少年局長が木原実に代わって前社青同委員長の盛山健治が就任し、社会主義協会の影響力は急速に拡大していきました。なかでも、北海道、東京、千葉、兵庫、広島などの県本部が大きな力を持ちました。社青同でマルクス・エンゲルスの古典の学習を積み、職場で真面目に仲間の話を聞き、熱心に職場闘争に取り組む同盟員は職場の信頼を得て、全電通、国労、全逓、日教組、全林野、自治労、私鉄など総評の主要単産の青年労働者の心を捉え、社青同同盟員が急速に増えていき、各労組の分会青年部をはじめ県本部青年部長、そして全国組織の青年部長を掌握していきました。

この社青同の各労組への浸透と共に、労働大学が発行する青年学習誌『まなぶ』が広がっていきました。先に上げた主要単産では組合による一括買い上げなどもあり、『まなぶ』は25万部に達しました。この25万部は書店での販売ではなく取扱者を通じた直販なので、すべての読者が掌握されていました。5部から10部の取扱者を中心に月一回の『まなぶ』読者会が組織され、そこで職場状況なども話し合われ、主要メンバーは労大の社会主義講座へ通わせ、一定の勉強をすると社青同へ入るように勧めていきます。当時のオルグは、「柿が熟して落ちるように」と言われましたが、加盟を強要するのではなく、マルクス主義を学び、職場を通じて資本主義の矛盾に目覚め、自ら闘わなければならないと決意して、あるいは社青同の先輩・仲間を信頼して加盟する同盟員が多数でした。『まなぶ』の読者→社青同加盟、職場闘争の循環で、『まなぶ』も社青同も急速に拡大していきました。

また、当時の労働運動は春闘が最大の闘いでしたが、この春闘時には労働組合や地区労が分会や支部単位で春闘講座を開催し、主要単産の労働講座には社会主義協会の学者、労大の専任講師陣が講師を担っていましたが、春闘講座が急速に広がったために講師が足りず、私なども社会党中央本部書記局に入って2〜3年の頃から労働組合や地区労の労働講座の講師を行なっていました。最初は機関紙局経理の仕事だったので時間の自由がきかず、5時近くまで仕事をして、すぐ飛行機で北海道へ飛び、夜の講演をして、朝1番の飛行機で帰ってきて仕事をするなどという強行軍もあったり、集会の内容も聞かずに引き受けて、50人ぐらいの学習会だろうと思って行ったら300人の大講堂の講演会だったりしたこともありました。北海道から九州まで、結構いろいろなところへ行きました。

こうして社青同・協会は労働組合のなかで影響力を拡大し、党員も拡大し、3万人の党のなかでは大きな力を占めるようになりました。とくに社青同が力を入れたのが国政の選挙闘争で、各単産青年部を中心に青年共闘を組織し、各選対のチラシ配りや戸別訪問、街頭宣伝などを担いました。労組内での共産党の伸張なども含め労働組合の動員力が落ちてきたときだったので、それを補う青年共闘は社会党選挙のなかで大きな力を発揮し、73年当時35万人と言われた青年共闘は、その後の社青同の各労組での青年部長の掌握によって50～60万人の青年共闘へ発展していきました。

私が住んでいたのは東京・練馬区で高沢寅男の選挙区でしたので、総選挙のときは東京の社青同組織を二つに分け、半分を世田谷の山本政弘の選挙区に、後の半分を高沢寅男の練馬区に分けて動員し選挙をやっていました。その戦力はものすごい数で共産党の選挙活動を圧倒していました。また、都議選など他の選挙とずれる中間選挙では全国動員も行なわれ、兵庫の社青同の学生20～30人をはじめ全国の社青同同盟員が泊り込みで支援にきた結果、東京の社青同同盟員も含めて町中に社青同同盟員があふれるというような状況もありました。

もう一つ協会が社会党強化で力を入れていたのが、党の組織力の確立であり、党員拡大と、組織運営の強化のために総支部単位の専従者の配置、総支部事務所の設置でしたから、各総支部での専従者づくりを進めていきました。300部以上の分局への専従分局還元金もあり、機関紙の大幅拡大により専従者配置が可能になり、多くの総支部で専従者配置が進みました。『新報』400円定価で専従分局還元金は120円ほど、300部では専従者は置けませんが、600部、1000部の総支部では専従分局還元金だけで十分、専従者を置けるし、それより部数が少ない総支部でも専従分局還元金に自治体議員などが少し負担して資金を入れれば専従者を置くことできます。これまで党専従者がいた大きな総支部では、それにプラス新報専従者を置くなど、全国で大幅に専従配置が進みました。機関紙拡大運動は、総支部専従者づくりと一体です。この新しい専従者はもちろん賃金は安くても献身的に活動する社青同同盟員がなることは当然で、この時期の他の派閥による青年党員づくりはほとんどなく、新入青年党員、青年専従者はほとんど社青同でした。

社会党の財政は、党費は支部・総支部・県本部で使い、中央本部財政のほとんどは国会議員の立法調査費で賄っていました。衆参180人の国会議員がいれば立法調査費月65万円で年間14億円。これに対して機関紙局が分局・総分局に下ろしていた還元金は年額7億円にのぼり、貧乏社会党の財政に占める割合はけっして小さくないものです。運動というのは、組織とカネであり、カネがなければ運動はできません。機関紙は党の宣伝の武器以外に財政面でも大きな役割を果たしていたと言えます。

協会員が軸となった支部・総支部活動は、定例支部会議と支部学習会の開催、選挙時だけでなく日常的なチラシの作成と、新報地域版の機関紙購読者への折込、駅頭配布など、「選挙のときだけ来る社会党」、あるいは「声はすれども姿は見えぬ」と言われ日常活動不足だった社会党の姿を変えていったのも社会主義協会員・社青同党員による党活動でした。

選挙活動も、労組動員ではチラシ配布や街頭宣伝しかできなかったものを、社青同は個々面接に力を入れ、とくに「食い下がるオルグ」と呼ばれた、個々面接を重視しました。ただ候補者名や党名を訴えるだけではなく、生活の中から社会の矛盾点を示し話し合い訴えていく活動など、それ以前の社会党の活動の質を変えていきました。

こうして社青同・協会は党の支部・総支部を掌握し、県本部役員にも少しずつ上がっていきました。会津若松総支部では、機関紙活動と物販活動など協会員が中軸となり党員拡大、支持者の組織化と連携の広がりなど、総支部活動の先進地域となり全国の協会員の模範となりました。県本部によっては千葉県や福島県などは協会が過半数を握り、主導権を持つようになり、自治体議員も少しずつ増え、協会員を総選挙に出そうという動きも始まります。また、党全国定期大会の代議員も協会系がどんどん増え、73年の80～90人ぐらいと言われていた代議員が、その後増えて120～130人と、完全に3分の1は握り、議案の内容によっては協会の主張を支持する代議員が過半数に迫る勢いを持つようになりました。しかし各派閥は、協会系党員の増大と党建設を党強化と喜ぶのではなく、派閥闘争での敗北と捉え、反協会で一致し、協会排除を開始しました。危機感を持ったのが、右派と、それまでは協会と共同していた社会主義研究会です。75年には千葉県本部、78年福島県本部、81年東京都本部の分裂と、77年の協会規制を前後して社会主義協会が強い県本部を分裂させ、協会攻撃が強くなりました。

協会規制

77年の協会規制は、「協会は党内党である」という攻撃でしたが、協会規制によって協会を党から排除できたわけではなく、具体的な協会の活動はほとんど変わりませんでした。協会規制の内容は一生懸命党活動を担っている活動家にとっては不本意なものでしたが、「『テーゼ』の若干の修正」、「運動体でなく理論研究集団に」などを受け入れ、「協会テーゼ」の名称が「協会の提言」となり、大会が「総会」に、組織部の名称が「学習部」に変わった以外は、協会員の活動は今までどおりでした。大会が総会に変わりましたが、内容はまったくそのままで、これまで２日間で大会を開いてきたのを、１日目は交流会の名称となり、翌日１日だけが正式の「総会」で、党中央本部から監視委員が傍聴に来ます。１日目の交流会も、これまでどおり議長を選出し、議案審議をし、１日目の終了時に翌日の正式の総会には党中央本部から監視委員が来るから発言に注意をするよう釘を刺すのですが、翌日の発言者の何人かはつい注意を忘れてしまって「昨日の発言者の意見に対して」とか、「昨日の答弁は」と、前日から総会が始まっていることがわかるような発言が相次ぎ、その度に会場から失笑が起こりました。党中央本部から来た監視委員もそれを問題にすることもなく、要するに協会規制は形式的なものでした。

機関紙局は、協会規制前も規制後も山本機関紙局長で、局内も協会が主流ですから、協会規制で仕事がやりにくくなるとか居づらくなるということはまったくありませんでした。全国の協会員にとっても、協会規制はあっても、今までどおり活動をして、党員を増やし、組織強化を進めていけば、やがて展望は開けてくると楽観していました。協会規制は、全国の活動家協会員にとっては気持ちのうえでは腹は立つけど、党活動には何の障害もない、というよりも、協会員は党の方針に基づいてもっとも献身的に党活動をしているのだから規制のしようがありません。

しかし、協会規制の背景が、単なる党内の右傾化だけではなしに、日本の階級的運動全体にかけられてきた攻撃であることを私たちは認識することができませんでした。私たちは地道な党活動によって党内では多数派になりつつありましたが、450万総評や労働運動全体ではまだまだまったくの少数派でした。社会党の存在は、階級闘争全体に規定されていたわけですが、私たちはどんどん党内多数派に近づいていっていたので社会党内の努力だけで何とかなるという錯覚をもっていました。これに対して右傾化した労働運動総体や資本からしっぺ返しを受けたわけです。

労働運動は70年代から労働運動の右翼的再編がすすめられていましたが、

一時は宝樹文彦全逓信労組委員長の右翼再編（1967年に提起「労戦統一と社会党政権樹立のために」）を左派が跳ね返していました。しかし、社青同が進める職業病反対闘争をはじめ、反合闘争（反合理化闘争）、職場闘争は多くの労働組合内に広がり、右翼幹部を脅かしていました。これに危機感を持った幹部と資本が一体となった反撃が労戦統一の再構築であり、その一端が協会規制や社青同つぶしだったわけです。

そして、協会規制のねらいは社会党をマルクス・レーニン主義の党へと強化していくことを阻止することにあったわけですが、その真のねらいを見据えて闘うことができず、協会規制に対して技術的な対応で事足りるという油断があったわけです。

また、協会規制の受け入れについて、協会の常任委員会等で討議するのではなく、向坂逸郎代表の決断で決めたことが、協会規制に対する組織的闘いを組めなかった一因とも言えます。灰原茂雄（元社会主義協会学習部長）は、「向坂先生ご自身が私に協会規制で妥協したあとで話したときに、『灰原君、あれでよかったか』と3回もいわれたんですよ。私は先生ご自身が、あとへ続くものを信じて、党内に送り込んだ人がいっぱいいますよね。その人たちを守ることを考えて、一歩下がってもだいじょうぶだと思われたと思うんです。自信があったと思う。／だけど先生自身があのときは協会の全国総会をやらずに引いたでしょう。ああいうことについて、これは当時事務局長であった佐藤さんの責任でもだれの責任でもないですが、同じ引くにしてもこれからどうするかということで、みんなで話し合っていれば、もっと自信を持って再建することになったと思うんです」、「内なる民主主義ということも、今もう一つ考えないといけないと思う。結論を出すために協会の総会をやっていないのはやっぱりまずかった」（「座談会・戦後五〇年と社会主義協会（9）」『社会主義』1996年4月号）と指摘しています。私たち協会員自身がそれぞれ自分で考えるのではなく、上に従う、上意下達の体質になってしまっていたという欠陥が、その後の党の右傾化に組織的に抵抗できなかった要因とも言えると思います。

そして協会規制が社会党解体で本領発揮したのは国会議員の代議員権問題です。

国会議員の大会代議員権問題

国会議員や右派幹部にとって、協会を嫌うのは、協会自体ではなく、協会員の増加が大会代議員増につながり、協会代議員が多数派になれば大会方針も政策もマルクス・レーニン主義になってしまう、自分たちの主張が通らなくなるという危機感でした。協会規制攻撃は成功したが、大会代議員問題にはまったく解決にならなかったわけです。

そこで次の策が国会議員全員を自動的に代議員にすることでした。しかし、これは不可能でした。何故かというと国会議員全員を代議員にするためには規約を改正しなければならないのですが、規約改正には大会の３分の２以上の賛成が必要で、すでに協会は大会代議員の３分の１以上を占めており、国会議員全員を自動的に代議員にする規約改正は通らないことは確実だったからです。

55年の左右社会党統一時には国会議員が自動的に全国大会の代議員であったものを廃止したのは、江田三郎が58年に組織委員長となり党の近代化を進め、改革したためでした。江田は、国会議員の自動的代議員制をやめること、専従中央執行委員を置くこと、青年部、婦人部をやめて、社会主義青年同盟、婦人会議をつくり、党は青年対策部、婦人対策部にする、中央本部だけでなく都道府県本部にも専従者をおくこと、などを実施しました。社会党が議員党的体質を克服する基礎をつくったのは江田の功績です。

しかし後年、江田はこの国会議員の自動的代議員権を廃止したことを悔やんでいます。

「もう一つ、実現して、あとでなやまされたのが国会議員の代議員権問題である。当時社会党は上昇過程にあった。全国大会が最高決議機関としての機能を果すためには、代議員は五百五十人程度が限度であり、国会議員がふえてゆくと代議員の過半数をこえることになり、地方議員や一般活動家の発言がおさえられてしまう。この弊をさけるために、国会議員は自動的に代議員になる制度を改め、国会議員も一般党員も同等の資格条件にたって、代議員として選出されなければならぬ、ということにしたのである。反対があったが、(組織) 委員長として押し切った。これにあとでなやまされることになったのである。

当時私は、議員の大部分は、当然代議員にえらばれてくると思った。また、こうしてこそ、議員が下部組織に責任をもつ活動を展開せざるをえなくなり、党の健全な発展があると思った。ところが、実施してみると、議員は出てこない。選挙のとき支えてくれる若い党員が、代議員になりたいというのをことわって、かれらのきげんを悪くしたくはないのである。若い党員が多少軌道外れをやっても、大勢には影響ない、大目にみてやれ、と言っている間に、今日の事態に立ち至ってしまった。もとのように国会議員は自動的に代議員になるように変えろ、という主張が議員の間にたかまってきたが、規約の改正は三分の二の賛成が必要条件であり、いまさら、そのことは不可能だということになった。私の見とおしの甘さである」(『新しい政治をめざして――私の信条と心情』第一部、日本評論社、1977年)と語っています。

協会系の代議員が大幅に増えてしまい、何とかしなければならないと思っても、もうすでに時遅し、3分の2以上の賛成を必要とする規約改正は無理だということでした。

そこで編み出されたのが、規約改正を直接、大会へ提案するのではなく、国会議員を代議員にするという決議を大会に出すことでした。規約改正には3分の2以上の代議員の賛成が必要ですが、決議は過半数で可決されます。77年9月の41回定期大会に「国会議員等の全国大会代議員資格付与に関する決議」が出されます。大会議案と違って、大会当日に出されてくる決議は、全国の党員の事前討議もなく、大会でもあまり内容についての討議はありません。過半数で可決されるために、代議員の過半数に達していない協会は否決しようにもできません。大会では突然出された決議案に対して、「党内民主主義、党員の基本的権利に関することを下部討議に付すこともなく決めていいのか」(『社会新報』77年9月30日号)という反対意見も出され、採択に際しても「反対」の声が上がりましたが、結局、「満場一致」の形で決定されてしまいました。

大会は新執行部の選出をめぐって混乱し休会となり、12月に開かれた続開大会で、全国会議員、党員知事および政令指定都市党員市長を代議員とする規約改正案が提出されました。しかも、「第三号による代議員は代議員総数の三分の一を基準とする」という但し書きまで付いていました。協会党本部班でもこの問題は何度も議論しましたが、「反対を広げるためにパンフを出そう」という私の意見に同調するほどの強さはなく、反対運動を牽引する力にはなりませんでした。

右派は、この規約改正案は前大会の決議の実行であり、規約改正案反対は前大会決定を否定することにつながり中央執行委員会への不信任となる、と恫喝していました。

しかし、国会議員代議員権付与の規約改正が強行されたときには、協会全体にはまだその危機感はなく、党の本質的な変質になっていくという分析もできませんでした。大会終了後の78年2月号『社会主義』は、「党大会はおわったが、党を質的・量的に強化していく全党員と支持者の活動は、いまあらたな出発点にたっている。さきにのべた規約第39条の改正は、この活動を、より困難なものにするかもしれない。この困難にうちかつためには、われわれの努力をいっそう強め、この活動の質と量を高めていく以外にはないのである」(8頁) と、今までどおりにこつこつ路線で党を強化していくことを訴えるだけで、国会議員代議員権付与が党内民主主義を根本的に破壊するもので、党内民主主義のない党は科学的社会主義政党ではないということをきちんと捉えることができていませんでした。

しかし、外堀が埋められれば、本丸が落ちるのは時間の問題で、国会議員の代議員権が決まった以後は、大会で協会系の代議員が激減して、方針も路線も政策もすべて右派の思いどおり、「日本社会党と公明党の連合政権についての合意」(1980年1月10日、同年2月の第44回党大会で追認)、科学的社会主義を否定する「新しい社会の創造――われわれのめざす社会主義の構想」(第47回党大会・1982年12月)、「日本における社会主義への道」の廃棄と「日本社会党の新宣言　愛と知と力による創造」採択 (第50回続開党大会・1986年1月)、規約からの「社会主義革命」の削除 (第55回党大会・1990年4月) と、一瀉千里に右傾化が進み、社会党の崩壊へと進んでいきました。

この間、党中央本部にいてつくづく感じたのは、協会を押さえ込んで党の主導権を握った右派が、党組織の必要性をまったく理解せず、どうやって党組織をつくり守っていくのかという点でまともな考えも、実践もなかったと言うことです。

政党間共闘、統一戦線の関係では、社会党と他の野党との関係をめぐって、全野党共闘か社公民かと70年代を通して争われました。全野党共闘路線の中軸は協会系の党員で、事実上の共産党との共闘派でした。当時共産党は、全野党共闘路線は「共産党とは共闘しない」とする民社を含めており、事実上の共闘先送り論、待機主義などと全野党共闘路線を批判していました。

しかし、社会党内の力関係は、社公民路線を主張し共産党排除の立場をとる右派と、共産党との共闘が先行するのを嫌う中間派と合わせればそちらが多数であり、とりわけ国会議員の圧倒的多数が右派・中間派となっていましたから、左派が、正面から社共中軸を主張しては中間派の支持を取り付けられず党全体の路線が共産党との共闘を否定することになりかねませんでした。

私たちはこのような党内状況のなかで、反独占・民主主義擁護・反帝国主義戦争の統一戦線を積極的に推進する立場で活動し、共産党との共闘を現実のものとするために全野党共闘擁護の論陣を張りました。書記局内ではよく右派から「社共派」と言われましたが、党内右派は、「社共派」とレッテルを貼れば悪口になると思っていたわけで、「反共」的で、まったく階級闘争という視点を持たないのだなと感じたことをよく記憶しています。

労働組合や自治体選挙などの第一線で活動した協会系の党員は、共産党の活動家と激しく支持獲得の競争を行なっていたわけで、感情的にも難しいものもあったと思いますが、政党間の共闘の判断で原則をはずしたことはありませんでした。

しかし、80年の「社公合意」以降は、自治体選挙での共産党排除与野党相乗り路線へと社会党が転換し、共産党も社会党右転落の批判を強めて労戦問題でも統一労組懇を母体にしたナショナルセンター結成に向いました。このため労働運動も含めて全戦線で社共両党は全面的に分岐し、共産党との共闘関係は、社会党右派だけでなく左派も含めて、一部地域の例外を残してまったく途切れてしまいました。

当時は、右派の党解体攻撃に対処するのに精一杯で、共産党との共闘にまで頭が回りませんでした。しかし、労戦統一問題への対応などを見ると、80年代に共産党との関係が切れてしまったのは、総評解体などに対抗するうえで決定的な悪影響をもたらしたと思います。

党建協（日本社会党建設研究全国連絡協議会）

右派は、国会議員代議員権付与によって党内民主主義をなくして主導権をとり、それによって科学的社会主義路線に立つ「道」の廃棄による社会民主主義への転換に成功しました。しかし、それで終わりではありません。これまで科学的社会主義理論に立脚してつくられてきたすべての政策・路線を転換しなければ、綱領だけを変えても社民主義政党とはなりません。次の標的が党の基本路線、護憲・民主・中立を基本に、反基地・反自衛隊、反安保、反原発、それと朝鮮政策の変更でした。これらの政策への攻撃が激しくなります。

この党の基本路線の変更に対する闘いの軸となったのが「日本社会党建設研究全国連絡協議会（党建協）」です。党建協は、県議・市議などと地方活動家を中心に結成しました。もともとは政策審議会書記局員の原野人が取り組んできた党内組織の原対協（原発対策全国連絡協議会）が母体でした。当時、次々に建設される原発に対して、各地で反対運動が巻き起こり、燎原の火のごとく広がっていました。この各地の反対運動をつなぐために社会党がつくったのが原対協でしたが、原野人の働きかけにより、原対協を担っていた自治体議員や地方活動家が、反原発だけでなく、危機に立つ党の基本路線、護憲・民主・中立を守ろうと広がりました。

87年6月7日に、安保・自衛隊、原発などをめぐる政策変更や社会党の基本路線見直しの動きに反対する地方議員や活動家約500人が、東京・飯田橋の東京中央労政会館で党建協の設立総会を開催しました。

党建協では、『党建協ニュース』を月1回、A4判8頁、年2000円、3000部発行し、発送と経理は他の協会員がやってくれましたが、ニュースづくりはほとんど私1人でやり、私は88年に『月刊社会党』編集部から『社会新報』編集へ移っていたので、新報編集の仕事をやりながら、『党建協ニュース』の原稿を依頼し、自分でも原稿を書き、原稿整理、割付、入稿、校正と、8頁ものでも毎月出すのは結構大変でした。94年5月まで7年間、毎月欠かさず発行し、右傾化に対する闘いの足場となりました。

『月刊社会党』編集で付き合いのあった学者・文化人の多くも社会党の右傾化を心配してくれて、党建協への協力を得ることができました。また、87

年の組織改革案に対しては、反対パンフ『社会党がなくなる？　解党につながる組織改革案』を2万5000部発行して党破壊と闘いました。全部売り切れましたから、党組織での党建協の影響力が強かったと思います。

科学的社会主義理論の面は社会主義協会が担うので、私は、もう一回りそれを囲む党員組織と文化人の協力態勢をつくることが必要だと思っていました。それが党建協です。社会主義協会党中央本部班は、中心の高木将勝が「創る会」を結成して脱会してしまったために、原野人と私が協会運営委員になり、協会から党の運動についてはほとんど任されていました。

小選挙区制反対闘争

社会党の解体のとどめは小選挙区制でした。小選挙区制が通れば社会党の議席は大幅に減少し、まさに解党の危機に陥ります。88年のリクルート事件を発端とする数々の政治腐敗の根絶を求め「政治改革」の論議が沸騰しましたが、政治改革は選挙制度変更にすり替えられ、「政治改革推進協議会(民間政治臨調)」の主導により小選挙区制への移行があたかも政治改革のような世論がつくり出されていました。

私たちは、党建協ニュースで毎回、小選挙区制が少数意見の切捨てによる小党つぶしであり、一強政党による議会制民主主義の破壊につながることなどを訴え、1993年8月には小選挙区制批判パンフ『社会党がなくなる？並立制は憲法と社会党つぶし』を発行して党内の反対運動を強めました。党外でも識者や市民運動家を中心に反対運動が広がり、社会党に対しても突き上げが激しくなりました。しかし、山岸連合会長は93年に小選挙区制への賛成を表明し、社会党にも賛同を求め、連合の主要8単産が社会党を含む政党再編による「新党」に支持協力の意を表明。全電通、自治労などは小選挙区制反対の出身議員への圧力を強めました。

結局、社会党は小選挙区制賛成に転換し、93年、日本新党とさきがけが「政治改革政権」を提唱して小選挙区比例代表並立制に賛同するかどうかを踏み絵とし、社会党を含め8党会派が小選挙区制推進を軸にした細川連立政権樹立に合意してしまいました。

しかし、社会党がいくら小選挙区制賛成に転換しても、反対の声は正当性を持っており、少数の国会議員も反対を貫いていました。衆院ではともかく、参院では反対議員がかなりおり、否決が予想され、労働組合による反対議員への圧力も強まって党内騒然とする雰囲気となっていました。書記局内でも、反対を明確にしていた私に対して、解雇すべきだという声が高まり、書記局員に突き上げられた議員も同様な発言をしていました。

このとき私を守ろうと動いたのは、協会員の書記局員ではなく、これまで私とはほとんど接触のなかった市民派の書記局員たちでした。市民派書記局員は民主主義を守る立場から小選挙区制には反対の人が多かったのですが、書記局内の力関係を知っているので表立っては反対を表明していませんでしたが、これまで社会党が反対を貫いてきた小選挙区制を党が賛成に転換したからといって、反対する書記局員を解雇することは許されないと、市民主義の人権感覚で反対を呼びかけ、数度の会合を持ち、「細川が解雇されたら、一緒に闘う」と決めていました。

党の分裂・新社会党結成

社会党はここまでいたると解党は既定路線となり、いろいろな方面から新党運動が広がります。土井たか子を囲む市民グループの保坂展人が「さらば、社会党」を『世界』1993年9月号に発表し「社会党にかわるリベラル・平和・護憲の市民政党が誕生する条件も出そろった」と宣言します。また、この時期には小選挙区制導入に反対した一部議員が離党して「新党護憲リベラル」を結成し、93年9月3日には 党建協がシンポジウム「護憲の党を再生するために」を開催しました。

10月4日には 岩井章が平和運動と地域共闘をすすめる全国連絡会結成総会で新党構想を発表。同月7日、山川暁夫が新護憲の三千語宣言運動で新党結成をめざすと宣言。14日、岩垂寿喜男、國広正雄、社民連の田英夫、無所属の岡崎宏美ら10人が「護憲リベラルの会」発足を決定。11月18日、上田哲前議員が離党し「護憲新党あかつき」を結党。11月20日、「護憲の社会党を再生する全国ネットワーク」を結成（村山喜一、関晴正、伊藤成彦、田英夫、岩垂寿喜男)。保坂らは95年11月6日に市民政党結成に向け「市民ステージ1995」を発足させるなど、いろいろな新党運動が激しくなっていました。

この当時、私たちの新党結成は岩垂寿喜男を軸にする構想で進んでいました。岩井章の新党構想も岩垂を軸に想定していましたし、総評出身の岩垂なら労働組合との若干の連携も可能でした。岩垂は、93年の特別国会の首班指名選挙では日本新党・細川護熙へ投票するという党決定に反して山花貞夫社会党委員長に投票し、また細川内閣が成立をめざした政治改革四法案にも党議拘束に反して反対票を投じて党規違反で3カ月間の党活動禁止処分を受けるなど、解党を進める中央執行委員会に対して抵抗していました。

岩垂は93年9月の委員長選挙への立候補にも前向きで、岩垂の委員長選立候補により社会党解党反対勢力を結集できる方向でした。しかし岩垂は、最初に立候補表明していた久保亘が対立候補なら立候補すると前向きでしたが、久保が立候補を取りやめて村山富市に一本化されたために、村山とは親しいので村山との対抗では出ないと言って立候補を断り、岩垂を軸にした新党構想は潰れてしまいました（岩垂はその後、1996年、自社さ連立の第1次橋本内閣で環境庁長官になりました）。

岩垂新党構想が潰れて、次に起こってきたのが、小選挙区制反対議員を軸にした新党結成です。

当時は、国会での反対投票札にちなんで「青票議員」あるいは造反議員と呼ばれていました。94年1月21日の 参議院本会議での小選挙区制法案の否決（130対118票、12票差）を受け、94年3月18日、「 がんばれ！青票・護憲派議員3・18国民集会」が開かれ、呼びかけ人18名と、岩垂、小森龍邦、秋葉忠利、北沢清功、金田誠一、濱田健一、志苫裕など20名の国会議員も参加し盛り上がりました。さらに、4月5日に秋葉、大渕絹子、國弘正雄、山口哲夫が政策ステージ「太陽」を結成するなど、いろいろなところから結集が生まれていました。

7月の村山首相の所信表明演説での「日米安保堅持」発言にいたり、党内護憲派の社会党離れは極限に達し、一気に新党結成に向けた動きが加速しました。逆に、社会党は、8月31日に社会党有志議員が新民主連合を結成、9月3日の 社会党第61回大会で、安保堅持、自衛隊合憲容認を決定するとともに、社民・リベラルの新たな結集をめざす新政治勢力の形成に努める「当面する政局に臨むわが党の基本姿勢」を決定しました。10月22日には 党全国選対責任者会議・党務報告で「民主主義・リベラル新党の結成に取り組む」ことを明らかにし、11月29日の 党臨時中執で「政界再編の第三極として民主リベラル新党をつくる。新党は新しい党としてつくられ、社会党の党名変更や看板の塗り替えではない」など6項目を確認し、社会党解体＝新党結成が進んでいきます。

その後も、95年1月1日、新党民主フォーラム・ネットワークの結成。いいだもも、伊藤正敏、小森龍邦他が新党結成をめざし月刊紙『かたつむり』創刊。1月16日、山花貞夫が新会派「民主連合・民主新党クラブ」の結成で合意し、翌17日、山花をはじめ衆議院17名・参議院7名の合計24名の国会議員が院内会派からの離脱を届け出るなど新党運動が進んでいきましたが、同日阪神・淡路大震災が発生したために山花は会派結成を先送りし、民主・リベラル新党構想は事実上頓挫しました。

社会党は5月27日、第62回臨時大会で「95年宣言」を採択し、新党準備委員会が党名の選択、党首の選出など結党大会に必要な準備に取り組むことを決定。「95年宣言」には、「新党は、狭いナショナリズムの党ではなく、ヒューマニズムや国際性を大切にし、新時代を担う寛容な市民政党として、働く人びとと多様な価値観をもつ生活者や若い世代に支えられて出発します。私たちは、生きがいや心の充実、より快適な生活を求める市民の要求を調整して、未来志向の政策にまとめ、政権を担当することによって、それを実現することが、新党の役割であると考えています」と書かれています。

これに対して、矢田部理参院議員らが1995年8月、護憲懇談会を結成（代表世話人・秋葉忠利・矢田部理、事務局長・山口哲夫、岡崎宏美、竹内猛、濱田健一、稲村稔夫、大脇雅子、栗原君子）し、8月20日、護憲懇談会第一回全国集会を開催。これに10月14日、党建協を発展解消して結成した護憲ネットが合流し、新党結成をめざしていきます。

新社会党結成数カ月前から、新党結成を決意した矢田部の呼びかけにより、どのような党をつくるか、検討・突合せが行われました。矢田部、山口、小森、岡崎議員と、矢田部秘書の筑紫、書記局から原野人と私が参加し、テーマによっては伊藤誠東大教授や伊藤成彦中大教授も加わり、あるべき党の姿、党の名称、規約、組織、日本資本主義分析、社会主義をどう打ち出すかなどについて討議しました。

新党の方向は、護憲は当然のことですが、社会主義の問題は議論の大きな課題でした。社会主義を掲げることは前提でしたが、ソ連・東欧反革命後の現状で、新党として社会主義をどう訴えるべきか、その社会主義とはどういうものなのか、数回の勉強会では結論は出ません。伊藤成彦は社会民主主義を掲げるべきと主張し、伊藤誠は社会主義を掲げるべきと主張しました。そんなこともあって、以後は伊藤成彦を呼ばず、伊藤誠との討議となりましたが、新党結成は急がなければならず、現状で社会主義をきちんと掲げることは不可能だという判断と、綱領は結党後、全党員でつくったらいいという矢田部の考えで、綱領を作らずに党を結成することになりました。

もう一つ大きな判断を迫られたのが、結党の時期でした。これまでも93年11月の護憲ネット結成以来、新党結成は視野に入っていたのですが、参加している全国の党員・組織の意思統一がなかなか進まず、結党することは当然だが、もう少し待ってほしいという声が続いていました。後で社民党幹事長になる又市征治は、最後まで、富山県は600人新党に入るからもう少し待ってほしいと要請していて、会合には何回か出席していました。高沢寅男も何回か顔を出し、後で社民党東京都連の幹事長になる広田貞治も新社会党結党ギリギリまで会合には参加していましたし、島根や香川も県のほとんどが参加すると約束していました。

しかし結局この人たちは、社会党が解党する96年1月の大会が迫っても決断しませんでした。矢田部の会合には國弘正雄もいつも参加しており、新党には土井たか子は必ず参加するからと確約していました。また、新党には秋葉忠利も参加を約束しており、秋葉は新党の委員長候補だったのですが、秋葉周辺からいろいろと横槍が入ったのでしょう、結成直前に文書で不参加の申し入れがありました。こうして当初予定していた人々がかなり減っての新社会党結党を余儀なくされました。

それで、結党の時期ですが、一つは社会党が解党を決める1月19日の64回大会で結党するという道と、政党助成金の算出基準となる1月1日に結党するという道です。本来なら全党員・支持者にわかりやすいよう大会で分裂・新党結成が好ましいわけですが、新党結成してどのくらい党員が集まるのか、資金はどうするのか、が関門でした。また、新党結成が組織的な動きになっていなかったために、多くの人で相談しながら決めていくという形にならず、結局、矢田部など議員団に判断を委ね、矢田部と山口哲夫は年末に、静養で伊豆長岡（現、伊豆の国市）の三養荘に宿泊していた村山首相を訪ね、離党を報告し、1月1日に結党届けを出しました。

新社会党は、結党後6年間の党内討議を通じて、2002年7月13日の大会で、科学的社会主義に基づく新社会党綱領「21世紀宣言」決定しました。

社会主義協会の現状

最後に社会主義協会の現状について若干、説明しておきます。

社会主義協会は、1951年に山川均や向坂逸郎などによって結成された理論研究団体ですが、現在、それを受け継ぐ社会主義協会という名称の組織は三つあります。皆さんにはわかりづらいことかもしれませんが、社会主義協会は過去にも二つ存在した時期が2回ありました。1967年の太田派と向坂派との分裂時にはどちらも社会主義協会を名乗り、機関誌も『社会主義』という名で二つ出ていて、向坂協会、太田協会と呼んでいました。

太田協会はその後、組織名も機関誌名も変更したために社会主義協会という組織は一つだけになりましたが、1996年の新社会党結党に参加した人たちが1998年に協会を再建したために、また協会は二つ存在することになりました。日本社会党が1996年に解体して社民党を発足させたことに反対した人たちで新社会党をつくりましたが、当初は、社民党と新社会党、民主党に所属が分かれても社会主義協会は一緒にやっていくことが確認されていました。社会主義協会も新社会党結成に反対はしませんでしたが、主要メンバーは社民党に入り、協会内で社民党員が多数だったために協会の方針が社民党寄りになり、また社民党所属の協会員幹部が「新社会党など潰してやる」と発言するなど協会内での対立が深まっていきました。

私は、新社会党がちゃんとすればいずれ加わってくるだろうという甘い期待をもっていましたが、一度、社民党でやるという決断をした人たちは、どんどんそれを正当化する方向を強め、対立感は強まっていき、新社会党結党

2年後に協会も新社会党員と社民党員で分裂したわけです。98年に新社会党所属の協会員が協会を再建し、機関誌『科学的社会主義』を発行しました。坂牛哲郎・上野建一が代表だったために「坂牛協会」「再建協会」とも呼ばれていました。再建後は、新社会党との関係は、旧社会党と協会とは異なり、党内派閥的な側面はなくなり、理論研究団体に徹していました。

しかし、2010年参院選で新社会党が副委員長だった原和美を社民党比例区から立候補させることや原の規約違反の二重党籍容認（新社会党と社民党籍）などをめぐって意見が別れました。その際、新社会党内の論争に社会主義協会の二役が原の社民党立候補を支持する立場で介入を行ないました。

これに対し、原の選挙を社会主義協会が推進することは、マルクス・レーニン主義を放棄し社会民主主義に転向するものであること、また、党とは別個の理論研究団体が政党の議論に直接介入するのは、協会の性格を派閥へと変更するものだとの強い批判が起こりました。最終的に、批判を行なってきた人たちは協会を退会し、2014年12月に社会主義協会の再建を決定しました。機関誌『研究資料』を隔月で発行しています。

したがって現在、社会主義協会という名称の組織は、かつての社会主義協会（立松潔代表）と、98年に再建し現在、今村稔・津和崇代表に変わった社会主義協会と、私たちの社会主義協会（細川正代表）と三つあります。

私たちは、「マルクス・レーニン主義を研究し、社会の進歩に貢献することを目的」（社会主義協会規約第2条）として活動しています。一時期、比較的大きな影響力を持った社会主義協会系の運動が、ほとんど社会民主主義の潮流に転落してしまったことなどについて、科学的批判的に総括を行なうことを含め、多様な観点からの科学的知見を摂取し、マルクス・レーニン主義の理論の一層の発展に少しでも貢献していきたいと考えています。

初出

『大原社会問題研究所雑誌』No.716／2018年6月号
https://oisr-org.ws.hosei.ac.jp/images/oz/contents/716_04.pdf

第 10 章
飛鳥田一雄さんとともに歩んだ社会党

――船橋成幸氏に聞く

飛鳥田一雄との出会いから、横浜革新市政を「裏方」として支えた参謀が、飛鳥田の先見性、「一万人市民集会」、また社会党委員長としての活躍も支えた視点から党内の派閥について、さらには派閥をこえた活動をめざした飛鳥田の人間性に言及。

[略歴]
1925 年　植民地時代の朝鮮平安北道生まれ
1945 年　神戸高等商船学校在籍中に終戦を迎える。その後、船乗りとなる
1951 年　全日本海員組合岡山県玉野支部専従
1953 年　労農党中央本部書記
1957 年　労農党が社会党に吸収されたのに伴い、日本社会党本部書記となる
『月刊社会党』編集長　労働局副部長等を経て 1970 年　日本社会党組織局長
1973 年　日本社会党本部を離れ、横浜市参与となる
1977 年　飛鳥田一雄横浜市長が社会党委員長に就任するに伴い、日本社会党無任所中執となる
1982 年　日本社会党政策審議会事務局長
1986 年　日本社会党企画調査局長
1988 年　日本社会党本部を退任
著書に『革新政治の裏方が語る 13 章』オルタ出版局、2015 年

報告

入党の経緯

1949 年 8 月、私は日産近海機船という会社の船で航海士を勤めていまし

たが、たまたまその会社で100人ぐらいの大量解雇が通告され、商船学校出身の船員仲間数人と相談して解雇反対闘争を組織することになりました。まだ右も左もわからなかったのですが、想定外の争議になって会社側がうろたえたこともあり、とりあえず解雇通知を撤回させることができました。当時は労働運動の全国的な高揚期で、私たちの勝利はそういう時代背景のなかでの一つの成功体験だったと思います。

それに味を占めて、私は他の船会社の労働争議にも首を突っ込むようになり、1～2年後には海上労働運動の舞台でいっぱしの活動家とみなされ、1951年の4月からは全日本海員組合の岡山県玉野支部で専従者になりました。これを2年半ぐらいやりましたが、私はそのうち、非合法化された共産党が糸を引いていた海上統一委員会という地下組織に加わり、政令325号違反（占領目的阻害）の容疑ということで、官憲からも組合の中央からも睨まれていたものですから、限界を感じて上京。総評事務局長の高野実（1901～74年）さんを頼って、いろいろ労働運動のことを教わりました。当時、総評が平和経済計画会議をやっていまして、そこで船員代表ということでスピーチをさせてもらったこともありました。

私が海員組合の専従者をやっている間に、ちょうど第2回の参議院選挙（1950年6月）がありまして、そのときに全国区からは労働者農民党（労農党）の木村禧八郎、岡山地方区からは太田敏兄の両候補が立ち、その応援のために中原健次代議士が自転車で県内を遊説する活動に参加しました。そして、中原さんが労農党の書記長だったものですから、その勧めで入党することになりました。そこから私の党生活が始まるわけです。

やがて労農党本部の書記に任用され、3年半ほど経過しまして、57年2月に社会党に入りました。その前に労農党が社会党に吸収合併されるわけですけれども、労農党本部書記の3人ほどが社会党の本部書記局に移ることになりました。そして2～3カ月たったころ、『月刊社会党』という党の雑誌が発行されました。その雑誌は渋沢利久さんという人が1人で編集していたのですが、この人は私が党本部に行って手伝っているうちに、選挙に出馬するというので雲隠れしてしまいまして、結局それから7年間、私が『月刊社会党』の編集責任を担うことになりました。

そのあと労働局副部長を6年間ほどやりまして、70年11月の党大会で曽我祐次という人と対抗する形で、組織局長の座を争うことになりました。当時、私は党内で知名度もなく、しかも少数派の構造改革グループに属していたので、まさか当選するとは思わなかったのですが、いろいろな事情がありまして、図らずも私が当選、いきなり労働局副部長から組織局長になりました。ところが、これを1期だけやりまして、自分で言うのはおかしいですが、全党的に評判のいい組織局長だったのに、わずか1期で、オール派閥の統一名簿に「企画担当中執への交代」が指示され、それに反発して、72年2月の党大会で単独立候補、当然ながら落選して社会党本部を離れました。

横浜市へ

社会党本部を離れて、半年ほど職安に通っていましたけれども、7月から横浜市役所に参与という、実質は嘱託として入ることになりました。市長の飛鳥田さんに拾ってもらったわけです。76年までは市役所の市民局で1万人市民集会や区民会議などを主として担当しました。これが私の本来業務で、詳しくは後でお話しします。そのほか鳴海正泰という市長のブレーンに誘われ、市政の政治的な課題についても担当いたしました。

思い出深いのは、76年4月、市長に随行してヨーロッパの仏、伊、ユーゴの3カ国を訪ね、南欧の社会党、共産党の幹部たちと当時の政策課題や自主管理問題などで議論を交わしました。パリでは、フランス社会党のミッテラン党首のお宅にうかがって夫人の手料理をご馳走になったりしましたが、実はその前年の3月、都知事3選への出馬をためらっていた美濃部亮吉（1904～84年）さんを説得してもらうことを狙ってミッテラン氏を日本に招いているのです。そのときは海原峻という大阪市大の教授と私が接待役となり、箱根の富士屋ホテルで同宿、小田原城の見学や、新幹線はまだ珍しいというので小田原から横浜まで同乗したりしました。また、日本テレビがミッテラン出演を要望したのになかなか応じなかったけれども、中に入って、当時フランスでは珍しかったデジタル時計や洋弓などをさしあげることで1時間番組への出演を応諾してもらったとか、そんなこともいろいろありました。

あるいは、74年4月のアジア卓球選手権大会ですね。これは非常に政治的意味合いのある大会だったのです。ちょうどベトナム戦争の末期で、南北ベトナムとかラオス、カンボジア、北朝鮮、中国といった外国代表との間でなかなか込み入った問題があったのですが、それに対応するために私は3週間ほどホテルに泊り込んで、政治的な工作に当たりました。

そんなこんなで、横浜市役所でほぼ6年間つとめ、その最後は企画調整局の都市科学研究室長になっていました。

再び社会党へ

そして、77年9月には飛鳥田さんが「金輪際出ない」と言ったのですが、12月になって成田知巳さんの要請を受けて社会党の委員長就任を受諾したとき、補佐役の中央執行委員に私と山花貞夫代議士が指名され、いわば里帰りの形で社会党本部へ戻りました。それから5年9カ月、83年に飛鳥田委員長が辞めますが、そのあとも私は党本部に残りまして、政策担当中央執行委員、あるいは政策審議会の事務局長を2年ほどつとめました。土井たか子委員長のときは企画調査局長を1期だけやり、そうこうするうちに62歳になって、88年2月、党本部から退任することになったのです。

その後、民間の会社ですが、たいへん政治好きの社長のところで、私は会社の仕事はあまりやらず、社会党の議員を集めて学習会をやったりしているうちに、90年に田辺誠さんが委員長になりました。そのときに四谷に田辺政治経済研究所という名の事務所を設けまして、そこの専務理事ということです。

田辺さんが1年半ぐらいで委員長を辞めたのですが、私はそのあとも図太く社会党改革の活動を続けまして、党所属議員の過半数を組織した「社会党改革議員連合」をつくりました。日本ではおそらく初めてだったと思いますが、93年の4月には社公民3党を含む「政権交代を考えるシンポジウム」を組織したりしました。

その翌年6月末に村山富市内閣ができました。その自社連立を私は国民への背信行為だといって憤慨しまして、これでもう政治はやめたということで、それからは社会党との直接のかかわりは絶つことにしました。それ以前の浪人中も、私は社会党の規約改正について当時の笠原昭男組織局長と共同作業をしたり、いろいろなことに口を出したりしていたのですが、自社連立からは、もういっさいやめたということです。

飛鳥田さんとの出会い

飛鳥田さんと私が初めて会ったのは1962年8月、原水協第8回大会が東京で開かれたときです。これは有名な話ですが、この大会の2日目にソ連が原爆実験をやったのです。その前に原水協では、先に原爆実験をやる国は平和の敵だということを幹部会で決めていました。ところが、こともあろうに大会の最中、2日目にソ連が原爆実験をやった。それで、社会党と総評の代議員団は、これに対して抗議決議をするということになったわけです。ソ連代表はいなかったのですが、中国の代表団がいました。中国も核実験をやるつもりだったものですから、中国の代表団と日本共産党が猛烈に、「これは平和のための核実験だ」と主張しました。社会党側は、「いかなる国の核実験であろうと原水禁大会の最中に核実験をやるとはけしからん。抗議決議をすべきだ」と反論。これで折り合いがつかなくて、社会党・総評の代議員が総引き上げということになりました。

そのときの社会党の責任者が飛鳥田国民運動委員長です。その数日後、社会党の両院議員総会で飛鳥田国民運動委員長が原水協大会の顛末を報告しました。共産党や中国代表団と、折り合いがつかなくてやむを得ず総引き上げをしたという事情を報告したのです。そうしたら、旧労農党の主席だった黒田寿男（1899〜1986年）さん、この方はいわば私の親分だった方ですが、当時は確か安保体制打破同志会（のちの平和同志会）のトップでした。この黒田さんが、「飛鳥田君、いまの報告は君の本心か」と尋ね、ほかに答えようがありませんから、「私の本心です」と答える。そこで黒田さんから「そうか。それなら、君はもはや同志ではない」と宣告されてしまったのです。

その日の夕方だったと思います。飛鳥田さんが私に、「おい、船橋君、ちょっとつきあってくれ」と言うので、新橋の居酒屋へ行ったのです。その居酒屋で、あの安保5人男の1人として誉れ高い社会党の花型代議士であった飛鳥田さんが、青菜に塩というか、打ちひしがれて、「船橋君、僕は間違ってないよね。だけど、人生は虚しいね。独りぼっちだね」と言うわけです。

あの輝かしい花型政治家の代議士が、こんなに打ちひしがれて、人間性をむき出しにして嘆いている。私はその姿を見て、心から飛鳥田さんの人柄、純粋な人間性に惚れてしまったわけです。それが、62年8月の生涯忘れられない触れあいであり、私が飛鳥田さんのために力を尽くしたいと固く心に決めた最初のきっかけです。

飛鳥田さんは市長になってからも、色紙にしばしば「人生所詮、独りぼっち」と書くんですね。その色紙を何枚も書いて、いろいろな人に渡すわけです。もらった人は訳がわからない（笑）。

ただ、飛鳥田さん本人に言わせると、それは飛鳥田さんの奥さんのお兄さんである寺田透という詩人が漏らした言葉だと言うのですが、私はナマで、烏森のあの居酒屋で飛鳥田さんが言った「人生所詮独りぼっち」という言葉を聞いているわけです。

それが62年の8月です。そして、63年4月に飛鳥田さんは代議士を辞めて横浜市長選挙に出馬します。その出馬に至る心情的なきっかけは、安打同を事実上除名された。しかも、自分がいちばん信頼していた黒田さんのグループから追われたということが、非常に影響したと思います。本人は意地っ張りですから、そんなことないよ、と言うかもしれません。回顧録などを見てもその経緯に飛鳥田さんが触れることはなかったけれども、私は間違いなく、黒田さんとのあの一件が政治家・飛鳥田の転機だったと見ています。

社会党で最左派と言われた黒田さんは、実はそのころ中国の影響を非常に受けておられて、中国側の言うことにはだいたい何でも賛成という傾向にあったわけです。私どもも、赤松康稔君、中原博次君、船橋の3人が社会党本部に移っていたのですが、赤松君だけは日中友好協会正統本部というところで活動して、文化大革命を熱烈に支持して毛沢東語録を振りかざしていたのです。

この人はもともと黒田さんの秘書でした。それが毛沢東語録を振りかざして文化大革命の影響をもろに受けていたのです。私はどうしてもそれに納得できないものですから、私の親分だった方ですけれども、残念ながら黒田さんとは絶縁せざるをえない。当時の中国の路線を称賛して、文化大革命教に入信するわけにはいかんということで別れてしまったのです。

とにかく、そういうことがありまして、63年4月に飛鳥田さんは横浜市長選挙に出馬します。この選挙では、保守系が割れて半井清、田中省吾という2人の候補者が立ち、そのすき間が、社会党の飛鳥田さんには有利な条件となりました。そうでなければ、1対1なら負けていただろうと思います。当時の人口150万の横浜市で、飛鳥田さんの得票は28万票、次点との票差はわずかでした。

私はたまたま63年4月に東京の世田谷から移って横浜に居を構えたものですから、その前後から飛鳥田さんをしょっちゅう訪ねて、いろいろ話を聞きました。飛鳥田さんの考え方で、非常にユニークで面白いと思ったのは、あの人の直接民主主義論です。トクヴィルの話などをよくしてくれました。「樫の木の下の民主主義」というやつです。そんな話をして、市民一人ひとりとの直接の触れ合いを大事にする、肌を触れ合いながら話し合うことが民主主義の基本なんだよ、ということをよく言っていました。

それを何回も聞いているうちに、なるほど、これは一つの政治理論といいますか、そういう体系化できる話だなと思いまして、市長選挙のときに私も「F君への手紙」というパンフレット、これは1部、2部、3部とあるのですが、その1部に「1万人市民集会の構想」という趣旨を解説して「F君への手紙」のなかで書きました。

飛鳥田さんは第1回目の選挙のときに、普通なら福祉をどうするとか、まちづくりをどうするとか、そういう政策を訴えるはずですが、それにはあまり触れないのです。「こどもを大切にする市政」とか「だれでも住みたくなる都市づくり」といったスローガンはありましたけれども、街頭に立つと「1万人集会をやります。直接民主主義でやります」。ほとんどこれしか言わない。ひどい話で、こんな演説をして、普通は票にならないはずですが、飛鳥田さんは市会議員、県会議員を短い期間ですが、ずっと続けてきていて、横浜の土地に非常になじみがある、地縁があるということもあって、しかもメチャクチャ話上手でしょう。話を聞いた市民がみんな納得してくれる。それと、もう一つは相手が2人立候補してくれた。その間隙を縫って当選することができたわけです。

飛鳥田市政の始まり

飛鳥田市政の1期目は、大変な時代でした。選挙のときに「150万市民の皆さん」と呼びかけたのを覚えていますが、当時、横浜の人口は1年間に10万人ずつ増えていました。これは市の行政の立場で言いますと、年間10万人も増えるために、小中学校や上下水道、ガス、交通などのインフラを整備しないといけません。税金はあとから入ってくるわけです。しかし、移住してくる人のインフラはあとからというわけにいかない。入ってくるときにはちゃんと学校やガスや水道も下水道もみんな整っていないといけない。税金は翌年以降に入ってきますから、それまで好きにしてくださいというわけにはいかない。そういうことですから、行政は大変な苦労をするわけです。

だから、飛鳥田市政の1期目に手がけた仕事は、あまりお金をかけない課題が主でした。たとえば「市長に手紙を出す旬間」を設け、寄せられた1万2700通の手紙すべてに職員を大動員して返事を出しました。市庁舎1階の広間を「市民広場」として部長級が座る立派な椅子を並べ、一般の市民がそこに座って市長や幹部たちが交代でじかに相談を受ける。

当時12区すべての区役所に区民相談室を設けて専従職員を配置する。そうした施策がつぎつぎに進められました。

子どもが生まれると「おぎゃあ植樹」をする。空き地があると地主と交渉して「ちびっこ広場」をつくる。野毛山動物園は無料にする。そんなことも1期目に始まりました。水道料金は値上げしましたが、これは大口利用者を重点にして一般家庭の負担を極力抑えました。身障者や生活保護者には無料パスとか奨学金などの手当てをしました。予防接種は全部無料化です。また、電源開発会社と交渉して磯子の火力発電所に対する全国初めての公害防止協定を締結しました。そうした施策は、いわゆる横浜方式ということで他の多くの都市の手本となったのです。

また、64年11月には全国革新市長会を結成、飛鳥田市長がその会長に就任して、全国各地の革新市長と仲間づきあいが拡がりました。そして67年2月、経済学者の美濃部亮吉さんを口説いて東京都知事への擁立に成功しています。

こうして飛鳥田市長の1期目は、あまりお金をかけずに革新市政ならではの施策を進めました。ハードな面では、65年に鶴見の清掃工場を完成させたこと、磯子に子供たちのための「マンモスプール」を建設したことが目立つ程度です。ただし、本格的な都市づくりの構想は、「6大事業」計画として、1期目のうちから、優秀な専門家たちがブレーンとなって着々と準備され、65年1月、その全体像が市民の前に明らかにされました。

「6大事業」というのは、ベイブリッジ、港北ニュータウン、都心部再開発、地下鉄建設、環状2号などの高速道路建設、金沢地先の海浜埋立てなどの事業です。いまそれ以外のものを探すのはちょっと難しいぐらい横浜市のハードな都市構造の骨格は飛鳥田時代の1期目から構想され、計画されています。

こうした「6大事業」の構想、計画を立てたのは、田村明、浅田孝といったハードな都市づくりの専門家たちです。とりわけ、企画調整局長を勤めた田村さんが直接の責任者でした。この人は、東大の経済学部、法学部法律学科、政治学科の三つを卒業された方で、飛鳥田市長が辞めた後に法政大学の教授になられたからよくご存知だと思います。この田村さんと、そして東京の都政調査会におられた浅田さん、このお二人が飛鳥田さんに提案したのです。そして、そのお二人の活動に道を開き、市議会対策も含めて政治と行政の仕掛けを整えるうえで、鳴海正泰さんが重要な役割を担いました。鳴海さんも元は都政調査会のメンバーでしたが、1期目の当初から飛鳥田市長に招かれて市役所に入り、市長のブレーンとして、市議会対策や他の革新都市との関係、国際関係をも担って活躍していました。ですから、浅田、田村、鳴海の3人が一つのチームとして飛鳥田市政の中核を支えていたということです。

飛鳥田さん自身の支持基盤は「市長と市民の会」として組織されましたが、これは保守系の有力者や町内会・自治会の役員、女性の活動家なども含んだ幅広い組織で、あとで申し上げる「一万人市民集会」の推進力となりました。労働組合では、いちばん大きいのが横浜交通労組でした。たとえば市電を廃止してバスや地下鉄に切り替えるとき、組合との間で悶着が起きるはずですが、非常に親戚みたいに仲良くしているものですから、悶着なしにスムーズに移行できました。そのほか市の水道労組と横浜教組、この二つの組合を加えて飛鳥田「御三家」とも言われていました。

そんなことをいちいち言っていると時間がたちますから割愛しますけれども、要するにいまの横浜の都市構造の骨格は、飛鳥田時代1期目からほとんど計画され、準備されていたと言って間違いないと思います。

飛鳥田市政の2期目は67年4月から始まります。この2期目の市長選挙で、飛鳥田さんは保守系候補1人を破って47万票を獲得、大差で再選を果たしました。先回りして申しますと、飛鳥田さんの得票は71年3期目の選挙で66万票、75年4期目には76万票です。こうして回を重ねるたびに人口も増えましたけれども、飛鳥田市政への市民の評価が年を追って上がり、安定していったわけです。

2期目は「いざなぎ景気」の最中でした。高度経済成長の波に乗って、東京に本社がある大企業が横浜方面に続々と進出、ハードな都市づくりの条件も成熟して「6大事業」を軌道に乗せやすい状態になりました。その反面、大気汚染や交通渋滞、乱開発など過密にともなう市民生活の障害が増え、深刻なニーズが高まっていました。

71年からの3期目と75年からの4期目では、ハード面でもソフトの政策でも、1期、2期に計画された事業を本格的に着手、推進していくことになります。「6大事業」が着々と実を結んでいくわけです。

市営地下鉄は72年12月に部分開通、三菱造船の移転交渉も76年3月にまとまりました。広大な港北ニュータウンも地主との合意をえて着々と整地・建設され、高速道路の半地下化や環状幹線も計画どおり進展、横浜駅東口を中心に都心の再開発やベイブリッジの建設も進んでいきます。また、71年11月には横浜市独自の公害病認定制度を発足させ、翌12月には政府に先駆けて70歳以上の老人医療の無料化を実施しています。東京では反対が強かった清掃工場の建設も、旭区に公害防除の施設と福祉施設を併用した工場を建設して以来、市民の納得を得てスムーズに進められました。こうしてハード、ソフトの両面から、飛鳥田市政の実績が積み上げられていきました。

また、当時はベトナム戦争の最中でしたが、革新市長会から反戦声明を出すと同時に、横浜市内の米軍基地撤去を積極的に進めました。とりわけ72年8月、ベトナムに向かう米軍M48戦車を村雨橋で阻止した闘いも飛鳥田市長の指導によるもので、このときは私自身も社会党の幹部として役割を担いました。

また73年10月の中東戦争勃発によって石油ショック、狂乱物価の嵐が日本を襲いましたが、横浜市では市民生活防衛の対策本部を設け、関東各県や中国の農産物、ソ連の油などを緊急輸入、生活保護世帯に配布したり市内5つのデパートで安売り販売をしました。

ほかにも報告すべき事例はありますが、この辺で話題を転じましょう。

一万人市民集会と区民会議

話が前後しますが、飛鳥田市長の念願であり、私が主に担当した市民集会について申し上げます。いわゆる「一万人市民集会」は、1期目から市議会に対して毎年1回､3度提案し、そのつど否決されました。2期目になっても、67年5月に4度目の提案が否決されました。「この提案は議会制民主主義を否定するものだ」というのが否決の理由でした。毎年提案して毎年否決される。そこでやむを得ず、「一万人市民集会」を待望する市民自身の手で、67年の10月に開催することになったのです。しかし、実際に開催するときは飛鳥田さんの最初の構想どおりにはなりませんでした。最初は、世論調査と同じ方式で市民をランダム抽出で1万人を選んで開催するという構想だったのですが、実際はそうはいかなかった。つまり、市議会が否決したわけですから市のお金ではやれない。したがって、「市長と市民の会」を中心にしてやらざるを得なくなったのです。

そのとき、私はこの集会の企画運営の実務を担当することになりました。私の提案が全部採用されまして、67年の10月と70年の6月、2回開催して2回ともうまくいきました。67年のとき、来賓の長洲一二（1919～99年）さんが、「これが民主主義の目に見える姿ですよ」とスピーチしてくれたことを覚えています。

この集会は6000人余り入る横浜文化体育館が溢れるほど、満員の市民が集まってたいへん盛況でした。ただ、これはある意味で厳しく言うと虚構なんですよ。会場の真ん中に座った市長がスポットライトを浴びて、いつもの調子で市民に話しかける。それはそれでいいのですが、半面そんな集会で

10 人、20 人の発言者の声を聞いても、それは市民の声を聞いたことにはなりません。直接民主主義の理念を実際に活かすためには、もっと別の方法を考えなければと、私も飛鳥田さんも同じ感想を抱きました。そこで新たに区民会議の計画を進めることになったのです。

当時の横浜市の区は 14 区になっていました。いまの区はさらに増えていますが、そのすべての区で 200〜300 人規模の出入り自由の区民会議というものをつくりました。多くても 1 会場 300 人ぐらいの規模です。その集会では、発言時間を 1 人 3 分以内ということにして、2 分たったらチンと鳴らして、3 分たったらチンチンと鳴らす。そういうルールにして、区民会議をいたるところで繰り返してやりました。私は全部の会場で司会をやらせてもらったものですから、あとで計算してみますと累計で 2000 人ほどの意見を聞いたことになります。もちろん意見・要望だけでなく市民同士の熱い議論も交わされました。その際、ふつうの市民は 3 分間の制限時間をきちんと守ってくれます。守らずに演説をやろうとするのは、たいてい市会議員や労組の幹部でした。

国際的な活動

次は国際活動です。民際外交ということで、飛鳥田市長はよく外国に行きました。最初に行ったのはドイツで、これもまた実利が絡むのですが、いろいろ市の行政をやるのにお金がない。日本国内で市民債とか政府から交付金を増やしてもらうということではたかが知れているから、外債を利用したらどうだろうということです。当時はまだ円が今日のような状態ではありませんから、ドイツのマルクを借りたら日本で政府から借金をするよりも割がいいということで、ドイツへ行って 1 カ月ぐらい滞在してマルクを借り、それを円に替えて市の行政の財源に充てるということをやったことがあります。

そのついでにいろいろなヨーロッパの社会民主主義政党の幹部、党首と仲良くなっていくわけです。これは飛鳥田さんの特技ですが、すぐ仲良くなって親交を結んでいく。だから、金をつくるのが目的でヨーロッパへ行って、政治的に親交を結んでくるということをやっていました。私も一度だけくっついて行ってびっくりしたのですが、とにかく相手がミッテラン（元フランス大統領）であろうとパルメ（元スウェーデン大統領）であろうと、とにかく昔からの知り合いみたいな感じで親しくなる。そして、中国の上海やアメリカのサクラメント、ニュージーランド、オーストラリア、いろいろなところに行って姉妹都市協定を結ぶわけです。中国は、姉妹都市はいやだということで、上海との間は友好都市ということにしましたけれども、そういう関係をずっと結んだ。

極めつきが74年に横浜でやったアジア卓球選手権大会です。ちょうどベトナム戦争の末期ですが、南ベトナムやカンボジア、北朝鮮などが未承認国でした。そのため法務省が選手団に対して入国許可を出さないわけです。それを談判して、カンボジアだけは国名問題で向こうのほうがこじれて入ってこられなかったけれども、北朝鮮も南ベトナムも北ベトナムもラオスもみんな入国しました。そのとき私は3週間ほどホテルに泊り込んで世話役をやり、おかげで体重が5キロも太って困ったものでした（笑）。政治的に微妙な関係があって、マスコミがいろいろなことを嗅ぎつけに来るのですが、それを門前払いしたり、適当にあしらったりすることも私の役割でした。

これはちょっと余談になりますが、三すくみの関係がありまして、中国は北ベトナムに対して親分みたいな顔をするわけです。上から目線で面倒をみてやろうというような顔ですね。ところが、北ベトナムは南ベトナムに対して威張り散らすわけです。たとえばバスに乗っていて、北ベトナムの選手団が来ると、南ベトナムの選手団はいっぺん降りて北ベトナムを先に乗せる。そういう関係でした。そして、南ベトナムはラオスに対して強いのです。ところがそのラオスは、ソ連が後ろ楯にいるものですから、中国に対しては強いのです。こういう三すくみの関係は面白いなと思いました（笑）。

とにかくこれは、アジアの未承認国に対して、開かれた関係をつくるのに先鞭をつけたという意味で国際的にも評価された催しでした。

革新市長会

もう一つは、「ゴッドファーザー」の話です。これは75年の春に長洲一二さんを神奈川の県知事に担ぎ出そうということで、私も飛鳥田市長に言われて一役買わせていただきました。いわば長洲知事の生みの親が飛鳥田さんでした。それに東京の美濃部さんも飛鳥田さんの口説きが決め手になって出馬を決意したのです。長洲さんも美濃部さんも、生みの親は飛鳥田さんでした。そして、そんな経緯から長洲さんが「ゴッドファーザー」というニックネームをつけたわけです。

全国革新市長会もそうです。これも飛鳥田さんが生みの親で、70年代に大きく育ち、ピークのときには136の都市に革新市長が誕生しました。どんどん革新市長が増えるものですから、その勢いで中央に攻め上ろうと言って、飛鳥田さんがいわゆる中央包囲論を唱えていましたね。そして、ちょうどその頃、73年の8月に摂津訴訟の問題が生じました。超過負担問題で大阪の摂津市の市長さんが裁判に訴えたわけです。これは学校の建設費や保育費、その他の福祉に関わる費用に対して、国から補助金が来るけれども、市が持ち出す金はそれよりもはるかに多い。法的な基準を超えて負担せざるをえないのです。本来これは国がもっと補助すべきだ。市役所は超過負担を余儀なくされているということで裁判を起こした。飛鳥田さんはそれを応援しようと言って革新市長会の市長に号令をかけて、全国各地から50人の市長が集まりました。その50人が自治省の廊下を埋めて座り込みをやったわけです。市長の座り込みですから自治省も大変でした。

こうして東京都知事も神奈川県知事も飛鳥田さんが生みの親になり、全国革新市長会でも采配を振るった。私は、まさに「ゴッドファーザー」と言うにふさわしい飛鳥田さんの働きだったと思います。それに味をしめたものだから、これは委員長時代のことになるのですが、東京都知事に都留重人(1912〜2006年)さんの出馬を求めて口説いたわけです。異常な執念を燃やして口説いたのですが、結局この口説きはうまくいきませんでした。「ゴッドファーザー」の効き目は、社会党の委員長になると途端に薄れてしまったわけです。

沖縄と連帯して

横浜にアメリカの総領事館がありまして、その総領事と飛鳥田夫妻は家族ぐるみで仲良くつきあっていたのですが、アメリカの政策に対しては、飛鳥田市長はほとんど反対でした。基地撤去をどんどん進めて、いまは横浜市内に基地らしい基地は残っていません。先ほど申し上げたように、ベトナム戦争末期に鶴見区村雨橋というところで、戦場に向かうM-48というでっかい戦車4台を止めました。ここにおられる浜谷惇さんもそうですが、43人の社会党員が戦車の前に座って止めたということがありました。この闘いも飛鳥田市長の指導によるのですが、この話は詳しく言えば長いので割愛します。

そのほかに鶴見区安善というところに米空軍のジェット燃料の基地があります。あまり知られていないのですが、実は沖縄で基地の中に入って基地内の弾薬庫を調べたい。核弾頭が置いてあるのではないか、調べたいと沖縄の住民の方が要求して、とんでもない、一歩も基地に入れないと撥ねつけられたことがあるのです。

そのニュースを聞いた途端に飛鳥田さんが、沖縄を助けるために横浜でやってやろうじゃないかと言って、私も参加させてもらいましたけれども、安善のジェット燃料基地に市役所として立ち入り検査をしました。まずやったことは何かというと、鶴見区の町内会長に、あんな危ないものが置いてある、市の消防局が調べる必要がある。あれが爆発したら鶴見一帯の町は一瞬にして燃え上がってしまう。危なくてしょうがない。だから、あれは検査する必要がある。そう言って、区内の町内会長の同意を取り付けておいて、飛鳥田さんが横田基地の司令官のところまで行って交渉して、「おまえさんが認めなかったら、おれはワシントンへ行って交渉してくる」と言って頑張って、結局、立入検査が認められた。

つまり、沖縄の運動を助ける目的で横浜・安善の貯油施設の立入検査をやった。横浜が認めさせたのだから、沖縄でもやりなさいという先例をつくることが狙いでした。私も行ったのですが、たいしたことはないので、油のタンクをカンカンと叩いてそれで終わりなんです（笑）。それでも、立入検査をしたという事実が重要だったわけです。とりとめのないことを言いましたが、戦車を止めてみたり、基地の中へ立入検査をやったり、飛鳥田さんの反戦平和の強い意思が、具体的な実践面でよく表れていたと思います。

横浜市の行政の仕組みと飛鳥田さんの人となり

市の行政の仕組みについて申しますと、首脳部会議というものがありまして、これに市長、助役３人、財政局長と先ほど言った田村企画調整局長、それから鳴海専任主幹が常連でした。私も時たま呼ばれて何度か陪席したことがあります。飛鳥田市長の特徴は、具体的な案件で「それはだれがやっているの？」と聞くので、「何々局でやっています。局長を呼びましょうか？」と言うと、「いや、実際にやっているのはだれなんだ？」「それは何々課の何々係長です」「じゃあ、その係長を呼びなさい」ということで首脳部会議に係長を呼ぶのです。これは市役所では前代未聞のことです。現場の人の話を大事にする。私も、ぼやっと傍聴していると、「船橋君、これ、どう思う？」といきなり声をかけられて、うろたえてしまうことが幾度かありました。そういう生き生きした運営、あまり職階ということにこだわらずにやる。それが飛鳥田市長の一つの特徴でした。

飛鳥田さんは権威が嫌いとよく言われます。その言葉が適当かどうかわかりませんが、たとえば、金日成との会談。これは北朝鮮に行ったときに痛感したのですが、金日成は昔の天皇以上ですね。向こうの幹部が口をきくときには、直立不動になって、「はっ」とみんな畏まるわけですね。そういう神様扱いの人の隣で、飛鳥田さんは、着座するといきなり「あんたもしばらく会わないうちにずいぶん白髪が増えましたね」と平気で言う。私の隣に金永南という形式上は国家の最高幹部の人で、いまでもまだ生きていますが、その人の顔を見たらしかめっ面をしている。飛鳥田さんは平気なんです。

パリでは、ミッテランの自宅まで行って、それも家族ぐるみで奥さんともすぐ仲良くなる。写真を撮る話になると、「そこに積んである本の上から撮るとちょうどいいよな、いいでしょう？」とミッテラン党首に言う、そういう調子なんですね。

あるとき飛鳥田さんと一緒に市役所に朝早く行くと、一番先に会うのは掃除のおばさんなんです。「ああ、おはよう」と声をかけて、「何とかちゃん、元気？」とその人の息子の名前を言うんです。飛鳥田さんにとってみれば、掃除のおばさんも金日成もミッテランも同じ人間じゃないか。そういう感覚だったんですね。これはあの人の一番ユニークな点だったと思います。

社会党委員長時代の飛鳥田さん

そんな話をしているとキリがありませんから、社会党委員長時代のことを少し申し上げておきたいと思います。まず「100万人の党建設」。これは実は『朝日ジャーナル』でこの趣旨を発表してから委員長になったのですが、100万人の党づくりを飛鳥田さんが提起したことの意味を社会党ではほとんど理解してもらえなかったということです。

ヨーロッパでは100万人の党というのは常識ですね。イタリア共産党で当時200万ぐらいですか。イタリア社会党でも党員は100万人ぐらいです。人口は日本より少ないのにです。ヨーロッパでは100万党が当たり前なのに、日本では社会党なんか市民社会から離れた特別なところだということで、当時の党員は全国でわずか数万人でした。

イタリアで私どもが痛感したのはチルコロ、これは片桐薫（1929～2010年）さんから説明を受けて実感したのですが、普通の喫茶店と居酒屋の中間ぐらいの施設があって、そこでワイワイガヤガヤ、ギターを弾いたり歌を歌ったり、その脇のテーブルでは大きな声で議論をしている。聞いてみると、ここは社会党のチルコロです。共産党チルコロは別にありますという。つまり、市民の日常生活のなかに党生活の場があるわけです。

私はこれを一言で、「政治の生活化」というキーワードを考えたのですが、そういうものとして100万党ということを考えたい。そのためには技術的には党員カードを売ってもいいじゃないか。期限付きの1年間有効の党員カードを街頭販売してもいいじゃないか。そういう技術的なこともあるけれども、もっと大事なことは、ボランタリー原則を党で取り入れたらどうか。つまり、党活動というものは党員が中央党機関の指示・決定に従ってやるものだという建前をひっくり返して、党機関は党員の意識を鼓舞するような情報と活動課題のメニューを提示する。それを党機関の義務とすべきであって、党員は選択的・自主的に、やりたいこと、やれることをやる権利を持つ。そういうふうに党活動における権利と義務の関係を逆転させたらどうか。いわば、指令主義からボランタリー原則への転換ですね。100万人の党づくりのためには、まずそのことが前提になると考えたわけです。

後に私が党本部をやめたあと、笠原昭男組織局長の要請で党規約の抜本改定、この作業を四谷の旅館に2人が泊りこんでやりましたが、そのときに私の提案で党の組織原則を共産党と同じ「民主集中制」から「合意に基づく統合」に改め、100万党の文脈に沿った権利・義務関係の逆転などを打出し、大会決定となりましたが、時機を逸し、全党的に理解不十分、未消化のままになったことを残念に思っています。

もう一つ言いますと、伝統的に社会党の活動は非常事態対応型でしたね。何か特別な事件が起きるとワーッとやるけれども、火の手が収まると沈んでしまって平穏無事になってしまう。そんな非常事態対応型ではなくて、イタリアのチルコロのように日常生活のなかに党がある。そういうふうに党をつくり替えようではないか。党の組織なり活動の規範と言いますか根本のあり方を変えようというのが、実は100万党を提起したときの飛鳥田さんや私どもの趣旨だったわけです。ところが、当時の社会党ではそれを理解してもらえない。理解した人でも、それは無理だよと言って横を向く。だから、結局は従来どおりの大量入党運動を超えられないわけです。入党条件の緩和、党費を安くするというような組織技術レベルの問題にされてしまう。それはやらないよりはいいでしょうけれども、組織技術の問題にされて、党体質の基本的な転換、つまり政治の生活化、党の生活化ということ、その目的には接近できなかった。なぜできなかったのでしょうか。

市役所でやったときは、1万人集会にせよ、区民会議にせよ、全部成功しました。最初のランダム抽出で、という構想はうまくいかなかったけれども、市民参加の実績はかなり築くことができました。しかし、社会党ではほとんど何もできなかった。一体なぜだろうということを実は委員長を辞めてから『中央公論』(83年10月号)に、委員長と相談して飛鳥田論文として私が書きました。要するに、市の行政では「天の声」という言葉がありますが、それほどではないにしても、トップの意思を首脳会議なり幹部会議で決定すれば、市の職員が無条件に従うのは当たり前なのです。これは会社の場合と同じです。ところが社会党ではそうはいかないのです。まず合意の形成が求められる。いろいろな派閥間の合意形成、中央と地方の合意形成、そのために大汗をかくのが幹部の仕事なのです。

横浜市と社会党との違い

だから、委員長出馬を受諾するとき、党改革のために委員長の権限強化を求めました。私が起案して、たとえば組織局長、総務局長、国対委員長、財務委員長などを委員長指名制にしてほしいという文書をつくりました。いまの自民党総裁みたいなものです。そういう形にしてもらいたいと書いたのですが、飛鳥田さんが、「そこまで言わなくてもいいよ。それは文書ではまずいから口で言えばすむことだよ」と言うので、私は飛鳥田さんが受諾したときに成田さんを追いかけていって、こういう要求もあるんですよと言ったのですが、「それは、君、無理だよ。針の穴にラクダを通すようなものだよ」と言われました。委員長公選の実現自体も無理だという話でした。結局、そういう違いが、党と行政の場合は根本にあるわけです。だから、変なたとえですが、湖の魚が海に出たようなもので、あるいは海の魚が湖に入ったようなもので、とにかく根本が違うわけです。

もう一つ、言葉からして違う。飛鳥田さんは労働者の集会で演説をするときに、市民と話をする調子で、たとえば「最近牛乳の値段が上がって困ったものですね」というところから始める。それを聞いていた組合の幹部があとで私のところに来て「なんだ、あの演説は」と文句を言われる。大上段に振りかぶって裃を着て、タテマエで演説する。そういう演説でないと労働者は燃えないというわけです。飛鳥田さんにしてみれば、労働者個々人、その家庭、その家族がいま一番身に染みて感じていることは何か。たとえば、牛肉の値段が上がって困るとか、野菜が高いとか、そういう生活実感をとらえて話をしたい。そういうことが許されない特別な世界が社会党で、ある意味、労働組合もそういう環境でした。そういうまったく環境が違うところへ来てしまったなという感じがありました。

三つの失敗

あとは失敗の話ですが、まず第１の失敗、これは先ほど申し上げた都知事選挙です。先ほど申し上げたように美濃部さん、あるいは長洲さん、どちらも経済学者です。これを口説いて知事に立候補させてうまくいった。その経験があるものですから、東京都知事も学者でいこう。できるだけ生活に密着した経済学者がいいというので、都留重人さんにこだわった。ちょっとこだわり過ぎたわけです。

ところが、総評の組合のほうで太田薫さんがどうしてもやりたい。前の年からそう言っている。それを飛鳥田さんは頑として受け入れないわけです。何としても都留さんをということで、都留さんを口説きに私もくっついて行きました。乃木坂の乃木神社の裏の都留さんのお宅に何回通ったことか。しかし、どうしても「うん」と言ってもらえない。とうとうしまいには、三多摩の後藤喜八郎さんが「飛鳥田親分を助けるために私が出ましょうか」と言って、ホテルニューオークラで飛鳥田さんと私どもが弱った、弱ったと言っているときに来てくれました。東京都本部も、後藤喜八郎でやろうかと推薦してくれたけれども、組合が絶対反対。とうとう刀折れ、矢尽きて、太田さんを推さざるを得なくなった。だけど知事選挙の結果は予想どおり惨敗でした。

2番目の失敗は、書記長問題。多賀谷真稔書記長の次の人選の問題です。多賀谷さんが総選挙で落選して、バッジを付けない状態で1年8カ月も書記長をやってくれました。しかし、いつまでもそういうわけにいかないので、馬場昇さんを委員長が指名した。なぜ指名したかというと、これは本当に申し訳ないのですが、私の責任なんです。

当時、馬場さんは派閥反対を唱え、党内民主主義の確立を訴えて署名運動をやり、61名の国会議員から署名を集めていました。私はそれを見ていて、なかなか反骨精神のある人だと思っていました。じつは、その前の委員長公選のときに反飛鳥田の勢力が生まれていました。政構研（政権構想研究会）とかいろいろなところで飛鳥田批判が強まっていたのですが、公選をやってみると、68%の支持を得て飛鳥田さんが当選した。2選目は無投票。3選目で全党員投票の結果、7割近い支持票を得た。だから、飛鳥田さんなら何でもできる、思うようにやれると、私どもが過信したわけです。

そして、そんなにこだわったわけではないのですが、人選で悩んでいる飛鳥田さんに「馬場さんもなかなか面白いですね」と一言、申し上げたら、飛鳥田さんが乗ってきちゃったわけです。「それはいいな。ただし、おれが決めるまでは絶対に口外するなよ」と言うから、えっ、本気で考えているの？

と驚きました。あんまりこの人しかないという思いで言ったわけではないのですが、大会になって、なかなか人事が決まらずガタガタもめて困った状態になったときに、飛鳥田さんが馬場昇の名前を口に出して、馬場書記長の立候補が決まったわけです。途端に党内は大騒ぎになりました。「あんなやつが書記長になるなら、おれたちは総引き上げだ」と、政構研系の幹部が全部引き上げてしまった。いわゆる片肺執行部という形になった。党の運営に深刻な影響をもたらす事態になったわけです。

結局、当時は副委員長だった石橋政嗣さんに斡旋をお願いして、調整の結果、馬場さんに降りてもらったのですが、この馬場さんという人は、あまり人のことは言いたくないけれども、実はちょっとひどい人でした。

私どもは横浜に長くいたので党内情勢はあまりわからないものですから、外目でなかなか反骨精神があるな。しかも、訴えていることも筋が通っていると思っていたのですが、飛鳥田さんが、「党のためにこの際身を引いてください」と丁寧に言ったけれども、「私をクビにするなら、あんたが先に辞めなさいよ」という口のきき方をする人でした。それにはちょっとびっくりしました。同時に、最初に軽はずみな口をきいた私自身の責任の大きさを思って身の縮む思いがいたしました。これが二つ目の失敗です。

もう一つの失敗は飛鳥田さん自身の選挙です。飛鳥田さんは東京１区から立候補しましたが、これは本人の意思ではなかったのです。選対の幹部から言われたのは、東京１区というところは昼間人口が極めて多くて、全国から人が来るところだ。だから、東京１区で選挙運動をやれば、関東一円はおろか全国に影響が広がる。だから、党首たるもの東京１区で出るべきだ、ということでした。この理屈で押しまくられて、否応なしに、じゃあ、しょうがないな。横浜とか横浜に近いところで立候補したらどうかという意見も出ていたし、横浜では選挙区を準備しておかないといけないという声があったわけですが、そうではなくて東京１区から立候補することになりました。

立候補してみてわかったことは、東京１区の有権者の7～8割は次の選挙でいなくなるのです。流動が非常に激しい。しかも、新しく入って来る人も選挙には関心がなく、ほとんど投票をしない人なのです。だれを頼りに選挙運動をやるのかというと、商店主、大家さん、地主さん、小さな工場や商店のおやじさん、定着しているのはそういう人が大部分なわけです。だから結局、戸別訪問をやらざるをえない。1軒1軒回って、支持してくれるお家から紹介してもらって、また新しい家を訪ねて行く。飛鳥田さんは足が悪いものですから、杖をつきながら1軒1軒回って歩く。これは本当に涙が出るほど私どもは辛い思いをしました。あの選挙区を決めるときに反対して、横浜で出てもらうべきだった。本当に私どもの責任だと痛感いたしました。これが三つ目というか、一番最初に申し上げるべき大きな失敗です。

飛鳥田さんは83年9月、社会党委員長をおやめになり、横浜で弁護士を開業、厚木基地騒音訴訟団長などの活動を続けられました。

飛鳥田さんの「生活の知恵」

飛鳥田さんと私の関係でもう一つ申し上げます。労農党時代の末期のころ、1956年12月にイタリア共産党のトリアッティ書記長が「イタリアにおける社会主義への新しい道」という論文を発表しました。その前にソ連共産党の20回大会でスターリン批判があって、「多中心体制」を唱えていた人ですが、そのトリアッティ書記長が「新しい道」の論文のなかで、かの有名な「構造的改良の路線」という命題をうち出しました。

私自身、労農党時代に命じられて、党の新しい綱領を起草したりしましたが、その当時は東西冷戦の影響が日本の理論戦線にも影響して、西のアメリカ帝国主義に対する東の平和勢力という発想にとらわれていました。だから、日本における体制変革の課題は、共産党が民族解放民主革命、労農党は独立民主革命と、似かよった戦略路線を取っていたのです。けれども、私は先輩と議論をするうちに、やはり左派社会党が主張したとおり、日本の支配階級は自分の利益のためにアメリカと提携し、自ら国家権力を握っている。その意味では国家権力をアメリカ帝国主義が支配していると考えるのは間違いではないかと思うようになり、そのころからイタリアの労働プラン闘争とか世界労連のヴィットリオ報告とともにトリアッティ論文を学んで、構造的改良の路線を支持するようになりました。

労農党末期からすでに私どもはそうでしたが、社会党へ来て加藤宣幸、森永栄悦、貴島正道という人たちと一緒に、構造的改良、これを構造改革と言い換えた勉強会をやりました。高沢寅男とか広沢賢一という佐々木派の人たちも一緒の勉強会だったのですが、総評や向坂逸郎さんから批判が出て、とくに総評の批判が佐々木派の人たちに強く応えたように思いますが、佐々木派の人たちが抜けて、私どもが構造改革派として残りました。

飛鳥田さんはそのことをよく知っているわけです。社会党員や労組の人たちを前にいろいろな話をする。そのなかで時おり政治路線の話をする。横で聞いていると、まさにこれは構造改革ではないかと思われる話をするわけです。ところが最後に私の顔を振り向いて、「まあ、そういうことだけど、なあ、船橋君、これは構造改革とは違うよね」と、一言を加えるわけです。私は、それは飛鳥田さんの「生活の知恵」だと思っていました。飛鳥田さんが、「おれは構改派ではない。おれは左派だよ」というレッテルを自分の額に張っておけば、何をやっても左から批判が来ない。右からももちろん来ないわけですから、安全弁になるわけです。私の顔を見て、わざとらしく念押しする。そのことを、とくに党員や組合の活動家の学習会などで話をするときに必ずやるわけです。なんだ、また生活の知恵で、安全弁を使っているな、と私は苦笑していました。

鳴海さんはふざけて、飛鳥田市長に面と向かって「オールド・ボリシェヴィキ」と言っていましたし、「ウェーバーがマルクスのマントを着て歩いている」とか、よくひやかしていました。そして、飛鳥田さんは私どもとお茶を飲んだりするときには、「僕は、やっぱり左派で死にたいよ」と言っていましたから、心情としては左派と言われたいという思いが非常にあったと思います。しかし、飛鳥田さんの実際の業績に私は感嘆し、同調していましたし、なぜ飛鳥田さんは構造改革を嫌うのだろう。構造改革が嫌いなのではなくて、構造改革派と言われることがイヤだったのでしょうね。そういう思想性と言うべきかどうかわかりませんが、そんな方であったことを申し上げておきたいと思います。

私どもは毎年1回「飛鳥田先生を偲ぶ会」を催してきました。その集いには、委員長担当だった元書記局員、市長時代、委員長時代の元秘書、とくに親しかった労組の幹部や議員、それに警視庁の元SPの方も出席されます。この警視庁のSPの方がすでに20回、1回だけ今日のように台風で取りやめたことがあるので、去年で20回、毎回かならず警視庁のSPの方も偲ぶ会に出てきてくださるのです。最初は3人、お1人は亡くなりましたが、上野宏一さんという東京の滝野川で署長になられた方は、定年後も毎年欠かさず来てくれました。いまは剣道の先生だそうです。長谷川崇之君という委員長付きの書記局員だった人が飛鳥田さんのことを称して「人間的な、あまりにも人間的な」という言葉を残しました。彼はいま北京に行っています。この言葉に非常によく飛鳥田さんのお人柄が出ていると、私は思っています。まさに人間的な、あまりにも人間的な方でございました。以上で一応締めくくることに致します。

質疑

飛鳥田さんの防衛観・地方政治と国政

——質問が四つほどあるのですが、先に二つお尋ね致します。一つ目はないものねだりなのですが、飛鳥田さんの憲法9条とか自衛隊とか日米安保についての認識を教えていただきたいというのが一つです。それから、もう一つは、60年代は革新首長で非常に社会党には勢いがあったのですが、国政レベルにおいてみますと社会党の議席は横ばいないし低迷ですね。池田勇人・佐藤栄作両首相時代の社会党低迷の要因を分析していただきたいと思います。その原因というのは何だったのか。

船橋　飛鳥田さんは委員長を辞めてからも護憲連合の議長になられたぐらいですから、弁護士でもあり、憲法擁護派としてずっと活躍しました。それから、委員長を引退してからも厚木基地訴訟団の団長として基地反対運動の先頭に立たれた。それが飛鳥田さん生涯最後の活動だったわけです。それを見てもわかりますように、憲法とくに9条については固く守っていくという立場を一貫して貫いてこられました。

アメリカの総領事とは家族ぐるみのつきあいだったことはすでに申しました。人間的なつきあいとしてはそうですが、たとえば村雨橋戦車闘争のようにアメリカの、とくに軍事面の動きについて、アメリカの軍部も引き下がらざるをえないような戦術を編み出して抵抗した。だから、飛鳥田さんの場合はスローガンで叫ぶだけではなく、実際にアメリカ軍をへこます。そういう戦術を編み出して闘ったわけです。

たとえば、横浜の緑区（現・青葉区）の荏田というところに米軍機ファントムが墜落、そして市民に死傷者が出た。ちょうど委員長になるかならないかでガタガタやっていたころです。そのとき、私は市長室にいたからよく覚えていますが、飛鳥田市長が一番先に言ったのは、「道路局長を呼べ」。道路局長が来ると、「市内の米軍基地の周りの道路を全部封鎖しろ」という。道路局長は、「いや、米軍基地の周りは国道だから市長は手が出せません」。「ああ、そうか。じゃあ、水道はどうだ？水道を止めてしまえ」。「いや、それは水道法違反になって後ろに手が回る」。「では、何か手はないか」。

それがきっかけになって、私が命じられて、新橋の航空会館に専門家がいるかもしれないというので行ってみたら、案の定宮城雅子さんという航空法学の女性の専門家（航空法調査研究会代表幹事）がいらっしゃって、その人や、市内のいろいろな……。名前を忘れてしまいましたが、女の人の名前だけ覚えているんです（笑）。東海大学のエンジン工学の先生、それからお名前がちょっと出てこないのですが、市内居住の航空評論家の方など。そういう人が集まりました。ファントムを落として市民を殺したのだから、こらしめる方法はないかということで。専門家を集めて侃々諤々の議論をして、落ち着いた結論が、航空機騒音防止条例を作ろうということです。確かスイスに、何時何分にどの方向に向けて飛行機が飛んだということをちゃんとレコードできる装置があったのです。それが1台何億円かする。それを購入して、基地周辺の小学校の屋上にいくつも配置する。基地の機能を妨げることになるんですね。その案が出されたら、塩田助役が、「面白い。やりましょう。金は何とかしましょう」と言ってくれたのです。それが77年12月の話です。

だけどその直後、市議会が空転した。なぜかというと、飛鳥田さんが突然、社会党委員長を受諾した。9月には金輪際受けませんと言っておいて、12月に受けてしまったわけです。それで大混乱になって市議会も2週間ほど空転した。市長が辞めるなら骨格予算以外の政策予算は全部認めないということで、せっかくの条例案も吹っ飛んでしまった。残念な結末でしたが、そんなふうに飛鳥田さんの発想そのものは、戦車闘争のときと同様、スローガンだけではなくて、実際にどれだけ相手をへこませられるか。その有効な手段を考えようと、つねに具体的、実践的だったわけです。

——村雨橋の闘争もそうですか。

船橋　ええ。村雨橋闘争もまさに飛鳥田さんの発想で、車両重量令違反ということを衝いて闘った。そのときは私も警察へ行って、木造の橋の上を重量制限違反のトラックが通ろうとするとき、村人が、危ない、危ないと止めたら、お巡りさんはその村人を捕まえるのかとか、こんな重大な国の問題を一署長の分際で左右できるのか、などと言って時間稼ぎをやり、マスコミのヘリが飛び回るまで頑張ったことがあります。まさにこれが飛鳥田流です。いかにして実効のある、有効な手立てを講ずるか。その点が、護憲ということを単なる抽象論に終わらせない、飛鳥田さんが選んだ方策の特徴でした。

二つ目、これは難しいですね。革新の低迷、これは社会党の派閥抗争が悪く影響したし、労働組合運動の低迷も影響したでしょうね。社会党内の派閥抗争は、東西冷戦の時代から思想的な分裂状況が、ずっと尾を引いていた。これがあって、いまの民主党ではありませんが、党内ガタガタじゃないかということで世間の評価を落とした点があると思います。それから、労働組合運動もとくに70年代の後半から勢いが衰え、また労働戦線統一問題が出て以来、相対的に社会党の比重が低下していった。かつての「社会党・総評ブロック」の体制が崩れ、しまいには社会党支持見直しの風潮も広がりましたね。

それから、いわゆる「成田三原則」で指摘された労組依存、議員党的体質、日常活動の不足という党の体質。これは60年代以前からも言い古されたことですが、そういう問題もある。飛鳥田さんは、そういう党の体質を改めるために「100万人の党」の課題を提起して、徹底的に議論してもらいたかったが、党の伝統と惰性のなかで議論を深められなかった。これは委員長や私どもの指導性の問題もありますが、やはり目標の真意が理解されず、党の体質改善に失敗した。そして冷戦時代からずっと引きずってきた思想的・体質的な残渣を克服できない状態が続いた。これが大きかったと思います。

とくに飛鳥田委員長時代の後半になると、社会主義協会と政構研（政権構想研究会）の対立が激化しました。社会主義協会もちょっと走り過ぎて、社会党をマルクス・レーニン主義の党にするとか、向坂さんも『社会主義』という雑誌に書いていましたし、最後には灰原茂雄（1915〜2000年）さんとの対話でコミンフォルムを支持するとか、そういう方向へどんどん行く。そうすると、片一方は構造改革とか社会民主主義の党を鮮明にせよと言う。この分かれが結局、泥臭い派閥対立になってくる。そのことがメディアを通じて世間の評価に反映する。そういうことできちんと統一したリーダーシップが確立できなかった。それが非常に大きかったと思います。

――では、あと二つですけれども、鳴海さんの話が出てきましたが、鳴海さんは横浜市政でとくにどの分野で新しいアイデアを出されたのかということと、また国政に戻りますけれども、80年代でしたか、社公合意、いわゆる社公連合政権構想がありましたね。社公民とか「江公民」とかと揶揄されましたが、その形成過程について何か教えていただけることがあったらお願いします。

船橋　鳴海さんは一言で言えば政治顧問的な役割でした。私は鳴海さんより年上ですけれども、市の行政の場では鳴海さんに対して兄事する立場でした。私は都市科学研究室長なんて肩書はもらいましたけれども、この研究室それ自体が統一のテーマを持つのではなくて、6〜7人の職員が1人1人みんな自分で勝手にテーマを決めて、自由に研究するということでした。

それから、80年代の社公連合政権構想を決めたときは、議事堂3階の委員長室で北山愛郎さんと山本政弘さんと下平正一さん、そういう方々に取り囲まれて、社公連合でやる以外ないと、強く言われました。山本さんはあまり強硬ではなかったが、北山さんが委員長に強く迫ったのが決め手になったと思います。

飛鳥田さんは本心を回顧録で書いていますけれども、本当は全野党でいきたかった。成田さんが自分に全野党路線を託した。それが成田さんの遺訓だと思っていたのですね。だから、それをひっくり返すのは本意ではないという思いがあった。けれども現実にあそこで取り囲まれて、迫られたあげく、しぶしぶ承認したわけです。私は3階から下りていくエレベーターの中で委員長と2人きりになったものですから、「綸言汗の如しですよ。委員長、もうたじろいではだめですよ」と言ったら、不機嫌な顔で、「わかってる」と言われましたね（笑）。

そういうことがあって、途端に代々木の共産党から猛烈な攻撃を受けました。もともと飛鳥田さんは横浜市長選挙でも社共でやりたかった。だけど、選対のほうで聞かないわけですよ。飛鳥田選対の側は、何も社会党公認だけで立派に当選できるのに、頭を下げて他党のお世話にまでなる必要はないということだった。そこで横浜の共産党が飛鳥田市政を批判する。それが下地にあって、今度は社公連合で合意したものだから、代々木の党が激しく攻撃するわけです。その社公合意の文書では、日常闘争では共産党と共闘をすると明記してあったのですが、おかまいなしにガンガンガン責められました。経過はそういうことです。

社会党と飛鳥田さんと私

――横浜市政のことですが、飛鳥田さんとか、それから鳴海さんと飛鳥田さんが話しているなかでは、船橋さんは社会党から派遣されて、社会党との関係を引き受けてもらっている人だというように鳴海さんがちょっと言ったような感じがするのですが、社会党と飛鳥田市長と船橋さんとの関係は公式にはどういうことになっているのですか。

船橋　私は労働局の副部長をやっていたときに、これは社会党の本部書記局としてはまったく異例ですが、半年ほど横浜市役所に出向したことがあります。社会党の書記局で出向という前例はない。それでも１万人市民集会を企画し、運営するために、飛鳥田さんが石橋書記長に電話をかけて、船橋を貸してくれということで私は出向したのです。その６カ月間、社会党本部では夜まで仕事をしましたけれども、市役所は５時になったら終わる。おかげで時間が余って車の免許を取りました（笑）。

そのあとが神奈川県本部の大会です。これは普通なら３時か４時に終わるはずが、夜９時、10時までかかって、ワアワアもめている。ぼんやり聞いていると、私の県本部入りの問題で国労の党員と全逓、全電通などの党員が対立して激しく論争している。その原因がわかってから、そんな喧嘩はいやだよと言って、私が辞退したらスッと収まった。それが72年の３月です。

そのあと私は7月まで職安に通いました。

その前の2月、組織局長を落選したときに、鳴海さんから、市長が心配しているから、市役所のほうで席を用意すると言ってくれたのですが、いや、私は党の基本組織で頑張りたいから県本部に入りたい。斉藤正という立派な書記長がいるから私は次長でいい。と言ったのですが、神奈川県本部はそういう状態でだめになってしまった。その4カ月後、7月1日付で市役所に入れてくれた。つまり、拾われたわけです。だから、はじめから市役所に入るつもりではなかったのです。出向はしましたけれども。

指名中執・派閥などについて

――三つ質問させていただきたいのですが、まず1点目は、飛鳥田委員長になったときに、当時中執のポストは全部選挙制で、委員長が自分で選べないのは困るというので、確か2名委員長指定のポストを作ってくれと言ってつくったという話だったと思うのです。船橋さんのレジュメをいまずっと拝見していて、82年4月12日に「指名中執は廃止と決定」と書いてありますが、これで結局、委員長指名中執はなくなってしまったのかどうかというのが1点目です。

それから、2点目は、飛鳥田委員長が横浜市長を辞めて衆議院に戻ってくるときに、東京1区で当選すれば関東全域に影響があるということで東京1区から出ることになったという話があったのですが、私がいろいろ個人的に聞いたり、あるいは組合の資料などを読むと、組合資料に書いてあったのは飛鳥田委員長が横浜市長を辞めるときにも横浜で市議会が空転したりしていろいろゴタゴタやっていて、横浜で出るのは難しいだろうから、東京1区から出てもらおうということが書いてあったのです。あと個人的に聞いたのは、飛鳥田委員長が市長をやっている時期に、横浜はもう別の方が議員になっていて、また飛鳥田委員長が戻ってくると自分たちの選挙が危うくなるから、どこか別のところで出てもらえないかというので東京1区から出ることになったという話があった。そういう事情があったのかどうかということが2点目です。

3点目は、森田実さんが山岸章委員長との対談で、『社会労働評論』という雑誌の編集長をやったときに森田さんが書いたのは、結局、飛鳥田委員長が社会党に乗り込んだときはもう派閥対立で党が大変な状態だった。それを象徴するエピソードとして、結局、飛鳥田委員長は党本部に初めて来たときに党本部の書記の皆さんを集めて訓示を行った。その訓示の内容が三つあって、一つは、もう派閥対立はやめなさい。二つ目は、8時半だか9時半だか忘れましたが、とにかく定時までには全員出勤してきなさい。それまで派閥対立で、みんなそっちのほうに熱中してしまって全然出勤してこないから、定時には出勤してきなさい。三つめは、完全に派閥対立に熱中して仕事が疎かになっているから机の上は全部片づけなさいという訓示を行うぐらいであったと書いてあったのですが、そういう話が本当にあったのかどうか。この三つを教えていただけるとありがたいのですけれども。

船橋　指名中執制度は、もともとは指名中執制度ではなくて、先ほど申し上げたように党の主要役員を委員長が指名する権限、人事権を与えてもらいたいという草案を、私が最初に文書で書いたのですが、飛鳥田さんが、「それは文書で書くのはちょっとまずい。口頭でいいんじゃないか」と言うものですから、77年9月に「社会党問題に関する見解」という文書を発表したときに「委員長権限の強化」という抽象的な表現にとどめていたんです。

当時、細かいことを言いますけれども、市長室の隣に小部屋がありまして、そこに私と鳴海さんが潜んでいて、市長室で飛鳥田さんと成田さんがやり取りするのを聞いていたわけです。「拝みます、頼みます」「いや、だめです」というやり取りで際限がない。そこで、2人で飛び出して、「成田さん、ひどいじゃないですか。飛鳥田さんは9月に『社会党問題に関する見解』で、所信のほどは表明しているのに、それに対して具体的な答えもなしに、ただ拝みます、頼みますの一点張りで、こんなもの受けられるはずがありません」と言いました。そこから始まったわけです。人事権の問題、委員長公選の問題、これを「針の穴にラクダを通すほど難しい」と言った成田さんの頭にあったのは、じつは石橋さんです。石橋書記長が認めるはずがない。成田さんはそう思っていたのです。

ところが党本部に帰ったら、石橋さんが、委員長公選はやりたいならいいでしょうとあっさり受けた。人事権のほうは指名中執でいいじゃないか、2

人ほど認めてやれということで、私と山花さんが指名中執に決まった。人事権を大幅に与えるよりは、1人か2人、しかも党本部を離れて何の影響もない船橋みたいな若造と、山花さんもまだ若手の弁護士あがりでしたからね。あの2人ならいいよ、というわけで、妥協の産物で決まったわけです。だから、石橋さんが機構改革委員会を預かって案を出したときに廃止した。クビにするわけにいかないから、私は政策審議会にまわったというわけです。

それから、選挙区の話ですね。それは横浜の実情を知らないからおっしゃるのです。78年の12月、飛鳥田さんが突然、社会党委員長を受諾したときは、確かに横浜の仲間や支持者たちがみんな怒りました。9月の段階では、党を救うために仕方がないかと言っていた人でも、9月に「金輪際出ない」と宣言した飛鳥田さんが、12月になって一言の相談なしに委員長を受けたということで、みんな怒りましたよ。激しく憤慨しましたけれども、血は水よりも濃いわけです。地付きの市会議員、県会議員、労組や町内会や婦人団体の人たち、そういう人たちが、やがて飛鳥田さんのことを心配するようになる。なにしろ市長を15年やって、きめ細かく面倒を見た肉親のような人がいっぱいいるわけです。

国会には、伊藤茂さんと大出俊さんが出ていましたけれども、飛鳥田さんを出したら1人落ちてしまうから、伊藤さんを参議院に回すか。それとも横浜に近いところ、川崎か東京2区か、これは大田区ですね。そちらでどうかとか、いろいろ横浜で心配してくれていたのです。伊藤さんも自分の親分みたいなものですから、覚悟しなくてはいけないかなという状況だったわけです。

しかし、名前を挙げるのはどうかと思いますが、宮之原選対委員長に、さっきの理屈で押しまくられて、委員長を引き受けるためにはそういう重荷も背負わなければいけないのか、となりました。東京1区の実情を知っていれば別ですが、それを甘く考えていた（笑）。そうしたら、歌舞伎町のお姉さんが投票するわけではないんですね。地主や商店の親父さんや工場長のような人しか投票しない選挙区で、それでも百人町や港区の一部なんかに多少は住宅があって人がいましたけれども。

東京1区の選挙に備えた飛鳥田さんの活動では、SPの人が音を上げるんです。戸別訪問の途中、吉野家に行って牛丼を食べるわけです。

そうすると、SP が私に「あれはやめさせてください。警備ができません」と言ってくる（笑）。そんなこともあったりしながら、とにかく個人個人をつかまえていくという、まさにどぶ板選挙をやらざるをえない。それで飛鳥田さんはかなり体を痛めたわけです。

それから、森田さんの言っていることは、私は知りません。そういうことを言ったかどうか覚えていないんです。ただ、派閥は収まっていません。それどころか、委員長就任のときに確か社会主義協会規制委員会というものができていました。委員長就任前後に協会規制委員会ができて、内部資料を提出しろということを……。

——それは終わったあとなんです。委員長就任前に決着がついていました。

船橋　そうですか。それでもまだ協会問題は尾を引いていました。派閥がなくなっていたわけではありません。そのあと１年か２年先になりますが、まだ東京都本部の分裂問題がありました。協会員を全部除名しろという主張があって、そのときに『月刊労働評論』で山岸章全電通書記長と横路孝弘、今の議長です。このお２人が私に協会を追い出せと要求する（笑）。私もどちらかというと反協会なのですが、しかし党を分裂させることはできないということで、激しくやり取りする。その論争の記録が、たしか『月刊労働評論』に残っていますから、派閥問題が解消していたということはありません。横路、山岸のお２人ともいまは仲良くやっていますけれども、当時は私が協会を擁護しているというので、思わぬ攻撃をお２人から受けたことがあります。

飛鳥田さんと市民主義

——鳴海さんと飛鳥田さんの対談がありまして、それで非常に印象的だったのは、鳴海さんはどちらかというと松下圭一さんのように市民主義というか、新住民、横浜都民みたいな新しい人たちが基盤になる。それに対して飛鳥田さんは、さっきおっしゃったようにエゴが解消されればすむような人間が大部分で、もともといた在住の人たちも、もっと大事にしなければいけないみたいなことを言っていますね。そうすると飛鳥田市政を支持した社会層はどういうふうになっていたのですか、最初から最後まで。

船橋　まず、「市長と市民の会」というものがありまして、この会長は自民党員でした。町内会長はほとんど自民党支持者が多かったですね。自治会長と町内会長は似たようなものですが、だいたい自治会と称しているのは新住民、新市民が多いのです。そこにはわりと革新的な人が多い。しかし、この人たちは政治的にはあまり動かない。政治的に地域で根を下ろしている人には、どちらかというと保守系が多い。

これはびっくりしたことがあるのですが、横浜の一番端の緑区へ行ったとき、緑区長が、「うちの町内会長は徳川時代の庄屋のつながりで、いまだに続いていますよ」と言うわけです。それぐらい保守的な層が地域の有力者なんです。

相模原で私は市長選挙の事務長をやったことがありますが、相模原で、隣の家はまだ200年、うちは300年、500年だといって自慢する。そういう土地柄があるのです。私も実際現地を歩いてみてびっくりしました。だから、飛鳥田さんの支持層というのは保守系を含めて、革新的な層はもちろんですけれども、しかし、かなり広範に保守系を含める。でなければ、あれだけの票を取って当選できません。

そこで私の反省があるのです。江田三郎さんが社公民政権路線を唱えたときに、私は以前、江田さんと言い争って、私と山岸章、森永栄悦、福田勝の4人が連名で、江田派からの自立をめざす動きをしたことがあります。伊豆の伊東に全国各地方から26人の構革派の活動家を集めて会議をやった。その理由は、社公民が「江公民」と言われているじゃないか。私たちは民社を政権構想のなかに入れるのは大反対ということでした。なぜか、私は当時、長崎造船労組の分裂とか、石播造船や広島造船、日産プリンス労組での分裂問題に取り組んでいました。労働局で「全造船の旗を守れ」とか、分裂阻止の闘争指導をしていた。ところが組織分裂の後ろに必ず民社党がいる。そんな分裂主義者と政権を組めるわけがない、というのが私どもの考え方で、それで江田三郎さんに食ってかかって、構革派活動家の自立だなんて唱えたわけです。しかし、横浜市役所へ入ってみると、行政、飛鳥田体制には保守系も含めて安定的な基盤が構築されている。それを見て、江田さんが言っていたのはこのことか。そういう思いがして、江田さんに申し訳ないことをしたと気づきました。それで、77年の春に学士会館で江田さんにお目にかかって、「若気の至りで申し訳なかった。勘弁してください」と頭を下げたことがあるんです。だけど、そのあと間もなく江田さんが亡くなられて、私の生涯、痛恨の思いが残りましたけれども……。とにかく私は、横浜市役所へ行って行政権力の実態に関わって、初めてそういうことがわかったということです。

――いまのお話だと、たとえば民社は困るけれども、保守系と組んだほうがましだという話にはならないんですか。

船橋　いや、それは違います。いま言ったように「市長と市民の会」の主要な幹部のなかには保守系、公然たる自民党員とかいます。だが市議会は違うのです。市議会は党派別で構成されていますから、党派対立はあるわけです。だから、市長と市民の会の初代会長、北村清之助さんは自民党支持者だけれども個人として参加している。個人がたまたま自民党系だったというだけであって、別に党派的なしばりがあるわけではない。そこは区別されています。市議会では、先ほど申し上げたように1万人市民集会を4回も否決した。毎年1回ずつ否決して、4年間否決しっぱなしだったというように党派対立は厳しいのです。ただ、町内会長とかいうのは、個人として昔からのつながりで自民党に投票していたり、自民党の選挙運動に参加しているということであって、そこは違うのです。

社公合意補足

――先ほど社公合意で山本政弘と北山愛郎さんと下平さん、山本はあまり強くは言わなかったというお話でしたが、いちおう山本は社会主義協会で、北山さんも下平さんも社研だったと思うのです。そうすると、どちらかというと全野党路線派だったと思うのです。それがどうしてその3人が飛鳥田さんにそういうふうに迫ったのか。そのへんの事情というか、もう少しここを正確に、これはいつとかちょっと聞き逃したのですが、いつですか。

船橋　たしか80年1月です。

――それはどこでですか？

船橋　衆議院の社会党委員長室というのが3階にあったんですが、その部屋で、絵が浮かんでくるぐらいはっきり覚えていますけれども、ダーッと囲まれて、みんなに言われたわけです。飛鳥田さんは困った顔をして、しぶしぶOKした。

——そうですか。私たちが知っている限りでは、山本さんがそういうところに入っていて、そういうことを主張するというのはちょっと、あとの山本さんだったらわかりますけれども、その当時はもうちょっと……。

船橋　山本さんは、発言はほとんどしなかったけれども、少なくとも同席はしていました、だから飛鳥田さんから見れば、全員が迫ってきたという感じです。ただ、言っておきますけれども、飛鳥田さんは北山さんが社研だとか、山本さんが協会だとか、そういう目では見ていなかったし、そういうつきあい方はしていないんです。みんな人間同士、友人同士、仲間同士という感じでつきあっていて、派閥のフィルターをかけて人を見るということはあの人はまったく不思議なぐらいやらない人でした。それがなんていうかな。ちょっと説明しにくいんですけれどもね。

共産党との関係

——私もその当時の社研の保守派は、ちょっとはっきり知らないのですけれども、社会主義協会は少なくとも全野党路線でやっていたわけですから、ちょっとそのへんが。山本さんがそこに入っているというのがね。

船橋　これは想像ですけれども、山本さんにしてみれば、党の大勢がそうなっているのだから、そこで頑張ったら飛鳥田委員長が孤立してしまう。ここは大勢でしょうがないんじゃないかという思いだったのではないかと思います。

——飛鳥田さんはその出自というか、要するにもともと労農党系列ですよね。

船橋　はい。労農党員だったことはありませんが、社会党の最左派でした。

——死ぬときも左派で死にたいと言う。そういう点で言えば、左派的な心情と立場を持ち続けてきた方だと思うのですが、この社公合意で当時、共産党との関係が決定的に悪化するわけですよね。それを後ほどどういうふうに総括というか、感想みたいなものを述べられたことはあるのでしょうか。

船橋　いや、これは観念的な言い方をすると、おれは反共ではないよと言うのですが、共産党からバンバン攻撃されるわけですから、これは横浜時代からそうなんです。社会党で選挙共闘を拒否する。そうすると、社会党がけしからんだけではなく、飛鳥田もけしからんと言って攻撃されるわけです。そうすると、そういう具体的な場合は反論しましたね。ただ、表立って共産党批判をやるということはほとんどなかったです。

これは共産党だけではなくて、宮崎省吾さんという人が新貨物線問題で激しく飛鳥田攻撃をやってきたときも、宮崎ってなかなか純な人だと言って、人柄を褒めたりするので、ちょっと驚いたことがあります。「あの人はなかなか切れ者だし、純粋な人だ」と言う。市長室を占拠されてですよ。最後には助役が怒って警察を入れて排除しちゃった。それぐらい敵対した人でも、人間としてはいい人だと言う。そういう感性というか、感覚の持ち主、やっぱりちょっと変わっていましたね。普通なら派閥的に対立すれば、人格的な批判までやるのですが、絶対にそれはやらなかった。

初出
報告：『大原社会問題研究所雑誌』№661／2013年11月
https://oisr-org.ws.hosei.ac.jp/images/oz/contents/661-04.pdf
質疑：『大原社会問題研究所雑誌』№662／2013年12月
https://oisr-org.ws.hosei.ac.jp/images/oz/contents/662-06.pdf

第11章
社会党本部書記から中央執行委員を振り返って

——海野明昇氏に聞く

ポスターづくり、テレホンカードづくりに至るまで広報局の仕事について詳細に語っていただいた。また企画局長として土井ブームを支えた日々についても証言。さらには、村山内閣成立過程や社民党への党名変更についても言及。

［略歴］

1937年　満州国安東市生まれ
1961年　早稲田大学第二政治経済学部卒業
1961〜66年　平和経済計画会議事務局員
1966〜82年　日本社会党政策審議会書記
1982年　日本社会党労働局労働部長
1983〜88年　日本社会党広報局宣伝部長
1988年　日本社会党中央執行委員企画調査局長
1990年　日本社会党中央執行委員教育文化局長
1993〜96年　日本社会党中央執行委員国民運動局長
1996〜2000年　社会文化会館館長

報告

はじめに

私は早稲田の第二政経に入学したのですが、文連サークル建設者同盟に参加したのは、語学の授業に出ていたら、今井忠剛さん（後に港区議会議員、民社党所属）という人が隣に座りました。その方は卒業できないので語学の教室に出ていて、「早稲田大学は面白くない、何か面白いサークルはないですか」と言ったら、「建設者同盟が面白いよ」と言われたので、さっそく行って参加したわけです。

建設者同盟で後に平和経済計画会議（社会党の外郭団体。以下、平和経済）に一緒に入る蛯名保彦君（後に新潟経営大学教授）と長い付き合いとなる友人になりました。私は早稲田で自治会活動に参加したり、いろいろなサークルに出たりして、多くの知り合いや友人ができました。そのなかに蔵田計成君というのがおりました。彼は新左翼に行った人で、今も経済産業省のところに座り込みのテントができていますが、そこにも参加しているらしいです。

蔵田君から、早稲田大学生活協同組合の理事になるので票を集めてくれと頼まれましたので、調べたら、早大生協の理事になると3000円の手当が出るらしいというので、蛯名君に「早大生協の理事になりたいから、票を集めてくれ」と言ったら集めてくれて、理事になりました。当時の早大生協は、共産党グループが支配しており、どうも建設者同盟から入った海野は社会党らしい、引っかき回されるというので大学生協連合会のほうに出向させられ、そちらの方で様々なことをやりました。

そんなことをしているうちに卒業が迫ったものですから、どうしようかと思っていたら、私が学生時代にアルバイトをしていた先で知り合った高宗昭敏さん（後に東海大学教授）が平和経済を設立するということで、高橋正雄（1901～95年、九州大学経済学部教授等を歴任）先生と設立準備活動をやっていて、手伝わないかと言われ、それを手伝いました。

当時、都政調査会というのがあり、そこに机一つの準備会の事務局が置かれ、そこで高橋先生の面接を受けました。そのとき「あんな若者、見通しも立たないのに、雇ってどうするんです」と高橋先生が高宗さんに話しているので、これは設立大会を成功させ、平和経済を発足させないと、就職もできなくて困るなと思って一生懸命やりました。

高宗さんは、有沢広己（1896～1988年、東京大学・法政大学名誉教授、法政大学総長）先生と、非常にウマが合い、法政大学の総長をやっているときに有澤先生のところに出入りしたことがあります。私もそのとき、高宗さんと一緒に総長室に来たことがあります。大内兵衛先生をはじめ有澤先生の協力も得て、労農派の学者グループを結集して、平和経済は発足しました。

平和経済の運営経費は、社会党の衆参の国会議員を会員にして、月額1万円を歳費から差し引いてもらい、受け取る。さらに総評関係の労働組合に働きかけ、そこから会費を受ける形で運営をしたわけです。私は平和経済で5年間、時々のテーマで会員向けに学者に報告をしてもらう月例研究会、企画庁の職員をやっていた方に毎月集まってやってもらう月例経済分析、鈴木武雄（1901～75年、東京大学教授、武蔵大学学長等を歴任）先生を中心にした財政学の学者先生による国家予算の分析、労働組合からの委託調査といった仕事を分担してやってきました。

出会い

そんな関係で、労働組合のあちこちに出入りをして活動家と知り合いました。当時、社会党政策審議会（以下、政審）の会長をやっていたのが、衆議院議長を務めた横路孝弘（1941年～、衆議院議員、北海道知事、民主党副代表、衆議院議長等を歴任）さんのお父さんの横路節雄（1911～67年、社会党国対委員長、政審会長を歴任）さんで、そのころ、政審に財政担当を採用したいという話があり、当時、法政大学の大学院で財政学を学んでいた石田武君が推薦されました。

私は平和経済で5年も経ち、建設者同盟で一緒だった蛯名君が早大大学院を修了、平和経済の事務局員になったこともあり、また、平和経済で国の予算の分析を担当していたものですから、私も行くことにしたら、それでは2人採用せよということになり、石田君と政審に入ることになりました。面接だけで、試験はなしで入りました。1966年5月です。石田君は財政学をやっていたので財政を担当、私は別のことをやるよということで、商工担当で通産関係の所管の仕事を担当させてもらいました。

私が政審に在籍した1966年から1982年までの内閣時代を概観しておくと、私が対応した背景がわかるのではないかと思うのです。私が入った年は佐藤栄作内閣です。池田勇人内閣で日本経済が高度成長をして、鉄鋼や造船、電機、自動車などの製造業が発展し、京浜、阪神、瀬戸内海沿岸地域に工業地帯が形成され、国民生活はかなり良くなり、マイホームやマイカーなど、私も小さな360ccの自動車が買えるような時代状況でした。しかし、生活が豊かになる一方で、大気汚染が進んだり、海洋汚染が進んだり、河川が汚れたり、過疎過密問題が起こったりという状況だったと思います。

政審に入って

政審の書記はどんな仕事をするのかを概観しておくと、政審には部会と政策委員会があり、国会には委員会があり、委員会に所属する国会議員で構成する部会があります。商工委員会、予算委員会とか、いろいろな委員会がありますがそこに所属する衆参の議員で部会が構成されます。それから、委員会は、希望する委員によって様々な政策委員会がつくられます。

その政策委員会や部会に政審の書記が所属し、運営の記録、政策の作成、対案の作成、法案の作成などを行い、国会議員の補助を行います。部会は国会開会中に毎週開かれます。そこで提出されている法案の賛否や修正、附帯決議の話し合いを行って決定します。その結果は、政審会長が主宰する政審の全体会議があり、そこでの決定が委員会や部会の決定になり、それが国対委員会に報告され、その承認の下に国会における本会議での党の賛否の態度になるわけです。

それから、書記も社会党の議席の拡大に協力しなければなりませんから、衆参の選挙、自治体選挙や首長選挙の際に派遣されます。私も1967年1月29日の第31回衆議院選挙では大阪の西風勲（1926年～）氏の選対に行きました。美濃部知事が当選した1967年の東京都知事選にも行っていますし、1968年の第8回参議院選挙では阿具根登（1912～2004年、参議院議員、参議院副議長等を歴任）氏の選対本部があった熊本に行きました。

それから、1969年12月の第32回衆議院選挙、これは横路孝弘さんが衆議院議員に当選する選挙ですが、節雄先生への義理立てと思い、北海道に10月から行って12月末の当選が確定するまで札幌にいました。そんなことを通じて地方の活動家と知り合ったり、地域の事情を知ったりして政策活動の参考に役立てました。

私が商工部会担当になった時、商工部会長は愛知県選出の加藤清二（1912～94年）氏で、この先生は繊維産業に非常に詳しく、手で触っただけで「これは何ちりめんだ」とかすぐわかるわけです。私は赤坂の料亭に連れて行ってもらったことがあるのですが、女性の着物や帯とかを見て、「これは何々だ」と言って、女性たちがびっくりするようなことがありました。

当時、加藤先生の部屋に行くと、応接間の机があり、そこでいつもコップの紅茶にウイスキーのジョニ黒やジョニ赤を入れ、ちびりちびり飲みながら、繊維産業の実態の話をしてくれました。その話の中、加藤先生が、佐藤内閣が進める沖縄返還は繊維製品の輸出規制との取引だという話をしていたことを覚えています。

次に、非鉄金属鉱山対策への取り組みです。非鉄金属鉱山は、新居浜の別子銅山では住友金属鉱山が、栃木の足尾銅山では古河鉱業が銅を産出し、戦前から海外に輸出して日本経済を支えてきたわけです。

それから、金鉱山対策をやった記憶があります。71年のニクソン・ショックでドルと金が交換停止になるまでは、金はすべて政府買い上げでした。金鉱山対策として、政府買い上げをやめ、金の自由化をすべきだと、政府に申し入れしたり、国会で質問してもらったりした記憶があります。今、金属鉱山はすべてなくなって観光施設に、金属鉱山事業は製錬事業になってしまっているような状況です。

公害対策への取り組み

次は公害対策です。当時、公害対策は、水俣病が非常に問題だったわけですが、それは社労委員会ですでに対応していました。68年当時、国民生活局は田中寿美子（1909～95年、参議院議員）氏が局長でしたが、仲井富さんが部長で、その方が私のところに来て、『住民の公害白書』をつくるから手伝えというわけです。仲井さんとは、学生時代からの知りあいで、平和経済時代も付き合いがあったものですから、私を白書の“書き屋”として使うというわけです。党に公害追放運動本部があり、各地の現地調査をした資料があり、それで書けというわけです。

田中寿美子先生の別荘が群馬県にあり、そこで泊まり込みの作業をしました。各地の運動のネットワークをつくった仲井さんは、社会党本部を退職して公害研究会を組織します。それを立ち上げ、『環境破壊』という月刊誌を発行するわけです。そのお手伝いもしました。

1970年に「公害国会」が開かれます。衆議院の産業公害特別委員会で社会党の国会議員が、公害罪や無過失責任で公害対策を積極的に行うように政府に迫りました。

政策審議会は国会ごとに国会報告を作成していましたから、この公害国会について『環境破壊への挑戦――公害追放めざす64臨時国会報告』（日本社会党機関紙局、1971年）という本を作成しています。

それから、1969年には、仲井さんの後の国民生活部長に酒井良知さんがなるわけですが、彼が瀬戸内海沿岸の調査をするというので、農漁民局の石田君と一緒に私も参加して、その調査に基づき瀬戸内海環境保全法案を作成して国会に提出して、これは与野党で話し合いがつき、1973年に瀬戸内海環境保全特別措置法として成立しています。その後、何度か法改正がされ、現在も続いています。

それから、公害問題で思い出すのは、大分県の臼杵にセメント工場が進出することになり、地域の漁業の女性たちが反対運動をやる。それから、臼杵の㈱フンドーキン醤油という醤油製造会社や胃腸薬のメーカーなど、中小企業の事業主たちも反対運動をやっていました。地域の社会党や労働組合は進出に反対ではなかったようです。

たまたま大分県で本部の地方政治局主催の地方議員団会議があり、私は会議に出席していて、当時、横山桂次（1920〜2008年）先生も講師として出席していました。夕食の席で先生から、臼杵の公害反対運動を知っているかと聞かれ、私が知らないと言ったら、「知らないでは駄目じゃないか。私はあした現地に行くから、おまえも同行しろ」と言われ、横山先生と一緒に行きました。

横山先生は平和経済で知っていました。現地でフンドーキン醤油の社長を紹介され、現地を見ました。現地で協力を依頼されたのですが、どうしようかと思い、当時、衆議院の公害対策特別委員会の委員長は加藤清二氏が就任していました。加藤先生とは繊維対策でよく知っていたので、加藤先生に「臼杵に行きませんか」と呼びかけました。臼杵には石仏もあり、フンドーキンの社長は中国や日本の硯の良いものを持っていました。加藤先生は書道の大家で、硯には目がないことを知っていたので、「フンドーキンの社長宅には良い硯がありますよ」と言って引っ張り出したわけです。

臼杵に加藤先生と一緒に行って話をして半年くらいたったら、セメント工場の進出はなくなったようです。伝え聞いたところによると、特別委員長の加藤先生が通産省に話をつけた結果ではないかと思います。

もう一つは、公害国会が開かれている最中に、東京大学都市工学科の助手で、当時、公害に取り組んでいてマスコミで有名になった宇井純（1932〜2006年、東大助手を21年間務めた後、沖縄大学教授）さんから社会党の公害国会の取り組みを聞かせてほしいという話がきました。

そのときに土井たか子さんに取り次いだわけです。当時、土井さんは外務委員会に所属しており、「私は駄目だ」と言われたのですが、「先生、国会議員はどんなことでも対応しなければいけません」と言って資料を渡し、秘書の五島昌子さんに「行かせてください」と話をつけ、結局、行ってもらったことを覚えています。

年金・中小企業対策

それから、国会議員では、政審会長と書記長もやった多賀谷真稔（1920〜95年）氏のことが記憶にあります。それは、1974年度から年金に物価スライドが導入されるわけです。それで厚生年金と船員保険は11月を8月に繰り上げ、国民年金は翌年1月を9月に繰り上げて実施されるわけです。その前の1968年に、多賀谷先生の部屋を訪ねたときに、何か一生懸命、調べ物をしているわけです。「先生、何をしているの」と言ったら、「海野君、年金の物価スライドは国民にとって必要だから、俺はこれを絶対に実現したいから取り組んでいるのだ」と言っていたのを思い出します。それからだいぶたち、年金の物価スライドが実現したなというのが記憶にあります。

次は全国中小商工業団体連合会（全中連）結成への取り組みです。私が政策審議会に入った当時は、社会保険労務士というサムライ法（「○○士」という名称の専門資格職業の俗称）が成立する前でした。社会保険関係のさまざまな届け出が中小企業者にとって大変だということで、その代理業務を中小企業者から手数料を取って扱う人がいました。

社会党でも、党員で国労を退職した楠半兵衛という人がやっていました。

その人は静岡県の三島市で、三島労協という名称でやっていましたが、その人が社会党の中央本部の中小企業局に、社会保険労務士法ができる前に講習会を開き、それを受けた人は法成立後に無試験で資格が付与されることを伝え、全国の活動家を集めて講習会をやったようです。

そこで資格を取った労働組合運動をやっていた人が、中小企業が多い関西の大阪や神戸、関東では川崎、東北の仙台、福島などに労務協会をつくって活動をしていました。また、名古屋では、横山利秋（1917～88年）氏が税務を扱う愛商連という団体で活動をやっていました。岐阜では書記長をやった山本幸一（1910～96年）氏が企業組合をつくり、豆腐の協同組合をつくったり、瓦製造業や洋服製造の協業化を進めたり、信用組合までつくって中小企業者の活動をやっていました。

私は県本部に派遣され、そういう実態を知ったものですから、党内の中小企業の活動家や団体を集め、中小商工業団体連合会を党につくったほうがいいのではないかと考えたわけです。たまたま中小企業の部長をやっていた小田桐さんは、私が学生時代にアルバイトをやっていた先で知り合いました。

小田桐さんは東北大学を出て、右派系の農民運動の事務局に入っていた人です。右派系は、三宅正一さんとか川俣清音（1899～1972年）さんとか日野吉夫（1901～78年）さんらが結成した農民運動で、そこに入っていたのですが、農民運動も左右統一され、そこにおられなくなって社会党に来た人です。私は学生時代に高永武敏さんという方が地方の右派系の農民運動の人達に『新農研』というパンフレットを送る事務所にアルバイトに行っていて、そこで小田桐さんと知り合ったわけです。

そういうことで、小田桐さんに「中小企業が必要としているのは労務だけではないのではないか。税務や金融など、そういう仕事もあるのではないか。そういう運動をするような中小企業団体の結成を進めようではないか」という話をして、局としての方針を私が書くから、党の方針を決めて取り組みを進めようといったら了解して、そういう方針を確立しました。しかし、方針はできても、結集するには関西の大阪や神戸、関東の川崎、東京の活動家が納得しなければいけないので、そういう集会を各地でやってもらい、商工部会の国会議員と一緒に出掛けて議論をしました。

そういう集会に行くと私に向かって、「おまえは中小企業のことはわかっているのか」とか、「地方の中小企業者と付き合いがないから、中央本部の書記局ごときに実態がわかるわけはない」などと言われましたが、説得を続け、最終的には岐阜の企業組合、名古屋の愛商連も参加することになり、1974年に結成大会を新宿の京王プラザホテルで開くことになるわけです。その前に準備会をつくり、各県本部に取り組みを要請した結果、北海道や九州各地で取り組みが進み、結成大会には1000人近い人が集まりました。

当時は田中角栄内閣でした。オイルショックで原油価格の引き上げとか、物価上昇のインフレが進んでいる状況だったと思いますが、そういう状況で中小企業対策が必要だということがあったのだと思います。そういうことで結成大会が成功したと思います。

全中連の会長は山本幸一さん、副会長は労務協会に貢献があった楠半兵衛さん、商工部会長の中村重光（1910〜98年）さん、横山利秋さん、それから中小企業局長の佐野進さん（衆議院議員）、理事長は会長兼務の山本幸一さん、専務理事は小田桐さんということで、事務局長に私がなり、今でも全中連は活動しており、細々ながら月刊紙も出しているようです。

立法活動

次は、立法活動はどんなことをしたかということです。私が政策審議会を辞めて、宣伝部長をやっているときに『ジュリスト』（有斐閣）に書いたものがありますから、それを見ていただければわかると思います（海野明昇「日本の立法；立法における政党の役割——日本社会党の立法活動」『ジュリスト』№805（1984年1月1日、1〜15頁））。それは私がいる前の、前段でやったことも含めて書いてあるので、私が対応したことだけ話しておきたいと思います。

「中小企業の事業活動の機会の確保のための大企業の事業活動の調整に関する法律」が、1977年に全会一致で成立しています。当初、通産省は行政指導で対応しようとしましたが、国会は法律で対応すべきだということで、事業分野調整法が成立したのだと思います。

1975年当時はオイルショックの後で、中小企業の倒産が増えている状況のなかで、大手印刷会社が軽印刷業界、タイプ印刷業界に進出しようとしたり、森永乳業が豆腐製造に進出する計画が明らかになったりしていて、これに危機感をもった中小企業から反対運動があり、何とかならないかという話がきました。

軽印刷業はガリ版印刷から始まり、タイプ印刷、オフセット印刷、それから75年当時はコールドタイプシステムの専門業界として、年商800億の出荷額をしていました。この分野に大日本印刷がキュープリントという店を京橋に出したわけです。これに生存権が脅かされるということで、軽印刷業界が社会党の政審に来たわけです。私は政審に特別委員会をつくって実態調査を行い、政策方針をつくりました。それに基づき法案をつくり、商工委員会に提出したわけです。

当時、軽印刷業界は反対運動をやり、国会のデモなどをやって分野法の成立を要求したりして、これに自民党議員も理解を示し、議員立法ということで、通産省や中小企業庁が抵抗して議員立法にならなかったのですが、政府が分野法をつくって出すことを約束させ、分野法ができたという経過になっているようです。

それから、「伝統的工芸品産業の振興に関する法律」があります。1972年の選挙で、当時、京都から竹村幸雄（1930～98年）氏が当選してきます。竹村さんは、京都政界では竹村3兄弟といって有名でした。一番上のお兄さんが京都府の部長、2番目が京都府会議員、3番目が竹村幸雄さんで市会議員、それが国会議員に出てきて、商工委員会に所属しました。

そして、国会終了後に社会党の商工部会の委員に、「京都へ国政調査に来てほしい。私が案内するから、観光旅行を含めてきてくれ」と話し、京都に行きました。京都の西陣工業組合の繊維工場を見学した後、組合に行き、当時の組合の事務局長から、現代産業の基礎になった伝統産業の保護育成ができないかという提案がありました。

その結果、各地の伝統的産業が与野党の国会議員に働きかけを強め、自民党案をはじめ各党案が提案され、与党の自民党案を中心に話し合いが進められ、結果、成立したものが「伝統産業振興法」ということになったのだと思います。

武器輸出問題

それから、法案にはならなかったのですが武器輸出問題があります。この法案の作成交渉で、衆議院の法制局の法律作成の厳密さはさすがに大したものだと私は感じました。1981年の鈴木内閣の年末の休会が終わった後、94国会の通常国会､82年1月26日に再開された予算委員会で、井上一成（1932年～）氏と大出俊（1922～2001年）氏が韓国への武器輸出問題を追及しました。これに対し、田中六助通産大臣は、輸出のチェックは行政能力を超えているという答弁をするわけです。これで審議はストップします。

この問題に公明、民社両党は自民党に妥協して、与野党国対委員会で武器輸出禁止法については早急に結論を出すという条件で審議が再開されます。そこで政策審議会に武器輸出禁止法をつくれというご下命があったわけです。当時、政策審議会事務局長であった私が対応することになり、武器輸出禁止法の法案要綱をつくります。輸出貿易管理令が定める戦車、軍用、空軍用航空機のほか、これらの武器の部品や付属品についても武器であると規定して、何人もこの規定の武器を輸出してはならないという法案をつくろうとして、法制局に行くわけです。

しかし、法制局は、武器の定義をもう少しはっきりしてくれというわけです。関連というのは、たとえばネジも武器なのかとか、いろいろ言うわけです。要するに、武器の定義は非常に難しいことがよくわかったわけです。そこで法制局では武器の定義が困難、法案は作成できないことを井上・大出両議員に話し、法案要綱を渡します。それで結局、武器輸出等に関する決議案が衆議院で30日、参議院で31日に可決、この問題が決着されるわけです。

要するに、法案ができなかったわけです。武器の定義が非常に困難ということがわかったわけです。大出議員に後で「ご苦労さん」と言われ、新宿のバーに連れていってもらいました。そのバーには相撲取りが来ていて、相撲取りの隣に座ったわけですが、相撲取りは太ももが大きいことに驚き、太ももに触らせてもらったことを覚えています。

中期経済政策への取り組み

次は、中期経済政策への取り組みです。田中首相はロッキード事件で起訴され、自民党政治に国民の批判が強まっていて、1976 年 12 月の第 34 回衆議院選挙で自民党が過半数割れになります。自民党は無所属議員を含め政権を維持、三木内閣が退陣して、福田内閣が成立するわけです。

政策審議会は総選挙に向けた政策を作成、「保革伯仲から逆転を目指して——総選挙の争点とわが党の重点政策」を発表します。この選挙で党の大物議員の佐々木更三氏・勝間田清一氏・江田三郎氏・赤松勇氏が落選します。

1977 年の第 40 回大会で、政策審議会長に多賀谷真稔さんが就任します。この大会のころから、総評から社会党の政策、そのプロセスを鮮明にしろ、社会党の政策の政権構想を示せという注文があったりするわけです。そのとき、私は政策審議会の事務局長だったと思います。

そこで私は多賀谷さんに、党の選挙政策を洗い直し、新しいものを加え、中期経済政策を作成しませんかと提案しました。作文は私がやり、政策審議会長が目を通し、総合政策委員会や政策全体会議の承認を受け、中央執行委員会（以下、中執）にかけて決定して、1977 年の第 11 回参議院選挙向けに示したのが、「国民生活と経済立て直しのための中期経済政策」でありました。この中執決定の際、当時、財務委員長だった村山喜一氏（1921〜96 年）から、内容は忘れましたがだいぶきつい質問を受けたことを覚えています。

1977 年は党の激動の時で、江田さんが離党します。そして、7 月の第 11 回参議院選挙で社会党が敗北して成田知巳氏が委員長を辞任して、党改革問題で党内はまとまりがつかなくなります。第 41 回大会が人事問題で旧来の派閥対立が起き、楢崎弥之助（1920〜2012 年、衆議院議員、社会民主連合初代書記長）氏、阿部昭吾（1928〜2015 年、衆議院議員、社会民主連合第 2 代書記長）氏、田英夫（1923〜2009 年、参議院議員、社会民主連合初代代表）氏、秦豊（1925〜2003 年）氏が離党します。この選挙で江田五月氏が当選してきます。そして、社会民主連合が結成される状況です。

そうしたなかで党の続開大会が 12 月に開かれ、飛鳥田一雄さんが委員長、書記長に多賀谷さん、政審会長に武藤山治（1925〜2001 年）さんが就任します。武藤さんは早稲田大学出身で、栃木県です。私も栃木県の佐野市出身ですから、親しかったです。

武藤政審会長の下で、私が事務局長になります。書記長は多賀谷さんですから、長期政策の作成にはもってこいという状況になるわけです。そして、それに私が事務局長として積極的に取り組み、42回大会に参考資料として、中期政策の第1次案が提出される運びになるわけです。

大会終了後の1977年3月25日～4月24日に、私はアメリカの国務省招待でアメリカの視察をします。4月25日はワシントンからロンドンに飛び、空港で女房と落ち合い、ロンドン、パリ、ローマ、アテネ、イスタンブールということで新婚旅行を兼ねた旅行をして、5月14日に帰国します。

商工部会と政策審議会の全体会議に出席したら、商工部会で板川正吾（1913～2004年）さんに「君、どこに行っていたのだ」と言われました。板川さんは東部労組出身で委員長を務めた方で、埼玉4区出身の衆議院議員ですが、板川さんの甥っ子が私の高校の同級生で、高校時代に一緒に柔道をやりました。彼は明大を出て設計事務所をやっていて、そんなことで板川さんとも親しかったものですから、いろいろ都合よくさせていただきました。

そのころ、平和経済の理事の一員に北山愛郎（1905～2002年、衆議院議員、社会党政策審議会長、副委員長等を歴任）氏がなっていました。そして、中期政策を平和経済の学者グループにも検討してもらおうということになったようです。そして、第1次案は平和経済の大内力先生に検討してもらいました。

私が呼ばれて、題名は「日本経済の改造計画――経済民主化と社会化をめざして」にしようと提案され、総論は先生が加筆執筆され、国民生活のさまざまな弊害を解決するため、社会的政策手段の充実、産業構造の転換を通じて福祉型成長経済を目指すという内容にしました。これは『日本経済の改造計画――経済の民主化と社会化をめざして　中期経済政策』（日本社会党中央本部機関紙局、1979年）という分厚い本になって出版されて、各県本部に配られたと思います。この後も中期経済政策が平和経済の協力で作成されているようですが、以降のものに私は関係していません。

党は行政改革について、1981年3月に発足した第2次臨時行政調査会と対決します。国民の側から行政改革を進め「小さな中央政治、大きな地方政治」を実現するとした「国民的行政改革案」を党の委員会でまとめて発表しました。これに基づき、国民のための行政改革を考えるシンポジウムなどを行うわけです。それが行政改革への対応です。行政改革委員会の委員長は、最初は多賀谷さんだったのですが、多賀谷さんが落選したので、その後は安井吉典氏（1915〜2012年）になったと思います。

それから第95回臨時国会があり、政府は行政改革関連法案36本を一括で盛り込んだ、「行政改革を推進するため当面講ずべき措置の一環としての国の補助金等の縮減その他の臨時の特別措置に関する法律」、長いので「行革関連特別措置法案」と呼んでいましたが、これを国会に提出します。政府・自民党は行革関連特例法案を審議するために、国会内に行政改革特別委員会の設置を求めました。

党内には反対意見がありましたが、中執は扱いを国会対策委員会に一任します。そして、自民党から委員会の構成を40名にするとか、審議に当たっては公聴会、連合審査を行うとかそういう提案があり、社会党の国対委員会は賛成を決め、行革関連法案は審議に入り、衆議院では10月29日、参議院では11月27日に可決成立します。

行政改革について、今になって振り返ってみると、政府の行革の狙いは、国営の事業である国鉄、電電、郵政事業の民営化にあったのではないかと思います。当時は、私はわかりませんでした。

ただ、私が国鉄について当時、感じていたことがあります。地方に行くと、国鉄職員の人数が多すぎる。それから、無料で乗れる国鉄の証明書を持っている関係者が非常に多くいました。これでは国鉄が赤字になるのは当然ではないかと私は感じていたので、臨調の答申で国鉄に関する対応は安井氏にお任せして、私はタッチしていませんでした。そんな状況が行革の対応だと思います。

政策審議会から本部書記局へ

1982年12月15〜17日に第47回大会が開かれ、飛鳥田一雄委員長、書記長は平林剛氏（1921〜83年）、政審会長に嶋崎譲（1925〜2011年）氏がなります。この大会から機構改革が行われ、政策担当中執が置かれ、非議員の船橋成幸さん、大原亨（1915〜90年）氏、竹田四郎（1918〜2009年）氏が就任します。

政審に長く居過ぎたということで私は不要になり、労働部長に追いやられます。労働局で何をやったか。手帳を見たら、党内外の会議に出席してゴルフをしたりしていて、とくに何をやったということが書いてありません。

83年9月、第48回大会で、石橋政嗣氏、田辺誠（1922〜2015年）氏、広報局長に五十嵐広三（1926〜2013年）氏がなります。五十嵐局長に呼び出され、新橋の一杯飲み屋でビールを飲んだり、おでんを食べたりしながら、「海野君、広報局の宣伝部長をやってくれ」と言われ、1983年10月1日から宣伝部長になります。

私は、政策はよくわかりましたが、宣伝部長は何をするのかわかりませんでした。前任者の中原博次さん（1989年社会党を退職）や選対関係者に聞いて回り、要するに衆参の国政選挙の党の宣伝やポスターづくり、NHKの政見放送の手続きなどをすることがわかりましたが、あまり乗り気ではありませんでした。

1983年の第37回総選挙に向けたポスターは、広告会社の電通でつくりました。委員長や副委員長の写真撮影やスローガン作成をやったと手帳に書いてありますが、そのときのことは記憶がありません。

中曽根康弘内閣の1986年7月の衆参同日選挙のポスターづくり、宣伝活動はしました。新聞報道の切り抜きが取ってあり、これは努力したようです。その時の広告会社は、たぶん博報堂だったと思います。大蔵省の天下りが博報堂の社長になったようで、堀昌雄（1916〜97年）氏が親しくしていて、「委託料が安くなるから博報堂に頼め」と言われ、博報堂と契約したと記憶しております。

委員長が石橋政嗣さん、新宣言づくりとかに意欲をもっていて、ニュー社会党だと自分で発言していたので、そういうイメージ選挙のポスターをつくったと思います。「子や孫に平和をつなぐ」というスローガンで、孫を抱いたおばあさんのポスターをつくりました。それから、幼稚園児が集まってVサインを出している、「強い国家よりやさしい社会」のスローガンのポスターは受けました。

それから、石橋委員長になって採択した「新宣言」をアピールした「WE TRY №1」という英字のポスターをつくりました。若い人にアピールしようと思ったのですが、これは田舎では貼れないと言われました。それから、党のシンボルマークの赤いバラのポスターは、支持者にはわかるが一般の人には理解できないと言われました。当時は中曽根内閣ですから、中曽根内閣の危険な側面を意識したポスターをつくったのではないかと思います。

1986年9月に土井たか子委員長が就任します。土井委員長になり、しばらく選挙もなかったので宣伝部長は休憩だったのですが、7月ごろだったと思います。足立区の電報電話局の女の人が「お会いしたい」と来て、「土井さんのテレホンカードを作らないか」というわけです。

当時は今のような情報化社会ではなく、テレホンカードで公衆電話をかけられる時代でした。そんなのが売れるのかと思いましたが、市内通話が10円の時代で、「1枚1000円で作ります」というのです。博報堂に相談したら、「いいのではないか」ということで、私のほうで写真を撮りましょうということで土井委員長を連れていき、どこかの2階で写真を撮りました。

私は2〜3枚かと思いましたが、パチパチと50枚も60枚も撮りました。「こんなに写真を撮るものか」と思いました。それほど私は宣伝というものに無知だったのです。最後に10枚程度、土井さんのところに持って行き、そのなかで土井さんが「これがいい」と選んだものでテレホンカードを作りました。

1箱200枚入りで、最初、500箱くらいしか作らなかったら、各県本部から注文が来て、たちまちなくなりました。次から次へ注文が来て、最後は1万箱くらいつくったのではないでしょうか。私の手に負えなくなってしまい、注文を受けるアルバイトや会計の女性までついてやっていたようです。私はそういう仕事に不向きだったものですから、お任せしました。

しばらくたったら、土井さんのところの五島昌子秘書が「海野さん、私のところにも2箱くらい持ってきなさいよ」というので、200枚入りを2パックくらい持っていきました。後から聞いたら、五島さんのほうから総務にたびたび電話があり、何箱か土井さんのほうに渡していたようです。私は全然気が付きませんでした。後で財務委員長から行動費として10万円もらいましたから、だいぶ売り上げがあったようです。以上が党本部の書記として仕事をしてきた概略です。

企画局長から教育文化局長へ

次は党の役員になってからの話をしたいと思います。企画局長になったのは1988年の第53回の党大会です。委員長は土井たか子さん、書記長は山口鶴男（1925～2015年、衆議院議員、社会党書記長、総務庁長官等を歴任）氏です。何でなったのか、よくわかりません。しかし、その前から企画会議には出席させられ、5月には書記長会議の書記長報告の作成の泊まり込み作業の手伝いをさせられたことを覚えています。企画局長になって、本部の中執や企画会議には毎回出席しますが、それ以外には全中連の機関紙『商工新報』の仕事をしたり、平和経済の会議に出席したりしていました。

企画局長として特別に何かした記憶もありません。中央委員会の党本部報告の作成を泊まり込み作業したりしたと手帳に記録があります。要するに、局長は政治的立場だけで、あとは全部、書記が作業をするわけですから、何も仕事はなかったようです。

ただ、1989年7月の第15回参議院選挙では、社会党が比例区で20名、選挙区で26名の46名、非改選と合わせて66議席となり、自民109議席で保革逆転状況になります。この参議院選挙で、土井委員長が地方の応援演説に行きます。私はこれに随行しました。高知に行ったとき、高知城の下の広場で土井委員長が演説するわけですが、その姿を城の上のほうから見ていたら、土井委員長の周りから道路までものすごい人が来て、大変なものだったことを覚えています。土井委員長の行く先々の演説会には人がいっぱいでした。このような土井ブームが比例区20名当選という結果に結びついたのだと思います。

1989年1月7日に昭和天皇が亡くなり、年号が変わります。土井委員長がお悔やみの言葉を発表します。この作成に、企画局としては関わっていませんが、山口書記長が関わって作成したようです。

1990年に第39回総選挙が行われ、社会党は136名が当選して、無所属連合で当選した4名が加わり、社会党護憲連合として140名になります。7月3日に第55回党大会が開かれ、私は教育文化局長になります。なぜ、私が教育文化局長になったのか、よくわかりませんでした。要するに、日教組と協力して、党の教育政策を見直して新しいものをつくれということだろうと思い、教育学者や日教組と勉強会を行い、社会党の教育政策をつくりました。

少子化が進んで高校全入時代に入り、大学も全入時代が来るだろうということで、教育改革構想をつくったわけです。冊子としてまとめました。日教組出身の山本正和参議院議員や嶋崎譲衆議院議員なども委員として入っていたと思います。

1990年には総選挙で社会党は136名が当選して、京都の竹村幸雄（1930～95年）さんも復活してきます。議員も増え、商工部会も新しい議員になり、全中連の小田桐専務が竹村さんと話をして、大阪の和田貞夫さんや岡山の水田稔さん、新しく議員になった長崎の速見魁さん（いずれも衆議院議員）とかを含め、中国の西安から蘭州、敦煌に12日間旅行に行こうと企画するわけです。

竹村さんが中国の西安の幹部と親しくなっていて、飛行機とか列車の便宜を図ってくれるという話があり、「おまえも参加しろ」ということで、私も行きました。敦煌の莫高窟の壁画を見たり、トルファンのウルムチで天山の雪や、砂漠の逃げ水というのですか、そういうものを見たりした記憶があります。

私がなぜ教育文化局長になったのか今でもわかりません。書記局の人は、中執になったら地方議員に出るとか、国会議員に出ることをするわけですが、中執を長くやりすぎ、私は派閥にはあまり関係していなかったので、「何とか日教組で面倒を見てやれ」ということで、日教組出身の山口鶴男（1925～2015年）書記長が私を教育文化局長にしたのではないかと思います。

1991年、自治体選挙で都知事選に大原光憲（1926～92年、中央大学名誉教授）氏を出すわけですが、落ちます。神奈川の長洲一二知事や北海道の横路知事、福岡の奥田知事は当選するわけですが、東京都知事選は駄目でした。それから、都道府県会議員も減ります。前回は443人だったのが、345人と減ります。

土井委員長は、統一自治体選挙が惨敗に終わった責任をとります。解党的出直しが必要だということで、党改革委員会を設置して、党改革委員長は田辺誠衆議院議員です。「機構改革を1カ月でまとめるように」ということで、「政治改革と社会党の責任」と題する文書が、田辺議員の責任で土井委員長に提出されます。そこには、「これまでの社会党は国民、有権者との間にずれがあった。党の政策、運動、組織にメスを入れなければならない」と書いてありました。

そして、政権交代可能な政治システムをつくり出すために、抵抗政党から脱皮すること、当時、同盟、総評が一体になり、労働組合が連合になっていましたので、その連合と密接な関係を樹立すること、社会民主主義勢力の総結集に努力すること、とにかく連合と一緒にやれということを強調しています。社会党が変わるために、政務を重視する、国会活動へ転換を図る。そのため国会議員による総務会やシャドーキャビネットとしての議会委員会を設置する。政策分野では、日米安保条約の存在を直視すること。自衛隊の存在を直視すること。朝鮮半島の二つの政府の存在を認めること。エネルギー政策では、現実を直視することなどの内容が示されたわけです。この提案で、後に村山政権ができる際の大きな阻害となる要因が、取り払われていると私は理解しています。

土井委員長は敗北の責任をとり辞任を表明して、委員長公選が実施され、田辺誠衆議院議員が当選します。7月30日に党大会が開かれ、党改革案に議論が集中しますが、原案の日米安保条約の存在を「直視」は、存在を「踏まえ」と変えるとか、現在の自衛隊の実態は違憲の存在を削除するとか、PKOに関して自衛隊を「国土警備隊に改組」とあるのを、「別個の組織へ改編」と改めるとか、原発については新増設を認めないという趣旨を原案に入れるとか、そういう修正の意見が出され、その修正案を全会一致で可決して、新役員には田辺誠委員長、山花貞夫（1936～99年、社会党委員長、政治改革担当相等を歴任）書記長、副委員長は伊藤茂衆議院議員、渋沢利久（1928年～）衆議院議員、糸久八重子（1932年～）参議院議員、高沢寅男衆議院議員が就任し、私は教育文化局長に引き続き就任します。

佐川急便が金丸信氏に対し5億円を献金したという問題で、金丸氏は副総裁を辞任します。『文藝春秋』に森田実氏の論文が掲載され、そこに田辺社会党委員長と金丸自民党副総裁が癒着しているとの記事が書かれていました。かつて田辺さんが国対委員長時代に、金丸氏も自民党の国対委員長で付き合いがあり、北朝鮮に与野党の国会議員が訪問したときに、2人で一緒に行っています。疑惑を受けるような根拠があったわけです。この問題で田辺さんも辞任します。

国民運動局長に就任

1993年1月4日、山花書記長は田辺委員長の後継委員長として立候補すると表明。そして、1月19日の第59回臨時大会で山花委員長、赤松広隆（1948年〜）書記長、国民運動局長に私が就任します。

この年の政治状況は宮沢内閣に不信任案が出され、自民党羽田派が不信任案に賛成して、成立。政府は解散する閣議決定をして7月16日に総選挙が行われます。社会党当選数70名、東京は山花委員長1人が当選、福島、富山、京都など9府県で議席がゼロになりました。山花委員長は「党の敗北を反省しつつ、非自民の連立政権樹立に全力を尽くす」と発表します。

当時の手帳を見ると、私は派閥の集会、水曜会（社会党右派グループの一つ）に出席していますが、当時出席した衆議院と参議院の集まりで、「勝ちに不思議な勝ちあり、負けに不思議な負けはない」という、野村克也氏が発言した言葉がメモしてあります。現状を受け入れて対応していこうという結論になったのだと思います。

一方、私はそんなことに関係なく、8月の原水禁大会、11月の徳島県での護憲連合の準備会議の対応に追われていたことが手帳に記されています。

政治状況は細川連立内閣が成立して、山花委員長が政治改革担当の特命相、伊藤茂運輸相、五十嵐広三建設相、上原康助（1932〜2017年）北海道・沖縄開発庁長官、佐藤観樹（1942年〜）自治相、久保田真苗経済企画庁長官の6人が入閣、政務次官に8人が就任します。そんな状況のなかで、社会党は全国書記長会議を開き、全国大会を実施することを決めます。委員長公選を告示して、村山富市国対委員長と久保亘副委員長が立候補しますが、調整した結果、村山氏に一本化して、当選します。

1993年9月22日の中執は連立政権参加に伴い、シャドーキャビネットや総務会、政務連絡会議を廃止して、新たに政務委員会の設置を決定します。9月25日の第60回大会で、村山委員長、久保書記長、副委員長に大出俊、井上一成、千葉景子（1948年〜）が選出され、私は国民運動局長に就任しました。

1994年1月21日の参議院本会議で政治改革法案の採決が行われます。社会党護憲連合では17人が反対、3人の欠席で政治改革法案が否決されます。衆参両院議員総会が開かれ、協議が調わず、土井衆議院議長のあっせんで、細川護熙首相と河野洋平自民党総裁の会談の結論を受け、両院協議会で内容が一致して、小選挙区300、比例区200、ブロック11。今後5年間、企業献金50万円まで認めること、政党交付金の減額などが可決され、1月29日衆参本会議で政治改革法案が成立します。

そんな状況のなかで、細川内閣が退任して羽田孜内閣が成立しますが、羽田内閣も総辞職します。新党さきがけの武村正義（1934年〜、滋賀県知事、内閣官房長官、蔵相等を歴任）代表と社会党の村山委員長が会見して、両党間の政権構想をまとめることが合意され、久保さんと森喜朗自民党幹事長が会談、村山委員長と河野自民党総裁の会談があり、その結果、久保さんは連立与党にさきがけと政権構想の合意を示したけれども、連立与党に拒否され、協議は打ち切りになり、6月29日の中執で村山委員長を首班指名候補とすることを決定して、衆参両院で村山委員長が首班に指名されることになります。自社さの連立政権である村山政権が30日に成立することになるわけです。

当時の私の手帳に、学生時代から議会制民主主義の下で社会党が政権交代を目指す党になることに努力をした結果が、ここに来た。そのことはうれしい。村山さんという人が党にいたことが、社会党首班をつくったのだと思う。動きができ、流れができ、大勢が決まった。理論では説明がつかないのが村山政権だ。村山政権の成立は、党は組織として説明ができても、国民は戸惑っているのではないか、と書いてあります。

私はこの後、国民運動局長として広島や長崎の原水禁大会、盛岡市で開催の護憲大会などに対応します。1995年1月17日に阪神・淡路大震災が起きます。発生が朝の5時46分、テレビでこれを見ていて、大変な状況だと思いました。直ちに臨時中執が開かれ、党の対策本部が設置され、国会が召集され、各党の対策が取られたようです。私は護憲連合の幹事会を開いてもらい、各組合で阪神・淡路大震災対策の活動をやってもらいたいと要請します。

私は担当書記と2人で羽田から岡山に飛行機で行き、岡山から新幹線で明石に入りました。明石にあった兵庫県本部に行きました。県本部の書記長と打ち合わせをしました。その後、自動車で神戸に行きましたが、大変な状況で、高速道路がひっくり返っていました。橋が折れたり、ビルの下が壊れたり、神戸市役所も下が壊れていました。被害の大きさに驚きました。

1996年1月5日、村山首相は予算編成や戦後50年問題など懸案の問題の処理が終わったことを理由に辞任する意向を表明、9日与党三党の首脳会談が開かれ、これまでの三党合意を引き継いだ新しい政策合意が調印されます。11日に衆参の本会議で首班指名選挙が行われ、橋本龍太郎自民党総裁が新首相に選ばれ、橋本内閣が成立します。

社会党は1月19日に第84回定期大会を開き、綱領・規約の改正、党名の変更を決定し、社会民主党になるわけです。この大会で党首に村山富市、副党首に久保亘・上原康助・野坂浩賢（1924～2004年、建設相、内閣官房長官等を歴任）・伊藤茂・千葉景子、幹事長に佐藤観樹、院内総務会長に池端清一（1929～2007年）、選対委員長に渕上貞雄（1937年～）の各氏と、常任幹事15名が選出されました。私は立候補しませんでした。

翌週、これまでお世話になった議員に挨拶に行き、常任幹事の前島秀行（1941～2000年）総務局長と退職金の話をしたとき、「これまでの経験を生かし何かやれないか」との話があり、私は年金をもらう年齢に達していなかったので「何かやれと言われればやる」という話をしたら、3月7日の社民党の役員会で私を財団法人社会文化会館（東京都千代田区。社会党、社民党の本部があった。2013年解体開始）の館長、常務理事とすることが決定されました。

4月8日に前任の館長と交代し、自治省に届け出を済ませ、2000年10月20日まで館長をやりました。振り返ってみると、社会党と共に過ごした人生だったような気がします。

初出
『大原社会問題研究所雑誌』No.712／2018年2月号
https://oisr-org.ws.hosei.ac.jp/images/oz/contents/712_06.pdf

第12章
私がみてきた社会党の防衛政策
――前田哲男氏に聞く

非武装は無武装とは異なる。これまで社会党が掲げていた「非武装中立」論は、全く防衛力を持たない「無武装中立」論と誤解されてきたのではないだろうか。現場感覚を重視してきたジャーナリストによる渾身の証言。

[略歴]

1938年　福岡市生まれ

1961〜71年　長崎放送記者。長崎・佐世保で勤務し米原子力潜水艦、原子力空母初寄港などを取材

1971年　フリーランス・ジャーナリストに。『社会新報』寄稿記者として米軍・自衛隊基地のルポ、評論記事を掲載

1988年　日本軍の「重慶爆撃」に注目し『戦略爆撃の思想ゲルニカー重慶一広島への軌跡』を発表

1995年〜2005年　東京国際大学国際関係学部教授（軍縮・安全保障論を担当）

2000〜12年　沖縄大学客員教授

著書に『日本防衛新論平和の構想と創造』（現代の理論社、82年）、『自衛隊は何をしてきたのか？』（筑摩書房、90年）、『自衛隊をどうするか』（編者、岩波新書、92年）、『自衛隊変容のゆくえ』（岩波新書、07年）他がある

報告

社会党とのかかわりの契機

いつもこういう場では私は聴き手の側にいることが多いのですが、今日はあべこべになって、何か落ち着かない気持ちです（笑）。これも後期高齢者

になった年の巡り合わせだなと思いながら、昔話的な、しかし、今日に通じる問題もあるかもしれないことをお話ししてみたいと思います。

最初に、「社会党との関わりのきっかけは。またはその動機は何でしょうか」というお尋ねです。

私は1961年、長崎放送に記者として入社し、10年間、長崎県におりました。最初の2年は長崎局、あとの8年は佐世保局で勤務しました。折しも、アメリカの原子力潜水艦が最初に日本に寄港するできごとと遭遇し、「寄港阻止闘争」の現場が佐世保となり、社会党、総評はここに現地闘争本部をおいて全国的な反対運動を展開しました。その取材者としていろいろな方にお目にかかったのが、社会党・総評とのつながりの始まりです。社会党の、とくに安保・基地政策についても当然ながら勉強しなければならない。そんなわけで、直接的なきっかけは、人間的なものも含めて、佐世保で始まったと思います。

佐世保には原子力潜水艦の継続的寄港に続き、1968年の1月には原子力空母エンタープライズの入港が通告されます。佐世保は安保・基地闘争の第一線になりました。背景にベトナム戦争の激化と、アメリカの関与が公然化、大規模化していく情勢があり、また、日本政府の安保協力政策が対米従属の度を深めていく、そのシンボルが「北ベトナム爆撃（北爆）」に従事する原子力空母の寄港容認だと受けとめられました。

1960年の「安保国会」における質疑で条約第6条にある「極東の範囲」が論じられた際当時の岸信介首相は、極東とは「フィリピン以北、日本周辺、朝鮮半島および中華民国を含む」区域である、と答弁していました。にもかかわらず、極東の外にあるベトナム、つまり東南アジアに安保が拡大していく情勢が生まれていました。当時の椎名悦三郎官房長官は「ベトナムは極東ではないが、極東の周辺である」「日本はベトナム戦争に対し、純然たる中立の立場をとっていない」として北爆従事艦の入港を正当化しました。そういう安保政策が転換していく様、それに対し、社会党・総評が国会論戦と5万人、10万人規模の現地闘争を組み合わせて闘う様を、私は現場で見ていたわけで、社会党との接触が多くなり、政策についても学びました。

それともう一つ、当時、長崎二区（佐世保）は社会党の理論派・石橋政嗣さんの選挙区だったこともあります。石橋さんは中執になって以降あまり地元に帰る機会がなかったのですが、たまに帰ったときには労働記者クラブで懇談などをして、そこでいろいろ話を聞く機会がありました。石橋さんはたぶんその頃は、総務局長とか国際局長をおやりになっていた時期だと思います。石橋さんの情勢分析や「自衛隊縮減構想」（後述「石橋構想」）も大変刺激的でした（石橋は 1970 年、書記長に選出される）。

上京、そして『社会新報』ライターに

私は長崎放送を 10 年で辞め、東京に出てきてフリーになりました。長崎放送は長崎県と佐賀県にしかエリアがないわけで視野は限られている。もっと広いところから安保、防衛、基地問題をやってみたい。そう思うようになり東京に出てフリーになりました。最初に仕事を与えてくれたのが社会党機関紙『社会新報』だったのです。当時、佐世保地区労にいた渡辺鋭気さんが機関紙局にいて社会新報記者だったので、彼が話をつけてくれました。そこで米軍・自衛隊基地のルポ企画を出したところ採用され、72 年から 77 年ごろまで断続的にではありますが、基地企画の取材をずっと続けました。おかげで稚内から沖縄まで、米軍基地と自衛隊基地の主だったところをことごとく回ることができました。これは私にとって大変な資産になりましたし、その後、いろいろな面で有益なものを得たと思います。

野党第一党・社会党の中央機関紙ですから、自衛隊取材の申し入れをすると防衛庁内局も断ることはできません。取材許可を出し現地部隊に斡旋してくれるわけです。フリー記者として自衛隊の内部や米軍基地に入ることができました。ただ、「自衛隊違憲」を主張する『社会新報』の記者ですから、かなり堅苦しい受け止め方をされますが、入ってしまえばこっちの力量次第です。そういう形で全国を回ったことは大変いい勉強になりました。

基地取材を通じて沖縄選出代議士の上原康助（1932 年〜）さんともつながりができました。石橋政嗣さんと同じく全駐労（全軍労）出身の上原さんは、内閣委員会のほか、安保関係の特別委員会ができると、委員をおやりになっていました。私が上原さんの政策アドバイザーのようなことをするようになり、そこで社会党の政策形成過程を一瞥する機会を得たということです。し

たがって、私が社会党の安保政策、自衛隊政策を内側から知るようになったのは、『社会新報』の取材をするという機会を通じて、もう一つは上原さんの活動を通じて。さらに86年に土井たか子さんが委員長におなりになったあと、89年でしたか「土井提言」を出されて、安全保障政策の見直し、また自衛隊の見直しに着手されたときに、アドバイザーのようなことをやった、その三つの機会です。ですから、本当にちらと垣間見たということにすぎず、社会党の安保・自衛隊政策について“内側からの証言”といえるほどのことは私にはできません。そのようにお断りしたうえで、以下のテーマについて考えを述べます。

「平和の創造」「違憲合法論」をめぐって

「土井提言」に基づく政策づくりに参画したと申し上げましたが、その一つが綱領的文書と位置づけられた「平和の創造」と「平和への挑戦」作成です。「平和の創造」が90年、「平和への挑戦」は94年です。「平和への挑戦」には、のちに述べる理由で関与していませんが、「平和の創造」は草稿段階から参加しました。手書きの草稿を私が持っているはずです。「平和の創造」は上原さんが安保・自衛隊の部分、矢田部理さんが外交政策の部分を執筆し、両方併せて「安全保障」という章が組み立てられるような構成になっていたと記憶します。

上原さんの担当は安保、自衛隊、基地問題でしたから、私がその下書きを書きました。それを中心にしてつくったのですが、それが中央執行委員会で採択され、90年12月号の『月刊社会党』に掲載された「平和の創造―わが党の新しい安全保障政策（中間報告）」では、結局、いちばん強調したいと思った部分が削除されていました。

自衛隊を改編し縮小していくというプロセスとか、その各段階における位置づけなどについて、私の提案はそのまま取り込まれているのですが、大前提として提起した点、ひとまず自衛隊を今のまま引き受けるところから始めるしかないではないか、つまり、いったん自衛隊を「合憲の存在」として受け入れ、そのうえで縮小へ向けたプロセスを始めていく、それを「革新連合政府」樹立に向けた旗印にしようという主張です。

石橋さんや東京大学法学部教授・小林直樹（1921年〜）さんが唱えた「違憲合法論」とおなじ基盤に立つのだけれども、法的に整理するだけでなく政策論と一体化する。憲法9条と自衛隊の矛盾を「違憲状態脱却過程合憲論」としてダイナミックに捉え、違憲状態を脱却していく具体的な時期および政策プロセスとかみ合わせることによって、不毛な「自衛隊合・違憲論争」に終止符を打つ。現状は違憲状態であるにせよ、日に日に、年ごとに違憲性が薄れていき、やがて解体・消滅するという自衛隊縮減政策を具体的に示すことによって、長年のアポリアを解決していこう。それしかないではないか。そんなことを書いたのですが、だめでした。その部分は「平和の創造」に採用されませんでした。

そこを書きたかったのに採択されなかったことは心外でした。以後社会党に働きかけるのでなく書いていこうと思いました。それまで私は『社会新報』にはもっぱらルポだけで「論」は書いたことがなかった（とはいえ後述する『日本防衛新論』や『武力で日本は守れるか』には萌芽的なかたちで「自衛隊縮減論」を書いていますが）。

『世界』での提言発表

すぐあと、1991年8号の『世界』に、「自衛隊解体論」というタイトルが付いた「合憲自衛力への3条件」という論文を書きました。翌年、岩波新書で『自衛隊をどうするか』（1992年）の編者になりました。これは元外交官の政治学者・浅井基文（1941年〜）さん、当時、立教大学教授の新藤宗幸（1946年〜）さんの3人で、討議をしながら、それをまとめ上げて1冊の本にするというものでした。ここで「最小限防御力」「最小限防衛」という概念を使って、自衛隊をとりあえず現状のまま引き受ける、そのうえで「縮小・再編」のプロセスに乗せることを提案しました。さらに、93年4月号の『世界』に、東大の高橋進（1949年〜）さんや、北大（現、法政大）の山口二郎（1958年〜）さん、独協大の古関彰一（1943年〜）さんたち学者と、共同提言「平和基本法をつくろう」を発表しました（2005年6月号で「平和基本法共同提言憲法9条維持のもとで、いかなる安全保障政策が可能か」として再提言）。

ですから、のちに村山富市内閣（1994～96年）が安保、自衛隊・安保条約をそのまま認めることになったときは大変残念でした。もっと早い段階から、つまり土井さんが問題を提起したときに着手していれば、ああはならなかった、それをむざむざとあのようにしてしまったのは残念だと思ったことをよく覚えています。

60年安保をめぐって

次に「60年安保闘争の意義や教訓をどのように考えますか」と、これまた大変大きな問いが投げかけられています。

60年安保闘争は、大衆運動、政治行動の面から大きな意義があるし、また国会論戦で明らかにされた条文解釈の問題があります。その他、安保改定交渉段階の時期にさかのぼる問題もある。「60年安保闘争」を定義するのは困難ですが、ここでは「院内闘争、国会論戦を通じて」というふうに限定したいと思います。ちなみに、私は当時、福岡に住んでおりました。福岡では、安保はもとより重大な問題ではありましたが、同時期、「三井三池闘争」が同時進行していて、そこでも大きな現地闘争が行われていました。「総資本対総労働」の対決といわれるものです。ホッパー決戦海上決戦、組合分裂工作などがつづき、安保闘争は、「東京のたたかい」「国会論戦」というような感じでした。

変な言いかたですが、私の“愛読書”の一つが60年安保の国会議事録なんです。「安保条約等特別委員会」の議事録が37号まで出ていて、ここに35日間39回153時間におよぶ議論の跡が記されています。大変緻密で、熱のこもった、鋭い議論がなされていて迫力がある。論戦の中心にいたのが社会党でした。安保5人衆とか7人衆とか言われましたが、飛鳥田一雄さん、横路節雄（1911～67年）さん、岡田春夫（1914～91年）さん、石橋政嗣さんたち、そうそうたるメンバーが入れ代わり立ち代わり岸信介首相、藤山愛一郎外相、赤城宗徳防衛庁長官、林修三内閣法制局長官を相手に、安保条約の1条から10条までの条文を逐条的、また縦横に論じ、すごい論戦を挑みます。

結局、60年の5月19日、飛鳥田さんの質問中に強行採決となる。午前中、飛鳥田さんの質問が終わって休憩があり、午後開会して飛鳥田一雄さんが指名された、その直後に緊急動議が出され、混乱状態、議事録には「議場騒然、聴取不能」と書かれて、終わりということになります。

それが安保特別委の議論の経過ですが、この37号までの議事録に、現在、安倍晋三首相が乗り越えようとしている「集団的自衛権」「極東の範囲」「自衛隊の海外派兵」問題などが、あらゆる角度から質問されています。読み物としても大変面白い。いま読んでも参考になります。また、これから安倍さんが「集団的自衛権の合憲化」というようなことを言うと、すぐに引き合わされるのが、この60年安保国会の議事録に残された政府の有権解釈や統一見解です。「いかなる場合においても自衛隊が日本の領域の外には出ないのであります」ということを、岸信介さんは何十回も答弁しています。それは少し大げさだけど十何回は発言しています。「だから、日本が戦争に巻き込まれることはあり得ない」。それから、「この条約は集団的自衛権を前提にしていない。安保条約は全て個別的自衛権の範囲内で結ばれている」と答弁しています（だから安倍首相の「集団的自衛権行使容認」は即座に「安保再改定」の必然性という問題を呼び起こすことになるわけです）。

社会党は「米軍基地が攻撃されれば、第5条で自衛隊が出動することになる。これは集団的自衛権の行使であり、やがて第6条にいう「極東」にも適用されるのは必至だ」。これに答える岸さんの論理は、つぎのようなものでした。たしかに、在日米軍基地が攻撃され、それを自衛隊が防衛するのは、米軍や家族を守る行動であるから、日本国民ではなくアメリカを守る意味で集団的自衛権の行使のように見えるかもしれない。しかし、米軍基地を攻撃する第三国、外国の勢力は、その米軍基地を攻撃するために、日本の領土、領海、領空を侵犯して入ってくるしかない。その段階で、日本は侵略排除のため自衛隊の防衛出動を発動できる。それは個別的自衛権の行使である。ゆえに、安保条約は集団的自衛権の要素を含むものではない。これが政府の建前でした。

もっとも岸答弁は、「集団的自衛権」の解釈を広くとって、基地の提供とか経済的援助をふくむとするような学説もある。広くとった学説に立てば、安保条約は集団的自衛権の行使と言えないことはない。しかし、政府はその広い学説をとらないと補足しています。つまり、広義の集団的自衛権と狭義の集団的自衛権に分け、「広義は学説である。狭義が政府の安保解釈である」と説明して、「この条約が集団的自衛権の行使を約束したものではない」と強調している。

同時に、「安保5条（日本共同防衛）ないし6条（米軍の極東における行動）により自衛隊が日本の領域の外に出るということはまったく考えていない」ということも述べています。これらは社会党議員が引き出したのです。他に民社と共産の質問者がいますが、安保の国会論争は量的にも質的にも社会党と政府との間でたたかわされました。そしてそこでなされた政府の解釈は、調印した岸信介首相の答弁ですから「有権解釈」となり、今日なお安保運用に拘束力を持っています。

また、この国会の論戦を通じて、派生的ではあるが、「非核三原則」が生まれます。打ちだされるのは1967年の、佐藤栄作さんの「非核三原則」表明ですが、安保国会での社会党の「核持ち込み禁止」の主張が「非核三原則」となって引き出されている。もう一つ、「武器輸出三原則」。これも1976年に三木武夫内閣（1974～76年）で出てきたことですが、すでにこの安保論争のなかで日本の安保政策、防衛政策の大きな柱になっていました。つまり、安保論戦のなかで社会党は、憲法前文や9条を大きく方向づける政策を引き出したといえる。

惜しむらくは、それらをもっと個別的に法案化して具現化することをしなかった。結局それらは、いまわれわれが知っているように尻抜けになったり空洞化されたりしているわけです。とはいえ、「非核三原則」「武器輸出三原則」「原子力の平和利用」を、安保国会の論戦から読みとると、社会党が非常に大きな力を果したことがわかります。

「自衛隊違憲」論・「非武装中立」論と社会党

そうした立派な議論を展開し、また、安保の歯止めともいえるいくたの有権解釈を引き出したにもかかわらず、実らせることができなかった。その理由は、「自衛隊違憲」「非武装中立」の党是を発展的に打ち破っていく「対抗構想」を提起できなかったからだと思います。

一方、安保国会の論戦は、大きな欠落部分も残しました。「日米地位協定」

を実質審議抜きで通してしまったことです。強行採決で終わったので質問できなかったといえばそれまでですが、安保特別委には「日米地位協定」も付託されていたのに、議事録を読む限り、日米地位協定に関して触れられた箇所はほとんどゼロと言っていい。民社党の議員が少しやっています。社会党議員も少しはやっていますが、全体の質疑のなかに占める部分は0.1％程度。協定を主題とした論議も、逐条審議も行われていません。

日米地位協定は、安保条約の基本ソフトともいえる付属協定で、基地の運用に関する米軍特権を規定しているわけです。28条からなりますが、一度も逐条審議はなされていない。全体にざっと触れるような質問が、民社党議員と、社会党からも1、2カ所出ている程度で、全体として地位協定について審議されなかったといっていい状態でした。

このことが、つまり条文審議で政府解釈を確定させ、運用に歯止めをかけておかなかったことが、その後、「思いやり予算」が肥大化し膨大な額となっていく基地の経費負担の問題、また、17条、18条に規定された刑事裁判権および民事補償の問題、また、第4条の返還時における「原状回復義務の免除」の問題など、大きな問題を抱え込むことになる。それらについて全然審議ができなかったがゆえに、以後は官僚、外務省、防衛庁が自由に解釈するようになりました。「思いやり予算」などは、地位協定をきちんと読む限り出てきようのない負担です。

あの安保国会のときに、もし地位協定24条（経費負担）の逐条審議できちっとおさえていれば、1978年、金丸信防衛庁長官のもとで「思いやりの精神で行こう」などの解釈が出てくることは決してあり得なかった。それは審議における失点だったと思います。「強行採決で終わったので」という言い訳は立ちますが、153時間もやっているわけですから、地位協定に関しても相応の時間を割くべきであったろうという批判は免れない。おかげで沖縄の人たちもふくめ「基地問題」が、手付かずのままに委ねられることになったと思います。

マイナスの点をもう一つ挙げます。こちらがより深刻かもしれない。安保闘争は、院内も院外も批准案件成立と岸首相の退陣を一つのピークとして収拾しました。問題が終わったわけではありませんが、闘争は一段落した。しかし、その後の検証、またそれの総括と新しい方針提起の面で社会党は致命的と言えるミスをしたと思います。岸退陣で何か安堵したというか、勝利感に浸ったわけではないにしても、そこで一つ終わったというような感じがあったのではないか。

政府・自民党のほうはまるで違った対応をしたと思います。米政府はライシャワー大使を送り込み、「ケネディ－ライシャワー路線」と呼ばれる、ソフトなアメリカを売り出すようにしました。岸内閣を継いだ池田内閣（1960～64年）は、安保、改憲を一言もいわなくなった。「月給倍増」と「高度経済成長政策」に切り替えた。“政治の季節”から“経済の季節”にきれいにシフトしてみせました。社会党は自民党の方針転換を完全に見落としてしまったと思います。

巨視的に見て、自民党は変わったのに社会党は変わらなかった。このすれ違いが時を経るにつれて見る見る大きくなる。社会党の非武装中立路線は、ちょうど風車に向かうドン・キホーテのような、カリカチュアライズされた非現実的なかたちで宙に浮いて、リアリティを失ってしまった。相手が守ってもいないところを攻めていく、相手がやろうとしないことを攻撃するということになった。それは社会党が、しっかりした安保闘争の検証と、以後の戦略立て直しをしなかったからではないのかと思います。

その証拠立てというわけではありませんが、1960年の11月に行われた総選挙では、あれだけ大きな闘争をやり、あれだけ国民を動員して熱気を吹き込んだ、その主力となった社会党がほとんど勝てなかった。自民党が296、社会党が145でそんなに変わっていない。もっと勝ってよかった。過半数を取れる候補者を立てていませんから自・社逆転はできませんが、もっと勝ててよかった。それは安保闘争の検証および戦略の立て直しを、池田内閣に向けてきちんとやっていなかったからではないか。そういう仮説を私は持っています。これは論争的なところなので、あとでご批判があるだろうと思います。

自民党との防衛政策論争

3番目は「防衛問題をめぐる自民党、社会党の政策論争をどのように振り返りますか」というテーマです。総論的にいうと、自・社の防衛政策論争、安保条約論争は、空回りし、上滑りし、終始かみ合わなかったと私は感じています。

自民党は、憲法および安保条文の有権解釈をかいくぐって、何とか実質的に拡大、既成事実化していこうとした。いわば「顕教」としての憲法解釈、安保解釈があり、他の一方に「密教」としての対米密約という水面下の世界がありました。両者を折衷させながら、既成事実化を図るというのが、60年以降の自民党安保政策の基本だと思います。

改憲は世論が受けつけないし、安保の運用にしても、たとえば事前協議で「核はいかなる場合もノー」という言質を議事録にあんなにベタベタと貼り付けた以上、安保を改定する以外に公然とはできはしない。しかし、アメリカとの間には密約がある。それをやっていくには、なし崩し既成事実化、あるいは密約の潜行的実行しかない。一方の社会党は、拒否のシンボルとしての憲法、アンチの論理としての非武装中立というところに立てこもって、具体的な政策や対抗軸を提示しようとしない。結局は、自民党政権による“密教の顕教化”が進むのを許した。(憲法論は別として) 安保運用の経過に見るかぎり、国会論戦は、すれ違いの“空中戦”でしかなかった。理論で勝って政策で負けた、それが社会党ウォッチャーとしての私の全体的な感想です。

社会党の失敗は、「自衛隊違憲論」、「非武装中立政策」に固執するあまり、オルタナティブな安全保障の在り方、現状を打破していくための自衛隊の「認知と改革」ということを政策として提示できなかったことにあると思います。時折、楢崎弥之助 (1920〜2012年) さん、大出俊 (1922〜2001年) さんたちが爆弾質問をし、たまには石橋政嗣さんや岡田春夫さんも鋭い質問を放ちました。そのたびにときの政権を震動させたけれども、しかし、それは敵の心胆を寒からしめたほどのものであり、安保の根幹を揺るがすようなものにはならなかった。

本来ですと、「三矢作戦研究」(68年の岡田質問) のようなことは、文民統制の見地から、あるいは安保の見地からもっと広がりを持つ爆弾質問であったはずです。それをとどめたのは、“敵の土俵論”、つまり敵の土俵に乗って議論すると自衛隊の存在を認めたことになる、自衛隊の存在承認につながるという、社会党の変な自己規制です。安保条文という総論部分では緻密な議論を展開するが、地位協定、いわば各論部分の追従や自衛隊の実態には踏み込まない。自衛隊を「どう見るか」(違憲)は主張しても、「どうするか」(改革)には口を閉ざす。だから爆弾は破裂したけれど、政権は鳴動せずで終わってしまった。これも社会党安全保障政策の残念なところです。

「死児の齢《よわい》を数える」の言葉によって具体的なことをいくつか挙げます。“歴史のif”としてもいいかもしれません。一つは、60年安保の後、自民党が安保路線転換から経済政策第一に方向を変えたことを見極めた時点で、もし社会党の安保、自衛隊政策が対抗軸として立てられていたとしたらということです。契機はありました。62年の「江田ビジョン」がそうですし、66年の「石橋構想」がそうです。単なる「たら」ではなく具体的に内部から呼びかけがあった。

もしあのときに、自民党が方向転換したことを社会党がきちんと受け止めて「江田ビジョン」を議論し、また、自衛隊をまず受けとめ、それを縮減していく原則を提示した「石橋構想」がもっと真剣に議論され、政策化され、国民の前に提示されていたとしたら、その後の社会党は違ったものになっただろう。しかし尻込みしてしまった。「江田ビジョン」にたいしては「階級政党」の、「石橋構想」にたいしては「非武装中立」の殻に閉じこもってしまったといわなければなりません。政策転換の機会を逸した、自民党に政権交代を迫る機会を失ったというふうに思います。

2番目に、田中角栄政権(1972〜74年)のときに「防衛力の上限論争」がありました。あまり知られていませんが、この頃から私は東京で『社会新報』に記事を書いたりするようになっていましたから、よく覚えています。

自衛隊の増強計画(防衛力整備計画)は一次防から四次防まであり、一次防は3年でしたが、大体5年ごとに倍々ゲームで防衛予算が増え、兵器の増強が行われました。日本政府は今、中国は20年以上、二ケタの防衛費の伸びをしていると言って脅威論を煽っていますが、何のことはない、日本は一次防から四次防にかけて年率10%の防衛力増強を先にやったわけです。とくに四次防はシーレーン防衛が主眼でした。いま中国が「第1列島線」、「第2列島線」と称している、おなじ海域に「南東航路」「南西航路」というシーレーンをつくった。その意味において先例になるわけですが、四次防は4兆5000億円、三次防の倍になる。それを受けて、あまりにもひどい軍拡だという国民の批判に応えるかたちで、社会党が、予算委員会で「このままではとめどない軍拡につながっていく。防衛力の上限を示せ」と田中政権を追及したわけです。このときは公明党、民社党も同調しました。

これに応えて政府は、陸上自衛隊は15万ないし18万、海上自衛隊は25万トンないし28万トン、航空自衛隊は800機という防衛力の上限を数字として出します。防衛庁内では制服組を中心に、「そんなことをやっちゃいかん。自分たちを縛ることになるのではないか」と反対したんだけれど、田中角栄首相はそれを押し切って、「ともかく数字を示さなければ話にならんと野党が言っている」といって出したわけです。示された上限は、陸上自衛隊に関してはすでに充足している。航空自衛隊もほぼ現状維持。海上自衛隊だけが、あと5万トンぐらい増強の必要があるというものでした。

数字を受けた社会党の対応は不可解でした。これは軍拡につながるので、この上限を削減せよというのではなく、数字を撤回しろと要求したのです。防衛力の上限を数字で示せという要求をしておきながら、その数字が出てきたら、その文書そのものを撤回するように要求した。実際に内閣は待っていましたとばかりに撤回しましたが、考えてみると、大きな足がかりを失ったわけです。これ以上は増強できないわけだから、その数字を基盤に「石橋構想」を当てはめて削っていけばいい。陸自と空自に関してはすでに天井になっている。あとは質的強化のところで縛りをかければいいわけですが、実際は具体的な数字を政府から引き出したことをプラスの方向、「自衛隊縮減」に活用するのではなしに、撤回させた。これはどう考えてもおかしいという印象を持ちました。日ごろから軍縮とか予算削減とかを主張しながら、また、文民統制を国会の役割であるといいながら、肝心のときに文民統制の役割を放棄したのではないか。そういう違和感を持ったことを覚えています。

3番目に、私が自・社の政策論争を振り返って転機と考えるのは、1990年、海部俊樹内閣（1989～91年）のときの「湾岸危機」です。翌年、「湾岸戦争」になりますが、90年8月、湾岸危機が発生した際、政府は「国連平和協力法案」を提出し、自衛隊派遣を策します。いわば「集団的自衛権」行使の現行犯のような法案なので、全野党が反対し実現しませんでした。そして、それが廃案となった後の処理に関する社会党の対応に、今もって思い出すと悔しくてしょうがないぐらいの思いがあります。社会党は最大のチャンスを逃した。

「国連平和協力法案」というのは、アメリカのブッシュ（父）大統領が湾岸戦争に多国籍軍を派遣する派兵準備をしていく過程で、自衛隊に後方支援任務、具体的には掃海任務や輸送任務を要請してきた。海部内閣は「国連平和協力法案」という自衛隊派遣法案を提案しました。これに対し、世論はもとよりオール野党が反対した。まさしく集団的自衛権の行使、自衛隊の海外派兵そのものですから、どう言い繕おうと論戦では正当化できない。論戦は一方的で、政府は対応できず廃案となるわけですが、当時の自民党の小沢一郎幹事長が「廃案になる前に何とか首の皮一枚残してほしい」と懇請し、社会党、公明党、民社党、自民党の４党で幹事長・書記長会談で合意を取りつけようとします。国連平和協力法は廃案になる。しかし、何とか国連が行う「平和維持活動」に自衛隊の組織が参加できるよう、話し合いの場をつくり幕引きにしたい。そういう小沢幹事長の要請で４党協議が続行されました。

その協議の席から、社会党の山口書記長が「今日は気分が悪い」とか何とかいって、社会党は抜けるわけです。自衛隊が新組織に入るということは、その段階では明文化していなかった。95％ぐらいまで野党の主張が通った協議ができていた。にもかかわらず社会党が抜けたので、「４党合意」ではなく、自・公・民の「３党合意」になりました。内容は「１憲法の平和主義原則を堅持し、国連中心主義を貫く」「２そのため自衛隊とは別個に国連の平和維持活動に協力する組織をつくる」「３この組織は国連決議に基づく人道的な国際救援活動、災害救助活動に従事する」でした。これが、社会党が抜けた後の３党合意の骨子です。

これでもかなり立派です。これに社会党が入って４党合意になっていたらパーフェクトだったと思います。３党合意で終わったために、最初に民社党が、やがて公明党が切り崩され、２番目の「自衛隊とは別個に国連の平和維持活動に協力する組織をつくる」の項が、現在の「国連平和協力隊」という名のみの組織で、実体は自衛隊ということになります。もし社会党が入って

「4党合意」になっていたら絶対にそういう方向に協議は進行しなかった、と断言できるでしょう。社会党が入っているのと入っていないのでは決定的な差があった。その決定的な差を．社会党が「4党合意」から離脱することによってつくった。いわば墓穴を掘ったということです。

1992年に変形した「3党合意」によって「PKO協力法」（国際連合平和維持活動等に対する協力に関する法律）がつくられたときに、参議院で社会党は牛歩戦術を採りましたが、そんなことで歴史の針を戻すことができないのは当然で、今日に至るまでPKOはこの3党合意を母体にしてつくられているわけです。

PKOそれ自体は決して軍事制裁でも侵略的行為でもありません。だから自衛隊の一部を改編し、非武装の別組織にして国連平和維持活動に派遣するというのは、社会党の非武装中立政策と何の違和感もなしに、むしろ発展的な形態として提案できる。そうすると国民も受け入れる。制服組は反対するでしょうし、自民党のタカ派からは反発がくるでしょう。しかし、当時の小沢一郎幹事長はそこまで歩み寄ってきた。そのチャンスを自ら放棄したというのは残念なことでした。これも忘れがたい思い出です。非常に腹が立ちました。

私は岩波ブックレットで『PKO』を出したときに（91年10月）、副題を「その創造的可能性」として、PKOというのはそういうものじゃないということを提起したのですが、役には立たなかった。今、安倍さんの下では、PKOは「駆けつけ警護」と呼ばれる武器の先制使用任務も認めるかたちになりつつある。「交戦するPKO」になっていく趨勢にありますが、それを止めることができたのです。それをも“if”の一つに数えたいと思います。

非武装中立論、自衛隊縮小をめぐって

次に、「社会党は本気で非武装中立、自衛隊縮小を実現可能と考えていたのだろうか。また、それは可能だったのか」という柱です。

実現可能だったと思います。ここでもまた“歴史のif”に立ち入るのを避けられませんが、第1に、もし1951年に全面講和が実現していたとしたら、アメリカ、ソ連、フランス、イギリスが国際条約で保障する「永世中立国・

日本」ができていた。オーストリアの永世中立条約は1955年に発効していますから、同じことができなかったということはない。条件はもちろん違います。朝鮮戦争があって、そのための米軍基地をアメリカは欲していたとか、オーストリアとは違う条件があるので短絡的に比較するのは困難ですが、全面講和をもっと追求していたら、もっとリアリティあるものとしてオーストリア型中立が視野に入ってきたのではないか。

非武装中立を可能にできた2番目の“if”は、60年代の「江田ビジョン」と「石橋構想」です。この段階で、「ビジョン」と「構想」を「安全保障政策のオルタナティブ」としてより具体的な政策にし、「憲法9条維持のもとで、いかなる安全保障政策が可能か」と国民の前に提起する政策を立案し、そのための理論構築をやったらどうだったか。西ドイツのSPD（ドイツ社会民主党）は今も20％台の支持を持っていますが、1959年の「バート・ゴーデスベルク綱領」で路線を転換し、国防を肯定しました。

「ドイツ社会民主党は自由で民主的な基本秩序の防衛を支持する。党は国防を肯定する」。「江田ビジョン」はこれほど直裁ではありませんが、問題提起としては同質のものを含んでいる。この段階で西ドイツ社民党のように路線転換に踏み切っていたら、また、遅くとも66年の「石橋構想」を党の路線として承認し、自衛隊を受け入れ、そしてその時点から、それの再編・縮小に着手していくことを基本政策にしていたならば、SPDが今日持っているような力を持ち得たのだろうと思います。

SPDの政策は国内のみならず、のちに「共通の安全保障」という西ヨーロッパ全体に共有される安全保障政策になり、EUの「共通の外交・安全保障政策」として現存し、CDU党首のアンゲラ・D.メルケルが政権（2005年～）を獲得してからも維持されています。それは「非武装中立」そのものではないが、NATO軍事同盟と一線を画し、また、アメリカとは別個の「不戦同盟」構築という意味で、さらに、年々軍縮を達成している点（独・仏・英の軍事費は予算、兵員数いずれも自衛隊より小さくなった）で、「石橋構想」の実現です。それはドイツの理論家たち、あるいはスウェーデンの首相もしたパルメ・オロフ（1927～86年）など西欧社民党の政治家たちがつくり上げた理論と政策でした。60年代、日本にもその兆しはあったのですが、日本社会党はその芽を摘み取ってしまいました。

“if”だらけであまり面白くないのですが、もし「土井提言」があのときに生かされていたら、社公民連合政権がもっと実現性をもって国民の前に姿を現したのではないだろうか。「土井提言」は、基本政策として「日米安保条約は外交の継続性に立って維持する」と述べています。「軍縮安全保障の実現」「非核三原則の厳格な適用」「米軍基地の縮小・撤去」とともに、「自衛隊の任務限定」「防衛費 GNP 比 1％枠の厳守」ということもいっています。しかし、「外交の継続性に立った安保条約の維持」という、従来の政策から大きく転換した展望を持つ「提言」は、村山内閣まで生かされることはありませんでした。ここにも大きな“if”を感じます。

自衛隊、違憲合法論について

「違憲合法論」という静止的、法理的なことより、私は「違憲状態脱却過程合憲論」の動的概念でこの問題をとらえています。法律家ではありませんから、法理論としてぎりぎり詰める能力はありませんが、あるとき、弁護士さんと話をしていたら、「法律にはそういう考え方がある。選挙制度をご覧なさい。憲法が必ずしも厳密に守られているわけではないし、それを是正していく過程に関しては、違憲状態を脱却する過渡的段階は合法であると解釈できる」と聞かされて、大変刺激を受けました。

自衛隊という現実の存在、しかも国防、安全保障という、受け取りようによっては国民の生死に関わる問題ですから、大事に取り扱わなければならない問題です。もし、首相が自衛隊を「違憲・違法」と宣言したら、その瞬間から存在の名分を失うわけですから、無法の暴力集団、武器所有集団になってしまうわけで、とてもそんなことは政治家としていえるわけがない。そうすると、村山さんのように「合憲・合法」としかいえないジレンマに陥ってしまいます。

したがって「違憲状態脱却過程合憲論」という理論的基盤に立ち、かつ「石橋構想」に沿った方向と過程を政策で明示しながら「9条下の自衛隊」に改編していく。それは「江田ビジョン」とも合致する。これはまさしくドイツ SPD が「バート・ゴーデスベルク綱領」(1959～89年の綱領）で採った路線です。向こうのほうが先に行っているわけですから、それを見習うということをやればよかったのだと思います。

この違憲合法論は小林直樹さんの説を借用する形で石橋さんが提起しました。1983年12月の第37回総選挙で自民党がかろうじて過半数を得た、その直後に発表された、かなり政局的なにおいを持つものです。この選挙では社会党は当選者112（他に革新系無所属1）でしたけれど、公明党が58、民社党が38と増えて、連合政権が視野の中に入った。過半数には到達しないけれど、連合政権が見えてきた時期でした。

つまり石橋さんの違憲合法論は、そういう政治情勢のなかで、思いつきではないにせよ、充分に練られ、準備され、理論的、政策的な裏付けをしっかり踏まえてきたものではなかったといえる。そこを党内左派に突かれ、結局、自衛隊は「違憲合法」ではなくて「違憲・法的存在」という、ますます訳のわからない、言葉としても曖昧なものとなり、非武装中立路線が再確認されるというような結末になってしまいました。

私は80年代に『日本防衛新論』（現代の理論社、1982年）とか『武力で日本は守れるか』（高文研、1984年）というような本を書きました。そこでは「目に見える専守防衛」「外に出ない防衛力」といった概念を使って、自衛隊の改編縮小を主張しました。これは別に私のオリジナルではなく、西ドイツの理論家たちが採用した「構造的攻撃不能性」（structural inability to attack）という軍隊のありかたです。そのような自衛隊がありうるのではないか。

考えてみれば日本のような島国は、まさしく「構造的攻撃不能性」をつくるのに一番ふさわしい地形的な条件を持っている。ドイツのように9カ国と国境を接しているような国、一歩で隣国に入れるような国では、攻撃的能力と防御的能力を分けるのは困難だが、四面海で隔てられている日本だと、渡洋能力を持つか持たないかという物差しを持つだけで、攻撃的能力と防御的能力をまず大ざっぱに分けることができる。「外に出ない防衛力」とか「目に見える専守防衛」に、大きなところで線が引ける。そういうところから行けるのではないか、そういうことを主張していました。

はじめにお断りしたように、私は、社会党の中央本部とか政審とは全然つながりはなく、つながりがあったのは1972〜77年の間、また党内情勢でいえば、機関紙局、『社会新報』編集部を江田派がコントロールしていた時代に執筆者としてです。協会派が機関紙局と『社会新報』編集部を制覇した後は、仕事がなくなり離れました。だから、そのあとは土井執行部のアドバイザーとしてボランティア的に若干政策形成にかかわった程度で、ですから以上は、おおむね外から見ていた感想ということです。

社会党の基本政策再考

最後に、「憲法に関し自民、社会ともに実現不可能な政策を掲げてきたのではないか」というテーマです。これは大変大きな問題で、私の考えはたくさんありますが、後半のやりとりのなかでお話ししたほうがいいのかもしれません。

ざっとお話ししますと、言うまでもなく自民党は、憲法9条は、第1条から第8条まで（天皇条項）と引き替えに差し出した屈辱の条項であるというトラウマを持っている。そのトラウマが強く感じられる政権と弱く感じられる政権とがあって、鳩山一郎政権、岸信介政権、中曽根康弘政権、安倍晋三政権はトラウマを強く感じる政権、池田勇人、三木武夫政権、宮沢喜一政権はあまりトラウマを感じない政権だと思います。だから、「自民党は」というくくり方はあまり正確ではありませんが、しかし、現行憲法を広い意味で「トラウマ」として受け止めていたマジョリティーが自民党だったと思います。そして、改憲論議が起こってくるのが1956年の鳩山内閣時代です。「憲法調査会」が設置されたその年に「経済白書」が「もはや戦後ではない」という有名な言葉を発しました。「もはや戦後ではない」と同年に、最初の改憲論議が起こったというのは象徴的だと思います。

そのような憲法観が鳩山、岸、中曽根、安倍と引き継がれてきている。一方ではしかし、三木、宮沢、たぶん田中角栄さんも「非改憲」のほうで、彼らは憲法に関してほとんど発言していませんし、改憲のアクションを起こしませんでした。自主憲法制定に関して自民党内にはそういう色合いのちがうものがあった。それが自民党の改憲路線を表に出さなかった理由だろうと思います。自民党リベラル派、とくに宮沢派の存在は大きいでしょう。今はもうそれがない。自民党がほとんど一枚岩になった。ということは、安倍政権の自主改憲はかなり本気度が高いと受け止めていいのかもしれません。自民党内のリベラル派の消滅と、もう一つが社会党、社民党の衰退。その二つの条件が大きなファクターになると思います。その意味では「実現不可能」とはいえない。

一方、社会党にとって護憲とは、丸谷才一に『裏声で歌へ君が代』（新潮社、1982年）という小説がありますが、“裏声で歌った護憲”だと思います。裏声でしか歌わなかったし、歌えなかった。つまり3分の1の議席しか取ろうとしなかったし、取れなかった。2分の1を取って初めて表声です。それを取れなかった力量問題もあるし、取ろうとしなかった意欲の問題もある。過半数の候補者を立てたことは一度もないじゃないか。だから、裏声で歌う護憲といわなければいけない。改憲阻止に必要な3分の1確保を目標にするということですから。

もう一つは、9条はいうけど、「前文」に関して社会党はあまり評価していない。じつは日本国憲法の平和国家の理念、意欲的なメッセージは、9条ではなく「前文」にあると思います。「前文」は規範じゃない、条文じゃないという見方はあるけど、あそこにこそ憲法の精神、魂がある。9条はいってみれば「拒否」の条文です。「してはならない」「べからず」です。

しかし、「前文」はそうじゃない。「こういう国のかたちにしよう」「この方向に行こう」と呼びかけています。「共通の安全保障」「人間の安全保障」どちらの概念もここに明示されています。であるのに社会党の護憲論は、前文に依拠した理論構築をしなかったし、当然政策的にもできなかった。社会党にとっての護憲というのは、拒否の護憲、裏声の護憲でしかなかった。それが私の忌憚のない意見です。だから実現させる気がなかったといえるかもしれません。

以上、かなり挑発したり、ストレートに言ったりしましたのでお叱りを受けることは覚悟しておりますし、それについて補充すべきこと、また訂正すべきことがあれば質疑のなかでお話しすることにして、一応報告はこのあたりで終わりたいと思います。

質疑

社会党の安保・防衛政策とのかかわり

前田　1972年に『社会新報』に書く機会を得て、77年までの間に、米軍・自衛隊基地のルポ、安保条約に関する動きについて連載記事を掲載しました。無署名です（略歴参照）。当時は電子メールもファックスもない時代でしたから、原稿を書き終えると持っていかなければなりません。機関紙局は4階でしたか、そこに原稿を持っていきました。企画打ち合わせから原稿料をもらうときまで、週に3回ぐらい行くことになります。いろいろ顔見知りになる関係ができました。

国民運動局に牛越公成さんという書記がいました。それから、政策審議会には丸山浩行さんという書記がいて、この2人と一緒に『基地通信』という、基地問題の動きに関するニューズレターをつくることもしました。当時はニューズレターという言葉はなくパンフレットとか言っていましたが、私が全国を飛び回り『社会新報』編集部に出入りし打ち合わせしているのを、機関紙局と国民運動局は隣同士でしたから、牛越さんが聞いたのでしょう。

彼は沖縄によく行っていましたし、私も沖縄に行って向こうで会ったりして知り合いだった関係で、基地の動きを『社会新報』よりもっと深く、もっと長く書いて基地の活動家に配りたいので手伝ってくれといわれたわけです。ボランティア仕事ですが、賛同して、それに丸山さんも入ってきた。彼は立川に住んでいて、当時、米軍立川基地の返還問題があった。そこで基地の活動家に向けたニューズレターを3人が中心になって出すことになったのです。これは若干社会党の活動の一部になっているという意味で党内的なものですね。その後、上原康助さんのゴーストライターみたいなことをやりました。

――ゴーストライターということは、たとえば演説だとか報告などの下書きをされるというようなこともあるのですか。

前田　そうです。上原さんの国会報告や講演会の記録をつくったり、選挙ビラを書いたり。もう一つは綱領的文書「平和の創造」です。安保、自衛隊部門の執筆責任者が上原さんでしたから、第１案は私が書きました。

——個人的なつながりということで、たとえば政審のメンバーとして参画したとか、あるいはブレーンとして処遇されたとかいうことではなく、基本的にはジャーナリストとしての協力で、政策形成などに関与したという場合も個人的なつながりだったというふうに理解していいわけですね。

前田　はい。『社会新報』の記事で原稿料は受け取りましたが、そのほか嘱託料とか、そういうのはありませんでした。ずっとあと、委員長が山花貞夫さんのときに影の内閣、シャドーキャビネットをつくったときのメンバーにもなりましたが、そのときもお金の問題は一切ありませんでした。ですから、自分の受け止め方としてはボランティア的アドバイザーです。

——派閥との関係で言えば、江田三郎派との関わりが大きかった。

前田　今にして思えばですね。当時の私は、そもそも社会党の派閥にあまり関心がなかったのですが、『社会新報』編集部は江田派でした。

温井寛さんが機関紙局に来て私は“パージ”され、以後書けなかった。温井さんと個人的な関係は悪くはなかったけど、あの人にも立場があったのでしょう。ですから、江田派の時代です。でも牛越公成さんは勝間田派ですから、彼とは安保・基地問題に対する考え方は変わらなかった。（前田補注：その後すこし名が売れてきて、『社会新報』や『月刊社会党』に名前入りで登場する機会ができたが、それは「談話」や土井たか子委員長、伊藤茂政審会長の「対談」相手としてであった）

——特定の派の政策とかカラーとかに引かれてというよりは、やはり個人的な付き合いや、あるいは機関紙局に出入りしている関係で、たまたまある特定の派閥と付き合うような形になったと考えていいわけですね。

前田　そうです。非常に幸運な結果だと思います。私は非武装中立（正確には非同盟中立）という社会党の政策に関心もありましたし、同調していましたので、それを現実の政策提起のなかで生かすような人たち、江田さんがそうですし、機関紙局がそうでした。ですから、私が書く記事にクレームが付いたことは一度もありませんでした。また、ここに行きたいというような企画に関しても自由に任せてくれました。もっとも、先述したとおり、社会新報に「論」を書いたことはありませんが。

合憲論と非武装論とのかねあい

——違憲状態脱却過程合憲論というのは、原稿は残っているのですか。

前田　岩波新書『自衛隊をどうするか』(1992年)に「最小限防御力」への転換として輪郭を提起しています。この本は政治学者の浅井基文さんと新藤宗幸さんと3人で、討論をし、ペーパーを出し、お互いに手を入れながら書いたものです。分担とか区分は入り混じっていますが、ここに出ています。それ以前に、『世界』(岩波書店)1991年8月号の私の論文「合憲自衛力への3条件」で、「構造的非攻撃性」「総合安全保障」「クモの巣型防衛力」をモデルに、そのことを書きました。その部分は、申し上げたとおり「平和の創造」の第1稿、私の素案では、プロセスの部分に図表も含めて採用されていたのです。政権獲得の前提となるところであり、そのためには現存する自衛隊を“負の遺産”としてであれ、引き受けることをはっきり言わなければならないと。

——それは前田さんが非武装中立政策を強く支持しているということと矛盾しないのですね。実現に向かっていくプロセスにおける理論として出したということですね。

前田　そのとおりです。ともかく、こういう現実を“負の遺産”として引き受けなければ政権はとれない。革命というようなことを考えればまた違うことになるでしょう。軍隊を乗っ取るロシア革命型もあります。しかし、選挙と議会を通じて社会主義に移行していくというプロセスを追求する以上、政権をとった瞬間、自衛隊が現実に存在する状況と直面しなければならない。首相就任後の一連の行事の一つとして、たとえば制服トップの統合幕僚会議議長から「長期防衛計画」の報告を受けることもある。そこで「自衛隊は違憲だから会わない」とはいえない。でも、「違憲の存在」に固執するなら、会見を拒否しなければならない。それはマンガチックですが、ともかく政権をとればそういう現実と直面しなければならない。違憲であれば違法、違法であればその存在は許されないということになるわけで、そのジレンマで身動きできなくなってくる。

学問の世界なら、自衛隊の違憲性は明白だとして、「違憲・無効」とすることもできるでしょう。しかし、現実の政治でその手法はとれない。それは

25万人の“武装無法集団”と名指し、“法の外”に置くことになる。部分違憲（ある装備、ある任務、ある日米演習について）、ないし違憲状態（「防衛力の上限」）宣言が精いっぱいでしょう。否定されるべきものとしてであれ、現実に存在するわけだから、いったん引き受ける。しかし、引き受けた時点から、新政権の政策の方向にしたがって「縮小・改編・合憲化」の方向に位置づけられている。それが「脱却過程合憲論」で、「違憲合法論」とは少しちがう（憲法解釈ではなく、憲法政策としての）動きが入っている。

――それと、いまだに非武装中立政策を支持していて、社民党も支持されているということですが、たとえばSPD（ドイツ社会民主党）の「バード・ゴーデスベルク綱領」とか「江田ビジョン」とか「石橋構想」をもし採用して社会党の政策が現実化していたら、社会党はもっと長生きしただろう、いまだに議席が多いだろうというお話と、非武装中立政策を前田さんがいまだに支持されているというところとは矛盾しないのですか。

前田　非武装中立という言葉をどのように理解するか、また、どう定義するかということと関わりますが、「非武装」と「無武装」とは違うと思います。私が考える「非武装」はあくまで、「陸海空軍その他の戦力はこれを保持しない」という憲法第9条の文脈のなかで捉えた非武装です。憲法第9条2項は、自衛権そのものや、そのもとで、法執行手段としての武力ないし実力まで禁じた「無武装」規定ではない。

かりに海上保安庁という法執行機関を取りあげてみましょう。大型巡視船は40ミリ機関砲を装備しています。これは「大砲」です。2001年の「奄美沖不審船事件」では、北朝鮮の工作船と思われる船を撃沈させましたが、（社民党もふくめ）だれもこのことを「武力の行使」とか「交戦権」とは考えなかった。警察機動隊だって、キャタピラは付いていないが、戦車と見まがうばかりの装甲車を持っています。これもむき出しの「公権力」だが「戦力」とはいわない。だから、「その他の戦力」は「無武装」を意味するものではなく、「非武装」概念とは区別すべきでしょう。したがって「国土防衛機能」というか、いま尖閣諸島の領海警備が問題になっていますが、巡視船による「領海法」執行行動を含め、国土を防衛するための警備能力のような実力は、私は「非武装」の内側、つまり第9条違反ではない警察力の延長に入ると考えています。constabulary（軍隊的能力をもつ保安隊ないし警察）のような「最小限防御力」は非武装と背反しない。

「中立」政策も、「日米安保条約」へのアンチテーゼであり、軍事同盟に加わらない、「集団的自衛権の行使」にわたるような軍事的協力関係には入らないという意味での「中立」です。決して「東アジア共同体」のような地域集団安全保障を否定するものではないと理解しています。そのような共同体は「不戦同盟」なのだから、むしろ「非武装」の実力をより低レベルに押し下げる要因となるでしょう。

それも含めて非武装中立という社会党の看板でもあった政策が、現実状況に照らして再定義されたり議論されなかったことが不幸でした。“ユートピア”とか“空想的”との批判に反論しなかった。私はそう理解したうえで、今でも「非武装中立」は「東アジア共同体」と矛盾するものではない、また、自衛隊の一部を「国土警備隊」のような、軍隊でない公権力執行組織に転換させることとも矛盾しないと確信しています。

——その場合に、非武装は無武装ではない、一定の国土警備隊的な武装も可であるということで、これは軽武装中立というようなことではいけないのですか（笑）。この軽武装の「軽」は、憲法で禁止されている戦力と言われるようなものまでには至らないレベルの武装である。

前田　それは外から見た表現、形容の問題であって本質論ではない。先に述べた「外に出ない軍事力」「目に見える専守防衛」（構造的非攻撃性）を実践できるなら、近隣国からの「軍事大国化」批判や、「9条を持ちながら」という声に、実態的に応答できるし、また、9条2項との矛盾も解消できる。アジアの外れにあり、島国でもある日本は、「渡洋能力の有無」という一線によって「重武装」「軽武装」「非武装」の違いを、かなりうまくデザインできるのです。

——そのように定義をすれば、今おっしゃられたこととそれほど変わらなくなると思います。

前田　変わらないですね。

——ところが、国民から見れば、非武装イコール無武装、まったく武装をしないと受け取られる場合がある。だから、将来的にはどうするかという問題は別として、出発点でいえば、自民党ハト派、リベラル派、あるいは保守本流派がやったような解釈改憲的理解で、自衛のために必要最小限度の武力の保有は（現状を上限として）是認する。それはもう存在しているので、それを前提として将来の軍縮構想を考える。そのような議論はあり得たんじゃないかと思うのですけれど、社会党はそういうことは主張しなかった。

前田　そのあたりは自民党のリベラルとも越えがたい一線があったでしょう。一方、社会党のほうも「非武装」を語義どおり「無武装的」に定義してきた。そこにとどまって、外交努力や「不戦同盟」結成などと結合させてダイナミックに理解し、政策化するというようなことをしませんでした。「非武装は無武装じゃない」ということも主張しなかったし、非武装でも海上保安庁のような組織によって領海および国土防衛は可能なのだと説明しなかった。

だから、84年国会での「石橋―中曽根論争」、中曽根康弘首相と石橋政嗣委員長との討論で、中曽根さんから「降伏主義じゃないか、あなたは」と反論される。要するに“レッテル貼り”で石橋さんは負けてしまった。あの討論全体で石橋さんは負けてはいないと思うけれど、石橋さんは「非武装」のリアリティあるレッテルを持っていない。中曽根さんに「非武装中立は降伏主義だ」と批判されると、中曽根軍拡論に投げ返すものを石橋さんは持っていなかった。石橋さんは社会党委員長ですからみずからの責任でもあるわけだけど、党として降伏主義に反論するようなブランドというか、レッテルがなかった。「重武装」と「軽武装」という区分でない「非武装」の時代に沿った再定義、私は「外に出ない防衛力」とか「目に見える専守防衛」と名づけましたが、日本は「非武装」をデザインする恵まれた自然環境にある。社会党が意欲を持って取り組めば、モデル化できたはずです。

――そこのところの具体化が非常に弱かったのだと思います。

前田　そうですね。

――先ほどの議論のなかでも紹介されたように、防衛力の上限を示せと言いながら、出したら、それ自体に対して撤回しろというふうに要求した。

前田　本来であれば、社会党のほうから、まず「軍拡の上限」に歯止めをかける、同時にそれは「違憲状態脱却過程」の第一歩になるわけです。社会党のいう「非武装」の内実を示す、現行憲法下でもここまでは許容の範囲、非武装の範疇という基準を国民に知らせる機会だった。非武装でも安心できる自衛力の範囲を社会党の側から打ち出す場だったのに残念でした。国際的に見ても、コスタリカが「非武装」モデルとしてよく引き合いに出されますが、あの国にも、強力な武器・装備を持った陸・海・空の「国境警備隊」が存在しているわけであって、外敵の侵入に対して完全無防備ではない。軍隊ではないが国境警備隊としてのconstabulary、強力な警察力が存在しています。そういう脈絡で「コスタリカ・モデル」を使えば説得力があったでしょう。

海上保安庁も「コスタリカ・モデル」で説明できる。装備は軍隊類似であるが、国際法的には、「国連海洋法条約」に言う「軍艦及び非商業的目的のために運航するその他の政府船舶」の後者に該当する海上警備力だ。そこを最小限防御力の基準にしよう。日本周辺で予想される一定程度の武力攻撃に対し、対応可能な最低限度の実力としてこの程度は許容される。しかし、現状の自衛隊はそれをはるかに超えているからここまで減らす、まずイージス艦、F15戦闘機は廃棄する。しかしヘリコプターは、たとえ攻撃ミサイルを積んでいても、渡洋攻撃能力（敵地を攻撃し帰還する能力）がないから当面保有する、といった具体的な軍縮の優先順位を示せば、防衛論争はもっと実りがあったのではないかと思う。石橋さんが1966年に提起した「石橋構想」を進展させていれば、中曽根さんに「降伏主義じゃないか」という形でやられることはなかったと思います。

そこが理念政党としての社会党の限界であったのかもしれません。現実的な政策を提起して国民に選択肢を示すということを、憲法第9条とか憲法の防衛政策に関してはついになし得なかった。

先ほど「爆弾質問」で言いましたが、たとえば楢崎弥之助さん、岡田春夫さん、大出俊さんたちは、F4ファントム戦闘機が導入されるさい、爆撃装置は専守防衛と相いれないので外させるというようなことをやった。これは政策修正です。また、F1支援戦闘機を開発する予算案審議のときもそうです。「支援戦闘機」とは要するに戦術爆撃機攻撃機なのです。能力は、西日本に置くと、爆弾を積んでピョンヤンを往復できる。そこで社会党の追及で航続距離が短くなった。個々の兵器でそういうことをやった例はいくつかあります。社会党が頑張ったおかげで、他国に脅威を与えるような兵器をそうさせないようにした。兵器の導入そのものはキャンセルさせられなかったけれども、爆撃機とか火器管制装置を下ろさせるとかいうことはありました。

ただ、それが全体構想にまとめ上げられることはなく、先ほどいったように、装備論になると“敵の土俵”に引きずり込まれるのでやらない。文民統制にかかわる「三矢研究（自衛隊統合幕僚会議が作戦研究で極秘に行っていた机上作戦演習)」事件（1963年）のようなことも、あまり踏み込んでいくと、逆に、じゃ国会に常設の「防衛委員会」を設けたらどうだというふうになってやぶ蛇になるので、あまり突っ込まない。そういう変な内向き思考にとらわれていて、それを破れなかった悔しさというのはあります。

石橋政嗣著『非武装中立論』をめぐって

――「社会新書」（日本社会党中央本部機関紙局）のなかの『非武装中立論』。私がこれを買ったときには刷数が15刷までありました。私が大学に入ったばかりのころに買ったのですが、1点、質問と申しますのは、この著作の初刷が出たのは1980年のことで、自民党との論戦はもちろん、党内でもいろいろ話題を引き起こし、先ほど先生が言われたように法的存在論に切り替えざるを得なくなる。そのようになっていくのは1984年前後かと思っていますが、若干タイムラグがあるように思われます。

『非武装中立論』という書物が最初80年に出た時点では、この本について、内容的には党内でどうこうということはあまりなかったのでしょうか。むしろ石橋委員長と中曽根首相の論戦のなかでそれへの題材として石橋委員長のこの本が注目されるに及んで、逆にこの本がよく吟味されるようになったのか。そのタイムラグのところも含めてご存じのところがあれば、一言二言お願いいたします。

前田　80年という時点は、私は『社会新報』と離れておりましたので、どういう党内の反応があったのか実感としてはありません。当時、石橋さんのその本はもちろん読みましたが、結局、66年の「石橋構想」をもう一度繰り返している。彼がまだそこを頑張っているというか、自衛隊を再編・縮小していくための四つのプロセスですね。政権の安定度、世論の支持、自衛隊の掌握度、中立外交の進展度。この四つの条件のなかでの自衛隊縮減という主張は非常に説得力があるし、納得のいくことです。自衛隊をいきなり廃絶しようというようなことではない。政権に向けた真剣な意欲のようなものを感じます。ただ、それは66年に「石橋構想」として提起しているので、そこからあまり進展していない。石橋さん、もっと前に進んでほしいのに、非武装中立をもっと内実化するような説明がないまま、結びの部分で唐突にまた非武装中立という言葉が出て終わってしまう。

もし80年の時点で「石橋構想」から一歩前に出てさらに進んでいたとすれば、84年の中曽根さんとの論争はもっとすごいものになったと思うんですけど。申したとおり、決して石橋さんの負けとは思わないけど、しかし見出しを書くとすれば、中曽根さん「降伏主義」に対抗する言葉を石橋さんは発していない。そういう意味で多くの人は「中曽根の勝ち」と……。勝ち負けをつけることにどれほど意味があるかわかりませんが、石橋さんが66年のところで足踏みしているような印象を持ちます。

日米安保体制をめぐって

――中立の問題との関連では、日米安保体制をどう捉えるかという問題もあったと思うんですよね。1960年に改定されていろいろ変化していくわけですが、その変化に応じて、社会党の日米安保体制に対する政策的展開というようなことは何かあったのですか。60年のときとずっと変わらないのですか。

前田 あそこで民社党（1960年結成、1994年解散）が……。

――「駐留なき安保」というのを出したでしょう。社会党はそのようなことは考えなかったんですか。

前田「駐留なき安保」は、国会内の安保等特別委員会のなかで主に民社党が議論しました。社会党からもその可能性を岸信介首相に追及した質問があります。たしか石橋さんだったと思います。でも、それは提案したとか、これだったら支持するというような論脈ではなく、第6条「基地の許与」は「常時駐留」以外にありえないのかどうか、という議論でした。興味深いのは、岸首相も林修三内閣法制局長官も、条約解釈として「有事駐留」を否定していないことです。第6条で基地を提供しなくとも、第5条「共同防衛」は成り立つと答弁しています。つまり「有事駐留」もありうる。ただ現実の情勢のもとでは「常時駐留」がふさわしいというのです。鳩山由紀夫さんの民主党も、この経緯をもっと勉強して「駐留なき安保」のマニフェストをつくっていれば、あんなぶざまな失敗はしなかったかもしれない。

――それは60年の安保国会のなかでの議論ですね。

前田　はい、出ていますね。議論としては、60年の安保特別委員会のなかでもありました。

――そういう議論はあった。

前田　ええ、主に民社党がそれをしています。その後、社会党は安保解釈に関して変わるということはなかったと思います。論戦を通じであれだけ言質を取ったわけですから。「極東の範囲」「事前協議」「集団的自衛権不行使」「核持ち込み」……。本当にすごい。またレベルも高いです。いま読むにも堪えるような論戦をやっています。自民党は強行採決でしかあれを突破できなかったのも無理ないなと思います。

――論理的にもう対抗できなくなるところまで追い詰められる形で強行突破したということですか。

前田　ですね。あれ以上はもう持ちこたえられない。安保特別委員会を35回、153時間やっていますから、今の標準でいっても十分審議は尽くされたという言い訳は立ちます。自民党の内情から言えばあれ以上持ちこたえられないので強行採決したということになるんじゃないですか。安保条文に関しては、ありとあらゆることがやられています。ただ、強行採決されたせいで「日米地位協定」の逐条審議ができなかった。その付けを「思いやり予算」や「辺野古基地新設」などで支払わされている。

それと、安保特別委員会は、審議開始の前に公聴会をやったんです。非常に面白いことをやった。これから審議する条約批准案を、国会が修正することは可か否かということを、自民党推薦と社会党推薦の国際法学者がやりました。つまり、安保条約（案）を国会で修正しようという動きを社会党は示したんですね。このあたり、詳しく調べていませんが、冒頭にそういう公聴会が開かれたというのは異例です。条約修正の可否をめぐる公聴会を開いて、社会党推薦の法学者は「国会が修正できる」という理論を展開しているんですね。これも大変面白い理論の組み立てです。

ですから、60年安保が6月23日に効力を発生して以降、社会党の安保条約についての見方はそんなに変わってない。「土井提言」のときに、安保条約は「当面維持」して、やがて「友好条約」に変えていくと変わりますが、安保破棄というのは、冷戦崩壊前後まで一貫していた。共産党も同じように「破棄」から「終了通告」になる。通告も破棄の一つの形態ですが。社会党の場合、村山さんになって唐突に「安保堅持」になる。『村山富市回顧録』(岩波書店、2012年)によると、あれは原稿には「安保維持」と書いてあったのを、村山さんが緊張のあまり読み誤って「安保堅持」になった。「維持と書いてあったのを間違えて読んでしまった」と書いています。

――ニュアンスがちょっと強くなりますね。

前田　強くなります。

――先ほど前田さんは60年安保闘争の意義のなかで、とくに院内闘争が非常に重要だったというお話をされていますが、この意味は、冷戦を背景に日米安保条約の改正の効力をすごく限定する方向に機能したわけです。自衛隊とか米軍は、極東のすごく狭い範囲でしか行動をしてはいけないとか、非核三原則とか武器輸出三原則のような形でできるだけ日米安保体制の影響力を制限するとか、そういうことをある意味では見事に達成させたわけです。言質を取って。だから、社会党は、先ほど言ったように冷戦体制のなかで日本の国をできるだけ冷戦体制に関わらないような形に置くという役割を、見事に果たしたというふうに僕は思うんです。そのことによって池田勇人政権が「経済だぜ」と言える状況をつくったわけです。

だから社会党は手も足も出ないんです。つまり、自分たちのやったことが体制化したからという側面はございませんか。

前田　だから岸は退陣しなければならなかったし、したがって「岸改憲」は幻と消えたわけです。いま孫に移っていますが、岸の後継者は安保・自衛隊、改憲路線はもう深追いしない。今度は経済だ。安倍晋三さんもアベノミクスで所得倍増とかいっています。これも面白い歴史の繰り返しだと思います。「安保改定」で国民の政府不信が高まると「経済成長」を持ち出してくる。池田さんは、「所得倍増論」で戦略的な局面転換やって見事に成功した。逆説的にいえば、社会党が成功させた。なぜならば、社会党は、自民党が放棄した「改憲路線」を深追いして「まだあるぞ」と“狼少年的”に振る舞いつづけたからです。「江田ビジョン」という新しい旗印があったにもかかわらず。

「60年安保」と「安倍集団的自衛権安保」のどちらにも「東京オリンピック」がかさなる（1964年と2020年）というのも、また不思議な偶然の一致です（笑）。だから、少し歴史を読んで、悪しき教訓として60年安保を振り返ったほうがいい。左翼の再結集とかリベラル勢力の再編というようなことがあと7年の間にできるかどうか。64年オリンピックのときには見事負けたけど、今度のオリンピックまでには「勝とうよ」と（笑）。

社会党は「賞味期限付き政党」として終わったと思ってもいいわけだけど、左翼が終わる必要は全然ないわけです。別の形の左翼が出てくればいいわけで、社会党がなくなって左翼がなくなるというのは最悪です。今そのようになりつつあるから最悪なわけで、社会党がなくなった後どんな左翼をつくるか。それにもう少し熱意を燃やす必要があるんじゃないでしょうか。そこで非武装中立にどういう位置を与えられるかということを論じたほうが建設的であろうと思います。

近年の政治的争点をめぐって

――なぜ安倍さんはこんなに執念を燃やして、今までの枠を全部取っ払って軍事増強、防衛力増強、あるいは日米同盟の強化に進もうとしているのか。なぜですか。

前田　なぜですかね（笑）。安倍さんに来てもらうのが一番いい感じがしますが、さっきいったように自民党のなかには、「普通の国」になりたいという、憲法否定のトラウマみたいなものがあるんです。「1条から8条を入れるために渋々、屈辱的に9条を引き受けた。いつかこれを戻したい」。「普通の国」論はそういうことです。小沢さんも言い、いま石破さんなども盛んにそう主張します。安倍さんもまた同じような思いをしている。これらの人に共通するのは、小沢さんはちょっと早いのですが、世代論からいって、ともかく安倍さんも石破さんも完全に“戦無の時代”の政治家であるということだろうと思います。とくに安倍さんの場合は、岸さんの思いが乗り移っているようなところがあるのかもしれない。

それまでの流れ、つまり安保が集団的自衛権化していく流れを年代的にたどっていくと、91年にソ連が崩壊し、ソ連を仮想敵としてきた安保の共通の目標がそこで終わる。つまり安保はもう歴史的使命を終えたという意味を持つような出来事があって、このあたりから安保をどのようにつくり直すかということになります。

「安保再定義」とアメリカが言い、外務省は「安保再解釈」と言いましたが、普通、「安保再定義」と言われます。95年に「ナイ・レポート(東アジア太平洋安全保障戦略)」ができ、96年に橋本龍太郎首相.クリントン米大統領の「アジア・太平洋共同宣言(日米安全保障共同宣言)」が出されます。この文章は大変興味深いことに、安保条約に4カ所出てくる「極東」という言葉が一切出てこずに全部、「アジア・太平洋」という言葉に替えられていることです。まさにアメリカの言う再定義、冷戦後における安保の再定義を96年の橋本・クリントン共同宣言が物語っている。以後ずっといわれている「集団的自衛権の行使」と、いま安倍さんがやっていることのルーツは、ここから新たに出てきています。もともと60年安保では、「極東の範囲」をめぐるギリギリした、すさまじい論戦でした。有権解釈では社会党が勝った。

——今や「地球の裏側」ですから(笑)。

前田 そうです。

——「極東の範囲」どころの話じゃない。

前田 その「安保共同宣言」が出て「極東の範囲」の縛りから逃れてしまった。「アジア・太平洋」になったわけです。それが出て、翌年の97年に新ガイドラインが出る。ここから始まった安保の新しい流れの中を安倍さんが最先端で来ているわけですが、このなかで、たとえば99年に「周辺事態法」という法律ができたし、小泉さんの時代には「有事法制」ができました。

——国民保護法が。

前田 国民保護法が最後になりましたが、「武力攻撃事態法」など、2004

年までに10法できました。「集団的自衛権」行使容認が表面化するのは「9・11」後におけるアメリカのイニシアティブですが、そういうなかで冷戦後の安保の構造ができていき、それと同時並行するように社会党、社民党の衰退が進行する。しかも、これらの転機は国会でもほとんど議論にならないんです。でも90年代以降、予算委員会の論戦で安保、自衛隊問題はほとんど出てこないんです。予算委員会は花形委員会で、総括質問の野党の質問者は書記長。取り上げられる議題は大体安保、防衛問題というのが通例でした。70年代はずっとそうでした。それが福祉、環境問題になる。それでも2番手か3番手ぐらいに安保、防衛、自衛隊が出てきたのですが、80年代を過ぎるとそれがほとんど出てこなくなった。これもまた国会の論戦における世代交代とか、問題意識の変化のようなところでしょう。

本筋に戻れば、安保が冷戦後にそのように変容していく。世代も交代していく。社会党、社民党が衰退していく。そういうなかで集団的自衛権を公然と標榜するような環境が整えられていく。安倍さんが踊っているのはそういう舞台です。

――なるほど。確かに。

前田　個性ももちろんあるけど、非常に踊りやすい舞台装置が小泉さんのところで完全にできていたと思います。「新ガイドライン」(97年)、「共通の戦略目標、役割・任務・能力の共有」(03年〜)という日米合意みたいな流れで、日米安保は、実体基盤として集団的自衛権を持つようなものに変わっていたんです。それ以降は安倍さんの個性なり何かあるのでしょうが、非常にやりやすい舞台装置がすでにできていたということは言えると思います。

――自民党もだいぶ変質していたということですか。

前田　そうですね。自民党でリベラルだとかハト派だとか、うるさい人がもういなくなりました。派としていなくなった。

初出

報告：『大原社会問題研究所雑誌』No.676／2015年2月号

https://oisr-org.ws.hosei.ac.jp/images/oz/contents/676-04.pdf

質疑：『大原社会問題研究所雑誌』No.677／2015年3月号

https://oisr-org.ws.hosei.ac.jp/images/oz/contents/677-08.pdf

4　細川護熙政権～村山富市政権

第 13 章
時代に生きた社会党と村山連立政権
――園田原三氏に聞く

「平和四原則」、反安保・反戦平和運動への熱い思いや村山内閣成立までの経緯を自身の学生時代 (社青同) から振りかえりつつ分析。村山内閣首相秘書官による貴重な証言は、防衛政策の転換や村山談話にまで及んだ。

[略歴]

1941 年　大分県生まれ
1965 年　佐賀大学文理学部卒
1961 年　日本社会党入党、社青同加盟
1965～71 年　社青同中央本部勤務（中央執行委員・機関紙部長）
1971 年　日本社会党中央本部書記局入局。同機関紙局社会新報編集部（編集部長）、企画調査局（企画調査部長）に所属
1994 年　村山富市内閣総理大臣秘書官（政務担当）に就任
（1996 年 1 月、社会党解党、3 月社民党第 1 回大会）
1996 年　初の小選挙区比例代表制の衆議院議員選挙に熊本 3 区から立候補（落選）、社民党全国連合を退職
著書に『村山首相秘書官―社会党人生の軌跡』オルタ出版室、2015 年

報告

社会党とのかかわり――学生時代と社青同運動〈60 年安保・三池闘争の影響〉

私は九州の佐賀大学文理学部を卒業しました。大学 1 年生の 61 年秋には社会党に入党して、同時に社青同（日本社会主義青年同盟）に加盟しています。

私が社会党や社青同にかかわった直接的な要因は、何といっても 60 年安

保、三池の闘いが学生に与えた衝撃といいますか、社会的時代状況下であったといえます。

とくに、九州は三井三池だけでなく、中小炭鉱もたくさんあるところで、「黒いダイヤ」といわれた石炭から石油へのエネルギー転換期にあたり、資本の側の合理化計画によって炭鉱がつぶされていく、労働者の首が切られていく状況が見えていました。そういう社会的背景が僕の進路に影響を与えたと考えています。

大学のサークルは新聞部でした。それで、炭鉱のことはもちろんですが、佐賀は有田焼や伊万里焼、唐津焼という焼き物が有名なところです。有田焼や伊万里焼の窯業労働者の状態などをルポして大学の新聞に載せたんです。いわゆる過激な大学新聞というよりも、地域社会に目を向けたユニークな社会的新聞をつくっていました。やがて起きる水俣病の問題、公害問題もありますし、蜂の巣ダム建設、そういうところにも必ず行っていました。それで朝日新聞社の支局や、佐賀新聞という新聞社によく出入りして、そういう関係から新聞部を軸とした学生生活でありました。

もちろん「大学の自治と学問の自由」を守る学生運動もやりました。大学管理法案反対等いろいろな学内集会その他で、処分の対象になり教授会にかけられたこともあります。ご案内の方もあると思いますが、私がいた当時の学長は今中次麿（1893～1980年）という著名な政治学の学者でした。それで文理学部教授会が処分だと提案すると、「きみたち、そんなことを考える暇があったら、もう少し研究したまえ」と先生方の目の前で処分案を破られていた（笑）。そういう学長でした。

私の担当教授は政治学だったので今中学長の弟子ですから、いちいち報告があり、「せっかくだから、きみはもう少し勉強を続ける道を選びなさい」と言われたこともありました。処分にならなかったのですから、従うべく勉強もしていたのですが、心苦しい限りながら、卒業後は「上京するように」要請を受け、社青同という組織の中央本部に入りました。

一方、地元の社会党や労働組合と学生活動家の関係はとてもよく、国政選挙をはじめ自治体選挙には活動仲間と一緒に社会党候補を抵抗なく応援しました。

そういうことから私は、佐賀県教組（佐教組）によく出入りするようになりました。佐教組は、石川達三さんの『人間の壁』という小説の題材になった勤評闘争（三・三・四の休暇闘争）をやり、大処分を受けた教組です。長い法廷闘争の結果処分は撤回されましたが、私はそこで法廷闘争や教宣活動を手伝いました。

当時の学生の求職状況は、高度経済成長時代ですから好調でした。ちょっとぐらい学生運動をやったからとか「社会党支持」らしいということで就職できなかったという学生はいなかったと思います。それどころか、自分の食い扶持を考える前に社会のなかでいかに生きるべきか、真面目に考えていたと思います。だから私の仲間のなかには、社会党や県総評、地区労、単組のオルグや書記など社会的活動組織の専従になることにある種の誇りをもって就職しています。

社青同――60年安保・三池闘争の申し子　社青同は「60年安保・三池闘争」の申し子と言われました。社会党青年部（青年対策部）が議員中心の党から闘う党へ強化するために組織し、三池闘争の現地オルグに行った労組青年部役員、そして安保闘争を闘った学生たちが結集した青年の独自組織としてスタートしました。もちろん共産党系の民主青年同盟（民青）との強い対抗意識もあったのです。

第1回大会から第3回大会までの社青同中央は、社会党青少年局から派遣された人たちを中心に、いわゆる構造改革派の皆さんが執行部を担った社会主義青年同盟でした。

それが第4回大会、64年にちょうど執行部が交代するんです。安保・三池の闘いに疲れた青年学生の大衆化状況を受けたゆるやかな青年運動をめざした執行部方針に、憲法改悪阻止や反独占闘争を唱える社会主義協会派などの反対派グループが連合して執行部を交代させました。

執行部は取ったものの本部要員が足りませんから、急遽、私も要員の1人として上京したという経過です。したがって、おのずと私の進む道が定められ、コースを歩んだというのが社青同活動でした。

65年からの社青同本部では、主として機関紙部長として、機関紙『青年の声』を発行。「反独占・社会主義」の旗を掲げて総評加盟労組青年部活動との関わりを重視しました。青年運動の階級的強化を通じて、労組や社会党の強化をめざす目的です。旧ソ連のコムソモールやドイツ民主共和国の青年組織との交流協定も結ぶことができました。

社青同内部では、構造改革派や解放派・反帝学評との活動路線をめぐっての抗争もありましたが、いわゆる反戦青年委員会問題について親組織ともいえる社会党、総評の了解・合意もできて解決しましたので、それを区切りとして、私は社青同運動を卒業し、社会党中央本部書記局入りをめざしました。

成田・石橋体制の社会党本部書記局員に　私が書記局の採用試験に合格し、機関紙局・社会新報編集部に配置されたのは71年春でした。社会党に成田委員長・石橋書記長体制がスタートしたときであります。

成田・石橋体制は、機関中心主義の党運営と全野党共闘路線による統一戦線の形成から、反独占・反自民の国民連合政府樹立を展望していました。その背景には、「成田三原則」に明示された結党以来の党の組織的・理論的な弱さを克服し、派閥抗争・人事対立を解消して党の団結した姿を国民に示すべき時代の要請がありました。60年安保闘争後の民社党、そして、64年の公明党結成といわゆる多党化時代の到来、もちろん共産党との大衆運動面での対立と競争のなかで、主体的力量を高めることで野党第一党としての社会党の責任と任務を果す姿勢でありました。

どうやら社会主義政党らしさを示しえたのは、66年に「日本における社会主義への道」を党の綱領的文書と決定――これも十年余の生命でしたが――その実践的な行動方針としての「国民統一の基本綱領」に体系化してからです。私の社会党像もここに原点があります。成田・石橋体制は文字どおり、そうした行動方針を運動化し、党の主体的力量強化をめざす役割を担った指導部でした。

私もまた、こうした党の基本方向が確立すれば、国民のなかにも、とりわけ労働組合運動のなかにも社会党への信頼感、支持が再び広がると確信し、党本部で活動しました。

社会党・総評ブロックの位置と役割――革新の要を担って

ここで「社会党・総評ブロックの役割」についての質問もありましたので、

ブロックがどのようにして形成・発展してきたのか、簡単に整理させていただきます。

労働組合運動は、戦後の46年には労働組合総同盟と産別会議が結成され、生活権獲得とか、職場の民主化、吉田茂内閣打倒の運動を起こしています。占領軍による民主化政策としての労働組合の育成方針から、やがて中華人民共和国の成立や朝鮮戦争の始まりによる反共政策への変化など複雑にからんでいます。

そうしたなかで、日本労働組合総評議会（総評）が50年に結成されました。結成の母胎、牽引力は共産党の組合支配を排する民主化運動でした。国鉄など当時の現業官庁を公共企業体に再編するなどのマッカーサー書簡に対する国鉄の職場離脱闘争など、共産党の過激な戦術指導、地域人民闘争への批判が、民主化同盟（民同）を拡大させるものでした。それら民同勢力がやがて「労働者同志会」を中核に、階級性を強めながら、左派社会党員との連携も強めることになりました。

とりわけ、社会党が51年の第7回大会で「平和四原則」（全面講和、中立堅持、外国軍事基地反対、再軍備反対）を確立すると、総評も“ニワトリからアヒル”になったといわれるように「平和四原則」支持を決め、左社支援も強めていきました。

社会党が左社、右社に分裂していた当時は総評から左社への大量入党、選挙支援が行われ、55年に左社の優位が確立し、これに自信を得た総評の強い要請によって、左右統一も実現しています。社会党の労働組合、総評依存といわれる関係の始まりでもあります。

49年の中華人民共和国の建国から、50年に始まった朝鮮戦争によって、アメリカが占領政策の基本を“反共の砦”にすえて、対日講和条約の締結、日本の再軍備要求を強めました。それらの動きに対応した全国各地の米軍基地増強も進みました。52年の内灘、55年からの砂川基地反対闘争、そして54年の原水爆禁止運動など多くの闘いがありました。そうした闘いは、国民のなかに、ほんのわずか前の悲惨で抑圧された戦争体験をよみがえらせました。朝鮮戦争に巻き込まれるのではないか、もう原爆はゴメンだという強い気持です。内灘も砂川も、最初は土地を奪われる基地周辺住民が反対に立ち上がりました。その住民の運動を支持して労働組合が、そして「平和四原則」の党、平和と民主主義の理念に立つ憲法の旗をかかげる社会党が常にあったのです。社会党・総評ブロックは、戦後革新勢力の中心であり、「革新の要《かなめ》」といわれました。その論拠はここにあります。

56年の経済白書は「戦後は終わった」とうたいましたが、朝鮮戦争特需から、景気の回復は始まっていてもなお、国民の大多数は好況感よりも戦争体験に思いを寄せていました。原水爆禁止運動の広がりや60年安保闘争の盛り上りの時代背景です。

社会党の果たしたもう一つの役割は、国会の場でアメリカの極東戦略に組み込まれる危険性を訴え、軍事大国化への道を進めないようにするために、自民党政治に絶えず歯止めをかけた闘いでした。自衛隊の海外派兵禁止・専守防衛・シビリアンコントロールの強化など、そして非核三原則などの国是づくりは、社会党の国会論戦なしには語ることはできません。労働基本権の保護と拡充はもちろん、社会保障政策を憲法の理念に近づける努力も積み重ね、勤労国民の生活権を守ってきたのです。

企業別労働組合運動の変遷と連合結成　しかし、社会党・総評ブロックにも変化と後退は避けられませんでした。

まず、社会党の最大の支持基盤である総評、労働組合の変化です。労働組合は、自らの賃金および労働条件の改善のためにまず闘う組織です。この闘いを社会的に高めるには政治を抜きに考えられないから政治闘争に発展させなければならない、いわゆる日本的組合主義ですね。ところが、ヨーロッパのように労働組合が産業別に組織されておらず、企業・企業連別に組織されているのが日本です。民間労組は資本・企業間の競争で分断されやすい状態のなかで、労使協調路線に陥り、しだいに政治闘争にも加わらないようになりました。公務員・公共企業体の労働組合は、スト権は付与されず、交渉権も完全ではない差別が残されています。

60年代から70年代の高度経済成長期には、太田薫総評議長の「青年よ、ハッスルせよ」の名文句が残っているように、民間単産の「春闘方式」による大幅賃上げなどの実績もありました。64年には太田議長と池田勇人首相との会談で、公企体労働者の賃金を民間準拠と確認する成果を上げています。

地区労を拠点とした中小企業労働者の組織化を進め、公害対策や住民運動にも取り組んでいますね。しかしその後、73年秋の石油ショック、狂乱インフレによる国民生活の危機に直面して、国民春闘路線の再構築をめざしたが、日経連の厚い壁に阻まれ発展できませんでした。労働基本権回復をめざした公労協（公共企業体等労働組合協議会）のスト権ストも成功しませんでした。そうした背景には64年に結成されたIMF・JCおよび同盟の勢いから全民労協（全日本民間労働組合協議会）の発足へと、労働戦線は事実上、民間大手（大企業）単産主導になりました。そして89年に官民労組一体の連合（日本労働組合総連合）の発足、総評解散によって名実ともに、社会党・総評ブロックの社会的影響力は後退し、終焉の時がきます。

私は、総評時代からの仲間だった人たちとよく話し合ってきたのですが、連合800万人の発足から今日までを、労働組合運動の発展ととらえるのはどうだろうかと。社会の多数派である労働者とその組織は、労働者個々人を含む社会の変革が必要だから、工場やデスクのカベを越えて社会的課題、政治的課題に取り組んでいくべき社会的存在・中心でしょう。そのために労働組合運動は政党との協力関係を含めてこれでいいのか。90年代半ば以降からは仲間たちからの積極的な言動がないのが残念です。

総評指導者太田・岩井さんの印象　私自身と総評との関わりに付言しますと、社青同本部時代から、総評三役室や事務局に出入りが許されておりましたので、太田さんにも岩井さんにも時々の運動の考え方についての指導や助言をいただいたのは言うまでもなく、可愛がっていただきました。お2人は「昔陸軍、今総評」とマスコミで称された時代の強烈な指導者であり、民同左派の真髄だと思います。太田さんとは社会主義協会の分裂で別の道をたどりましたが、都知事選に立候補されたことで、再び選挙を共に闘うことができました。根っからのストライキマンで現実主義者である反面、社共共闘主義者だったと思います。

岩井さんとは、総評事務局長辞任後の活動の場だった「国際労研」事務局にも出入りし、国労など各労組大会でもご一緒し、熱海の自宅にもうかがい、自由にご意見を聞ける場を作っていただきました。28歳から総評400万労働者を束ねてこられた懐の深さ、どこまでも護憲と社会主義者の立場から、社会党を叱咤激励された人だと思います。

最後のお別れとなった告別式にも出席させていただいたのですが、私にとって忘れえぬ2人の「レーニン平和賞」受賞者でした。

反安保・反戦平和運動内部の矛盾と対立

反安保、反戦平和運動内部の矛盾と対立を運動路線の問題を中心に整理しておきたいと思います。原水爆禁止運動があらゆる党派、社会体制の相違をこえて、原水爆禁止の一点で大衆のなかで結成され、被爆体験国日本が、世界中に広げた運動だったのに、どのような背景と対立があって分裂していったのかという問題です。

また戦後最大規模の統一行動、大衆の実力行使で歴史上初めて時の内閣を退陣させた60年安保闘争の教訓が、その後の運動に引き継がれなかったのはなぜかです。

原水禁運動は「いかなる国の核実験」問題をめぐって、社共の路線的な意見対立が始まり、最終的には64年の第9回大会の分裂となりました。社会党は一貫して、いかなる国の核実験にも反対するという立場でありました。これに対して、共産党系の主張は、「平和の敵を明らかにして闘うことが必要」で、ソ連の核実験には反対しないというものでした。つまり社会主義の側に立つ運動を原水禁運動に強制しようとしたのです。70年代になると共産党も社会主義国の核兵器にも反対することに転換しましたが。

これについて私自身思ったのは、森滝市郎先生という広島原水禁代表の言葉に集約されると思いますが、アメリカの核、ソ連の核実験、ソ連の核を同列視はしない。同列視して分析はしない。しかし、原水禁運動はすべての核否定の立場から出発するものであるという立場です。いわゆる「いかなる」の根底にある考え方です。

私自身、分裂した広島大会には佐賀県代表として参加していました。国鉄広島グラウンドの暑さのなかで、動員力で社会党・総評ブロックが劣ったことも、分裂の要因と知り、悔しい思いをしました。また、大会の分科会で原発問題を入れようとしても、共産党系が反原発は運動の幅を狭くすると反対したことも覚えています。

60年安保闘争の場合は、社共共闘が初めて成立したという大衆運動です。形式的にいうと、共産党は六全協の後遺症がありましたから、非常に低姿勢でオブザーバー加盟です。幹事団体には入っていない。しかし、大衆的動員力は強いものがあった。そういうなかで、社会党内では、共産党との政党間共闘は反対だけれども、大衆運動のレベルで自主的に共闘するのはいいのではないか、そういう曖昧な態度でした。やがて西尾末広派の民主社会党（のちの民社党）が結成される原因にもなりました。

ただ、社共共闘が成立したことで、労働組合の実力行使と国会を取り巻く数次にわたる抗議デモ、いわゆる大衆の実力行使とストライキで初めて時の内閣を退陣させたという歴史的な運動の広がりを生みだす要因になったと思います。

もちろん闘争方針に違いはあります。たとえば、社会党は岸内閣をやめさせることにより安保条約をなくす、改定を阻止していくという考え方を基本に置いていました。

共産党のほうは、岸内閣打倒という方針は安保改定阻止闘争という大衆運動の盛り上がりを分散させるから、それは各団体ごとにやればいいんだという主張。要するに運動の広がりを反米帝の統一戦線戦術として考えていたということ、に違いがあるわけです。

そういう対立の中をもって、共闘支援というか、斡旋したのは総評でした。太田・岩井体制の下ですから、共産党とも公正な競争をやりなさい。そのなかで社会党自身は共産党に負けない行動力、あるいは大衆のなかにおける存在をつくらなければいけないとの態度でした。だから、青年学生部隊の過激な行動にも、ルールを守ってやりなさいという姿勢を基本に実践的な指導をしていたわけです。

社会党は自己の動員力は強いわけではありませんから、その後の原子力潜水艦寄港反対闘争や、ベトナム反戦闘争における一日共闘方式や実行委員会共催方式というのも総評主導で実現しました。

もちろん、60年代から70年代では中野好夫（1903〜85年）先生をはじめとする学者文化人の方々が、ベトナム戦争反対の目的が一致するのだから、戦争の分析は別にしても一緒にやりなさいというような指導をされています。

その中野さんや大内兵衛先生方の仲介がここでは触れませんが、美濃部選挙（都知事選）に代表される社共共闘による選挙を勝利に導いたと言えます。

選挙共闘についての社会党の考え方はちょっと異なっていました。国政選挙は社共はやらない、各自治体の首長選は社共でやるという複雑なやり方をしています。国政選挙は政権戦略に直結するから社共はダメで、したがって社公民であったり、社公となる。

以上のような主として社共両党間の矛盾と対立、つまるところ左翼の路線論争は不毛だったと今や切りすてられるかもしれません。しかし戦後政治史、あるいはこの時代を生きた人々の思いの歴史は総括され、課題は変わっても生かされることはないのでしょうか。

護憲の党・社会党の非武装中立政策

「平和四原則」を政策体系化した非武装中立論を社会党の党是と位置づけた歴史にふれます。

「平和四原則」は、究極の目標である非武装・憲法の理念と一体の積極中立政策でした。アメリカ側、あるいは資本主義の側、帝国主義の側にはつかない。したがって日米安保条約反対。しかし、同時にソ連をはじめとする社会主義国との同盟を意味しない、積極中立論だったということです。この点は共産党の平和運動論が社会主義体制の側に立っていたことと違いました。共産党は社会党の積極中立論を社民主要打撃論の論点にしていました。

違憲合法論といわれた石橋政嗣さんの構想があります。83年に提案されています。自衛隊は憲法9条に反する存在だが、国会の多数決で決められた成立過程をみれば合法的所産。この矛盾をもった存在を認めて、現実的な自衛隊政策を立てようといわれたものです。石橋さんは、外交防衛政策の専門家で、66年には自衛隊の改編・縮小政策と安保条約解消などの関連性を提案されています。これは非武装中立の道筋を示したものでした。

どういう内容かというと、社会党が政権を取った場合の政策は考えていないのではないかとの批判に応え、「政権を取ったときにはどうするか」ということから政策を出発させた自衛隊政策です。石橋構想では、自衛隊を国民警察隊に改編し、存続させるという提案です。そして、国民警察隊はだんだん減らしていき、国土開発と低開発援助（平和部隊）の二つに変えていくというものでした。もちろん国民警察隊は、きちんと国連警察隊ができれば、これに派遣することができるという言い方をしています。

日米安保条約の解消に当たっては中国やソ連との国交回復、および平和条約を結んで中立不可侵ができ上がる。そうすることによって安保条約の解消、非同盟主義は貫かれるし、やがて中国、アメリカ、ソ連との集団安全保障という平和の基本的な構想に持っていけるのだという考え方でした。

違憲合法論については当然、憲法98条にある最高法規の規定によっておかしいのではないかというのが、党内の反対意見の大勢でしたが、政権を取ったときの非武装中立への道筋を示した石橋構想を前提にすれば、わかりやすい考え方であったかと思います。

ちなみに、90年の湾岸危機から、多国籍軍支援、PKO法案について、社会党は自衛隊の海外派兵につながる法案には、強行採決に反対した牛歩戦術、そして議員辞職届など国会の場でも身体を張って反対しています。「非軍事・文民・民生分野」での限定的な国際貢献も、自衛隊とは別組織を主張しています。

石橋さんが辞めた後でも、自衛隊の現実を直視する、存在を直視しながら軍縮を進める過程は合憲と考えるようにもなり、自衛隊は憲法違反という認識は認識としながらも、政策的には現実的方向へ変化していたとも言えます。

国民意識の変化と評価のずれ　70年代末から80年代にかけて、社会党中央の指導体制や方針も変化しました。成田委員長の要請によって委員長となった飛鳥田さんの下で結ばれた「社公合意」(80年1月）そして次の石橋委員長の下での「社公中軸」(84年2月）路線がその典型でしょうか。政権構想と一体となった政策の見直しでした。飛鳥田さんは成田さんの全野党共闘路線の意を汲んでおられたので、総評の富塚三夫事務局長らの強い要請に渋々応じられてのことだと思います。本人は社会党公認で横浜市長を続けられた自負もあり、むしろ「百万人の党建設」など社会党の主体的力量強化を第一に考えられておられました。そのめざす党の方向からフランスのミッテラン大統領をはじめ社会主義インター加盟の諸党との交流をリードされました。その一方でお供をしていた私に、折にふれ「僕は左派で死にたいよ」と話される社会主義者でした。

石橋さんの「社公中軸」は多分に政治戦術的で、民社党を牽制し自公民路線にならないように考えてのことでしょう。そのうえで「非武装中立論」を掲げながらも、83年には新宣言の制定に執念をもたれたように旧来の政策から脱皮する「ニュー社会党」を提唱され、たえず政権を視野に入れた党の体質改善までめざされたと思います。だが中曽根内閣の衆参ダブル選挙（86年6月）で党は大敗（マイナス27議席の85）し、執行部総辞職となりました。

そして社会党の長期低落傾向に歯止めがかかったのではないかと期待されたのが、土井たか子委員長の登場による“土井ブーム”です。参院選で与野党の議席逆転となり、首班指名選挙で自民党の海部俊樹候補を破った勢いでした。土井さんをして「山は動いた」と言わしめた瞬間でした。なにしろ土井さんは大政党のなかでは戦後初の女性委員長ですから、マスコミも驚き、国民も好感度でしたね。「総評の社会党」から脱皮し、「市民とのネットワークづくり」が進むかと期待されました。それに中曽根内閣から竹下内閣へ、売上げ税から消費税導入を自民党政府がめざした時期でしたから、土井さんの「ダメなものはダメ」の訴えも、多くの女性と市民に受け入れられたと思います。

土井ブームの勢いは90年の総選挙まで続き、社会党の大幅な議席増を実現しました。だがその一方で他の野党議席は伸びず社公民連の野党共闘は急速に冷えてしまいました。89年には、積年の認識を改め、「西側の一員」として、政治的自由、市場経済、日米関係重視の政策を決定して他の野党と政策歩調をあわせたにもかかわらずですよ。現実政策の提起とよく言われるが、それが国政選挙での議席増とか政権戦略に必ずしも結びついていかなかった日本の政治風土、歴史があると思います。

村山連立政権成立の背景と歴史的意義

村山富市連立内閣の歴史的意義というか、その役割、位置付けということにふれます。村山内閣は社会党にとっては、片山哲内閣以来の2回目の首班です。同じ連立政権ですが、片山さんのときは社会党が第1党でした。村山さんのときは、圧倒的に自民党が多数という議席構造の違いがあります。

政治改革から非自民の細川連立政権へ　社会党の政治改革方針の第一は政治腐敗を防止していくこと。選挙制度改革は次の課題でした。それなのに選挙制度改革が政治改革の中心にすり替えられ、これに反対するのは「守旧派」というレッテルはりが行われました。政治改革を最大の政治焦点として背負わされた内閣が宮沢喜一内閣でしたが、改革に着手できず最後は不信任案が可決されました。

不信任案可決の背景には、自民党を仕切ってきた田中派、その後継の竹下派（小渕派）から羽田・小沢グループ（後に「新生党」結成）の離脱が引き金となりました。それで自民党内のたがが緩んで、選挙制度について研究していた武村正義さんのグループも「新党さきがけ」結成へ自民党から離脱します。もちろんその前に細川護熙さんが参議院で「日本新党」を立ち上げています。細川さんの日本新党を先頭に、新党ブームも進むことになります。

そういう政権政党の分裂状況のなかで、93年の総選挙が行われ、自民党は223議席という過半数を割り込む敗北となり、宮沢内閣は退陣します。非自民の7党1会派が自民党単独政権を終わらせ、細川内閣を誕生させたこと、政権交代を実現したことが、村山連立政権の先導役だと私は思います。

当時の社会党は山花委員長ですが、社会党が議席を半減し70人となったことで、党内にはその責任を問う声もありました。社会党総選挙敗北の要因には、連合の山岸会長が新生党の羽田党首との会談で、金権政治疑惑の「小沢さんのみそぎは終わった」と発言するなど両氏の連携が報じられ、8単産も従来の社会党などの野党候補支持から、新生、さきがけ、日本新党への選挙協力に合意したことで、社会党への支援状勢が弱まったことがあります。山岸さんらの動きは、政権交代という大義名分で、選挙戦の性格を“なんでもあり”に変えてしまったのです。社会党への政策的・人事的介入もひどかったですね。しかも、細川さんや武村さんは、小選挙区制導入を柱とする選挙制度改革をやることを条件に、連立政権を提唱していたのですから難しい選択でした。

しかし、国民は政権交代を歓迎し、非自民連立政権の成立を強く望んでいたことも事実です。社会党はこの国民の政治への期待に応えることを第一に考え、小選挙区制を受け入れても連立政権参加を決断しました。社会党から山花貞夫さんら6人が閣僚入りした、非自民の細川連立政権の誕生です。

この時、私は山花委員長と行動を共にしていたのですが、山花さんには閣僚か、委員長続投かの一つにして下さいと強く訴えました。仲間たちの多くが討死したときの委員長の責任をどうとるのか、“一将功なり、万骨枯る”では社会党の行末は厳しくなるばかりであり、選挙制度改革の特任大臣などもってのほかだと訴えたのですが、政局は選挙に負けた社会党のありようとか委員長の衿持を越えていたのでしょう。それともすでに、「政権の座」への毒は党内外にまわっていたのでしょうか。

山花さんは結局、次の委員長選に立候補しない形で辞任し、次の委員長になったのが村山富市（時の国対委員長）さんでした。私の任務は村山さん付になりました。

羽田内閣では政権から離脱　村山委員長も細川内閣誕生を支持し、その後の羽田内閣の成立も支持しています。ただ、羽田内閣のところで社会党は政権離脱をしました。これは、連立政権の構成を変える統一会派「改新」（新生・民社・自民党の新たな離党グループ130人）の届出を社会党に秘密裡に行ったことで、社会党が「政党間の信頼にもとる」と怒ってのことです。新生党の小沢さんや公明党の市川雄一さんは、連立政権の与党第一党が社会党であることが気に入らず、二重権力構造にあきたらず、改新の第一党と公明党とで名実ともに政権を動かしたかったのですね。それ以前にも細川総理の「国民福祉税の提唱」事件など、事あるごとに社会党外し・社会党つぶしの与党運営を策してきたのですが、ここに至っては我慢してきた社会党とさきがけには看過できない政党間の信頼関係を壊す事態でした。小沢・市川両氏（一・一ライン）のおごり、たかぶりの帰結といえます。

しかも自民党総裁は宮沢さんから河野洋平さんになっています。非常に単純に、河野さんが民主的か、小沢・市川ラインが民主的かと比較すると、国会議員の反応は、「それは河野さんのほうがましじゃないか」と言い出した。基本的に反自民であった社会党は、連立政権に参加した段階から、長年にわたって蓄積してきた護憲・民主・中立の国民連合政府から本格的な社会主義政権を展望していく政権戦略から、国民にとってより民主的でリベラルな政策を遂行できる政権を選択したのです。

それでも社会党は羽田政権離脱後も、非自民連立政権側との政策協議を優先させて久保亘（1929〜2003年）書記長を中心に努力を重ねたのですが実りませんでした。小沢・市川ラインは、社会党との政策調整よりも、自民党をさらに分断して、社会党抜きの連立政権を企図したからです。政党間の信義よりも政治的“実権支配”を重視したのが「一・一ライン」でした。自民党の海部首班擁立がその証でしょう。

それにしても、93年に突如実現した連立政権をめぐる激動のなかで、社会党は自らのアイデンティティまでも含め振り回されたかもしれません。政権参加は普通のことであるヨーロッパと違い、日本では長年の政権政党であった自民党を基本軸に、その時々の対抗か協調で政党を評価していく政治風土が強いのでしょう。国民目線の政策や理念で政党を評価し、自らも参加して変えていくことが民主政治なのだという方向に変えていかなければならないと思います。

かくして社会党が軸となり、自民党と対立し、その政策をチェックし、ある時は調整していた「自社55年体制」は終わったのです。

自社さ連立政権だから成し得た成果　まずは社会党の村山内閣ということもさることながら、自社さ連立政権だからなし得た成果という側面から考えてみたいと思います。

戦後50年の節目に内閣総理大臣の任にあった村山さんが歴史的使命と考えて発表した「村山談話」がその第一だろうと思います。

談話のポイントは「わが国は、遠くない過去の一時期、国策を誤り、戦争の道を歩んで国民を存亡の危機に陥れ、植民地支配と侵略によって、多くの国々、とりわけアジア諸国の人々に対して、多大の被害と苦痛を与えました。私は未来に過ち無からしめんとするが故に、疑うべくもないこの歴史の事実を謙虚に受け止め、ここにあらためて痛切な反省の意を表し、心からのお詫びの気持ちを表明します」にあります。

この談話は、戦後日本の歴史のケジメを日本の国の方針としてはじめて発せられたものですが、日本が加害者としての戦争責任を謝罪したということに大きな意義があります。日本の誤った過去をあいまいにしている限りは、現在から未来への平和と繁栄、そして隣人からの信頼は築けません。その率直な気持ちを込めた談話が、アジア諸国などから高く評価され、外交政策上も非常に大きな国益になっていると思います。

たとえば、歴史認識の問題や尖閣列島の問題、いくつかの中国や韓国との問題が出てきたとき、アジアの目線は、村山内閣の50年談話を認めるのか認めないのか、そこから後退するのかしないのかということに、アメリカを含め判断基準をすえているわけです。そういう談話を発表し得たというだけでも村山政権の歴史的価値を示していると思います。

その前に衆院本会議での決議もありますが、これは4党政策合意からも逸脱した内容であり、小沢さんらの新生党や与党の自民党の70人も参加していない、恥ずかしいものだったので、総理個人の談話にとどめず国の方針としての閣議決定をした総理談話にしたわけです。

そのときの自民党は、この談話のことで政権から離脱したくないというのが本音だったかもしれませんが、自社さ連立政権で成し得た歴史的成果として残されていくものと思います。

被爆者援護法の成立から水俣病の政治解決へ　それから、被爆者援護法。社会党は50年来16回、国会に被爆者援護法制定の法案を出していますが実現できなかったのです。問題の論点はさることながら、被爆者救済は被爆者手帳だけで済ませる問題ではありません。従軍慰安婦の問題などでも当然出てくるのですが、被爆者に対する国家の責任、国家の賠償という概念は被爆者援護法で生み出すことがやっとできました。

水俣病の政治解決の考え方について国の責任をうたうことは、行政の責任をも迫ることですから、猛烈に担当役所の抵抗に遭いました。時の大臣も含めて抵抗するなかで水俣病の政治解決に手をつけました。水俣病患者の基準を広げていこう、患者が生きているうちに何とかしたいという、社会党がずっと目指してきたことを実現したのです。

もっと言えば細川さんは熊本県知事ですよね。社会党の熊本出身議員団を中心に細川総理に県も金を出しているわけですから、「やってくれ」と要請しましたが、細川さんは小沢さんらの与党と役所の方ばかり見て結論を出せなかった。非常に小さな一歩のように見えるけれども、水俣病の患者認定の拡大から、解決への大きな方向性を出せたと思いました。

阪神・淡路大震災の復旧・復興から法整備　村山内閣の当時、実に大災害や社会的事件も多かったのです。何といっても、95年1月17日の阪神・淡路大震災への対応、復旧・復興は大変でした。災害情報の集中と管理、災害基本法などの法令に基づく行動など、その不備に気づいたことも含め初めての経験でした。野党やマスコミでは「社会党の首相だから、自衛隊出動が遅れた」などの非難もありましたが、後藤田正晴（1914～2005年）さんが反論されていました。

社会党は自衛隊の災害出動に反対したことはありませんが、総理が自衛隊を直接動かすなど内閣が必要以上に権限をもつことは賛成しませんでした。

この経験を通じて、多くの危機管理の整備や、法律改正を行うことができました。自衛隊や警察、消防をはじめ各省庁、兵庫県などの自治体の連携、そしてボランティア元年といわれた緊急対策の整備は、2011年の東日本大震災および福島原発事故に生かせたことは多かったと思います。まさにそれが連立政権を自社さでつくっていたことの成果だろうかと思います。

社会党の基本政策転換には賛否両論　ここで社会党の基本政策転換の問題にふれます。いろいろ問題があるのですが、いわゆる自衛隊合憲論について、専守防衛とか海外派兵はしない、集団的自衛権不行使とか、いくつかの前提条件がついている自衛隊の存在を、結論的には憲法の許容するところであると村山さんが述べたことです。

安保は「堅持」と言ってしまった。書いた私は「維持」と書いたつもりだけれども、堅持も維持も変わらないではないかということで、その後、「堅持」になりました。

しかし、これは社会党の自衛隊・安保政策の転換ではないか、しかも乱暴な転換ではないかという批判がありました。乱暴な転換とは、党の機関決定をしていないではないか。党大会を招集して、あるいは少なくとも両院議員総会でもやって、このようにすると決定してやるべきだという手法上の意見もありました。「日の丸」「君が代」の問題も含め、政策転換の問題は党の内外で賛否両論があったと思います。

社会党は先ほど申し上げましたが、石橋さんの段階から非武装中立への道筋を示し、それから93年宣言をつくり、ずっと自衛隊政策を現実化する努力をしてきました。
しかし、社会党は議論の党と言われたように、大会の議論をまとめるのには、どうしても妥協的になってしまう。共同戦線党のある意味では知恵かもしれませんが、付帯意見や補足などを付けて、過ごしてきたといえます。ですから、歴代の指導部は非常に苦労されてきたわけです。
本当は、冷戦構造が崩壊した世界情勢の分析に基づき、きちんと基本政策も整理しておくべきだったし、社会民主主義の価値観を徹底すべきでした。しかしそういう力が及ばなかったのです。いつかは誰かが決めなければいけないということを村山委員長として決断されたわけです。政権の座を守るためではありません。党の機関決定は、9月に党大会で決定したのですから、その後は問題ないわけですが、村山本人は決定されなければ辞任覚悟でした。だが国民の受けた印象は、「社会党、どうしたんだ」と、それまでの反戦平和の党イメージからの支持は失われてしまいました。
国民意識としては、今度の東日本大震災が典型的だろうと思いますが、自衛隊への強いイメージは災害救助隊です。軍隊とは、戦闘に備えた実力組織であるという自衛隊の本質規定が問われず、自衛隊は国民を助ける存在だとなっています。
戦後68年余、日本は他国と武力で戦う戦争はせずに過ごしました。自衛隊は一発の弾丸も世界の人々に放たなかったのです。これは平和憲法の理念をかかげて運動をしてきた社会党をはじめとする平和希求の勢力が生み出してきたものです。自民党の保守本流も、この力をアメリカの軍備拡充要求の際にも逆のテコに利用し、「軽武装・経済優先」の政治を進めてこられたのです。
日本の戦後史の上に立って、再びあのような侵略戦争、悲惨で抑圧的な戦争は起こさない、紛争は平和的話し合い、外交交渉で解決していくという平和と民主主義意識の定着が国民のなかに育まれているとするなら、社会党もまたそうしたスタンスで自衛隊政策を進めていくことが必要かもしれません。
つまるところ、社会党の政策や運動を、スローガン的な「自衛隊反対」ではなく、今生活している人々の自衛隊への政策要求、それは災害援助隊であり、国際平和貢献部隊への再編、そして軍縮、防衛費削減の方向に変えていくことを鮮明に示すことです。

そういう意味で、いつかは通らなければならない道として村山さんの決断であったと、私も考えざるを得ませんでした。決断される前は、村山さんと総理執務室でも議論し、悩みもしました。自民党の護憲派といわれる多くの方々と相談もしましたが、総理の決断・総理の発言ありきでした。

質疑

社会的関心は大学の師に学ぶ

園田　私は高校のときも新聞部だったのですが、ちょうど私の高校が、春の甲子園で王貞治さんのいた早稲田実業学校高等部を準々決勝で破って優勝したときだったので、『甲子園随行記』を書いたのを覚えています。社会的関心は強くなかったと思います。

社会的関心は大学からですね。佐賀大学は九州大学の向坂逸郎先生の弟子にあたる先生もおられ、学外でも学習会をよくやられました。私にも声がかかりほとんど参加しました。今中次麿学長の下、自由で左翼的な先生方とふれあえたことに影響されたと思います。

——社青同の当時はどうでしたか。

園田　もともと社青同がどういう存在かといえば、社会党青年部も昔はそうだったのですけれども、社会党を左翼の側から強化するための「行動左翼」としてのスタートでしたね。それが第4回大会で、単純に言えば社会主義協会派主導になりました。

上京した私のスタートは、向坂先生の中野区の自宅離れの居候です。向坂村塾生とも言われました。九大出身者がほとんどでしたが、私は結婚するまで居候です。そういうことからおわかりのように社会主義協会員として社青同本部に入ったということです。

——社会党青年部もそうでしたか。

園田　私の入党した頃の佐賀は、安保の総括、三池の総括が盛んで、敗北したという認識でガクッときている人もいたし、そのあたりから、社会党を何とかしないといけないということになって、青年や学生にやさしかった。私も「ああ、そういうものか」、それならいいよと入党しました。そうしたら、書記局の人が、「あ、社青同にも一緒に入ってくれよ」と言われて入ったようなものです。

——全学連の主流派ブントはどうですか。

園田　そういう潮流は私のときはマル学同、マルクス主義学生同盟となっていたのです。ほとんど学内には影響力はなかった。もちろん、60年安保闘争で虐殺された東大生樺美智子さん事件への怒りは学内にも残っていましたが、佐賀の田舎から安保闘争に参加した学生は非常に少なく、三池に参加した人のほうが多かったのではないでしょうか。

それから民青（日本民主青年同盟）は、このころはちょうど共産党が新方針を決めたころで、日曜日となると生協の横にバスがいて、「板付へ行こう」「基地へ行こう」という、それが民青の強い印象です。

——板付抗議行動だな。

園田　社青同は、民青と対抗的に登場したように見えますが、革命理論論争はさることながら「何をやってるんだ」という程度の冷めた見方だったですね。

それから、反戦青年委員会の問題。反戦青年委員会は社会党青少年局と社青同と総評青年部、この三者が中心になった青年の団体共闘組織としてスタートしました。

団体も個人も誰でも加入することはできるけれども、学生団体はオブザーバーで、三者共闘が基本だったわけです。社青同はずっと三者共闘を支持してきました。社会党青少年局はどちらかというと幅を広げようという考え方が強かった。

実は67年になると思いますが、社会主義協会も、太田薫さんのグループと向坂先生のグループに分裂します。したがって社青同内も、協会向坂派、協会太田派、それから、構革派、解放派というグループに分化した状況でした。

反戦青年委員会についての社青同内の考え方は、第1の見解の向坂派は三者共闘の原則は守って、反戦青年委員会運動を続ける。第2見解の太田派は

「職場こそベトナムだ」という考えで反戦青年委員会運動から後退。第3の見解、解放派その他は全面的に街頭職場で反戦を中心にしていました。

解放派など旧三派の新左翼グループの実力至上主義、いわゆるゲバルトは、社青同東京地本大会の乱闘に端を発し、その解散を決めた中央本部大会でも騒動となりました。私はその場にいましたが、両協会派の退場後も「お前残ってくれや」といわれ、大会書記長として後始末の話をしました。各派連絡の場でも、協会派の窓口役でしたね。

ゲバルトとか実力至上主義についての私の考え方は、もちろん否定的でした。「思想的敗北主義だ」と考え、書いたりしています。社会党のなかには小ブル急進主義は未熟な青年のエネルギーの表れであり、内部矛盾ととらえようとする意見もありましたが、総評と一緒にこの考え方にも反対でした。

私は、反戦青年委員会の問題にケリをつけた71年2月の社青同第10回大会で青年同盟を卒業しました。29歳でしたから、本部書記局員の試験を受け、社会党本部に入ることにしたのです。

――試験を受けて入ったのですか。

園田　全員、試験を受けて入ります。

――それは誰かの推薦で入るということではなく。

園田　もちろん所属県本部の推薦がなければ、試験も受けられませんでした。30歳までという年齢制限もありました。

――試験を受けて、受からなかったら、やはりだめですか。

園田　もちろん、そうです。社青同の仲間でも合格できなかった人もいました。

どこの部局に配属するかは党本部が決めるのですが、希望がだいたい実現したんです。しかし、私は少してこずり、ちょっと遅れて機関紙局編集部に入りました。

企画局に移ったのは土井たか子委員長のころで、それまではずっと機関紙局にいました。機関紙局に入ってすぐ活動したのは成田知巳・石橋政嗣執行部のときですから、先ほどの全野党共闘路線ですし、それに私も賛成。私自身も成田委員長の理念や考え方に共鳴していましたから、そのプロパガンダに、そういう活動をやっていました。たとえば東京都知事選、京都府知事選などには必ず『社会新報』の派遣記者となり、現地の選対に常駐し、「革新の大義」キャンペーンを張りました。とくに東京では「明るい革新都政をつくる会」というのがあり、『赤旗』と『社会新報』から同数派遣された共同デスクで、しかも、あかつき印刷と印刷センターが交互に印刷するような社共共闘の時代です。美濃部さんの選挙からですね。

委員長、書記長を側で支える

園田　私自身の党本部生活は成田委員長の後半、次の飛鳥田一雄委員長から村山富市委員長までずっと部署にかかわらず、主としてゴーストライターの一翼を担ってやっていました。

社会党ですから、委員長や書記長が左派の人には左派の書記局員グループがつき、右派には右派の書記局員グループをつけました。書き屋さんも基本的には分かれています。そういう意味合いでは、いわゆる左派の委員長であったり、時には書記長の近くで方針決定の側近グループ会議に参画したり、学者や新聞記者の方々からの教えや情報を受け、委員長や書記長を支えました。

企画調査局に入ってから党の運動方針や全体のことも書きました。編集部のときはいろんな担当で仕事をしながら機関紙局を担いました。書いた記事は、労働組合運動の職場からの強化を訴えること、労働組合運動も含めた労使協調・右傾化批判から、共産党の批判など路線や方針にかかわるものを主な分野として、党の思想的・組織的強化を訴えるものを書いたということです。したがって立ち位置も当然、協会派という党内派閥はなかったのですが、協会が支持し、連携していたグループや個人との共同歩調だったと思います。

協会が重視していた党活動の分野は、機関紙局と青少年局の活動強化による、社会党の社会主義思想の普及と組織拡大でした。地方の機関役員・専従者、そして地方議員も増加していましたが、国会議員はほんのわずかでした。

協会の派閥的グループ化と言えるのは、江田三郎さんらの、江公民路線といわれた「新しい日本を考える会」発足に対抗して、「三月会」を発足させたことでしょうか。76年の総選挙で党の長老が落選し、江田さんが離党して「社会市民連合」を結成、その直後に死去される事態となりました。翌年の参院選の後退も重なり、成田・石橋指導部の辞任表明後、協会批判が急速に高まり、『協会規制』へ発展しました。協会は、自らのテーゼに「マルクス・レーニン主義で党を思想統一する」という一項があったのですが、この削除などで文字どおり「理論研究集団」へ自主規制を行いました。総評の槙枝元文議長の斡旋もあって、石橋書記長が規制案をまとめました。「協会規制」の是非は別にしても、その後青年学生の入党意欲が落ち、若いエネルギーを党に結集できなくなったのは事実ですね。

そして、飛鳥田委員長、石橋委員長、土井委員長と、それぞれのキャラクターをもったトップが続きますが、私たちは、社会主義の理論を内に秘め、より控え目の位置を保ちながらも委員長を支えてきました。

石橋委員長時代の83年に新宣言が提案されると、それをめぐって協会員内部に意見対立が生じました。私は機関中心主義を大切にしていましたから、党の決定を守ること、党組織を守ることを書記局員の本務にした活動で信頼を得ることを通じて、その思想的影響も拡大していくのだという考え方でした。

それに対して、階級的路線あるいは党の社会主義思想武装を第一義とした硬直性のあった協会員内での意見の対立が当然生じました。

新宣言が社会主義の路線を否定し、社会民主主義の路線への変更である、とする協会中央の批判は批判として受け止めながらも、党の統一を守ろうとする全国の動きが高まるなかで、私たち党グループは、石橋委員長の意思を体して続開大会で新宣言採択に協力しました。賛成した党書記局員や地方幹部は協会を離脱することになりました。私もその一人です。協会は理論研究団体ですから処分はありません。協会を離脱した私たちは「新しい社会党を創る会」という名で、良心的な左派、中間派の議員や地方幹部をつなぐゆるやかなグループを立ち上げました。

党のトップは石橋委員長のあと、土井たか子、田辺誠、山花貞夫と続きますが、いずれの時も「創る会」が中心になって執行部を支えました。

党の対策と選挙スローガンは

——非武装中立論についてお尋ねします。1950年代、60年代を通じて社会党にあれだけの支持が集まったのは、社会党が唱える社会主義理論よりも自衛隊反対、日米安保反対のほうが有権者の支持を集めたと思います。

政権を取った後のことはあまり考えていなかったのではないかというようなお話がありましたが、政党が選挙前に政権の政策を掲げるということは、政権を取ったら、それを実現するのだということを有権者に約束するわけですよね。にもかかわらず、あまり考えていなかったというのは、政権を取れないと思っていたのか。それとも、はなから自衛隊を縮小したり、なくしたりすることは不可能だとわかっていながら、有権者に嘘をついていたということになるのか……。

園田　非武装中立政策はごまかしではないかということですが、内灘闘争から砂川、沖縄まで、いくつかの基地反対闘争と平和の問題、自衛隊の問題は一体で訴えています。

そういうなかで社会党はなぜ支持されたか。朝鮮戦争が一番わかりやすい時代背景だったと思います。戦争に巻き込まれる、あるいはあの恐ろしい戦争と悲惨な生活にまた戻るのではないか。そうした不安感を持った国民が、そうさせないと言っている党、「平和四原則」を掲げている社会党に共感したのです。もっと言うと、あの戦前のような抑圧者、権力の側に立たないような人柄への共感も社会党候補の方にあったと思います。

ベトナムでもそうです。ベトナムのような悲惨な状況に日本も巻き込まれるのではないか。日本の基地からアメリカが爆撃することは、戦争につながるから、ベトナム反戦。そういう運動や政策を支持してきたと思います。選挙政策が、そのとおり実現すればいいが、実現できないかもしれないけれども自分の気持と一致するから支持する人々もいます。

政権という論点では、社会党が過半数以上の候補者を擁立したのは左右統一後初の選挙の58年（246人、当選は166人）の一度だけです。その後の立候補者の最高は60年の186人で当選者は145人でした。土井ブームで盛り上がった90年の総選挙でも立候補160人で当選148人でした。実際のところは憲法改正を許さない3分の1議席確保が限界だったのでしょう。しかし、それらをもって選挙政策は嘘つきだというなら、有権者国民の気持に合致する政策は出せないではありませんか。少数政党の政治に対する異議申し立ても狭められ、ひいては議会制民主主義の空洞化につながる危険性すら生れますね。

飛鳥田一雄さんが非議員のまま委員長になりました。1978年の首班指名の際に党首を出せないのだから、それはおかしいではないかとマスコミは叩いたのです（1979年総選挙で国会議員に）。しかし、それにコラムで飛鳥田さんは答えます。どうせ過半数も擁立しない社会党が政権を直ちに取れるわけではないのに、なぜ委員長は議員にならなければいけないのかと。

そこで、連立政権はじめにありきで、社公民や社公、いろいろありましたが、それらの政党候補を合わせて過半数を擁立する選挙連合戦術もあります。それも重要です。でも政権構想を国会の過半数以上の議席ということにとどめず、もっと広い意味の政策や運動論を土台にした、国民連合政府構想みたいな総合的な考え方、政権獲得の工程表と土台作りが社会党に不足していた、政治情勢の急変についていけなかったと思います。

――私は河上丈太郎委員長の息子さんで国際局長を務めた河上民雄先生にインタビューしたことがあります。1989年の参議院選挙で社会党がものすごい土井ブームで伸びた後に、河上民雄先生がアメリカのアーミテージ氏と『中央公論』で対談しています。そのなかで河上民雄先生が「いや、このままどんどん社会党が伸びて社会党政権ができても、別に日米安保条約とか自衛隊とか、すぐになくすわけではないですよ」とアーミテージ氏に言っておられます。

それで河上民雄先生に、「こんなことしゃべって、党内で問題にならなかったのですか」と聞いたら、「いや、別に当時、日本社会党のなかで、自分たちの政権ができたら、即、自衛隊もなくして、日米安保もなくすなんて思っている人間は誰もいなかったよ。長期的にはなくすかもしれないけれども、政権取ったからなくすなんて、そんな人間はいないから、別に何の問題にもならなかったよ」。

それならば、村山内閣ができたときも、やはりそういう言い方をして、別に社会党首班になったからといって、即、日米安保をなくすわけでもなし、自衛隊を即、なくすわけでもない。長期的にはたとえば非武装は目指す。長期的に縮小して災害救助隊にするのであって、「当面はこのままいきますよ」

と言えばよかった。

「これまでどおりいきますよ」と言えばよかったのではないかと私は思うのですが、なぜあのとき、基本政策の転換と言ってしまったのか。どうですか。

園田　国際局長時代の河上さんと私も一緒に外国訪問もしましたし、よく話しあっていました。同認識でした。土井委員長がアメリカに行かれて話されたときも、「私どもが政権を取ったら、外交交渉を通じて安保条約を解消したいと言っている。しかし、外交交渉ですから、アメリカがノーと言えば破棄できませんね。それは承知しております」と土井さん自身も言っておられる。

ただ、村山内閣の場合、村山総理が外交交渉でアメリカに安保を破棄したいから、それについて話し合いたいと言うか、言わないかという政府方針の問題になりますね。外交政策については継承するという前提に、自社さ連立政権の政策合意があるわけで、解消とは言えませんね。

自衛隊についての問題は、おっしゃることはわかります。党は憲法の理念から自衛隊の存在は憲法違反ととらえていました。現存する自衛隊をどうするかというと、先ほど申し上げたように縮小・改編政策です。

しかし、自社さの連立政権で自衛隊の縮小再編政策は政権合意のなかに入っていません。しかも矛先は自衛隊の存在に対する社会党の基本見解・憲法認識にありましたから、「私はこう思います」と言わざるをえないと村山さんが判断されたのです。

前の細川護熙内閣のとき６名の党出身閣僚は使い分けた。「連立政権の政策はこうです。安保・自衛隊堅持になっています。私は社会党員個人としては違憲だと思います」と使い分けているんです。だが陸海空三自衛隊の長である総理にはそれは言えない（笑）と、村山さんは判断されたのです。

——そのときは曖昧あるいはなし崩しにせず、政策転換ということではっきり打ち出そうと。

園田　私は自民党の方々とも相談した感触から政策転換するとしても時間は稼げると進言していたのですが、本人の最終決定はそうです。

——それはどの範囲で、そういうことになったのですか。村山さん個人の決断ですか。

園田　最終的には村山決断ですが、もちろんあの日突然、そういうことはできません。

――では、社会党の機関との調整のようなものはあったのですか。

園田　幹部会議とはうたっていないが、久保亘書記長、関山信之政審会長、それから党出身の現・前閣僚を公邸に呼んで相談・調整しています。

――内閣の関係者を集めて、事前の相談はしていた。

園田　それはありません。社会党の見解を問われることですから。ただ本人は、大《おお》出《で》峻《たか》郎《お》内閣法制局長官の憲法解釈については非常に真面目にレクチャーを受けました。それから、石原信雄官房副長官が「どうしますか、決めないといけませんね」と迫っていました。そのときに変えるとは答えていませんが、「僕は決める」とは言っています。6月29日の段階で。

――そのとき、かなり強い圧力のようなものがかかってきたと感じられましたか。

園田　強い圧力はなかっただろうと思います。圧力をかけると考えられる人たちは呼んで相談しているわけです。2度にわたり相談しているのですから。

――いや、強く政策転換するべきである、あるいはそのことをはっきりさせるべきだという意見は。

園田　そういう意見も、もちろんありませんでした。

――それ以前の社会党は、たとえば自衛隊については軍備増強反対ですよね。つまり非武装だとか、なくせということではなく、増強・増額に対しストップをかけるという対応でしたよね。しかも、たとえばとくに大蔵省などは防衛費の増額についてはかなり慎重というか反対で、だから軍事合理性だとか、あるいは財政上の理由などで、実際上の問題として防衛費を削減するなどということは考えていなかったのですか。

園田　考えていないことはなく、現実に削減方針を三党政策調整で主張しています。大蔵省なり防衛庁と官房レベルで相談しています。ただ、防衛予算の場合、何ヵ年計画で組んであるわけで個別予算を随時的には削りにくかった。

——中期防衛力整備計画などだと、その前にできていたから。

園田　もう決まっている個別予算を途中で削るということはなかなか……。

——それは内閣で変更できないのですか。

園田　できませんね。所轄大臣にしかできないようになっている。

——所轄の大臣はある程度はできる。

園田　それはできます。所管施策の変更は。だから、阪神・淡路大震災への対応でも自衛隊をどうするなどというのを総理がやったら、それはまさにファッショになるのでできなかった。自衛隊が県知事の要請でも、自らの判断でも災害出動はできます。

もちろん、次の予算づくりの政策調整の段階ではここを削れ、あるいは以前のように、GNP1％を守れという政策を出して、その実現のため新規装備をやめるとか、総予算を削ることはできるでしょう。党の政審は努力しています。

——村山さんのブレーンといいますか、学者ないしは労働組合とか、そういうものはきちんとあったのですか。どうして、「創る会」の園田さんが、本部から秘書官に入ったのかなと思いました。

もう一つは、私たちは小選挙区制反対だったから、小選挙区制は通っていたけれども、まだ区割り法案ができていなかったので、村山さんが総選挙に打って出れば、小選挙区制はつぶれると期待していたわけです。村山さんは解散しなかった。

羽田孜さんは辞職を迫られたときに、一応検討というか、選択肢としてはあったということですよね。しかし、小選挙区をつぶすようになるといけないということで、結局は総辞職になったわけです。そういう思考があったのかどうかが知りたいところです。

園田　村山派とか村山ブレーンというのは、勝手連的に応援する人はありましたが、基本的に特定したグループは形成されていませんでした。自治労の本部や出身議員は支援してくれていました。ブレーンというか知恵を借りた方々はもちろんあります。課題に応じて学者や専門家、ジャーナリストの知り合い、岩波書店の社長、『世界』の編集長だった安江良介さんなどを通じてなどです。

——村山さん、つまり……。

園田　あ、村山さん自身についてですか。大分から国会議員になったときは勝間田清一派に所属したと本人は言っています。それから政構研（政権構想研究会）、「流れの会」に所属したことがあります。したがって、どちらかというと旧来派閥の区別では右派に近い。

村山さんが委員長になられたときも、私は前任の山花さん付きで企画局にいたもので立場は違っていた。長らく国会では社会保障関係をやられていた村山さんには、「私が適任ではないのなら変えてくださいよ」と言ったことがあります。だが村山さんは派閥意識も薄く、「いや、党本部の仕事だから君がやってくれ」ということで、企画でそのまま残りました。総理になる前の委員長見解もほとんど私が書いていたので、その流れで秘書官にも任命されたということです。なにしろ「まさか」の総理実現ですから即断されたのでしょうね。細川連立政権から与党連立政権協議ではほとんど一緒に動き、情報も共有できていましたし、自治労本部筋とは連携はしていましたが。

それから解散問題について本人も考えたことはあります。しかし、前任の羽田内閣ですら解散できなかったのは、小選挙区制度が成立しているからです。社会党も嫌々ながら賛成している（笑）。まだ区割りは決まっていないから、小選挙区制による選挙はできません。中選挙区でやるということになれば当然、政治改革を否定することになってしまうから、河野洋平さんや武村正義さんも解散・総選挙には賛成しないでしょう。

村山内閣の使命感が軸に

——村山内閣のときには先ほどおっしゃったように戦争責任や歴史問題、それから従軍慰安婦の問題とか、地方分権の問題とか、それまでの自民党政権では無理であるような、いろいろな懸案をかなり片付けたではないですか。それはどのくらい、社会党なり、村山総理大臣の意向があり、そうなったのか。

もう一つは具体的な日常の閣議決定や閣議の承認、内閣の声明などに関して、石原信雄氏などはどういう役割をしていたかという、その二つです。

園田　言われたいくつかの従軍慰安婦の問題や地方分権。これは基本的にはトータルで言えば、50年という戦後史の節目に歴史的役割を果たすということが社会党委員長・村山本人の内閣としての使命感が1番の軸にありました。だから、自分の総理在任中にめどをつけたいと考えていたわけです。地方分権の問題は、五十嵐官房長官らがずっと積み上げてこられていましたね。

——五十嵐広三さん。

園田　従軍慰安婦の問題は河野談話がありましたしね。社会党の女性議員を中心とした大衆運動も蓄積しています。安江良介さんや和田春樹先生などの意見も十分参考にしながら、戦後処理の重要な柱として社会党が位置付けたことは間違いありません。

それから、具体的な作業ですが、おっしゃるように閣議での決定はだいたい各省の次官会議で前に決まっているわけです。次官会議を通らなければ出せない。会議を仕切っているのは、事務の官房副長官石原さんで、石原さんの目を通らないものはないでしょう。

総理の所信表明演説草稿についても、直接的に書くのは内閣参事官室。厚生次官から宮内庁長官になられた羽毛田信吾さんが主席参事官でしたから、彼が中心で書かれた。それから、50年の村山談話は、外政審議室長だった谷野作太郎さんが中心になって執筆されています。

参事官室や内政、外政審議室の方々はとにかく社会党の方針から、連合政権の合意事項を熟知されていました。それに基づいて書いて、「いや、社会党はこう主張しているから、こう」というのがつくられていたわけです。

秘書官、参事官は各省庁のエリート

園田　国会質問取りを省庁の政府委員室が行い、その答弁となる「メモ出し」を、参事官室、そして秘書官室にまわし、省庁別の担当秘書官が最後に筆を入れ、総理と読み合わせます。記者会見の対応も秘書官です。ですから総理発言に秘書官の方々の影響力は及んでいないとは言えませんね。

私のところに来るのはだいたい政党・政務関連。とくに安保や防衛に関することは、警察庁出身の秘書官が、「園田さん、これでいいですか」と事前に相談されたこともあります。

官邸に出向している秘書官、参事官は、警察、旧大蔵、外務、通産、厚生の各省からの出向者ですが、彼らは各省庁のエリートたちで、ほとんど出世コースに乗っていますね。

彼らは、出身省庁はもちろんのこと、複数の省庁の窓口となりますから、各省庁の意向を官邸にあげるため、大きな役割と権限、省益を担っているんですね。

もう一つは、石原さんは旧自治省の出身、次は厚生省出身の古川貞二郎さん、以前に警察庁出身の後藤田正晴さんというように、旧内務省が事務の副長官として官邸を仕切っていますね。

政務秘書官は、自民党時代は自分の秘書か派閥の秘書団から選ばれ、政策等にはかかわらず、主として日程調整と資金担当役だったと聞いています。社会党の大臣は議員個人より党本部、政策審議会中心の書記をつけるというやり方を初めてやりました。私は党本部の任務柄、任命されたし、総理日程の調整は第一ですが、政策にもかかわり、総理と党をつなぐ役割でした。

——石原さんはそれまでずっと自民党の首相に仕えてやっていたわけでしょう？　それで社会党にさっと変わるものですか。変えて対応したのですか。

園田　そうですね。竹下内閣から７代の総理に仕え、第１次村山内閣の官房副長官が最後でした。驚くべき官僚のプロですね。細川内閣のときに連立政権の訓練はしておられると思います。

——秘書官、参事官レベルの人たちは、陰に隠れてサボタージュだとか抵抗だとかというようなことはやらなかったのですか（笑）。

園田　それは表では見えない。サボタージュはしていません。サボタージュしたら、自分がかえって省庁で地位を損なうでしょうからね。

——そういう人たちがたとえば腹の中で「左翼のバカどもが」なんて思っていなかったですか（笑）。

園田　私の感じでは逆かな。そんなことを言うレベルの官僚は官邸には入れませんよ。私に「総理は政治の長だが、行政の長でもあります」と、強く迫った秘書官もいましたが、最後はこちらの意見を聞いてくれました。私を「タフ・ネゴシエーター」と省庁幹部に伝え、連立政権の厳しい官邸業務をこなしている自分の点数を上げるために積極的に活用したようでした。

——かなり積極的に活用したのでしょうね。

園田　秘書官の手配で省庁の局長クラスの方まで「ちょっといいですか」と私のところにまで来ては売り込むというか、説明されました。席もいろいろセットされました。

——では、官邸対官僚の関係は比較的うまくいっていたということですか。

園田　そうですね。ハードでしたが。

——それ以外にも、たとえば自社さ3党の調整や社会党の内部の調整もあるわけですよね。そういうものはどうですか。

園田　1番上に3党首会談、そして与党連絡会議がありましたが、政審・政調会長による調整会議、その下にPT（プロジェクトチーム）というように自社さは積み上げ方式でした。トップダウン方式ではないのです。

与党3党の間に意見の対立は当然ありました。水俣とか、いくつかの問題対応についてです。しかし、書記長、幹事長と上に上がったときは、内閣の使命をどう実現するかという枠組で調整されていました。

——これはものすごく苦労したとか、そういう問題はありますか。

園田　当時の自民党は実に謙虚でねばり強かったから、3党調整はうまくいったと思います。苦労したのは調整の成果を社会党の得点にできなかったことですね。

——片山内閣をつぶしたような社会党内部の反乱みたいなものはまったくなかったわけですよね。もうそれだけのエネルギーがなかったということですか。

園田　そうですかね（笑）。ほんの1年半ぐらいの間でバタバタと事件も起きたでしょう。村山政権の成果を、社会党の成果になし得なかったのは残念です。

党プロパーの問題では、新党問題がありました。政権政党の新党づくりとなれば、自民党はもちろん国民の目に、社会党不信の要素が作られたとはいえます。

——今から振り返ってみると、全体としてはうまくいった。

園田　三党連立政権の、全体としてはうまくいったが、それを与党であった社会党にフィードバックできなかったことと新党につなげられなかったのが残念です。社会党の経験不足が大きかったのでしょう。マスコミも連立政権を組む政党の努力をあまり考えないで、過去の違いを軸に社会党の後退などの論評ですます慣性でしょうかね。

―― 社会党の脱皮というか、あるいは社会党全体がもっと大きくなっていくようなかたちに結びつけることには、結局ならなかったわけですよね。

園田 そうですね。ヨーロッパのように保守政党と連立を組んでも、そのこと自体を負い目にすることなく逆に党を大きくする社会党にはなれなかったのが残念でした。

――民主党政権と比較すると、村山政権はよくやったという感じが私はします。先ほどから出ているように、村山談話にしてもそうだし、被爆者援護法にしても水俣にしても、それまでの懸案をかなり解決しました。それから、阪神大震災やサリン事件にも対応した。

ところが、民主党政権は3年間、何をやったか。とくに最後の野田佳彦政権（2011～12年）の場合は一体何をやっていたのかと思うのですが、比べてみて、どう考えられますか。

園田 民主党のことはあまり言いたくないのですが、先ほど申し上げたように、自社さ連立政権だから成し得たことと、事実上の単独政権を取った民主党はスタンスは違っていたと思います。

民主党が多数を取ったが、議員構造が違いました。優秀だが若くて経験の乏しい者が、自分の政治的意思でバラバラに走り出した政権でしたね。自社さのときは主義・主張は別にして、練達の政治家同士の政治運営でした。

――ベテランが多かった。

園田 党も議員もベテランです。練達の政治家は、大臣、その他のポストに就いても、いきなり省庁に命令など出しません。しかもマスコミにその内容を個別にしゃべっているのは走りすぎでしょうね。

それとマニフェスト選挙でしたから、自民党政権の施策との違いの検証が不十分なまま、大きく打ち上げてしまったのでしょうね。高校授業料の無償化とか子ども手当の問題、悪くないと思う。脱原発の方針も。しかし、それをどう実現するかという政策実現のプロセスがわかりにくかった。

——やはり民主党内閣でも、たとえば鳩山由紀夫さんの場合に環境の問題や二酸化炭素の削減問題、普天間基地の県外化のようなことについて、それから韓国併合に対する菅首相の談話など、原発をやめる方向だとか、そんなに悪くはなかった。

——そうだけれども、民主党政権としては、次官会議をやめたりしたわけですよね。だから、政策化することについては官僚との関係は決定的に悪化した。

園田　それはそのとおりで、私も先生方の評価とそんなに違いはないのです。やはり民主党の政権を選んだ国民は、行政組織の改革も望んだのです。そうした国民の希望に応えるために事務次官会議をやめるにしても、次官会議に代わるものを、全部党に持っていく、政治家だけで回すなどということは不可能です。行政組織とどう調整していくか、政権党の路線と融合させていくことは欠かせないですね。

それから、沖縄の基地縮小についても、鳩山さんの考え方が間違っているということではなく、政治家は成し遂げるプロセスも含め、その器量が問われます。

橋本内閣（1996～98年）につないだ四つの米軍基地縮小、まだできないでしょう？しかし、あれだけの穴を開けるために、村山総理自らクリントン大統領に提案し、自民党政権時代には官邸にも入れなかった大田昌秀知事ら沖縄県幹部とどのくらい話し合いをやってきたか。そして一歩前進させています。いきなり移転先を言ったらアメリカがどう受けるか。沖縄県民の期待は逆効果です。

水俣病の問題でも、党内は「早くやってくれ」となっても、PTがまだもめていることや、「役所を抑えてくれたね」と、何回も自民党に念を押して、やっと発表できた。

——村山内閣の場合には次官会議があり、副官房長官が元締をやっていて、ある意味では旧来のシステムを使っている。だから破綻はしないし、できるものはできる。けれどもその後、例の行革で政務三役をやったり、政府委員を廃止したりしますね。それを受けて民主党がさらに走ったような感じだから、ずいぶん状況が違ってきていますよね。

園田　自民党の多数派の論理を押さえ込むというのは、小沢支配との闘いのなかで社会党は勉強しています。したがって、PTの段階でも絶対に、各委員会、すべての機関で、社さで組んで必ず自民党が過半数を超える構成はつくっていない。連立政権の民主的運営方式と信頼関係づくりが霞ヶ関にも通じたと思います。自民党の河野さんをはじめ、野中広務さんら閣僚もハト派内閣でありたい、生き残りたいという協力姿勢も強かった。

――あとは茨城の梶山静六。

園田　梶山さんは国対委員長時代に村山さんと付き合っておられ、村山政権誕生には働かれた方だと思いますが内閣にはいません。それから中心的には亀井静香さんですよね。

――自社さ政権をつくるということで、村山さんを担ぎ出したのは反小沢の社会党左派主導であったという総括でいいのですか。

園田　社会党の委員長になった瞬間に、左派の側に立って党を運営しようとするのは、歴史的事実だとは思います。しかし、村山さんが左派といっても。

――いや、村山さんではなく、村山内閣を担いだ人たち。

園田　担いだ人たちが左派かと言われても、私はそれも納得できない。左派の人もいましたが、そのときすでに旧来の派閥は流動化していたのですから。

――流動化していた。左派というかたちでのまとまりもだんだん崩れてきていた。

園田　崩れていた。とくに国会議員の段階では。左派というよりも、細川連立政権づくりに熱心だった田辺誠、山花貞夫、久保亘というような人たちの指導に対する懐疑的気分が強かった議員が集団化したのですね。それと村山さんを国対委員長に担いだ時から、自分たちが主流になったという意識をもった人たちですね。

――それはそうです。

園田　羽田さんが辞めた後も、もう一度羽田さんをという意見もあった。「改新」騒動で、連立与党の組み替えが行われるのではないかという危機感で、自社連立への動きになったわけです。小沢一郎さんたちの二重権力構造への強い不信をもったグループに担がれたということです。私は、勝算よりも委員長を首班にかついで先に進むのがベターだという党の論理を村山さんや周辺に訴えました。自民党の側は政権復帰の執念が実ったということですが。

新党づくりの失敗

――それで、その流動化が進むなかで、右派リベラル派が新党をつくろうという動きを示しますよね。1月17日に離党届を出そうとしたところが、阪神・淡路大震災が起きて、そういう動きは延期せざるをえなかったということがあった。これはもし地震が起きなかったら？

園田　「民主連合・民主新党クラブ」の院内会派届ですね。

――民主リベラル新党をつくる。そういうことが具体化していたら、どうなっていたのですかね。そういう動きをどう見ていましたか。

園田　「れば・たら」の話は難しいですね。新党問題に絡んで、山花さんたちは自分たちが先行離党し、後から新しい勢力も加わってくるという考え方でした。

それに対し、村山さんの考え方は、社会党がまとまり、さきがけとの合体を基本に新党の柱を築こうとしていたのです。そういうことができたのかというと、結果的にはさきがけの鳩山さんの選別があったのですから、実現しなかったわけです。

総評が連合になってからは、「社会党と連帯する労組会議」が結成され、党と支持労組の連携は続いていましたが、主要労働組合が、社会党を支えて行こうということについての意欲は確実に後退していきます。あえて言えば、山花さんの新党構想に積極的に支持を表明するとした四単産はありましたが、そっくりそのまま行けたかどうか。やはり、社会党とは異質の党を企図していた小沢さんの描いた民主党に行きついたと思われます。

そもそも、細川連立政権の誕生と前後した新党ブームが、議員集団の離合集散に短絡化され、政党の位置と役割をわかりにくくし、国民の政党離れを加速化させたのではないでしょうか。グローバル化していく現在の資本主義社会と国家の矛盾の構図は、従来の生産関係論とか、国家単位で物事を解決していけるレベルではありませんよね。経済的利益中心の私的現実主義もはびこっていますね。それでもなお、中長期的視点に立って政党の理念や基本的政策を示すこと、そして新しいリーダー、それらを鮮明に示すのが新党づくりの基本ですね。決定的に不足していたのです。私自身の反省を含め、時代のなかで生きていくべき社会党の失敗であり、反省点ですね。

——村山さんの辞め方はどうですか（笑）。その後の社会党に対する工作も何もなしに、ちょっと放り出すようなかたちで突然辞めてしまった。大きな問題になったのではないですか。

園田　問題はあったと思います。

——事前に何か聞かされていた？全然わからなかった？

園田　感じてはいましたが、タイミングまではわかりませんでした。本人も言っているとおり、あの時期を越すと、予算成立までやらなければならなくなる。辞めるのなら、後継の総理や大臣が、少し勉強できる時間が必要になるし、現在の大臣は大臣のまま正月を迎えられるとの村山さんの思いやりですかね。もちろん、連立政権の継続を前提での辞任時期の判断でしょう。

村山さん本人は、本隊の社会党がこれほど揉めているのではもう限度だという気持でしたね。しかし辞めることを誰かに事前に相談したら、皆、止めるわけです。事実、自民党も含めて止めたのです。「はい、どうぞ辞めてください」という人はいない（笑）。

総理交代の問題は、その前に参議院選挙に負けた直後、憲政の常道から、第一党である河野さんに禅譲しようとしたことがありました。

ところが、もう秋には総裁選で、替わるのがほぼわかっていましたから、自民党が河野さんに受けさせなかった。受けてくれれば、一番理想的な自社さ政権が続くのではないかと思ったこともあります。しかし、受けないというから、次の総裁になられた橋本さんに三党連立を引き継いだ。

初出
報告：『大原社会問題研究所雑誌』No.675／2015年1月号
https://oisr-org.ws.hosei.ac.jp/images/oz/contents/675-06.pdf
質疑：『大原社会問題研究所雑誌』No.676／2015年2月号
https://oisr-org.ws.hosei.ac.jp/images/oz/contents/676-03.pdf

第14章

政権と社会党

1980～90年代の政策審議会

――浜谷　惇氏に聞く

社会党の「裏方」として、とりわけ1980年代以降の政策審議会時代に活躍した立場からの証言である。飛鳥田委員長～土井委員長時代、細川政権、村山内閣の時代の政策決定過程を中心に実体験にもとづいて克明に語っていただいた。

［略歴］

1940年　朝鮮（現韓国）大田《テジョン》生まれ
1943年　帰国、山口県周防大島町に居住
1960年　山口県立岩国商業高校定時制課程卒業（昼間は帝人㈱岩国工場に勤務）
1965年　法政大学社会学部卒業
1965年　日本社会党中央本部機関紙局『社会新報』編集部入局
1977年　党教宣局を兼務（記者クラブ担当）
1977年　『社会新報』編集部復帰
1978年　地方政治局に異動
1981年　政策審議会に異動
1996年　社会党中央本部を退職
1996年　一般社団法人生活経済政策研究所（旧社団法人平和経済計画会議）勤務
2002年　同研究所を退職
2003年　東洋大学経済学部非常勤講師（～2008年3月）
現在　一般社団法人生活経済政策研究所参与
著書に『政権と社会党――裏方32年の回顧談』オルタ出版室、2015年
共編著に『村山富市の証言録』、『田辺誠の証言録』ともに新生舎出版、2011年

報告

社会党との出会いと社会党本部での職歴

社会党との出会い　先ず「社会党との出会い」ということですが、直接のきっかけは公募です。東京オリンピックが開催された1964年でした。9月、ここ法政大学市ヶ谷キャンパスに貼り出された「採用募集要領」の掲示板のなかにあった、「社会党機関紙局、『社会新報』記者若干名募集」という貼り紙を見て応募したのが「社会党との出会い」ということになります。

社会党が、こうした企業や公務員の新卒募集と同様の公募方式によって採用をしたのは、後に土井たか子委員長時代の1980年代末に1回実施されていますから、64年から私が退職する96年までの32年間で2回のみ実施されたことになります。

先ほど「直接のきっかけ」と言いましたが、「間接のきっかけ」ということで言えば友人が「就職はまだか。決まっていないなら、『社会新報』の記者を募集している」と教えてくれたことが記憶にありますから、日頃、社会党のことについて友人との間でなにか話題にしていたのだろうと思います。

社会党本部の職歴　採用試験に運良くパスして、私は翌1965年4月に機関紙局に入局して、以後96年10月まで社会党本部で仕事をすることになりますが、簡単に32年間の職歴を紹介しておきます。

私は、大きなセクションで言うと、①機関紙局（『社会新報』編集部）、②教宣局、③地方政治局、④政策審議会、となりますが、時代を追って簡単に紹介します。

最初は当然ですが機関紙局です。1965年4月から78年9月（約13年6カ月）、『社会新報』編集部にいました。『社会新報』でのスタートは整理部校閲担当で、それから取材記者ということで国会担当、北信越総局（約6カ月）、再び国会担当。と言っても休会中は原水禁運動や原発、公害運動、自治体問題、平和経済計画会議などを取材していました。

印象深く残っていることを紹介しますと、一つは、私が仕えた3人目の中原博次（1926〜2013年）編集長から学んだことですが、国会議員や政策審議会と協力し合って、週2回刊のなかでもいくつものスクープ的な紙面をつくれたこと。これはやりがいがありました。それから、幻に終わった北京常駐特派員問題で、私自身当事者にされたこと、などがありました。

二つは、1973年2月の党大会で森永栄悦機関紙局長と中原編集長が批判され、更迭されてから、山本政弘機関紙局長、大塚俊雄（1957年に社会党本部勤務、後に機関紙局長）編集長になりました。このころから機関紙局も党本部も社会主義協会系の人が増えていきました。『社会新報』では具体的紙面づくりの議論をあまりしないで、編集基調（方針）はどうあるべきかと言っては、夜遅くまで続く編集会議には参りました。

ですから、新報時代の前半は居心地よく仕事ができましたが、後半は居心地がよくなかったことになりますね。

教宣局は1977年2月から12月まで約10カ月。これは『社会新報』に席を置いたまま、「記者クラブ担当」をしましたが、これは異例のことでした。ちょうど社会主義協会の規制問題をめぐって、党が真っ二つになって党再建論争をした時代です。

次の地方政治局は、1978年9月から81年3月までの約2年6カ月。ここでは月刊『地方政治』の編集長が主たる任務でした。

それから、今日の主題である政策審議会ですが、1981年3月から96年10月まで約15年7カ月。政策審議会では、逓信部会や情報通信政策を担当し、海野明昇（1937年〜）事務局長の勧めもあってエネルギー政策や産業政策にもかかわってきました。その間、88年からは政策審議会事務局次長、兼務で院内総務会事務局長（半年ちょっとぐらいだったと思います）、94年から「社会党シャドーキャビネット」事務局次長兼政策審議会事務局長を歴任しました。

いわゆる派閥的立ち位置　たぶんみなさんのご関心事の一つに、「浜谷はどの派閥に所属していたのか？」ということがあるのではと思いますので、ちょっとだけふれておきます。

私は、入局してしばらくの間は「江田派」に所属していました。私は「江田ビジョン」に関心を持っていたことと、江田三郎さんの考え方に魅力を感じていましたから、当然のなりゆきだったように思います。しかし、江田派の勉強会や集まりに出かけていたのですが、居心地がよくありませんでした。

なぜかと言うと、そこでは、「江田ビジョン」は「江田構造改革論とは関係ない」ということで議論されていません。私は正直「江田ビジョンをなぜ理念政策運動として具体化しようとする勉強をしないのか」との考えを強くしていました。それに江田派の書記局運営にこれまた違和感を持つようになっていました。

それで、江田派とだんだんと距離ができるようになりましたが、江田派の主要なリーダーであった森永さんと中原さんとの信頼関係はずっと続いていました。お二人とは率直な意見を交わすことができましたし、私に「江田三郎さんを囲むブレーンの会合」に陪席できるチャンスや江田さんと「直接意見を交わす場」などを与えてくれて、私は感激、感謝してきました。

そんなことがあって1960年代から70年代にかけて、私は『社会新報』の取材を通じて、社会党改革問題で率直に語り合える議員が増えて、たとえば安井吉典（1915〜2012年、副委員長、衆議院副議長）、楢崎弥之助（1920〜2012年、青少年局長、社民連書記長）、大出俊（1922〜2001年、国会対策委員長、郵政大臣）、土井たか子（1928〜2014年、委員長、衆議院議長）、井上普方（1925〜2015年、国会対策副委員長）、竹田四郎（1918〜2009年、参議院決算委員長）、田英夫（1923〜2009年、国際局長、社民連代表）、久保亘（1929〜2003年、書記長、大蔵大臣）、小山一平（1914〜2011年、地方政治局長、参議院副議長）、片山甚市（1923〜99年、社会労働委員長）など各衆参議員でした。そして現在も活躍されておられる村山富市さんと、横路孝弘（1941年〜）さんでしたね。

1969年の衆院総選挙で社会党は歴史的敗北を喫して社会党再建途上の73年、先にあげた方々が結成した「新しい流れの会」に私も参画しました。新しい流れの会の設立目的は、「社会党を政権の取れる党に改革していく」ことにあって、最盛期には衆参46人の国会議員が集まりました。

1977年秋の臨時党大会の最中に、楢崎弥之助、田英夫、秦豊（1925〜2003年、参議院議員）の3人の衆参議員が社会党を離党するということが起きたけれども、私は「流れの会」に居ながら、反社会主義協会の立場に立つ派閥横断的な「政権構想研究会」にも参画を続けてきた、ということになります。

そのなかで私は、「新しい流れの会」で一緒に活動してきた久保亘参議院議員を信頼し、「流れの会」が解散した後も、社会党本部を退職するまで行動を共にしました。

飛鳥田委員長から石橋委員長の時代のこと（1980〜86年）

政策審議会の《文化》にとまどい　地方政治局から政策審議会に移ったのが1981年3月で、ちょうど国会開会中でした。海野事務局長に連れられて衆参の法制局や関係する調査室などを紹介されて早々に仕事を始めた記憶があります。当時の委員長は飛鳥田一雄（1915〜90年、国民運動局長、横浜市長）さんで、その後、石橋政嗣（1924年〜、書記長、副委員長）さんが委員長に就任されました。

当時の政策審議会のスタッフは20人弱でしたから、事務局長以外は、みんな部会や基本政策委員会、特別委員会、合わせて10以上の委員会を担当していました。私もすぐに、逓信部会や関連するいくつかの対策特別委員会などを担当、それから先ほどふれましたようにエネルギー基本政策や産業政策を扱う委員会にもかかわりました。

具体的にどうやっていたのかは、その時々によって違ってきますが、一般的には、通常国会が開かれると政府から提出される法案について、関係省庁からヒアリングを受けたり、議員と相談したり議論しながら問題点や論点を整理したり、社会党側から提案すべき事項の整理、修正、付帯決議のメモづくり。議員立法を内閣法制局の協力を得て仕上げて国会に提出、あるいは各省庁から発表される「白書」などの問題点や論点の整理。もちろん、質問づくりの手伝いもあります。

これら作業の過程で、関係する労組との調整、住民や市民活動に取り組んでいる方たちからの要望を聞いて政策や国会審議に活かしていく、などたくさんあります。

そのほか、選挙政策や中長期の政策づくり、委員長や書記長等の質問草稿づくりなどもありますから、国会開会中はどの担当者も会議とその準備に追われて手一杯。それぞれの担当者が臨機応変にやりくりしながら作業をこなしていたというのが実態です。

先ほど職歴のところでふれましたとおり、政策審議会に移るまでに私が経験したセクションは、社会党としての立案、方針作成の当事者というよりも、それを報道・広報・教宣する活動が主だったわけです。それに比べて政策審議会の活動は政策や見解を起案することになりますから、当事者そのものだったということで、最初はずいぶん戸惑いました。

なぜ戸惑ったかと言いますと、たとえば選挙政策を起案するとしますと、通常、「社会党は……を実現します」とか「……を約束します」と文章にすることになります。正直それに抵抗を感ずることが少なくありませんでした。実現できる見通しが見えてこない。国民はどう思うだろうか。そんなことを書いていいのか、という疑問がたえずありました。

ですから、私は当時、革命をやると言うなら別ですが、どう考えてもできもしないことを主張するよりも、正直に「実現に向けて努力する」「努力することを約束する」とすべきではないか、と考えていましたから、政策審議会の政策活動に溶け込むのにしばらく時間がかかりました。

私にとって幸いだったことは、私の担当した分野が直接に党の路線論争とかかわるような課題を抱えていなかったので落ち着いて勉強、作業できたことです。そして『社会新報』時代に学んだ党の現状をできるだけ客観的に、相対化して記事を書くという姿勢は、政策立案にあたっても貫くべき大事なことだと確信を持てたことです。

先ほどちょっとふれましたが、政策審議会には、おおまかに四つの性格、目的を異にする「委員会」が設置されています。

一つは、各省庁と衆参に設置されている常任委員会と特別委員会に対応する「部会」が18。

二つは、主要分野の政策を練り上げる「基本政策委員会」が約20。

三つは、問題や課題が起きるとそれに対応する「対策特別委員会」が約70。

四つは、複数の委員会の間を調整し成案をまとめ上げるためのプロジェクト。

私が担当したのは逓信部会。これは旧郵政省が所管する現業としての①郵政事業（郵便貯金、簡保。大蔵省に関係）と、②電気通信事業、③放送事業、

④情報通信政策（通産省に関係）——の2省庁にまたがる分野を担当していました。

それから、基本政策委員会では、私が政策審議会に移った前後、すでに省庁間や専門家の間で高度情報化社会をめぐって活発な議論がされ始めていましたので、逓信部会と商工部会を中心にして1982年に「情報・通信産業政策委員会」を設置してもらって、これを担当していました。対策特別委員会では、郵政対策特別委員会、電気通信対策特別委員会、電機産業対策特別委員会などを担当していました。

ですから当然のこと、担当する委員会と関係する当該労働組合である全逓（現JPU＝日本郵政労組）、全電通（現NTT労組）、KDD労組（現KDDI労組）、日放労（日本放送労組）、電機連合、生保労連（全国生命保険労組）などとは、よく連絡を取り合っていました。

電電公社改革を担当　私が担当したなかでも、この時代に時間的にも内容的にも没頭して取り組んだのは、電電改革問題（日本電電公社を現在のNTT株式会社に改革）への対応でした。

ちょうど私が政策審議会で仕事を始めた直後くらいに第二臨調（第二次臨時行政調査会、1981年3月）が発足し、国鉄（日本国有鉄道）、電電公社（日本電信電話公社）、専売（日本専売公社）の三公社を民営化するための議論が進み、さらに郵政事業をはじめ五現業（郵政のほか造幣・印刷・国有林野・アルコール専売の各事業）を改革する動きがありました。このため、私は電電公社と郵政問題に、とりわけ電電問題の対応に没頭することになりました。

社会党は「反対するばかりで対案を示さない」とよく言われてきましたが、政策審議会ではたえず対案の準備とか、地道な作業に取り組んでいました。事例という意味をも含めてちょっと紹介させてください。

社会党の電電問題に対する基本的考え方は、国民・利用者にとってサービスのあまねく公平、適正料金によるサービスの充実、高度情報化時代のリーディングカンパニーとしてふさわしい役割を果たしていく。そのためには、先ず事業主体に〈当事者能力〉を与えるべきだ、というものでした。当事者能力を与えるということには、全電通労組、電電公社はもとより、識者からも強い意見が出されていました。社会党はこれらに応えようとしましたね。

印象深かったことを三つばかり紹介します。

その一つ。第二臨調が進める株式会社化への動きに対して、82年9月に社会党は電電公社改革後の新しい経営形態は、国民の共有財産にふさわしい、政府と電話加入者との共同出資による「特別立法による特殊法人」などを骨子とする案を決めました。この共同出資というのは、電話加入者が所有している電話加入権（1980年当時、固定電話の工事費として1回線あたり約8万円程度支払う）を「出資証券」に振り替えるというものでした。

この作業のなかで、一律に振り替えることは、憲法には「結社」に加わらないという「自由」が保障されており、これに反するおそれがあるとの指摘（法制局や専門家から）が出されて、法政大学の江橋崇教授らに検討してもらったことを思い出します。この結果、基本的考え方には「出資は強制するものではない」と明記して発表しました。

二つ。1984年の通常国会に、政府は電電改革三法案を提案してきましたが、社会党は審議を通じて修正を主張、最終的に衆議院で（2項目）と、参議院で（3項目）を修正させました。

三つ。電電改革三法案には15項目の政令と73項目の省令、あわせて88項目がありました。

当時の郵政省の認識は、法律が国会で成立した後に、国会審議を踏まえて政令・省令をつくる、ということでした。今だってそうだと思います。裁量権は政府・省庁にあるということです。それでは、国会審議で野党の追及、提案に対して政府側が答弁したことが法律の施行段階で活かされる保障が担保されていることになりません。

そこで、社会党は法案審議に入る前提として、政省令について要綱提出を求めて、提出された約50項目について郵政省が考えているであろう政省令の論点を整理して、審議で取り上げてきました。法案審議は衆議院で成立し、参議院で会期がきて閉会、継続審議になりましたが、この閉会中を利用して、片山逓信部会長と安井電気通信対策特別委員長から、私と片山さんの秘書の雑崎亮平さんに「郵政省の実務担当者と政省令についての詰めの作業をするように」との指示がありました。

9月の下旬から11月の中旬の間、2日おきくらいのペースで、郵政省の当時調査官だった高田昭義（1944～99年、後に官房長）さんと浜田弘二（1946年～、後に総務省総務審議官）さんと協議を重ねました。ある段階から、双方で合意できるところからメモに起案していきましたが、私たち実務者レベルでは最終的に11項目については一致点を見出すことができませんでした。それで参議院逓信委員で理事をされていた自社四者会談――社会党から片山さんと大森昭（1927～2012年、選挙対策委員長）さん、自民党から長田裕二（1917～2003年、参議院議員会長、参議院議長）さんと成相善十（1915～98年、参議院副幹事長）さん――で詰めていただきました。

これらの結論を含め、84年12月1日に召集された通常国会の参議院逓信委員会での質問と答弁を議事録に記録することで、郵政省に政省令づくりの際の約束を担保させ、また衆議院に続いて三法案を修正させて12月14日の参議院本会議で成立。そして衆議院に回送して可決して、85年4月1日から現在のNTTがスタートすることになりました。

この作業を通じて、私は法案審議において政省令の扱い方の重要性を直接肌で知ることになりました。

社公中軸路線への転換と「新宣言」の採択　この時代の話題として、社公中軸路線への転換と「新宣言」の採択について簡単にふれておきます。

社会党にとって1980年代初頭から86年の特徴の一つは、全野党共闘路線（社共路線）から社公中軸路線に転換して、それが定着していく時期であり、二つは「道」（綱領的文書である「日本における社会主義への道」）の見直し作業が進んで、その結果として新しい綱領である「新宣言」が採択されたことでした。前者の社公中軸路線への転換は、次の項で一緒に述べることにします。

後者の「新宣言」については、私は直接作業にかかわっていませんでしたので省略しますが、私の受け止め方を紹介しますと、綱領や理念的な文書を決めても、肝心なことはそれを政策次元でいかに具体化（長期、中期、短期）していくことができるかであり、正直、従来型の党内議論が続くことになるのではないかという不安がありました。でも、大変だけれどもポジティブにとらえて地道に政策を積み上げるしかないのではないか、というようなことが記憶にあります。

とは言っても、「新宣言」をまとめきったのは石橋政嗣委員長と田辺誠(1922～2015年、後に委員長)書記長による主導がなければどうなったかわかりません。その後5年を待たずに東西冷戦構造が終焉することになり、ソ連邦は崩壊して新たなロシア連邦・共和国へ移行し、東欧諸国は独自の道を歩むことになったわけですからね。「道」がソ連型社会主義に影響されていたことは事実ですから、社会党も危うく大混乱をする危険性があったわけです。

ところが、「宣言」を採択してすぐに行われた衆参同日選挙(1986年7月6日、中曽根首相によるいわゆる「死んだふり解散」)で、社会党は敗北を喫することになり、その責任をとって、あっさりと石橋・田辺執行部が総辞職をすることになってしまいました。これはあとづけ、繰り言になりますが、もう一回、石橋・田辺執行部にチャンスを与えるべきではなかったかと思います。そうすれば、後を継ぐことになった土井たか子・山口鶴男(1925～2015年。書記長、後に総務庁長官)執行部はもっと違った意味で役割を果たせたのかもしれません。

土井委員長の時代のこと(1986～91年)

消費税廃止法案の成立と社公民連による連合政権協議の破綻　先ほどちょっとふれましたが、社会党は1980年1月に公明党と「連合政権構想」で合意して、全野党共闘路線から社公中軸路線に転換することになりました。80年代後半は「新宣言」の具体化とあいまって、社公関係を軸にして社公民連の連合政権協議が重ねられ、それが選挙協力にも反映されることになります。

いま申し上げた社会党の路線転換の背景には、次の二つのことがあったと思います。

一つは、総評や主要単産のリーダーから「社公」あるいは「社公民連」による「連合政権構想」の推進に強く期待する発言があったこと。これには当時の労働戦線統一への動きが強くリンクしていたと思います。

二つは、選挙協力のことを考えると、現実的には社公、あるいは社公民連を選択する以外に選択肢がない状況にあったことです。

したがって、土井さんが委員長に就任した段階では、すぐにも社公民連による協議開始が待たれる状況にありました。しかし、公民連からすれば、社会党の基本政策の転換に対する疑念が払拭できないということで、しばらく膠着状態が続くことになりました。

それで翌1989年4月7日に京都で、社公民連の党首――社会党の土井委員長、公明党の矢野絢也（1932年～）委員長、民社党の永末英一（1918～94年、元右派社会党議員）委員長、社会民主連合の江田五月（1941年～）代表――による会談が行われ、①4党は、国民各層を結集し、連合政権づくりを目指す。このため、「連合政権協議会」を結成し、書記長間の協議を始める。②4党は、連合政権の基本政策の合意を目指し、書記長・政策審議会（政審）会長間で、協議を開始する、ほか6項目で合意します。

そのちょうど1年くらい前から、私は伊藤茂政審会長から「電電公社改革も一段落したのだから政策審議会全体のマネージを手伝うように」言われて、事務局次長として仕事の幅を広げていました。それで社公民連による「連合政権協議会」――識者をアドバイザーに招いて4月、5月、6月と3回の会議――などを手伝うことが加わってきました。

当時、社会党は土井さんが初の女性委員長の誕生で、歯切れよい、市民感覚に富んだ発言で「土井ブーム」を巻き起こすことができて、1989年7月の参議院選挙で社会党は46議席を確保（56年7月に次ぐ獲得議席）して、参議院は与野党の議席が逆転することになりました。

この逆転の背景には、1人区の選挙区で連合が支持母体となった「連合参議院」の候補者を社会、公明、民社、社民連が推薦して11人を当選させたことがありました。ただその一方で、公明、民社は現有議席の維持に終わり、連合政権協議が社会党のみに〈風〉をもたらしたと受け止められて、4党の間にちょっと微妙な空気が漂うことになりました。

しかし、そんななかで、社会、公明、民社、社民連、連合参議院（1993年に「民主改革連合」に改称）の5会派は、参議院選挙で公約した「消費税廃止」を実現させるため、89年秋の臨時国会で消費税廃止関連の3法案と税制再改革基本法案を参議院に提出し、審議の後、12月11日に参議院本会議で可決、成立させることができました。

私は、この消費税廃止法案では党政策審議会の「消費税チーム」と、4党会派（社民連は発議者には加わらず4党会派に一任）の「消費税チーム」に加わっています。

私の主たる役割は、参議院に設置された税制問題等に関する特別委員会の理事会に公明、民社の政策審議会のスタッフと一緒に陪席して、理事会の決定と様子、雰囲気を、発議者（廃止法案の提案者）を支える社会党の事務局チームと、4党会派共同の事務局チームにいち早く伝えること（発議者や党幹部には理事が報告）、またチームの要望事項を理事に伝えて、理事会の協議に反映してもらう、ということでした。

他にも、自民党の質問者から「質問取り」（質問レクチャー）のセットを取り付けることがありました。そのほか、作業が深夜になった場合のホテルの予約だとかチームが仕事をしやすいようにする雑務をこなしていました。

理事会での印象深いエピソードを一つ紹介しておきます。それは、法案の発議者として早く成立させたい野党4会派と、それを成立させたくない自民党の立場が逆転して論議することがしばしばみられたことです。

たとえば、ある時理事会で対立が続いて以後の委員会の日程も協議できなくなり閉会。そこで特別委員長（自民党議員）が職権で翌日の「理事会開催と委員会開催」を参議院公報に載せるわけですね。公報掲載がないと慣例として理事会も委員会も開催できません。ところがです。当日の朝の理事会で、4党会派の理事は特別委員長が職権で公報掲載したことに抗議、陳謝を求めるわけです。そうすると、自民党理事は、「みなさんは提案者として審議を促進したいのでしょう。抗議とは何事だ。みなさんは委員長に感謝すべきだ」とたしなめられるのです。

また、特別委員会の審議中に社会党議員のヤジを理由に、自民党は、ヤジを飛ばした議員が理事会の席で陳謝するように要求。ヤジを飛ばした議員はなぜ陳謝する必要があるかと居直るわけです。その間審議はストップということもありました。特別委員会の審議で発議者を事務方として支える「補佐人」の役割を担ったのが政策審議会スタッフですが、その補佐人がたばこを吸ったという理由で自民党は審議をストップ（当時は審議中に喫煙が許され、補佐人の前にも灰皿が用意されていた）。

提案者と質疑者の立場が逆であるにもかかわらず、長い間の与野党の慣習化された立場によるものだったり、自民党の意地悪がありましたね。

参議院では廃止法案は可決されましたが、振り返ってみると、この約5カ月の共同作業の時期が、社公民連の絶頂期であったと思います。

そして、翌1990年1月、こんどは衆議院の総選挙です。当時、公明・民社との間で多少ギクシャクすることがありましたが、それでも4党は党首会談で「連合政権協議は合意をめざして今後も継続する」と合意して、総選挙に突入しました。

総選挙の結果は、社会党が85から136に議席を伸ばして勝利。社民連は現状維持、公明、民社は共に議席を減らすことになりました。前年の参議院選挙と同様に、公明、民社にしてみれば「連合政権協議」と選挙協力は社会党だけを利することになったと見たわけです。加えて社会党がいつまでたってもいわゆる基本政策の転換をしないことへの苛立ちもありました。

それで政権協議は頓挫することになりました。さらに加えて1990年8月にイラク軍のクウェート侵攻、湾岸戦争へと事態が拡大していくなかで、政府は国際平和協力法案（PKO法案）を国会に提出しますが、同法案に対する対応をめぐって、社会党と公明、民社両党間の対立が次第に広がり、決定的な亀裂を生むことになりました。

土井ビジョンと「三つのプロジェクト」　ここで、ちょっと私と土井さんの関係を申し上げますと、私は土井さんが衆議院議員に当選された直後から『社会新報』の取材を通じて党改革を論じあって意気投合してきました。

たとえば、当選から1年にもならない1970年11月22日の紙面に「党大会に向けた新人議員をインタビュー」を連載していますが、そこで土井さんは「あらゆる人事交代を必要としている。……委員長選挙の方法を改めることを最重要課題にしてほしい。次期大会での実行を決議すべきだ。党員一人ひとりが選挙権を持つことだと思う」と、全党員投票を提唱しています。このインタビューをした時のことを私は非常によく覚えています。

その後社会党を政権の担える党に改革しようと結成された「新しい流れの会」でも一緒に活動した仲ですから、委員長候補に要請の声が出た際には、密かに出馬の準備を手伝っていました。

委員長に就任されてからも、代表質問のメモづくりなど裏方の作業に携わっていました。その後、委員長を支える支持基盤が社会主義協会系に移ったこともありましたが、土井さんとの信頼は揺らぎませんでしたけれども、私と土井周辺の方との関係がうまくいかなかったのでしょうか、だんだんと遠い関係に広がったのは残念でした。

話題を戻します。土井さんは委員長に就任することによって、党の内外から「新宣言」の具体化、党改革、党の体質改善、市民・女性との連帯、政策の見直しで大きな期待を背負うことになりました。

その具体的な動きとして政策分野にかかわる三つのことを紹介しておきます。

一つは、土井さんは委員長に就任して間もない1986年12月に、党外の有識者や市民の声を反映させるという目的で、「土井委員長を囲む会」(社会党に提言する会)を発足させています。「囲む会」には、「環境・公害」「高齢化社会」「海外援助と第三世界」「暮らしと経済」の四つのプロジェクトが設置されています(土井たか子著『せいいっぱい――土井たか子半自伝』朝日新聞社、1993年による。日本社会党50年史編纂委員会『日本社会党史』1996年では、五つのプロジェクトと記載されている)。これらの成果は、後に述べる「土井ビジョン」や社会党の政策に活かされることになりました。

二つは、党内作業として、山口書記長を責任者とする「21世紀への社会経済転換計画プロジェクト」が1987年5月に作業を開始。翌88年2月に「もう一つの日本と世界――21世紀への社会経済転換計画」を党大会で決定。私も起草委員のひとりとして作業に加わっています。これはその後加筆作業をして88年9月に政策審議会編として発刊されています。

三つは、1989年の参議院選挙に勝利して「連合政権への展望が開けた」として、土井さんは、89年9月に「新しい政治への挑戦」(土井ビジョン)と、伊藤政策審議会長が責任者として取りまとめた「土井委員長の提言に関するプロジェクト報告」を発表しています。

この作業には、私はちょうどその時期、40日間ほどアメリカを訪問中であったためにかかわっていません。帰った時に、伊藤さんから「僕がパソコンに打ち込んだ草案メモを見ながら土井さんと議論していたら、パソコンをいじっていた土井さんが『消えちゃった』(データが消去された)となって、大騒ぎだったんだよ」とエピソードを聞いたことがあります。

ここでの「三つの報告」とは別に、自衛隊、日米安保、対韓政策、原発の問題については、中央執行委員会の下に設置された四つのプロジェクトで検討を重ねてきました。しかし結局、連合政権としての明確な見解を決断することなく、先送りすることになりました。

この先送りが、先に述べたように社公民連の政権協議を破綻させる要因になってしまいましたし、その後のPKO法案で意見を異にしてしまうことになるわけです。いわゆる基本政策は、長い間自社の基本対立軸でしたから、土井さんといえども決断することには厚い壁だったのだと思います。

田辺委員長の時代のこと（1991〜93年）

徹底抗戦で終わったPKO　話題をちょっと戻すことになりますが、土井・山口体制時代の1990年11月8日、自民、社会、公明、民社の与野党4党の幹事長・書記長会談は、PKO法案は「廃案とする」ことで合意しました。同時に、「同法案にかかわる非軍事、民生分野での国連に対する常設協力隊を自衛隊とは別個の組織として創設する」ことでも合意して、ただちに後段の合意の内容について詰めの協議が行われました。

ところが、山口書記長はこの協議の場から離脱します。それがどういう理由によるものか、いろいろ聞いてはいますが確かなことはわかりません。政策審議会での論議のなかでは、新たに創設される別組織と自衛隊の間で「人（隊員）が行き来する移動」を認めるかどうかが論点として残っていたけれども、別組織の創設構想自体に異論はなかったように記憶しています。

そういう経過を経て1991年9月に政府から再びPKO法案が提案されましたが、「別個の組織」はありませんでした。仮に社会党が協議の場にいたとしても同じ結果になったかもしれませんが、私はその時に離脱してもよかったのではないか、そこまでねばる過程を大事にすべきだったと思います。

この再提案されたPKO法案に対して、田辺誠委員長・山花貞夫（1936〜99年、後に委員長、国務大臣＝政治改革担当）書記長の執行部は、PKO法案をめぐって、なお公明、民社との接点を探ろうと努力しましたが不調に終わり、92年5〜6月にかけて結局参議院、衆議院で徹底抗戦を展開することになります。そして田辺委員長は、衆議院の最終局面の6月25日、社会党と社民連の代議士全員から預かっていた「衆議院議員辞職願」を桜内義雄衆議院議長に提出しました。この「辞職願」は「議長預かり」のまま PKO 法案は可決、成立しました。

この一連の PKO への対応を振り返って、私は次の三つの疑問が解けません。①山口書記長はなぜ 4 党協議の場を離れたのか、②田辺委員長はなぜ議員辞職願を含む徹底抗戦を選択したのか、③社会党が離脱した後の自公民協議のベースにあった「自衛隊とは別組織」はなぜ消えたのか、です。

私も当時のメモや資料を読み返して見ましたが、推論をすることはできますが、今現在それを裏付けるものがそろいません。ただ、現実路線への転換を主導してきた田辺さんが、巡り合わせだったとはいえ、最も古いという意味での社会党らしい、田辺さんが言われた「墓標」を刻む国会闘争しか選択肢として残されていなかった、そこに社会党のおかれていた現実があったのだと、今のところそう理解する以外にありません。

変化を引き起こしたシャドーキャビネット　田辺さんは、土井さんが 1991 年統一自治体選挙の敗北の責任をとって辞意表明後に設置された党改革を検討する委員会の責任者として、「政治の改革と社会党の責任」を取りまとめました。これが大会決定されます。そのなかに、①シャドーキャビネット委員会（以下 SC）の設置と、②衆参議員団の院内活動に関する事案の決議機関である院内総務会の設置があり、田辺さんが委員長に就任すると間もなく、この二つが実施されることになりました。

このことは何を意味していたかと言えば、政策立案や法案、内外の動きに対する見解発表等についての意思決定システムがガラリと変わったということです。それまで政策審議会の立案した政策や見解は、中央執行委員会の承認を得ることによって党決定となっていました。それが SC と院内総務会の設置によって、そこで党議決定できる仕組みに切り替わったということです。

私は、この党改革の実施によって、政策審議会の仕事に加え、SC を担当することになり、それに院内総務会の事務局長を兼務することになりました。総務会の兼務は 6 カ月ぐらいの期間だったと思います。当然のことながら、SC の事務局は政策審議会のスタッフ（職員、書記局）が担うということになりますから、その関係をどう整理するかという課題がありました。

どう整理したかというと、SCの事務局は政策審議会の全スタッフが兼務する。そのうえで、私を含めて8人が、わかりやすく言えば本籍をSCの事務局にして、政策審議会を兼務する、ということで運営を始めました。私は毎週開かれるSCの全体会議を担当していました。

初代のSCの「総理」は田辺さん、政策審議会長だった早川勝（1940年〜、後に村山首相補佐、豊橋市長）さんが「官房長官」に就任しました。

社会党参議院議員団が本館3階の第30控室をSCの専用会議室に提供してくれました。また、事務局は衆議院第一議員会館地下2階の大きな会議室をSC専用の「官房事務局」として使うことになり、私たち8人はそこにデスクを引っ越しました。

SCの発足で、社会党の政策立案をめぐって何が変わったかを簡単に紹介しておきます。

政策審議会の活動は、見解を出すにしても文章に仕上げることになりますので、どうしても従来の政策との整合性だとか、政策全体のかねあいを考えますから、慎重にならざるをえない面がありました。

他方、シャドーキャビネット委員会の活動は、日々内外で起こる出来事に対する社会党の見解や、政府・自民党の発信する事象に対して、できるかぎり時間をあけないで、すぐに現場に足を運び、あるいは政府見解や資料を分析することによって、ともかく自らの見解を発信することになりますから、社会党に長くあった理屈を物差しにして出来事の要因や対策を判断するといった作風を打ち破る意味で、効力は大きかったと思います。

1994年1月、田辺委員長の後を引き継いだ山花貞夫委員長は、2月に第三次シャドーキャビネット委員会を発足しますが、この段階では、ほぼ「表の閣僚」と官邸・各省庁に対抗する陣容を整えました。

私は、「影の官房長官」の日野市朗（1934〜2003年、元郵政大臣）政策審議会長のもとに設置された担当次長（影の副官房長官）——広報担当の岩田順介（1937〜2006年、元衆議院議員）さん、企画担当の仙谷由人（1946年〜、後に民主党政策調査会長、内閣官房長官）さん、事務担当の私——の3人で、ほぼ毎日のように打ち合わせをしていたことがなつかしく思い出されます。

山花委員長から村山委員長、細川連立政権の時代（1993年）のこと

連立政権で動いた山花・赤松体制　1993年6月、社会党と野党が共同提出した宮沢喜一内閣不信任案は可決、7月に衆議院解散・総選挙が行われ自民党は過半数割れして、社会党など8党会派は細川連立政権を誕生させることになります。社会党はこの総選挙で大敗北を喫しましたが、山花委員長・赤松広隆（1948年～、後に民主党副代表）書記長の執行部は、総選挙前の段階から非自民連立政権の実現に強い決意を固めていたと思います。

この前後に私が体験した三つのことからもそのことが言えます。

一つは、総選挙に入る前に山花さんから私（政策審議会事務局）に「総選挙後の連立政権を想定しておかなければならない。政策発表もの（委員長や書記長などが遊説先で記者会見して発表する政策）についての起草は工夫して準備するように。とくに消費税問題は柔軟性をもったものにするように」という指示がありました。

連立政権を組む場合、どこが政策調整の焦点になるか、個々にはそれぞれ考え方はあったにしても、みんなよくわかっていましたから、知恵を出し合って作業を進めました。

しかし、総選挙で社会党は大敗北を喫することになり、山花さんの「党の主体性を欠いた発言こそが敗因」として批判されることになりました。私は、政治は結果責任が問われるので「批判は当然だ」と思う反面、その批判の根底には「連立政権＝党の主体性を欠く」ことになるから反対、あるいは慎重に、との考え方があるように思えて、敗因のすべてを山花さんに押しつけるのは酷で辞任する必要はない、と思っていました。

二つは、大敗北を喫したけれども、非自民8党会派（社会、公明、新生、日本新党、民社、さきがけ、社民連、民改連）は、7月22日から連立政権樹立のための協議を開始しました。

連立政権協議の場は、委員長や書記長による折衝のほかに、政策に関連する協議の場としては「基本政策にかかわる問題」と政策担当者による「政策」の二つがありました。前者の基本政策に関しては久保亘副委員長が小沢一郎（1942年～、元自民党幹事長）新生党幹事長の代理である参議院議員の平野貞夫（1935年～）さんとの間で詰めが行われ「連立政権樹立に関する合

意事項」として、また後者については政策担当者会議で「八党派覚え書き」としてまとまり、8党会派の党首の間で署名されて、細川護熙内閣が誕生しました。

三つは、その間に（日時を確認できませんが）私は山花委員長から、①村山国対委員長の下で連立政権参画の場合に政務部門の意思決定システムのあり方、②社会党から入閣する大臣の政務秘書官の任命はどこがやるべきか、について早急に案を取りまとめるように、との指示を受けています。

前者については、後の8月4日にSCを解散、院内総務会や政審全体会議を廃止してシンプルな運営体制に切り替えが行われました。

後者については、大臣就任の政務秘書官は党本部が任命することになりました。これは、社会党大臣を狙い撃ちする野党（自民党）の質問攻勢に迅速に対応する必要からでしたが、同時に積極的な意味が与えられており、評価されてよいと思います。それは、自民党はもとより、連立政権でも他党のほとんどは大臣就任議員の秘書が政務秘書官となって、とかく利権がらみにつながっているのではということも言われていましたから、そういうやり方と一線を画したという意味からです。

山花委員長・赤松書記長は9月の臨時党大会で、総選挙の責任をとって辞任しました。後任には村山委員長・久保書記長が選出されました。ここで、細川連立政権の意思決定機構で村山委員長の位置づけが、後でふれますが問題を生じさせることになりました。

細川連立政権の政策・意思決定システム　細川内閣がスタートして間もなくの8月13日、連立与党は衆議院第二議員会館の会議室に各省庁の官房長らに集まってもらって、「細川連立政権与党意思決定機構」の説明を行いました。

この場の座長を務めていた赤松書記長の説明が一通り終わると、各省庁側からいくつか質問が出され、その中の一つに「細川連立与党の事務局の窓口はどこか」という問いがあって、赤松さんは隣にいた新生党幹事長の小沢一郎さんと何やら相談して、「当面、社会党政策審議会の浜谷事務局長が窓口です」と言っちゃったわけです。

なぜ、社会党になったかと言えば、歴史的大敗北を喫したけれども、与党の8党会派のなかでは第一党であり、衆議院では自民党に次ぐ第二党を確保していたからです。

私はすぐに、赤松書記長と日野政審会長に、事務局の役割分担を進言し、各党間で相談してもらって、「政府・与党首脳会議」は日本新党、「政府・与党連絡会議」は社会党衆議院事務局、「与党各派代表者会議」は社会党総務局、「政務幹事会」は社会党衆議院事務局、「政策幹事会」は社会党政策審議会、が責任を持つことを決めてもらいました。

以後、私は政策幹事会の事務局と、与党各派代表者会議に事務局として陪席することになりました。

政策幹事会は5会派で構成することになりました。これは与党のうち、日本新党と新党さきがけが、また参議院で日本新党と民改連が統一会派を組み、さらに社民連は日本新党とさきがけに事実上合流状態であったことから与党の調整・意思決定は、社会、新生、公明、日本新党さきがけ、民社の5党会派が行うことになっていました。

この政策幹事会で、日野政審会長は「政策幹事会の下に、各党間の部会の責任者等で政策調整にあたる『常設機関』の設置」を提案しました。これは、連立与党の政策調整・決定の仕組みのなかで「衆参の与党の全議員がそれぞれどこの段階・どこの場で参加してもらうのか」を、明確にしておく必要からでした。

この提案は当然のことであると考えていたところ、新生党の愛知和男(1937年〜、防衛庁長官)政調会長は「設置の必要はない」と主張。公明、民社、日本新党さきがけは、設置は必要だが当面政策幹事会で対応してみようということでした。数回の政策幹事会で日野さんもその必要性を説きましたが結論を出すことができず、事務局に「常設機関の設置」についての論点整理と試案を検討するように指示がありました。

すぐに5党会派から2名が出てほぼ2週間の間、意見交換を重ねて、「政策幹事会の下に常設の部会と課題ごとのプロジェクトの設置が必要である」旨の取りまとめをして、各党会派の政審会長・政調会長にそれぞれが報告しました。しかし、この案が連立与党の意思決定機構のなかで正式に受け入れられたのは翌年2月になってからです。

なぜ、そんなに時間がかかってしまったか。私の見方ですが、「細川連立与党の意思決定の仕組み」は、①各会派のナンバー1（委員長・代表）が閣僚として入閣しているので、与党党首レベルの調整は閣内で行われる（ここで社会党は、前委員長の山花さんが閣僚のため、閣僚による党首レベルの会議に村山委員長は出ることができない、という問題が生じました）。

そこで、与党の意思決定には、②党首会談の場を設けないで、与党代表者会議（各党会派のナンバー2＝書記長・幹事長）に与党としてのすべての権限を集中させることが、小沢さんの考え方の基本にあったのだと思います。

ですから、「与党各派代表者会議――各派幹事会――政務幹事会・政策幹事会」以外の常設機関の設置を基本的に認めないとする「シンプルな仕組み」を、小沢さんは譲ろうとしなかったのではないか。私は、新生党の愛知さんから何度か「小沢さんがOKと言わない」という話をお聞きしたことを覚えています。

小沢さんとすれば、①連立与党の8党派の掲げる理念・政策の幅は広く、②信頼感は強くない。③さらに社会党の運営手法は自民党のボトムアップ方式と満場一致方式にきわめて類似していて結論までに時間を要する。④細川連立政権がスタートしたものの、8党会派で合意した重要政策の項目のほとんどが「引き続き協議を続ける」となっていることから、部会や課題ごとの調整会議を設置すると、議論はできても、「結論をだせない」与党になることをおそれていたのだと思います。

もう一つ、先ほど事務局で「常設機関」設置の論点を検討したと言いましたが、その経験から私は、それぞれが政党の風土みたいな違い、つまり、①リーダーに任せる政党とボトムアップで積み上げる政党、②歴史を持つ政党と新党を再編過程と位置づける政党、③それぞれ所属議員の数にバラツキがあり、連立与党参画への目的というか、場の必要度の違いを感じていました。

各党の政策調査会（政策審議会）事務局スタッフの数は、社会党30数人、公明党10数人、民社党、日本新党さきがけ、新生党がともに10人以下でした。

当時、新生党の議員は、いずれ再編が進むから「うちは今スタッフを揃えることはしない。政策は官僚を使えばいい」と言っていたように、政策の違いとは別に政策活動の位置づけにそもそもの違いがあったことなどが、先送りの要因になったように思います。

今お話ししたように、連立与党の「シンプルな仕組み」では、各会派は省庁から案件の説明を受けられない、受けにくい状況になっていました。ずっと後に民主党の鳩山由起夫連立政権誕生の際に、当時民主党の幹事長で采配をふるっておられた小沢幹事長が民主党の政策調査会を廃止し、権限を幹事長室に集中させた件と、すごくよく似ているな、と思いました。

話を戻します。9月中旬になって予算編成が本格化したこともあって、各派幹事会と政策幹事会は各派代表者会議と相談の上、政策幹事会が関係部会長会議に委嘱するなど、「細川連立与党の意思決定の仕組み」を補強するということで、「細川連立与党の政策・法案審査システム」とその「構成と運用細則」を決定しました。

さらに、翌1994年2月24日に「細川連立与党の法案審査手順」、引き続いて3月3日になって「与党内法案審査等の実施要領」(政策幹事会による事前審査を要する法案の指定および事前審査)等と「省庁別チーム」の設置を決め、やっと与党の政策意思決定の仕組みが整いました。

最後のところの内容は省略しましたが、連立与党にとって一番大事な調整の仕組みづくりが政権発足から半年も経っていたということが、細川連立政権の象徴的な出来事であったと言っていいのではないかと思います。

村山連立政権、第一次橋本連立政権の時代(1993〜96年)のこと

「3:2:1」の政策調整の仕組み　自社さ3党による村山連立政権が1994年6月29日に誕生しましたが、首班指名を終えて衆議院本会議場から廊下に出た村山さんが、衛視や報道陣に囲まれて移動する場面を見て、あまりの変わりように私はびっくりするより正直言って呆然と見つめていたように思います。それからすぐに政策審議会に戻って遅くまで待機していました。

翌6月30日未明に3党首会談が行われ、社会、さきがけが合意していた「新しい連立政権樹立に関する合意事項」を、村山富市委員長、橋本龍太郎(1937〜2006年、自民党、後に内閣総理大臣)総裁、武村正義(1934年〜、新党さきがけ、大蔵大臣)代表の3党首は「口頭」で「合意」しています。

その後だったと思いますが、私は関山信之（1934～2014年、衆議院議員）政審会長から自民党とさきがけの事務局レベルで話し合うように指示され、また久保書記長からも村山連立与党の「意思決定システムのあり方」について、「明日までに案を作って持ってくるように」との指示を受けています。同僚の意見も聞いて翌日、関山さんと久保さんに原案を説明して、手直しして「久保試案」として整理したことを覚えています。

これはエピソードですが、自民党政調の高野千代喜事務部長、畠山三央事務副部長、さきがけ政調の山田實事務局長、増尾一洋さん、社会党から私と長谷川崇之事務局次長らで与党の会議の場所をどうするか、など下相談しました。

自民党の高野さんが「使っていない部屋がある」というので、第一議員会館地下1階の部屋の鍵を開けると、蜘蛛の巣がかかって奥の方はいろんなものが置いてありましたが、相当広い部屋でした。この部屋を与党調整会議の会議室として使うことになりました。自民党の「眠っていた会議室」の利用でした。

この打ち合わせの時に、高野部長は「第一議員会館1階にある自民党憲法調査会は自民党本部に移すことにする」と話してくれました。事実、その後、自民党憲法調査会の看板が外されました。

3党の政策調整に話を戻しますと、7月2日に開かれた3党の幹事長・書記長、国対委員長、政調会長・政審会長の会議で村山連立政権与党としての意思決定の仕組みを大筋で合意。その後に開かれた政策調整会議で、加藤紘一（1939～2016年、後に自民党幹事長）政調会長から「連立与党のすべての会議を『自民3: 社会2: さきがけ1』の構成比で運営していきたい」と発言があり、これを確認。そして正式には7月11日の与党責任者会議と政府与党連絡会議で「連立与党の意思決定機構」が決められました。

その後、7月22日には、政策調整会議で「運営にあたってのメモ」を決定して、19の「省庁別会議」、5つの「課題別調整会議（プロジェクトチーム：PT）」を設置させて、95年度概算要求の取りまとめや景気対策などすぐに着手しています。

さらに9月27日の政策調整会議で、「村山連立与党の法律案等の審査システム」と、政府提出の案件に対して、政策調整会議と省庁別会議で審査する分担を決めています。この決定をもって、基本的には自社さ・村山連立与党の政策決定の仕組みは整ったことになりました。

その運営で特徴的なことの一つとして、連立与党と省庁の関係にケジメをつけたことをあげることができます。たとえば、自社さの省庁別調整会議が審議した結論を与党政策調整会議が報告を受けて、与党調整会議の見解を決めることになりますが、その席に関係省庁の関係者の傍聴・陪席を禁じました。

自民党は長期政権の下で与党と省庁の「一体的運営」を当たり前のこととしていただけに、省庁に衝撃を与えたようです。政策調整会議の部屋の外に省庁の役人が黒山になった光景をよく見ました。それで、なんとか傍聴だけ認めてほしい、という要望もよく聞きましたが、自社さ連立の下では聞き入れることはありませんでした。

3党による政策調整は、村山内閣のスタートから1年くらいは順調（社会とさきがけが議席比以上の発言権）でしたが、後半から、さらに第一次橋本連立政権では「仕組み」はそのままだけれども、運用面では次第に自民党の発言が大きくなっていきました。

振り返りますと、1995年度予算編成の調整作業が本格化する秋口当たりから、自民党のなかに「自民3:社会2:さきがけ1」に対して不満がくすぶっている声を、ちょくちょく耳にしていました。当時の自民党は衆参を合わせると約350の議員がいましたから、「自民3:社会2:さきがけ1」では、与党調整に参加ができない議員が大勢いることになります。

他方、社会党は140名くらいですから、大臣や政務次官など政府、与党の政策調整、党務のいずれかで活躍できる場があります。ですから、自らの主張が通らないという不満はあっても、参加しているというか、野党時代と違ってやりがいはありますから、そう不満がないのです。ところが、自民党はその逆で、活躍の場が限られていることから不満が次第に大きくなっていました。それを加藤政調会長が抑え込んでいたのだと思います。

自民党がその不満を爆発させることになったのが、「戦後50年問題」でした。これは後でお話しします。

いわゆる基本政策の転換　村山連立内閣が発足して、私たち政策審議会の裏方としては、何よりも気がかりだったのが「答弁メモづくり」のことでした。野党は攻めまくってくるだろうし、国会が始まれば待ったなしですから、よほど基本的スタンスを共有しておかないと大変な事態になりかねない、と考えていました。

村山さんは首相就任から間もなくナポリサミットに出発。そのころだったと思いますが、五十嵐広三（1926～2013年、SC自治・環境委員会の委員長）官房長官から、臨時国会が召集されるので答弁メモの作業を急いでほしい、という連絡をいただきました。

ただその時、私は「どういうスタンスで」という問いはしませんでした。書記長や政審会長からも指示されたことはなく「阿吽の呼吸」ということで作業をしていました。この時点で明確な指示が出されたとなると、それ自体が大ニュースとなって、党が混乱しかねない問題をはらんでいましたから、みなさん慎重でした。

村山首相が帰国されて臨時国会が迫ってくるなかで、村山首相、五十嵐官房長官ら社会党出身の閣僚と、党側から久保書記長、関山政審会長、山花前委員長、上原康助（1932～2017年、国土庁長官、沖縄・北海道開発庁長官）安保・自衛隊・軍縮基本政策委員長が首相公邸で行った2回の会合（7月12日と14日）が開かれて、その現場に私は居合わせています。

2回目の会合の際に、自衛隊や日米安保の問題点を長々と議論するのを聞いていた村山首相が、テーブルを叩かれ「そんなことはわかっちょる。今はそんなことを議論しちょるんじゃない」と言われました。その時私は、村山さんが転換する方針を固めていることを確信しました。その直後に、私は政策審議会の同僚の担当者に「細川連立時代に社会党出身の閣僚が追及された時の閣僚答弁でいく場合には蓄積があるので、転換する場合の作業の準備を急いでほしい」とお願いしたように記憶しています。

政策審議会での答弁メモづくりの作業が始まったのは、7月19日に内閣参事官室が与野党の質問予定議員から「質問取り」のレクチャーを受けた後――官邸や各省庁では答弁メモが書けないので――園田原三首相秘書官を通じて「所管外質問」に対応してほしい旨のファックスを受けてからです。それが午後7時から8時くらいではなかったかと思います。

すぐに担当を割りふって草案メモづくりの作業に入り、最終メモをまとめて官邸で待っていた園田さんに、また関山政審会長、久保書記長に届け終わったのは深夜午前1時を回っていました。こうした作業が19日から21日までの3日間ほど続きました。

官邸では、首相の指示を受けて5人の秘書官を中心に、各省から上がってくる答弁メモ、政策審議会から上がった「所管外質問」に対するメモが整理され、翌朝、村山首相が最後の筆を入れ、最終答弁メモができ上がり、本会議で答弁されました。

7月20日、村山首相は「自衛隊を合憲」、「日米安保条約を堅持（維持）」などいわゆる基本政策と言われる問題に、従来の社会党の方針を転換する答弁をしました。

自社さ連立政権と「戦後50年」　先ほど後にと言いましたが、1995年8月に出された「村山首相談話」と、その前後の「戦後50年にあたっての国会決議」と政府主催の「記念行事」の経過を振り返ります。

そもそも「国会決議」と政府主催の「記念行事」は、自社さ村山連立政権が誕生した際に3党首の合意のなかに書かれていた約束ごとの事案でした。このため、3党は政権発足から間もない1994年8月中旬に政策調整会議の下に「戦後50年問題プロジェクト（PT）」を設置。私の「メモ」によればその前に自民党の加藤政調会長は「『戦後50年』は（自民党にとって）一番やっかいだ」が、「自民党として歴史認識を含む協議を（認めることを）社会党大会（9月4日）までに決着する」と発言するなど、非常に気にしていました。

それで「戦後50年問題PT」はただちに協議を開始して「原爆被爆者援護法案」をまとめ同法を成立させたことをはじめ、翌1995年8月までに9項目の課題について合意させています。

並行して1995年2月からは、「国会決議」と政府主催の「記念行事」について協議を開始します。協議は、3党が国会決議に関する①基本的考え方、②第一次試案、③第二次試案を提示して行われました。論点は、①過去の戦争をめぐる侵略行為（戦争）と植民地支配に対する認識、②「反省」や「お詫び」「不戦」のキーワードに集約されていました。

ところが、自民党内では前年の1994年12月初旬あたりから、すでに「国会決議に反対」する動きが表面化していました。動いたのは奥野誠亮（1913〜2016年）氏を会長とする「終戦50周年国会議員連盟」です。翌年2月には自民党の160名の衆参国会議員が参加しています。事務局長代理は安倍晋三氏でした。

その結成趣意書には、「過去の戦争処理は、平和条約や講和条約によって解決されてきており……日本も決してその例外ではなく……外交上すでに決着している問題であります。先の大戦について、改めて我が国が国際社会のなかで後世に歴史的禍根を残すような国会決議を行うことは、決して容認できるものではなく……」とあります。

自民党はこの結成趣意書に沿って「戦後50年問題PT」の協議に圧力をかけ続けたことになります。

与党政策調整会議はPTからの報告を受けて、その後は政策調整会議、院内総務会、責任者会議で最終調整の詰めを行い、その間に野党の意見にも配慮しながら与党案を決定して、新生党と折衝しましたが、新生党も自民党と同様に「決議反対派」を抱えていましたから結局まとまらずに衆議院は6月6日にやむなく「歴史を教訓に平和への決意を新たにする決議案」を決議することにしました。

ところが「決議案」採決の賛成者は、衆議院議員総数の過半数に満たない230人。与党から70名近くと、野党の新進党は欠席するという国会決議になりました。安倍晋三氏も当時の本会議を欠席した1人です。決議の内容、形式ともいちじるしく損なわれたものになりました。

もう一つの、政府主催の「8月15日の記念行事開催」もやはり自民党の圧力で延期させられてしまいます。

与党50年問題PTは「記念行事の開催」について、①開催は8月15日、②主催は政府で合意（与党政策調整会議、与党責任者会議も合意）し、その具体化を政府に求めたのが1995年5月中旬だったと思います。

政府（五十嵐官房長官）は与党側と調整しながら、「「戦後50年を記念する集い（仮称）」について（案）」を取りまとめ、与党の協力を求めてきました。

ところが、自民党は外交調査会や総務会で、政府案が講演予定者にした作家の司馬遼太郎（1923～96年）氏を「ふさわしくない」。オーケストラの演奏とあるが、ここには「日本古来の伝統がみられない」。8月15日は「「戦没者を追悼し平和を祈念する日」で十分だ」などを理由として反対。

7月4日、与党3党の幹事長・書記長会談が行われたけれども、「予定通り開催」を主張する社会党に対して、自民党が「延期する主張」を譲らなかったことから、政府が引き取り、同日村山首相は「延期する」ことを決断することになりました。同日、五十嵐官房長官は記者会見で「8月15日の開催を延期する」と表明するとともに、「戦後50年談話は規定方針通り発表する」と語っています。

当時「50年問題PT」は、①被爆者援護法、②国会決議、③いわゆる従軍慰安婦問題について「女性のためのアジア平和基金の設立（1995年7月19日）」が処理されていたので、自民党内の不満が高まっている、という声を私は聞いた記憶があります。

以上述べてきたような二つの約束が果たせないことから、五十嵐官房長官の下で「村山首相談話」の準備が進められ、8月15日に閣議の決定を経て「村山首相談話」として発表されることになりました。発表時の官房長官は直前に内閣改造で野坂浩賢（1924～2004年）さんに交代していました。

ここで大事なことは、「村山首相談話」は、当時自民党総裁であった橋本龍太郎通産大臣をはじめ全閣僚の賛成を得て閣議決定、それを与党である3党は支持したという事実です。自民党内には先ほどふれたような異論があったけれども、です。昨年、安倍首相は「戦後70年の談話」を閣議決定していますが、村山首相による「戦後50年談話」は以後20年の間、日本政府の公式見解として役割を果たし、現在も重い存在感を示している意味から、その経過を振り返りました。

1990年代の社会党議席激減の要因分析　最後になってしまいましたが、みなさんから問いかけをいただきました「1990年代の社会党の議席激減の要因についてどう考えているか」についてです。

ご存じのとおり、社会党は、土井委員長時代に実施された1989年の参議院選挙と90年の衆議院総選挙で、大勝利。ところが一転して92年の参議院選挙（田辺委員長）、93年の衆議院総選挙（山花委員長）、95年の参議院選挙（村山委員長・村山連立政権）のいずれにも大敗北を喫したわけです。

その「要因」となると、社会党50年の歴史の総括そのものにかかわることになって容易なことではありませんので、ここでは、社会党と総評・労働組合の関係という視点から見て、私の問題意識を箇条書き的に簡単に以下紹介して、役割を果たすことにしたいと思います。

一つは、労働組合員の意識・価値観の多様化が一層進んだことによって、社会党候補者に対する選挙活動や集票効果の低下に歯止めをかけることができなかったこと。

二つは、土井時代の社公民連の連合政権協議と選挙協力が破綻し、さらにPKOをめぐる見解の相違から、社公民連の関係を修復できず、選挙協力は頓挫したままの状態となってしまったこと。

三つは、1990年代の連立政権のあり方および「新党づくり」をめぐって、社会党と労組にそれぞれ複数の考え方が起こり、社会党がこれを調整・統合することができず、労組独自の判断による選別支持、社会党以外の党との実質的な選挙協力が促進されることになったこと。

四つは、土井委員長時代に市民による支持層が広がったものの、その後支持層の離反を食い止めることができなかったこと。

五つは、連立政権を具体的に目指したこと、および連立政権に参画、さらには首班政党を担ったけれども、そのことによって党の存在感を積極的に打ち出すことができなかったこと。

六つは、重複しますが新しい時代の「ビジョンの提起」と「束ねることのできる指導者」を欠いたこと。

七つは、したがって、社会党は多くの選挙区で「裸になっての選挙活動」を余儀なくされてしまったこと、ではなかったかと思います。

おわりに

最後に一言。社会党は1996年「新しい党づくり」に失敗して、党を分散させ、50年の歴史に幕を閉じることになりました。その渦中に居合わせた本部職員の１人として痛切な反省があります。１人の力ではどうしようもない大きな流れがあったことを理解しながらも、です。

何とか新党づくりを成功させて、社会党が1990年代に連立政権に参画して学んだ経験を活かして、連立政権を担える現実的政策を磨くとともに、社会党の大先輩が戦後議会政治と大衆運動を通じて国民（市民）的共通の価値として根づかせてきた福祉社会や非核三原則など「戦後の資産」の実績を引き継いだ、新しい党づくりに参加してみたかった、との思いはありました。

拙い経験談になりましたが、お聞きいただきありがとうございました。

初出
『大原社会問題研究所雑誌』No.709／2017年11月号
https://oisr-org.ws.hosei.ac.jp/images/oz/contents/709_06.pdf

第15章
総評解散後の労働組合と社会党

——橋村良夫氏に聞く

「連帯する会」の会長として、民間労組と官公労、連合と社会党とを結びつける役割を果たした本人が、「連帯する会」の動向や「民主・リベラル新党」、民間労組でありながら社会党との連携を強めていくプロセスを詳細に説明。新党に向けた総評の結束力も伝わる証言。

［略歴］
1937年　東京都北区十条に生まれる
1952年　シチズン時計田無製造所入社
1956年　都立小金井高校機械科（定時制）卒業
1969年　シチズン時計労組執行委員
1973年　同　書記長
1977年　同　委員長
1978年　全国金属労組中央執行委員
1982年　同　中央執行委員長
1989年　金属機械労組結成、中央執行委員長代理
1991年　同　中央執行委員長
1992年　シチズン時計退社
1992年　金属機械労組常任顧問
1997年　同　退職
2014年7月現在　JAMシニアクラブ顧問

報告

単組時代の思い出

単組時代での思い出としては、いま別会社となっているシチズンプラザ、

ボウリング場とスケート場になっている高田馬場のシチズンプラザ（東京都新宿区）のところが本社工場でしたが、ここの移転問題が出て、田無のほうに移転するということで大騒ぎをした時の経過。それから所沢に研究所がありましたが、そちらに精機部門の工場を移すという時、全学連系の組合員がいまして、搬入阻止で守衛所の前にオートバイで乗り込んできたとか、いろいろなことがあった時代でした。

組合長になってすぐは単組内での問題もいっぱいありましたので、産別（全日本産業別労働組合会議）のほうの役員は遠慮しまして、2年ぐらいたってから執行委員になりました。この時に同業他社労組との関係とか、産別を超えて業種別共闘というのがありましたので、時計関係では時計労協、時計労働組合協議会、光学関係などともずっと付き合いがありました。総評全金（全国金属労働組合）の委員長選出にあたり、在京でだれかいないかということで、たまたま私に白羽の矢が立ちました。いろいろ話をしてみんなも協力してくれるということで「委員長に出るよ」ということになりました。

1982年、宇奈月で大会が行われました。この定期大会のなかで、後に触れる労戦統一をめぐった動きが産別のなかにもいろいろありました。その経過のなかで当時、副委員長だった松尾橋梁の中里さんという人が急きょ立候補することになりました。向こうに言わせれば僕のほうが急きょ立候補で、向こうは既定路線だったのかもしれません。全民労協（全日本民間労働組合協議会）の加盟反対グループがかついだ中里さんとの一騎討ちといった形の委員長選挙になりました。その後、このグループは全金から抜けて、JMIU（全日本金属情報機器労働組合）というところに行ってしまいます。

行ったばかりのころは、全金とライバル関係にあったのですが、全金同盟の『30年史』を読んでみましたらまったく違う立場で書いてあります。1950年、同盟金属の山中温泉で大会が開かれました。同一地方から委員長候補を出さないという不文律みたいなものがあったようですが、この時に大阪のほうから前の全金の委員長の椿さんという方が出てきた。このことをめぐって神奈川、大阪、埼玉あたりからの反発もあって、これを契機にして「総評全金」と「全金同盟」に分裂していったという経緯になります。そのようなことも含めて実は、総評全金宇奈月大会で32年ぶりの委員長選挙になりましたが、当時の一番の関心は労働戦線の統一問題でした。

1982年11月に全民労協がスタートしました。その時に幹事になりまして、同時に87年11月には民間先行の連合がスタートしましたので、この副会長（単産の委員長の当て職のようなもの）にもなりました。そういう経過のなかで総評の副議長にもなりました。総評の副議長をやっているうちに、総評のなかにも公共部門とか民間部門とか公労協部門とか、そういう部会がありまして、民間単産会議の議長を仰せつかりました。

この時には全的統一に向けたいろいろな話がありましたが、全的統一に向けた話はどこかで聞いていると思いますから簡単に話します。民間単産のなかでも全民労協に行ききれなかった中小単産がありまして、これをめぐって入れるか入れないか。組合綱領まで持ち出して、とりわけ分裂しているような組合、造船関係とか繊維関係とかそういうところに対してひどく、こんな小さい単産に対してどこまで神経ピリピリしているんだろうと思うような細かい話までありましたので、その辺の調整の仕事。あるいは、いろいろ流れてくる情報がそれぞれのところから勝手に聞いてくる情報と混同してしまって大変な部分があったので、その情報交換。あるいは民間単産として統一的に対応していこうではないかとか、そのような調整役をやっていたのがこの時代です。

同時に、89年には官公労の組合も全的統一ということで一緒になりますが、これをめぐってもいろいろと動きがありました。とりわけ当時は国鉄民営化の問題がありました。干された問題とか出向の問題とかあったものですから、情報交換をいろいろやりました。すべてがそうだとは思えませんが、民間単産と官公労の皆さんと懇談会をやろう、情報交換をやろうというと、双方の代表1人が挨拶と若干の情勢説明をした後はすぐ懇親会という名目の一杯飲み会になってしまうものですから、顔を合わせての関係ではいろいろ話ができますが、全体の関係のなかでの話が回っているのか回っていないのかはっきりしない。このような点に気がついて、最低でも1時間は情報交換をしましょう。皆さんのところに入っている情報はどうか。私たちが聞いているのはこうだ。どういうことを主張したいのか。このようなやりとりをするということで、総評副議長の時には官公労との関係の橋渡しというようなことをしていました。

総評全金と全金同盟

当時、私のいた総評全金というところは階級的対立型と言われていました。全金同盟は労使協調型と言われていました。全機金、いわゆる新産別全機金の関係は対立と調和だという言い方をされているような組織でした。これについても一本化していこうではないかというような動きが一方でありました。総評時代には総評民間単産というのは150万ぐらいしか……。450万と言いましたが、内300万は官公労です。民間は私鉄や鉄鋼などをひっくるめて150万ぐらいで、全金は15万弱の組織を持っていました。そうかといって、これが民間全体の統一となった時、ましてや分裂して10万、11万ぐらいになってしまった組織が、いままでの運動を継承しながら産別活動ができるのかといった不安も一方でありました。ですから、なるべくそういう関係の結集を図っていこうということで、機械金属共闘会議とか、さまざまな仕掛けをそれまでにやってきました。89年の「連合結成大会」に間に合うように「金属機械」という新組織を、中立グループと総評全金と新産別全機金と京滋地連とで結成しました。これが金属関係の全的統一への流れをつくることになりました。

81年12月ごろに労戦統一準備会が発足します。82年12月に全民労協結成総会が行われています。87年11月に、全民間労働組合連合会（民間連合）ができました。89年11月に官民統一の連合、いわゆる今の連合のスタートです。そんななかで労働戦線統一がずっと流れていますが、総評・社会党ブロック、同盟・民社党ブロックという関係では、労戦統一の流れのなかで87年11月に民間連合がスタートしたとき、旧同盟、中立労連、新産別は解散し、旧同盟グループは友愛会議をスタートさせました。

友愛会議と民社党との関係について全金同盟の『50年史』を見てみますと、民社党の勢力拡大に向けて、政治活動としては党・職場支部の結成、地方金属党員協議会の設置、行政区ごとの組合員名簿の整理。さらに財政面では活動充実に向けた寄付金の募集、組合員の2%以上を民社党員にしようではないか。さらに、党の機関誌の購読といったことが挙げられています。政党と労組の関係は、どこも同じようなやり方をやっているんだなという感じだと思います。総評と社会党との間で明確な取り決めがあったかどうかは知りませんが、おそらく当初は同じようなことをやっていたのではないかとも考えています。

同じく87年11月、民間連合ができる直前に同盟は解散しますが、同盟のほうは、中期的視点に立って勤労者、生活者に軸足を置いた政権交代可能な政治勢力の結集を目指す。同時に、従来の民社党一党支持から一歩踏み出して、政治勢力の大結集を視野に入れる。このような方針に転換しています。後に触れる民主・リベラル労組推進会議などの動きとも連動するような動きとしてこういうものが出てきます。総評のほうは、これまたご案内のように1989年11月に解散大会を開いています。黒川武さんと真柄栄吉さんという議長・事務局長コンビで総評40年の歴史に幕を下ろすことになります。明けて官民統一「連合」のスタートとなるわけですが、89年11月に労働4団体時代の終焉を迎えます。

「連合」の時代

当時、連合は個々の政党支持の関係については加盟労組に任せるということで一本化は不可能という状況だったものですから、そういう形になっていました。連合の政治方針としては、政策要求の一致する野党との協力・協調関係をつくっていくとうたっています。官公労のほうは事業のあり方や労働条件にしても全部予算で縛られています。したがって賃上げ要求を解決しようとしても政治的な場に持ち込まないとなかなか解決できなかった。ところが民間のほうはそれなりに、経営側のほうに統治者能力があって、労使交渉によって一定の結論を見いだすという形でした。

そんなことで当初、結成に向けたなかでもぎくしゃくした問題の一つとして、総評関係では産別の課題もナショナルセンター（労働組合の全国中央組織）でやっている。たとえば日教組でやった教育主任問題などの関係についても、総評全体で取り組むという形をとっていましたが、連合の場合、産別課題は産別で処理してください、連合は連合全体の問題に対応していきますという形でした。後に、ある官公労の幹部が言っていましたが、総評と同盟というような関係でこういう違いがあるのかと思っていたけれど、そうではなくて、やはり民と官の違いなんだなといみじくも話していました。

一方、連合のほうの関係のなかでは、また後に触れたいと思いますが、1989年7月の参議院選挙で連合の推薦する候補11名が当選しました。特定政党は支持しないというようなことを言っていましたが、山岸章さん（1929年～、連合初代会長）流のやり方で一つインパクトを与えようという目論見もあったのだろうと思います。そのようなことがあったことを頭に置いていただきながら、総評の解散に伴って総評センターがスタートしました。社会党支持労組会議のスタートということと同じです。総評だけではなくて電機労連などの、いわゆる中連と言われているグループの仲間も入れて社会党支持労組会議というのができていました。

総評センターは、38単産、356万8800人と言われています。理事長には前の総評の事務局長だった真柄さん。加盟単産としては、総評加盟の産業別組織のほとんどが参加しました。労働運動、組織活動の主要部分は連合のほうに移りましたが、残された部分、平和センターとか政治センターその他の活動をしていこうということです。

総評センター

総評センターのスタートにあたってもいろいろなことがありました。当時の労働組合全体の動きとして、労働条件の改善・向上を主目的に結成されている労働組合にとって、それまで4団体と言われる状況下での力の分散を一つにまとめよう。戦後の離合集散の歴史に終止符を打って力を一つにすることによって、その力をフルに発揮できるようにしようではないか。労働戦線の統一に向けた動きは、まず民間先行で全民労協、民間連合、そして官民統一の「連合」の誕生までこぎ着けたわけです。

しかし、それまでの政党支持の関係がそのまま各加盟産別に任されたため、社会党・総評ブロックは社会党・総評センターという形に、同盟・民社党ブロックは友愛会議・民社党支持の形で継承されることになりました。いずれもそうだろうと思いますが、主目的を外れた組織はその求心力を高める努力を一方でしながらも、せっかくつくり上げた連合運動の妨げとなってはいけないといった変なジレンマにとらわれながらの活動であったことは否めない事実です。総評解散、総評センターの結成、その総評センターの解散により、それを引き継ぐ形での「連帯する会」は、かつての総評・社会党ブロックと同様の力と影響力を政党に対しても組織に対しても持ち得なかった。これが率直な反省というか、気持ちです。

労働界統一のエネルギーは連合誕生によって一段落しました。そのエネルギーが連合の力と政策に基づく結果として特徴的に取り上げられるのが、先ほど申し上げた89年7月の参議院選挙における連合推薦候補の躍進と、その後に生まれた連合参議院を挙げることができます。このことは政界にも大きなインパクトを与えたと思いますが、その後の取り組み、活動の弱さから、連合内における政治的意思決定の不足等もあったために長続きせず、その次の選挙では多くが落選します。その後、民主改革連合に改称したりして細川政権の時には参加していますが、その後は、民主党の結成に参加し、その使命を終えたということでしょうか。

政界との関連で

93年の「連帯する会」ができるころからお話しします。93年1月に、社会党の関係で見ますと、田辺誠委員長が突然辞任します。山花貞夫・赤松広隆体制が誕生し、政治改革、政界再編、創憲を打ち出します。政治改革関連法案をめぐる宮沢内閣の不信任案可決で、連立時代の幕開けとなった衆議院解散・総選挙となります。衆議院選挙の結果、自民党は過半数割れをし、この時、社会党も70議席と大きく落ちました。そんな経過のなかで非自民、反共産の8党会派の連立政権となり、細川護煕政権が登場します。いろいろな意味でこの辺から混乱が始まりますが、そんなことを背景にして「社会党と連帯する労働組合会議」(連帯する会) というものが生まれます。

その前に、連合の組織内の政党との関係ですが、元日本女子大学教授・高木郁朗さんの説によれば、①連合内には総評・社会党、同盟・民社党といったブロック関係を維持していこうというグループ。②歴史的和解ということで新たな党をつくろうというグループ。③党の関係など考えないで、直接利益の上がるところとロビイストのような活動をやっていこうというようなグループ。たとえば①と②の関係では重複するところがありますが、③では、いくつかの産別はドライでして、党の関係よりも議員個人との関係。その議員が所属している審議会というか、専門委員会というか、そのような関係とのコンタクトを取っていくほうが手っとり早く言うことが通るということもあって、そういう動きがありました。そんなこともあったものですから、一方で新たな政党をつくっていこうではないかという動きも、どこがということではなく、あったというふうに理解しておいてください。

そのようななかで92年9月、連帯する会がスタートします。結成の出発点は先ほどから言っているようなことです。一つは社会党の最大の支持基盤であった総評センターの解散に備え、新たな視点から社会党を支持する諸団体の幅広い結集を図ることが必要だという認識。自民党に代わる政権を目指す社会党にとって、社会党を支持する労働組合は幅広い結集体の中核的存在であるということ。このような共通認識のもとに、労働組合と社会党の新たな支持・協力関係を築き上げるために新組織を結成する。このようなことで中立労連等とも合意したわけです。こうして生まれた連帯する会の役割は、社会党を支持し、共に活動すること、連合が支持・協力関係を持ちうる新しい政治勢力の結集に向けても活動すること、この二つでした。

連帯する会は92年10月29日、結成総会を行いました。結成趣意書にも書いてありますが、その時に私は会長に就任しました。就任の挨拶の趣旨は次のようなものです。

新しい時代における社会党と労働組合の新しい関係を追求する新しいスタートとして位置づけたい。総評がいままで労働者、勤労者の多くの課題、春闘、中小地域共闘、地域運動、組織、権利、反核平和、そういう課題に応えるナショナルセンターというデパートであったとすれば、総評センターは連合に移行させきれない総評運動、先ほど言った平和とか政治の問題を継承するような、規模としてはデパートではなくてスーパーマーケット程度になるのか。連帯する会は、社会党を支持し、共に活動する。この1点に絞られるいわゆる専門店という位置づけになりますから、そういう面で社会党のこれからの活動がこの会の活動にも大きな影響を及ぼすことになるでしょう。

たとえば方針と結果、建前と本音の乖離、言葉や文言だけがエスカレートする。その結果として言っていることと結果がますます乖離してくる。このようないままでの繰り返しではとんでもないことになるでしょう。連帯する会として急ぎやらなければならないことは、新しい組織の機能の充実と組織的結集力の高揚。地域組織の結成とその組織の充実。さらに労働組合以外の社会党支持グループとの交流とネットワークづくり。将来的には組織としての支持・協力関係だけではなくて、個人献金も含めた支持層の輪をどうつくっていくかなど、課題は数多くあります。文字や言葉を実現させる現実のものとする組織力と行動力をどうつくっていくか。選出された役員の皆さんとじっくり相談しながら着実に歩みを進めていきたい。このような趣旨の挨拶をしたことを思い出します。

連帯する会とはどんな組織なのか。結成当時は33単産1組織559万人。会長には私が、事務局長には高野博司さんという自治労出身の方が就任しました。

「連帯する会の機関運営」は、決議機関としての総会と代表者会議、日常業務執行に当たる運営委員会、会の執行体制を充実させるため会長、会長代行、事務局長をメンバーとする6人委員会、会長、会長代行、副会長、事務局長をメンバーとする三役会議を設けることにする。実質的には6人委員会というのが主として活動していました。これらの活動の関係について、そのほかにも必要に応じて単産書記長会議、単産財政担当者会議、社会党と連携し進める政治・国民運動担当者会議等を開催することとしてきました。

「500万組織を目指す活動」というのは、単産・単組・社会党を支持する労働組合グループへの働きかけを強化する。先ほど連帯する会は559万人と言っていましたが、内数としてまだはっきりしなかった部分がありましたし、外の関係、言うなれば地方にあった県評グループ。総評は総評何々県評というものを組織として持っていましたから、この組織も連帯する会の組織に、吸収ではなくて一緒に連携していこうではないかという構想を持っていましたので、そのような努力をしていくことになります。

事務局体制としては、事務局長1名。事務局次長2名。そのうちの1名がここにいらっしゃる北岡孝義さんです。職員は2名となっていますが、1名は社会党から派遣させていただきました。

財政のほうは年間1億5000万円程度。月額1人3円プラス別途分担金というような形で財政面の処置を行いました。

連帯する会と社会党

連帯する会と社会党との正式な協議の機関として定期協議を設けることにしました。定期協議は、主要な政治課題に対する党の方針、国政選挙をはじめとする各地の選挙等について話し合う場とし、連帯する会は社会党を支持し、ともに活動する労働組合としての立場からお互いに意見反映に努める。このようなことで定期協議をやっていこうということになります。

当時、社会党にシャドーキャビネット（影の内閣）ができていたので、ここにも参加していこうということ。国会対策については、党の国会活動との日常的な連携を取るためにやっていこうということになりました。参議院議員会館の2階に社会党の部屋がありました。その部屋を国会対策室、国会共闘室ということにしまして事務局を設け、連帯する会もここに常駐して、何かあるとここに行けば情報が入ってくるという体制をとらせていただきました。

1993年2月、社会党のほうに申し入れをしました。党改革については政権を担うにふさわしい党組織のあり方とその運営、政策決定とそのプロセスなど、政権を目指す政党の基本的なあり方は党機関として論議すべきであるなど、いろいろな情報が入り乱れてくる時があったものですから、4項目ぐらいを社会党のほうへ申し入れました。

さらに2月18日、「社会党と連帯する会の連携強化についての確認事項」という文書を出しています。社会党と「連帯する会」6人委員会の名のもとで、このようなことを確認したということです。①定期協議の設置について。②シャドーキャビネットと「連帯する会」の連携について。③国会対策について。④国民運動の強化について。⑤選挙は当然ついてくるわけですから、都議選、総選挙勝利にむけての協力体制について。以上お互いに意見交換をするなかで、確認事項ということで文書にして確認しました。

このような準備をしながら連帯する会が実質的に活動というか、動き始めたのが第2回定期総会です。10月から4月までの6カ月間はアプローチというか、準備期間という形で具体的に組織内根回しとか党との関係の調整を行っていましたが、93年4月8日、第2回定期総会を開催します。33単産・1組織559万516名というのがその当時の正式な発表ですが、これでスタートしたとご理解いただきたいと思います。

その時に連帯する会は「第2回定期総会宣言」というのを出しています。社会党を支持し、ともに活動する。連合が支持・協力関係を持ちうる新しい政治勢力の結集に向けても活動する。このようなことを共通の立場としつつ、自民党一党支配に代わる政権の樹立を目指して活動するとうたい、後段のほうでは衆議院選挙では頑張っていこうということをうたっています。

社会党との連携関係で見ますと、結構いろいろな会議を開いています。細かいことは省略しますが、一番のエポックはやはり村山富市内閣（1994～96年）の誕生です。先ほどから言っているように、社会党としても新しい政治勢力の結集をうたっていますから、こちらもぜひそういうことをやってもらいたい。細川政権に続く羽田政権のなかで、社会党がもっとイニシアティブをとった形で連立政権ができるということにならないのかどうか。このような論議が組合側としてはありましたし、党内にもそんな論議があったと聞いています。そんななかで村山内閣が誕生しました。

私は当時、たまたま滋賀のほうで開いていた金属機械の中央委員会に出席していました。夜、北岡さんから電話がかかってきまして、「村山さんが総理大臣になった。連帯する会として声明を発表したい。読み上げるから承認してくれ」と言われました。読み上げてもらったら、だいぶテンションが上がったものですから、「もうちょっとトーンを下げろ」と。それでだいぶトーンを下げて、村山連立内閣の誕生を歓迎するという声明文を出したのは連帯する会が一番早かったのではないかと思っています。ところが、これをめぐりまして組織内が混乱しました。

先ほど言ったような関係もありまして、連帯する会の組織内でもいろいろな動きがありました。それで抗議に来るということだけど、会長がいないことにはしょうがない。混乱しているので帰ってこいと言われまして、中央委員会の会場から急きょ帰京しました。糾弾するグループ、6単産ぐらいでしたか、彼らからいろいろな話を聞きましたが、どういう経緯で村山総理誕生になったのか、説明を受けなければこちらもわかりませんから、党からも来ていただきたいということになりました。そうしたら大出俊さん（1922～2001年、全逓（全逓信労働組合）本部書記長、副委員長、総評副議長を経て、衆議院議員、郵政大臣）が来てくれました。そこでいろいろ話をしていましたら、その最中に官邸から電話がかかってきてすぐ帰らなければいけないと。その後、郵政大臣になりました。抗議の急先鋒だった全逓のメンバーが急に静かになったというようなことも記憶に残っています（笑）。

山花貞夫（1936～99年、弁護士、衆議院議員。総評弁護団に所属）さんとは、先ほど言ったようにシチズンが田無にありまして、組合の組織でいけば金属機械・東京西部地協ということになります。山花さんの親父さん、山花秀雄（1904～87年、衆議院議員、参議院議員）さんのころからいろいろお世話をしてもらっていたこともあったものですから、山花さんをずっと推薦してきたという経過もあって、山花さんの就任のお祝いを田無の割烹でみんなで祝ったようなことも、この当時の一つの記憶です。

「村山委員長の総理就任を支持し・勤労国民の信頼にこたえる政権への展望を期待する」という一文が残されていますが、この文はまとめ上げるまで大変な苦労をしました。村山政権の成立は私たちがイメージしていた第3次連立政権の姿とは違った政権構想となったことから、私たちの組織の内部に自民党の復権を許すことはできない。自民党に呑み込まれてしまうのではないか。形を変えた55年体制の復活ではないか。選挙協力はどうなるのか。このような意見や疑問、戸惑いの声が噴出しました。そして村山連立政権の成立を遺憾とする意見、冷静に見守りたいとする意見など、さまざまな見解が出されましたが、6人委員会、運営委員会を中心にいろいろと調整しまして、全体の合意を取りつけました。

このお話を引き受けたので、『村山富市の証言録―自社さ連立政権の実相』『田辺誠の証言録―55年体制政治と社会党の光と影』（ともに新生舎出版、2011年）というのを、これは浜谷惇さん他が編集している本ですが、改めてもういっぺん読んでみました。『村山富市の証言録』を読むと社会党の中もこのとおりです。当時のことをまとめた『日本社会党―盛衰の50年は何だったのか』（朝日新聞社総合研究センター調査研究室、1997年）という本を見ても、党内労組の動きという表現で書かれていますが、久保亘（1929〜2003年。参議院議員）支持グループは労組出身議員が主力。全逓、全電通など。ポスト羽田政権の樹立に当たり、非自民連立政権を細川政権時代に与党との連携で発足。連合と協力し、社会党を発展的に解消し、第3極の新勢力を結集しようではないか。内部にいた人に聞かないとよくわかりませんが、この分析ではこのような表現を使っています。

一方、村山支持グループは地方活動家の支持の強い議員が主力。自治労、日教組というような言い方をしていますが。ポスト羽田政権づくりの際、自社さで村山政権を樹立した。早急な新党結成は党の分裂を招き、村山政権を危うくしかねないということで、警戒的だったわけです。党内の、労働組合との関係も含めた分析をそんなふうにしています。

そんなことはそっくりこちらにも返ってきている問題でして、先ほど言ったようなところを中心にしながら、どうしてくれるんだ、自民党に呑まれてしまうのではないかというふうなことがさんざっぱら議論されました。しかし、そうかといって投げ出すわけにもいきませんから、お互いに言うべきことを言ったり、聞くべきことは聞くというようなことをやりながら、「村山政権に期待するもの」というふうにまとめられました。

その要点は、連帯する会は村山連立政権に対し、この共同提言にうたわれた現行憲法の尊重を基本に、生活者のための政治、地球規模の環境保全や軍縮の促進などの政策を95年度予算編成において具体化することを期待します。また、新政権は第131臨時国会において政治改革関連法案、区割り法案の早期成立を期すとともに、いまなお国民の根強い要求である政治腐敗うんぬん、このようなことをちゃんとやってくださいということ。そして、新政権が政策決定の民主性や公開性を大切にし、国民にわかりやすい政治を徹底的に追求していくことを期待します。

社会党首班の政権として「らしさ」をどう追求し、勤労国民の期待に応えていくかについてお互いに連携を深めつつ努力していくことを確認しました。

最後のほうにありますが、連帯する会が社会党に注文をつけた部分として、村山連立政権の成立が55年体制の復活につながったり、政治改革をはじめとする経済・社会全体にわたる改革の流れをつぶしてしまうのではないかとの疑念が、なお国民のなかに存在することは事実です。このような疑念を解消し、勤労国民に応える政権に発展するかどうかのカギは、社会党が村山総理をどう支えていくかにかかっていることは明らかです。社会党はこれまでの内向きになりがちな体質をここで克服しえないならば、政権の維持はおろか、党そのものさえ国民の支持を永久に失うことになるだろうことは、火を見るよりも明らかだと言わなければなりません。このような注文を、総理をつくって閣僚も送っているわけですから、党を挙げてしっかりやっていただきたいと注文をつけました。

しかし、党内の動きはいま改めて読んでみますと複雑怪奇でよくわからない。95年はそんな1年でした。

このころ連合のなかでも、最初のほうで申し上げましたように、このままではいつまでも股裂き状況だ。民社党だ、社会党だというふうなことばっかりやっていてもしょうがない。新しい政党をつくるための努力をしていこうではないかという機運が盛り上がってきました。その一つの表れが「政治の現状と私たちの決意」です。民主・リベラル新党結成推進労組会議が誕生して、そこで発表したのがこの「決意」という部分です。

この頃つくったものに「我々が期待する民主・リベラル新党像」という文があります。理念としては、人間の尊厳をもっとも重視し、個人が自由で誇りと生きがいがある人生をうんぬんから、国際的な問題、地球市民の関係というふうなことを言っています。重点政策としては、外交・安全保障政策、経済・産業の問題、教育改革と科学技術・文化政策など7項目をうたっています。

同じころ社会党でも新党構想とかいろいろな動きが出ていましたので、95年9月の段階で社会党への緊急提言を出しました。「提言3」のなかで、連帯する会は新党が将来とも私たち勤労市民が支持・協力関係を持ち続けることのできる党として結成されることを期待します。同じ「提言3」のなかで、政治勢力の総結集を目指すべきであると考えます。貴職の特段のご尽力を要請いたします。「提言5」のなかで、清新な党です。このようなことを申し入れました。

このころの逸話として、社会党のほうは、村山さんは官邸にいる。久保さんは三宅坂というか、議員会館にいる。新党結成準備会は隼町。三宅坂をちょっと上がっていったところのコンビニエンスストアの２階が新党結成準備会の準備委員室でした。私も準備委員の１人だったので行っていましたが、この連携が本当にしっかりいっているのかどうかということがちょっと気になっていました。久保さんと会ったり、村山さんと会ったり、事務局とも連携を取りながらやっていましたが、いろいろな意味で新党づくりを本気で言っているのかどうかわからないような状況でした。

96年１月５日、午前中に三宅坂の社会文化会館（当時の社会党本部）で旗開きがありましたので、一杯飲んで今年も頑張ろうというふうなことをお互いに確認し合って解散しました。その日の午後どこかへ行っていた時、ラジオのニュースか何かで村山内閣が退陣するといきなり発表があったわけです。「おい、さっきまで一緒だったぞ」というふうな感じでびっくり仰天しましたが、いずれにしてもやめちゃうということですから、それにあたって連帯する会としては統一対応をしていきたいという立場で、「村山総理の退陣と新政権の発足にあたって」という声明を発表しました。

後段のほうで書いていますが、私たち連帯する会は幅広い民主・リベラル勢力の総結集を追求する社会党の方針を支持し、協力してきました。いわゆる新党結成への期待を込めて一緒に活動してきたつもりでしたから、このような表現を使っています。しかし一昨年９月の社会党大会以降１年４カ月余りにわたって進めてきた新党結成準備運動は、首班政党としての制約があったにしても私たちの期待に応えてきたとはとうてい言い難い。いまなお世論調査に表れているように、自民でもない、新進でもない、新しい政治勢力結集への国民の期待は大きい。勤労国民の負託にこたえ、私たちの支持することのできる民主・リベラル新党の結成を強く期待する。このようなことを発表しました。

そのようなことを言ったわけですが、その年の党大会で党名を「社会党」から「社会民主党」へ変更します。連帯する会も「社会党と連帯する会」というふうには行かなくなりましたので、応援団として前向きにとらえて期待したいという意味を込めて「社会民主党のスタートにあたって」という文を発表しました。この新たなスタートはこれまで積み重ねてきた党改革の集大成であると同時に、政権を担うもう一つの大きな政治勢力結集に向け、大きく一歩踏み出したものと理解したい。「理解したい」です。理解しなかったのですが（笑）。連帯する会はひきつづき社会民主党を支持しつつ、党とともに新党づくりに努力していくつもりである。このようにうたいまして名称を、「社会民主党と連帯する労働組合会議」というふうに改めたいとみんなに諮って名前を変えることにしました。

そのような調子で村山連立内閣が終わりまして、党のほうも名称変更したわけですが、ここからが衰退に向かうというか、連帯する会そのものもこれから後は解散に向けた動きになります。党のほうは、先ほどの『日本社会党』をまとめてみますと、村山首相突然の退陣表明。橋本自民党総裁が後継首相に指名されていた。その直後、社会党大会では党名を社会民主党に変えるとともに、党の綱領にあたる基本理念、さらに政策の基本課題を採択した。こうして新党問題は、事態を強化・発展するよりも看板と形だけを整える程度で一定の決着を見た。このような表現の仕方をしています。橋本首相のもとで衆院が解散され、初の小選挙区比例代表並立制の衆議院選挙がこの年、96年9月から10月に行われました。

その直前に社民党主導ではなく、鳩山由紀夫・菅直人主導の民主党が立ち上がり、社民党は分裂します。村山執行部は新党結成を断念し、新党で総選挙を闘うという方針を撤回。立候補予定者が民主党に参加することを認め、鳩・菅新党で総選挙を戦うという方針を一度は決定しながら党内の反発もあり撤回しました。事実上、分裂を受け入れざるをえなかったという状況になります。同時に、これに基づいて衆議院31名、参議院4名、計35名が民主党に移りました。

このような政治状況を受けて、連帯する会としては今後のあり方についての「あり方検討委員会」というものを設けました。社会党の中があんなふうになってきましたので、かつて総評・社会党ブロックと言われた時代とは時代も党そのものも大きく変わるし、政治の動きも変わるし、組合の動きも変わってきている。いままでの尾っぽをいつまで引きずっていればいいのか。そのようなことも含めて「連帯する会の今後のあり方について、当面の対応」というものをまとめました。

総選挙の結果を踏まえて、「連帯する会の解散と新組織結成の基本構想」というものをまとめて発表しています。この当時、連合の関係で、1998年夏の参議院選挙を前にして三者懇談会を開こうという話がありました。連合のほうは芦田甚之助会長と鷲尾悦也事務局長、連帯する会は私と高野事務局長、友愛会が服部会長と山口事務局長という三者構成で、今どんな状況なのかという状況報告と、お互いの認識を一致させていこうという話し合いを持ちました。さらに97年4月には、参議院選挙に向けていろいろ調整していこうという話をしていました。連合はこの当時、政策要求に関係する部分について、非自民・反共産のグループの党首に対して一定の協力要請みたいなことを要請書という形で出すということをやっています。

連帯する会として一番致命的になってしまったと思うのは、民主党結成の問題をめぐってです。ちょっと話は戻りますが、大切なところですからお話ししておきます。96年9月12日に社会党から「民主党創設に対するわが党の見解」という文書が出ます。その前に社会党として総選挙については新党で闘うという確認をしていました。ところが、18日に「社会民主党の新党及び総選挙に対する見解」というのが改めて出されました。ここで次の総選挙は社会民主党として全力を挙げて闘うというふうに変わったわけです。これをめぐってうちのほうもまた大騒ぎをしまして、連帯する会も解散だという声も出ました。村山内閣が誕生した時ほどもめなかったかなという感じを持っていますが、こんなことで選挙ができるのかというのが、現実の問題として私たちが直面した問題でした。あり方検討委員会では、社会党一党支持の関係だけではとてもだめだろう。組織的にも持たないし、横の広がりなどとても望めないというような判断をしました。

7月末に、連帯する会を解散して新組織「民主・リベラル労働組合会議」を結成しようじゃないかということの一定の確認をとりつけました。その時に出したのが「民主・リベラル労組会議結成のよびかけ」です。ここにある新組織結成準備委員会を見ればわかるように、全部が連帯する会のメンバーです。そのように理解していただいて結構です。このよびかけをしまして7月30日の午前中、11時からだったと思いますが、連帯する会の解散総会を開き、1時だったか2時だったか、民主・リベラル労組会議の結成総会を行いました。

私の最後の挨拶

最後に「連帯する会の解散にあたって」という私の挨拶文が残されています。これは読み上げます。

> 新組織「民主・リベラル労働組合会議」の準備が実り、7月30日に連帯する会は解散し、労働組合の政治センターとしての新しい組織が誕生する。この時にあたり、いま改めて思い起こしてみると、連帯する会の活動はまさに日本の政治の混迷期に労働組合の立場で政治と向き合ってきた歴史と言えよう。会長という重責を受け、結成総会で、今までは政党との関係だけではなく、いくつかの課題を持っての活動であったが、これからは社会党という政党との関係に絞られるだけに、組織は総評センター・中連から引き継いだが、その運営と活動はこれからみんなで作り出していきたい。それにつけても社会党自身もしっかりしてほしい、といった趣旨の挨拶をしたことを記憶している。
>
> 組織の団結強化と拡大、そして社会党との新たな関係作りを活動の柱にスタートしたが、本格的な活動を開始した93年7月の総選挙後の政局の激動の中で、私たちの努力が結果としてその成果を挙げ得なかったことに内心忸怩たる思いである。
>
> その最たるものに、社会党の提唱で始まり、その準備段階から全面的に協力してきた「新しい政治勢力づくり」の動きを挙げることができる。
>
> これまでの活動記録を参照してもらえばわかるように、何回となく党大会で確認してきた新党づくりは、結果として提唱者の手を離れ、「菅・鳩山会談」を受け、民主党という形での結実となった。
>
> 社会党は党名や規約まで変えて努力したにもかかわらず、こうした結果になってしまったことをどう反省し、これから生かそうとしているのだろうか。
>
> 理念や政策が新しい政治勢力の結集軸と声高に叫ばれながら、その内実にはもっとも人間くさいものが永田町に染みついた悪しき風潮として

流れていたのではないかと言わざるを得ないし、私たちの思惑を超えたものであった。

昨年の新制度による総選挙を受けての現在の政局は、連立とはいえ自民党一党支配といってよい状況にあり、政局の流動化は継続中とはいえ、権力の中心に座った自民党がじわりじわりその勢力を拡大中であり、保・保連合などという動きもある。

戦後システムの見直し、変革の時代と言われた時に、戦後政治を牛耳ってきた自民党が完全復権したらどうなってしまうのか。

また、生活と政治という面から見ても、今年の予算編成に端的に表れたように、税制・社会保障など私たちの生活に直結する課題が政治の場で決められる。企業内労使交渉では解決できず、社会的に解決せねばならぬことはこれからも増加する。もう官とか民とか言っている時ではない。

社会党とともに歩んだ連帯する会であったが、社会党と連帯する会、社会民主党と連帯する会、そして連合の努力への期待から新組織立ち上げを延期した期間の、連帯する会。その名称の変化が時々の政党と私たちのスタンスを表している。この間の活動の経験と教訓を生かし、新しい組織が大きくその実を上げるために頑張ってほしい。

この挨拶が締めくくりとなり、連帯する会は7月30日の解散総会で私と高野事務局長が引退します。その後、民主・リベラル労組会議は、組織はそのまま引き継ぐような形で、会長には自治労の後藤森重さん、事務局長には北岡さんがなりますが、99年5月23日、この民主・リベラル労組会議も民主党と連合との関係が明確になった時点で解散します。

質疑

社民（民主）・リベラル新党構想

——民主・リベラル新党構想について2点うかがいます。1点目は、民主・

リベラル新党構想があったころは同時代的にその頃の動きは見ていましたが、当時は社民・リベラル新党という言い方と、民主・リベラル新党という言い方がありました。私は個人的には村山富市さんを支持するグループが社民・リベラル、久保亘さんを支持するグループが民主・リベラルと言っていたと思っていましたが、今日の資料を見ると民主・リベラル新党というふうに最初から書いてあります。社民・リベラルの「社民」はどうして消えてしまったのか。どうして民主・リベラルになってしまったのかというのが1点目です。

2点目は、民主・リベラル新党をつくるといった時、当時の政治状況からすると、民社党はもう新進党をつくっているわけですから、社会党が組める相手は新党さきがけしかないと思います。しかし一方で、さきがけのほうは社会党と一緒になることに対してアレルギーが強い。そういうなかで民主・リベラル新党をつくれるという見通しがあったのかどうか。この2点についてうかがいます。

橋村　組合の関係では社民・リベラルという表現は使っていなかったです。もし使っていたとしたら、党のほうでそういう使い方をしているかもしれませんけども。正式な文書として出されたのは先ほど資料として見ていただいたものですが、整理されたものとしてはあれが組合内における正式な呼称でした。

どういうところと組むのかというのは、それぞれの単産によっても全然違います。ただ、自民党でもない、非自民という関係でしたから。連合のなかにもこういう時代なので新しいものを求めたほうがいいのではないかという動きが出てきたので、思惑としてはそれぞれみんな持っていたみたいですが、具体的にどういう組み合わせになるのかということについては論議していません。個別にはグループがあそことここと、というふうなことを言っているかもしれませんが、そういうのはなかったです。

伊藤茂さんなどはイタリアの「オリーブの木」(1996年にイタリア政界で生まれた「中道左派連合」)みたいな発想を持っていましたし、横路孝弘さんは「ブドウの房」みたいな、地域からできてくる市民運動のようなものを結集する形で新しい政治勢力をつくってみたらどうかと。だから、既存政党をどう組み合わせるかというより、新しい芽をどうやって育てて、新しい政治勢力をつくっていこうかというふうな理想論みたいな話のほうが多くて、現実論的にどことどこが集まればいいんじゃないかというふうな話は組合内部としてはなかったです。

党の中の動きとして、村山さんはいろいろな意味で武村正義さんとの関係をしっかりしていきたいというのがあったようですが、横路さんと話した時には、さきがけのなかでも武村さんは新しい民主党のなかには入れないというような動きでした。そんな動きもあったせいでしょう、村山さんと久保さんは後から入ってきてもらうというような表現の仕方を使ってましたけれど、結果としてはどちらもだめでした。

政党との政策協議

――社会党、社民党との連帯や、組織の移り変わりはよくわかりますが、一つわかりにくかったのはそれぞれの連帯の、そのプロセスでどういう政策協議があったのか。もう少し具体的にこういう政策について社会党と合意を得たとか、政策についての資料集のようなものがあったら教えていただきたい。それと、具体的にどういうお話があったのか、もしご記憶にあれば教えていただきたいと思います。

橋村　党と労働組合の関係で政策的に合意というのはあまりなかったというふうに記憶しています。ただ、個別の課題として、民営化の問題が出てきた時には民営化反対とか何とかというのは党を通して政治のほうに反映してもらう。そのようなことをやったというのはありましたが、党として合意というのは……。こちらとしてもあるべき論みたいなことは、こういう政策をやるべきだといったことにはあまり首を突っ込むべきでないと考えていましたから、それについては……。総評時代はどうだったか、センター時代はどうだったか、よくわかりませんが、とくにしてない。記憶にないです。こういうことでは政策合意しているというふうなことは何かあったかな。

北岡孝義　少なくとも党との間の政策合意という形はなかったと思います。

――そうなりますと一つ疑問なのは、97年ですと金属機械労組に在職したまま社会党とか社民党との連携を模索するわけですが、連携する目的がよくわからないのです。もともと組合に身を置いたまま社会党と強く連帯して何を目指したのでしょうか。

橋村　難しいな、どういう表現をしたらいいんだろう。民間単産のグループでいくと、政党との関係というより政党ならびに議員との関係みたいなものが強くて、民間で起きた倒産の問題とか、あるいはいろいろな法案の言っていることとやっていることが現実で違っている部分とか、そういうものを党を通して国会で質問をしてもらったり、そんなことを一つの目的としていました。

同時に、税金とか社会保障の問題になりますと、個別の経営との関係では解決できる問題ではありません。そういう点で党を通じて、我々としてはこんなふうに考えているけれど、どうなんだろうか。あるいは、こういうことについて頑張って反対ならば反対してもらいたい。こういうところは修正ならば修正してもらいたいと。このようなことを党として言っているというふうなことが具体的には多かったと理解しています。私の金属機械の関係でいけば、倒産が結構多かったものですから、倒産関係の処理の問題とか、あるいは下請け振興法の問題とか、中小企業の問題とかの法案づくりについては、議員を通していろいろお願いしたというような経過になっています。

総評加盟の経緯

——先ほどのお話で、これは一般的なことで皆さんも理解されていると思いますが、総評だと官公労のほうが圧倒的に多いわけですよね。シチズンが民間労組でありながら同盟を支援しないというのは、どういう経緯でそうなっているのでしょうか。

橋村　それぞれの単組の歴史的な経過があるようです。私が入った時にはもう総評全金（全国金属労働組合）の構成組織だったものですから、そのままという形です。先ほど山花さんの話を、貞夫さんではなくて父の秀雄さんの話も西部地協の関係でお話ししましたが、党としても戦後の労働運動の復興と言いますか、振興に向けて、昔からの活動家がある程度分野を決めるような形で、あなたは金属関係の分野の面倒を見てやってくれというふうな動きがありました。それと同時に、総評の前の産別（全日本産業別労働組合会議）とそっちの関係が、終戦直後はそれぞれオルグが各単組に入ったようです。そういう関係でシチズンの私たちの先輩は総評全金がいいんじゃないかと選択したようです。その後、私の先輩の高山というのが全金の委員長をしていた関係もありまして、ずっとそういう関係です。

だけど、先ほどの業種別共闘などは本籍地ではなくて、現住所で付き合おうということになっていましたから、今はエプソンだったり、セイコーとか、いわゆる第2セイコーは全金同盟ですし、リコーも全金同盟。ジェコーも全金同盟。オリエントも全金同盟。本籍ではなくて現住所で付き合おうということで、時計産業における労使関係のあり方みたいな情報交換はしていました。このような関係はそれ以前からありましたね。ですから、どう選択したかというのは、それぞれの持つ単組の歴史みたいななかで決まったのではないでしょうか。

――中小企業が多いといったことはあまり関係ないですか。傘下組合の企業規模の問題は？

橋村　中小企業が多いですね。産別会議の時に金属グループというのがあって、その金属グループの中から鉄とか自動車とか電機は業種共闘みたいな形で独立していくというふうだったものですから、残ったのは中小が多かった。だから、JC（IMF-JC、全日本金属産業労働組合協議会）4単産と言われる以外のところについては、全金同盟だったり、新産別全機金だったり、総評全金だったりというところに金属関係は分散されたということだろうと思います。

それと、たとえばいまNTNと言われている東洋ベアリング、軸受けのベアリングをつくっている会社ですが、こういうのは工場単位ごとに労働組合ができていまして、企業として一つではなかったのです。そういうところは逆に、どこかが産別に加入していても一緒になる時に中立にしようということで中立になった。中立グループというところにはそういうところが入ってきます。機械金属労組懇談会などというのはだいたいそんなグループです。

――今の流れとすればJAM（ものづくり産業労働組合。機械・金属産業を中心とする産業別労働組合）のほうに流れている。

橋村　JAMでみんな一緒になっています。

――昔の総評全金の時はかなり戦闘的というイメージがありましたが、今そういう色彩はJAMにはどうですか、あまり受け継がれていないですか。

橋村　連合という立場から見れば、そういうのが引き継がれている産別の一つではないかというふうに見ています。

労線統一、シンクタンクをめぐって

――総評の中でどちらかというと左に位置していた全金が、労戦統一をどう見ていたのかということをうかがいます。先ほど民と官の違いが大きいとおっしゃいましたが、87年の民間連合の発足は民の統一ということで積極的に受け止めたということなのか。同盟にイニシアティブを取られてやむを得ず一緒になっていくということだったのか。あるいは、その後の89年の官民統一は、同盟、総評の側の民間が一緒になって総評の官を巻き込んでいく、呑み込んでいくというようなイメージでとらえていたのか。どういうとらえ方をされていたのかをおうかがいします。

橋村　全逓（全逓信労働組合）の宝樹論文（1967年、宝樹文彦全逓委員長が発表した〈民間先行、共産党排除〉などを内容とする労働戦線統一に関する論文）というのをご存じでしょうか。あのころから総評のなかにも全的統一を目指すという動きがずっとあったようです。最初は官まで一緒にという形でやっていたようですが、それだけではどうにも動きがとれないのではないか。それだったら民間先行でやったらどうだということで、全民労協（全日本民間労働組合協議会）という形でスタートしたのが82年です。

今日はそちらの関係の資料をあまり持ってきていないので記憶にないのですが、87年、総評全金が入ることになって、これからの労働運動を考えた時、それからナショナルセンターがどんなふうに変化していくのだろうかということをみんなで検討した時、いずれ1本になっていく方向のほうが正しいのではないか。一つの目標としていたのはドイツのDGB（ドイツ労働総同盟。ドイツ最大の労働組合組織）です。これを頭に置いて、部会運営といったらいいのでしょうか、あのなかでも分かれて仕事をやっていたようですから、そういう目で見た時に、産別がなくなってしまうわけではない、ナショナルセンターが一つになっていくんだという構えでいました。

波に乗り遅れるなという言い方は変ですが、そういう動きが僕らの前の時代から脈々と続いているような部分がありました。そんなことが表面化してきたのが、佐竹五三九（1918〜77年、総評・全金委員長、総評副議長）さんが書記長だったか委員長の時にいっぺん21単産会議というのをやりましたが、この時に全金同盟との関係でもめてしまったんです。金属インターの問題か何かでもめたのか記憶があまりないのですが。そんなことでこれはいっぺん御破算になってしまったのです。

その後、労働戦線統一推進会（宇佐見・塩路・中川・中林・堅山・橋本）ができて、全民労協の前の、政策推進会議が電機などを中心にできていったというのが、全民労協への一つのステップになっています。

——時代の趨勢としてある種やむをえない。それは全的統一という一つの理想の姿に近づいていくワンステップであると。

橋村　そういう位置づけです。だからいま連合って何だったのかと。最近は文句の年賀状はあんまり来なくなりましたが、やめたばかりのころは連合は何だったんだ、おまえら、何をやったんだという年賀状が昔の仲間から結構来ました。イメージとしてはちょっと違うなという感じです。

——結局、総評は同盟に呑み込まれたのではないかというとらえ方もあると思いますが、どうなんですか。

橋村　どうなんでしょう。もうちょっと時間がたたないとわからないのではないですか。

——今の時点ではなかなか言い切れない。

橋村　ただ、官に対する政治からの圧力はものすごいものがありましたから。

——官に対しての民間労組のイニシアティブが確立するというか、そういう結果になったと見ていいですか。

橋村　先ほども言いましたように、総評時代は各産別の問題だとしても全体的な問題として取り上げようという動きが運動としてありましたが、連合はそこは明確に割り切って、産別固有の問題については産別だけで解決してくださいと。

——連合としては政策・制度でやるという話ですよね。

橋村　そうです。力と政策ですと言っています。ところが藁科満治（1931年〜、1989年連合会長代行、参議院議員）さんなどがだいぶ主張して、胴体だけできても頭がなければだめじゃないか。手足はまだなかなか難しいというので、連合総研（連合総合生活開発研究所。日本労組史上初の本格的シンクタンク）をつくったのですが、このシンクタンクを連合が全然利用しないものですから、何のためかわからないというのが実態だと私は思っています。

――いま春闘の時のシミュレーションを出すだけですよね。

橋村　同盟時代にそういう仕事をしていた佐々木孝男（1923〜91年、元経済企画庁経済研究所所長）さんが、最初に連合総研所長に就任しました。同盟時代から白書を作って出していましたが、よく聞いてくれるのは総評系の組合で、同盟系の組合は私の話をあんまり聞かないというような言い方をしていたと記憶しています。だから、つくったけれども、今は連合の運動に資するような研究データは出てきていないのじゃないですか。どこかの委託研究のほうが主になってしまっているような感じではないですか。

――今の話に関連して、全金同盟と全金、結構距離のある組合だったと思います。山岸章（1929年〜、連合初代会長）さんのオーラル・ヒストリーとか伝記とか読むと、山岸さんは全金同盟のほうの藤原巌さん（全金同盟書記長・組合長等を歴任）とは非常に親しかった。かなり前から、おれがナショナルセンター、労戦統一をしてそこのトップになるんだという明確な意識を持って藤原さんなんかと付き合っていらっしゃったと。そういうのをご覧になっていると思いますが、全金と全金同盟の距離があるなかで、そういうものについてはどのようにご覧になっていたのでしょうか。

橋村　全金同盟にしても、全金にしても、機労会議などにしても、中堅中小です。中堅と言ったほうがいいと思います。機労会議などは新潟鉄工とか、先ほど言ったNTNとか、ヤンマーディーゼルとか、天辻とか、日立工機とか、そんなところが入ったグループですから、中堅と見てもらったほうがいいと思います。このグループはJCの賃金決定に左右されることに対する反発みたいなものが非常に大きかったのです。JCが決まらなければ決まらないなんてそんなバカなことがあるか。それぞれ働いているのはJCの企業ではないのだから、JCと関係あるところは別にして、その結果もJCとはまったく違っている。違うんだから、独自で闘いをつくるべきではないかという発想がずっと出てきました。でも、機械金属共闘会議というなかには全部入ったんです。業種別会議とか機労会議などもみんな入って、この辺から全金同盟と総評全金との交流がだんだん強まってきます。

――86年ぐらいから。

橋村　ええ、この辺からずっと強まってきます。そういうなかで金属機械をつくる時にも藤原巌さんのところに話しに行ったんですが、まだ早すぎると断られました。

――逆に断られた？

橋村　私が行って断られました。先ほど言った京滋地連と全機金と中連（中立労働組合連絡会議）のグループ、中立のグループということで機械金属労組会議準備会をスタートして、全的統一になる前にあれをやろうではないかということで機械金属というのをスタートさせました。ここで連合に加入していったという経過です。

その後、代も変わってきますから、そんなことを言ったってという話です。藤原巌さんの後は江口亨さんという方がやったんですが、その時に金属機械の書記長だった嶋田一夫と、前に参議院議員をやった今泉昭さんというのが全金同盟の書記長でして、この2人がヨーロッパへ行く機会があっていろいろ話をしてきたらしいんです。私のほうは機械金属共闘会議を通じて、全的統一になった時に中小問題はどんなふうになってしまうのだろうかと。それで全国一般労働組合の松井保彦さん、大木明石さん、この4人ぐらいでしたか、その辺といろいろ話をして、金属機械とは別にそういう関係でもう一つできないだろうかということをずっとやっていたんですが、金属機械のほうが先行する形になってしまったのです。

その後、一般同盟はUIゼンセンと一緒になったし、全国一般は自治労と一緒になったのかな。そのような形になったので、そちらは消えてしまいました。機械金属関係では準備会から、連合ができて2年ぐらいたってからですが、統一を話し合う会をつくりまして、連合の時と同じで、事務所をどうするかということから始まって、こういう問題についてはどう考えるかなど、お互いに行ったり来たりして最終的には99年9月9日、JAMという形で結成されました。

「社会党を支持し強める会」をめぐって

――視点が変わって最初の質問にかかわるのですが、「連帯する会」の前に「社会党を支持し強める会」だったと思いますけれど、そことの関係というか、連続性について教えていただければと思います。

橋村 総評が解散する時、中連の関係の社会党との連携を持っているようなところ、電機などは結構持っていましたから、中連グループを含めて、総評グループと中連グループでつくったのが社会党支持労組会議だったと思います。

北岡 「強める会」はここに吸収されたのです。

――社会党と連帯する労組会議をつくった時には、いま言った「強める会」とか、そういう意味合いはかなりあったと思いますが、総評がなくなって社会党をどうするかと。その後、どんどん新しい勢力が、つくる会のほうに流れていったと思いますが、最初の目的として橋村さんはどちらを考えていたのか。「連帯する会」をつくって社会党を強化しようと思ったのか。それとも、もっと新しい勢力をつくろうという意識が強かったのか。

橋村 引き継いだ時は社会党と総評との関係を継続していく、あるいは社会党と新しい関係をつくりながら、労働組合の応援する柱をしっかりつくっていこうという感じでやっていました。党のほうも世の中の流れ、政治の流れのなかで、このままではだめだということでいろいろ問題提起をしてきました。シャドーキャビネットをつくってみたり、93年宣言とか95年宣言とか、新しい市民政党に変わっていくんだといった動きを党自身もやっていました。ですから、それには同調したというか、いままでの単に総評・社会党ブロックと言われるだけではなくて、変わりつつあることについてはお互いに、脱皮しながらそういうものを目指していこうではないかという気持ちに、こっちも応援団としてはなってきましたが、後段のほうになってくると社会党がそんなことはちっとも、言っただけで結果は伴わなかった。

全体の流れとしても、鳩菅（鳩山由紀夫、菅直人）新党の動きが出てきたりしたものですから、そっちへ流されていくような形になって。でも、「連帯する会」は分解するわけにいかない。そうかといって民主・リベラル労組推進会議と分断してしまったら、そっちはそっちでまただめになるわけですから、お互いにぶっ壊さないで、両方の目的が新党づくりで一緒だとすれば、名前は違っても胴体は一緒で行こうではないかというふうなことで、一時期活動はずっと進めていました。だけど結果としては、最後のほうで触れたように社会党が独自路線を取るとはっきりしてしまったわけです。

この時は6人委員会が、これがだいたい主要メンバーですから、村山さんのところに押しかけていって、どうしてくれるんだ、この前、決めたことはこうだったのに、なぜこうなってしまうのかといろいろ話しましたが、物別れというか、平行線のままで終わってしまいました。選挙応援だけは、どこまでできるかわからないけれど、やるよということで別れちゃったのです。選挙の結果はご案内のとおりです。ですから、ここで「連帯する会」の役目は終わったなということで、私と高野博司が引退したというような経過です。

「連帯する会」と政党

——「連帯する会」の中も労組によってかなり違いがあったと思いますが、全電通とか全逓などとほかの組合は違いはありましたか。ここはもうちょっと社会党を守るという意識が高いとか。

橋村　それはいくつかありました。

——橋村さんの気持ちはどのあたりかなと思いまして。

橋村　組織のトップを受けている以上、いろいろな意見は聞きますが、自分個人の意見はあまり出すわけにいかない。自分のところで解決できる問題だったらいいけれど、そうでない問題だけに、最後は会の統一性に重点を置いて対応していこうと私自身は判断して進めてきました。

たとえば、これもご案内のとおりだと思いますが、山花さんが新党づくりに結構熱心でした。バックは全逓と全電通だったと思います。あの日、たまたまタイミングを逸したのは阪神・淡路大震災（1995年1月17日）が起きて、そんなことをやっている時かということでそのままになってしまって、その後、山花さんも党組織を離れるような形をとりました。いま改めて先ほど言ったような本を読んだり、もういっぺん読み直したりしてみますと、我々は社会党のことなど本当にわかっていなかったんだなという感じが強いですね。

——見えていなかった？

橋村　ええ、見えていなかった。事実、ウルグアイ・ラウンド（1986～93年、GATTの多角的貿易交渉）の時だったか、細川政権（1993～94年）の時だったと思いますが、コメの自由化でどれだけ入れるかという問題があった時、党本部に行っても情報がちっとも入ってこないんです。どんな話をされているのか。党の職員もNHKテレビのニュースを見ているほうが正確みたいな感じで、労働組合というか、少なくとも私たちが育ってきた組織とは組織感覚が全然違うところだなという印象を受けてました。こういうのを読んでみて改めてずいぶん違うなと。

それともう1点、地方組織などではヒトがつくってきた組織みたいなものがいっぱいあって、県評の中の地区労なんていうところになりますと、とりわけそういうのが強かったものですから、労働組合はおれがつくってやったんだみたいな意識の強いものが多かったですね。初めて党大会に出ていったら年寄りばっかり。おれより若いのがいないような感じで、本当にこんなのでという印象も受けました。その後、ずいぶん若返ってきた気がしましたけど。うちでもその当時は衆議院議員に藤田高敏さんが出ていました。その後、筒井信隆さんを推薦したりしました。

組合から国会議員への流れ

——組合役員がある程度のところへ行ったら社会党に移る、あるいは議員になるというキャリアパスみたいなものができていたということですか。だから年寄りということですか。高齢者が多い。

橋村　そうかな（笑）。少なくとも全金のなかにはそれはなかったです。

——でも、組合の場合はそういう例がかなり多いのではないですか。委員長をやめてから。

橋村　委員長をやらないでやるのが多いのではないですか。

——組合の役員から議員になるというのが。

橋村　ええ、ええ。委員長をやって、なったというのはいるかな。初期のころだろう。

——いや、総評の最後のころになってからそうなった。及川一夫（1929～2009年、全電通委員長等を経て参院議員）さんとか。

橋村　及川さん、そう言えばあの前に委員長をやっていたな。

——いま言われた阪神・淡路大震災による頓挫説があるわけですよね。あれがなければ、民主・リベラル新党結成がうまくいって違った状況が生まれたのではないか。ところがその日に、離党届を出そうとしたそのタイミングで地震が起きてしまって、それどころではなくなって、結局山花さんを中心とする新党結成運動はタイミングを逸して挫折してしまった。それはどうなんですか。あれがなかったらうまくいったと言えますか。

橋村　それを推進していたグループはそう言うと思います。

——かなり熟していた？

橋村　そうだと思いますが……。社会党の新党結成の第1回準備会が1995年11月10日に開かれています。その時には弁護士の五百蔵洋一さん、社会党の上原康助さん、岡崎トミ子さん、五島正規さん、田中昭一さん、千葉景子さんという人たちが入っています。この時に丸山照雄さんという、宗教評論家ということになっていますが、この人が準備会の会長になっていまして、こんなので本当にできるのかというのが村山さんのグループの発想だったようです。その前に高野孟さん（1944年～、高野実の長男）も入っていましたが、準備会のなかではあの人が起草文みたいなものを書くことになっていたんです。長良川河口堰を野坂浩賢さん（1924～2004年、建設大臣等を歴任）が開けてしまったというので（1995年5月、野坂建設大臣が長良川河口堰の本格運用を開始する旨を発表した）……。そうしたら木曽三川の門がありますよね、水門を開けるか開けないかでずっともめていたやつを野坂さんが建設大臣のとき開けてしまったものですから総スカンを食らって、なんだ、あれは、いままでの運動はどうだったんだと。そのようなことで高野さんが抜けてしまって、その後はだれが書くんだというので、五百蔵さんは憲法論みたいなものを書いて持ってきたりしましたが。

社会党と連帯する労働組合会議をめぐって

——もう少し古い、歴史にかかわることですが、社会党と連帯する労働組合会議というのは、労働組合として組織決定のもとに社会党との連帯を強めていこうという趣旨ですよね。その前は、たとえば60年代の社会党の活動として私どもの記憶に残っているのは社党協という、社会党員党友協議会というのを労働組合のなかにつくっていくというのが、労働組合の正統の、オーソドックスな活動として決定されていて、岩井章さんが総評事務局長時代、60年代に活発に各産業のなかにそういう組織をつくり上げていく。このことが社会党を鍛え、また労働組合を鍛えていくのに非常に重要なんだと。こういう取り組みがなされていましたが、その取り組みはその後、60年代以降どういう経過をたどって衰退し、あるいはそういう方針が消えて、労働組合としての連帯関係をつくっていくという基本的な方向へ変わっていったのか。このあたりはどうなのでしょうか。

橋村　あまり古いことはよく知りませんが、私どもの産別のなかにも党員協というのは、党員党友協というのがありました。

——全国金属のなかにも？

橋村　なかにもありました。岩井章さん（1922～97年、総評事務局長、議長を歴任）がどういう形で言ったかは別にしても、仲間うちみたいな形で共産党対策をやった時には、そういうのが集まっていろいろな話をするというふうなことをやっていたようです。ゆるいものだったんです。党員協というのはどちらかというと、これは内輪話になってしまってどこもそうだとは言いませんが、組合のなかでは労働組合の人事問題などに触れるのが多かったのではないですか。党員協で決まらないとなかなか決まらないというような動きが、こんなことを言っていいのかどうかわかりませんが、どこの産別にもあったのではないかという気がしています。

これがどういう形で衰退していったかということになると、党としてのそういうものに対するてこ入れはほとんどなかったんです。私自身の記憶でも、総評の副議長になったりしたこともあって党員をもういっぺん復活なんて……。幽霊党員みたいな形ではいたけれど、何にも連絡がなかったのが、総評の組織局に飯田さんという人がいて、その人が全金の出身だったものですから、ちゃんと党費を取りにきていましたが、その人が辞めてしまったら、全金の本部が渋谷にあったものですから渋谷のほうに党籍を移したら、何にも言わないなと思っていたところ、そのうち党首の投票権について、党費を納めていないから何年分、うん万円、払えって。こんなことをやられていたのではとてもじゃないけどと思って、1回だか何かまとめて払ったら、その後はそれっきり何にも言ってこなかったですね。だから、よほど組合のほうがしっかりしていないと続かなかったのではないですか。

党としてどうだったのかという点については、党の方が2人いますから聞いてもらったほうがいいと思います。組合関係では、組合の関係としてそういうことをしっかりやっているところ、党費まで納めているところは、それなりのものをちゃんとやっていたと思います。したがって、全逓などはそういうことをしっかりやっていたのではないですか。旧官公労系はその辺はしっかりやっていたと思います。党大会に代議員もちゃんと出てきていましたから。

これが衰退したかどうか、そういうところがどうなったかは知りません。ただ、組合のほうとしては、産別としてこういう人を推薦したいと機関決定で候補者の推薦などは決めるものですから、そうするとずっと社会党ということで来て、組織として社会党推薦を決めたということになっているだけで、必ずしも全員が党員になったり党友になったりしていることとはちょっと違っていたのではないかと思います。

——先ほど役員対策的な面があったうんぬんというお話がありましたが、私どもが見ていたところではそうではなくて、たとえば単産のなかに大企業組合があって、その大企業組合を強化していくために、大企業組合のなかに党員党友を組織することによって横の連携を強めて産業別組織あるいは組合の運動を強めていこうと。岩井さんなどはとりわけ重厚産業のそういう労働組合のなかに党員グループをつくっていくということに非常に熱心だったということで、役員対策というのは……。

橋村　最初はそうなのではないですか。それがまとまってきてしまうと、どうするんだということになってくると、仲間うちから役員を出していこうというような話になっていったりしたのではないかと思います。先ほど同盟の、友愛会議の政治方針みたいなものを読み上げさせてもらいましたが、そのなかでも各単組に党員を2%以上つくろうではないかということを運動として掲げています。総評も最初はそういう運動をずっと展開したと思います。

——同盟は民社党の拡大を組合方針として掲げていますが、総評はそこまでやらなかったのではないですか。

橋村　僕の記憶ではないですね。

——社会党員を何%まで増やすという方針を僕は読んだことがないんだけど。同盟は読みましたよ。

北岡　総評の方針のなかにそういうふうに書いたことはなかったと思います。そのことを推進していたのは総評レベルの社会党の党員協です。それがもう少し形を整えようということで「社会党を支持し強める会」というのを、何年だったか覚えていませんが、総評を解散するかなり前に立ち上げましたが、それが運動的に成功したかどうかというと、あまり成功していないと思います。

それ以上に党員獲得という問題を別の視点にしてしまったのは、参議院の選挙制度が変わって比例区が拘束名簿方式になってからです。候補者を出す時に党のほうから何名出せと言ってくる。党員党友の獲得によって順位を決めることになったので、党員獲得運動というのはそのころは……。むしろ一般的な社会党の党員をどうやって増やすかという以上に、選挙に直結して党員拡大になっていったと僕は記憶しています。岩井さんの時分と総評解散の間には時間差が30年ありますから、同一の次元では論じられないと思いますが、少なくとも1980年代に入って以降解散までの10年間ぐらいを考えると、岩井さんがおっしゃったような運動が真面口に取り組まれていたとは考えられないです。

ただ、候補者を出した単産はとにかく党員党友を取らないかぎりだめなので、拘束名簿方式でやっている時には全然別の意味で必死だったと思います。そうやって名前を取られたのが党員として、社会党でいうと最高の時にはたしか党員数が13万だったか15万だったか、そのぐらいまでなったと思いますが、そうやって膨らんだ党員が社会党の党員としての義務を果たしたかというと、かなり疑問です。そのへんは自民党の党員とあまり変わらないと思います。本物の党員と選挙用に取られた党員との間には画然たる格差があっただろうと僕は思っています。正しいかどうかわかりませんが、そんな印象です。

1990年代について

——細川政権が退陣して、その後、羽田政権ができます。「改新」という統一会派が後に新進党になりますが、労働戦線も民社党と社会党に政党が分かれてしまって社会党は離脱を表明します。「連帯する会」は社会党の政権離脱の決断を支持するという声明を出していますが、離脱にあたって「連帯する会」のなかで意見の対立はあったのでしょうか。

橋村 ありました。一つに、いわゆる一・一ラインと言われるように、市川雄一さんと小沢一郎さんの関係があそこを牛耳っているようなことがあって、そこに民社党の大内啓伍さんが絡んだりして、いろいろ画策したうえで社会党を抜くために改新というようなものをつくったんだと。連立7党1会派と言われていましたが、少なくとも与党のなかでは勢力的に一番大きいところがボイコットされるような関係については、社会党のなかにもアレルギーみたいなものがあったと思うのです。それと同時にこっちのほうにもあったけれど、なぜ羽田内閣から抜けたんだという反論はうちのほうにもありました。だけど、こんなふうにやられたんだと。現実的には大内がいろいろなことを言ったりやったりしたんだけど、実は裏で一・一ラインが糸を引いているのではないかというふうな話もありました。細かいことは忘れましたが。

その時はそれで済みましたが、そういうのがあったから、村山政権ができた時に組織内がバーンと噴いたんです。何だったんだ、おまえら、そういうことを知っていたのかと。知るわけがないんですけど。よけい噴いたというのはそこら辺からの伏線がなかにあったと理解してもらって結構です。

——その後、自社さで連立政権ができる時に、自民党に呑み込まれてしまうのではないかという意見がありましたが、結果的に呑み込まれたのではないですか、どうですか。うまく利用されたように見えますが。

橋村 う一ん、今になってみると、そうですね（笑)。でも、政権を取れば、もっといろいろなことをやってもらえるのではないかという期待感が強かったんです。村山政権から橋本政権に移った時も、確か久保亘さんが大蔵大臣になったでしょう。久保さんが行くんだったら、いちばんの元凶の大蔵省のなかでしっかり大鉈を振るってもらえるのではないかという期待が大きかったですね。ところが結果は、官僚もびっくりするぐらい官僚的だったということを後で噂で聞きましたが、その辺はよくわかりませんけども。だから、あの時も結果はそんなに出なかったですよね。でも、あの二の舞を民主党もやっているようなものでしょう。ちょっと絞れば何百億だか何千億だか出てくるなんて言っていたのに、棚卸をやっても全然出てこなかったでしょう。

——先ほど結果的に総評が同盟に呑み込まれたというような質問もありましたが、総評センターから「連帯する会」になって、最終的に民主・リベラル労働組合会議に至る過程で、旧総評系の政治部門、総評センターなどは民主党の結成に際してある意味主導権を握れなかった、体系立っての参加、関与ができなかったと総括しているのでしょうか。社会党が主導権を握れなかったとともに「連帯する会」もそれに引きずられたと。

橋村 率直に言ってそうだと思います。「連帯する会」という形だったり、推進労組会議という形だったりしながら主立った人と話はいろいろしました。その時に、我々はこんなふうに考えていて、新しいものをつくってもらいたい。7党1会派なんていう連合体ではなくて、一つの大きな塊をつくってもらいたい。そのためには、あそこはだめ、ここはだめという排除ではなくて、もっと呑み込んで大きなものをつくってもらいたいという申し入れはしました。だけど、これはやはり政治家の判断ですから……。

——そちらに呑み込まれたというか、引きずられた。

橋村 結果としてはそういうことになっています。

——社会党と民主党との関係でいうと、社会党自身で言うと、個人単位での参加が多かったわけですよね。旧総評センター、「連帯する会」のほうはまとまりを保っていた。社会党のほうが三々五々分裂して民主党のほうに参加していったのとは逆に、まとまりを保っていた分、全体的に共倒れというのも何ですが、主導権を持たぬままに動いていって、その後の、成立した後の民主党に関与するという形式になったと理解してよろしいですか。

橋村　成立した後の民主党との関係は、かつての社会党との関係とは全然違ったのではないかと思います。僕はその時には離れていましたので、わかりません。

——そのような薄い関係になったのも、民主党成立時の関与できなかった、薄い関係だったことから結果的になっていった。

橋村　その辺は私の口から何とも言えません。

総評と同盟、新党再考

——社会党・総評と並び称されていたことから考えると興味深いことは、政治部門からすると、社会党のほうはバラけていって民主党に関わっていったという印象が強いのに対して、本日のお話ですと、総評のほうはまとまりを保っていた。三々五々分裂して民主党のほうに流れ込んでいったというような対象関係には全然ないということが、お話から見えてきて、その点は大変興味深く聞きました。同盟が存在するから、そことの対抗関係がもしかしたらあったのかもしれませんが。

橋村　同盟のほうはどちらかというと、どんな組合の会合に来ても社会党がまず挨拶して、その後、民社党が挨拶するというふうな関係が続いていました。民主党になったら民主党が第一党ということでバッと挨拶するようになって、わがほうがこうという感じだったのではないですか。いままでの屈折したのがこうなったような感じで。

——そのときに鳩菅新党が結成されて、社会党は三々五々入っていくわけです。それを認めるわけですよね。全部がなだれ込んでいくというような戦術は考えなかったのですか。あるいは、そのことを提言するというふうなことはされなかったのですか。みんな入ってしまえばいいじゃないかって。

橋村　みんな入ってしまえと言いましたけど、向こうが拒否だということです。村山さんと話した時はそういうことを……。それと、横路さんと話した時も全部受け入れてくれと話しましたが、その時は勢力としたら鳩菅のほうが強かったのではないですか。

——鳩菅のほうがなだれ込み戦術を受け入れないと。

橋村　そうです。

——でも、個々人でもって全員が入ってしまうということも、やろうとすればできたのではないですか。

橋村　向こうが受け入れなければだめなのではないですか。

——そうなると選別だということになるわけですか。

橋村　選別だということでまた違った動きが出てきたかもしれませんが。

——私は当時『社会新報』をとっていましたが、社民党の最初の決定は全党一致して民主党に入党するという党決定をしていました。そうしたら鳩山が、村山はいらない。それ以外の人は受け入れるけれど、村山はいらないと言ったら社民党が怒ってしまった。おれたちをバカにしているのかといって結局、全党一致方針をひっくり返してしまって、入りたいやつが入れと変わってしまったのです。

——村山さん以外にも、そういう古い人はいらないと。それで村山さん以外の幹部たちも、自分たちも入れないのではないかということで。

橋村　武村さんも排除です。さきがけのほうも武村は排除すると。

——社会党が排除されずに、旧総評センター、「連帯する会」が完全に同調したのは今日から考えると逆に不思議な点でもあるなと。「連帯する会」はある意味恒久的な組織でないわけですから、後から考えると、いったん解散して各産別で個々が民主党系に参加する、関与するという形も、なだれ込み戦術というか、そういうものから採り入れられたのではないかと。

橋村　状況的に考えると、連合ができているということが一つ大前提としてあるわけです。社会党がこんなになってしまったから、ここで解散だよと。これから改めて、民主党を支持するグループは民主党グループで塊をつくれ。あるいは社会党（社民党)、いままでどおりやりたいやつはそうすればいいと。そういうふうにやったら両方バラバラになったと思います。そんなことで下部まで話したら、いまさらなんだということになりかねないですから。

——連合のほうがある意味ごっちゃの状態になっているなかで、政治部門においてもごっちゃになることが全体の崩壊というか、なだれを打って壊れてしまう危惧があったと。

橋村　だから解散総会をずらして、こっちの母体ができるというか、まとまるまで待ちながらという形です。それと同時に、総選挙の結果がどうなるかということも見ながらやらないとということになってくると思います。

——ある程度の塊を持っていかないと逆にいうと組織が持たない。

橋村　組織も持たないし、影響力もないだろうしね。やはり選挙ですから。選挙の時にどれだけの力が発揮できるかという応援団でなければ、日常的に文句を言うけれど、選挙も何もやらないんだったら応援団にも何にもならないということで、向こうだって見放すでしょうし。

民社党との関連で

——社会党の政権離脱の時の話で大内啓伍さんのことが出てきました。これは社会党、総評と離れて同盟の話で、労働組合の委員長とかそういうレベルが社会党からはあまり出てこない。どちらかというと民社のほうが多かったと思います。昔にさかのぼると基政七《もといまさしち》（1903～86年、民社党参議院議員）とか武藤武雄（1916～78年、社会党衆議院議員、民社党から立候補した際は落選）とかああいう民社系の人たち。いわゆる委員長系の人たちが立候補してというのが結構多かった。そういう人たちは、自分たちの支持労組があるのでそこからつなぎ役、ブローカーと言ってはすごく変な話ですが、強かったような気もします。この離脱に関しては同盟がかなり動いたのではないかと私はずっと思っていますが、どのように考えますか。民社が振り回していたのではないか。

橋村　犬猿の仲だったわけですし、近親憎悪みたいな形になっていましたから、そこでいろいろな動きは出たと思います。だけど、それが友愛会、あるいは同盟、全体がそういう動きをしたとはちょっと考えられないです。

——一連のいろいろな会議をつくられて、労働組合と社会党との関係を維持しようとされました。これは連合結成という新しい状況のもとで、総評・社会党ブロックの政治的・社会的影響力の維持・拡大を何とか図っていこうという努力のそれぞれの表れだったと思いますが、結果的には失敗したと言ってよろしいでしょうか。失敗したとすれば、その主たる原因はどこにあったとお考えですか。

橋村　主たる原因は何かと言われると、失敗したかどうかという点もあれですが、話のなかでも触れましたように、労働組合の運動は政治運動が主ではありません。労働条件の関係が主になります。そちらの運動や活動がそっくり連合に移って、残されたのが政党との関係だけになった時に、組合としての、組織としての求心力をどれだけ持ち続けられるのか。社会党がそのことをどれだけ真摯に受け止めたか。このことの関係になってくると思います。

いままでと同じような感覚でずっと見ていられるとすれば、やってくれるはずだと社会党のほうは見たかもしれませんが、受け止めるほうは、そんな無理難題を言われたってもうだめだと。そういうことになってしまうと、それならばもうやめようかということにもなりかねない。そこで先ほどから言っているように、党自身が脱皮しようということに対して我々も同調しながら、そのためにそういう関係についてもしっかりやっていこう。あるいは、社会保障の問題がこれから大きくクローズアップされてくるだろうから、その時に政治との関係をしっかり持っていないことには、我々の生活そのものをよくしていくことにもなっていかないのではないか。このような問題も含めて政党との支持・協力関係をどうやってつくっていこうかということで対応してきたつもりですが、受け止める側がそこまで受け止めきれていなかったのではないかというのが私の正直な気持ちです。

――連合が結成されて、労働組合と社会党との関係の仕方が変化したにもかかわらず、社会党は対応する能力を欠いていたということでしょうか。

橋村　だから、言わなければよかったのです。「93宣言」（1993年に作成された綱領的文書。党大会での採択は見送られた）、「95宣言」（1995年に作成された「95年宣言―新しい価値と政策目標」）、新党づくりとか言わなければ、それはそれなりの対応の仕方があるけれど、言ったから乗ったわけで、それが「連帯する会」解散につながったわけです。端的に言わせていただければ、言ったとおりやってくれなかったという恨みもありますよ。

初出

報告：『大原社会問題研究所雑誌』No.685／2015年11月号
https://oisr-org.ws.hosei.ac.jp/images/oz/contents/685_05.pdf
質疑：『大原社会問題研究所雑誌』No.686／2015年12月号
https://oisr-org.ws.hosei.ac.jp/images/oz/contents/686_06.pdf

第Ⅱ部
総　　評

第 16 章

回想の総評運動

1960〜70 年代を中心に

――谷　正水氏に聞く

高野実時代の「ぐるみ闘争」、1955 年総選挙をめぐる高野派対太田派の対立、太田ー岩井ライン、三池闘争、安保闘争等について、体験に基づいた簡潔な証言。春闘が賃上げ重視から「生活闘争」化していくプロセスにも言及。

［略歴］

1929 年　高知県生まれ

1932 年　父の勤務の転勤で大連に移住

1947 年　大連から引き揚げ本籍の高知県安芸郡田野町に居住。製材工場、農協、町役場に勤務、勤務の傍ら青年団運動に熱中する

1954〜58 年　高知県連合青年団長（2 期）、日本青年団協議会（日青協）常任理事（2 期）。この間、原水禁、破防法、沖縄返還闘争等を担当

1956 年　日青協第一次訪中団の一員として中国訪問。日青協退任後、全国青年運動研究会（左派結集体）の常任として活動

1960 年　日教組青年部の推薦で総評全国オルグとなり、安保国民共闘・三池闘争に従事。三池後は本部で合理化対策、雇用・失反対策を担当

1962 年　中央金属共闘会議に出向し、8 年間事務局を担当

1969 年　本部に復帰し、合理化対策部、組織部で産別組織対策、雇用・失反対策を担当

1975〜78 年　春闘共闘会議の事務局を 4 年間担当

1980 年　総評常任幹事に選出され 1 期務めて退任

1982 年　総評の推薦により、全国社会保険協会連合会に勤務

1992 年　定年退職

報告

1950年代の総評（1）――高野路線・ぐるみ闘争など

私は太田－岩井体制（後述）の1960年から槙枝（元文）－富塚（三夫）体制の1982年まで22年間、総評に勤めておりました。この間、多くのことを経験しましたが、何といっても60年から70年にかけての10数年は、総評運動の大きな高揚期だったと思います。そこのところでいろいろ仕事をさせてもらったということが、私にとっては貴重な経験であったと考えています。

初めに総評結成の1950年代。総評ではいわゆる高野路線と言われる運動路線が敷かれたときです。このときは、特徴的には平和経済プランをテコとする労働運動で、高野実さんに代表される「労働プラン」を実践し、職場から産別労組を一本の闘争にしていき、それを軸にして、町や村の各層の人々の協力体制で幅広い国民的な統一を目指す。そういうことで労働運動と市民とを結ぶ「ぐるみ闘争」であった。その中身は、国民生活水準を引き上げるための賃上げ闘争であり、「労働プラン」に基づく完全雇用の闘い、それからアジアの繁栄と平和のための闘い、これを国民ぐるみの運動に展開させよう。そういうところに高野路線の基本的な問題がありました。

そして、さらに高野事務局長の時代（1951～55年）は、労働組合運動の側では炭労の三井闘争、三鉱連（全国三井炭鉱労働組合連合会）とか、あるいは鉄鋼の尼崎製鋼（1954年）、日鉱室蘭（1953～54年）、そういった争議が頻発しておりまして、その状況を踏まえてここでも、地域共闘の成果の中から家族ぐるみ、町ぐるみ、村ぐるみという「ぐるみ闘争」が提唱されます。事実、この頃の争議における地域共闘の強さというのは、産業別中央の指導をはるかに上回るものがあったという評価がなされております。その中身で言えば、ストライキ団に家庭の主婦が一体になって登場していく。ストライキが家族ぐるみ、町ぐるみの闘いになっているということが指摘されており、このときの「ぐるみ闘争」というのは、占領政策による労働者生活の破綻と弾圧に向かって国民の間にわき上がる抵抗闘争だという具合に、当時は規定をし、評価をしているところです。

その闘いを通じて労働組合も質的に変化をしていきます。「ぐるみ闘争」というのは従業員組合の枠を超える方向に向かうという、産業別労働組合の強化策としても考えられ、そういう形でその方向が打ち出されていきました。現実の争議の局面において、産業別中央の指導と地域ぐるみ闘争とが必ずしも連動していなかったというところに大きな問題はありますけれども、そのことから「ぐるみ闘争」対、産業別の構図が明らかになっていった。こうした大争議の一連の結末が、結果的に高野路線の幕引きを告げることになっていったという具合に今では考えられています。

もちろん高野時代にも、賃上げを中心とした統一闘争というのが展開されていました。この時期の賃金闘争の特徴というのは、1952年に総評の「賃金綱領」が作成されるわけですが、その「賃金綱領」にあるように、マーケット・バスケット方式による要求というのが作成されます。同時に、賃上げの統一行動要求というのは、賃上げも政治闘争と不可分である。総資本との対決ということで言えばそういう形で春闘を展開せざるをえない。そういうことで対処してきたわけです。

このときの一番の問題は、高野さんの指導のなかで、当時、非常に鋭く展開されていった基幹産業の合理化や独占資本の動向に対する判断について十分であったかどうか。そういうことが一番の問題点です。つまり、50年以降の日本の状態というのは、金融資本が非常に整備されていく。それから独占資本によって資金調達システムがしっかりと構築されていくなかで、鉄鋼、造船、自動車といった基幹産業では本格的な設備の近代化や合理化が強行されていく時期です。また、朝鮮戦争後の不況のなかで不況を理由にしていた合理化が、逆に企業に浸透していって、次の段階の高度経済成長、生産性向上運動といった運動の展開を準備していく時期でした。そうした動きが着々と進められていくなかで高野路線の対応は十分であったかどうか。まずそこが問題になっているところです。客観的には労働組合としての組織上の重大な転換期に来ていたにもかかわらず、基幹産業分野での組織的な弱さを抱えたまま「ぐるみ闘争」に突入していかざるをえなかった。それが高野路線の大きな弱点であったということが言えると思います。

1950年代の総評（2）――産業別方式の再編

その次に52年から55年にかけての時期というのは、朝鮮戦争の特需で一息ついた経営側が、朝鮮戦争後の不況を理由に大合理化攻勢をかけてきます。解雇、賃金カット、労働強化がずっと図られていくわけですが、そういったなかで大規模な技術革新が行われ、高度成長への地ならしが進められていきます。そのときに高野総評というのは、企業別組合が持つ弱点を克服するための地域ぐるみ、家族ぐるみという、新しいスタイルの闘争形態を採用してはいました。そして、その闘争を強化して合理化攻勢に立ち向かおうとしましたけれども、同時に高野さんは、単独講和後に盛り上がった軍事基地反対闘争を総評の平和闘争の一環として取り組み、軍事経済体制に対抗する平和経済国民運動を組織していきます。このような背景のなかで総評というのは、労働者的な賃金理論で賃上げ要求の闘いを、炭労、電産といったところが中心になって典型的に闘っていきます。しかし、「ぐるみ闘争」の典型となった企業整備反対の、たとえば日鉱室蘭などの争議（1953～54年）も、そのときには同時に相次いで進んでいくわけです。

併せてこの時期、総評の結成過程で、労働組合の産業別方式の再編成ということが不可分に関係してくるわけですが、そのとき総評は、その産業別組織に関わる基本方針で中産別主義をとっていきます。第1にこの中産別組織というのは、すべての産業分野で貫徹していったわけではありませんが、やはり経営者団体がその中産別に編成していった。そういう事情があるうえで、それに対して、中産別というより業種別に近い形の経営者団体が存在するケースも生まれてくるわけですから、労働組合の編成は、その経営者団体と対応する形で中産別編成が行われるという具合になっていくわけです。中産別編成が行われていくなかで、総評加盟がすべてにわたって実現していくという期待が込められていたわけですけれども、そういうことにはならずに、たとえば電機労連とか全造船とかいう組織に典型的に見られるように、総評加盟を見送るという状況も出てきます。

54年の総評大会では、「デフレ不況下で賃金を勝ち取り、日経連の賃金ストップ政策を打破する。それを突破するには全国的な産業別的統一闘争をやっていく以外にない」ということで、55年1月から3月の期間に集中した、全国一斉の本格的な賃上げを中心とする闘いを起こすという方針を決めます。しかし、高野事務局長が指揮する総評本部は、産業別統一闘争を軸に、賃上げを重点とした闘争スケジュールを1月から3月に絞っていくということに対して十分に応えきれなかった。高野さんは、「賃上げ要求は、米日独占資本の政策の結果、労働者をはじめとする国民諸階層に表れている諸々の苦悩の一つである」という具合に位置付け、「労働者の諸要求の一つが賃上げであり、労働者の闘いがすべてそれに集約されるべきではない」という見方をするわけです。

1955年総選挙と総評

55年に総選挙が予定されます。そのときに高野さんは、国民の緊急要求を掲げ、選挙闘争と春季闘争とを結合させるということを主張するわけですが、やはり賃上げを何よりも重視するか、賃上げを国民要求の一つとして捉えて政治変革を目指すか、産業別統一ストライキを重点に闘うか、それとも地域ぐるみで政治的エネルギーを結集するか、こういう対立感情がずっと生まれてきて、その背景として高野派と太田薫派の対立という形で表面化してくるわけです。それらの状況を踏まえて、いよいよ春闘というものが考えられていくわけです。それの前提になるのが、炭労、非鉄、合化、紙・パルプ、国労の5単産とオブザーバーの全国金属を含めた、54年の共闘会議です。そこで初めて賃上げ闘争を共闘していくという体制を作ります。その後、電産などが加わって8単産共闘というものが作られるわけですが、これが春闘共闘委員会の原型です。このときから春闘が出発したという具合に考えられます。

それまで炭労、非鉄、合化、紙・パという民間単産の主力は寡占体制の労働組合の結集であったわけで、当時の基幹産業部分がこのなかに構成されていきました。そのあと全国金属とか、そのほか中小企業をたくさん抱えている労働組合がそこに結集します。初め寡占企業集団に属する企業の労働組合に主導権を握られていたところへさまざまな要素が加わった中小企業労組を抱える単産が参加することによって、共闘に大きな広がりを見せていきます。この共闘の評価基準というのは、一つには共闘の幅が広がっていったこと。

それから、中心にストライキ行動が必ず設定されたこと。そこでは実際の賃上げを勝ち取っていったこと。この3点が評価されております。

55年3月に、先ほど言いました全国金属や化学同盟といった中小企業組合を抱えた単産と、そこに電機労連が加わり、合わせて8単産共闘に発展していきますが、ここで先に始まった5単産共闘とは、性格的にも、部分的にも、形式的にも状況が変化してきます。高野総評としては、労働プラン、つまり平和経済計画による政策転換の考えに基づいた闘いを、実際に組織することを懸命に目標とするわけですが、その場合に対政府要求はしたものの、この年の政策転換を目指す諸要求というのは、単に総評の政治活動としての色合いが強く、そこには労働組合の実力行動の裏付けが伴っていかなかったことによって、大きな成果を挙げるに至らない。こういう政治変革という総評本部の力点の置き方に対して、民間単産共闘というのは、それとは別に既定の方針どおり、賃上げで集中的な共闘をしていく、集中的なストライキ行動を行うという方向に一方的に進んでいきます。事実、55年の春季闘争というのは、闘争スケジュールでは3波の実力行使を展開して成果を挙げているわけです。

高野派と太田派の対立

この春闘の出発点の状況というのは、賃上げを目標スケジュールに立てて、産業別労組が連合してストライキを闘っていくという方式でありますけれども、この方式と高野路線の労働プランとの間で「路線」と「賃金」の二つが対立します。そして、どちらを優位に立たせるかという点で違いが出てくる。これがいわゆる高野派と太田派の争いに発展していくわけです。このなかで8単産共闘の賃上げというのが産業別統一闘争の共闘としては一番の発展段階を迎えて、ここで春闘というものの性格が位置付けられるというか、意味付けられることになっていきます。

高野派と太田派の対立というのは、労働プランか賃上げかということに象徴的に表れるわけですが、その背景にはやはり、いろいろな政治、経済情勢の反映がありました。たとえば吉田茂自由党長期政権が倒れて、鳩山一郎内閣になった。あるいは保守政界の動揺が激しかった。一方では分裂していた社会党が統一の方向に向かう（1955年10月統一）。それから国際的にも、冷戦から緊張緩和（デタント）の時代に入っていく。政治改革へのコースを進めるためには大変有利と判断される状況がそのときにはあったわけです。

55年の時期というのは、経済的には朝鮮戦争の特需で膨らんだ経済部門を切り捨てて、寡占企業の主導の下で新しい高度経済成長を実現するという、その準備期間であったと言えると思います。日経連はこのときも依然として「賃金よりも資本蓄積を」ということを公言していながらも、同時にそこで合理化を達成し、経済成長のプログラムを準備していく。ですから、日本におけるこういった独占体制の確立というのは、中小企業労働者により大きい犠牲をもたらすとともに、一方では産業構造の変化によりスクラップ部門の労働者に犠牲を転嫁するということでありますけれども、他方において、そういうことを基盤にして新しい賃上げを産み落としていく。そういった状況のなかで春闘というのが始まっていく。そうしたことを条件にして労使交渉が仕組まれていく。そういうことで8単産共闘から春闘共闘が出発していく。それがこのときの状況だったという具合に考えます。

太田－岩井ラインの成立

55年の総評大会で岩井章事務局長が選出され、58年に太田薫議長が選出されます。そしてこの太田－岩井ラインの成立が、太田議長が提唱した「積極的な賃上げを目指す産業別統一闘争」、言い換えれば春闘の基礎づくりになった。それがこの時期です。太田－岩井ラインというのは、春闘の展開とともに、58年から60年の時期にたとえば警職法反対闘争、安保・三池闘争を指導することになる。それによって総評運動の最盛期といいますか、黄金時代という表現も使われていますが、それがこの時期の状況でありました。

太田－岩井指導部というのができて、その2人が反高野で議長、事務局長を占めたということですが、実際には、高野さんが築いた路線を継承していくという部分が少なくないわけです。たとえば、中小企業対策オルグの設置について高野さんが努力するわけですけれども、それを太田－岩井ラインは各県評に地方オルグ制度を設置して、それを広範に発展させていった。そうしたことを通じて、高野さんが非常に重視していた地域闘争をより組織的に発展させていったということが言えると思います。また、太田路線というのは、必ずしも大企業労組が主導権を持つ産業別組織の賃上げ闘争だけに限らずに、たとえば最低賃金制度というものを重視する。そのようなことを太田－岩井ラインはやっていきます。

そのなかで、高野さんが発案したオルグ制度というのが、太田一岩井ラインによって1959年度の大会で決定します。そして総評では、地方オルグ300名、全国オルグが37名というオルグ団を抱えます。そのことがこれ以降の総評労働運動の発展にとって非常に大きな意味を持つし、役割を果たすことになると思います。

三池闘争

もう一つ、三池闘争です。三池闘争というのは、皆さんご承知の向きも多いと思いますけれども、三井三池鉱業が人員整理を計画し、59年の暮れに三池組合員の1200名の指名解雇を強行して、三池鉱業所全体にロックアウトを掛ける。労働組合はその会社のロックアウトに対して無期限ストライキに突入していきます。そのとき三池労組は長期戦に備え、一家族月１万円の耐久生活に入る。そのようなことで長期争議を覚悟します。そのなかで総評は、三池支援の大カンパを行う。もちろん炭労も大きなカンパ体制を敷きますが、三池労組の組合員の生活保障などを含めて、そういう長期闘争に耐えうる闘争体制を確立していきます。

三池では、ご承知のロックアウトという会社の強攻策に対して、強行就労をやっていきます。そういうなかで、三池労組と第二組合とが三川で激突して流血の大乱闘になる。そして、四山坑でピケを張っていた組合員が暴力団に刺されて死亡する。そのような事件が起こるわけです。総評はこのとき、大規模な抗議集会、抗議デモを東京と現地の両方で開催していくのですが、同時に中労委（中央労働委員会）のあっせんも要望していきます。ところが、このときに出された中労委のあっせん案というのは事実上、指名解雇を認めるような内容だったものですから、総評も炭労も三池労組もこれを拒否して闘っていきます。中労委のあっせんに失敗した会社側は、三池の生産再開に集中してかかってくる。そういうなかで強行就労などが行われ、そしてその大きな闘争のなかで、あの有名なホッパー（貯炭槽）決戦というものが7月段階で行われる。このホッパー決戦の攻防が三池闘争の最大の焦点になっていくわけです。

ちょうどホッパー決戦のときに、私は港務所支部の総評オルグ団のキャップとして参加しておりました。ホッパー決戦というのは7月の17日だったと思いますが、総評で1万人、三池労組で1万人、2万人の大動員が掛かった。その2万人が前夜から泊まり込みでホッパーに結集していきます。翌日、朝もやを突いて、向こうから機動隊のトラックが何十台とやってくるわけです。いよいよホッパーにおいて、警官隊1万人、総評オルグ団1万人と三池労組1万人、2万対1万の大激突だということを私たちは想定して、腹に週刊誌を巻き、それから、催涙ガスをかけられるので水中メガネなどを用意した。まさに決死の覚悟でいたわけですけれども、そういう激突寸前の明け方に中労委斡旋《あっせん》が出て、一応激突はそこで回避された。そういう厳しい体験をわれわれはするわけです。そういうことを通じ、池田勇人内閣（1960～63年）による中労委の職権あっせんによって事態は収拾せざるをえない。非常に不十分な状態のなかで三池も総評もここで終結しなければならないという状況を迎えます。それが三池闘争の流れでした。

安保闘争

一方、安保闘争は、総評の呼び掛けで59年3月に安保共闘の国民会議が発足し、59年の4月から10月にかけて実力行使を伴う第1次から第7次までの統一行動を展開していく。それが安保闘争の始まりで、60年に入って事態は国民的なレベルの闘いに大きく動くわけです。そして60年1月の総評が呼びかけた1000万人署名運動とか、あるいは春闘と反安保とを結び付けた、強力なストライキを中心にした実力行使体制というものが、たとえば第15次までずっと春闘行動日に設定したストライキが反復して行われるのに合わせて展開していくわけです。この60年の5月の1カ月間というのは、あとで「激動の1カ月」と言われるように、凄まじい闘争の展開であったと言えると思います。

とくに、5月の20日に国会が強行採決をしたなかで最大限の糾弾行動が展開されます。たとえば全国36都道府県、450カ所の行動、それから私鉄、全金、合化などの工時間時限スト。最大のところは24時間ストライキを打ったところもあります。5月から6月にかけて、そういう政治スト、つまり6.4政治ストに至るまで何回か、労働組合の実力行使を伴った統一行動が展開されていく。5月、6月は国民的な規模の反安保の闘いが、大きく雪崩打ったような形で進められていくことになります。

結局、6月11日から19日の第18次統一行動、これがそれまでにない大きな盛り上がりだったわけです。25万人とかいうデモが国会を十重二十重と取り巻いていく。それが深夜まで続いていくというような状況にありました。そういうなかで南通用門で樺美智子事件が起きるというような出来事もありましたが、結局、総評の闘いというのは、18日の21単産の実力行使、それから22日の新安保の自然成立に抗議した国労、動労の始発から午前8時までの職場大会、これで旅客、貨物が運休していくわけですけれども、こういう国労を中心にした闘いが非常に大きなメルクマールを作っていくことになるわけです。

この60年安保のなかで、社会党が分裂して民社党ができたり、三池では無期限ストに入るということがあったりする。総評に労働者同志会というのがあります。総評の一つの派閥で、後の総評の社会党員協議会なのですが、この労働者同志会というのがそのときの情勢を踏まえて「労働運動の前進のために」と題する文章を出します。このなかで「日本的労働組合主義」というものを提唱していくわけです。

「日本的労働組合主義」というのは何を目指したのかということです。高野路線の、かつての総評と言われるような状態から新しい総評指導部に移って、それ以降の運動の成果をきちんとしていかなければだめだろうという声が大きく出ておりました。そのなかで総評というのは、日本労働運動を推進する責任ある立場から現在の労働運動に内在するいろいろな弱点を克服して、労働運動を抜本的に前進させるための見解というものを示す必要がある。そういうことから、一つには、労働組合は賃金、雇用など労働条件の向上を軸とした労働者の、身近な要求を実現していくことが課題である。二つ目には、日本の場合には国家権力と結び付いた経営者が凶暴性を帯びているので、経済要求を実現するためには政治的な壁を打ち破る政治闘争も必要である。したがって経済闘争を発展させて権利を確立し、軍事政策に反対し、日本の完全な独立を図っていく政治闘争を発展させていくという主張は、当然のこととして総評がとっていく道であると主張するわけです。

そして政治闘争の強化ということについては、本来ならば政治闘争は政党が前面に立って、労働組合はこれをバックアップするという姿勢が正しい。最後はそういうことになっていくわけですけれども、そこの文章というのは大きな意味を持っております。その当時、社会党が分裂して西尾（末広）新党ができるという状況のなかで、「すべての労働者諸君が西尾新党の本質を正しく理解して、組織動揺を起こさないように期待する」そういうことのためにこの文章が出されたと言えると思います。

この日本的労働組合主義の提唱というのは、社会党関係の状況のなかで言えば、民同左派（民主化同盟の左派）の本音を突いているわけですけれども、実際には総評内部での太田、岩井さんを中心にした左派路線と、全逓の宝樹文彦さんを中心にした右派路線が拮抗していく。その意見の違いを最大公約数的にまとめていこうというのが、この日本的労働組合主義を提唱した意味であるという具合に考えます。

新たな展開――春闘の拡充と生活闘争

そういうことを経て、いよいよ60年代から70年代に掛けての闘いが展開されるわけですが、総評の闘いの中心は何といっても春闘であります。やはり春闘というものが軸になって総評労働運動は展開されていきます。その主役は太田議長で「糞のついた千円札でも千円には違いない」との名文句を残します。総評は62年から64年にかけて「ヨーロッパ並みの賃金」を相言葉に全労働者に春闘をアッピールします。太田さんの主導する春闘は、①大幅賃上げ、②賃上げの社会的相場化、③未組織労働者への波及であり、そのためには産業別規模の統一闘争を軸とした戦線の形成と拡充がその成否を決めると訴えたのでした。たとえば60年代で象徴的なのは、64年の春闘における池田（勇人）・太田（薫）会談などです。そのときは公労協の賃金の民間並み賃上げというものを太田・池田の政労直接交渉で約束させる。そのようなことを中心にして、政治的な意味を含めて経済闘争が展開されていきます。同時にこのとき出された問題というのは、労働者の生活を良くするためには賃上げだけではなく、住宅問題やその他の労働・生活諸条件の改善というものが併せて進まなければ、労働者の地位の向上にはならない。その考え方が発展して、70年代の生活闘争要求になっていきます。その生活諸要求をめぐる対政府交渉というものが、70年に至って春闘のなかで、賃上げと並んで大きな意味を持つことになるわけです。

64年に同盟ができて、それからIMF・JCが発足して、66年に太田さんが退陣します。それで67年の総評大会で全逓の宝樹さんの労働戦線統一の提唱などがあって、総評内部で路線対立が表面化するわけです。「70年安保闘争に対して総評はどうしても再生を図っていかなければならん」ということで、岩井さんが中心になって努力するわけですけれども、70年安保闘争というのは非常に不十分な状況に終わります。そしてそのあと岩井さんも退くことになり、総評の太田－岩井体制がここで終焉します。

70年から総評は市川誠－大木正吾体制になるのですが、70年の市川－大木体制の前の年の衆議院の選挙で社会党が大敗します（51議席減）。そういうことを背景に、労働運動の主導権を執っているのは総評だというような状況に対して、それに挑戦するかのように労働戦線統一の動きが強くなっていく。そういうなかでこの労働戦線・右翼再編成の流れに総評は、守勢に立たされるという状況になっていくわけです。そういう状況を踏まえて、やはり総評としては新たな路線を展開するということがこの時期は問われている、という議論が起こります。それで採用されたのが先ほど申し上げました「生活闘争へ」という路線です。住宅や社会保障など国民生活を支える基礎的な部分を労働組合の活動領域とし、それを生活闘争として展開していく。これを70年春闘では「15大要求」という形で組み入れていくわけです。この「15大要求」はその後もずっと、生活闘争の中身として継続・発展させるという努力をしていきます。73年の「4.17年金スト」では、大衆行動を背景にして対政府交渉も行い、具体的には、物価と賃金を総合したスライド方式をやっていくという回答を引き出していく。そういう成果も一歩前進という形では勝ち取っていきます。

そして、73年のオイルショックを契機にしたインフレの加速化の段階で、生活闘争というのは“国民春闘”という形に発展をしていきます。春闘共闘はこの時期から「国民春闘共闘会議」という名前になって、インフレの被害がいわゆる社会的弱者に広く及ぶということから反インフレ共闘などを組織したり、国民各階層との連携で大衆行動を組織することになっていくわけです。

75年から76年に掛けてのオイルショック後の経済停滞のなかで、経営者側は賃金抑圧政策をとっていきます。政府の実質的な所得政策ともいうべき総需要抑制策のなかで、春闘の賃上げというのはオイルショックのときには低水準にとどまってしまうわけですけれども、後に日経連の「15%以下」というガイドラインが貫かれて、労働組合側の春闘が敗北していく。75、76春闘ではそういう経験をします。これが「管理春闘」という名前で呼ばれる時代の幕開けになるわけです。

こういうことを通じて総評は76年に、「やはりそういうことではいけない。春闘の再構築を構想しなければならん」ということで、「主要民間単産による中核体づくり」というものを路線に敷いてやっていこうとします。春闘共闘というのは、総評と中立労連、それからその他の準中立も加わった幅広い共闘組織なのですけれども、そういうなかで比較的重要な役割を果たしていた中立労連傘下の電機労連が、春闘共闘の集中体制からIMF・JCの集中決戦体制のほうに移行してしまいます。それによって事実上、春闘共闘の統一行動闘争から離脱していく。そして電機労連はIMF・JCの賃上げ闘争の、相場形成の主導的な役割を76年春闘から果たしていくことになります。春闘共闘の状況の悪化といいますか、体制の弱体化というようなものが表れてくる原因にそういうことがありました。その後、総評は、76年に市川－大木体制が退陣し、そして槙枝—富塚体制に代わっていくわけです。

おわりに

私の話はちょっと中途半端ですけれども、春闘を軸にした総評運動の流れというものの特徴点というのは、50年の高野路線の始まりから、とりわけ60年代を中心にした太田—岩井路線の春闘を軸にした全労働者的な運動の発展というところに総評労働運動のメルクマールがあります。そのなかではとくに安保、三池という大きな闘いもあって、総評のナショナルセンターとしての役割も一定程度果たしてきたのではないだろうか。そういうなかで私も若干の仕事ができた。大きな経験をさせていただいたということでは、私自身の歴史でもあるわけです。

私のお話はここで終わらせていただきます。ありがとうございました。

初出
『大原社会問題研究所雑誌』No.689／2016年3月号
https://oisr-org.ws.hosei.ac.jp/images/oz/contents/689_05.pdf

第17章

太田薫氏と労働運動を語る

——塚田義彦氏に聞く

太田薫の側近として歩んだ1950年代～70年代の労働運動について、総評の動向を中心に時系列を追って語っていただいた。総評の過度の政治化には一貫して疑問を抱きつつ、スト権スト、総評解散までを回顧する。

[略歴]

1926年　長野県生まれ
1944年　長野県松本中学校（現松本深志高校）卒業
1945年　旧満洲国立ジャムス医大2年終了
1946年　帰国
1947年　長野県庁学務課勤務、教職員適格審査従事。県職の一員2.1ストに
1948年　人事院事務総局健康課勤務、公務員衛生管理業務従事。人事院職員組合結成参加、執行委員
1950年　労働省労働基準監督官、岡山監督署勤務
1951年　総評合化労連書記、調査部勤務調査業務
1958年　合化労連中央執行委員、調査部長
1972年　同書記長（以降8年間）
1980年　同副委員長（以降4年間）
1981年　中央労働委員会、労働者委員（以降4年間）
1982年　総評民間単産会議事務局長（以降3年間）
1985年　定年退職

報告

はじめに

私は戦争中に、長野県松本市の旧制松本中学を卒業したというだけの学歴

です。したがって、戦後の教育、とくに大学教育をまったく受けていません。そういう意味では、経済も法律もよく知りませんし、無学無教養の人物と自分でも思っています。当時も労働組合の書記局で働く書記は大学卒が圧倒的でした。8〜9割まで大学卒で、私のように大学を出ていない人間は本当に少数になっていました。そういう人間が太田薫（1912〜98年）さんと一緒に行動を共にしたということで、今日お話をすることになるわけです。私なりに自分の評価をすれば、典型的なイエスマンであった（笑）。太田薫さんの経歴は後で詳しく述べるわけですが、太田さんが「右向け」と言えば右、「左向け」と言えば左、そのような40年ぐらいでありました。

太田薫さんとの出会い

太田薫さんとどこで出会ったのかというと、私が労働省の労働基準監督官として岡山の労働基準監督署にいたとき、鉄鋼労連（日本鉄鋼産業労働組合連合会）の千葉利雄（1927〜2009年）さんという企画調査部長の紹介でした。50年の秋、総評ができた年です。当時、千代田区三崎町に炭労会館がありました。今はもう炭労（日本炭鉱労働組合）はなくなっていますが、この炭労会館でお話をして「合化労連（合成化学産業労働組合連合）に来ないか」と言われ、「はい、行きます」と一決してしまった。

この千葉さんという人は鉄鋼労連の企画調査部長を長くやり、副委員長をやり、最後は連合（日本労働組合総連合会）が結成されるときの政策委員長をずっと長く、10年前後やったと思います。ですから、連合の政策は千葉さんがつくったと言って差し支えありません。連合の前身である全民労協（全日本民間労働組合協議会）のときから政策にタッチされているわけです。千葉さんとなぜ知り合ったのかというと、私は労働省へ行く前に人事院にいました。人事院の職員組合を立ち上げたのですが、このときに千葉さんと一緒になりました。いわば人事院の同僚と言っていい。しかし、千葉さんは東大経済学部を出たエリート中のエリートですから、私などと比較することは難しい。

当時、高野実（1901〜74年）さんが総同盟（日本労働組合総同盟。同盟の前身）の総主事。総主事というのは総同盟の用語で、書記長のことを言います。

高野さんが総主事の立場のときに、千葉さんは総同盟の調査部に入りました。調査部長は清水愼三（1913〜96年）さんです。日本福祉大や信州大学の先生を務められた清水愼三氏と一緒に人事院から移って働いていました。そして、私に総同盟に遊びに来いということで、よく総同盟の会館に行きました。当時は東京・三田にありました。今は日本労働会館とか言っていますが、そこにあった総同盟に行き、人事院の同僚だったという関係で千葉さんとは親しい関係にありました。

当時研究会がありまして、その主催をされたのは、確か前田さんとおっしゃいました。まだ新日鉄（㈱新日本製鉄）になる前で、八幡製鉄と富士製鉄が別会社でしたが、八幡の本社の調査部長という方（千葉さんの伯父）が司会をして、国会の議員会館でよく会合を持っていました。これに集まったのは新産別の人たち、それから全自動車（全日本自動車産業労働組合）の方々、あるいは学者では高橋正雄先生。向坂逸郎先生はあまりお見えになりませんでしたが、今から考えれば、これは社会主義協会の前身であったような気もします。そこへ私も１年ほど参加、といってもただの一会員ですが、そういう学者や労働運動家の話を聴く機会があり、私も労働組合について、ある程度の知識を持つことになります。

総評ができるのは朝鮮戦争の年、1950年ですが、この総評ができるときに新しい労働組合組織が幾つもできました。合化労連は太田さんの組織。鉄鋼労連は清水さんが書記長をやられました。それから、当時、全逓（全逓信労働組合）などは分裂していました。今までの全逓が弾圧されて宝樹文彦さんなどが新しい全逓をつくり、新全逓のほうが次第に優勢になっていくという時代でした。このときに千葉さんは、「あなたは労働組合で働く気があるか」とおっしゃる。「ええ、ありますよ」「それじゃ、どこにするか。全逓にするか、合化労連にするか、鉄鋼労連にするか。でも、鉄鋼労連は俺が行くつもりだからな」（笑）。鉄鋼労連は断られて、宝樹さんのところへ行くか、太田さんのところへ行くかという話になったのです。

私は長野県庁から人事院、労働省と公務員は少しやっていましたが、「どうも公務員という世界は東大卒が巾をきかせていていささかなじめないな。あまり長く経験したわけではないのですが、やはり民間のほうがいいや」と思い、太田さんを紹介してもらい、合化労連に採用になりました。合化労連も1950年、総評と同じ年に結成されています。「今年中に結成するから、来年1月の初出勤の日に来なさい」ということで、1951年に合化労連書記局に入っていくわけです。

2.1スト、総同盟をめぐって

しかし、間もなく2.1《にいち》ストライキへの弾圧もありました。私はこの2.1ストライキに偶然出くわしているのです。長野県庁にいたときです。2.1ストというのをやるのだという話です。私は当時学務課というところにいたのですが、あの2.1ストがどうして起きてきたのか、組合員にほとんど説明はなかったような気もします。長野県庁の学務課は教職員を取り締まるところですから、県庁職員組合の一部ではあっても2.1ストなどということをあまり大げさに言わなかったのかもしれません。

これはご承知のように前日の1月31日、マッカーサーの中止命令が出ます。当時はテレビがありませんで、ラジオでスト中止指令を聴きました。国労（国鉄労働組合）出身の伊井弥四郎（1905～71年）さんという共闘会議の議長がラジオで、「マッカーサーの指令には従わざるを得ません。一歩退却、二歩前進」と言われた。これはよく文書にも出ています。

当時、総同盟は原虎一（1897～1972年）さんという、どちらかというと右派グループの人たちが書記局を握っていましたが、総同盟自体が左へ寄って、先ほどの高野実さんが総主事になり、高野さんの時代が長く続きます。そして、総評を結成することになります。朝鮮戦争の話は詳しく言う必要はないと思いますが、このときに逆コースということで日本全体が右傾化の嵐に見舞われます。

そのときに占領軍は何を考えたかというと、「産別でも総同盟でもない」、新しい全国組織をつくろうと指導しました。ですから、総評は明らかにGHQの肝いりでできたわけです。それに総同盟の高野さんが同調しました。高野さんにしてみれば、占領軍にそれほど協力するつもりもなかったのかもしれないけれども、「いや、まあ、占領軍がつくるというのだから、これを利用してやれ」とお考えになったのだと思います。朝鮮戦争のさなかに総評の結成大会が開かれ、議長には炭労の武藤武雄委員長、事務局長には東交（東京交通労働組合）、産業別で言うと都市交（日本都市交通労働組合）の島上善五郎（1903〜2001年）さんがなります。この結成大会では、「北朝鮮の武力行使反対、平和的、民主的手段によって社会主義を実現する」ことをうたっています。当然と言えば当然ですが、高野さんに協力したのが我が太田さんであり、清水慎三さんでありました。総評の結成準備をすると同時に、合化労連も鉄鋼労連も結成されていくことになります。

諸組織の変遷

このころ、東西の冷戦が次第に……。何しろ朝鮮戦争（1950〜53年）で火を噴いていますから、冷戦と言ってもかなり熱い戦争になっていたわけですが、社会党に続いて総評も全面講和、中立堅持、軍事基地提供反対、再軍備反対という「平和四原則」を掲げることになります。そして、総評はイギリスで開かれたICFTU（国際自由労連）の結成大会に、占領軍の手引きで主要なメンバーを参加させています。当時外国へ行くのは自由ではありませんでしたから、占領軍の係官が連れて行ってくれたわけです。ですから当然ICFTUに加盟すると思われていたら、内部で反対論が出て、一括加盟廃案になってしまいます。WFTU（世界労連）が分裂して国際自由労連（ICFTU）ができたのですが、ICFTUにせよWFTUにせよ1国1ナショナルセンターが原則です。ですから、産業別の加盟ということは、規約上はありえないのですが、それを強引に押して、日本の加盟組合はICFTUに一括加盟をしなかったのです。総評は51年の大会で一括加盟を廃案にしています。そして、2回目の大会で高野さんが島上さんに代わって事務局長になります。

総同盟はこういう総評のやり方に反対でありましたから、ICFTU加盟も当然だということで、総同盟の再建大会などを開いています。このときに、今まで民同という形であったものが、右派は民労研、左派は同志会ということになります。同じころ、山川均さん、向坂逸郎さん、大内兵衛さんも呼び掛け人だったと思いますが、高橋正雄さんとか、こういう学者グループを中心にしながら、岩井章、太田薫、高野実なども参加して社会主義協会もできます。

この年（1951年）に、サンフランシスコ講和条約と日米安保条約が吉田首相の主導の下に調印されていきます。民同は左派と右派とに分裂をしたのですが、総評は、「この講和条約は片面講和である、全面講和ではない、ソ連や中国が入っていないじゃないか」ということで反対して、平和推進国民会議（平推会議）というものを組織しました。今から考えると本当に不思議なことで、9月1日に結成総会をやるのですが、靖国神社でやったのです（笑）。靖国神社の境内を借りて、平推会議を開催しています。吉田首相は逆コースをぐんぐん進めていきますから、総評は労働法規改悪反対闘争、労闘ストというようなものを組みます。労闘ストはそれほどストライキをやったわけではありませんが、戦後、レッド・パージもあり、労働組合は意気士気が非常に沈滞しているなかで、こういう政治闘争ですよね。政治ストを公然と唱えるところまで来たものですから、少しずつ労働組合は立ち直ってきたということが言えようかと思います。

同時にまた、太田さんは宇部窒素という山口県の化学工場の出身ですが、この宇部窒素で合理化があり、首切りが出ます。太田さんも174名の解雇のなかに含まれていましたが、長期のストライキをやって撤回させます。それから、労闘もストライキをやったのですが、途中で政府と妥協しかけてストライキを中止します。そのために武藤炭労委員長・総評議長はクビになってしまうというような形でした。

血のメーデー事件

この年は血のメーデー事件がありました。血のメーデーはご承知と思います。共産党の軍事方針の表れではないかという説もありましたが、私の見るところ、それほど計画的なものだったとは言いにくいと思います。私は普通のメーデーに参加して新宿で解散し、皇居の前までバスでやってきて松の木の下で眺めていた。いわば野次馬ですよね。見ていたのですが、デモ隊がスーッと門に入ってきました。警視庁の真ん前の桜田門です。そこを入ってきたら、守っていた警官隊がサーッと道を開ける。ですから当然、何の抵抗もなく何千人というデモ隊がずっと皇居の前に入って行ってしまう。そして、「俺たちは皇居を占領したあ」とか言って喜んで、赤旗振って、プラカードを振りかざして威張っていました。そうしたら、警察がいきなりガス弾を撃ち始めた。ガスを利用したというのは後には出てきますが、当時は初めてではないかと思います。

ガス弾は弁当箱のようなものです。それを鉄砲のようなものでボーン、ポーンと撃つ。デモ隊のところに落ちるでしょう。落ちたらデモ隊が拾い、その弁当箱のようなガス弾をそのままま た警官隊のほうに投げ返す（笑）。そうすると、これはくしゃみガスだと思いますが、警官隊もぽろぽろ泣き出す。双方相討ちになってしまった（笑）。だから警官隊も困ったのでしょうね。しかし、それにしても乱暴ですよね。いきなり実弾発射。デモ隊に向かって実弾をピストルで撃った。ですから、死人も出ました。けが人も出ました。デモ隊はクモの子を散らすようにダーッと、大手門のほうへ向かって逃げていきます。我々も松の木の下で眺めていたのだけれど、「眺めている場合じゃないね」ということで、みんな有楽町へ有楽町へと逃げて行った記憶があります。

これは当然、メーデー実行委員会の枠を外れた行動ですから、メーデー実行委員会はこの血のメーデー事件を非難する声明を出します。そうしたら、不思議なことですね。高野さんは機関紙『総評』の1面を使い、「この血のメーデー事件は日本民族の怒りである」と抗議を発表する。さすがにこれは総評常任幹事会で問題になったのではないかと思いますが、高野さんという方は本当に後でもいろいろ理解に苦しむような行動があります。当時、太田さんと高野さんは一緒に総評をつくった仲ですし、三田にあった合化労連の書記局に夕方、太田さんと話し合うために来られて、「戦前、俺は共産党員だったんだよ」という話をよくされました。それだけではありません。今から考えると本当かどうかと思うような話ですが、当時、共産党には日本経済についてわかる人間がいなかった。したがって、勉強をするのに大変困ったというような話もされていました。共産党と労農派との間には有名な論争もあるのですが、そういうことはあまり話をされませんでした。

ともかく総評は、「賃金綱領」を第3回大会でつくりました。「賃金綱領」というのは、ご覧になった方もいらっしゃると思いますが、この原案をつくられたのは鉄鋼労連におられた生活専門家の永野順造さんです。長い長い文章でみんなあきれ果てて、賛成も反対もなかった（笑）。弱り果てていたら同じ鉄鋼の千葉さんが、これを要約した「賃金綱領」にしました。当時、平均賃金は1万円前後ではなかったかと思います。私自身は8000円という賃金だったことを覚えていますが、これを戦前回復、2万5000円にしようというのが当面の目標。同時に最低賃金は8000円。これを二つの大きな柱にして、全物量方式（マーケット・バスケット方式）などを採用して「賃金綱領」を掲げました。

当時のストライキ・首切り、不破さんのこと

この年に炭労と電産（日本電気産業労働組合）のストがあります。当時はまだ、石油がエネルギー源として大きな比重を占めていませんでしたから、炭労、電産のストライキはやはり国民経済に影響はあったと思います。炭労はそれなりに処理できたのですが、電産は分裂させられてしまいます。分裂が始まったのは中部電力からですが、全国的に広がって電力労連（全国電力労働組合連合会）という形に再編成され、電力労連は後で言う連合形成のときの有力組織となります。

それと同時に、自動車の生産が始まったばかりでした。占領軍はずっと長い間、自動車の生産を許可しませんでしたが、この前の年ぐらいに自動車の生産が開始され、トヨタとか、日産とか、いすゞとか、こういう工場が動き始めます。自動車の組合に益田哲夫（1913〜64年）という人がいました。「マステツ」と言っていましたが、これがまた優れた指導者だったのでしょう、日産自動車の賃上げを指導しました。しかし、第二組合ができ、日産自動車の労働組合は塩路路線になっていきます。後で、塩路一郎（1927〜2013年）さんという人は労働戦線統一のなかで大きな役割を果たすことになります。日産の組合が一部あまりに借金をしたものですから、とうとうトヨタ、いすゞなどを含めた全自動車が解散に追い込まれてしまいます。

それから、三井鉱山で首切りがありました。三井鉱山では三池が中心ですが、113日も長期のストを闘って首切りを撤回させました。この三鉱連（全国三井炭鉱労働組合連合会）の首切り反対闘争の勝利は本当に珍しいのです。首切り合理化反対闘争で勝利したのは、前年の宇部窒素の首切り反対闘争に勝利をしたのと、この三鉱連の勝利ぐらいしか私の記憶にありません。

三鉱連はどちらかというと高野さんの指導を受けたわけではなかった。このころ、高野さんは後で言う「構造改革論」に近い「労働プラン」などという、イタリアから入ってきた考え方を提唱して、平和経済会議運動をすすめます。さらに、これも高野さんらしいと言えば高野さんらしいのですが、重光葵（1887〜1957年）を総理大臣にしようとします。重光は戦争中の閣僚で、戦犯の一人でした。後には岸信介なども総理大臣になりますが、当時、「重光首班論」などというのは想像もつかないような提唱ですよね。ですから、総評のなかでも批判があったし、社会党も受け入れることはありませんでした。こうして高野さんは全自動車で失敗し、尼崎製鋼や日本製鋼室蘭とか、こういうところの争議に失敗をして、どちらかというと総評のなかでの指導力が問われることになります。

話はまた変なところへ行くのですが、当時、鉄鋼労連に不破哲三（本名上田健二郎、1930年〜）さんがおられました。いま共産党の社会科学研究所所長ですが、同じ会館にあった鉄鋼労連の書記でした。案外、長かったです。十何年もやられていました。そのころ、どういうわけか、総評の組合の全書記が集まった学習会がありました。その学習会に向坂先生をよんだ。向坂先生が一通りのことをしゃべったら、不破さんが立ち、戦前の労農派との論争を繰り返したのです。そうしたら向坂先生、真っ赤な顔をして怒ってね(笑)。「何を言うか！」という調子で不破さんをやっつけるのですが、不破さんは平気な顔で、全然赤い顔もしないで向坂さんとやり合っていたことをよく覚えています。そのころから不破さんは、鉄鋼労連の書記ではあったのですが、共産党の『前衛』などに論文を書かれているという話でした。

その後の労働運動

1954年、先ほど言いました尼崎製鋼や日本製鋼の争議が敗北し、近江絹糸の争議は同盟の指導の下で勝利をしましたが、第5回大会を開きます。第5回大会では高野さんが140票、太田さんが107票で、高野さんの勝利でした。勝利ではあったのですが、同時に総評の役員・常任幹事は、高野派が少数派、太田派が多数になるような形で役員構成が決まっていきます。この年に太田さんが5単産（産業別単一労働組合）での賃上げ共闘を行います。そして、1955年には8単産の共闘を、はじめは太田派だけでやろうとしたのですが、偏っているのではないかという批判が内外共にありましたから、全国金属（全国金属労働組合）とか、化学同盟とか、高野派と言われている組合も含め、8単産による共闘が55年の春闘として発足をしていくわけです。このころ、総評会館は三田の同盟の会館から芝公園、港区役所の隣のところへ引っ越していくことになります。ほんのわずかのお金で建っています。これも不思議ですね。

ともかく春闘が始まりました。『総評40年史』のなかに春闘について千葉さんの評価が載っています。「いやー、あれは太田がやらなくたって、どうせ誰かがやったに違いないよ」（笑）。それが千葉さんの評価です。もちろん、そういうことも言えるでしょうが、太田さんがきっかけをつくったという意味では、それなりに春闘の創始者であったと言って差し支えないでしょう。そして、1955年に入ると保守合同、左右社会党の統一もあり、「コミンフォルム批判」で内紛状態だった共産党も五全協か六全協かで統一を回復しました。

また、この大会でも高野－岩井で決戦をやります。この票数はほんのわずかな差です。岩井128、高野123、ですから、これは規約に基づくといずれも過半数に達せず、再投票が必要だということで選挙管理委員会が再投票と言おうとしたら、全国金属の代議員、椿繁夫さんという参議院議員が全国金属を代表して「高野を降ろします」と言いましたので、再投票することなしに岩井章さんが選出されます。そして、太田さんが副議長になり、太田－岩井ラインが1966年まで11年間続くことになります。

55年は社会党、共産党が統一を回復したというだけではなく、日本生産性本部が発足した年です。これはやはり総評にとって悩みのタネでした。そこで当時東大の教授で総評の顧問格であった相原茂先生にお願いして、「生産性向上そのものには賛成である。しかし生産性向上運動は労働強化になるから反対」という総評の方針をまとめ、総評は生産性向上運動反対で一貫しました。これがやはり組織としてどうだったのか。そういう点はあると思います。

1956年には中連（中立労働組合連絡会議）が発足します。電機労連、食品、動労、全造船といった、総評に入りたいのだけれども組織の内部事情があってなかなか入れないという、いわば親総評の、総評に近い組織として中連が発足し、総評とともに春闘共闘を形づくることになります。このころの国際的な大きな動きとしては、スターリン批判、ポーランド、ハンガリーの暴動などがあります。しかし、私たちは、スターリン批判には少し驚いたけれども、ポーランドやハンガリーの暴動は社会主義の生成過程の一コマにすぎないだろうというくらいで、後の1989年末の、社会主義国の民主化につながるはしりだったなどとはとうてい思えませんでした。

57年には国労新潟闘争がありました。これは処分に反対する闘争です。処分反対というのは国労全地本（地域本部）が闘ったのですが、新潟地本は革同が強い、として狙い撃ちしました。国労のなかには民同（国鉄民主化同盟）と革同（国鉄労働組合革新同志会）という、いわば左右両方の組織がありました。革同は共産党に近く、後で革同イコール共産党、と、革同と共産党が一緒になります。そして、3分の1ぐらいの勢力を持っていました。これが新潟に強いということで国鉄当局が新潟に処分を集中するわけです。ですから、新潟地本はものすごく抵抗しました。しかし、同時に農民の反対などもあり、この新潟闘争はうまくいきませんでした。

太田さん、高野さんの時代

そのときに太田さんが「総退却論」をぶつのです。太田さんはそれまで春闘で景気のいいスローガンを掲げて、2.1スト以来だとか、大げさなことを言うというので有名な指導者でしたが、このときには「総退却論」をぶった。「三十六計、逃ぐるにしかず」というわけですから、「太田さんが退却しろなんていうことがあるのかね」と世の中は驚きましたが、結局、総評も国労もこれに従います。退却するだけではなく、当時、公労法（公共企業体等労働関係法）という法律があり、組織が規制されていたのですが、この公労法のなかに国鉄の職員か郵政の職員でなければ役員になってはいけないという規定がありました。これは明らかに一種の不当労働行為です。代表を選出するのは労働組合固有の権利であり、法律や協約で決められるようなことではありません。しかし、国労は藤林敬三公労委（公共企業体等労働委員会）会長による斡旋案をのみ、クビになった役員を交代させていくことになります。このころは、神武景気だ、岩戸景気だという形で景気がずっと長続きしただけではなく、三種の神器と言われるように、国民生活も次第に改善されていくことになります。

1958年の総評大会で太田さんがそれまでの副議長から議長になり、名実共に太田－岩井ラインが形成されます。このときの大会で高野さんが総評方針を批判されて、「あなた方は資本主義永久繁栄論である。資本主義が永久に繁栄していくと思っているのかね」と演説されたのにも驚きました。「高野さん、なかなか立派なことをおっしゃるな」と思いました。高野さんはいっとき総評の組織局長をやった後、全国金属に戻って副委員長をされていました。

高野さんはいろいろな行動をされます。高野さんはなぜこれほど変わっていくのか。総評をつくったときとはだいぶ変わりました。というのは、1953年にビルマのラングーンでアジア社会党会議がありました。ここには当時の鈴木茂三郎社会党委員長と高野さんが出席されたのですが、「ビルマには白旗共産党、赤旗共産党という二つの共産党がある。この二つの共産党が高野さんと接触し、中国共産党との関係をつけた」という説をなす人もあります。そして、56年には日本共産党に入党される。ずっと中国派で一貫していましたから、1968年、まだ文化大革命の余燼が残っているなかで共産党から除名されています。そういううわさは私も聞いていたのですが、高野さんのそういう行動については『総評40年史』の152ページに、「共産党入党、そして68年除名」とはっきり書いてあります。総評の正史に書いてありますから、まず間違いないところだと思います。

いずれにしても総評大会で高野さんがどんなに演説をぶとうが、ここでは「賃金綱領」に続いて「組織綱領」というものが大きな問題になります。「組織綱領」はいろいろな人がかかわりました。法政大学にも舟橋尚道（1925〜98年）先生がおられたし、東大助手の藤田若雄（1912〜77年）先生がおられた。当時、万年助手じゃないかといわれていましたが、東大社研の教授、その後国際基督教大学で教授になりました。

この藤田さんの労働組合論が、立派と言えば立派なのです。すさまじいものです。「労働組合とは誓約者の集団である。誓約した人間だけが入るのが労働組合なのだ」。こういう論で「組織綱領」の原案ができていきますから、その当時の太田−岩井でなくてもとても受け入れ難い、大変難しいものでした。「スト指令権も交渉権も妥結権も職場に委譲する」。これを職場三権と言っていますが、「職場のほうが三権を握っている。これが労働組合らしい労働組合なのだ」。こういう「組織綱領」ですから、その当時の組合幹部は受け入れかねました。「それじゃ、組合の本部は一体何をしたらいいのかね」ということでした。

確かに、力のあるところは、三池に限らずそのくらいのことができる職場もあったでしょう。しかし、大部分の職場は職制が支配していますから、職場三権などというものを与えられても、まったく無意味とまではいいませんが、力にはならない。やはり、組合の本部が集約して、弱点をお互いに補い合って初めて前進できるのが労働組合だというのが、普通の組合幹部の意識でありました。太田さんも岩井さんもそういうことでしたから、この藤田理論を受け入れることはありませんで、「組織綱領」は草案のまま棚上げになりました。そして間もなく、警察官職務執行法改悪とか、勤務評定反対闘争とか、そういうものを経て60年安保に入っていくわけです。

『朝日新聞』60年安保のこと

60年安保・三池闘争の前にどうしても申し上げたい。一つは、このときに総評は主として国労の内部に動揺があったということで、「日本的労働組合主義」なるものを発表します。この評価はいろいろあろうと思います。同時に、そのときに社会党大会があったのですが、社会党大会で太田さんが西尾末広氏除名の先頭に立つのです。これと一体労働組合主義とどういう関係になるのか。後でも触れたいとは思いますが、総評の幹部は、政治、政党に発言するのを何かクセとしています（笑）。労働組合主義とこの西尾批判とをどのように理解したらいいのか、私は理解に苦しむところです。

同時に、このときに重大なのは『朝日新聞』の態度でありました。『朝日新聞』に笠信太郎という著名な評論家がおられました。この方は西尾支持です。当時の『朝日新聞』をご覧になっていただければわかりますが、西尾支持でずっと一貫しています。今の『朝日新聞』からまったく想像もつかないような、変なところに肩入れしているなという感じがしました。今の朝日は安倍内閣批判、それなりにまともな記事が多いと思いますが、当時はそういうことを経て民社党が結成されます。ですから、説をなす人は、太田さんが民社党をつくったのだと言う人もいるくらいです。

それはともかくとして、次第に安保闘争に入っていきます。安保闘争では、ご承知のように多くの文化人が反対します。たとえば阿部知二、石川達三、清水幾太郎。清水幾太郎という人も本当に理解に苦しむ人物で、後で核武装論をぶつまでに至っています。ともかく、「若い日本の会」なんていうのもでき、開高健、大江健三郎、何と浅利慶太、石原慎太郎まで安保批判をやっています。これは立派と言わざるをえませんが、このときに総評は、三池の問題を中心にしながらも、後の構造改革にも関連するような長期政策委員会をスタートさせます。これがまた相原茂先生、堀江正規先生、井汲卓一先生、各派を代表する多くの学者をよんでいます。社会主義協会の向坂派だけは入っていなかったそうですが、これが総評の、炭労の政策転換闘争、あるいはまた総評の構造改革戦略に取り組む理論的な支柱ということになります。

安保闘争はご承知のような盛り上がりを見せて収拾しますが、三池も同時に終わりました。そして戦後、日本の労働組合は多くの分裂を経験しましたが、どんな争議でもいったん分裂が始まると、争議の最中でなくても分裂があったことがあります。いずれも第二組合が多数派になっていく。総評が守っている第一組合は少数派にならざるをえないという、いわば運命的なものがあるようにも思えるわけです。

「4.8 声明」

1964 年の春闘は、有名な池田（池田勇人首相）・太田会談で、官公労の賃金について民間並みを確認した。これは評価していいと思いますが、総評の全電通だけはこれに「うん」と言いませんでした。妥結の手続きがちゃんととられていないということで、池田・太田会談を評価しませんでした。このときに共産党は「4.8 声明」を出し、「4 月 17 日ストは挑発だから、ストライキは中止せよ」と訴えるのですが、このときにも全電通などはすごいです。国労はそんなことをやりませんでしたが、全逓も一部やりましたかね、共産党が強い支部、分会、地方本部に乗り込んでいき、「支部解散、分会解散。地本解散再登録。本部が指名する役員の下に集まりなさい」。こういう再登録ということをやります。これをやられましたから、全電通内の共産党の勢力は本当に弱くならざるをえませんでした。

「4.8 声明」はそれ自身、前衛政党としてはあるまじきものだったと私も思っていますが、このときにもまた不思議なことが起きるのです。高野さんは当時、共産党員だったということがあるのかもしれませんが、高野さんと私鉄総連副委員長だった内山光雄さんの二人が総評の幹部として「4.8 声明支持」を『赤旗』に載せます。これもみんな驚きました。高野さんは「そんなことを言いそうな人だね」というのはあったけれど、内山さんまでが言う。内山さんという方は労農党でした。私は内山光雄さんの自伝を手伝ったことがあり、このときの経緯を詳しく聞くことができました。「共産党に同調するのはいかん」ということで、内山さんは私鉄総連から禁足処分を受けています。

よく聞くと、必ずしも間違ったことをおっしゃっているわけではなかったと思います。というのは、「政党はどのような団体であれ、団体の行動について一定の見解を持つ自由がある。政党の権利である。発言してよろしい。それが間違っているなら取り入れなければいい。正しいと思ったら取り入ればいい。それだけのことで、その政党の党員が意見を発表したからといって労組が処分をするなどというのは大間違いである」というのが、内山光雄さんのご意見でした。私はそれを聞いて、本当に内山さんはいいことをおっしゃるなと感心をしたところです。

構造改革論と労働戦線統一

60 年安保が終わり、炭労の三池も敗北になり、このときに炭労の政策転換闘争が行われます。それと絡んで、社会党の「構造改革論」問題が出てきます。これはなかなか難しい問題で、総評が反対したからということだけではなしに向坂派と言われた協会派が反対したこともあり、社会党大会では最終的に、構造改革路線は戦略コースにはのせられないという大会決定になります。それを唱えていた江田三郎さんが離党して社民連をつくり、そして間もなくお亡くなりになる。そのようなことで「構造改革論」は社会党内からも消えていくわけです。しかし、そのときに、炭労をはじめとして全逓の宝樹文彦さんとか、日教組・自治労などもそうだったと思いますが、総評の委員長クラスは「構造改革論」賛成の人が多かったのです。ですから、太田さんは総評のなかでは少数派になっていかざるをえないということで、1966年に総評議長を辞任されます。ちょうど合化のナンバー2である東洋高圧労組の分裂があり、第二組合が多数になったというようなこともありましたが、ともかくこれで太田さんの総評議長という時代は終わったわけです。

そして、宝樹さんが労働戦線統一ということを打ち出されますが、最初の打ち出しは「労働戦線統一、社会党政権樹立のために」という文章でした。雑誌『月刊労働問題』だったと思います。ここに書かれた「社会党政権樹立のために」というのは、社会と民社が一緒にならなければだめだ、そうしないと政権はとれないという意味かもしれませんが、それを労働戦線統一と結び付けるのはいかがなものかとも思います。ともかく、ここで太田さんと宝樹さんとの意見も、そして岩井さんとの意見も離れていくことになります。

後の「社会主義協会の分裂」というところに書いておきましたが、私は社会主義協会に入ったこともないし、社会主義協会がなぜ分裂したのか、経過は知りません。太田さんは合化労連のなかでは、社会主義協会というようなことを振り回すことはあまりありませんでした。学生運動などがあり、社会党青年局を中心につくった「反戦青年委員会」という青年の行動組織が、学生と一緒にやるような動きがあったものですから、総評は反戦青年委員会を凍結します。後に社会党も、学生運動のあまりの激しさについてはいけないということで絶縁することになります。

1970年のことですが、宝樹さんが「労働戦線統一論」をぶったときに、総評は8月の大会で岩井さんが提起して、4項目の労働戦線統一の方針を決めています。1番目が「すべての労働組合の大結集である」。2番目が「資本への戦闘性」。3番目が、表現としてどうかと思いますが、「政党との関係は固執しない」。そして4番目には、「統一ができたら総評、同盟は解消する」。

しかし、誰が考えてもここには社会党・総評ブロックというものがあり、同盟・民社党ブロックというものがある。この二つが一緒になろうというならば、政党問題を入れたら一緒になれるはずもない。それを誰もがわかっているから、総評の大会でもそういうことを決めたわけです。

しかし、それを見ていた合化労連は「政党支持自由」という路線を打ち出すことになります。そういう方針を決められて総評は、15大要求とかいろいろありましたが、太田さんが辞めた後も、「ミスター総評」と言われるぐらい岩井さんのワンマン主導でありました。しかし、この年に岩井さんがお辞めになり、市川（市川誠、1912〜99年）－大木というラインになります。

その翌年、合化は、「1. 要求での統一」「2. 資本からの独立」「3. 政党からの独立」「4. 全的統一を目指して民間先行」という、「統一4原則」を打ち出します。「全的統一」は皆さん方おわかりだと思いますが、二通りの意味を含んでいます。一つは、官公労も民間も問わないで統一すること。もう一つは、共産党系の組織だからといって差別をしないこと。この4原則方針を合化労連は1971年に決めますが、総評主要単産のなかで政党支持を自由にしたのは合化労連だけでした。先ほど言ったように、1970年の大会で総評は「政党との関係は固執せず」などということを言いながらも、政党は社会党支持でずっと過ごすことになります。

スト権ストのこと

さて、そういう経過を経て、1975年を迎えます。75年こそが労働運動の低下がはっきり見えます。そのころ、総評大会のたびに、合化労連修正案を提起しましたが、まったく無視され、否決の連続でした。反マル生闘争がきっかけだという方もいます。そういう面もあるにはあるのですが、75年は本当に画期でした。前年、日経連が「ガイドライン」を打ち出します。つまり、賃上げを3ヵ年で15％、10％、10％と次第に抑えていくのが日経連の方針でしたが、75年の春闘は15％にも行かなかった。相手が15％でいいと言っているのにこちらが13％で終わっている。これは鉄鋼大手5社の一発回答14.9％が大きく響いたわけです。

同年に年末の「スト権スト」。11月26日から8日間、ストライキを打ちました。後に連合の会長になる山岸章が当時、全電通の委員長、情報労連の委員長でしたが、最近も『朝日新聞』に感想を書かれています（2013年11月18日付）。そこでは「スト権スト」のことはあまり書かれていませんが、当時、公労協（公共企業体等労働組合協議会）の中心は国鉄、全電通、全逓で、あとは専売とか幾つかある。この公労協の組合は面白い運営で、書記長が代表委員です。国労で言えば冨塚三夫書記長、全電通で言えば山岸書記長、全逓で言えば保坂書記長。この3人が代表ですべてを取り仕切る。委員長は大臣であるという位置付けです。大臣は何もしない。それが公労協のスタイルらしいのです。

山岸氏に言わせると、「国労はストライキをやりたくて、やりたくて仕方がない。そんなにストライキをやりたいなら、血ヘド吐くまでやらせてやろう」（笑）。これが一体、労働組合幹部の言い方だろうかと思うくらい、国労の悪口を言っています。そして、ストライキに入った。失敗しましたね。これは史上最長のストライキでしたが、次の年の1月には「202損賠」、202億の損害賠償を国鉄から請求されて、組織がガタガタになってしまいます。

1975年の「スト権スト」は一体何だったのか。『総評40年史』も読んでみました。ほとんど書いていないですね。事実の経過が書いてあるだけです。最近、冨塚三夫さんが編集された『総評40年』というDVDも見ました。しかし、ここでも、当時は三木内閣ですが、「三木なら揺さぶれば取れるだろう」という甘い判断だったということですが、理解しにくい弁解になっているように思います。全体の組織率もこの年から低下の一途をたどり、この75年の闘争が以後長期にわたる総評の低落につながっていきます。

総評解散へ

そして、総評は、日教組出身の槇枝元文（1921〜2010年）－冨塚コンビになり、79年の東京都知事選挙がありました。太田さんが立候補して、190万対154万で鈴木俊一（1910〜2010年）候補に敗れます。大阪府知事選でも負けています。私は、現職の組合幹部が議員とか知事に出るのはどうもうまくない。組合幹部は組合幹部として一貫したほうがいいと思っていましたから、あまり賛成ではなかった。それにもう一つ、太田さんは美濃部都知事時代の思い出からでしょうが、「社公共がそろわなければ自民党に勝てるわけがないよ」と、かねがねおっしゃっていました。ところが、公明党はついてきそうもない。社共だけだった。ですから、これも理解に苦しむところでした。ともかく太田さんは、以前には労働戦線統一に賛成をしたこともあるのですが、東京都知事選挙で共産党が本当に親身になってやってくれたことを体で感じてしまったのでしょう。社会党のなかはいろいろでしたからね。総評は富塚さん以下、かなり本気でやってくれましたが、こういう結果になったということで、それ以後、太田さんは共産党の考え方を支持するようになっていきます。

間もなく槙枝－富塚さんコンビは連合への路線を敷きます。レールを敷いたのは槙枝－富塚さんというラインです。ついで、私鉄総連の黒川武－自治労の真柄栄吉という民官コンビになっていくわけです。黒川さんは私鉄総連の委員長でしたが、『総評40年史』の巻頭言を書かれています。「私どもが一生懸命に闘ってきた平和運動はどうなってしまったのか。護憲闘争はどこへ行ってしまったのか。限りなく右へ寄っていくのが現実路線だ。このようになってしまっているじゃないか」と黒川さんはおっしゃっています。真柄さんは別のことをおっしゃっていますが、……。私の言い方だと、総評の墓掘り人は黒川、真柄の二人であったと思いますが、黒川さんはそのようにおっしゃっているわけです。

その後いろいろな経過があり、1989年に総評は解散して、連合と全労連（全国労働組合総連合）、全労協（全国労働組合連絡協議会）がスタートすることになります。発表時は、連合800万、全労連140万、全労協30万ということになっていますが、最近ではだいぶ減っていますよね。それぞれ数十万減っていると思います。全労協という組織もよくもっている。まあ、国労が頑張っている。都労連が支えているのかもしれませんが、よくやっていると思います。太田薫、市川誠、岩井章という3人の顧問が連合への参加に反対していろいろ運動をやってきましたが、結果的にこういうことになり、太田さんも1992年には労研センターを辞任しています。そして、1998年9月24日、86歳で亡くなっています。岩井氏も市川さんもお亡くなりになりました。3顧問はいずれもお亡くなりになっているわけです。

あとは高野さんが占領軍を利用して、産別会議でも総同盟でもない総評というものをつくりました。それと同じことを考えたのが千葉さんで、やはり「総評でも同盟でもない連合」というものを考えた。高野先輩のまねをして連合を結成したわけです。突き詰めて言うと総評は、同盟もそうですが、結局は「米ソ冷戦」の時代でした。1946、47年から1989年に社会主義国が民主化される段階までを普通、米ソ冷戦の時代と言っていますが、冷戦などというのは甘い言い方ではないか。アジアに関する限り、朝鮮でもベトナムでも火を噴いたわけですから、「米ソ対立」と言うべきだと思っていますが、ともかく世の中的には米ソ冷戦の時代だった。その時代の産物が総評だったということが言えると思います。

「太田氏の労働組合主義」については、総評幹部としてはいささか政党政治に介入しすぎたという感じを、私は傍にいて持っています。この悪いクセは高野さんの時代からです。重光首班論にしても何にしても高野さんだった。これは槙枝－富塚という時代にも起きます。当時、社会党は、政権参加が可能かもわからんというくらいの力を持っていたと思いますが、社会党内部が協会と反協会で、向坂協会が社会党を引っかき回していた。そうすると総評が乗り出し、社会主義協会いじめを始める（笑）。総評からいじめられたものですから、とうとう社会主義協会はすっかりおとなしくなり、理論集団ということにならざるを得ませんでしたよね。どうも総評の悪いクセではないかと思います。

「太田氏のひととなり」も、もう皆さんご存じのようなことが多いのですが、東大の相原茂先生、同じく東大教授の中村隆英先生、法政大学工学部の高木督夫先生といった先生方のほかに、ジャーナリストとしては『朝日新聞』の中野さんや『東京新聞』の大塚さんという方々とは非常に親しかった。

あとは皆さまのご質問があれば、私の知っている範囲でお答えをしたいと思います。よろしくお願いします。

質疑

太田薫さんの都知事立候補について

――太田氏の東京都知事選立候補の問題について質問したいのですが、1979年に立候補をする前に、1967年の都知事選のときも太田氏を候補にしようという動きがあり、太田氏も一時、都知事選の準備をした。やはり、そのときも公明党の支持が必要であるということだった。ただ、そのときは公明党の支持が得られそうもないということで辞退し、美濃部氏が代わって都知事選候補になるという流れがありました。そのときは公明党の支持が得られないということで辞退したにもかかわらず、79年もやはり公明党の支持が必要だと言っていて、結局、支持が得られなかった。にもかかわらず都知事選に立候補したのはなぜでしょうか。

塚田　そこが、私も理解に苦しんでいます。本当に直前までそうおっしゃっていましたからね。そう言うと失礼だけれども、富塚三夫氏が本気になって推してくれたからじゃないかと思います。私は書記長失格ですが、ある本によると、太田氏が決断をする前に富塚氏が合化労連本部を訪ねて、太田氏に立候補を要請した。それがきっかけだった。私は当時、そんな話を聞いたことがなかったものですから、本当に驚きました。これは当時の労働協会の『週刊労働ニュース』のすっぱ抜きというか。合化労連中央執行委員会は今まで採決をやったことがありません。このとき1回だけ、太田氏の東京都知事選について採決をしました。圧倒的多数は賛成でしたが、反対が1か2、保留が2ぐらいありました。私は保留でした。これは別に公表したわけでもないのに、すぐ『週刊労働ニュース』に載ったからびっくりしました。

いずれにしても、太田さんがふだんおっしゃっていることとどうも違う行動をされているなと思った。これはどう考えても、富塚氏はかなり本気で応援してくださった。槙枝議長はそれほどではなかったですね。私は日教組本部がある日本教育会館（東京・一ツ橋）へ行き、何遍も「よろしくお願いします」と言ったのですが、「う一ん、どうも社会党がね」というのが槙枝さんのあれで。だから、社会党は誰か別の人を出したかったのでしょうね。名前を言うと差し障りがありますが（笑）。

当時の公務員制度などについて

——千葉利雄さんとは人事院に勤務をしているときに一緒だった。

塚田　そうです。

——千葉利雄さんも一緒に組合運動をされたのですか。

塚田　ええ、やりました。そして、間もなく総同盟へ行ってしまいます。

——そうですね。総同盟へ行く。その千葉さんが太田さんに塚田さんを紹介した。こういう関係ですね。

塚田　いえ。冒頭申し上げましたが、「宝樹全逓へ行くか、太田合化労連へ行くか、どっちかだ。鉄鋼労連でもいいのだけれど、鉄鋼労連は俺が行くからね」って千葉さんに言われてしまった（笑）。

——もう予定していたのですね。当時、労働組合の書記になるということは、普通の民間に就職するのと同じような気分ですか。

塚田　労働組合の書記の採用ですか。

——ええ。応募する方々は、就職するのと同じような気分で来たのですか。

塚田　一人ひとり聞いたわけではないけれども、労働組合の書記は当時、圧倒的に早稲田の人が多かったのです。早稲田の学生運動の延長のような気持ちで書記になった人が多かったような気がします。

東大とか慶應の人もいましたが、これは少数でしたよね。千葉さんは本当にエリート中のエリート。不破さんと一緒でね。

——不破さんが鉄鋼労連に入るのは1953年で、先ほど名前が出てきた経済学者の井汲卓一（1901～95年）さん、あの人の紹介で入ってきます。

塚田　井汲さんの。そうですか。

——千葉さんがやはり推薦するわけです。私も実は鉄鋼労連に千葉さんによって採用され、彼とは1954年から22年間、一緒に仕事をしたのですが、書記採用の実質的な人事権は彼が持っていました。

塚田　すごいねえ。

——私も法律担当で採用されて以来、ずっと勤務した。それから以後も書記採用という点では、とくに学卒の、かなり有能な人間を採用しました。

——このころ、書記の口はかなりあったのですか。

塚田　ええ、あることはありましたね。

——労働組合としては、やはり学生運動経験者は比較的使える。

塚田　そうですね。

——それなりの能力があるということで、だいたい1953〜55年頃、ずっとみんな組合に入っていった。

塚田　そうですね。たくさん入ってきます。

——長野県の松本中学校を卒業されたのと長野県庁の学務課勤務という、この二つの点です。私の研究で間違えていたら申し訳ないのですが、長野県庁というと、当時の知事が林虎雄（1902〜87年、1947〜59年に知事）という人で。

塚田　そうです。革新の知事でした。

——社会党の河上派の参議院議員になる人ですよね。

塚田　そうです。

——その林虎雄という人と塚田さんは結構接触されていたのかどうか。それから、松本中学というと棚橋小虎（1889〜1973年）という人がいて、この人は日労（日本労農党）で、のちに民社党に行きますが、そういう人との関わりもあったのか。これがまず、長野の件では1点です。

もう一つは、同じく林さんと同様、社会党の河上派のことになります。1959年から60年のいわゆる民社分裂のときに、西尾が民社をつくる際に社会党の東京都連は比較的旧日労系の人たち、言えば河上派が強く、河上派を民社に行かせることは総評にとって非常に危険である。

塚田　そうそう。

——そのために太田薫は、要するに河上派だけは離党させたくないということで奔走した。結局は武藤武雄さんとか何人かが離党します。あの辺は西尾だと思いますが、なるべく止めるということで運動をされた。そのときのことについて触れていただきたいと思います。お願いできますでしょうか。

塚田　最初の長野県のことは、私は長野県庁には本当に少しいただけで、林知事なんていうともう雲の上の方ですから（笑）、我々末端とは何の関係もないです。

それから、松本中学というのは、何しろ戦争中ですから、軍事教練と勤労奉仕のみ。英語なんていうのはほとんど勉強もしていません。今では松本深志というと進学校になってきているようですけれどもね。

社会党の分裂、当時の労働運動について

塚田　河上派の話は私も直接は知りませんが、確かに西尾派が……。名前は違ってきましたが、先ほど言いました『朝日新聞』の後援なども受けながら、だんだんに民社党に収斂していきます。そうすると河上派の動向は、社会党にとっても総評にとっても非常に重要なテーマでした。ですから、太田さんも岩井さんも議員会館へ行き、一生懸命になって河上派の個別訪問をやっています。「選挙のときには応援しますからね」って票とお金をちらつかせて（笑）。現金を配ったという話は聞いていませんが、とにかく河上派の引き止めに……。一部は西尾新党へ行った方もいらっしゃいますが、主力は残ってくれたと思います。その点では総評にもかなり危機感があったのではないでしょうか。

――塚田さんはその状況をじかに見ていらっしゃいましたか。要するに、民社分裂のときの太田薫とか岩井章とか、その周りのほうで、いわゆる河上派の人たちの動向を一部始終見ていたとか、そういうことは覚えていらっしゃいますか。

塚田　そういう話は外から聞こえてくるだけで、太田さんが合化労連の書記局で何かそういう話をすることはありませんでした。太田さんが外での活動を合化の本部でみんなにしゃべることはあまりありませんでした。むしろ、高野さんなどがやってきた。これは高野、太田がけんかする前の話ですが、当時はダルマストーブでしたから、高野さんという方はストーブの回りにみんなを集めてはいろいろ話をされる。

高橋亀吉（1891～1977年）という経済評論家がいます。高橋氏は戦前からまあまあ名を成していたのでしょうが、戦後もまだあのころは非常に活躍をされていました。「高橋亀吉に話を聞いて日本経済の勉強をしたんだよ」。本当かなと思った（笑）。だって、あれだけ共産党は労農派と議論したのだから、経済学者がいないわけがない。なぜ高野さん、あんなことをおっしゃるのかと不思議に思いました。

——その高野さんと太田さんはなぜけんかしたのですか。つまり、両方とも左派ですよね。ところが、分かれて総評の事務局長に座らそうという形でやる。選挙では両方で対立候補を出す。どこが違ったのですかね。大きな違いは何だったのでしょう。

塚田　私は当時、合化労連書記局に入ったばかりで、高野さんについて、太田さんは「労働運動の神様だ」と言われて評価をしていたのに、途端にけんかが始まってしまったでしょう。一体、何でけんかしているのか、私ども末輩の書記には全然見当もつきませんでした。後でいろいろな文章を読んでみると、太田さんに言わせれば、高野さんの政治偏向である。このように決めつけているのですが、政治偏向と言われるほどの偏向があったかどうかは別にして……。

——太田さんもそれなりに政治偏向をしていたのではないですか（笑）。

塚田　人のことを批判する資格がないくらい、労働組合主義を逸脱しているのではないかと思います。だから私は、辞める前ですが、太田さんに自由にものが言えるようになり、「太田さんね、労働組合主義から外れた行動が多かったですよね」と言ったら、太田さんもそれは認めていました（笑）。

高野さんは、日産自動車とか、幾つか争議の失敗もありましたね。

——尼鋼とか、日鋼とか。

塚田　そう。尼鋼とか日鋼とか、これがみな高野主導でしたから。

——高野さんの、いわゆる「ぐるみ闘争」というものですね。家族ぐるみ。地域ぐるみ。それに対し、今度は平和経済と再建運動という政治路線を結合させて、国民総抵抗路線を推進した。それが高野さんです。

——だから、組合運動ではないという批判があったんですよね。

——太田さんはやはり経済主義。

塚田　そうそう。

——つまり、労働組合の基本的な任務は賃金引き上げ闘争だ。この引き上げ闘争を成功させることが何よりも労働組合の基本的任務でなければいけない。

塚田　そう言っていました。

——そういうところから産業別統一闘争としての春闘を主導していく。その総評の運動路線をめぐる対立が1954年か55年か、あのあたりになる。

塚田　そうです。

——春闘のようなアイデアは何かきっかけがあったのですか。バラバラにやっていた賃金闘争を一つの時期にまとめて、しかもそれを春にやる。単産が足並みをそろえて一斉にやろうじゃないかというのは……。

塚田　なぜ春なのかということで言うと、当時、合化労連の化学産業は化学肥料が主な生産物でした。化学肥料は春に必要なわけです（笑）。ですから、その時期に止めれば効果が非常に大きい。こういう発想があったと思います。

——種まきの時期。そうでしたか。要するに、自分の影響力の下にある太田派と言われるような産別を集める。

塚田　そうです。

——それで5単産。それだけではちょっとという批判もなかにあったのですか。

塚田　ありました、中からも外からも。

——では、高野派も入れてやろうじゃないかというので8単産に増やした。こういう経緯ですか。

塚田　ええ、全国金属とか化学同盟とか。これは両方とも高野派と言われた組合です。

——先ほどのことと関わって。塚田さんを太田さんに紹介したのが千葉利雄さんだったというのは私も初めて知りましたが、私も長年彼と一緒に仕事をするなかで、千葉さんの塚田さんに対する信頼感は非常に強かったですね。なぜかというと、合化労連と鉄鋼労連は硫労連会館のなかで、一緒で。

塚田　まあ、兄弟のような。

——兄弟のように生活していた。そういうこともあり、とりわけ親しみを覚え、また塚田さんの人柄から、恐らく信頼感を寄せていたと思うのですが、実は千葉さんは転向します。つまり、左派の指導者として労働組合の執行部、あるいは三役などに対する指導的影響力も非常に強かった人です。先ほど話がありましたように、1957年だとか59年だとかに鉄鋼が長期闘争をやります。

塚田　11波のストライキ。

——1932年の11波、19日間。それから、59年の49日間のストライキ闘争。前者はゼロ回答で、後者は800円の一発回答で共に敗北し、そこから宮田義二（1924〜2012年）氏が、八幡製鉄書記長のポストから鉄鋼労連書記長を目指して出てくるわけです。ところが、やはり左派の抵抗のなかで書記長に就くことができずに1年間、書記次長にとどまり、1960年、この書記長に昇格します。それから右派の鉄鋼労連支配の工作がずっと進んでいく。

塚田　そうです。

——その工作が成功するのに6年ぐらいかかっています。いわゆる日本的労働組合主義ではなく、新しい労働組合主義の理念を掲げるわけですね。それによって大企業の役員選挙を独占していきます。そういう実力を背景にして、1966年に鉄鋼労連がIMF-JC（国際金属労連日本協議会）に加盟。その体制が2〜3年のうちに完全に支配されたときに、1968年とかに実は鉄鋼労連の基本路線の大転換が始まるわけです。そのはじめの1957年、1959年の闘争、千葉さんが非常に大きな主導的役割を果たしたものがゼロ回答に終わり、彼自身がものすごく精神的に参ってしまい、出てきたり出てこなかったり、鉄鋼労連の勤務もおろそかになるわけです。その後、本人がいろいろなところでしゃべっているところによると、自殺まで考えた。「完全に左派の時代は終わった。我々の主導権はもう失われた。自分は退職も覚悟した」とか、いろいろなことを書いています。

そして、そこに目をつけた宮田義二氏が彼を説得するわけです。

塚田　そうですね…。

——そこが大事なんです。説得をして宮田氏は彼に対し、「あなたの思想は問わない。とにかく鉄鋼労連というものを強くしたい。そのために何でもあなたの好きなようにやってほしい」。

彼は賃金の専門家でしたから、鉄鋼労連の賃金実態調査を2年ぐらいかけてやり、彼のために調査室長というポストをつくり、それから企画調査部長だとか、いろいろなポストを与えていきます。その際に、従来左派だった立場から足を洗う。彼は共産党員でしたから、共産党も脱退する。あるいは、左派だけど私たちと一緒につくっていた月曜会という組織からも脱退をする。そして、完全に向こうの体制に入ることになります。

私がお尋ねしたいのは、1964年から彼自身の立場が変わるわけです。それから、先ほど塚田さんが言われたように鉄鋼労連の書記次長になり、副委員長から常任顧問、総評のほうの政策委員長などを歴任して、1988年に退職されることになります。1964年以降、千葉さんと塚田さんとの関係はどのようになっていったのでしょうか。つまり、太田さんに紹介をして、それなりの友好関係を保っていた。最初は左派だったと思います。左派的な立場から自ら転向していくのですが、その間の対外的な諸関係、また、お付き合いはどうだったのでしょうか。

塚田　さびしかったですよ。何としても私を労働運動に引き入れた人だし、大先輩ですから、彼に教わることばかりでしたよね。その人が、いつの間にやらと言うとおかしいけれども、どんどんどんどん右へ行き、とうとう民社党員になります。そこまで行ってしまうと、ちょっとついて行きにくくなる。総評に小島健司さんという調査部長がいました。後で日本福祉大の教授になります。

――まだ信州におられるというふうに。

塚田　そうなんですよ。軽井沢にお孫さんか子どもさんがおられるので、そこへ引っ込まれた。最近どうも年賀はがきも来なくなったので、小島さん、どうされているかわからない。

東大の相原先生は総評の顧問をしながら、「どうも労働組合の書記連中は勝手なことばかりやっていて、全然勉強しとらん。勉強をしなさい」ということで塾のようなものを設けます。総評の小島さんが塾頭のようなもので、マルクスの『賃金・価格および利潤』をテキストにして毎週1回、勉強会をやったのです。総評の柴田さん、紙パ（全国紙パルプ産業労働組合連合会）の庄司さんとか、安達さんとか、全造船（全日本造船機械労働組合）の白石さんとか、それはもう熱心に。

不思議だけれども、当時、法政大学の統計研究所があった。

――今も日本統計研究所は法政大学多摩キャンパスの大原社会問題研究所と同じフロアにあります。

塚田　相原先生がそこの会議室をお借りして、2年まで行かなかったかな、よくその塾を……。小島さんは後で名古屋へ行ってしまいますから消えてしまいますし、事務局をやられた石川さんは確か自転車振興会の研究所へ行ってしまいましたが、千葉さんはそこに呼ばれていません。どちらかというと千葉さんという方は、あまり群れたがる人ではないです。あまりグループに参加をしないというタイプです。小島さんもあえて呼ばなかったのかもしれません。しかし、小島さんと千葉さんはやはり微妙な違いがありました、当時から。だから千葉さんは呼ばれなかったのでしょう。

それからまたずっと後になりますが、金子さんという公労委の委員がいらっしゃいました。

——美雄さんですね。

塚田　金子美雄（1910〜93年）さんは労働省の労働統計調査局長をやられた方です。そして、日本賃金研究センター所長、これは閑職でしょう。公労委の委員のほうが本職のようだった。当時公労協の闘争は非常にすごかった。そうしたら金子先生が、千葉さんと電機労連の藁科満治さんと私、当時3人とも調査部長でしたが、3人をよんで「勉強会をやるから来い」。相原先生の勉強会が終わって、もう10年ぐらいたっていました。この研究会も1年以上続いたと思います。労働省出身で孫田良平という賃金の専門家とか、佐々木孝雄さんとか、田沢淳一郎とか、労働省の官僚が多かったけれども、そういう人たちと一緒に勉強会をずっと続けました。

総評の訪欧調査団と「構造改革論」

——協会の分裂は1967年ですが、それ以前にも太田さんと向坂さんとはそういう何か違いがあったのですか。

塚田　イタリアへ行ったのは1961年です。1960年安保が終わった後、社会主義国はもちろんですが、ヨーロッパの労働運動のなかでも、日本の総評と全学連とはローマ字でそのまま通用すると言われるくらい、総評の安保闘争はそれなりに評価されたということもあった。太田さんはあまり外国へ行きたがらなかったのですが、1961年には行かれた。今から考えると、たぶん世界労連の招待だったのではないかと思います。小島さん、千葉さんと私も、各単産の調査部長クラスを10人以上率いてヨーロッパへ行きました。ソ連にも寄ってフルシチョフに会ったという話を聞きましたが、それはあまり大事な話ではありませんで、フランスではブノワ・フラションという指導者。イタリアではパルミロ・トリアッティという構造改革論を唱えた指導者。P. ネンニという社会党の指導者もいましたが、そういう人たちと交流をして帰ってくるわけです。

その前から太田さんは「構造改革論」に批判的でありましたが、イタリアへ行っていよいよ自信を得たらしいです。「改良主義であってはならない」。今の時代だと改良主義なんていう言葉が生きているかどうか。「改良で何で悪いの？」という世の中じゃないかと思いますが（笑)、当時は改良主義というのは「堕落の典型」のような蔑称で、非常にばかにされた。ですから、イタリアで、「構造改革論」は下手をすると改良主義に転落する危険があるという指摘も受けて帰ってきて、社会党への質問状というような形で、7項目ですか、「構造改革論」批判を出し、この論争に加わるわけです。

三池争議回顧

塚田　しかし、先ほども言いましたように、当時、原茂（1920～2007年）さんが炭労の委員長で三池のときも委員長でしたが、炭労にしてみると、三池がうまくいかなかったから新しく政策転換闘争を打ち出すわけです。政策転換闘争はいろいろなことを言っていますが、私の見るところ、割り切って言えば、エネルギーである石炭産業は国有化が正しいという路線だったような気がします。いま国有化なんて言うと評判が悪く、もう民営化一点ばりの世の中です。民営化以外に産業の生きる道はないような規制緩和の世の中ですが、当時はフランスでもドイツでもイタリアでも、国有化路線は決して否定はされていませんでした。金融であれ、製造業であれ、エネルギー産業であれ、重要産業であれば国有化はありうべしという雰囲気が、労働界のなかには充満していたと思います。

ですから、炭労にしてみると三池がうまくいかなかった以上、やはり政策転換闘争に懸けていた。そして、この政策転換闘争は、直接構造改革論ではないのですが、構造改革と重なる部分が多いわけです。ですから、炭労をはじめとして総評系の各組合の委員長は、太田さんの「構造改革論」批判にはついていきませんでした。「構造改革論」批判に同調したのは向坂派の方ばかりです。第一線の活動家のなかには向坂派の活動家がたくさんお見えでしたから、その人たちは構造改革に賛成ではありませんでしたが、幹部クラスは「構造改革をやってみたほうがいいんじゃないか。炭労の政転闘争もその一環じゃないの」と言う雰囲気でしたから、太田さんも炭労の政転闘争それ自身は否定したことは一遍もありません。炭労の政転闘争は正しいということで協力もしてきました。ですから、炭労の政転闘争と「構造改革論」と分けて考えようというのが太田さんの考え方でしたが、それは総評のなかには通用しませんでした。総評の大勢は「構造改革論賛成」ということになった。結局、これが太田さんの 1966 年辞任の最大の原因ではないかと思います。

私も当時見ていて、「どうも太田さん、総評のなかで議長を務めるのはいささか無理があるのではないか」とも思いましたから、「この辺で」と太田さんに意見を具申したことをよく覚えています。私が言ったから太田さんが辞めたということではない。もう辞め際を考えていらっしゃったと思います。

――三池闘争では、その最終段階で太田さんが乗り込んで説得に行くんですよね。

塚田　そう。最終段階はね。

――あれは総評内において十分議論をされ、総評を代表する形で、とにかく闘争を終結させようということで行くわけですね。それは太田さんの考え方というよりも、総評全体の考え方として統一されたものだったのでしょうか。

塚田　これは微妙なところです。三池闘争は始まったときに斡旋案が出ます。始まったときに、もう斡旋案が出ている。これは首切り容認の斡旋案です。ですから、二転三転するのですが、炭労はこの斡旋案を途中でのみかけます。しかし、三池は断固のまない。そして、ここが日本の企業別組合の特色ですが、三井鉱山はほかに 5 山あり、北海道とか、九州にも山野という炭鉱があります。ほかの 5 山と一緒に六つの山で三鉱連という企業連になっている。炭労の下に三鉱連があり、三鉱連の下に三池労組がある。ところが、炭労は建前としては単一組織だということになっていますから、支部に直結する組織です。三鉱連とかそういう企業連は、発言権はあるかもしれないけれども決定権はないような、微妙な企業連の位置付けです。

これは総評をつくるときにも問題になりました。鉄鋼労連で言えば、鉄鋼労連があり、そして室蘭があり、釜石があり、八幡があるとなっていたら、新日鉄労連は一体どういう位置付けなのかというのはなかなか難しい問題です。鉄鋼労連も企業連も単位組合の個々の事業所も、1本の路線でつながっているときには問題ありません。しかし、企業連が動揺する。とくに、合理化ですよね。賃金でもそういうことがあり得るのですが、三鉱連という企業連では、ほかの5山はもう希望退職で終わってしまう。そうすると解雇に反対の三池だけが孤立する。こうなると、炭労としてはどう指導していいのか、迷った。

ですから、途中で「もう呑みたい。斡旋案を受け入れざるをえない」という意見を炭労本部がいい出し、臨時大会を10日間ぐらいやったことがあります。なかなか決まらないわけです。ほかの組合に「もう三池を見捨てていいのか」と言われると、「そうはいかないね」ということで、ずいぶんもめるんですよね。炭労、三鉱連、三池労組という関係で、それでは総評はどこを支持したらいいのか。総評は原則的に言えば産業別自決ですから、炭労が言うとおりにしなければいけない（笑）。規約上は。三鉱連の言うことも聞く必要はないし、三池の言うことも聞く必要はない。「炭労本部の言うとおり」というのが規約上の建前です。しかし、現地はそんなことでは収まりません。

それで太田さんはずっと三池、三池という形で、炭労本部を無視するような形だった。だから途中の臨時大会では、炭労の原委員長と太田さんと別々のことを提案するような一幕もありました。ところが、やはり炭労の代議員はどうしても三池に同情しがちです。ですから、炭労大会は結果的に太田さんが言うとおり、三池が言うとおりという形で長期の闘争になっていくわけです。

これが解決になった直接のきっかけは、それまでの岸内閣から池田内閣になったということですよね。池田首相が決断をした。「ホッパー決戦」（1960年）というのがありましてね。

——ありましたね。

塚田　「ホッパー」というのは貯炭槽のことです。三池の組合員と応援の組合員２万人対警察官１万人が、貯炭槽を挟んで衝突するかもしれない。ここを占拠していると、第２組合員が掘り出した石炭もつまってしまう。そのときに中労委（中央労働委員会）が割って入り、中労委斡旋案で収拾ということになりました。ですから、炭労との関係はなかなか微妙でした。三池の大会ももめましたが、「あれだけ一緒に闘った太田さんがいうから仕方ない」とあきらめてくれました。向坂先生も収拾にOKしました。

太田さんと向坂さんのこと

——1960年代に、太田さんは向坂逸郎氏に対し、どのような感じを持っていたのか。

塚田　向坂先生を非常に尊敬していましたから、ほとんど悪口を言ったことはありません。向坂協会がなぜ分裂したのか、私もよくわからない。書いたものを読めば多少わかるような気もするのですが、説をなす人は、「九大の若手グループが嶋崎譲さんという学者の方を先頭にして向坂派を批判し、分裂に追い込んだのだ」。だから、太田さんはあの分裂のとき、社会主義協会の会合には直接出ていませんよね。それで最後に担がれるだけは担がれました。

担がれて、向坂派と太田派に分裂はするのですが、向坂派のほうに献身的な活動家が多かったのです。社会党の議員にしてみると、向坂派の若者くらいよく働く人間はいません。選挙のときに本当に向坂派は頼りになるというのが議員集団の本音です。ですから、向坂派にぐんぐんなびいていき、そのため、とうとう総評の社会主義協会「いじめ」に遭うことになります。それから、向坂派はおとなしくなりました。

——一般的には向坂のほうが理論重視で、太田さんのほうが現場重視というか、運動重視というか、そういう違いがあるというようなことが言われますが、そうでしょうか。

塚田　まあ、それはあるでしょう。太田派の影響力が強かったのは、官公労のなかでもどちらかというと国労、全農林、こういったような組織です。

各単産、官公労はもうほとんど向坂派の影響を受けていましたからね。民間労組では両派とも影響力は強くはありませんでした。

——当時、炭労闘争を指導していたのは灰原茂雄さんという、三池労組の書記長でしたよね。あの方は、協会内の立場はどちらですか。

塚田　協会では講師役をずっと務められたと思います、向坂協会で。

——向坂派ですか。

塚田　向坂派。

——向坂さんのかなり優秀なお弟子さんだったのではないですか（笑）。

塚田　それから、三池と太田さんとの関係はよくなくなっていきます。

総評内の役割分担など

——先ほどから、事務局長のポストをめぐっての対立が激烈だったということをおっしゃられるのですが、その一方で先生が非常に近かった太田先生は議長の立場におられた。太田－岩井ラインと呼ばれてラインとしてつながっているのは確かですが、一方で議長と事務局長の役割分担的なところは、当事者の方々はどのように意識されていたのか。つまり、ここまでは議長であり、ここからは事務局長であるという、そのようなところを教えていただければと思います。

塚田　典型的なのは60年安保、三池でしょう。『総評40年史』に、安保は岩井の分担、三池は太田の分担と書かれていますが、それほど割り切れるかどうか。太田さんもずいぶん東京にいらっしゃいましたし、安保闘争にもかなりタッチをされていたと思います。

最後のところに書いておきましたが、叙勲を受けていないんですよね。叙勲は組合幹部にとってはどうでもいいようなことかもしれませんが、同盟系の幹部は叙勲が大好きでね（笑）。「あいつが勲一等なら俺は勲二等だね」とか何とか、年中そんな雑談をやっている。総評系はそういうことはほとんどありません。

——いや、鉄鋼労連の委員長は、三戸国彦と宮田義二氏が2人とも勲章を受けています。

塚田　えっ、もらいました？　へえー。槙枝、富塚氏ももちろんもらっていませんが、もらったのは私鉄総連の黒川武氏ですね。自治労の真柄栄吉氏もこの間、もらいました。太田さんが亡くなったときにある人が、「政府が叙勲と言ってきたら困るな」（笑）。私はもらってほしくないけれども、家族がいらっしゃいますからね。奥さんなり子どもさんなりが「いやいや、その勲章、欲しいよ」と言われたら、これは阻止できませんよね（笑）。黒川さんなども、もらったときは大喜びで（笑）、私鉄総連を挙げて祝勝会をやっていました。

――そうすると、安保は岩井で三池は太田というような役割分担は、各代というか、各ラインによってそれぞれ違うわけですか。統一職務分担といった意識は、むしろはっきりはしていなかった。

塚田　機関決定として、あなたは何、あなたは何と決めたとは思いません。仮に決めたとしても太田さんはどこにでも口出す人だから、決めても意味がない（笑）。

――歴代の各ラインを見ていると、どうもその気配が見えてきます。では、自然発生的に分担されていくようなものだった。

塚田　そういうことだと思います。

――下呂談話（1959年、岐阜県下呂町で開催中の合化労連定期大会に出席していた総評太田議長、岩井事務局長が記者会見で発表した談話）がありますよね。その後、合化労連のなかで政党支持自由化という方針が決まり、路線統一問題でも「合化4方針」のなかで全的統一ということで、共産党系も排除しない。そういう発想はかなり一貫しているような感じがします。一つの流れと考えていいのですか。

塚田　ええ。経歴だけで言うと、先ほども言いましたように宇部窒素という地方の工場の出身で、当時、社会党に入党し、そしてどちらかといえば反共民同として育った一面はあります。しかし、東京へ出てきてから高野さんの指導もあり、「社共共闘は当たり前じゃないの。労働組合は社共共闘なしには成立しないよ」という考え方。これは高野－太田という対立があるにもかかわらず変わりませんね。ですから、太田－岩井時代になり、共産党の影響力が強い全日自労、医労連、国公労連、全自運、こういう組合を総評の加盟組合にした。少し前に全自動車などもそうでした。いわゆる、そういう左派系と言われる組合を総評に加盟承認しただけではなく、２人に役員のポストを与えています。だから、全日自労と国公労連からは絶えず総評の常任幹事が出ている。そういう形で社共共闘は、長い一生を通じて変わることはなかったと思います。

——日鋼室蘭と尼崎製鋼の「ぐるみ闘争」。太田－岩井ラインに代わることにより、大量解雇反対闘争などに対し、そういう闘争方式が総評の指導として行われることはなかったと見ていいわけですね。

それから、三井・三池闘争です。日鋼や尼崎の「ぐるみ闘争」で採用された戦術、たとえば主婦の会や町ぐるみの共同闘争は三池の闘争にも結構生かされているわけです。「ぐるみ闘争」は高野さんの指導によって実践され、政治主義的な側面があったがゆえに批判されるべき要素があったとはいえ、日本の労働組合の戦略・戦術として正当に受け止めなければいけないのではないだろうか。それは三池闘争でも闘いとしての力を発揮した。こう見るべきではないかと思うのですが、いかがですか。

塚田　そうです。それはそのとおりです。ですから、高野さんの「町ぐるみ・村ぐるみ」という闘いをまずいと言う批判は、太田さんからはほとんど聞いたことがありません。おっしゃるように、その後の闘争にも、三池に限らず、あちこちで生かされていますからね。

——太田さんは太田協会の立ち上げのときに、そのみこしの上にだけ乗っかった。端的に言えばそういう理解でよろしいですか（笑）。

塚田　協会分裂のときには出席もされていなかったと思います。だから、（島崎譲さんなど）、九大の若手グループの独走だったという説もあるくらいですが、私は協会のことはさっぱりわからないんですよ、入ったこともないし。太田さんには入れとも言われなかったしね（笑）。

初出
『大原社会問題研究所雑誌』№683・684／2015年9・10月合併号
https://oisr-org.ws.hosei.ac.jp/images/oz/contents/683-684_05.pdf

第 18 章

日本社会党・総評時代の日本共産党の労働組合運動の政策と活動について

1970～80 年代の総評との関係を中心に

――梁田政方氏に聞く

日本共産党第 10 回党大会、第 6 回中央委員会総会の決定を中心に、主として 1970 年代、80 年代の総評についての思いを語っていただいた。スト権スト、革新統一戦線にまで言及され、熱い思いが伝わってくる証言。

［略歴］

1927 年　北海道札幌市生まれ
1946 年　北海道帝国大学（当時）予科入学
1950 年　北海道大学法文学部政治学科 2 年目でイールズ闘争を理由に退学処分を受ける。当時の北海道学連委員長。その後上京し青年学生運動や労働運動に従事
1958 年　自治労本部につくられた法律相談所に事務局員として就職
1964 年　大阪衛星都市労働組合連合会本部書記
1968 年　日本共産党中央委員会勤務。労働組合部員、東京都委員会労働部長、中央委員会労働局次長など、労働運動関係の活動を担当（77 年から中央委員）
1988 年　日本共産党神奈川県委員会副委員長
1990 年　日本共産党中央委員会を退職
現在は「三鷹事件の真相を究明し、語り継ぐ会」の世話人として活動
著書『三鷹事件の真実にせまる――1949.7.15』（光陽出版社、2012 年）

報告

入党と労働組合運動への接近

私が共産党に入党した動機と労働組合運動に接近するようになったいきさつを述べておきます。私は1948年12月に日本共産党へ入党しました。戦争体験を持つ当時の青年学生の多くがそうであったように、私も「軍国少年」からの脱皮の過程がその入党の動機です。あの暗黒の時代に「生命を賭して戦争に反対した人と政党があった」ことを知った時の驚きは、たとえようもなく私の心を揺さぶり入党に繋がりました。また幼いうちに両親を亡くし、その頃はほとんど自分自身で生活と学業を続けていましたので、アルバイト先の労働者の生活やストライキ闘争を体験したことも入党に影響していたと思います。

北大イールズ闘争当時、私は北海道学連の委員長をしていた関係で、責任をとらされて退学処分を受け、活動は東京に移りました。

北大イールズ闘争についても、ちょっとだけ説明させていただきます。アメリカCIE（民間情報教育局）高等教育顧問のW.C.イールズが「赤い教授を追放せよ」と全国行脚、北大で講演したのに対して教授を含めてほとんど全学が抗議に立ち上がり、伊藤誠哉学長がイールズの面前で、彼の主張に公然と不同意を表明しました。おそらく国立大学の学長がアメリカ占領軍派遣の講師を前にして、「不同意」を表明したのは、北大が初めてのことだったと思います。それは当時としては、とても考えられない勇気ある行動でした。それが北大イールズ闘争の最も象徴的な出来事であり真相です。しかし占領下のことでその真相は明らかにされませんでした。アメリカ占領軍から日本政府に対して強い圧力がかかり、北大への厳しい責任追及となりました。

おそらくそうした事情で闘いの性格が学生の起こした「不祥事件」に変えられ、私たち学生がその責任をとらされて処分される結果になったのだと思います。

そうした事情も考慮されたのでしょう。処分を受けた学生は、ほとんど学業に戻ることができました。これも北大イールズ闘争の特徴です。

朝鮮戦争開始直後に上京した私は、当初は青年学生運動の分野で活動しましたが、共同印刷のレッド・パージ撤回の闘いに参加したのがきっかけで、労働者の闘いに関心を持つようになりました。その頃はレッド・パージ直後で、工場・会社・官庁の多くの共産党組織は、壊滅的状態に陥れられており、その再建に力を注いでいたのです。

当時の経験で忘れられないのは、1952年のいわゆる「血のメーデー」です。私はあの「メーデー事件」での多分「被害者第一号」だと思っています。日比谷公園から出た隊列の一番先頭にいて民主青年団の旗を持っており、日比谷交差点の最初の衝突で頭を「こん棒」で傷つけられたからです。右肩がべっとりと血で染まりました。「メーデー事件」は、私にとっても忘れられない事件です。

その後、私は「反戦権利擁護青年会議」東京事務局長という肩書で、当時世界で5億人、日本で645万人に達した「原子兵器の絶対禁止」要求のストックホルム・アピール署名運動や炭労・電産が中心となった破防法反対闘争などの支援活動に取り組みました。

当時の炭労は、総評内で最も戦闘的な組合でした。破防法反対のストライキ闘争に消極的態度をとった武藤武雄委員長（総評初代議長）が炭労大会で不信任になったことはご承知のとおりです。炭労中央の消極的態度に山元の炭鉱労働者が怒り、これを宥めようと出かけた副委員長が「オシヤカサマデモセットクデキヌ（お釈迦様でも説得できぬ）」と電報を打った闘いでした。私も当時神田三崎町にあった炭労本部に出かけていってその動向を見守っていました。

炭労・電産の闘争支援運動やストックホルム・アピールの署名運動で、東京の各地域、各労組を歩き回りました。しかしその頃、共産党系を名乗って会話ができた全国単産は、ごくわずかに限られていました。私が訪問して話し合うことができた全国組織で記憶しているのは、自治労連、全造船、全自動車、全自運、印刷出版などだったと思います。当時確か港区か大田区にあった事務所で、太田薫さんに初めてお逢いしたのもその頃だったように記憶しています。大きな机にゆったりと腰かけて私の話を聞いてくれたように思っています。

全国的な組織はそんな状態でしたが、地域の工場・会社・学校などでは、私の話を熱心に聞き、持参したパンフレットを買ってくれました。その収入が私の生活費・活動費でした。しかしいくつかの大工場では、手取り足取りで文字どおり暴力的に追い出されました。反共の「職場防衛組織」がつくられていたのです。

不規則な生活がたたって体調を崩し、町工場で働きながら病気治療をした時期もありました。

そうした経緯を経て、自治労連と自治労協が統一し、結成したばかりの自治労本部に設置された「法律相談所」事務局に就職しました。最初は相談所所属の弁護士への連絡や裁判手続きの書面づくりが主な仕事でしたが。次第に自治体労働者の権利闘争に関わるようになりました。

占部秀男、山本伊三郎、栗山益夫の各氏が自治労委員長の頃のことです。

自治体労働者の権利問題への取り組み

その頃自治体労働者の権利問題については、まだよく研究されておらず、国家公務員に準じて論じられている程度の段階でした。たまたま私が『労働法律旬報』(労働旬報社)に掲載する予定で自治体労働者の実態調査をまとめたことがあります。それを目にされたらしく、旬報社を通じて早稲田大学の野村平爾先生からお話があり、お逢いし、研究する機会が得られました。そして野村研究室の若い研究者の方々や青木宗也、松岡三郎などの諸先生とも交流させていただき、労働法学会の会員にもなりました。

栗山自治労委員長時代におこなった「ILO 提訴」の際には、私も自治労本部の正規職員でなかったにもかかわらず担当者の一人となり、総評のスト権奪還委員会のメンバーなどと一緒に提訴活動に取り組みました。早稲田大学の中山和久さんが「提訴」活動の中心でした。

当時、地方自治体の法律問題については、それを専門に扱うところが少なく、そのために各方面から自治体問題の法律相談がありました。岩手県平泉町の町民本位の街づくり問題、札幌市・豊平町の合併問題などをめぐって、調査や相談に出かけたこともあります。また沖縄の米軍基地取り上げ問題についての相談に長文の電報で回答を送ったこともありました。それが一つのきっかけになって沖縄人民党の方々との交流が生じ、親しい関係が生まれました。

大阪での４年間の活動

1964年に自治労法律相談所を退職し、司法試験の準備をするつもりでいました。ところがその頃、大阪の衛星都市で相次いで争議による懲戒処分が発生、「権利調査に来てくれ」という依頼がありました。はじめは数カ月間の予定でした。しかしその間に、大阪衛都連（「自治労大阪府衛星都市連合会」の略称）が自治労から「組織的に排除される」という事態が起き、その対策もあって結局４年間、衛都連本部書記として活動することになりました。

大阪衛都連在任期間中、私は関西民主法律家協会の労働組合選出の役員としても活動する機会があり、それらの活動を通じて関西の民主的な学者・弁護士の方々とも、かなり広く交流を深めることができました。また自治体現場での労働者の権利闘争についても多くのことを体験し、学ぶ機会がありました。この期間に経験したさまざまな活動のなかで、とくに印象に残っていることを挙げてみましょう。

まず、枚岡市（現在の東大阪市）の４人の高齢職員に対する分限免職処分を撤回させた闘いです。当時は定年制がありませんでした。ところが単に高齢という理由だけで分限免職にされました。４人の人たちが良く頑張ったのと枚岡市職労が一致結束したのが力となって全面的に勝利しました。吹田市の「下請職員制導入」の企てを職安法44条（当時）違反で追及し、撤回させました。この闘いの経験は、いまの非正規職員の採用拡大に対しても、参考になる教訓を残した闘いでした。堺市給食調理員に給与条例が無く「大阪市の例に準ずる」という形で賃金が支給されていました。この問題をとらえて「自治法違反の給与支給」として摘発し、住民監査請求制度を活用して闘い、その結果大きく賃金を引き上げさせたこともありました。松原市の公平委員会審査請求で、私が組合側代理人となり、後に日弁連会長になられた中坊公平弁護士ほか２人の弁護士が市側代理人になったことがありました。この時の事件は数千円の公金使い込みによる懲戒解雇事件でしたが、数千円の使い込みへの懲戒解雇の正当性を主張するのに、その何十倍の金額を使って3人もの弁護士を代理人に委任した市の姿勢を追及しました。中坊さんが私の主張を苦笑しながら聞いていた顔を思い出します。結局、懲戒解雇は取り消し、本人の希望による退職になったと記憶しています。

これらの取り組みは、地方自治体が公共団体として「法律を守らなければならない」ことを義務づけられていること、「税金は無駄無く住民福祉のために使われるべきこと」という当然のことを武器にした闘いでした。自治体労働者の闘いにとって役立つ経験だったと思っています。

日本共産党本部に勤務

日本共産党は、1964年春闘のストライキ闘争に対して、「結果的にストライキに反対することが中心となるような誤った指導があった」ことを認めました。そしてこの「4.17スト問題」と呼ばれる誤りを思想的、理論的な根源まで深く立ち入って検討し、自己批判をおこないました。そしてこれらのことも含めて深く学び、1968年3月に労働組合運動強化の「新しい方針」を打ち出しました。それが第10回党大会第6回中央委員会総会の「決定」（以下省略して「10回大会6中総決定」と呼ぶ）です。

そしてこの「決定」にもとづいて、労働組合運動の対策を強める党の態勢づくりが始められました。これが私の共産党本部勤務になるきっかけでした。私が党本部に行ったのは確か1968年の8月頃だったと思います。その後の経過は冒頭の略歴に書いたとおりです。

共産党本部の労働組合部（後に「労働局」）といっても、何を任務とし、どんなことをやっているのか皆さんにも多少は興味があると思いますので、簡単に説明しておきます。

「10回大会6中総決定」が出されたのを契機に、党本部の労働組合運動分野の活動を抜本的に強めるということで、私を含め部員がかなり多く採用されました。労働組合部の構成は、一番多い時には14～5人にもなっていたと思います。賃金、社会保障、権利、国際労働運動など各分野の専門的知識の導入も検討されたようです。

労働組合でもそうですが、専門部の仕事は、当然そこで完結し、物事を執行するわけではありません。私たちがつくった「原案」を書記局、常任幹部会など正式な指導部が審議・検討し、そのうえで党の正式な見解・決定となり、発表されます。

(1)「政策」づくり

まず取り組んだのは「政策づくり」でした。労働組合運動をめぐって生まれてくる問題ですから非常に多岐にわたります。そのすべてというわけにはいきませんが、それでも直面している重要問題について、かなり多くをとり上げて「政策」化しました。賃金や労働時間短縮、労働協約、ストライキ権、「合理化」や企業合併問題など、当時直面していた問題について、その基本となる政策を発表しました。また産業別の運動を前進させる個別の政策も対象にしました。政党と労働組合との関係については、とくに突っ込んだ討論をおこない、必要な文書を発表しました。

(2)「法案審査」と「法案づくり」

政府が出してくる労働者・労働組合関係の法案の内容を検討し、「賛成」、「反対」、「棄権」などの態度やそのような態度をとる「理由」を明らかにすること、共産党として国会に提出する労働者や労働組合関連の「法案」大綱についても、いくつか検討をおこないました。

それらに関連して思い出すのは、共産党が野党第2党になった時のことです。全国一律最低賃金制確立についての「法案」と「不況対策の緊急措置法案」を社・共・公・民社で検討、野党四党（当時）法案としてまとめたことがありました。この時、寺前巌衆院議員（当時）と私が共産党側の委員となり、社会党の多賀谷真稔さんなどと討議を深めて合意に達し、それに公明、民社両党が賛成して「四党合意案」ができました。

(3) 組合専従の党員への援助と指導

中央段階の労働組合組織に専従する共産党員の党生活について、党機関の窓口となるのも当時は私たちの任務でした。

共産党は、党規約で「各種の団体・組織で、常任の役員が3人以上いる場合には、党グループを組織し、責任者を選出することができる」と定めており、労働組合専従役員である党員の場合もこの規約が適用されます。党規約にはまた「活動のなかで、その団体の規約を尊重することは、党グループの責務である」ことも定めています。

これらを踏まえて、①党員の党生活が正しくおこなわれるようにすること、②党機関が決定したその時々の方針を正しく伝えて実践を促すこと、③党グループが所属している労働組合の運動から生まれてくる党機関への意見や要望を指導部に報告し、それに応えること、④それぞれの労働組合が直面している重要問題や諸課題を党の活動に反映させ、党活動全体の内容を豊かなものにしてゆくこと、などは日常的に追求しなければならない課題でした。

(4) 党代表挨拶の「資料」づくり

それぞれの労働組合がおこなう大会やさまざまな行事に招待される党代表の連帯挨拶の準備も大切でした。党代表になる人はさまざまです。なかには労働組合運動とは、あまり縁のない部署で活動してきた人もいます。それぞれの労働組合によって直面している課題も違い、なかには厳しい闘いに直面していて、共産党の連帯活動に強い期待を寄せている場合も少なくありません。そうした時に事情を知らないままに挨拶に行き、組合からみて期待外れの挨拶をするようなことがあってはなりません。党代表の挨拶を通じて、闘う労働組合を激励する必要があります。またその挨拶を通じて、党への理解や関心を深めてもらうことも重要です。そうした意味で党代表の挨拶を重視し、そのための必要な「資料づくり」をおこないました。

(5) 党内・外からの質問への回答

党の都道府県委員会、地区委員会、党支部、あるいは労働者個人や労働組合からも労働組合運動をめぐってのさまざまな疑問・質問や相談があり、それに応じることも必要でした。すでに解明されている問題については即答することができますが、新しく調査検討しなければならない問題も少なくありません。それらについては「回答案」をまとめ、正式に党指導部の決済を得て対応します。

こうしたことが私たちの日常の活動でした。それらのほかにも労働組合運動に関する共産党の政策をめぐって、都道府県委員会や地区委員会、あるいは労働組合が主催する「学習会」に講師として参加することも少なくありませんでした。

また、主要な労働組合の全国大会や重要な研究会などの状況を直接間接に把握し、『赤旗』紙の記事として報道する仕事も大切です。『赤旗』編集局の記者の皆さんとともに原稿を仕上げるなど、労働組合の大会シーズンにはさまざまな仕事が生まれました。

(6) 選挙闘争への取り組み

これらの日常的な活動に加えてとりわけ重要なのは、政治戦としての選挙闘争の取り組みです。政党が前面に出て闘う議員選挙などでは、労働組合が主体となって闘うことは原則としてありえません。日本共産党は、労働組合の「特定政党支持」義務づけ体制に反対している政党として、当然ながら自分たちの選挙運動に労働組合組織を利用し、組合機関の決定などで共産党への支持を要請したり、選挙資金を集めたりするようなことには反対し、その立場で厳しく対応してきました。しかしそうだからといって労働組合運動を通じて日頃から繋がりを持ち、信頼関係を深めている労働組合の仲間たちに対し、党員グループの人たちがおこなう選挙活動が消極的になってはなりません。共産党への支持拡大活動が積極的に、旺盛におこなわれなければならないことは当然のことです。そのために私たちは、労働組合組織とはまったく切り離して党員・支持者が一体となった「共産党労働者後援会」をつくり、選挙の取り組みを強めるようにしてきました。

地方自治体の首長選挙や野党が一致して反自民の統一選挙を闘うことがあります。その場合には、労働組合が自らの要求実現のために、共通の要求を掲げて闘う民主的政党や広範な市民団体などと協力共同して闘う必要があります。そうした場合には、労働組合は、その組織力を生かして民主勢力の中心部隊として活躍する必要があります。それは「特定政党支持」義務づけの選挙活動とは、はっきりと区別される闘いです。

70年代には、東京、京都、大阪、名古屋などで何度も社会党・共産党の共闘を軸に、民主勢力がこぞって参加して闘う、いわゆる革新統一選挙が数多く闘われました。また沖縄では「基地も核もない本土返還」を求めて国政参加選挙が統一して闘われました。私もこれらの選挙を体験し、多くのことを学びました。そうした選挙の際には、労働組合も選挙闘争の主体となり、社・共両党や民主団体などとも協力・共同して奮闘しました。それらの闘いのなかで、さまざまな形で広範な労働者の創意を生かした取り組みも体験しました。こうした活動の経験・教訓は、ぜひこれからも生かしていきたいものと思います。

日本共産党の基本政策をめぐって

(1) 10回大会6中総決定

前述したように、日本共産党は1964年7月に開かれた第8回党大会第9回中央委員会総会で、「4・17スト問題での誤り」を自己批判し、その内容を1964年7月19日付の『赤旗』紙で公表しました。そしてこれらの教訓を踏まえて10回大会6中総決定「労動戦線の階級的統一をめざす、労働組合運動のあらたな前進と発展のために――わが党の当面する諸任務」として発表しました。

この「決定」は「労働組合運動の現段階とわが党の任務」と「労働組合運動の前進のための課題と方針」の二つの章からなるかなり膨大な内容のものです。

そこでは戦前・戦後のわが国の労働組合運動の特徴を総括するとともに、労働者と労働組合の現状がどのようになっているかについて分析、そのうえにたって「労働組合運動の前進のための課題と方針」を「当面する闘争課題と労働戦線統一の基本方向」、「労動戦線の階級的統一と労働組合の階級的民主的強化をめざす当面の諸方針」、「労働組合運動に取り組む党の組織態勢の強化」として構成し、提起しています。つまりこの「決定」は、かなり長期にわたっての展望を持った労働組合運動に関する日本共産党の「基本方針」といえるものでした。

日本共産党がこの方針を提起した背景には、当時わが国の労働組合運動が一定の重要な高まりを示しながらも、多くの問題点を内包しており、そのために本来ならば発揮できる力がそれにふさわしく生かされていないという実態がありました。

日本の労働組合運動が直面しているこれらの問題点を明確にし、それを克服する道と発展方向を明らかにすることは、労働組合運動の正しい前進と発展を切実に願っているすべての労働者・国民に応える日本共産党の責務ともいえるものでした。

⑵　当時の労働組合運動の状態

「10回大会6中総決定」が出される前年、つまり1967年の労働組合組織率は、35.2％で組織労働者の総数は1000万人をこえていました。さかのぼってみると、1955年の争議件数は、1345件（争議参加人数は347万8000人）、60年の争議件数は、2222件（争議参加人数は695万2000人）、66年の争議件数は、3687件（争議参加人数は1094万7000人）と急激な拡大を示し、労働者の要求の切実さと闘うエネルギーの増大を示していました。とくに総評・中立労連を含めて毎年取り組まれる春闘は、一部同盟系組合を含めて800万人をこえる労働者が参加する規模に発展していました。

また1960年の安保反対闘争に示された3次にわたる抗議ゼネスト、65年の「日韓条約」反対のストライキ、66年67年に取り組まれた数百万人に及ぶ労働者が参加したベトナム侵略反対の10・21ストライキ闘争などは、それぞれにさまざまな問題を抱えながらも、労働組合運動が国民全体の闘争を前進させる中心部隊としての役割を担っていました。

当時は日本の鉱工業生産額が、10年間に4倍にも増えるような高度経済成長期でしたが、労働組合運動もこのような盛り上がりを示していたのです。

それだけに革新統一戦線の中心部隊としての役割を果たさなければならない労働組合運動の階級的・民主的強化と発展は、この国の革新的未来を展望した場合、きわめて重要な課題でした。

しかし1000万人以上の組織力を持つわが国の労働組合運動の状況は、1967年6月末で、総評が約420万人、同盟が約178万人、中立労連が約104万人、新産別が約7万人、その他が約359万人と大きく分散していました。この労働組合中央組織の分散状態は、なによりもわが国労働組合運動の重大な弱点になっていました。その根本原因が何であり、それをどのように解決するかという道筋を解明することは、当時の情勢のもとで緊急ともいえる課題でした。

⑶　労働組合運動をめぐる問題点

労働組合運動を階級的民主的に強化して、この分散状態を大衆的に克服し、労働戦線の統一をかちとることは、この国の労働組合運動の発展にとって切実で重要なだけではなく、この国の将来を決定する革新統一戦線の形成にとっても、大きな影響を及ぼす課題であったことはいうまでもありません。そうした課題の達成をめざして「10回大会6中総決定」は発表されました。

当時わが国で最大のナショナルセンターは総評でした。その日本労働組合運動にあたえる影響力の大きさは、もちろんいうまでもありません。10回大会6中総決定は、総評について次のように述べています。

日本労働組合総評議会（総評）は、わが国の最大の労働組合中央組織であり、賃金引上げや「合理化」反対などの労働者の経済的諸要求の闘争を積極的にたたかう立場にたつとともに、独立、民主主義、平和をめざす政治的諸課題についても、ベトナム侵略反対、沖縄返還・憲法改悪阻止、小選挙区制粉砕、安保破棄、軍事基地化反対など、民主勢力の共通の目標と一致する一連の課題（1967年度運動方針）を掲げており、民主勢力の共闘にも一定の役割をはたしてきた。しかし総評は、その傘下の組合員にたいし、日本社会党支持、社会党への政治献金の義務づけなど、「特定政党支持」の誤ったセクト主義的、分裂主義的立場を固執するという、労働組合中央組織としてきわめて重大なあやまりをおかしている。

これは日本共産党が当時の総評が果たしていた積極的役割を評価しつつも、その掲げている「特定政党支持」義務づけの誤りゆえに、すべての労働組合を結集する階級的ナショナルセンターの母体にはなりえない重大な弱点となっていることを率直に指摘したものでした。

(4)「特定政党支持」義務づけの誤り

あらためて述べるまでもなく政党と労働組合は、その基本的性格が違います。政党は一定の政治的理念や思想・信条にもとついて結集しており、労働組合は、労働者であるならば誰でも思想・信条、宗教、性別、年齢、国籍、雇用形態、支持政党の如何を問わず、共通の要求にもとづいて団結し、要求を阻害する勢力と闘って労働・生活条件、社会的地位の向上をめざす組織です。

もちろんこの両者、政党と労働組合が相互に協力し合うことは、当然ありうるし、必要なことです。しかしその場合には別個の組織として、相互の立場を尊重しながら共通の要求実現のために正しく協力共同することが大切です。一方の側である政党が、別個の組織である労働組合を構成する個々の組合員に対して、自分たちへの支持や政治活動の実践を押しつけるような関係は、あってはならないことです。それは政党による労働組合への支配介入であって、正しい協力共同とは到底いえるものではありません。

労働組合が「特定政党支持」を組合員に義務づけるということは、組合民主主義を乱暴に踏みにじる行為となり、労働組合の団結に重大な支障をもたらします。またこうした行為は、労働組合に支持を押しつけている政党が、労働者の利益を損なう立場や政策をとった場合には、その誤った立場や政策に影響されて、労働組合が本来果たすべき目的とは違った道に、労働者を導くことになりかねません。それはまさに労働組合運動にとって自殺行為ともいうべきものです。

日本共産党は、こうした立場から労働組合運動に持ちこまれた「特定政党支持」義務づけの誤りを厳しく糾弾し、これを克服して徹底した組合民主主義を確立するように、繰り返し訴え続けました。

(5) 統一したナショナルセンターの確立めざして

1967年当時、わが国のナショナルセンター（労働組合中央組織）は、総評が社会党、同盟が民社党と、それぞれが「特定政党支持」路線を機関決定しており、中立労連もそのなかの電機労連の右翼指導部などが中心になって、総評とともにつくっている春闘共闘委員会の闘争目標から「日韓条約反対」や「ベトナム侵略戦争反対」の政治課題を引き下げさせる役割を演じていました。また全逓労組の中央指導部は「反共労働戦線統一」を提唱していました。

さらにこの頃、IMF・JC（国際金属労連日本協議会）が国際自由労連につながる反共、親米、労資協調の路線に電機労連、鉄鋼労連、造船総連、自動車労連、全国自動車、全機金、三菱重工労連など、100万人近い労働組合をナショナルセンターの違いをこえて結集し、同盟とならんで、労働戦線の右翼的再編成を進める拠点になろうとしていました。

そうした時だけに日本共産党は、労働組合運動の現状が示している根本的問題点を明確にして強く批判したのです。

総評の歴史にみる光と影

かつて私たちは、朝鮮戦争を直前にした時期に、労働組合運動の大きな転換を体験しました。この時に労働組合運動に持ちこまれたのが「反共主義」とそれにもとづく労働組合の「特定政党支持」義務づけ体制、それを根底においた「企業あっての労働組合」という「企業主義」「労資協調主義」でした。

この大きな誤りをこの国の労働組合運動に持ちこむために、日米の反動勢力は、その当時あらゆる卑劣な方法、謀略事件まで引き起こすようなことまでおこないました。下山・三鷹・松川事件、レッド・パージなどは、その典型的なものです。そして「反共綱領」を掲げた総評が生まれました。しかし太平洋戦争の悲惨で苛酷な体験とこの国の抱えていた当時の深刻な生活苦の状態は、労働者と労働組合を何時までも停滞した状況には置きませんでした。つくられたばかりの総評は、ごく短時日の間に、戦闘的に脱皮し「ニワトリはアヒル」に変貌してゆきました。しかし、労働組合運動に持ちこまれた誤りは、根絶することなく温存されていました。

1970年代後半から80年代にかけての総評の歴史も、またこの誤りを克服するかどうかをめぐって揺れ動き、最終的には誤りを克服できないままに右傾化し、解体した「光と影」の歴史だったと思います。

1979年の春に、太田薫さんが革新統一の都知事候補として立候補された時、私は東京の党の窓口として、社会党都本部や東京地評、都労連などとの折衝にあたっていました。総評は東京では太田さんを支持していましたが、大阪では黒田革新府政に対立、自民党推薦の岸昌候補を支持するような曖昧な態度をとりました。これに対して東京地評、都労連、国労、全国金属などの社会党員である組合幹部の皆さんが強く反発し、私たちと一緒に頑張ってくれたのは嬉しいことでした。この時に生まれた互いの信頼関係は、総評右傾化に反対する、いわゆる「左派結集」の活動にもなりましたが、残念ながら大勢を大きく変え、総評解体を阻止するまでには至りませんでした。しかし当時つくられた正しい労働組合運動のあり方を模索する運動と、そこで築かれた相互信頼と革新統一の伝統は、その後の東京の労働組合運動に引き継がれていると確信しています。

ところで現在では、かつてのような極端な「反共主義」「反共偏見」は、労働組合運動に関しても、国民の間でも、通用しなくなっています。また非正規労働者がこれだけ増大（公務員だけでもその2割、64万人）しているもとで、いわゆる日本型の労資関係は崩壊し、「企業あっての労働組合」などという考えの土台も大きく揺らいでいます。

そうしたもとで戦争に反対し、この国の平和的未来を真剣に追求する新たな労働組合運動の発展をめざす基盤は、大きく拡大できる条件が生まれてきているように思います。

それらの条件を生かしたこれからの運動の発展が重要です。そのために1970年代後半以後の体験をふりかえり、何らかの教訓にしたいと思います。

「転機に立つ労働組合運動」

1975年の総評第50回定期大会は、「転機に立つ労働組合運動」と名づけられた大会でした。この時「現実的な国民統一の道を」として合化労連委員長の太田薫さんが「政党ぬき国民戦線構想」を提起されました。その内容は、①インフレ阻止、雇用・失業保障など多様な国民生活擁護の諸要求を実現するため、労働四団体を軸に幅広く国民諸階層を結集した国民戦線を組織する。これには当面政党は入れないが、ケース・バイ・ケースで政党の協力をもとめてゆく、②国民戦線をつくって運動をすすめるさいには「政党支持の自由」をつらぬく、というものでした。

この提案に対して日本共産党は、宮本顕治幹部会委員長が党創立記念招待会挨拶のなかで「革新政党にとって名誉あることでないにしても、現在国政レベルの統一戦線がまだできていないだけでなく、反共野党連合の策動や分裂主義的混迷が続いているといった手詰まり状況の政党関係に拘束されないで、大衆連動の分野で可能なところから統一を進めようとする胎動」と評価し、重視する態度をとりました。

スト権ストをめぐって

この年の10月、共産党は「スト権回復の4項目提案」を提言し、スト権剝奪が全面占領時代の反動的遺物であり、これを撤廃させるには全民主勢力を結集した闘いが必要であり、国民的支持を受けて闘う必要があることを主張しました。

ところが当時の社会党と公労協の一部は、こうした日本共産党の提案を無視したばかりでなく、ストライキの戦術も政府との交渉も、共産党には何の連絡も相談もないままに実行しました。その結果、ストライキそのものは「日本の労働運動史上の新しい到達点」を示すような闘争エネルギーを発揮して闘われたにもかかわらず、結果は「事態を10年前に引き戻した」反動的回答を引き出すだけに終わってしまいました。

しかもこの時期、公労協のスト権闘争に対して共産党が「原則的支持」という立場をとって「全面的支持」に至らない理由の一つとして、このストライキ闘争について、共産党には事前の相談がなかったことを「事実」として指摘したことに対して、社会党指導部は「労働組合への介入」という見当違いの非難を共産党に浴びせました。もちろん共産党がこれに対して、厳しく反論したことはいうまでもありません。そんなことが相次ぎました。

まったくの余談ですが、私はあの1週間以上にもなる国鉄ストの間、共産党本部に泊まり込んで事態を見守っていました。国鉄現場や国鉄労組の本部と連絡をとって状況の把握に努め、地域の民主勢力の支援や官憲の弾圧にも対処する態勢をとるように努力していたのです。

スト権ストの以前、国労の中川委員長が「座して攻撃にさらされるより、立って反撃に転じよう」と呼びかけ、統一戦線的規模で闘ったことにより、一定の前進的成果を挙げた国鉄のマル生闘争（生産性向上に名を借りた当局の不当労働行為との闘争）からスト権ストに至る経緯や教訓・問題点などについて、私は『事典―日本労働組合運動史』（大月書店、1987年発行）に執筆しました。参考にしていただければ幸いです。

『社会新報』が「組合内に憲法は適用せず」と「特定政党支持」義務づけ体制を合理化するような議論を発表し、共産党が1976年7月にこの問題も含めて「職場に自由と民主主義を」という論文を発表したこともありました。また「教師・教育論」や「民主的自治体労働者論」をめぐっての日教組、自治労、さらに社会党との論争もありました。これらの論争には、いま憲法改悪策動が進められるなかで、あらためて検証されるべきものが含まれています。

「革新統一戦線」をめぐって

当時は革新統一戦線の結成が急務とされ、少なくともそうした規模で闘わなければ成果は得られない状態にありました。しかし、そのことについて残念ながら逆行する動きがみられ、それが強まっていったのが実態でした。

成田・宮本両氏による社共党首会談が1977年6月に持たれ、「統一戦線結集」の努力が合意されました。そうした機運のもとで1977年9月22日には、共産党側は不破哲三書記局長、金子満広書記局次長、荒堀広書記局員、寺前巖衆院国対副委員長、小森良夫労働組合部長代理、梁田政方労働組合部副部長が出席、総評側は富塚三夫事務局長、立花銀三副事務局長、永井孝信、宝田善、筒井安忠各常任幹事、内田誠政治部長が出席して、秋季年末闘争、原水爆禁止運動の統一問題、統一戦線問題、政党と労働組合の関係問題、10・21統一行動問題について協議がおこなわれました。

この会議では統一戦線問題について「両者は、これまでも大企業本位でなく、国民生活優先の政治、民主主義擁護、安保条約廃棄という課題で闘ってきたが、今後ともこうした立場での協力、共同をつよめ、自民党政治をやめさせ政治の革新を実現するため共同してたたかう。共産党は、社共両党の成田・宮本会談で合意されている『統一戦線結集』の努力の重要性を強調し、総評は『この方向を支持する』との態度を表明した」という結論に達したことを発表しました。

記憶が定かではありませんが、この年かその翌年の多分10・21統一行動だったと思います。集会は統一しておこなうが、デモ行進は別々に分かれておこなうということで、社・共・総評などによる統一行動がおこなわれました。統一した取り組みという建前があるので、私は日本共産党を代表して、ただ一人、社会党の宣伝カーに乗っていました。肩には「日本共産党」のタスキを掛けていたと思います。新宿駅近くで解散の時、成田社会党委員長が「社会党中心の政府をつくろう」とシュプレヒコールの音頭をとりました。私はすぐ横に立っていたのですが「社会党中心」が統一の趣旨からいって「違う」と感じたので、一緒には手を挙げませんでした。シュプレヒコールが終わった途端、デモ隊列の一番先頭にいた、一部のヘルメット部隊が「共産党を引きずり下せ」と宣伝カーに殺到してきました。この時、成田委員長と、確か曽我さんといわれた社会党東京都本部の代表の方が、必死になって私をかばい、安全を確保してくれました。成田さんが、私に対して「申し訳なかった」と言われたのが強く印象に残っています。当時「ニセ左翼」集団と呼んでいた勢力による分裂策動の一つのあらわれでした。

共産党から総評への提言

1978年6月17日には、日本共産党として、総評に対して正式に「革新の大義と労働組合運動」と題する「提言」をおこないました。この提言は1978年5月12日におこなわれた共産党と総評との定期協議の席上で。総評側から「新しい運動方針の作成にあたって、総評の運動のあり方について、注文・要望など、意見を出してほしい」と要請があり、これに応えておこなったものです。

ここでは、①全国的な力関係の変革こそ基本問題、②全国民の擁護者としての役割、③支配勢力にたいする政治的包囲、④安保条約打破の闘争と労働組合運動の4項目について「提言」しています（1978年6月18日付『赤旗』に掲載）。

こうした統一戦線結集の努力を示す経過は、1979年11月に社会党飛鳥田委員長が訪米して安保政策の実質転換を表明、翌80年1月に社会党と公明党が連合政権構想で正式合意、それが契機になって総評の右傾化が本格化し始めたことによって、断ち切られる結果となりました。それまでの努力が事実上空文に帰す結果となったのです。

1980年7月に開かれた第61回総評大会は、25年ぶりに共産党代表を招請せず、連帯の挨拶から排除しました。

おわりに

先にも述べましたが、今この国をめぐる情勢は、安倍政権のもとできわめて危険な方向に向かおうとしています。そうしたもとで労働組合運動を階級的に強化発展させることの重要性は、あらためて強調するまでもありません。

もちろんそのための課題は沢山あります。

その一つとして私が提起したいことは、労働組合運動の発展に関心があり、その強化を願う人々が、所属する労働組合の違い、ナショナルセンターの違い、あるいはいま現役で働いているかどうかを問わず、できるだけ広範に、できる限り頻繁に、今日の状勢とその危険、労働者と労働組合運動の現状とその果たすべき役割・課題などについて、多くの話し合いの機会を持つべきだということです。むろんそれは、職場でも、地域でも、都道府県段階でも、中央段階でも、さまざまな形で、さまざまな規模でおこなわれ、人々の関心を高めてゆくことを狙いとしなければなりません。そしてできるところから可能な要求行動を共同で展開し、労働組合運動の活性化に役立てていく必要があります。

二つ目の問題は、憲法の示す労働者と労働組合の諸権利について、もう一度その基本にかえって深く検討し、それを働くすべての人々の自覚にし、新たな行動を組織することです。

かつて日本共産党は、ソ連・中国など大国の党からの不当な干渉を受け、党中央が分裂・解体するなど、全党が苦しみのどん底に落ち込む体験をしました。そのどん底の状態から立ち直る過程で「一細胞一組合（細胞:党の『支部』のこと）」という方針（第9回大会3中総決定）を提起し、労働組合運動を活発化させ、その努力とともに党を力強く大きくする努力をしたことがありました。

「労働者が生きるためには団結しなければならない」、「そのための組織労働組合は働く者にとっては、生きるために不可欠なもの」という憲法が謳う理念とそれを保障する権利について、もっと広く深く労働者の自覚と常識にしてゆくことを強調したいと考えます。そして働く人々にとって労働組合がもっともっと身近な存在となるように多くの工夫がなされるべきです。

三つ目に指摘したいのは、官公労働者とりわけ自治体労働者の問題です。自民党の「改憲草案」は、憲法第15条の改悪にも触れています。公務員は「全体の奉仕者である」という規定の民主主義的意義を歪め、それを労働基本権制限の根拠にした条文を新設して、労働者の労働基本権に重大な攻撃を仕掛けてきています。それは反動的支配体制強化の新たな策動でもあり、軽視できません。私は長い間、この分野を担当し、日本共産党が1975年に「住民本位の行政を効率的な機構で一地方自治体の人件費問題・その他をめぐる日本共産党の見解」（民主的自治体労働者論）を発表した時にも、その解説や政策の普及に努力してきました。これから何ができるかはわかりませんが、微力を尽くしてこれらの問題に取り組んでゆきたいと思っています。

話が中途半端で雑駁なものになりましたが、時間も参りましたのでこのあたりで終わりたいと思います。

初出
『大原社会問題研究所雑誌』No.703／2017年5月号
https://oisr-org.ws.hosei.ac.jp/images/oz/contents/703_05.pdf

第19章

私が歩んできた社会保障運動

総評・中央社保協体感の記録

——公文昭夫氏に聞く

朝日訴訟、中央社会保障推進協議会、73年 年金スト等を例に、総評における社会保障運動を述懐。社会保険料の労働者対経営者の負担割合をめぐる団体交渉時のエピソードなど貴重な証言を含む。

[略歴]

1931年　台湾嘉義市生まれ
1946年　高知県高知市へ引き揚げ
1952年　高知県教職員組合教宣部書記
1955年　総評本部福祉対策部書記。その後、社会保障対策部長、局長
以後、総評解散（1989年）まで、ほぼ一貫して社会保障対策を担当。その後、中央社会保障推進協議会副会長、年金実務センター代表
現在　東葛看護専門学校講師（社会保障論）等を歴任

報告

総評本部に入るまで

1950年、総評が結成された頃、ちょうど私は製パン工場で働きながら、夜間中学に行っていました。授業料を大幅に滞納してしまったので、辞めざるを得なくなって、そこの教員が紹介してくれたのが、船に乗るということだったのです。船乗りを2年ぐらいやりました。機関員ということで、船を動かすための機関部の仕事をしたのですが、ご承知のとおり海員組合というのは、船に乗ったとたんに組合員になっていて、ほかの単産、労働組合と若

干の違いがあるのです。船ですからあちこち走り回っているわけで、日本にはいくつか大きな港があって、そこに会社によっては、たとえば私の乗っていた船は大阪の天保山桟橋が主たる寄港地で、海員組合は寄港地に集まってくる船を中心にして支部を作っているわけです。ですから、私などは天保山桟橋が寄港地だったので、そこが海員組合の大阪支部でした。

そして面白いのですが、一つひとつの船が分会なのです。乗っていた船が土佐商船という会社の大宮丸という船だったので、大宮丸分会ということになって、そういう形でかかわっていた。50年に総評ができた当時、ご承知のとおり海員組合も総評傘下の単産だったのですが、数年経たないうちに総評から脱退するといういきさつになりますけれど、その当時はまだ総評の傘下単産だったということで、そこの分会という形で私がかかわっていたというのが一つです。

2年後に視力が衰えて下船して、その頃は新制の夜間高校になっていましたが復学するということで、そのときにまた改めて紹介してもらったのが、今度はいわゆる総評傘下の大組合だった日教組（日本教職員組合）で、日教組の高知県支部、高知県教組という表現をしていますが、その教宣部で新聞を作れと言うことになり、そこで2年ぐらい新聞作りをした。その後、高知県教組の教宣部から日教組本部に来ないかという話があって、日教組に引き抜かれる形になったのですが、たまたま上京したときに、翌日、総評本部で入社試験があるから、あちらのほうが面白そうなので行かないかという、大変無責任な形で総評の試験を受けて入りました。

総評が芝公園に新しい会館を作って移った当初で、当時の総評というのは若い人たちの人気が非常に高かったわけです。だから、総評の「入社試験」に200人ぐらい集まっていました。そこから5人採るということで、どういうことでなったのかわかりませんが、うまい具合に5人のなかの1人に入って、総評の福祉対策部の書記になったといういきさつです。だから総評結成以来、総評本部に私が入るまでの4〜5年間は、総評傘下単産の分会員で、それから総評傘下単産の日教組の高知県支部にいたということで、総評にかかわってはいたんだなという、変な因縁ですが、そんなことで総評本部に入ったわけです。

総評での社会保障「事始め」・「健保で明け、米価で暮れる」

「総評の社会保障運動『事始め』」と書いていますが、私が総評本部に書記局員として入ったのは1955年です。ご承知のとおり、前年の1954年には5単産共闘、そしてそれが8単産共闘ということで、55年から春闘が始まる。同時に事務局長、高野実さんがやっておられたわけですが、その年の総評大会で、岩井章さんに事務局長が変わる。私が入ったときはまだ1年間、高野実さんが組織部長として総評本部に残っていて、いろいろと教えていただいたりしたことがあります。

いずれにしても私が入った1955年は春闘共闘がスタートした年で、否応なしに、入ったとたんに私のポストは福祉対策部に決まっていました。この際ですから、ぜひ総評の社会保障運動の歴史の1コマということで、私もいろいろと考えさせられることがあるのですが、実は総評を結成して、1950年から57年までは、社会保障関係の仕事を担当するポストは、福利厚生部または福祉対策部という名前で一貫していました。社会保障という言葉はあったのですが、社会保障対策部というポストというのはなかった。それだけまだまだ社会保障に対する労働組合の問題意識はきわめて弱かったし、総評自身もそれほど大きな関心を示すという形にはなっていなかった。

歴史学的に見て『総評四十年史』(第一書林、1993年)という大きな3分冊の本が出ていますが、それを見ても、総評の社会保障運動が一気に開花していくのは、1958年の中央社会保障推進協議会という、労働組合も民主団体も一般の大衆団体、市民団体を含めて社会保障関係で総結集したセンター的中央の組織ができてからということになります。同時に、ご承知のとおり、1957年に生存権裁判、人間裁判といわれている朝日訴訟が起きて、その朝日訴訟と総評の賃金闘争、いわゆる全国一律最低賃金制を結合した大運動が起きるなかで、一斉に開花していくという過程を踏んだのかと思います。

1955年、春闘とともに私は福祉対策部で、いやも応もないので、決められたとおり社会保障関係をやり始めたわけですが、入った途端に何をしたかというと、まず年明けから、必ず健康保険法の改悪案が国会に上程される。その当時のいわゆる労働組合の社会保障闘争の走りというのは、健保改悪反対闘争の一本槍だったと言ってもいい過ぎではないだろう。だから私が福祉対策部に入った当時は、社会保障担当などはきわめて軽く見られていたわけですが、福祉対策の重要性に対する問題意識は、総評も春闘スタートと同時に持たざるを得なくなって、その年に福祉関係の担当部長として副議長兼任で全鉱出身の塩谷信雄さんが福祉対策も担当するという形のスタートだったのです。ですから、問題意識としてはその当時から、一定程度意識的な取り組みを始めようという動きが垣間見えるのではないかと思います。

いずれにしても「健保で明け」というのは、年明けには必ず通常国会に健康保険法の一部改正案が提案される。その背景は、外地からの引揚者、復員その他の人たちが帰ってくるなかで、健康保険法の財政が極めて悪化する。結局、毎年保険料値上げをして対応していかなければいけないという非常に医療分野での差し迫った課題が、政府の一つの政策的な面としてあったということです。そういう意味ではほとんど毎年のように健保の改悪があって、総評の運動もスタートしました。各単産の場合は賃上げがあり、企業内の福利厚生の改善があり、さまざまな雇用関係の諸課題があったわけですが、総評の場合のナショナルセンターとしては社会保障ではその一本槍で、あとは春闘を通じての賃金闘争、こういう形だったわけです。

結局それで年が明けて、「米価で暮れる」というのは、もう皆さん方はご想像がつくかと思いますが、当時は例の二重米価制をとっていて、消費者には安いコメを、そして生産者からは比較的高いお金でコメを買ってやると、結局二重価格の差額を国が負担して、生活の維持にあてるといった政策がとられていたわけです。生産者米価は高く、消費者米価は低く抑えろということで、今の農協ですが、あるいは農協中央会その他、さまざまな農業関係団体と、いわゆる農民組合・日農（日本農民組合）といった人たちは当然のことながら、農民からコメを高く買えという交渉を常時政府とやっていく。それから消費者米価のほうでは、労働組合である総評をはじめとしてさまざまな消費者団体が、生産者から高く買って消費者には安く売れという形で要求が一致するということで、大衆行動が日常的に組まれた。そんな中から消団連（消費者団体連絡会）という団体もつくられた。

当然ですが、なぜ米価で暮れるかといえば、今でもそうですが、国家予算案は暮れに決まるわけですから、いわゆる予算獲得闘争というのが主たる運動になっていた。「健保で明け、米価で暮れる」という言い方をしていますが、これが中央労働組織として総評が社会保障と取り組んでいく、それからいわゆる日常的に労働組合だけの賃金闘争ではなく、当時は米価の問題では日農であり、さまざまな消費者団体ということで、大衆団体との共闘が、経済的政治課題といったものとして取り組む一つの大きな切り口になっていたのではないかと思います。それが問題意識なりあるいは運動論、組織論にストレートで結びつくということには、やはり中央社会保障推進協議会の結成まで待たざるを得ませんが、そういった底流が極めて大きくあったといえると思います。

賃金闘争＝社会保障運動の切り口

また、健保改悪反対運動が何のためらいもなく総評、春闘共闘会議の主役となった理由、背景と書いていますが、健康保険法の改悪反対が当時は社会保障闘争という問題意識で取り組まれていたとはいえないのです。いわゆる総評傘下の労働組合にとっては、総評自身も春闘という新しい賃金闘争スタイルを組織論として作り出したという背景を考えても、やはり賃金闘争として健保改悪反対闘争に取り組むという視点が非常に強かった。

私なども傘下単産の皆さん方と協議をするときは、実質賃下げをどうやって食い止めるか。健保の保険料が上がったら、事実上賃下げにつながるのだから、賃金を引き下げさせない、実質賃金を確保するという形で健保改悪反対闘争とは全面的に取り組むべきなのだということで、教育宣伝、その他もだいたいそういうことを中心にしながらやったし、健保改悪反対闘争でスト権を確立する場合も、民間単産の主要な部分はほとんど賃上げあるいは賃下げ反対という形で対応する。それでスト権を確立していくというスタイルがとられていたということです。ですから、健保改悪反対運動は、社会保障闘争という問題意識を持たない労働者も、俺たちの賃金闘争だということで取り組んでいたという背景があったということは今でも感じます。

担当部の名称は56年まで福祉対策部というのは先ほど申し上げたとおりで、福祉対策部が社会保障対策部になったのは1957年からです。1957年は「朝日訴訟」が起きた年なのですが、社会保障運動を労働組合のなかに根付かせていくさまざまな運動が総評結成以降起きていました。いろいろありますが、そのなかで二つ大きなポイントがあったと思います。一つはご承知のとおりMSA予算問題です。1954年ですが、要するに全世界的な再軍備強化のなかで、アメリカからの命令で日本の軍備予算をもっと充実させろと、吉田茂内閣に脅しがかかった。これを大幅に増やすためにほかの予算を削ってでも対応しろという命令だったのです。結局当時の吉田内閣が全面的に予算を改定して、社会保障予算をなで切りにしようとした。

詳しいことは省きますが、たとえば日雇い健保に対する国庫負担を大幅に減らすとか、保育所の予算を削減する。その他、年金の支給開始年齢も引き延ばすといったさまざまな社会保障予算の削減案が提案されて、予算を組み直して再提出するということになりました。それが一つ大きなポイントになったのですが、再軍備に対する抵抗とあわせて、社会保障予算の切り捨ては絶対に許さないという視点で、総評も全面的に取り組んだ。組織的には「社会保障を守る会」というのが作られたわけです。総評は総評傘下単産を代表するという形で加入したのですが、そのほか中心的な役割を果たしたのが厚生省の労働組合、今は全厚生（全厚生労働組合）ですが、厚生職組と、日本患者同盟や「生活と健康を守る会」、全医労（全日本国立医療労働組合）、土建総連（全国建設労働組合総連合）などもそうですが、そういったところが中心になって「社会保障を守る会」をつくったわけです。これが全国的にそれぞれの傘下組織の支部・分会などに行動の要請を下ろしたりして、大きな運動になった。

これは社会保障運動史などにもいろいろと書かれていますが、元来保守の基盤だった医師会の皆さんや、福祉を地域でやっている方々までが、社会保障予算の削減は許されないという要請行動がぐっと起きて、各地方自治体も社会保障予算の切り捨てはダメだという意思表示があり、大変なことですが、いったん組み直して、軍事予算を拡大した予算案が撤回されるという事態が起きた。確かあのときは厚生大臣が中山マサではなかったかな。そういう大きなうねりがあって、政府の譲歩を獲得する。これは非常に大きな運動の自信になった、総評自身も大変大きな確信を持つことになったと思います。

それともう一つ、国際的な動きがあったわけです。総評の歴史を見てみますと、世界労連（世界労働組合連盟）にとうとう入らないまま、最終的に国際自由労連（国際自由労働組合総連盟）の方向をめざすという流れをたどっていますが、当時はオブザーバーという形で日本の労働組合も単産という形で加入していたというところもあって、1953年、MSA予算の前年、世界的に再軍備競争が始まって、各国で軍拡がスタートする。1953年に世界労連が、世界労働組合社会保障会議という国際会議を開くわけです。ウィーンでやったのですが、そこで社会保障綱領が採択される。そして労働組合の立場から見た社会保障の原則を7つ立てて、その7つの原則が大きな社会保障闘争の指標になった。

当時の労働組合が、世界で60カ国ぐらいの代表が参加してという記録が残っていますが、そういう国際的な会議が開かれて、その社会保障綱領は、日本の場合は「朝日訴訟」で活躍された天達忠雄さんといった学者の皆さん方が本でまとめて労働組合や一般の大衆団体で読まれたわけですが、それが一つ大きな社会保障闘争に火をつける理論的な支柱になったということはまぎれもない事実だろうと思います。ただ、それが全部即座に労働組合の社会保障運動に大きな火をつけたかとなると、なかなかそうはいかないわけで、もっと後にならざるをえないわけですが、そういう大きな国際的なインパクト、あるいは国際的な問題提起が一つの大きな流れになったのではないかと思います。

「朝日訴訟」と最賃制の結合

もう一つ総評の社会保障闘争に大きな刺激を与えたのが、先ほど申し上げた1957年の朝日裁判です。「朝日訴訟」が起きて、総評も全面的にこれを支援する。翌年の1958年に中央社会保障推進協議会ができて、さらに全国的にこの運動が広がっていくということが出てくるのですが、ここのところは皆さんも十分ご承知のとおり、総評がどうしてこれと全面的に取り組もうという問題意識を持ったのか。これは太田薫さんが副議長時代ですが、積極的にこの問題と取り組むという方針を提起した。

総評の場合は、いかにして総評の組織を拡大していくか。その拡大のためにはどうしても賃金の底上げが必要だということですが、とくにその場合、単純に企業内労働組合の賃上げ闘争だけやっていたのでは、大多数の日本の労働者の生活改善は考えられないということで、どうしても国の法律によって一定程度規制できるような賃上げの体制を作っていかなければいけないということで、ご承知のとおり、全国一律の最低賃金制という要求を打ち出した。

これは国際会議があった1953年の総評の機関のなかで、「賃金綱領」というのが採択されていて、日本の賃金闘争についての理論的実践的な方針をまとめたものですが、そのなかで、全国一律の最低賃金制8000円という具体的な数字まで挙げて、問題提起がなされていた。そうしたなかで、これは当然ですが、全国一律の最低賃金制というのは国家的な立法ですから、個別企業との交渉ではなく、対政府交渉まで団体交渉の領域を広げてやっていかなければいけないということで、もちろん当時だけではなく一貫して支持政党は社会党ですから、社会党を通じて国会に提案をするということもありました。

ところが、やはりこれはもう皆さん方は見当がつくと思いますが、そういう対政府交渉をやった場合に、必ず相手側が持ち出してくるのが生活保護基準です。ナショナルミニマムは生活保護基準であって、年金から税金その他さまざまな数十種類の日本の基本的な生活基準というのは、生活保護基準によって決められている。したがって、これを超えるような最低賃金などは考えられないというのが非常に大きな厚い壁として、団体交渉のなかでもそびえ立っていた。これを突破していくためには、全国一律の最低賃金制の制度化とあわせて、基準となるその生活保護基準を大幅に引き上げて、政府に生活保護基準があるからと言わせないような体制をどうしてもつくる必要があるというのが、当時の総評の問題意識でした。

したがって、いわゆる生存権裁判、人間裁判ということで朝日さんが提唱して、全国的な広がりを見せ始めていた、生活保護基準底上げですね。生活保護基準は憲法第25条の生存権水準を満たしていない、違憲であるということを全国的に広げて、全国一律最低賃金制と生活保護基準の底上げを一気呵成に一体のものとしてやっていこうではないかと。そこから、今でもよく使われている、「最賃と生活保護（社会保障）は車の両輪」という、車の両輪論が定着して、それが大きなスローガンになって全国的に広げられていく。そういう流れが作られていった。そういう意味では、「朝日訴訟」の効果というのは非常に大きかったのではないかと思います。

ただ、当初は総評傘下の単産はもちろん、大多数の労組が全国一律最低賃金制、そしてそれが労働者の大幅な低賃金の底上げにつながる、そしてそれは生活保護基準を引き上げないとダメで、社会保障制度の充実が必要だという問題意識があったわけではない。「朝日訴訟って何だ？　朝日新聞の不買運動か」という話が、大単産の幹部の間からも真面目に出ていたような時期ですから相当難しかったのですが、太田さんがそのときに、これは大変重要なのだ、今の労働組合は社会保障闘争をやらないのは労働組合ではないという言い方をして、太田ラッパを吹き鳴らした。

そのときに「だいたい見てみろ、今の総評傘下の労働組合は公務労組から、民間の大単産を含めて社会保障闘争というのをいかに軽視しているかは、出てきている中執をみればわかるだろう。どこの単産からも社会保障担当部長として出てくる連中はみんな三流中執じゃないか」と言ってしまったんですよね。あの人は口が悪いものですから。でも、それにはやはり単産の社会保障担当の中執の皆さんも頭にきてしまって、太田さんのところに言ってくればいいけれど、担当部の私のところに文句を言ってくるので、まいりましたね。俺が言っているんじゃないと言っても、お前も同罪というわけで。太田さんの真意は、だから社会保障闘争は大事なのだ、だから労働組合としてはそれをもっと真剣に取り組めという、「青年よ、ハッスルせよ」ではないが、そういうハッパのかけ方だったのですが。

中央社会保障推進協議会結成

もう一つの社会保障運動を根付かせる端緒となったのが、総評自身も『四十年史』のなかで認めているように、総評の本格的な社会保障運動の開花というのはやはり1958年の中央社会保障推進協議会の結成だったということです。大きな切り口になったのは何だったのかというと、一つはMSA予算、つまり再軍備のために社会保障予算をなで斬りにするということに対する大きな抵抗です。これは国際的な抵抗体で、皆さん方にとっては釈迦に説法で大変失礼な話ですが、いろいろな辞典を見ると、1952年のイギリスの議会で、再軍備のために社会保障予算を切り捨てるという動きに対して、2人の閣僚が抗議して辞任したときに「大砲かバターか」、この選択が重要だとアピールしたというのが国際的なスローガンになっていったわけですが、そういう動きが、国際的な文献である社会保障綱領採択の前提条件として指摘されていて、その運動拡大の組織論として、フランス労働総同盟の書記だったアンリ・レイノーという人が、社会保障の闘争を組織していく場合にきわめて重要なことは、搾取と収奪の場で組織を作らなければだめだというい い方をしているのです。

最初は私などもよくわからなかったのですが、搾取といえば職場だし、収奪といえば大衆、庶民も含めた地域かなということで、そういった社会保障の運動の中央の指導部をどうしてもつくる必要がある。しかも、労働組合と社会保障関係団体が緊密に連携し合うという中央組織がどうしても必要だという認識をしました。これが中央でできれば、当然のことながら各県各地域にもできていくだろうし、運動を広げていくためには、総評、春闘共闘と一体になって拡大していける。そういう問題意識があって、一つ作ろうではないか。幸い「社会保障を守る会」というMSA予算を跳ね返した組織的な実績もあるし、それをもっと広げればいいということで、社会保障推進協議会をつくったということです。

そのときに、これもまた脱線するのですが、二つぐらい大きな問題があった。一つは政党を入れるかどうかということで、非常に大きな議論になったということです。政党はもっと高いレベルで大衆団体をバックにして対応していくのが筋ではないかと。だから総評なり鉄鋼労連なり、私鉄総連なり、そういった労働組合と同じ単位で政党が入るということについてはあまり賛成ではないという意見が相当有力な意見としてあった。もう一つは、その場合に、結局規約としては会長制をとったんですね。会長・副会長制だったのです。1990年代に入って、総評解散後に規約が改正され、代表委員制になったのですが、それまでは会長・副会長制だった。

そのときに会長は学者・専門家、事務局長は労働組合、そして事務局次長に大衆団体から入って、その三者を一つの大きな組み合わせにして、組織運営をやっていこうという議論がありました。ところが、まず第一の政党を入れるか入れないかについては、絶対政党は入ってもらわなければいけないという希望や要請もあって、政党自身もお互いに牽制、あるいは何をやるか見きわめなければいけないということで、社会党・共産党が一団体として入ると決まったんですね。これは比較的うまく機能しました。間に総評が立って、社共の間をうまく取り持っていったということもあります。それが一つ。

もう一つ、会長についてはとうとう最後まで決まりませんでした。要するに、色分けをするわけではないのですが、学者の皆さん方の中から、大衆団体が推す会長候補だと社会党が賛成しない。もう片方の人を推すと共産党が反対する。だから、これは社共を団体として入れたこと自体が果たしてよかったのかどうかということにもつながっていくのですが、結局そんなことがあって、とうとう決まらなかったといういきさつがあります。

ずっと決まらずにきて、総評が解散した後の再建社保協のなかで、初めて江口英一（1918〜2008年、中央大学教授等を歴任）さんが会長に座って、その当時江口さんと一緒に私も副会長を数年間やりましたが、その後また会長制が廃止されて、今の代表委員制になっている。こういう組織的な変遷があるわけですが、この辺はこれからもいろいろと議論が続けられることになるだろうと思います。というのは、今は各地域では政党が加入していない地方社保協、県社保協がたくさんありますので、これからも組織論としてはいろいろな議論が重ねられていくのではないかと思います。

いずれにしても中央社保協ができたということは非常に大きな意味がありました。各単産の担当者の皆さん方は勉強も兼ねて社保協に必ず顔を出してくださって、組織的な動員も含めて社会保障闘争に取り組む体制ができたということと、春闘共闘と結んで、中央で議論して一定の方針が出れば、それがすべて瞬時に各県あるいは市町村段階の地域組織、春闘共闘とその地域社保協が一体になっているということもあって、全国的な運動になっていくという体制が作られたということです。総評の場合は、最後まで支持政党としては社会党が中心だったわけですが、総評なり春闘共闘なりの社会保障運動に関する限りは、ずっと一貫して社共革新共闘のペースで進んだことは非常に大きな意味があったのではないかと思います。

73年の年金ストへ至る諸活動

とくにこの後、社会保障運動を統一的課題として拡大させたさまざまな運動のなかで「戦争と失業に反対し社会保障を拡充する大行進」、これは時間がありませんから詳しい話は省略しますが、のべ500万人が参加したということと、いわゆる北から南まで日本全土を縦断する大行進で、しかも徒歩でデモンストレーションをするだけではなく、必ず泊まって宿泊地になる県・市町村に自治体交渉をセットしたということです。そこで自治体に対する地域住民の要求も含めて、要求を提出して交渉するという活動が一貫して行われ、一定程度その要求が獲得されたというところも少なくなかった。これは今いろいろなところで、地方自治体への交渉の運動がありますね。埼玉県などでもやっていますが、年1回必ず自治体交渉を全市町村に交渉を持ち込む、キャラバン行動のルーツをこの大行進がつくったことは、非常に大きな意味を持っていると思います。

あとは社会保障憲章、そしてこれは非常に大きな問題だったのですが、「小児麻痺から子供を守る大運動」というのが、60年安保闘争と合わせて組織されています。これは大変な闘争になりました。とくに母親の強さ、主流がママさんというものを実感させられる大運動になった。当時、面白いなと思うのですが、今戦争法案で保守本流だった方々からもいろいろな批判が出ているということとあわせて、61年の「小児麻痺から子供を守る運動」では、国交がなかったソビエトからガランタミンの生ワクチンを大量に輸入する。そのとき閣内では反対の意見が強かったのです。しかも、当時の日本医師会、歯科医師会、薬剤師会を含めて三師会も反対。安全性が日本では確かめられていないという理由でした。

世界的には確かめられていたのですが、そういうものを一方的に輸入するなどということは許されないということに対して、当時の厚生大臣だった古井喜実（1903～95年、第2次池田内閣で1960～61年に厚生大臣）さんが、超法規的措置として、俺が全責任を負うから絶対に入れて子どもの命を救おうじゃないかということを決断した。あの当時、大変立派な政治家がいたんだなと思います。そういう背景があの運動のなかであったということは、一つの大きなポイントとして指摘できると思います。

同時に、ナショナルセンターとしての実態調査というのが大きなポイントとして、我田引水になってしまいますが、私自身も参加して、芹澤壽良さん（本研究会メンバー）のところの鉄鋼労連なども後に書記長になった千葉利夫さんなども含めて全面的に協力してくれた「生活保護実態調査」を1959年にやりました。1959年から60年にかけてやったのですが、ちょうどこれをバックアップする形で大きな社会的な出来事がありました。朝日訴訟が、第一審の判決で違憲だという勝訴の結果が出るわけです。これは大変大きな意味があって、それが生活保護実態調査と結びついて、当分の間、60年代から70年代にかけて、対政府交渉の場合の貧困をなくせという対政府要求の大きな材料として活用された。

その10年ぐらい後なのですが、「定年退職者実態調査」をやって、この調査が実は73年の年金統一ストライキの一つの有力な武器になったということも、指摘しておく必要があるでしょう。とくに定年退職の実態調査をやったときなどは、私もあちこちの職場、現場に行って聞き取りをしたのですが、私鉄総連の南海電鉄労働組合のOBの方々と懇談を持ったときに、大きなショックを受けました。私鉄総連の代表も一緒に行ったのですが、あるOBが、「会社が冷たいことはわかっているが、労働組合の冷たさなどはその比ではない。辞めたとたんに新聞一つ送ってこない。年に1回か2回、あるいは2年に1回ぐらい選挙があるたびに選挙への協力の手紙が来るぐらいのもので、あとは何もない」と言われた。金属鉱山に行ったときには、これは全鉱ですが、原口幸隆（1917～79年、1956～58年総評議長）さんが総評の議長をやったほどの大単産なのですが、全鉱の職場に行ったら、毎日職場新聞を出している。

そのなかで、今の総評の議長は何をやっているんだ。国際自由労連加盟を目指してみたり、賃金闘争もいいかげんだし、このままいったら、原口、血を見るぞというようなことが、大々的に職場で配られているのを見ておったまげたことがありました。私鉄・全鉱OB両者からは、さらに年金じゃ喰っていけないので、アルバイトの収入を隠して働いていると訴えられた。そういう意味で定年退職の実態調査というのは、年金問題を中心にして、いかに退職をした労働者の年金が低額かということが暴露されるという実態があって、それをテコにして、73年の年金統一ストライキになっていきます。

73年の年金統一闘争については、詳しく申し上げるまでもないですが、53単産353万人という大規模なストライキが組まれたということと、それで一気に日本の年金制度というのが、年金だけではなく老人の無料医療まで含めて、大幅に社会保障制度が改革され、いわば総評の社会保障闘争の頂点が73年の年金統一ストライキに集約されているのではないかと思います。

そのときに、老人の無料医療制度も獲得された。そのほか、一つ特徴的だったのは、民間単産を中心にして取り組まれた、社会保険料の折半負担を労働者3、経営者7にしろという3・7闘争が全国的な闘争として、春闘共闘を通じて取り組まれた。今度は政治家ではなく官僚なのですが、このときに、横田陽吉といったか、当時の年金局長が、社会保険料の負担割合を3・7にしろという春闘の要求に対して私たちと団体交渉をやったのですが、そのときに、彼が面白いことを言ったのです。法律では折半負担ということになっている。しかし、厚生省としてはその中身が折半なのか6・4なのか7・3なのかを詮索する暇はない。したがって保険料を丸々納めてもらえばいいのであって、内容については詮索しないという答弁をして、経営者のほうは折半負担で5・5を7・3にしたら法律違反に問われるのではないかと、労働組合との団交のなかで必ず言っていたのですが、一気にその壁が取り払われた。それで、相当大きなところで成果を上げたということもありました。

オイルショック以降の運動低迷から総評解散まで——中央社保協との関連

石油危機以降、70年代後半にかけての社会保障運動は、さまざまなイデオロギー攻撃にさらされ、苦しい闘いを強いられました。80年代臨調「行革」の政治へむけての「助走」は、まず老人無料医療制度をヤリ玉にあげ、「バラマキ福祉」論から「高齢化社会危機」論、「一億総中流」論などを駆使して、社会保障を敵視する政策や方針がやつぎばやにうち出され、うしろ向きの国民世論が形成されていきました。75年の「社会保障長期計画懇談会」は高負担、高福祉（実は低福祉）を軸に社会保障全分野の見直しを提言しました。76、77年の年金制度基本構想懇談会は、年金水準引下げを柱とした「基礎年金構想」を発表、79年の財政制度審議会は、社会保障制度の「行革」、国庫負担削減を錦の御旗として、軍事費、大企業奉仕の予算以外をなで切りにする方向をうち出しました。これが80年代臨調「行革」、軍拡の政治のもとでの社会保障改悪戦略の土台、「助走期間」でした。

しっかりした総括はいずれやる必要がありますが、この時期たしかに総評、中央社保協の指導力、求心力は低下し、運動も低迷しました。

その要因の一つは、政・財・官一体になったイデオロギー攻撃に効果的な反論、反撃ができなかったこと。第二に全電通など一部の労働組合から社保協不要論、解体論が、運営委員会、総会などで激しく主張され、それが末端の地方の社会保障推進協議会（社保協）にまでひろがるという事態をまねいたこと。これは社保協に参加する労働組合内部の意思の統一に大きな亀裂を生み、地方社保協の運営および集会などの動員数、行動の配置などにも影響をおよぼしました。このほか、不協和音としては、「開業医主敵論」（医療社会化運動論）などが登場し、医療関係団体と労働組合の協力、共同の運動にもひび割れが生じました。こうした動きは、80年の社会党・公明党の連合政権構想（いわゆる「社公合意」）と無関係ではありません。社・共の革新統一戦線がくずれ、これに総評を加えた「良きトロイカ」の組み合わせが大きく後退していくことになりました。第三にそうした混乱があったとしても運動は持続させていかねばならないというところから、社保協の外にさまざまな課題別共闘の組織がつくられます。やむにやまれぬ動きであり、それぞれに運動を支える積極的な役割をはたしましたが、それがまた社保協への求心力をいっそう弱めることになったことも指摘しておかねばならないでしょう。

80年代にはいって、連続的に臨調答申が発表され、「行革大綱」がつくられ、社会保障制度の総改悪が実施されます。人権無視、憲法違反の総改悪にたいして労働組合、民主団体は危機感を燃えたたせます。とくに84年の健保改悪、85年の年金改悪は労働者の怒りに火をつけ、総評を中心とした労働組合の社会保障運動も、一時的に回復します。

ただ、ここにも一定の混乱が生まれました。85年の年金改悪で、一部中立労連傘下の労働組合と総評のあいだに亀裂が生じたことです。一部中立労連の労組からは、主婦の年金加入をうながす第3号被保険者制度などは改善であり、改悪ではないという主張があり、春闘共闘として「改悪反対」のスローガンをたてることで意志統一できなくなったことです。やむなく総評、社保協が一体になって反対運動にとり組むという事態が生まれました。

それ以降は、総評の社会保障運動は、主として四団体共闘、労福協主体の運動と、社保協との共闘という、やっかいな取組みがつづくというかたちになりました。

総評傘下の大きな組合では、80年代後半へかけては、「スト権スト」など公労協の運動、労働戦線統一問題にあけくれ、社会保障連動などの課題に目を向ける余裕はなかった、というのが実情だと思います。

総評と社保協

最後に、総評と社保協についての関係などについてお話して、報告を終わります。私の感触としては、非常にうまくかみ合っていたと思います。最後まで守り続けたといいますか、市民の共闘を大事にしたという意味で。「昔陸軍、今総評」のような力を持っていた時代ですからそうなったのでしょうが、総評の社会保障の担当幹事が社保協の事務局長を兼ねるという体制が、一貫してとられたということです。

それから事務局次長については、主として大衆団体ということで、最初は日本患者同盟（日患同盟）から出していて、それ以降、たとえば保団連や民医連といった一定の力を持った大衆団体から出してもらうという形でうまくかみ合っていました。またそれがないと、なかなか一致した大衆行動を組むという場合は難しいものです。ただ、今は対応がバラバラになってきているので、形式的なものではなく、力を持っている団体が役職を占めるということでないと、これからは難しいかなという感じを持っています。

初出
『大原社会問題研究所雑誌』No. 701／2017年3月号
https://oisr-org.ws.hosei.ac.jp/images/oz/contents/701_04.pdf

第 20 章

総評運動と社会党と私

——富塚三夫氏に聞く

1975 年、全新幹線を止めた「スト権スト」。このストを主導した当時の国労幹部が、あますところなくその経緯を証言。三木首相との交渉経過、槙枝総評議長時代の総評改革、社会党を終生支持した信念についても語っていただいた。

［略歴］

1929 年　福島県国見町小坂に出生

1943 年　国見町国民学校卒業、国鉄（東北本線藤田駅）に就職

1945 年　国鉄仙台鉄道教習所電信科及び中等部に入所

1948 年　同上卒業

1952 年　仙台鉄道管理局より集団転勤列車で東京鉄道管理局へ東京電務区勤務（1952 年 2 月大学入試資格検定試験合格、同年 4 月明治大学政経学部（2 部）入学、1955 年 3 月同大卒業）

1954 年　国鉄労働組合新橋支部青年部長

1956 年　同書記長

1958 年　国労東京地方本部書記長

1960 年　同委員長

1970 年　同本部企画部長

1972 年　同書記長

1976 年　総評事務局長

1983 年　衆議院議員に当選（神奈川 5 区）

1990 年　日本社会党国際局長

1993 年　落選。引退

2009 年　ポーランド大統領レフ・カチンスキより、「十字型功労賞」授与

報告

はじめに

私は1929年生まれで、もう84歳です。まさに高齢者になり、耳がちょっと遠くなりました。最初はもっと大きなテーブルかと思ったものですから、補聴器は入れています。でも、正確にお答えするには、質問のときにはメモしていただければありがたいと思います。

率直に言って、1975年ですから、「スト権スト」以来、もう38年もたっているわけです。雑誌『労働レーダー』は、代々木に小さい事務所を持ってちんたらちんたらしていたものですから、「スト権スト」の意味するものということで書いて、30年たってから載せてもらいました。もう高齢者になったからいいだろうと思うのですが、今日はそのときの内幕ですね、相手とどのようにしたかということを申し上げます。

私は福島県と宮城県と山形県の県境の、羽州街道の峠の下りたところ、原発から80キロぐらい離れたところに生まれました。先祖は伊達藩の家老の富塚内蔵介重信で、山本周五郎の大河ドラマ「樅の木は残った」に出ましたが、先々代が放蕩生活をして、8人兄弟は貧乏生活を余儀なくされました。私は8人兄弟の3番目の男で、姉が1人おります。結局、国民学校を出てすぐ、14歳で鉄道に入りました。鉄道に入って鉄道教習所を出て旧制中学の認定試験を受け、認定をもらって東鉄（東京鉄道管理局）に転勤します。それで明治大学の夜間部、二部に入るのですが、組合運動の専従者をやっているほうが、通学するのに非常に都合がいいということもあって合理的に考え、一応組合の専従生活を続けながら明大に通って出させてもらいました。今の菅義偉官房長官もまるっきり私なんかと同じ生き方で、秋田から出て皆さんの学校の法政大学の二部を卒業され、いま影の総理大臣と言われるぐらい、ものの捉え方、考え方、そういうものを上手に発表されている方であります。

14歳で国鉄に入ったときに、国鉄官僚のキャリア組、25、26歳の仙鉄（仙台鉄道管理局）の課長が藤田の駅を視察に来ることになった。3日3晩も寝ないで屋根裏まで掃除したのに、「ご苦労さん」の一言も言わずに帰っていった姿が今でも思い浮かびます。私が組合指導者となり、官僚に抵抗するのはそういうことが原点にあります。貧乏生活のなかでそういうことが培われてきたと思いますが、一面では合理的に考え、組合活動の専従生活から社会党の国会議員になって当落を繰り返しました。海千山千の男だと言われたこともありますが、波瀾万丈の人生であったわけです。それだけにいろいろな裏側をよく知り尽くしているつもりでありますので、今日は表題とともに裏側のそういった問題も皆さんに申し上げてみたいと考えます。

日本社会党衰退の要因

最初に、何といっても社会党と最近の民主党の動向です。なぜ社会党がこれまで衰退をしてしまったのか。これは以前、曽我祐次さんなども来て話されたと思いますが、総評がなくなったからだとよく言われます。私も大体そのように思っています。ご案内のように、社会党は1955年の10月13日に左右の統一大会を開きます。総評は1950年の7月11日に結成されたのですが、以後ずっと社会党支持を決めてきました。当時の社会党は、「3分の1政党」を超えられないとずっと言われてきましたが、国会議員の中心はほとんど総評、官公労出身の人たちで占められていました。一時（1958～60年）は衆参で250名ぐらい議席を持ったこともありますが、力のある大半の議員はほとんど総評、官公労出身の議員でありました。国労出身だと、楯兼次郎、横山利秋、下平正一、野々山一三など、まさに力ずくでやるような人たちがみなリーダーになっていました。全逓からは田辺誠さん、自治労からは村山富市さんなどが出て、社会党の議員はほとんど官公労（日本官公庁労働組合協議会）中心の議員が占めてきたわけです。

51年の第2回大会で総評は「平和四原則」の採択をします。三井三池闘争のストライキの支援。軍事基地反対。原水禁運動。それから、安保条約では左右が分かれていましたが、そういう政治的な課題で実は社会党と総評は一体となって闘ってきました。そういうなかで「3分の1政党」を超えようとしなかったというところがやはり、官公労出身の議員の器だったのではないか。一つはそのように思います。つまり、自分のバッジを守る、城を守るというところに執念をもってやっていたように思われます。

結局、総評がなくなり、社会党応援をする勢力が地方でなくなってしまった。実は私たちの時代までは、地区労という地域労働組合の協議会をつくり、国労、全逓などをはじめ官公労が中心になり、鉄道労働者などは泊まりと明け番がありますから、行動の先頭に立ち、ほとんどその政治活動の拠点として活動をしてきたわけです。市民団体にも共闘を呼びかける。そして政治的な活動を展開するなかで、選挙の応援をしてきたのです。その拠点がなくなったことが、社会党がだめになった原因だと私は断定していいと思います。

いま連合（日本労働組合総連合会）になって、そういう拠点は形式的にはありますが、ほとんど活動はしていません。今度の民主党の敗北のなかで、この前、上智大の中野晃一先生など若手グループ（日本再建イニシアティブ）が『民主党政権失敗の検証――日本政治は何を活かすか』（中公新書、2013年）というものを発表され、マニフェスト政治の失敗あるいは統治能力の欠落など細かくいろいろ挙げられていますが、問題は、民主党の国会議員になって政党を引っ張ろうとする人たちも、政治活動の拠点というものをしっかりつくろうとしないということです。自分のパフォーマンスだけで当選をしようとする。具体的には拠点がないから、そのときの風に左右されて失敗をしてしまうことになるわけです。メディアなどへの対応も下手だし、いろいろな意味で活動をしていないからメディアにのせる材料もない。基本的には民主党政権なども地域に政治活動の拠点をつくっていない。選挙活動をする人たちをしっかりと押さえておかない。そういうところが欠落していたことが、民主党も社会党も今日を招いた原因であろうと私は思っています。

もう一つは、議員の人たちはカネのかかることを意外に言わないのです。国民からは、「もっと身を削る思いをするぐらいの改革をせい」なんて言われっぱなしですが、やはり政治にはカネがかかる。ところが、会派に交付される立法調査費や新たにできた政党助成法による交付金だけの問題ではどうにもならないのです。あれはほとんど党の運営のほうに向けられてしまう。

回顧――初当選の頃

そこで私も経験があるのですが、たとえば私は総評事務局長から、3期6

年やったので代われと言われて、故平林剛さんのあとに神奈川５区という、同級生も知っている人も全然いないところに飛び込んだ。当時マスコミにちやほやされていた時代ですから、知名度を活かして神奈川に行って立候補したわけです。東京から100キロぐらい離れている神奈川の５区、小田原とか平塚あたり（他に、厚木市、秦野市、伊勢原市、箱根町、真鶴町、湯河原町）ですから、ここらはもっと革新的な意欲があるのだろうと思っていたら、そうじゃないんですね。

たとえば、今ごろ小田原市ではお祭りがあります。81の自治会があり、そこへ全部酒を１本ずつ持っていく。ところが、奥にいた町内会のボスが出てきて、「先生、酒１本じゃだめだよ。よその先生は１万円だよ」とでっかい声で言うわけです（笑）。酒１本といっても町内会の秋のお祭りだけで81本用意するのですから。さらに、冠婚葬祭にも銭を出さざるをえない。また、選挙区に拠点をつくる。私設の秘書をそれぞれ町村別に置く。宣伝カーを用意する。チラシも用意する。すべてカネがかかる。冠婚葬祭に顔を出す度に金一封を包み、膨大なカネがかかるのです。だから、いま運よく新米で当選し、かっこよくやっていても、金のかかる選挙区をおろそかにすると、次はだめですよね。当選できなくなる。今まで保守党・自民党は着実にそういう城づくりを進めてきました。そういう点で社会党や民主党が決定的に劣っていたことは事実だと思います。

やはり、選挙活動の拠点は、カネをつぎ込んでやらなければうまく回らないわけです。そこのところは非常に言いにくい問題であり、きれい事で済まされるわけではない。しっかりと本音を出し合って議論していかないと、社民党が再生していくという意味では厳しいのではないかと思います。有権者の意識改革も大事ですが。

そういう意味で社民党、民主党がこれから再生するには、やはり自分の選挙区や地域に政治活動の拠点をしっかりつくらない限り、そのときの風で当選したってだめです。それには組織をつくるために必要な、裏付けとなるカネをカンパで集められるようにする。組合を中心にカンパするところがあってもいいと思います。労組依存とかどうとか言うけど、やはりカネを拠出してもらって多様な市民運動と結合し、それを拠点にして選挙運動の展開を積極的にすることがない限り、もう社民党も民主党も政権に返り咲くことはできないのではないか。

社会党と総評

私が総評事務局長のときに、社会党の社会文化会館の外装を直すのに5000万かかるというので、組合がカンパしてやったこともあります。恐らく政党交付金は、党の書記の皆さんの給料や運営費で終わりですよね。それぞれの候補者に30万とか20万とかやっているようなことが新聞に出ていますが、実際はほとんど自前でやらないといけない。カネを出して拠点運営をする。政治活動をして選挙に当選できるまでの活動をするのは大変なことであり、そこのところは社会党も民主党も実直に反省をしてかかっていかなければならない。地区労という地域活動の拠点を連合も踏襲してはいますが、今はサロン会議と同じで、市民とのつながりもない。運動もない。カネも集まらない。そういうことでは、いつまでたっても再生のメドが出てこない。そのように思っています。

そういう点で社会党と総評というのは、ほとんど官公労出身の人が国会議員になっているものですから、その人たちを全部当選させるために組合員が日常の資金カンパ活動をやる、また選挙活動をやることで支えてきたわけです。そこで保守の側は、官公労組織を中心とした総評がバックにあるから、これをたたきつぶさなければならないという戦略が芽生えてきて、官公労攻撃などが始まってきたのです。

結局いろいろ調べてみると、戦後、衣食住が不足しているときに政府に要求してストを指導したのも国労です。そのままずっと、ストライキの主役を果たしたのはみんな官公労でしたから、それをつぶすためには、社会党をつぶすことと総評をつぶすことが戦略上、最も重要だと目をつけられた。吉田茂は戦後のその混乱を見て官公労をつぶさなければいけないと言って、佐藤栄作を官房長官に起用し、ずっと仕上げてきて官公労、総評つぶしの戦略を練ってきた。それが実際の姿でした。

佐藤栄作は国鉄出身の官僚です。そして、国鉄の磯崎叡副総裁などに命令して、国労（国鉄労働組合）をつぶさないか、動労（国鉄動力車労働組合）をつぶさないかという具体的な話を持ちかけて始まったのが、これはスト権に関係しますが、マル生といって、生産性向上運動に名を借りた不当労働行為です。これを公然とやったことで実は激しい闘いを展開し、対決をしてきたわけですが、保守の側の戦略は、社会党をつぶすには総評をつぶす。総評をつぶすには官公労に照準を当てる。一貫してそのことを狙ってきました。今度は生産性向上運動に名を借りた不当労働行為。低成長経済に入ったらそれが、親方日の丸論を振りかざして徹底した攻撃をかけてきました。私は国労新橋支部1万6000人の書記長から6万人の東京地本の書記長、委員長もやりましたが、富塚をつぶすためには東鉄を3分割する。それで東鉄3分割反対闘争という激しい闘争を組んだ。結局、押し切られて3分割されました。そして、戦力を弱める狙いをもって磯崎総裁がやったのです。いわゆる保守の戦略などはそういう流れのなかでずっと一貫してきたわけです。

社公連合政権構想

次に、社公連合政権構想について申し上げます。

私は佐々木更三派に属してきました。それは私を支えてくれた国労、北海道委員長の中川秀夫氏が佐々木派の中枢にいた関係です。

当時は、佐々木派（左派）と江田派（右派）の対立が激しく、一方で向坂派と太田派の対立などが国労の組織内に持ち込まれ、国労は社会党内の対立を象徴していました。その時代、日本経済が低成長時代に入り、官公労は親方日の丸攻撃にあい、総評内も大きく混乱しました。

ご存知のように、その時期に江田三郎氏が先頭に立ち、「江公民」を中心とする政権構想をぶち上げました。私たち総評執行部は、この混乱をなくすために社会党内の団結を真剣に考えた結果、「社公政権構想」を考えていたのです。ちょうどその頃、「江公民」の政権構想に執念をもっていた東海大学総長の松前重義（1901〜91年）氏から、連日のように霞が関ビルの総長室に呼ばれ、「富塚君、社公民政権をつくらなければダメだ」と激しく言われました。社会党のバックにいる総評が積極的に応援してくれと要請されたのです。私は親しい間柄にあった公明党の矢野絢也書記長に松前さんの意図を伝えたところ、「社公政権構想」に同意をえました。

しかし、民社党、同盟（全日本労働総同盟）の立場は総評や社会党左派には乗れないと反発し、紆余曲折を経て最終的に総評の考え方として公明党さんに了解を求めたのです。矢野さんをはじめ公明党も「その構想ならいい」ということで、槙枝元文議長と私は、早速、社会党本部に申し入れ、社会党内でも議論していただき、協会系の北山副委員長にオーケーをもらい本格的に取り組むことになりました。

ところが、民社党と同盟さんは、社会、公明両党にイニシアティブをとられることに反対し、社会党内でも向坂派と太田派の対立が激しくなり、結局は日の目を見ませんでした。

私は若い国労組合員時代、世田谷のはずれに住んでいましたが、当時の創価学会の地道な地域活動をみて感動を受けた一人です。「社会党はいったい何をやってるんだ」というふうに率直に思いました。そして、「共創協定」という、共産党と創価学会の締結した協定内容をみて感銘を受けました。だから、社会党と公明党とが協調することは、社会党左派の人も理解してくれるだろうと思っていました。結局、左右両派の反対を受けてうまくいきませんでした。このときの「社公政権構想」は幻に終わりましたが、その後、矢野さんを中心に「21 世紀クラブ」を麹町につくり、各界のリーダー、さらにマスコミ関係の OB の方々も参加して政権構想など議論してきました。総評も金を出し、積極的に参加しました。矢野さんが創価学会から追放されることになり、解散いたしました。私は、当時の野党第一党の社会党と第二党の公明党が自民党に代わる政権構想を打ち出すことは、社会的にみて当然であるという考え方を持っていました。

「スト権スト」・1

次に、「スト権スト」に入らせていただきます。雑誌『労働レーダー』2006 年 1 月号に「あれから三〇年―スト権ストの意味するものは」を載せてもらったのですが、そこにあるように、最後にスト権回復を支持する会というのを公労協（公共企業体等労働組合協議会）が呼びかけ、当時、文化人、学者の皆さんにもご協力をいただきました。私は実は国労時代から、労働法学者である法政大学の青木宗也（1923～95 年、元法政大学総長）先生にお世話になりました。スト権の回復を支持するという意味で、こういう方々に協力していただいたことも事実であります。

先ほど言いましたように、保守の戦略として、国労をつぶして総評をつぶす。そして、社会党を後退させるというねらいがありました。相手側がそういう戦略を着実に進めるための不当労働行為などやってきましたが、それに対抗して、昭和30年代ぐらいに総評が順法闘争というものを始めます。岩井章さんの時代でしたかな。それによって、首を切られる、三役が解雇されるというので国際労働機関（ILO）に提訴し、国際機関で勧告してもらうことをいろいろ考えてやりました。そのILOに提訴するときに労働法学者の皆さんにいろいろ協力をしていただいたわけですが、ILOから実情調査調停委員会の調査団としてドライヤーという人が来て勧告をし、そのドライヤー勧告を受けて日本政府は、政労使の代表が出て話をするという、公制審（公務員制度審議会）をつくります。それを岩井章事務局長がオーケーと言って、労働基本権回復の問題を公制審に委ねてしまった。それが失敗のもとです。

公制審は、政労使の三者構成ですから、労働者にむけて使用者と政府が一体になりますから、いつまでたっても結論が出ないのです。それでズルズル、ズルズルと来ました。その後、国労攻撃のマル生攻撃、すなわち生産性向上運動に名を借りた不当労働行為を公然と行ってきたなかで、私たち公労協は不当労働行為事案を全部取り上げ、ILOに提訴しました。そこで133次勧告というものが出て救済措置を考えるようなことが出ましたが、政府の態度ははっきりしませんでした。そういうなかで結局、ズルズル、ズルズルと来たわけですが、ストライキ権を回復しなければならないという一つの流れは、公制審が空回りしていることもあるし、ILOの勧告を政府が無視したことにもあります。そうしたなかで、国鉄労使の間などではこのままではどうにもならないという状況に追い込まれます。そこで、ストライキ権の回復をすることによりストライキ－処分－ストライキという悪循環を断ち切っていこう。そうするとスト権を回復させる以外にはない。それには条件付きだ。そういうことで長谷川峻労働大臣も国鉄総裁も他の公社の総裁も国会で表明して、ストライキ権を回復させようではないかという流れになってきたわけです。

それで私たち公労協80万の労働者は、もうスト権奪還は射程距離に入ったという認識で、74年の春闘のときに私の前任者、大木正吾事務局長と二階堂進官房長官で「来年の秋までに結論を出す」ということになり、75年の秋まで1年半待ったわけです。しかし、何の音沙汰もない。それでストライキをやろうと決断をして、10日間のストライキをやることになりました。最初3日は全面的なストライキ。中の4日は少し緩和する。国労なら大阪、東京の国電を外す。それであとの4日はまた全面的にやる。3、4、3連ですか、そういう戦術を実は決めたわけです。大体ストライキに3日ぐらい入れば結論を出すことができるだろう。そういうことの判断が一つの流れのなかにありました。

当時、田中角栄内閣がつぶれまして、三木内閣になったんですね。三木さんはハト派と言われていて、労働者の権利にも非常に理解があると伝わってきました。

当時、永井道雄（1923〜2000年）さんが文部大臣で、三木さんとつながっている。それで『朝日新聞』の論説主幹や論説委員、それに抜群の力を持っている国鉄官僚の中枢達が、もうスト権回復以外にない、条件付きだという考え方で、そこに毎晩……。実は国労は3分の1が共産党で、細井宗一（1918〜96年）という共産党の大ボスがいたわけです。その細井宗一も入れてみんなで相談し、三木内閣の情報を全部分析して、それでやろうじゃないかとなったんです。だから、ストライキをやっても、今ならとても怖くてできませんが、あの8日間、整然として、職場も混乱しなかった。みんなむしろ旗を敷いて、弁当を買ってきて、職場に籠城し、そしてやっと成功した。これは組合の指令だけではいかないんですよね。相手側もそういう気持ちになって以心伝心、全部下のほうに伝わっていっているわけです。そういうことがあり、大体国鉄の経営者も三木内閣もいい。『朝日新聞』もバックでいろいろ分析してくれている。そういうことで実は私はその決断をしたのです。

ストライキに突入するに際して、そこにもありますように、三木さんは加藤寛（1926〜2013年、経済学者。慶應義塾大学総合政策学部学部長、千葉商科大学学長、嘉悦大学学長）さんにストライキ権のことについての答申書を書かせます。ところが、三木さんは条件付きでストライキ権をやるように加藤寛は書くだろうと思っていたら、加藤寛は日経新聞の「私の履歴書」のなかで自分でも言っているように、「今、ストライキ権をやったら天下の大騒動になるから、ストライキ権をやるべきではない」と言って反旗を翻した。結局、ここが一つの屈折点というか、こういう反対の答申書が出てしまい、三木はもうやれなくなってしまったわけです。それが真相です。

だから、なぜ加藤寛が裏切ったのか、私はまだ謎であります。加藤寛は紛れもなく自分も三木さんに心酔していた。三木さんも信用していたが、それを裏切られた恰好となりました。2日目ぐらいのときですか、赤羽橋の鉄橋を右翼が破壊する。10両編成で、一列車には300人×10で3000人が乗っていた。だから国電があそこでパーになったら、それは大変になる。警視庁からそういう情報を得て分析をして、4日目からは国電だけを動かしたのです。そういうことがありました。

完全に加藤寛に裏切られて、三木さんもやりようがなくなった。一方、田中派ですね。細井宗一という共産党のボスは田中角栄を少年兵で教えたのです。そのときに田中が、髭を生やして入ってきた。「おまえ、何で髭を生やしている」と言ったら、「目立つ存在になりたいからでありますッ」と言ったというのです。私は国労の企画部長でその下に中央執行委員の細井宗一がいましたが、田中幹事長でも直接しょっちゅう電話して、「あれを越後鉄道の社長にしよう」なんて田中が言っていたぐらい仲が良かったのです。それで細井宗一から田中に電話をさせたら、「うん、何とかまとめよう」。最初はそういう話だった。ところが、だんだん電話にも出なくなってしまった。「これはおかしいな」。

こうなったのは、例の三木おろしの問題にぶっかり、西村英一（1897〜1987年、自民党田中派初代会長）が何としても「うん」と言わない。結局は、田中派はだめになった。福田派は労働問題でも全部精通していましたから、福田派はオーケーだ。私も福田派の倉石忠雄さんと麹町の倉石事務所で会って、「富塚君、3日間、俺は長野に行ってくる。帰ってきたらケリをつけようや」と約束をした。ところが、ことごとくそれがつぶされてしまったわけです。結局、加藤寛の答申のままに三木も答えを出さざるを得なくなった。そういうことです。

三木さんも私の明大の先輩です。明大の校友会の会合のときに傍へ来て、

「富塚君、悪かったな。しかし、あれだけのことをやってもこうならなかった（一人も逮捕されなかった）のは俺のせいだ」。一つはそういう流れにあったから警察も検束することができなかったと思うのですが、それが民事裁判の損害賠償補償、202億になって出てきた。それがその後の流れを混乱させてきたのです。

私も3回ぐらい殺されそうになった。毎朝、官房副長官の海部俊樹とやり合うんですね。官邸と全逓本部に設けた我々の拠点とテレビの討論を毎朝やるのですが、それに出かける30秒ぐらいの差で命が助かりました。世田谷の外れのわが家を焼くといって右翼の青年隊が集結したりしたので、ボディーガードを警視庁に頼むわけにはいきませんから組合の若いのを連れて歩いたのですが、そういう大変なときで、「やるならやってみろ」「殺すなら殺してみろ」という気持ちでした（笑）。今ならとても怖くてできませんが、女房、子どもは田舎に疎開させてやりました。

ああいう結果になったら、富塚の思い違いだ、富塚が勝手にそのようにやったから失敗したんだといわれた。しかし、皆さんにもわかってもらえると思うのですが、なぜ整然とストライキがあれだけできるか。10日間予定したストの中間にあたる4日目から国電を動かしましたが、北海道まで九州まで列車が1本も動かない状況で8日間もやるなんてね。それは、経営者の側も一つの流れにオーケーを与えている。三木内閣の流れも伝わってきていたということは間違いありません。

「スト権スト」・2

私は失敗したと思うのは、国鉄の官僚からもしつこく言われたのですが、私鉄並みスト権つまり条件付きスト権ということでどうか。それが落としどころであるということは考えていました。ところが、検討する期間を2年間置かしてくれと条件が付いてきたのです。スト権はやる方向性ですね。方向性は出すが、現実にはすぐにスト権を与えるとは言わない。そういうことになったわけです。2年間となると、結局、公制審と同じようにまるっきり逃げられてしまう。ところが下はみな燃えていて、動労さんの革マルをはじめとして変なことをしたらダラ幹粉砕で大変な目に遭うわけですから、やはりその条件は、半分拳を上げていたのですが、のむことができないままズルズル行ってしまった。

何といっても一つの流れは、保守が、国労、総評、総評のなかでも国鉄の組合をつぶさなければだめだという戦略にのってきたことです。そういう一つの流れの中から、田中から代わった三木内閣がそういう結末をつけてしまった。もし田中がなっていたら、「よっしゃッ、わかった」と言って、恐らく決まっていたと思うんですね。最後は田中派がずらかってしまったことがポイントですが、その点では、つくづく三木さんはだらしがない政治家だった。三木さんに嫌みも言ってやったのですが、考えてみると、私自身よくあそこまで闘うことができたなと思っています。

僕の悪口を言ったNHKのインタビューがあるんですよね。下請けの記者が20世紀の出来事の一つに、動労元委員長の松崎明のところに行って、「スト権スト」のことを取材した。「あれは富塚の一人芝居だ」みたいなことをいっていたし、山岸章（連合初代会長）もそう言って逃げてしまう。公労協の代表幹事がみんなで何回となく議論して、この道しかないとしてやったものが、今度は「富塚が悪い」（笑）。結末はそのようになってしまったわけです。私は『労働レーダー』に30年のスト権ストを顧みて、まあ、体裁良く書いているつもりですが、そういうことがストライキ権奪還闘争であったのです。世にも不思議なスト権ストと、世間でいわれました。

僕がそれだけのことをやってしまったから、どういう総括をすればいいか。結局、闘いは勝利をした。労働者の団結力はすごい。行動力はすごい。これを未来につないでいこう。私はそういう総括をした。しかし、何も取ることができなかった。無駄なストライキだった。今度は反面、そういう総括をする人たちも出てきました。しかし、それでも翌年、民間単産の私鉄総連や全国金属などがいち早く僕を総評の事務局長に推薦してくれました。スト権ストがああいう結末になれば、本当は事務局長にはなかなかなれなかったのではないかと思うのですが、それを事務局長に推薦していただき、槙枝さんと官官コンビということになり、開かれた総評づくりということでいろいろなことを考えました。

開かれた総評づくり・1

ご案内のように、第2次石油ショックから経済がずっとだめになってきて、やはり国鉄親方日の丸攻撃がどんどん進み、分割・民営化の流れもできてきたわけですが、春闘は1955年、太田薫さん時代に八つの民間の組合が始めています。その後、中立労連（中立労働組合連絡会議）も加わり、主役は総評と中立労連ということになってきました。総評は鉄鋼、中立労連は電機、同盟は賃闘（賃金闘争）といって春闘とは一線を画していたわけです。ご案内のように太田薫と池田総理が会見し、ヨーロッパ並みの賃金を出せというところの春闘のなかで、民間賃金に反映させるのを官公労働者にも反映させようということになったのが1964年です。

春闘は、総評がイニシアティブをとっている間は労戦統一の問題もあまり起こらなかったわけです。つまり、春闘でこういうことを考えてみました。鉄鋼労連は一発回答というのを毎年やります。これは宮田義二さんという大ボスが官公労とは一線を画して、「俺が日本の相場を決める」と言って鉄鋼の一発回答をやった。それから電機・自動車がついて行くのですが、その流れに上積みしようとして私鉄総連を焚きつけて国労と私鉄総連で交通・運輸共闘をつくり、私の出身は国労の東京地方本部で国電という戦力を持っているところで、私鉄も国鉄も始発から電車を止めるという戦術を配置し、追い込んでいくやり方をずっととってきたわけです。

私鉄は関西が強いんです。当時、なかなかまとまらなかった。私鉄は関西を頼ることができる。私鉄がある程度のメドをつけたら、これも今だから話せるのですが、労働省の道正労政局長が赤坂の料理屋の3階に陣取り、私と公労委（公共企業体等労働委員会）の金子委員長という連絡役を置いて、「どういう回答をするなら国電ストをやめることができるのか」。そういうところの勝負をするわけです。私は、後でも話しますが、マスコミの関係者をずっと味方に付けた。朝日、毎日、読売、共同通信、NHKの5社の政治部の連中が富塚番になっていて、その連中と徹底して相談をするわけです。ご案内のようにマスコミの世界も権力社会ですから、政治部の記者でも内閣とか自民党持ちとかはものすごくかっこつけている。労働担当というのはランクが下みたい（笑）。それをどのように盛り上げてやるかをお互いに相談するわけです。

実は渋谷に戸川昌子（1933年〜、推理作家、シャンソン歌手）の経営する「青い部屋」という店がありました。戸川昌子は私が総評事務局長のときに、年末の各界代表歌合戦で審査員をやって僕に優勝をさせてくれたので、「青い部屋」で打ち合わせをしたのです。締め切りが終わってから夜12時ぐらいに新聞記者が集まり、自民党の情報は、官邸の情報は、といって情勢を分析するのです。そこでストライキをやるということを決めなければ、やはり記者も記事にならない。だから、必ず国電をストライキに入れますと。4時からですから、問題は、いかにしてラッシュを回避するかというところに行くわけです。

新聞はもう2、3日前から「ストライキに突入か」というのを一面トップに考えているし、テレビでもやる。そうすると各社の政治部ももっぱらそこに集中している。だから、大体ラッシュは回避する。それならあまり国民の批判も反撃もないだろう。国電の始発の朝4時ですから、4時から始まって大体2時間ぐらい入って6時ぐらいに収拾すれば、ほとんど国民の足にも影響がないというか、多少はありますが、わかってもらえる。そういうことで、公労委の調停案をつくるのにどこまで行っているとかどうとか、全部電話が来ますから、労働官僚と一緒になって「じゃ、ここで手を打ちましょう」。そこで大体報告をして、春闘の終結をすることにしたのです。それでその調停案を出させて、それを地区の最低賃金に波及させる。地域のほうにも全部それをさせるやり方をしたわけです。それをやっている間は総評がずっとイニシアティブをとってやることができたと思います。

つくづく考えてみると、メディアの世界も同じですし、官僚の世界も同じ。労働界の世界も同じですね。だから、腹を割ってざっくばらんに話をして、こういうことだという情報をみな出し合い、新聞記者のなかでもいろいろ議論をする。しかし、国電をストップさせるストライキに突入するという記事は、夕刊も朝刊もトップになりますからね。スト回避かどうかというものがみなポイントになるから、そこで労働担当の記者の株がずーっと上がっていった。残念ながら、いま連合が何を言ったってベタ記事ですよね（笑）。何を行動したって全然書かないんです。労働省クラブはもう全然レベルが……。政治部の記者になると、もっぱら官邸とか自民党とか、そちらが主役を担っているということです。

私はあの春闘のなかではそういうことをやりました。また、国民春闘というなかでは、労働者のエゴというふうにばかり取られないためにも、国民の諸要求ということで、生産者米価とか、生活保護とか、社会保障制度とか、あるいは運賃値上げ反対とか、公害追放とか、いくつかの要求を取り上げ、それも要求の一つにして大衆行動も組織し、春闘を成功させてきました。それが国民春闘ということで、社会的にもある程度評価されたと思います。

開かれた総評づくり・2

開かれた総評ということでは、トークインなどをやって国民各層から意見を聴いたり、いろいろなことをやりましたが、東欧の変革に参加したり、それから反戦平和の闘いで頑張ったり、そういうことで総評に対する見方がまた変わってきた。自賛するのはおかしいのですが、大体そのように考えています。総評会館を今度連合会館にしていいかと言うから、私も迷ったのですが（笑)、「いい。時代の流れだ」。それで連合会館と変えましたが、「僕が書いた定礎だけはなくすなよ」と言って、いま入口にあります。

率直に言って、開かれた総評づくりにいろいろ腐心しました。結局内部の問題だけやっていたのではだめだ、国民的課題としてやるということで、1982年の国連軍縮総会に向け、1000万人署名とか、広島に焚きつけて地区労が20万人集会、東京で30万人、そして大阪では40万人集め、大集会を成功させました。そのときの主役が沖縄の県会議員の玉城君といって、国民運動を通じていろいろ計画をした人です。今度11日に、総評に呼んで沖縄問題を考えて講演してもらうことにしたわけですが、反戦平和の闘いとか、ポーランドの問題とか、国民諸要求の解決のために頑張るとか、いろいろな戦術を駆使したことで、その後の落ち目の総評を何とか救い上げてきたように思います。

労働戦線統一問題

次に、労働戦線統一問題について申し上げます。総評が450万人、同盟が

220万人、中立労連が130万人、新産別（全国産業別労働組合連合）が5万人。当時、これが労働四団体でした。先ほど言ったように、春闘では総評が主導権を握ってきました。労働戦線統一問題は全逓の宝樹委員長も早くからぶち上げていましたが、組織的にくすぶっていたことは事実です。しかし、総評が春闘の主導権をとっている間は表面に出ませんでした。ところが、低成長になって先ほど言った保守側の攻撃もあり、そして官公労親方日の丸攻撃で、今度は民間の組合の同盟さんも政府・自民党と一緒になって動き出す。実はそれに頭を抱えました。それで政策推進労組会議とか、賃金対策連絡会議とか、民間の組合にどんどんできていったのですが、1981年の6月3日かな、「労働戦線統一推進会の基本構想」というものが示されたのです。いったいどうすればいいか。とにかく総評を解体することには絶対に反対だし、どのように対応するかということで、頭を痛めました。

そこで私は、この「基本構想」の問題からうまく逃げることを考えようと思って「補強五項目見解」を出したのです。1番目が国民春闘の継承・発展。2番目が反自民・全野党共闘の推進。3番目が組合ごとの選別は反対。4番目が中小・未組織労働者の運動重視。5番目が企業主義の克服。こういう5項目の補強見解を出して、今でも忘れられないのですが、81年の11月4日に九段会館で臨時大会をやりました。超満員になりましたが、私が提案しても1人も発言しない。1人もヤジを飛ばさない。みんなシーンとしている。これはいったいどうなるのか。総評解散をせざるをえないかなと思うぐらい追い詰められたような雰囲気でした。私はそこで水割り論をやった。今のような焼酎ではなく当時のウイスキーの水割り論です。主体性があればウイスキーが濃い。主体性がなくなれば水のほうが多くなる。だから、労働戦線統一問題ではとにかく水割り論をやり、総評の主体性確保を訴えました。しかし、結論は出ませんでした。

その後に結局、総評のなかでも全日通さんとか、電通さんとか、賛成する組合がありましたから、今度はそれをまとめるという意味でいろいろ腐心をしました。中川豊氏という総評副議長、全日通の委員長を代表に出し、これは避けて通れない問題になるだろうということで話を進めることにしたのですが、私は共産党の宮本委員長にも直訴しました。宮本委員長は理解を示して、「あまり急ぐことはない」という返事だったのです。しかし、共産党系の統一労組懇はまるっきり反対。この勢力が3分の1いますから、皆さん反対です。あとは国労をはじめ左派系もみな反対だし、いったいどうしていこうかということを考えているうちに、最終的には僕らは真柄栄吉さんや黒川武さんにタッチして代わってしまったわけです。

結局、労働戦線統一は避けて通れない。しかし、私も世界各国いろいろな組織を回りましたが、外国の労働組合はフランスのCGT、イタリアのCGILなども産業別組織がしっかりしているんですよね。日本はその産業別組織が中途半端です。産業別組織がしっかりしていれば、労働組合の組織はうまくいくわけです。いま連合さんにはそういうものがないところが欠点ではないかと思っています。

皆さん、今の連合さんを見ていてどうですか。もう情けなくて。総評のOB会から、もっと連合は頑張らなければいけないといって、あちこちから電話が来たり手紙が来たりします。私は夜寝るときは「よし、やってみようか」と思うけど、朝起きたら、「今の状況では何をやってもとても無理だ」という気持ちになります（笑）。結局労働運動というものを社会にアピールすることに欠けているんですね。その点では、先ほど言ったマスコミ対策などもほとんど新米の記者が行って、書いてもみな社ではボツにされているような感じです。だから、何かアクションを起こして話題を提供する。市民団体と提携して国民のニーズを生かしていく。高齢者社会とか、あるいはTPPのこともありますが、いろいろな問題が山積しているのに、要求として政策をつくり、それを実現するための行動を起こしていくことが全然ないんですね。連合に入ると毎日会議室はいっぱいで、朝から晩まで会議をやっている。何の会議をやっているのか（笑）。

残念ながら、政労使で政府から賃上げしろなんて言われて、労働組合が歓迎しますなんてやっている（笑）。それは基本的には労使関係が決める権限であり、労働基本権というのは憲法に保障されているわけです。そういう原点に立っことの点検がないから、結局はズルズル、ズルズルと行く。古賀伸明さん（連合会長）とも仲はいいのだけども、何かあの人一人が振舞っているだけで、あとは担当の部局が毎日、会議をやっている。私の秘書をやっていた岡野栄君とか芹生琢也君とかみな政策局長とかやっていたのです。そこで私が「何をやっているんだ」と言うと、「連合というのはどうにもならない。まとまらないんだよ」って（笑)。集まって会合はやるけども、それで終わりですよね。会合だけです。だから、地方に行って資金カンパ活動をやって政治活動の拠点をつくれなんて言っても、なかなかそうはいかないのではないか。総評は真剣になって社会党を支えてきたし、その流れで民主党も一つの流れが出てきている。政権もとった。しかし、原点の政治活動の拠点をしっかりとつくっていくことにもっと力を注がなければ、これから再び政権をとるなんていうことは絶対にできないのではないかと思っています。

そういう意味で、労働戦線統一問題も果たして良かったのかどうなのか。総評がなくなって社会党がなくなったと言われています。しかし、こういう一つの歴史の流れであったということは紛れもない事実であります。ちょうど1時間半になりましたから、大体の問題点を申し上げ、あとは皆さんからご意見を賜れば幸いと存じます。十分になったかどうかは別ですが。

質疑

マル生反対運動について

――それでは、質問にお答えをいただくことにしたいと思います。最初に、「マル生反対運動が広く国民的支持を得るには何が必要だったでしょうか」というのが一つです。二つ目は、「スト権ストのときに動労との共闘はうまくいきましたでしょうか」。

富塚　お答えさせていただきますが、その前に、海部俊樹（1931年～、1989年8月～91年11月に首相）とは、三木内閣の官房副長官の時に、テレビの討論番組で僕と盛んにやり合ったのですが、もう弁舌がさわやかで、早稲田の雄弁会出身なんですよね。ただ、私は東北の訛りがあり、最近またあまりしゃべっていないですから下手ですが、ぽつぽつ訛りを出してしゃべったのですが、テレビ社の報道局では、かえって訛りの重みが出て、聴く人にはいいといって、だいぶ褒められたことがあります（笑)。でも、やはり海部俊樹は弁舌さわやかで、僕はぽつぽつとスト権の重要性を訴えるようなことでやったわけです。

ところが、海部俊樹とはずっと僕は仲良くてしょっちゅう飲んでいました。最近、彼はこっちのほうに来ていないので会っていないのですが、「富さんのおかげで俺は総理大臣になれた」（笑）。酒を飲むと何回も言うわけです。それはどういうことかというと、宇野宗佑の事件があり、次の総理は河本敏夫（1911〜2001年）の番なんですよね。金丸信（1914〜96年）は河本を総理にしたくない。テレビで富塚と丁々発止やり合った海部は国民受けがいい。海部がいいんじゃないか。あのとき金丸信は自民党幹事長かな。それで海部を呼んで「やってくれ」ということになった。海部は文部大臣をやったので、今度は経済産業大臣、モノの大臣かと思って行ったというのです。それが総理大臣だというので、本人もびっくりしてしまったわけです（笑）。河本をはじくという金丸のねらいもあったのでしょうけどね。海部は総理大臣になってから、とにかく僕と仲良くして、「富さんのおかげで総理になったよ」と言って、それこそポーランドに行くときには10万円ぐらい餞別をもらったりしてました（笑）。

話したいことは、そういう権力の中枢にいる人間でも、どんな人間でも人と人とのつながりということのなかでは、どのような権力構造にもつくことができるということです。いろいろな人と付き合ってみて、人と人とのつながりのなかで判断をするというか、そういうものなんだなということをつくづく感じるわけです。

さて、マル生反対運動についての質問ですが、「マル生」と名を付けたのは、毎日新聞に内藤国夫（1937〜99年）という記者がいたのです。なかなか個性的な人です。その内藤国夫がいなかったら、マル生はあまり世の中に出なかったと思います。徹底して毎日新聞が国鉄の不当労働行為を取り上げてくれた。よその社は見過ごしていたけれども、実は職員の自殺者も十何人出たのです。明け番の休みには駅前の喫茶店に駅長や助役に呼ばれ、国労（国鉄労働組合）を脱退せい、国労を脱退せいと言われる。管理者は保証人のところに行く。家族にも手紙を出す。それを苦にして自殺した分会長とか青年部長とか、そういうのが十何人いるんですよ。国鉄当局は、不当労働行為を公然とやった。職員局のなかに能力開発課というものをつくり、それを全部、国労分裂、動労（国鉄動力車労働組合）分裂の主役となって仕向けたわけです。各地方局に能力開発課をつくり、徹底的に具体的な指示をしたのです。

当時、私は国労の企画部長で、書記長の前でしたが、函館大会で、「座して死を待つより立って反撃に転ずる」と中川新一委員長に演説をさせ、全国に指示をしてやったわけです。ところが、やはり組合員は個人的に弱いですからビビってしまう。そのなかで、北海道の苗場工場とか静岡とかが反撃をして、不当労働行為をつかんで摘発することにしたのです。しかし、摘発しても抽象的なものはみな逃げられてしまう。それがたまたま茨城県の水戸の地方本部の高木という委員長が、能力開発課長が現場長を集めて「不当労働行為は断じてやらないかん」と公然と言ったものを、その会場になったホテルの従業員に録音をとらせたんですね。それを全部持ってきて私は労働省クラブにすぐすっ飛んで行って発表し、国会で取り上げた。それで磯崎総裁が責任をとって辞めたわけです。そこでマル生運動を中止することになった。

だから組合がものすごく強くなってしまい、今度は反対に、今まで不当労働行為を命令した現場の管理職を徹底的にいじめる。今度は激しくやるわけです。そのときにもう少し自制させておいたならば、国鉄の民営・分割反対の流れはまた変わっていたのではないかという反省はあります。

――やりすぎてしまった。

富塚　当時、中核派とか革マル派とか、それこそ7つの左翼集団があった。国労はその巣だし、動労は革マルの松崎明（1936〜2010年、動労中央本部委員長、後にJR東日本労組委員長）が音頭をとっている。とにかく、そういう左翼の確執などもあり、結局、マル生反対運動というのは、摘発が具体的になって初めて……。水戸のテープがなければ、恐らく押し切られていたと思う。国労の組織なんかなくなり、惨憺たるものになっていたのではないかと思います。しかし、そこで実は歯止めをかけることができたわけです。

結局、国民に訴えるのに不当労働行為と言ったって、なかなかピンとこないんですよね。だから、国労をやめろとか、脱退せいとかいうことを強要する。そういう点を、国民に呼びかけるにはマスコミを動かすしかない。そういうことで、マル生運動というのは不当労働行為なのだといって、内藤記者が毎日毎日、具体的に新聞に書いたわけです。そうしたらよその社も全部書くようになった。読売はナベツネ（渡邉恒雄）さんなんかが、国労は昼間から風呂に入っているとか（笑）、組合批判を続けましたが、大きな流れとして、結局は、マル生運動というのは不当労働行為なんだなということが国民に漠然とわかっていただき、スト権闘争につながっていったということです。

マル生運動が失敗したのは、生産性向上運動は利益の公正な配分、雇用の拡大ということを掲げてやったけれど、雇用が増えるわけではない。もうかったものを配分するわけではない。結局、生産性本部が音頭をとってやった生産性向上の三原則（利益の公正配分・雇用の拡大・労使の協議）と言われるものが、やはり常識としてつながらないわけです。そうすると同盟（全日本労働総同盟）や国労とは違う「新国労」といった国労批判の組合をつくらせ、そちらを応援して揺さぶる。その結果、組織対組織の対決の構図に持っていかざるをえなかった。国民の支持を得る不当労働行為というのは、水戸のテープが出て内外に明らかになり、国民のなかにも浸透していったという感じだったと思います。国鉄が赤字で毎年大変なときに、春闘で賃上げだ、親方日の丸だという攻撃はやはり国民のなかに入りやすいですからね。そういう日の丸攻撃とマル生運動をどうするかというのは、一言で言うと結論がないまま、国民の間には理解しにくくなっていったと思います。

しかし、先ほどは言いませんでしたが、国鉄は民営・分割化をやられましたよね。あれは分割だけは絶対に認めないということで、途中で妥協すれば解決できた。これも僕がちょっと失敗したと思っています。あのときに国会に行かないで総評に残っていたら、私は分割はさせなかった。民営化だけだったと思います。中途半端な代議士になるよりも、そのほうが良かったのかとは思うんですよね。

動労の動向と国鉄の民営・分割

富塚　そういう点で、国民の支持を得るには、やはり具体的に……職員が自殺したとか、離婚をするとか、いろいろなことがたくさんあったわけです。そういうことを考えると、マスコミで内藤記者がやってくれたことが出発点になり、不当労働行為が世の中にわかった。もう一つは、先ほど言ったように生産性三原則がその時世に合わないで、結局、不当労働行為だけになった。大体終わりごろになって国民の間で「マル生はひどかったな」ということで、あまり輪が広がらないうちに終わってしまった。それでスト権のほうに流れていき、民営・分割につながったと思います。

それから、動労の松崎明。当初は私の子分みたいで、また細井宗一（1918～96年、国労中央執行委員）の子分でもあり、僕と細井宗一という国労の共産党所属の幹部をものすごく信奉していたわけです。私は東京の委員長、松崎は動労の委員長。言うことを何でも100%聞いてくれた。それが民営・分割になって当局側に付いてしまい、今度は一緒に加担して国労つぶしをやってしまったわけです。そのときはもう僕らは組織から外れていて、何回か選挙区から電話をしても電話にも出ないですよね。松崎は革マルの親分で大変な力を持っていましたが、革マルはコロッと100%変わって当局案に賛成しています。今、いろいろな活動家とたまに会うけど、良しと思っている人は少ないと思います。しかし、そういうことが起こり得るのですね。

九州から出た武藤久と大阪から出た山崎俊一と私は3人同期です。僕は総評に出たから、次は武藤と山崎に委員長と言ったのですが、その山崎というのがまた、工場出身のこともあり、レールのことがあまりよくわからない。そういうこともあり、総評の江田虎臣副議長宛てに一筆書いて、「民営・分割の闘い方は一任します」と残っています。だから、今度は松崎が「国鉄三羽ガラス」と言った葛西敬之とか大阪の井出正敬とか（もう一人は松田昌士）といった連中とくっついて、一緒に国労をかき回した。そういう意味では国労も惨憺たるもので、刑事事件にはならないけど、202億の賠償で……。亀井静香が運輸大臣でなかに入り、浜松町に8階建ての小さい交通会館を建ててやるからといって国労会館をつぶした。それで202億の賠償問題を和解したわけです。ただ、不採用の1047人のことだけは残った。国民を巻き込んで激しく復帰運動をやったけれども、…。ようやく最近、解決したのだけれど、一時金をもらって終わりです。その連中によって穴の開いたことが、いまJR北海道なんかの大きな問題になっているのです。

動労は、スト権ストのときは最後まで妥協をしてはいけないと言って突っ張りました。しかし、最後はどうにもならない。私は涙を流して会見しました。悔しかったですが、やはりここで収拾せざるをえない。10日間設定して8日でやめたのですが、当時、田辺誠が書記長かな、「もうこれ以上打ち抜いて10日やったら国会は解散だよ」というふうに脅かされたんですよね。国会を解散されたらもう社会党は全滅だということで、そこで終止符を打ったといういきさつです。

JRの現状

富塚　いま分割をしたおかげで、北海道、九州、四国を見てください、逆立ちしたって絶対に黒字になりませんよ。国民の足としてあれだけいろいろな過疎の地に列車を走らせているのですから、どんなことがあったって黒字にならない。いま北海道も大変な事態になっています。一方、マル生と分割・民営化を推進した東海の会長の葛西なんていうのは、リニアをつくるとか自前でやるとかいっているでしょう。そんなばかなことがあるか。マル生の不当労働行為で救済をされない1047人というのがいて、その闘いがずっと続いたわけです。このやり方にいろいろな問題もないわけではないのですが、その1047人のうちの大半は北海道です。我田引水になりますが、組合運動を下積みでやるような連中はやはり仕事に責任を持つ。そういう点では、組合運動も激しいが、仕事も一生懸命やる。そういう人間がみんな首を切られてしまったわけだ。その穴埋めがないから、いま北海道もどうにもならない時代になり、ダイヤ改正で列車を減らすかなどやっているわけです。

本当は分割をしないで民営化だけだったら、九州も北海道も四国もそんなに赤字を出すような苦労をしなくて良かったと思うんですね。いくら豪華寝台列車を九州がつくってみたって、あんなのは一過性ですぐ終わりです。本質的にマル生運動が中曽根康弘首相をして国鉄の分割・民営化に走らせ、それが結果として今日を招き、労使関係はすべてマル生が出発点になります。社会党をつぶす、総評をつぶすという、保守の戦略がずっと流れてきて、今日を迎えている。そのように見ていいと思います。

だから、結局はさかのぼって考えてみると、社会党、総評つぶしからずっと一つの戦略の流れとなって現実の姿になってきているのです。先ほどいったリニアモーターカーに批判もあります。JR東海が自前で何兆というカネを使ってやるというんでしょう。そんなばかげたことをするなら、ほんの一部だけでも政府の運用資金に入れて北海道や四国、九州に回せばいい。今、そういうことを言うやつが誰もいないでしょう。民主党も社民党も言わない。それが現状です。

民社党・同盟、加藤寛さんについて

——次の質問です。「社会党、河上派議員と総評との関係について教えていただければ幸いです。とくに1959、60年に至る民社分裂時について教えていただければ」ということです。もう一つが、「スト権ストの問題で加藤寛氏の話が出ましたが、加藤氏はご存じのとおり民主社会主義研究会議の理事で、民社党のブレーンの一人でした。いわゆる裏切りの問題は民社党、同盟の総評に対する近親憎悪もあったのではないかと思いますが、どのようにお考えでしょうか」ということです。

富塚　率直に言って、河上派の人たちは、社会党のなかでもインテリのグループみたいなんだな。そうでしょ。労働組合なんかに関わりたくないという人が多かったですね。だから佐々木派みたいに、激しく組合を抱え込むなんていうことも。そういう意味では、河上さんの委員長時代、河上派との関係はあまり深い付き合いはないですね。やっている人はほとんどいなかったのではないか。というのは、やはり距離感があったんですね。河上さん自身が労働組合に対する距離感を持っていたと思います。私からしても、総評時代のときに河上派のことはあまり話題になっていなかったですね。何か聖人君子のような人で、学者のリーダーみたいな感じの人だった。河上さんの息子である河上民雄（1925〜2012年）氏も国際局長などをやった。僕もちょっとやったことがある。河上派の人たちは何か理論好きで、激しい対立の運動は避けたいという意味で総評に距離感を置いていたことは事実ですね。

それから加藤寛氏。僕は心底、加藤寛さんはあんな答申を書くとは思っていなかったんですよね。それこそ先ほど言った中枢が集まったなかでも、加藤寛はスト権の問題を何とか手がかりをつかむように書くだろうという分析だった。永井道雄文部大臣は直接来ませんが、その中枢との打ち合わせのなかではそういう感じだった。ところが、開けてみたら、バーンとびっくりしたわけです。やはりバックには、当時の状況からしたら、スト権なんかやったら世の中が大混乱するみたいなことが書いてあるわけでしょ。だからスト権はやらない。本当は事前に、2年間猶予期間を待ってもいい、私鉄並みスト権でいいよということを言ってあればよかったのかなという気も、しないではないんですよね。しかし、加藤寛は紛れもなく自民党の田中派からの後押しもあっただろうし、三木さんと仲良くても三木に一つの区切りをつけたいと思って、思い切ってやったのではないでしょうか。

それにはおっしゃるように、同盟、民社党はもちろん、これで成功なんかさせたくない（笑）。アンチ総評、アンチ社会党の民社党と同盟がやはり官公労、総評憎しで、もう徹底していましたからね。先ほど話があったけど、鉄鋼労連がなぜ総評にいるのかというのが話題になった。ところが、総評にいるから鉄鋼労連の存在感がある。宮田義二（1924〜2012年、鉄鋼労連委員長、金属労協〈IMF・JC〉議長）さんなんかもそう言っているんですね。だから、鉄鋼労連が総評に入っていて、右寄りのことを盛んに……。しかし、どうなんでしょうかね。宮田さんなんかは同盟を必ずしも良くは思っていなかった。鉄鋼のリーダーたちは同盟を必ずしも良くは思っていない。ただ、総評が左に行くことにブレーキをかけようということでは、宮田さんはそういう役割を果たしたのではないかと思います。

社会党・総評と民社党・同盟とは水と油と言われていましたが、労働四団体が共闘するなんて言ったって、総評が音頭をとれば必ずケチをつけるのです。中立労連（中立労働組合連絡会議）が仲立ちしなければだめです。それにはいろいろ苦労しました。やはりそういう確執というか、組織ができた出発点があるものですから、そういう点で苦労しました。しかし、同盟、民社にも、加藤寛はやはり半分、労働者を裏切ったなという気持ちは持っていると思います。

ポーランド問題と議員後援会の実態

――「地域政治活動の拠点として、地区労のほかに議員後援会があると思いますが、日本社会党の議員後援会の実態はどのようなものだったのでしょうか」が1問です。二つ目は、「ポーランド民主化闘争支援に尽力されたときに、ポーランド統一労働者党（共産党）の友党であった日本社会党から注意などは受けなかったのでしょうか」という質問です。

富塚　ポーランド問題から申し上げますと、ヤルゼルスキ政権も、ワレサ氏にはあまり悪さができなかった（笑）。我々だって検問は何回も受けましたし、持っていった荷物がなくなって、着の身着のままで帰ってきたこともあります。共産党政権もあまり悪さができない。だから、飛行場でも何でもここに「連帯」のバッジを付けている人が通るのです。そのようにしてやりましたが、ポーランドはもう世界のそういった流れのなかに入ってしまっているから、なかでは反旗を翻すとか、統一労働者党も静観していたように思います。これには、世界的なマスコミの報道が影響していると思います。

――社会党のほうから何か言われることはなかったのですか。

富塚　社会党も一つの流れの中を静観してみつめているようで、そういうことはほとんどなかったですね。私には社会党からの注文や意見はまったくありませんでした。

それから、地域政党活動の拠点として、地区労のほかに議員後援会があります。ただ、その後援会の柱をしっかり立てている人はいいのですが、率直に言って、今はほとんどみな高齢者ですよね。若い人をつかんでいないでしょ。だから集まれば退職者の会で、盛んに社会党頑張れ、民主党頑張れとやったって……（笑）。電話をしてこれに入れろとか言うけど、実際活動はほとんどないでしょう。若い者をつかんでいないからです。だから議員さんの後援会も、みんなやり直しを迫られていると聞いています。先ほど言ったように、やはり銭をかけなければ集まりません。ボランティアが1日、2日来たってねえ。ずっと続けていれば、それこそカネ……。友達ができて仲良くなれば、夜一杯飲んで帰る。その請求を回す。ここまでが限界だとか言えないですよ。若い人の価値観も変わっています。

だから、ある程度拠点をつくり、公設秘書も第1、第2、第3まであるのかな。しかし、地元の秘書はほとんど私設の秘書を雇うわけです。給料をめんどうみる。車を用意する。それから、活動費を全部みる。たとえば私の選挙区だって、6つぐらい市があった。市単位に全部拠点をつくると、お金が大変です。いつ選挙になるのか。2年先、3年先なんていったら、とにかく盆暮れが来るともう隠れたくなります（笑）。そんなものです。表向きは「頑張ってください」とか「先生、しっかりせい」とか言ったって、やはりしっかりした活動の費用ですね。後援会でも地区労でも、カネがないのだからこの程度の範囲とか、一定のルールをつくってきちっとやるような指導者がいれば、その人は強いんですよね。

ところが、いま若い人になり、そういう人はなかなか……。我々の時代には、鉄道の非番日には必ず選挙の応援に出かけた。今はそんなことを言ったって用事があるとかどうとかで、音頭をとったって言うことを聞かないです。だから、そういう采配のできるリーダーがいて、しっかりつかんでやっていればいいと思います。やはりある程度、お金をつくり、ルールをつくり、後援会と地区労とが接点を持って拠点の政治活動をやるようにしないといけないと思います。ところが、連合さんの、とくに若い活動家の間では、そんなことまでしなくたっていいだろうという感じで、今はうまくいっていない。だから、これは恐らくだめじゃないかな。これから先、どうするのかと思っています。

だから、もっぱら演説ばかりうまくったって、その風に乗って民主党のようにガシャーンとなったものをどうするのか。野田佳彦（1957年～、2011～12年首相）だって、大蔵官僚の藤井裕久（1932年～）っていたでしょう、あれが一番ワルなんだよね。あれが消費税を言った。それは必要性はあるけど、大蔵省の官僚と結託してやったわけです。大臣になればみな焚きつけるけれど、野田は命を懸けてやった。歴史に残る総理大臣になる。それで藤井に焚きつけられてやった。今度は小沢一郎を抱き込んでやればいいものを、小沢が反対して飛び出してしまった。うまくいくわけがない。藤井は相模原ですよね。私が1回落ちたときに、新進党か何かに入れといって小沢と彼にだいぶ口説かれたことがあります。

とにかく官僚は人使いがうまい。やはり政治家なんかは単純で、みな踊らされるんですよ（笑）。政治家なんて大したものだと思うけど、とんでもない。まして1年、2年なんて国会のなかで何やっていいかわからんですよ。僕も予算委員会の委員に武藤山治さんのあとになったけど、予算書がこんなに来るでしょう。それをわかっているやつは大蔵官僚も含めて4～5人きりいないというんだもの。あとはみな……。だから、予算でなく関係のない予算委員会の質問ばかり…。

官僚というのは年次からずっとみながっちりと組んでいますからね。政策投資銀行に行ったうちの二番目も、大蔵省に行ってびっくりしたと言っていましたけど、やはり年次ごとに全部がっちり……。学者の世界もそういうところがあるかもしれませんが、そういう点はあります。その点で田中角栄というのは、田中角栄論の本にも早野透（元朝日新聞記者）さんとかみな書いているけども、新聞記者の連中に聞いても、まず田舎から出てきて勉強せないかんと言ったってわからない。田舎の高校ぐらい出たって、それはわからない。だから必ず呼んで聞く。それも課長以上ではだめで、係長とかを呼んで一生懸命勉強をする。帰りには真っ白い封筒に3万、5万詰めて、「おまえら、焼き鳥屋で飲んでけや」（笑）。必ず白い封筒で、折り目のつかない札を入れた。それは新聞記者の話です。「おまえら、外国に行くときは言ってこいや」。顔を出すと「母ちゃんにお土産買ってこいや」と言って、必ず白い封筒に折り目のつかない1万円札を30万、50万入れて渡す。官僚はそれで全部、田中派になってしまうんですよね。そういうことを考えると、官僚操縦法もまた非常に難しい。政治家は単純で、みな乗せられてやる。

この際、ちょっと言っておきたいのですが、小泉純一郎ね。私が初めて国会に出たときに、総評から出たからやや特別な感じで見られていたけど、国会の議員会館の地下にそば屋があり、赤城宗徳（1904～93年、農林水産大臣）と小泉と僕はそばが好きだから必ずそこの席を昼時に取っておいてくれるのです。小泉が郵政大臣。神奈川ですから僕も知っていましたから、「富塚さん、とにかく官僚は今朝から誰も俺に一言も口を利かない。郵政は絶対ぶっつぶしてみせる」。執念ですよね。田中派が郵政官僚を全部押さえているから、田中派の言うことは郵政官僚は聞くけど、それ以外はみな聞かない。だから小泉は、郵政をぶっつぶしてみせるといって選挙をやって勝って、4、5年であれだけのことをやってしまうのです。そういうものなんですよね。だから、官僚操縦法なんていうのは、相当上手に采配を振るう人がいないとやれないわけです。

たとえば社会党のなかで書記長とか幹部をやって、党内を把握するだけで大変だよね。ときには反乱を抑えるのでも大変です。加えて官僚操縦まではとても行きません。そういう点では法政大学を出ている菅義偉（1948年〜）というのは、僕は大したものだと思っています。あれは秋田の高校を出て横浜の中小企業で働き、法政の二部に入った。それで国会議員になって安倍を焚きつけて、どんどんやらしている。ところが、あれは絶対にしっぽをつかまれないでしょ、官房長官で。やはり自分で苦労しているから、大体この程度とか、ここは議論させて燃焼させればいいとか、そういうことがわかる。ほかの連中はみんなすぐ失言で首を切られるけれども、菅というのは苦労して大学に通って、市会議員から国会に出て官房長官をやっているから、なかなかの強者です。だから、特定秘密保護法案なども絶対のタイミングで通されてしまいますよ。ああいうのを安倍が押さえている。

そういうところの政治家の実体をしっかりと受け止め、官僚の世界をどう抑えるか。マスコミの活用をどのようにするか。政党のリーダーはいろいろな観点で動いていかないといけない。恐らく、民主党も今のままで6人衆とか何とか言ったって、俺が俺がで選挙区でやって自分は当選できるかもしれないけど、あとはもうだめです。小沢と一緒にやった連中も今は……。山岡賢次さんなんて国対委員長をやって、国対にはカネが入りますからね、だからもらっているからいいけども、一、二の連中はいいとして、生活の党なんかに行った連中もみな、次に当選できるかどうか。正月が来るのが怖い、お盆が来るのが怖い、盆踊りが怖い（笑）。政治家の心理はみなそうです。ところが、そこに顔を出さなければ、田舎なんかは「あんたには入れない」「あの人は顔を出した」。そんなものです。

政治家は非常に単純です。とくに実力を持っている人はやはり銭を持たなければだめです。だから田中は銭を集め、銭を配り、それで天下をとることに成功した。三木さんのように理念とか理想だとか言ったって、すぐ吹っ飛んでしまう（笑）。そういうものです。海部俊樹的なものですよ。単純なね。私は総評事務局長から政治家までやってみて、つくづくとそういうことを感じています。

山岸章さんについて

――次の質問です。「スト権ストのときに山岸章さん（1929年〜、連合初代会長）は、『反対だったが、高い授業料を払わせるためにやらせた』と言っています。結果的には官公労の力が落ち、山岸さんは連合の会長になるなど山岸さんの思惑どおりになったのではないかと思いますが、どのような感想を持っていますか」。

富塚　率直に言って公労協代表幹事は、国労書記長富塚、全逓書記長保坂尚郎。これは死んでしまいましたが、それから電通書記長山岸の3人です。あと事務局長が動労の高橋富治。それで全部、各組合の幹部が共闘委員となり、「公労協共闘委員会」を構成し、満場一致ですべて決めているので、山岸も、最初から最後まで一緒にくみしてやってきたことは事実です。

ただ、戦術面で言うと、郵便が止まるとか、電信電話が所々で止まるとかいうよりも、何といったって国鉄が動くか動かないかがすべてマスコミに登場する。その点は一緒にストライキをやっているよその組合も嫉みがあるんですよ。反対に私などから言うと、電通さんは日通さんと同様に同盟に近い考えをいろいろ持っているし、闘いに消極的だったことは間違いない。

だから他の組合でも不満があり、「何でそんなに国労に付き合ってストライキばかりいつまでもやるのか」という反論があったわけです。だから、山岸君などはそんなに長くやりたいとは思わなかった。動労の松崎は、「下手なことで妥結したらお尻から焼き火箸を入れるぞ」みたいなことでやるでしょ（笑）。そういう仲間内をまとめていくのは大変でしたよ。だから、いま考えてみると、足のつまさきがそのまま年中凍っているような感じでした。「やるならやってみろ」「殺すなら殺してみろ」と言っているけれど、さすがに家を焼くと言われたときは、俺の家だけ焼くならいいとして、隣近所に延焼してしまう（笑）。それはやめたようですけどね。いま女房が朝、ラジオ体操に行ってそんな話題が出ると、「あのとき何で奥さんがやめさせることができなかったの」って言われるようだけど、冗談じゃない（笑）。

だから、私は一手に悪者にはなっていますが、国労の32万の組織が北海道から九州まで一糸乱れず、みんな家に帰らないで寝泊まりして、職場に籠城してストライキをやった。そして最後に涙をのんで……。八重洲の国労会館の8階の屋上からよく見えますから、初電を動かすときにはやはり涙が出ました。何と総括していいかっていうね。しかし、そういう経験があって総評に出ていき、新しいいろいろなことを考えてやったということです。落ち目の総評、社会党をどのようにしていくかが一つの課題でした。それなりにはやったのですが、できれば総評の40年の歴史の魂を少しでも継いでいってもらえばありがたい。今、OB会でもそういう話をしています。

そんな感じでしたから、僕から言うと、松崎の裏切り。それから、山岸は次のポストをねらう（笑）。というのは、同盟系から支持される。右系の組合は支持するわけです。だから、左系の組合はみなこうしてやった。そういう歴史的な一つの流れです。山岸君なんかは例の細川政権ができたりして、かっこよく総評が……。しかし、政治的な感覚は、山岸君も僕と同じだと思いますが、もっと原点を見て……。鉄道労働者などは長時間深夜労働で、汚染労働でもある。公労協の組合も、体質的違いもあります。

――そうでしたね。

富塚　改札口では酔っぱらいに悪口を言われる。殴られる。そういう鉄道労働者の魂は、私は違うものを持っていると思うんですよ。だから、「よし、やるならやってみろッ」となる。そういうところがよその組合には違和感があると思います。たばこ巻きと鉄道屋が一緒にできるかなんて総裁が言ったら、それでまた、たばこ巻きも組合じゃないかと大騒ぎになったりする（笑）。全体をまとめて引っ張るのはなかなか難しい問題ですが、私は人間関係を至るところにつくることに腐心しました。

春闘じゃないときにゴルフを一緒にやろうと言って、日経連（日本経営者団体連盟）の松崎芳伸専務と隠れてやったことがあります。それで風呂に入って、「松崎さん、背中を流しましょう」。私は1日でも早く生まれた人は「さん」付けで呼びます。年上の人はやはり尊敬をしなければいけない。背中を流してやったら、喜んでいただいて、財界のなかに行っても富塚の悪口を言わないわけよね。背中を流しただけで言わない（笑）。だから、私は大臣に招待された席でも必ず先に「先輩、お流れを」と言って、まず一杯もらうようにクセをつけています。それをやると相手がビビってしまう。お運びの女中さんがいたら「あんたたち暑いから早く一杯やりなさいよ」とやると、そこで座が開く。そういうのはやはり、貧乏で育って苦労したからなんですね。

そこにも書いてありますが、14歳で国鉄に入ったときに、駅長室と助役室から昼夜、弁当を運ぶわけです。デコボコ道です。おみそ汁のおわんにふたがない時代です。当時は戦時中で宮城《きゅうじょう》（皇居）のほうに足は向けられないから、このようにして歩いていくわけです。デコボコ道だからみそ汁がこぼれるでしょう。そうしたら意地の悪い奥さんが告げ口して、僕は昇給を蹴飛ばされたこともあります。腹が立つんですね。みそ汁のおわんにふたもないのに。そういう貧乏で育って頑張ってきたなかで、人間関係を大事にしてやっていこうと思って一生懸命努力したつもりですが、いま子や孫たちにそんなことを教えてもそっぽを向かれる感じです（笑）。

社公政権問題他

――次の質問にうつります。社公政権問題で松前重義（1901～91年、東海大学創立者）さんから話があったということですが、社会党側との話し合いはあったのですか」。

富塚　松前さんは霞が関33階の総長室に私を直接呼んで話をして、社会党には話をしていないんです。それでも江田さんのグループには通じていた。松前さんは私にはぜひその立役者になってくれという話でしたから、槙枝元文さんを巻き込んで社公政権構想をまとめ、党に持っていった。北山愛郎さんも左だったんだよな。あの人を納得させた。曽我祐次さんなどはなかなか「うん」と言わなかったけど、みんな「うん」と言わせて、それで行こうというところまでなったわけです。しかし松前さんは、江田派の人たちにはアプローチしていましたが、社会党にはしていませんでした。でも松前重義さんという人は、それに執念を持ってやられた人ですよね。

――では最後の質問です。労働戦線統一問題で総評のほうが大きかったわけですよね。大きな総評が小さな同盟に押し切られるような形になったのはなぜでしょうか。結局、総評は同盟にはめられて、大が小にのみ込まれてしまったのではないでしょうか。

富塚　それは先ほども言った一つの流れですが、保守の社会党、総評攻撃、とりわけ国鉄労働者への攻撃がありました。あなたたちは知っているけど、下平正一とか、横山利秋とか、野々山一三とか、みなそれなりの力をもって社会党をかき回していたから、そういう連中をみんなつぶしていくには国労をつぶさなければいけないということだった。同盟は総評が言うと、ことごとく反対しました。アンチ総評ですから、何を言ったって一緒にやろうと言わない。共闘をしようとも何も言わない。だから春闘で主導権を持っている間はいいのですが、そうでなくなると、民間の組合は低成長だから雇用優先です。雇用法案と運賃値上げの問題と取引したといってたたかれたこともありますが、同盟はことごとく総評に抵抗してきた。総評にも金属産業の全国金属という組織があります。そこの出身で私の下の副事務局長と同盟の副書記長とが話をして、行動を積み上げたりいろいろしたのですが、結局、同盟が民間の主役になって統一を進めることになってしまいました。そして、参議院議員をやった中立労連の藁科満治と、同盟の山田精吾の２人が手をつないで、中立労連と同盟で最後はやったわけね。それで総評が押し切られたような形です。

私は自動車総連の塩路一郎と日通労組の中川豊と３人で会って、「富さん、ここはもう避けて通れないよ」。それで労働委員会会館の前の喫茶店で腹をくくったことがあります。できるだけ引き延ばしてコンセンサスを求めるようにする。それにはどうすればいいかということで、できるだけ延ばそうということを考えました。宮本委員長にも電話をしたり、統一労組懇の幹部とも会ったりして、引き延ばしを図ろうとしたのですが、結局は押し切られてしまったと言えばそういうことです。時代の流れのなかでそのようになってしまったということだと思いますが、そこは黒川武さん（私鉄総連、総評議長)、真柄栄吉さん（自治労、総評事務局長）の時代になって実際にそのようにレールに乗せてしまった。だから真柄君の書いた本じゃないけど、富塚、槙枝で砂利道をつくり、我々が舗装したようなことを言っています（笑)。

それは労働戦線の統一は悪くはないですよね。当然あるべき姿です。しかし、闘わない労働組合とか、労働者の権利や生活の面倒を見ない労働組合だったら、ないほうがいいぐらいでしょう。ところが今、どうですか。皆さん聞いていると、JR などそうです。次の会社側の幹部になることをめざし、地方の組織の書記長などとなっているようです。会社が推薦してやるわけです。だから、たまにその連中と話をすると、会社を良くするために次はどうするかということだから次元がまったく違う。次は会社側の主要なポストになることに拘束されている。どこかで追い詰められたときには、また一つの新しい流れが出てくるのかどうか。いくら価値観が変わったからといっても、ちょっとひどすぎるということですよね。

本当は、いま自治労などがもっと頑張らなければいけないのです。地方自治体を動かしてやるような運動を積極的にやらないとだめだと思うんですよね。だから、今度のJR北海道問題だって、分割・民営の問題などをもう1回検証してみようということが社会の渦として起きてきていいはずだけど、それを誰も提唱しないでしょう。まるっきり「JR北海道は働かないからだめなんだ」というようなことでしょう。マル生とか、スト権とか、民営・分割とか、そういう一連の流れのなかで、今この結果を見てどのように考えるか。民営化はしても分割はすべきではなかった。北海道、九州、四国を助けてやる、国内のもうかった分はそちらにやってやるのが当たり前じゃないですか。国民の足を守っていく。そういう当たり前なことができないわけでしょ。

そういう点を考えると、いま有識者の間で誰かが言わないといけない。どうですか、先生。やはり誰かがやったほうがいいのではないか。僕はOB会でも言ってみるつもりだけど、OB会がいくらやったって、みな感心して聞いているけど、実際に行動になると……。本当は今、アクションを起こさないといけないんですね。民営化・分割の検証です。リニアモーターカーなんかやめなきゃだめですよ、あんなことは。そう思いませんか。あんなことをねえ。リニアモーターカーで膨大なカネを使い、北海道ではおっかなくて列車に乗れない。そんな鉄道はだめじゃないでしょうか（笑）。

初出
報告：『大原社会問題研究所雑誌』No.678／2015年4月号
https://oisr-org.ws.hosei.ac.jp/images/oz/contents/678-10.pdf
質疑：『大原社会問題研究所雑誌』No.679／2015年5月号
https://oisr-org.ws.hosei.ac.jp/images/oz/contents/679-08.pdf

日本社会党・総評関連年表

年月日	日本社会党・総評の動向	年月日	その他の動向	首相
		1945.8.15	昭和天皇が終戦の詔勅を放送	
		1945.8.17	東久邇稔彦内閣成立	東久邇稔彦
		1945.9.2	日本政府、降伏文書に署名	
1945.9.14	安部磯雄・高野岩三郎・賀川豊彦による社会党結成の呼びかけ状発送			
		1945.10.9	幣原喜重郎内閣成立	幣原喜重郎
1945.11.2	日本社会党結成大会（委員長空席、書記長に片山哲）			
		1945.11.9	日本自由党結成	
		1945.11.16	日本進歩党結成	
		1945.12.1	日本共産党第4回大会	
		1946.1.1	昭和天皇の人間宣言	
		1946.4.10	第22回総選挙（社会党93議席）	
		1946.5.22	第1次吉田茂内閣成立	吉田茂
1946.9.28～9.30	日本社会党第2回大会（委員長に片山哲、書記長に西尾末広）			
		1946.11.3	日本国憲法公布	
		1947.1.31	マッカーサー元帥が2.1スト禁止命令	
		1947.4.5	第1回統一地方選挙	
		1947.4.20	第1回参議院選挙（社会党47議席）	
		1947.4.25	第23回総選挙（社会党143議席を獲得し、第1党となる）	
		1947.5.3	日本国憲法施行	
		1947.6.1	片山哲内閣成立（社会党から首相含めて7人入閣）	片山哲
1948.1.16～1.19	日本社会党第3回大会（書記長に浅沼稲次郎）			
		1948.2.5	衆議院予算委員会が補正予算案の撤回と組み替えを可決	
		1948.6.1	芦田均内閣成立（社会党から西尾副総理ら8人入閣）	芦田均
		1948.6.7	昭和電工事件の関係者逮捕始まる	
		1948.7.31	政令201号公布・施行（国家および地方公務員の団争議行為禁止・団体交渉権の制限）	
		1948.10.19	第2次吉田茂内閣成立	吉田茂
		1949.1.23	第24回総選挙（社会党48議席・労農党7議席）	
		1949.2.16	第3次吉田茂内閣成立	
		1950.1.6	コミンフォルムが日本共産党の平和革命論を批判	

1948.12.2	黒田寿男ら労働者農民党(労農党)結成			
1949.4.14 〜4.15	日本社会党第4回大会（書記長に鈴木茂三郎）			
1950.1.16 〜1.19	日本社会党第5回全国大会（第1次分裂）			
1950.4.3 〜4.4	日本社会党第6回臨時大会（委員長空席、書記長に浅沼稲次郎。第1次分裂解消）			
1950.4.21	蜷川虎三が京都府知事に当選			
		1950.6.4	第2回参議院選挙（社会党36議席・労農党2議席）	
		1950.6.6	マッカーサー元帥が日本共産党中央委員24名の追放を指令	
		1950.6.25	朝鮮戦争勃発	
		1950.7.8	マッカーサー元帥が警察予備隊の創設を指令	
1950.7.11 〜 7.12	日本労働組合総評議会（総評）結成大会（議長に武藤武雄、事務局長に島上善五郎）			
1951.1.19 〜1.21	日本社会党第7回大会（委員長に鈴木茂三郎、書記長に浅沼稲次郎）。「平和四原則」を決定			
1951.3.10 〜3.12	総評第2回大会（「平和四原則」を決定。国際自由労連一括加盟を否決。事務局長に高野実）			吉田茂
		1951.4.11	マッカーサー元帥が連合国軍最高司令官を解任される（後任はリッジウェイ中将）	
		1951.6.30	社会主義インターナショナル創立大会	
		1951.9.8	サンフランシスコ講和条約、日米安全保障条約調印	
1951.10.2	日本社会党中央執行委員会が講和条約賛成、安保条約反対を決定			
1951.10.23 〜10.24	日本社会党第8回臨時大会（第2次分裂）			
1952.1.20 〜1.21	右社第9回大会（委員長空席、書記長に浅沼稲次郎）			
1952.1.28 〜1.30	左社第9回再建大会（委員長に鈴木茂三郎、書記長に野溝勝）			
1952.7.22 〜7.24	総評第3回大会（議長に藤田進）			
1952.8.25 〜8.26	右社第10回臨時大会（委員長に河上丈太郎）			
		1952.10.1	第25回総選挙（右社57議席・左社54議席・労農党4議席）	

		1952.10.30	第4次吉田茂内閣成立	吉田茂
		1953.1.6～1.15	アジア社会党会議	
1953.1.18～1.20	右社第11回大会			
1953.1.22～1.24	左社第10回大会			
		1953.4.19	第26回総選挙（左社72議席・右社66議席・労農党5議席）	
		1953.4.24	第3回参議院選挙（左社18議席・右社10議席・労農党0議席）	
1953.5.17	左社第11回臨時大会			
		1953.5.21	第5次吉田茂内閣成立	
1953.7.8～7.11	総評第4回大会（議長に藤田藤太郎）			
		1953.7.27	朝鮮休戦協定調印	
1954.1.17～1.19	右社第12回大会			
1954.1.21～1.23	左社第12回大会（書記長に和田博雄。左社綱領採択）			
1954.7.12～7.15	総評第5回大会			
		1954.11.21	日本民主党結成	
		1954.12.10	第1次鳩山一郎内閣成立	鳩山一郎
1955.1.18	左右両社、第13回臨時大会			
		1955.2.27	第27回総選挙（左社89議席・右社67議席・労農党4議席）	
		1955.3.19	第2次鳩山一郎内閣成立	
		1955.4.18～4.24	アジア・アフリカ会議（平和10原則採択）	
1955.5.7	右社、統一社会党綱領草案を決定			
1955.7.26～7.29	総評第6回大会（事務局長に岩井章）			
		1955.7.27～7.29	日本共産党第6回全国協議会（極左冒険主義路線から方向転換）	
		1955.8.6	第1回原水爆禁止世界大会	
1955.9.19～9.20	左社第14回大会			
1955.10.12	左右両社解散大会			
1955.10.13	日本社会党統一大会（委員長に鈴木茂三郎、書記長に浅沼稲次郎）。統一綱領などを採択			
		1955.11.15	自由民主党結成	
		1955.11.22	第3次鳩山一郎内閣成立	

		1956.2.14～2.25	ソ連共産党第20回大会（フルシチョフがスターリン批判）	鳩山一郎
		1956.7.8	第4回参議院選挙（社会党49議席・労農党0議席）	
1956.8.25～8.28	総評第7回大会（議長に原口幸隆）	1956.10.12～10.13	東京都砂川町（現・立川市）で第2次強制測量。警官隊と砂川基地反対派が衝突。重軽傷者多数。	
		1956.10.19	日ソ共同宣言調印	
		1956.12.18	国連総会、日本の加盟可決	
		1956.12.23	石橋湛山内閣成立	石橋湛山
1957.1.16	労農党解散大会			
1957.1.17～1.19	日本社会党第13回大会（労農党の合流を承認）			
		1957.2.25	第1次岸信介内閣成立	岸信介
1957.5.30～5.31	総評第8回臨時大会			
1957.8.3～8.6	総評第9回大会			
1957.9.28～11.2	河上丈太郎を団長とする訪米使節団を派遣			
1958.2.24～2.26	日本社会党第14回大会（組織委員会の設置を決定）			
		1958.5.22	第28回総選挙（社会党166議席）	
		1958.6.12	第2次岸信介内閣成立	
1958.7.21～7.25	総評第10回大会（議長に太田薫）			
1958.10.24	総評第11回臨時大会（警察官職務執行法反対スト方針決定）			
1958.11.12	日本社会党第15回臨時大会			
1958.11.22	自民・社会党首会談で警察官職務執行法改定案を審議未了の扱いとすることを合意			
1959.3.12	浅沼書記長が中国で「アメリカ帝国主義は日中両国人民の共同の敵」と演説			
		1959.6.2	第5回参議院選挙（社会党38議席）	
1959.6.16	太田総評議長、岩井総評事務局長が下呂談話を発表し、社共共闘強化を要望			
1959.8.26～8.28	総評第12回大会（社会党支持の方針案否決）			
1959.9.12～9.16	日本社会党第16回大会（西尾を統制委員会に付議する決議案が採択される）			
1959.9.16	西尾派が日本社会党再建同志会結成			
1959.10.16～10.17	日本社会党第16回続開大会			

1959.10.18	再建同志会代議員総会で、国会議員の離党と新党準備会の発足を決定			岸信介
		1959.11.13	西ドイツ社会民主党がバート・ゴーデスベルク綱領採択（マルクス主義を放棄し、国民政党化）	
1959.11.19	総評第13回臨時大会			
		1960.1.19	日米新安保条約調印	
		1960.1.24	民主社会党（民社党）結成大会	
1960.3.23〜3.24	日本社会党第17回臨時大会（委員長に浅沼稲次郎、書記長に江田三郎）			
		1960.5.19	衆議院で新安保条約の批准案件が強行採決で承認される	
1960.6.6	日本社会党第18回臨時大会			
1960.6.8〜6.9	総評第14回臨時大会（大牟田市で開催。安保・三池闘争強化を決定。谷正水、総評全国オルグとして、安保国民共闘・三池闘争に従事）			
		1960.6.15	国会構内で警官隊と学生が衝突し、東大生樺美智子死亡	
1960.6.17	河上社会党顧問が刺され、重傷			
		1960.7.19	第1次池田勇人内閣成立	池田勇人
1960.7.31〜8.3	総評第15回大会			
1960.9.7〜9.8	総評第16回臨時大会（三池闘争収拾を決定）			
1960.10.12	浅沼委員長刺殺事件			
1960.10.13	日本社会党第19回臨時大会（委員長代行に江田三郎。構造改革論による総選挙方針を可決）			
1960.10.15〜10.16	社会主義青年同盟結成大会			
		1960.11.20	第29回総選挙（社会党145議席・民社党17議席）	
		1960.12.8	第2次池田勇人内閣成立	
1961.1.1	『社会新報』に「構造改革のたたかい」が掲載される			
1961.1.10	塚田義彦を含む総評欧州調査団が出発。構造改革論などを調査			
1961.3.6〜3.8	日本社会党第20回大会（委員長に河上丈太郎、書記長に江田三郎）			
1961.5.1	総評が『新週刊』創刊			
1961.5.20	平和経済計画会議結成（海野明昇、立ち上げに参加）			
1961.8.2〜8.6	総評第17回大会			

1961.11.27～11.28	総評第18回臨時大会			
1962.1.20～1.22	日本社会党第21回大会			
1962.6.19	『新週刊』廃刊			
		1962.7.1	第6回参議院選挙（社会党37議席・民社党4議席）	
1962.7.27	江田書記長がオルグ会議で「江田ビジョン」発表			
1962.8.24～8.28	総評第19回大会（太田議長が「ヨーロッパなみ生活」実現強調）			
1962.11.8	総評第20回臨時大会			
1962.11.25	総評第21回臨時大会			
1962.11.27～11.29	日本社会党第22回大会（書記長に成田知巳。江田ビジョン非難決議採択）			
1963.2.25～2.26	総評第22回臨時大会（『新週刊』負債問題決着）			
1963.4.17	飛鳥田一雄が横浜市長に当選			
1963.7.25～7.29	総評第23回大会（『新週刊』問題で太田・岩井がいったん辞任後、再選）			
1963.8.5	社会党・総評が原水爆禁止世界大会への不参加を決定。原水爆禁止日本協議会が分裂			
		1963.11.21	第30回総選挙（社会党144議席・民社党23議席）	池田勇人
		1963.12.9	第3次池田勇人内閣成立	
1964.1.1	成田書記長が『社会新報』に「党革新の前進のために」を掲載（この論文で社会党の弱点として指摘した、日常活動の不足・議員党的体質・労組依存は後に「成田三原則」と呼ばれた。実際は加藤宣幸が執筆）			
1964.2.8～2.11	社会主義青年同盟第4回大会（執行部提出の方針案が否決され、構造改革派を中心とする執行部総辞職。協会派が主導権を握る。			
1964.2.14～2.15	総評第24回臨時大会			
1964.2.22～2.24	日本社会党第23回大会			
1964.4.2	総評第25回臨時大会			
1964.4.16	池田首相と太田総評議長が公労協スト回避のため会談			
1964.5.16	国際金属労連日本協議会（IMF・JC）結成大会			

1964.7	曽我祐次を団長とする社会党活動家第1次訪中団が訪中し、毛沢東と会見			
1964.7.20～7.24	総評第26回大会			
		1964.10.10～10.24	第18回オリンピック東京大会	池田勇人
		1964.10.15	イギリス総選挙で労働党が13年ぶりに政権奪還（作家の萩原延壽の案内で江田三郎、加藤宣幸が視察）	
		1964.11.9	第1次佐藤栄作内閣成立	
		1964.11.10	全日本労働総同盟（同盟）結成	
		1964.11.17	公明党結成大会	
1964.11.21	社会党が「日本における社会主義への道」の草案発表。			
1964.12.8～12.11	日本社会党第24回大会			
		1965.2.7	アメリカによる北ベトナムの爆撃始まる	
1965.3.3～3.4	総評第27回臨時大会			
1965.5.6	日本社会党第25回臨時大会（委員長に佐々木更三）			
		1965.6.22	日韓基本条約調印	
		1965.7.4	第7回参議院選挙（社会党36議席・民社党3議席）	
1965.7.23	東京都議会選挙で社会党が第一党となる			佐藤栄作
1965.7.31～8.4	総評第28回大会			
1965.8.16	日本社会党第26回臨時大会			
1965.10.6～10.7	総評第29回臨時大会			
1966.1.19～1.22	日本社会党第27回大会（「日本における社会主義への道」最終決定）			
1966.2.6～2.10	総評第30回臨時大会			
1966.7.31～8.4	総評第31回大会（議長に堀井利勝）			
1966.10.5～10.6	総評第32回臨時大会			
1966.12.6～12.9	日本社会党第28回大会			
1966.12.31	宝樹文彦全逓委員長が「労働戦線統一と社会党政権樹立のために」を発表することが、『毎日新聞』で報道される			

	（その後、『月刊労働問題』1967年2月号に掲載）			
		1967.1.29	第31回総選挙（社会党140議席・民社党30議席）	
		1967.2.17	第2次佐藤栄作内閣成立	
1967.2.27～2.28	総評第33回臨時大会			
1967.4.16	美濃部亮吉が東京都知事に当選			
1967.6.24～6.26	社会主義協会第8回大会（向坂派と太田派に分裂）			
1967.7.19～7.22	総評第34回大会（労働戦線統一四原則を提起）			
1967.8.5	委員長裁断で受け入れを決めた衆議院議長あっせん案が代議士会で受け入れられず、佐々木委員長・成田書記長が辞任を表明			
1967.8.19～8.20	日本社会党第29回大会（委員長に勝間田清一・書記長に山本幸一）			
		1968.1.19	アメリカの原子力空母エンタープライズが佐世保に入港。現地で反対運動起こる。前田哲男、この事件をきっかけに社会党とかかわりを持つ	佐藤栄作
1968.1.24～1.26	日本社会党第30回大会			
1968.3.6	総評第35回臨時大会（沖縄代表が特別報告）			
		1968.7.7	第8回参議院選挙（社会党28議席・民社党7議席）	
1968.8.12～8.16	総評第36回大会			
1968.9.11～9.14	日本社会党第31回大会（人事で調整がつかず、休会）			
1968.10.4	日本社会党第31回続開大会（委員長に成田知巳、書記長に江田三郎）			
1968.11.10	屋良朝苗が琉球政府主席に当選			
		1969.1.18～1.19	東大紛争に機動隊を導入	
1969.1.24～1.26	日本社会党第32回臨時大会			
1969.3.13～3.14	総評第37回臨時大会			
1969.7.13	東京都議選で社会党大敗（第3党に転落）			
1969.7.20～7.24	総評第38回大会			

		1969.10.21	西ドイツでブラント政権成立	
		1969.12.27	第32回総選挙（社会党90議席・民社党31議席）	
		1970.1.14	第3次佐藤栄作内閣成立	
1970.3.6	総評第39回臨時大会（労働時間短縮、労災絶滅など15大要求を盛り込んだ春闘方針決定）			
1970.3.23	江田書記長が「新江田ビジョン」論文を大会準備委員会に提出			
		1970.5.3	第33回創価学会大会で池田大作会長が政教分離を表明	
1970.4.20～4.22	日本社会党第33回大会（反戦青年委員会系の学生などがつめかけ、「籠城大会」となる。高見圭司青年対策部長解任される。執行部総辞職を否決）			
1970.8.9～8.13	総評第40回大会（議長に市川誠、事務局長に大木正吾）			
1970.10.21～11.4	成田委員長を団長とする社会党第5次訪中団派遣。周恩来と会見（曽我祐次同行）			
1970.11.30	日本社会党第34回大会（書記長に石橋政嗣）			佐藤栄作
		1970.12.18	公害関係14法の一部修正成立	
1971.3.3～3,4	総評第41回臨時大会			
1971.4.11	黒田了一が大阪府知事に当選			
		1971.6.27	第9回参議院選挙（社会党39議席・民社党6議席）	
		1971.7.17	自民党の一部と野党が推す河野謙三が参議院議長に当選	
1971.7.31～8.4	総評第42回大会			
		1971.10.25	国連総会が中国の国連加盟を決定	
1972.1.26～1.28	日本社会党第35回定期大会			
1972.2.3～2.4	総評第43回臨時大会			
		1972.2.19～2.28	連合赤軍浅間山荘事件	
		1972.2.21	ニクソン・アメリカ大統領が訪中	
		1972.5.15	沖縄県が日本に復帰	
		1972.7.7	第1次田中角栄内閣成立	
1972.8.7～8.11	総評第44回大会（労働戦線統一の4原則・7方針を確認）			田中角栄
		1972.9.29	日中共同声明調印	

		1972.12.10	第33回総選挙（社会党118議席・民社党19議席）	田中角栄
		1972.12.22	第2次田中角栄内閣成立	
		1973.1.27	ベトナム和平協定調印	
1973.2.6～2.8	日本社会党第36回定期大会			
1973.2.26～2.27	総評第45回臨時大会			
1973.4.17	春闘共闘が年金統一ストライキ（公文昭夫、担当者として厚生省と交渉）			
1973.7.30～8.3	総評第46回大会			
		1973.10.6	第4次中東戦争勃発	
1974.1.29～1.31	日本社会党第37回定期大会			
1974.2.5～2.6	総評第47回臨時大会（「国民春闘」方針を決定）			
		1974.4.2～4.15	第2回アジア卓球選手権大会が横浜市で開催（船橋成幸が世話役を務める）	
1974.4.7	京都府知事選挙で党本部が現職の蜷川、京都府本部が大橋和孝参議院議員を推し、分裂選挙（蜷川が僅差で当選）			
1974.5.7	「7人委員会」発足（佐々木と江田が和解）			
		1974.7.7	第10回参議院選挙（社会党28議席・民社党5議席）	
1974.8.19～8.22	総評第48回大会			
		1974.12.9	三木武夫内閣成立	三木武夫
1974.12.20～12.22	日本社会党第38回定期大会			
		1974.12.28	創共協定締結（1975.7.27に公表）	
1975.2.3～2.4	総評第49回臨時大会			
		1975.4.30	南ベトナム解放戦線軍がサイゴンに無血入城	
1975.7.21～7.24	総評第50回大会			
1975.9.16～10.9	江田三郎を団長とする訪米使節団派遣			
1975.11.17	総評第51回臨時大会（スト権奪還を軸にする闘争方針決定）			
1975.11.26～12.3	スト権スト（富塚三夫は国労書記長として、国鉄のストを指揮）			

1976.2.12～2.13	総評第52回臨時大会			
1976.2.18	「新しい日本を考える会」発起人会に江田副委員長参加			
1976.3.6～3.7	日本社会党第39回定期大会			
		1976.6.25	新自由クラブ結成	三木武夫
		1976.7.2	ベトナム社会主義共和国成立（南北ベトナム統一）	
1976.7.10	「新しい日本を考える会」設立総会			
1976.7.19～7.23	総評第53回大会（議長に槇枝元文、事務局長に富塚三夫）			
		1976.8.16	東京地検が田中前首相を起訴	
		1976.12.5	第34回総選挙（社会党123議席・民社党29議席）	
		1976.12.24	福田赳夫内閣成立	
1977.1.23	協会派を中心とする左派が「3月会」結成			
1977.2.8	日本社会党第40回定期大会（江田問題で紛糾）			
1977.2.14～2.15	総評第54回臨時大会			
1977.3.26	江田副委員長離党　社会市民連合を結成（5.22に死去）			
		1977.5.25	社会市民連合（社市連）全国準備会発足	
		1977.7.10	第11回参議院選挙（社会党27議席・民社党6議席・社市連1議席）	
1977.8.17～8.20	総評第55回大会（反自民統一戦線形成路線打ち出す）			福田赳夫
1977.9.10	槇枝総評議長と向坂逸郎社会主義協会代表が「社会主義協会の改革について」の合意文書調印			
1977.9.26～9.28	日本社会党第41回定期大会（人事問題で紛糾して閉会）			
1977.12.13	日本社会党第41回続開大会（委員長に飛鳥田一雄、書記長に多賀谷真稔）			
1978.2.14～2.15	総評第56回臨時大会			
1978.3.14～3.16	日本社会党第42回定期大会			
		1978.3.26	社会民主連合結成	
1978.7.15～7.17	総評第57回大会（都知事候補に太田薫合化労連委員長を正式推薦）。			
		1978.8.12	日中平和友好条約調印	

1978.11.14	社会主義インターナショナル第14回大会が東京で開催（社会党からは飛鳥田委員長・河上民雄国際局長ら出席）			福田赳夫
		1978.12.7	第1次大平正芳内閣成立	大平正芳
1979.1.18～1.20	日本社会党第43回定期大会			
1979.2.1～2.2	総評第58回臨時大会			
1979.4.8	東京都知事選で社共推薦の太田薫候補が自公民推薦の鈴木俊一候補に敗れる（梁田政方、共産党の窓口として社会党との折衝に従事） 大阪府知事選で保革相乗り候補の岸昌候補が現職の黒田候補を破る			
1979.7.24～7.27	総評第59回大会			
		1979.10.7	第35回総選挙（社会党107議席・民社党35議席・社民連2議席）	
1979.11.13～11.22	飛鳥田委員長を団長とする訪米使節団を派遣			
		1979.11.9	第2次大平正芳内閣成立	
		1979.12.27	ソ連軍がアフガニスタンに侵攻（1988～89にかけて撤退）	
1980.1.10	社公両党が連合政権構想で正式合意			
1980.2.6～2.7	総評第60回臨時大会（社公中軸路線を支持）			
1980.2.8～2.10	日本社会党第44回定期大会			
1980.5.16	自民党非主流派が欠席したことにより、社会党が提出した大平内閣不信任案が可決される（5.19に衆議院解散）			
		1980.6.12	大平首相急死	
		1980.6.22	衆参ダブル選挙 第36回総選挙（社会党107議席・民社党32議席・社民連3議席） 第12回参議院選挙（社会党22議席・民社党6議席・社民連0議席）	
		1980.7.17	鈴木善幸内閣成立	鈴木善幸
1980.7.21～7.24	総評第61回大会（労働戦線統一、革新連合政権追求などを盛り込んだ運動方針採択）			
1980.12.1～12.3	日本社会党第45回定期大会			
1981.2.4～2.5	総評第62回臨時大会			

1981.5.10	富塚三夫総評事務局長の尽力でポーランド連帯のワレサ議長が来日	1981.5.10	フランス大統領選挙で社会党のミッテランが当選	鈴木善幸
1981.7.20～7.23	総評第63回大会			
1981.11.4	総評第64回臨時大会			
1981.12.20～12.21	初めての党員による委員長直接選挙実施（現職の飛鳥田委員長が三選）			
1982.2.2～2.3	総評第65回臨時大会			
1982.2.4～2.6	日本社会党第46回定期大会（船橋成幸の進言で、書記長に馬場昇。その後、党内紛糾）			
1982.7.25～7.28	総評第66回大会			
1982.10.21	総評第67回臨時大会			
		1982.11.27	第1次中曽根康弘内閣成立	中曽根康弘
1982.12.15～12.17	日本社会党第47回定期大会（書記長に平林剛）			
1983.2.9	平林書記長急死（2.15に田辺誠副委員長が書記長代行を兼務することを決定）			
1983.2.15～2.16	総評第68回臨時大会			
		1983.6.26	第13回参議院選挙（社会党22議席・民社党6議席・新自連（新自由クラブと社民連の統一名簿）2議席）	
1983.7.25～7.28	総評第69回大会（議長に黒川武、事務局長に真柄栄吉）			
1983.9.7	日本社会党第48回定期大会（委員長に石橋政嗣、書記長に田辺誠）			
		1983.12.18	第37回総選挙（社会党112議席・民社党38議席・社民連3議席）	
1983.12.20	石橋委員長が『月刊社会党』の対談で自衛隊「違憲・合法論」で党内コンセンサスをつくる意向表明			
		1983.12.27	第2次中曽根康弘内閣成立	
1984.2.8～2.9	総評第70回臨時大会（初めて女性特別代議員60名参加）			
1984.2.27～2.28	日本社会党第48回続開大会			
1984.4.7～4.17	石橋委員長を団長とする訪米使節団派遣			
1984.7.24～7.27	総評第71回大会（600万総評建設の方針決定）			

		1984.12.20	電電公社民営化3法成立（政策審議会スタッフとして、浜谷惇、電電公社改革を担当）	中曽根康弘
1985.1.17〜1.19	日本社会党第49回定期大会			
1985.2.7〜2.8	総評第72回臨時大会			
		1985.3.11	ゴルバチョフがソ連共産党書記長に昇格	
		1985.5.17	男女雇用機会均等法成立	
1985.7.15〜7.18	総評第73回大会（国鉄再建闘争本部設置）			
1985.8.26	田辺書記長を団長とする訪中代表団派遣。胡耀邦共産党総書記らと会見（横山泰治参加）			
1985.12.16	日本社会党第50回定期大会			
1986.1.22	日本社会党第50回続開大会（「新宣言」採択。新宣言に賛成した園田原三ら協会派幹部は協会派を離脱し、「新しい社会党を創る会」結成）			
1986.2.5〜2.6	総評第74回臨時大会			
		1986.7.6	衆参ダブル選挙 第38回総選挙（社会党85議席・民社党26議席・社民連4議席）。 第14回参議院選挙（社会党20議席・民社党5議席・社民連0議席）。	
1986.7.15〜7.18	総評第75回大会			
		1986.7.22	第3次中曽根康弘内閣成立	
		1986.8.11	新自由クラブ、解党を決定	
1986.9.8	日本社会党第51回臨時大会（委員長に土井たか子、書記長に山口鶴男）			
		1986.11.28	国鉄分割・民営化法成立	
1987.1.22〜1.24	日本社会党第52回定期大会			
1987.2.4〜2.5	総評第76回臨時大会			
1987.7.14〜7.17	総評第77回大会			
1987.9.13〜9.20	土井委員長を団長とする訪米使節団派遣			
		1987.11.6	竹下登内閣成立	竹下登
		1987.11.19	同盟解散	

		1987.11.20	全日本民間労働組合連合会（民間連合）結成	竹下登
1988.2.4～2.5	総評第78回臨時大会			
1988.2.11～2.13	日本社会党第53回定期大会			
1988.7.26～7.29	総評第79回大会			
		1988.12.24	消費税関連6法成立	
		1989.1.7	昭和天皇崩御・平成に改元	
1989.1.23～1.25	日本社会党第54回定期大会			
1989.2.2～2.3	総評第80回臨時大会			
1989.4.1	消費税導入（3%）			
1989.4.19	社公民連4野党の書記長・政審会長および文化人による第1回連合政権協議会（社会党からは山口書記長と伊藤茂政審会長が参加）。			
		1989.6.2	宇野宗佑内閣成立	宇野宗佑
		1989.6.4	天安門事件	
		1989.7.23	第15回参議院選挙（社会党36議席・民社党3議席・社民連0議席）	
1989.8.9	参議院が土井委員長を首班指名			
		1989.8.10	第1次海部俊樹内閣成立	海部俊樹
1989.9.21	総評第81回大会（国際自由労連加盟と11月解散を決定）			
1989.11.21	総評解散 日本労働組合総連合会（連合）結成大会（会長に山岸章、事務局長に山田精吾）			
		1989.12.2～12.3	マルタ会談（米ソ首脳が冷戦の終結を宣言）	
		1990.2.18	第39回総選挙（社会党136議席・民社党14議席・社民連4議席）	
		1990.2.28	第2次海部俊樹内閣成立	
1990.4.3～4.5	日本社会党第55回定期大会（党規約前文から「社会主義革命を達成し」を削除し、代わって「社会民主主義を選択する」を採択）			
		1990.8.2	イラク軍がクウェートに侵攻	
1990.9.24	金丸信自民党副総裁、田辺社会党副委員長を団長とする自社代表団が訪朝			
		1991.1.17	湾岸戦争勃発（2.28にイラクのフセイン大統領が停戦命令）	
1991.1.30～2.1	日本社会党第56回定期大会			

1991.7.30～7.31	日本社会党第57回定期大会（委員長に田辺誠、書記長に山花貞夫）			海部俊樹
1991.9.13	社会党シャドーキャビネット委員会発足			
		1991.11.5	宮沢喜一内閣成立	宮沢喜一
1991.12.19～12.21	日本社会党第58回定期大会			
		1991.12.25	ソ連崩壊	
		1992.5.22	日本新党発足	
		1992.6.15	PKO法成立	
		1992.7.26	第16回参議院選挙（社会党22議席・民社党4議席・社民連0議席）	
1992.10.29	社会党と連帯する労働組合会議結成総会。橋本良夫を議長に選出。			
1993.1.19	日本社会党第59回臨時大会（委員長に山花貞夫、書記長に赤松広隆）			
1993.6.18	社公民3党が提出した内閣不信任案が自民党一部議員の造反もあり、可決・即日、衆議院解散			
1993.8.6	土井元委員長が衆議院議長に選出される			
		1993.6.21	新党さきがけ結成	
		1993.6.23	新生党結成	
		1993.7.18	第40回総選挙（社会党70議席・民社党15議席・社民連4議席）	
1993.9.25	日本社会党第60回定期大会（委員長に村山富市、書記長に久保亘）			
		1993.8.9	細川護熙内閣成立（社会党から山花政治改革相ら6人入閣）	細川護熙
1994.1.11～1.12	日本社会党第60回続開大会			
		1994.1.19	政治改革関連4法成立	
		1994.4.25	新生・公明・民社党および自民党離党議員が新会派「改新」結成	
1994.4.26	「改新」結成に反発して、社会党が連立離脱			
		1994.4.28	羽田孜内閣成立	羽田孜
		1994.5.22	社民連解散	
		1994.6.27	松本サリン事件	
		1994.6.30	村山富市内閣成立（首相含め6人入閣）	村山富市
1994.7.20	村山首相が「自衛隊合憲」「日米安保堅持」と答弁			
1994.9.3	日本社会党第61回臨時大会（大幅な路線転換を採択。自衛隊合憲・日米安保堅持・日の丸、君が代、原発などを容認）			

		1994.12.9	民社党解散	
		1994.12.10	新進党結成	
		1995.1.17	阪神・淡路大震災	
		1995.3.20	地下鉄サリン事件	
1995.5.27	日本社会党第62回臨時大会（「新宣言」に代わる「95年宣言」採択。社会民主主義に基づく理念が明確化）			村山富市
		1995.7.23	第17回参議院選挙（社会党16議席）	
		1995.8.8	村山改造内閣成立（首相含め社会党から6人入閣）	
1995.9.21	日本社会党第63回臨時大会			
		1996.1.1	新社会党・平和連合結成。	
		1996.1.11	橋本龍太郎内閣成立（久保副総理ら社会党から6人入閣）	
1996.1.14	日本社会党第64回定期大会（社会民主党に党名変更。党首に村山富市、幹事長に佐藤観樹）			橋本龍太郎
		1998.2.21〜2.22	新社会党支持の社会主義協会員が社会主義協会再建総会開催。	
		1998.3	上野建一・坂牛哲郎を共同代表に選出	
		2014.12.7	科学的社会主義研究会が社会主義協会の再建を宣言し、細川正を代表に選出。向坂派協会の流れを汲み、社会主義協会を名乗る団体は３つとなる（社民党系１、新社会党系２。太田派協会は現在、進歩と改革研究会を名乗り、社民党支持）	（中略）安倍晋三

岡田一郎・木下真志作成

参考文献

飛鳥田一雄『生々流転　飛鳥田一雄回想録』朝日新聞社、1987年。
石河康国『労農派マルクス主義－理論・ひと・歴史』下巻、社会評論社、2008年。
『総評四十年史』編纂委員会編『総評四十年史』全3巻、第一書林、1993年。
曽我祐次『多情仏心　わが日本社会党興亡史』社会評論社、2014年。
日本社会党50年史編纂委員会編『日本社会党史』社会民主党全国連合、1996年。
法政大学大原社会問題研究所編『日本の労働組合100年』旬報社、1999年。

関連資料

1　結党綱領（1945年10月15日決定）

一、わが党は勤労階層の結合体として国民の政治的自由を確保しもって民主主義体制の確立を期す。

一、わが党は資本主義を排し社会主義を断行し、もって国民生活の安定と向上を期す。

一、わが党はいっさいの軍国主義思想および行動に反対し、世界各国民の協力による恒久平和の実現を期す。

2　向坂逸郎「正しい綱領、正しい機構」（いわゆる向坂論文）

（『社会主義』1958年12月号より抜粋）

党内の活動分子の不満は、何故われわれに充分の力を発揮させないか、ということであって、彼等は、今日の組織そのままの社会党のなかでも、もっとやる余地があると考えていた。むろん、党の組織と機構が、改案の余地なきほど完ぺきのものであると考えたわけではなかったが、彼等が深刻に反省した所は、現在の機構のなかで発揮できる力すら、社会党は発揮していないということであった。彼等がいたる所で感じた党の欠陥は、組織より機構より、これらのものの底になければならぬはずの「たましい」であった。どんなに美しく着かざっても、「たましい」のないのは、人間ではない。人形でも人形師の「たましい」が反映されなかったら、人を魅りょうする力はない。社会党に魅力をかんじないという人々に、しばしばわれわれがぶつからなければならなかったわけは、ここにある。

社会主義政党の「たましい」とは、社会主義革命の精神のことである。統一後の社会党には、党内にある国民政党論者の働きと、これを外部にあって助けるジャーナリズムによって、革命政党の精神にかげがさし始めていた。社会党から牙を除去しようという運動によって、社会党の日常活動と指導力がぼやかされ、弱められていた。

われわれは、左右社会党の「統一」は誤りであることを、当時主張したし、今日といえども誤りであると考えるものであるが、しかし、今にいたって「統一は誤りであった」とぐちをこぼそうとは思わない。統一社会党が、先にのべたような諸要素を含んでいて、共同戦線党であるべからざる時、共同戦線党に類似する党構成をもっていることは、社会主義革命の政党への純化を困難にしているが、しかし、まだ不可能にはしていない。われわれの努力は、党内にあって、党の純化（いうまでもなく、社会主義革命の政党への純化である）を、組織された労働者のまっただなかでやることである。日本社会党は、それを可能にする党内民主主義をもっている。

このように考えてくると、社会党の組織と機構とは、その党の性格と切り離して考えることはできない。党の性格を規定し、確立するものは、いうまでもなく、党の綱領である。統一社会党の綱領ほど安易さと無原則の妥協によって成立したものを、私は知らない。当時、この統一綱領は単なる作文であるというほどの安易な気持でつくられたとしか私には考えられなかった。それでも出来上るとやはり党員を精神的には拘束する。それが統一せる党員の意志の表明でなく、社会主義革命の精神と改良主義的国民政党論の精神があやふやに折衷されたものであるという意味において、党員を拘束したのである。党の日常活動における弛緩、そのために生ずる活動的な党員の過重なる肉体的精神的負担、怠惰なる党員のふしだらと理論の不足からくる活動的な党員の他党（主として共産党）との理論闘争における劣等感、機構改革における「よろめき」等々の現象は、やはり、わが社会党の革命政党としての統一せる意志の欠除によるものと考えないわけにいかない。

---

3 「構造改革のたたかい」（『社会新報』1961年1月1日付より抜粋）

貴島正道（議会事務局長）、藤牧新平（政審会事務局次長）、加藤宣幸（機関紙局経営局長）、森永栄悦（本部労働部長）、広沢賢一（組織局組織部長）、高沢寅男（政審会書記）、伊藤茂（国民運動委員会）ほか

「構造改革」についての社会党のこの新しい路線は、単なる思いつきや、一時的な選挙の闘争戦術として出されたものでもなく、ましてイタリア方式の単なる模倣でもない。構造改革路線は、憲法に保障された政治的民主主義制度の活用と、大衆的な闘いによって平和的、民主的な手段によって社会主義を実現しようとする社会党の綱領の基本路線にたって、それをさらに豊富化し、具体化したもので、これまでばく然として理論化し、体系化し、行動化することのできなかった社会党の今日までの政治路線をより明確にし、体系的、行動的にしたものである。

構造改革の闘いは、現実の個々の改良的闘いをそれだけに終わらせないで、社会主義の実現という一つの政治路線の上にたって次第につみかさね、陣地を拡大していって社会主義への道を準備し、その闘いを日常不断に前進させるものである。社会主義の実現は、このような構造改革の闘いの基盤の上に、権力の移動という質的な変化をともなった闘いによってはじめて実現されるものである。構造改革路線は社会主義路線に代わりうるものではなく、従って「構造改革路線か社会主義革命か」というような二律背反的な問題のたて方は正しいものではない。

社会党が最近になって、この構造改革の路線こそが日本において社会主義への道を準備し、それを前進させるための最も効果的な道であるとの確信をもつにいたった直接の契機は、つぎのような理由によるものである。

第四の理由は、党内問題である。率直にいって、これまでの党内には社会主義の

実現をめぐってさまざまな考え方があったことは事実である。その一つは、特殊な革命的な情勢—たとえば恐慌や戦争など—を前提にした、いわゆる“恐慌待望論”的な革命路線である。この考え方は、一時とくに一部の党員をとらえていたことはいうまでもない。他の一つは院内を中心にした、改良さえつみかさねていけばひとりでに社会主義は実現できるのだという、権力の獲得をぬきにした、いわゆる“なしくずし革命論”—改良主義である。

しかし、この二つの間違った“革命論”は警職法や安保闘争などの経験によって、その非現実性が極めて明確になった。好況のときでも院内外の闘いを正しく結んで、憲法に保障された民主主義的な手段によって政府を一応の危機に追いこむことができたという経験は、“恐慌待望論”的な考えを改めさせたし、警官と右翼とに対立した激烈な闘いの教訓は“なしくずし革命論”を空論化させた。そして社会党がこれまでとってきた階級的大衆政党としての闘いの原則が正しかったことを、再確認させたものである。社会党の構造改革路線は、以上のような結論から提案されたものである。

4　土井たか子「新しい政治への挑戦　私たちの抱負と責任」

（1989年9月10日）抜粋

これからの政治について語る場合、私はいままでの日本の政治には、二つの顕著な欠陥があることを指摘しないわけにはまいりません。その一つは、保守党の一党支配が当たり前のように思われ、私たち野党には政権担当能力がない、という神話が作られてきたことであります。しかし、政権交代は日本が先進国であるための不可欠の条件であります。政権交代によって日本の国際イメージは大きく高まるでありましょう。「経済は一流・政治は三流」という遅れた構造と「永田町政治」を打ち破って、政治に市民社会の風を入れ、「公正・公平・公開」を原則に市民の心が脈打つ民主政治を実現しなければなりません。憲法は主権在民を明記し、それを具現する議会制民主主義を定めています。しかし、それが十分に機能していないという現実は、異常としか言いようがありません。私たちは、政権交代を実現して国民主権を回復することを最優先にしたいと思います。

もう一つの政治的欠陥は、あらゆる社会と議会に占める女性の代表率が著しく低かったことであります。生命、生活に最も重大な関心をもってきた女性が、市民運動、女性運動のレベルで活発に動いてきたこととは裏腹に、それが政治に最も直接的に結びつくことが薄かったことは、わが国政治の痛恨事であるといわざるをえません。この二つの欠陥は相互に密接な相関関係にあるのであります。政権交代がないために、政治から国民の声を遠ざけ、とりわけ政権に利害関係を求めない女性の声を遠ざけてきました。人口の半分以上を占める女性の参加の低さが、政治への提言を貧しくし、政治から活気を奪ってきたことも見逃せません。

さて、連合政権をめざす私たちの立場は、国民合意を基礎に、自民党政治から継承するものと大胆に改革するものとを選択し、優先順位を示しつつ、具体性をもって「ゆるやかな、しかし確実な改革」を進めていくことであります。

私たちはまず、信頼を失った日本の政治をつくり変えるために全力を尽くします。そのために腐敗の政治を一掃し、政治倫理を確立することをまず実現します。

経済の面では、国民の努力でつくられた巨大な経済力を、どう生かしていくのかという点であります。外からは恐れられ、うとまれる経済ではなく、「共通の繁栄」のために貢献する日本、そして国民にも心の豊かさを実感できる経済にしなければなりません。そういう意味での経済の「新しい成長」を私たちは追求し、「豊かさを実感できる国民生活」「世界と共に生きる日本」を実現していきたいと思っています。

私たちは新デタント時代において、世界平和の象徴となる日本に向けて、「共通の安全保障」をキーワードに、軍拡の政治から平和と軍縮の政治へと、大きな流れをつくります。アジアでも新しいデタントの様々な流れがありますが、しかし、朝鮮半島を中心に東北アジアには緊張した状態が残されております。それだけに日本の役割は大きいといわなければなりません。私たちは、日米安保条約などについて連合政権のもとでは外交の継続性を尊重して対応しますが、日本国民の悲願であり、国是でもある非核三原則の実現のために全力を尽くします。それは、アジアにおける米ソの「海の核全廃」の実現を求めること、アジアにヨーロッパと同じように「平和のテーブル」をつくり、信頼醸成措置を形成すること、さらにグローバルデタント進展のために積極的に貢献することと結びついているのであります。

私たちは、憲法の子であります。数百万の、いや数千万の世界中の人びとの血と涙で書かれた憲法のもとで、戦後日本の平和と繁栄が支えられてきたのであります。人間の一生、日本の運命にあって四十四年という歳月のなかで、憲法は大きな役割を果してきたのであります。しかし、憲法は、いまだにその半分しか実現していません。今日なお、政権交代が実現していない「半分の民主主義」は、そのことを端的に示しているのであります。憲法による完全な民主主義を実現していくことは、私たちの責務であります。先見性をもつ憲法の理念は、日本から政界の人びとに送る最良のメッセージであります。日本社会党は憲法の党であることを改めて宣言し、今後さらに憲法の創造的な展開を図りたいと思います。

＊ 1991年採択の規約については、http://www5f.biglobe.ne.jp/~rounou/myweb1_188.htm を参照

5 第130回国会における村山内閣総理大臣所信表明演説

（1994年7月18日）抜粋

世界は今、歴史的変革期特有の不安定な状況におかれています。冷戦の終結 に

よって確実に一つの歴史は終わりましたが、次なる時代の展望は未だ不透明であります。中東などで和平に向けての進展がみられる反面、北朝鮮の核開発 問題、旧ユーゴスラヴィアでの地域紛争等は、国際社会の平和と安定に対する 深刻な懸念材料となっています。また、世界経済についても、全体として明るさを取り戻しつつあるものの、先進国における失業問題、開発途上国における貧困の問題、地球規模の環境問題等深刻な問題が横たわっています。

このような国際情勢の下で、我が国がどのように対応していくべきか。一言 で申し上げれば、国際社会において平和国家として積極的な役割を果たしていくことであります。我か国は、軍備なき世界を人類の究極的な目標に置いて、二度と軍事大国化の道は歩まぬとの誓いを後世に伝えてゆかねばなりません。また、唯一の被爆国として、いかなることがあろうと核の惨禍は繰り返してはならない、との固い信念の下、非核三原則を堅持するとともに、厳格に武器輸出管理を実施してまいります。もとより、国民の平和と安全の確保は重要です。 私は、日米安全保障体制を堅持しつつ、自衛隊については、あくまで専守防衛に徹し、国際情勢の変化を踏まえてその在り方を検討し、必要最小限の防衛力 整備を心がけてまいります。

平和国家とは、軍事大国でないとか、核兵器を保有しないといったことにとどまるものではありません。今日、国際社会が抱える諸問題の平和的解決や世界経済の発展と繁栄の面で、従来以上に我が国の積極的な役割が求められています。強大な軍事力を背景にした東西対立の時代が終わった今こそ、我が国が、その経済力、技術力をも活かしながら、紛争の原因となる国際間の相互不信や 貧困等の問題の解消に向け、一層の貢献を果たすべき時であります。このような観点から、核兵器の最終的な廃絶を目指し、核兵器等の大量破壊兵器の不拡 散体制の強化など国際的な軍縮に積極的に貢献してまいります。また、貧困と 停滞から脱することができないでいる開発途上国や旧ソ連、中・東欧諸国に対 し、引き続き経済支援を行っていきたいと思います。

6 羽田孜新生党代表の代表質問に対する村山富市首相の答弁

(1994年7月20日)

社会党が、日米安全保障関係のすべて一すなわち条約上のさまざまな義務を含め完全に履行する決意を明示したものと受けとめてよいかどうか、こういうお尋ねでございますが、私の政権のもとでは、今後とも日米安保条約及び関連取り決め上の義務を履行していくとともに、日米安保体制の円滑かつ効果的な運用を確保していく所存であります。(拍手)

総理の日米安保体制に対する認識についてお尋ねでございますが、日米安保体制の意義と重要性についての認識は、先ほども申し述べたとおりでありますが、外交を継続するという私の政権としては、先ほど申し上げた認識に基づいて対処してまいる所存でございます。

次に、自衛隊に関する憲法上の位置づけについての御質問でございます。よくお聞きをいただきたいと思います。（拍手）

私としては、専守防衛に徹し、自衛のための必要最小限度の実力組織である自衛隊は、憲法の認めるものであると認識するものであります。（拍手、発言する者あり）後が大事ですから、どうぞお聞きください。

同時に、日本国憲法の精神と理念の実現できる世界を目指し、国際情勢の変化を踏まえながら、国際協調体制の確立と軍縮の推進を図りつつ、国際社会において名誉ある地位を占めることができるように全力を傾けてまいる所存であります。（拍手）

本来、国家にとって最も基本的な問題である防衛問題について、主要政党間で大きな意見の相違があったことは好ましいことではありません。戦後、社会党は、平和憲法の精神を具体化するための粘り強い努力を続け、国民の間に、文民統制、専守防衛、徴兵制の不採用、自衛隊の海外派兵の禁止、集団自衛権の不行使、非核三原則の遵守、核・化学・生物兵器など大量破壊兵器の不保持、武器輸出の禁止などの原則を確立しながら、必要最小限の自衛力の存在を容認するという穏健でバランスのとれた国民意識を形成したものであろうと思います。（拍手）

国際的に冷戦構造が崩壊し、国内的にも大きな政治変革が起きている今日においてとそ、こうした歴史と現実認識のもと、世界第二位の経済力を持った平和憲法国家日本が、将来どのようにして国際平和の維持に貢献し、あわせて、どのようにして自国の安全を図るのかという点で、よりよい具体的な政策を提示し合う未来志向の発想が最も求められていると考えるものであります。社会党においても、こうした認識を踏まえて、新しい時代の変化に対応する合意が図られることを期待しておる次第でございます。

次に、国歌・国旗に対する姿勢についてのお尋ねでございます。

国歌・国旗については、長年の慣行により、日の丸が国旗、君が代が国歌であるとの認識が国民の間にも定着しており、私自身もそのことを尊重してまいりたいと思っています。（拍手）しかし、国旗の掲揚、国歌の斉唱については、本来強制すべきものではないと思いますが、羽田議員の御意見についてはよく承りました。

7　村山富市「戦後50周年の終戦記念日にあたって」（いわゆる村山談話）

（1995年8月15日）

先の大戦が終わりを告げてから、50年の歳月が流れました。今、あらためて、あの戦争によって犠牲となられた内外の多くの人々に思いを馳せるとき、万感胸に迫るものがあります。

敗戦後、日本は、あの焼け野原から、幾多の困難を乗りこえて、今日の平和と繁栄を築いてまいりました。このことは私たちの誇りであり、そのために注がれた国民の皆様1人1人の英知とたゆみない努力に、私は心から敬意の念を表わすものであります。ここに至るまで、米国をはじめ、世界の国々から寄せられた支援と協力に対し、あらためて深甚な謝意を表明いたします。また、アジア太平洋近隣諸国、米国、さらには欧州諸国との間に今日のような友好関係を築き上げるに至ったことを、心から喜びたいと思います。

平和で豊かな日本となった今日、私たちはややもすればこの平和の尊さ、有難さを忘れがちになります。私たちは過去のあやまちを2度と繰り返すことのないよう、戦争の悲惨さを若い世代に語り伝えていかなければなりません。とくに近隣諸国の人々と手を携えて、アジア太平洋地域ひいては世界の平和を確かなものとしていくためには、なによりも、これらの諸国との間に深い理解と信頼にもとづいた関係を培っていくことが不可欠と考えます。政府は、この考えにもとづき、とくに近現代における日本と近隣アジア諸国との関係にかかわる歴史研究を支援し、各国との交流の飛躍的な拡大をはかるために、この二つを柱とした平和友好交流事業を展開しております。また、現在取り組んでいる戦後処理問題についても、わが国とこれらの国々との信頼関係を一層強化するため、私は、ひき続き誠実に対応してまいります。

いま、戦後50周年の節目に当たり、われわれが銘記すべきことは、来し方を訪ねて歴史の教訓に学び、未来を望んで、人類社会の平和と繁栄への道を誤らないことであります。

わが国は、遠くない過去の一時期、国策を誤り、戦争への道を歩んで国民を存亡の危機に陥れ、植民地支配と侵略によって、多くの国々、とりわけアジア諸国の人々に対して多大の損害と苦痛を与えました。私は、未来に誤ち無からしめんとするが故に、疑うべくもないこの歴史の事実を謙虚に受け止め、ここにあらためて痛切な反省の意を表し、心からのお詫びの気持ちを表明いたします。また、この歴史がもたらした内外すべての犠牲者に深い哀悼の念を捧げます。

敗戦の日から50周年を迎えた今日、わが国は、深い反省に立ち、独善的なナショナリズムを排し、責任ある国際社会の一員として国際協調を促進し、それを通じて、平和の理念と民主主義とを押し広めていかなければなりません。同時に、わが国は、唯一の被爆国としての体験を踏まえて、核兵器の究極の廃絶を目指し、核不拡散体制の強化など、国際的な軍縮を積極的に推進していくことが肝要であります。これこそ、過去に対するつぐないとなり、犠牲となられた方々の御霊を鎮めるゆえんとなると、私は信じております。

「杖るは信に如くは莫し」と申します。この記念すべき時に当たり、信義を施政の根幹とすることを内外に表明し、私の誓いの言葉といたします。

出典

⑴ 日本社会党五〇年史編纂委員会編『日本社会党史』社会民主党全国連合、1996年
⑵『社会主義』88号（1958年12月）

⑶ 日本社会党結党四十周年記念出版刊行委員会編『資料　日本社会党四十年史』日本社会党中央本部、1986年
⑷『経済評論増刊　社会党大研究』(1989年10月)
⑸ https://www.kantei.go.jp/jp/murayamasouri/speech/murayama.html
⑹ 第百三十回国会　衆議院会議録第二号
⑺ https://www.mofa.go.jp/mofaj/press/danwa/07/dmu_0815.html

あとがき

本書は、法政大学大原社会問題研究所が2012年初頭から2016年秋にかけて開催した「社会党・総評史研究会」の記録集である。会場は法政大学市ヶ谷キャンパス内80年館の会議室を借りて開催された。

事前の打ち合わせ会は2012年1月23日 に行われ、五十嵐仁所長、鈴木玲副所長、兼子良事兼任研究員（肩書は当時のもの）、木下真志などが参加した。2012年3月8日に第1回研究会が開催された。この日は研究会の提案者である木下が、「社会党研究の現状と課題」という報告を行ったうえで、今後の聴き取り対象者をリストアップした。 五十嵐所長、鈴木副所長、石河康国氏等が参加した。

本研究会の発足は、木下が2011年秋に所長であった五十嵐仁教授に「研究所として、社会党関係者からの聴き取りをしたい」と話を持ち掛けたのが始まりである。五十嵐所長は直ちに賛同された。その後、社会党と関係の深い総評関係者からも聴き取りをしようということになり、2012年初頭に「社会党・総評史研究会」が立ち上がった。

研究会の開催に向けては、事前に五十嵐所長と木下が話し合い、講師（聴き取り対象者）の選定や聴き取りの内容についての調整を行った。2014年ぐらいからは、実質、事前調整は木下の担当となっていった。講師の選定・依頼には、元社会党職員であり、証言もしていただいた故加藤宣幸氏、浜谷惇氏、園田原三氏、細川正氏をはじめ、研究会の構成メンバーであった芹澤壽良氏の協力を得ることができた。研究会の事務局は、枡田大知彦兼任研究員（現、専修大学経済学部准教授）、米山忠寛兼任研究員（現、東京大学先端科学技術研究センター客員研究員・法政大学大原社会問題研究所客員研究員）に担当していただいた。お世話になったこれらの方々に、この場を借りて改めて感謝する次第である。

これらの聴き取りの記録はすべて『大原社会問題研究所雑誌』に掲載されている。その際には、研究会の記録を業者がテープ起こしをし（浜谷・細川両氏はご自身でテープ起こしをされた）、それに基づいて木下が小見出しを付しつつ再構成し、報告者に見ていただいた後、雑誌の編集部に渡すという手順を取った。入稿に際して、五十嵐所長、米山兼任研究員、岡田一郎嘱託研究員の協力を得ることができた場合もある。その後、著者にゲラを送付し……、と何度かの修正・校正を経て掲載に至った。

歴史的事実については綿密に調査したつもりであるが、責任は木下にある。もし間違いがあれば、読者の方々からの指摘を歓迎したい。実は、実現しかけていながら聞き取りを行えなかった方もおられる。とりわけ、故田辺誠、矢田部理の両氏から社会党についての思いを語ってほしかった。

本書の出版に際しては、大原社会問題研究所運営委員会と旬報社にお世話になった。旬報社の木内洋育社長には多大なご尽力をいただいた。お礼のことばを知らない。また、研究会の記録、年表、史料作成、解題執筆には、岡田一郎氏から献身的なご協力をいただいた。記して謝意を表する次第である。

社会党や総評の関係者のみならず、戦後史研究者や日本政治研究者の間で本書が広く読まれ、学界の議論に一石を投ずることができれば、研究会を提案した者としてこれに勝る喜びはない。

2019年3月11日　東日本大震災から8年の日に

木下真志

編者紹介

五十嵐仁（いがらし・じん）

1951年生まれ。法政大学名誉教授、大原社会問題研究所名誉研究員。専門は政治学・労働問題。個人ブログ「五十嵐仁の転成仁語」http://igajin.blog.so-net.ne.jp/ を発信。著書に『概説現代政治』『戦後政治の実像』『現代日本政治』『活憲』『労働政策』『労働再規制』、編著に『社会労働運動大年表』『社会労働大事典』などがある。

木下真志（きした・まさし）

1963年生まれ。法政大学大原社会問題研究所嘱託研究員。博士（政治学）成蹊大学［2000年］、専攻は政治学。著書に『転換期の戦後政治と政治学』、共著に、杉田敦編『国家と社会』、丸山仁他編『政治変容のパースペクティブ：ニューポリティクスの政治学　Ⅱ』、五十嵐仁編『「戦後革新勢力」の奔流』（法政大学大原社会問題研究所叢書）などがある。

法政大学大原社会問題研究所

1919（大正8）年2月、大原孫三郎によって創立された、社会科学分野では日本でもっとも古い歴史をもつ民間研究機関。

法政大学大原社会問題研究所叢書

日本社会党・総評の軌跡と内実

20人のオーラル・ヒストリー

2019年3月28日　初版第1刷発行

編　者　五十嵐仁・木下真志／法政大学大原社会問題研究所
装　丁　佐藤篤司
発行者　木内洋育
発行所　株式会社 旬報社
〒162-0041 東京都新宿区早稲田鶴巻町544 中川ビル4F
Tel03-5579-8973　Fax03-5579-8975
ホームページ　http://www.junposha.com/
印　刷　モリモト印刷株式会社

ISBN978-4-8451-1588-4